ドイツ史研究入門

木村靖二
Kimura Seiji

千葉敏之
Chiba Toshiyuki

西山暁義
Nishiyama Akiyoshi

編

山川出版社

本書の利用にあたって

　本書は，ドイツ史に関心をもち，そのなかで興味あるテーマを見つけ，それを深めて研究しようとする人たちの案内として編まれたもので，おもに大学や大学院で卒業論文，あるいは修士論文を書こうとする学生諸君を想定しています。もちろん，ドイツ史に興味があり，さらに一歩踏み込んで調べてみようという一般の社会人の方々にもガイドとなり，またドイツ文学や芸術史など，歴史を専門としない分野の研究者が，自己の対象となる歴史的時代背景を知っておきたいというときにも，役立つはずです。

　ドイツ史を学ぶにはドイツ語の習得が不可欠なことはいうまでもありませんが，近年の大学におけるドイツ語を含む第二外国語教育の現状を踏まえると，最初から高度なドイツ語読解力を求めることは難しいのも確かです。そのため，取り上げる研究文献として，翻訳を含む日本語文献，また英語文献（とくに近現代史では，重要なドイツ語文献や論文は英訳されているものも少なくありません）にも十分目配りするよう努めました。もっとも，時期や主題によってはそうした文献が少なく，最初からドイツ語文献に取り組まなければならないこともあります。その場合は，日本での研究蓄積が少なかったり，研究者の国際的な広がりが比較的薄い分野であるという事情が反映された結果だ，と考えてください。また，研究の対象となる時期と研究が遂行される時期のあいだの距離，政治的断絶の有無の問題も無視できません。このことは，ドイツ民主共和国（東ドイツ）史の例を考えればよくわかるでしょう。東ドイツの存在を前提に書かれた東ドイツ史研究と，1990年の東ドイツ崩壊と西ドイツへの吸収後の東ドイツ史研究では，当然のことですが，その見方も史料状況も決定的に違っています。1990年以前の研究が役に立たないわけではありませんが，やはり，かなり注意して読むことが求められます。

　本書の第Ⅲ部では，ドイツ史研究全体の文献案内とともに，各時代，各

章ごとの参考文献があげられています。ここで上記のような対象時期，テーマに内在する事情とともに，もうひとつ指摘しておかなければならないのは，（紙幅の限定された入門書にとって避けがたいことですが）本書はあくまでも読者の皆さんに研究案内として利用されることを前提としたものであり，ドイツ史研究全体について網羅的な情報，文献一覧を提供するものではない，ということです。こうした点を踏まえ，私たち編者から読者の皆さんにお願いしたいのは，以下の4点です。

　　既刊の研究入門文献の参照　　ドイツ史に関する研究入門には，すでに西川正雄編『ドイツ史研究入門』（東京大学出版会，1984年）という，記念碑的ともいえる文献が存在しています。同書において取り上げられている1984年以前の文献のなかで，現在でも重要で基本であるとみなされるものは本書でも紹介，掲載されていますが，それ以外についてもぜひ同書で確認するようにしてください。また，近年さまざまなテーマ史についても，いくつかの優れた入門書が刊行されています（ジェンダー，文化史，軍事史など。第Ⅲ部参照）。こうしたテーマについて研究したい人は，やはりこれらの文献にもあたってみてください。

　　掲載文献の取捨選択の目安　　本書で参考文献として取り上げられているのは，主として単行本・書籍であり，論文については，基本的かつ重要であるとみなされたもの以外は掲載していません。それは一般的に単行本では対象の主題についての研究史や史料・文献リストが充実しているからです。日本語の論文については，一般的には『史学雑誌』における「西洋史」新刊文献リスト（年3回）や，同誌5月号の「回顧と展望」でかなり網羅的に確認することができます。逆に同じ文献が複数の章で取り上げられるケースもありますが，これは本書が通読よりはむしろ該当する部分を参照するというかたちで利用されることを考慮したものです。

　　電子媒体の利用　　近年のインターネットなど電子媒体の進展と，その学術的利用の普及に対応して，本書ではドイツ史関係のサイトの案内・紹介にもできるだけ最新の情報と研究状況を伝え，自力で研究上有用な情報を入手できるよう配慮しています。

　　参考文献のアップデート　　なお，こうした入門書の宿命として，刊行

後，時がたつにつれて，内容と現実の研究の進展とのあいだのずれが大きくなるという問題があります。困ったことに，そうしたずれは，とくに関心が高く，研究が盛んな領域でめだつことが多いのです。こうしたずれを最小限に抑えて，本書の「有効期限」をできるだけ伸ばすためには，少なくとも研究文献に関してはアップトゥデイトな情報を伝える必要があります。そこで，文献などについては，5年程度をめどに，邦訳を含めた新規の重要な研究文献，有益な新サイト情報を山川出版社のホームページに，例えば「ドイツ史研究入門新規研究文献・史料集(2014〜18)」といったかたちで定期的に掲載・更新することを予定しています。本書を手にするのが発行年から数年たっている場合は，念のため，同社ホームページにアクセスし，確認してみてください。

　なお，ドイツの地名の日本語表記については，ドイツ語に基づくものが大半ですが，オーストリアのように英語起源(ドイツ語ではエースタライヒ)のものや，アルザス゠ロレーヌ(フランス語)のように現在帰属する国家の言語によるもの(ドイツ語ではエルザス゠ロートリンゲン)，また反対にシュレージエンのようにドイツ語での表記(ポーランド語ではシロンスク)が定着した事例など，統一した「決まり」は存在せず，それ自体が歴史的経緯のなかで定着・変化したものです。ただし本書では，誤解や混同を避けるため，原則として慣用に従い，必要に応じて別称も併記することとしました。

　最後に，本書の編集にあたっては，小野寺拓也さん(昭和女子大学)に年表や索引の作成をはじめ，全体の構成についても有益なアドバイスをいただきました。記して謝意を表します。

編者を代表して　木村靖二

目　次

総　説　　　　　　　　　　　　　　　西山暁義・千葉敏之　3

第Ⅰ部　通史編 ─────────────── 13
第1章　ドイツ・ライヒの成立　　　　　　　千葉敏之　14
　1　時代の概観　　　　　　　　　　　　　　　　　　14
　2　古ゲルマン時代の社会とフランク王国　　　　　　16
　3　ドイツ・ライヒの成立と叙任権闘争　　　　　　　25

第2章　ドイツ・ライヒの展開と神聖ローマ帝国　千葉敏之　38
　1　時代の概観　　　　　　　　　　　　　　　　　　38
　2　シュタウフェン朝時代と神聖ローマ帝国　　　　　43
　3　中世盛期のドイツ・ライヒ　　　　　　　　　　　47
　4　中世後期のドイツ・ライヒ　　　　　　　　　　　58

第3章　近世の神聖ローマ帝国と領邦国家　踊　共二・山本文彦　65
　1　時代の概観　　　　　　　　　　　　　　　　　　65
　2　宗教改革の始動と展開　　　　　　　　　　　　　73
　3　宗教改革と中世　断絶と連続　　　　　　　　　　78
　4　宗派国家の形成と近世ドイツの社会　　　　　　　82
　5　脱宗派化と信仰の変容　　　　　　　　　　　　　87
　6　近世の神聖ローマ帝国の展開　　　　　　　　　　91
　7　領邦国家の展開　　　　　　　　　　　　　　　　99
　8　近世ドイツの社会と文化　　　　　　　　　　　　105

第4章　「長い19世紀」　　　　　　　山根徹也・今野　元　111
　1　時代の概観　　　　　　　　　　　　　　　　　　111

2	改革期から三月前期へ	116
3	1848年革命	124
4	ドイツ統一へ	127
5	ドイツ帝国研究における論争	131
6	ドイツ帝国研究の諸問題	138

第5章　二つの世界大戦　　　　　　　　　　相馬保夫　151
1	研究史と論争	151
2	第一次世界大戦	159
3	ヴァイマル共和国	162
4	ナチ体制，第二次世界大戦とホロコースト	169

第6章　現代のドイツ　　　　　　　　　　　石田勇治　177
1	時代の特徴	177
2	占領から東西ドイツの成立	180
3	東西ドイツの基盤づくり　1950年代〜60年代初頭	184
4	二つのドイツの発展期　長い60年代	189
5	不透明な時代　1970年代半ば〜80年代末	194
6	平和革命と統一後のドイツ　1989年以降	197

第Ⅱ部　テーマ編 ─────────────── 203

第1章　自然と環境　　　　　　　　　　　　藤原辰史　204
1	環境史の課題	204
2	ドイツ史のなかの自然と環境	207
3	環境史の隣接諸領域との交流	215
4	「血と土」を超えて	219

第2章　教育と科学技術　　　　　　　　　　進藤修一　221
1	近代ドイツ教育史への問題関心の系譜	221
2	19世紀の初等・中等・高等教育	225
3	学校と大学の社会史	230

	4	科学技術の発展と教育改革	233
	5	ドイツ教育社会史の空白と今後の展望	238

第3章　民族的少数派と国境地域　　　　　　　　西山暁義　241
　1　ドイツ史における「境界」と「少数派」　　241
　2　ドイツとその東　ポーランド人地域　　　243
　3　ドイツとその西　アルザス＝ロレーヌ　　252
　4　東と西の比較と展望　　　　　　　　　　261

第4章　ユダヤ人と反ユダヤ主義　　　　　　　　長沼宗昭　263
　1　簡略な研究動向　　266
　2　18世紀以前　　　 270
　3　19世紀以降　　　 273

第5章　ドイツにおける近代歴史学の成立と展開　　木村靖二　280
　1　ドイツ史学史の意義と課題　　　280
　2　ドイツ歴史学界での主要な論争　293

第Ⅲ部　文献案内 ───── 299
第1章　ドイツ史共通文献　　300
第2章　時代別参考文献　　　312
第3章　章別研究文献　　　　331

◆付　録
　年表　　449
　系図　　459
　地図　　465
　人名索引　466
　事項索引　472

ドイツ史研究入門

総　説

目的としてのドイツ，方法としてのドイツ

　日本においてドイツ史を学ぶ意義とは何であろうか。このような問いは，ドイツ史研究に限ったことではなく，イギリス，フランス，アメリカ，ロシアなどをはじめとして，どのような「国民国家」の歴史を選んでも，あるいはそれがヨーロッパ，アフリカなどといった超国家的な地域の場合でも，最初に，あるいは繰り返し浮かび上がってくる問いである。もちろんそれに対する答えも多様でありうる。とはいえ，異文化，あるいは外国史としてのドイツ史を考えた場合，そこには理念型として2つのアプローチ（関心の寄せ方）を考えることができよう。すなわち，「目的としてのドイツ」と「方法・手段としてのドイツ」である。

　「目的としてのドイツ」とは，ドイツにかかわる個別的な事象や特定の分野への興味や関心，あるいは共感や反発に触発されて，ドイツそれ自体を知る，あるいはドイツへの理解を深めることを目的とするアプローチである。歴史研究であれば一国史的枠組が重視されることになり，そうした枠組は，例えば「なぜ文豪ゲーテ（哲学者カント）を生んだドイツがヒトラーを生み出したのか」という古典的な問題設定に典型的にあらわされている。さらに個別分野を超えた学際的総合研究であれば，「ドイツ学」へと進むことになる。

　一方「方法・手段としてのドイツ」とは，ドイツそれ自体に対するこだわりというよりは，むしろより広域にかかわるテーマ（工業化あるいは社会主義，ファシズムなど）についての問題関心から出発し，その事例研究の対象としてドイツを選ぶことである。この場合でもドイツを選択することがなんらかのかたちで説明される必要はあるが，そこでは共時的な比較や外的要因の影響が念頭におかれ，導き出される結論も他国との相違点ととも

に共通点も意識されたものとなる。上の例に倣っていえば、ナチスの台頭を20世紀前半のヨーロッパにおける近代民主政治の危機の一形態としてとらえようとするアプローチがそれに該当しよう。

　もちろん、こうした分類はあくまで理念的なもので、実際の研究においてはどちらかを選択するというものではなく、どちらに比重があるのかであることが多く、両アプローチが相互補完的に使われることが普通である。「方法・手段としてのドイツ」における比較も、結果として一国の伝統、連続性を強調することに繋がる場合もあるし、近年では「政治」「社会」「文化」といった概念そのものが複合化、多様化し、学際性自体が個々の分野のなかに取り込まれている側面も考慮する必要がある。とはいえ、この2つのアプローチの設定は、歴史学における外国史研究のはたしてきた役割、そしてそのなかでの地域的重心の移動とその背景、ことに日本におけるドイツ史に対する関心のあり方と消長について考えるうえで、有用な参照軸となりうるだろう。

モデルとしてのドイツ史
　一昔前であれば、『ドイツ史研究入門』の総説は「日本の近代歴史学がランケの弟子リースによって導かれ……」と始められ、さらに学問教養全般におけるドイツ文化の影響力の大きさが指摘されていたことであろう。20世紀初頭に海外に留学した日本人のじつに4分の3がドイツに向かったという事実が、このことを裏づけている(ベルリン州立図書館東アジア部門のHPには、1868〜1914年にかけてドイツに留学した計2700人の日本人のリストが掲載されている[Hartmann 2010])。そうした近代諸科学分野におけるドイツとの親近性に加え、1873年、ベルリンを訪れた岩倉使節団に対しビスマルクが富国強兵の重要性を説いたことや(久米邦武『米欧回覧日記』)、同使節団にも参加していた伊藤博文が大日本帝国憲法を準備するために再度ヨーロッパに滞在し、ウィーン大学教授の法学者ローレンツ・フォン・シュタインからプロイセン・ドイツの憲法をモデルとするよう助言されたことも言及されていたはずである。こうした日本の近代化における政治的な「モデルとしてのドイツ」という位置づけは、2010〜11年の日独交流百周

年に際してのドイツ連邦議会における決議のなかにおいても，あらためて強調されている。そこでは以下のように述べられている。「両国のあいだには，国民国家形成において大きな類似性が存在する。日本においてもドイツにおいても，工業化の開始はイギリスやフランスに比べて遅れたものであり，19世紀半ばあるいは終りのことであった。国民国家の建設は両国の場合1871年に遡り，ドイツでは帝国が建設され，日本では廃藩置県によって東京から統制される県令が大名に取って代わった。両国とも，立憲君主制の枠内で経済的・政治的に有効な近代国家を発展させることを目的とし，その際専門的な官僚層によって改革が主導された。ドイツの公法，私法はこの理由から多くの観点において日本の改革，なかんずく1889年の大日本帝国憲法の作成にとって適切なモデルであるとみなされたのであり，この憲法は1947年までその効力を有することになった」。

しかし，政治的なモデルとしての性格は，「アジアのプロイセン」という比喩にもあらわれる権威主義的近代化に限られたものではなかった。その一方では，対抗勢力としての社会主義・労働者運動の側でも，ドイツはマルクス，エンゲルスの母国として，また20世紀初頭にはもっとも組織化された労働運動と，社会民主党を擁する国として，先駆的な到達目標であるとみなされていた。こうしたモデル的性格は，文化的な影響，憧憬とあいまって，「目的としてのドイツ」の関心を前面に押し出すことになる。ドイツ「に」学ぶことはドイツ「を」学ぶことであった。外国語としてのドイツ語学習の人気もまた，このことをよく示している。モデルとしてのドイツに対する強烈な関心は，もっぱら同時代的観点からドイツを観察する傾向を強めることになった。先に述べたように，明治時代から第二次世界大戦にかけて日本から多くの留学生がドイツに留学し，帝政期だけではなく，ヴァイマル共和国，ナチス・ドイツにいたるまで，じつに注意深く観察し，紹介しているのである［岩村 2005；工藤・田嶋編 2008；加藤 2008］。ただし，その関心の所在ゆえに，描かれるドイツ・イメージにも独特の偏りがあったことは否定できない。例えば，ドイツはもっぱら工業国の側面でとらえられたこと（そして「にもかかわらず」ユンカーが政治を支配してきたこと）や，19世紀以降における宗教・宗派の意味が軽視，あるい

はもっぱら機能的な観点からのみ理解されてきたことなどがあげられる（もっとも後者については，ドイツ史研究に限定された問題というよりは，広く日本のヨーロッパ史研究に共通する問題でもある）。

　第二次世界大戦における両国の敗北は，一方で政治的な「モデルとしてのドイツ」の終焉を意味することになった。マルクス主義史学とともに戦後歴史学，とりわけヨーロッパ史研究をリードした「大塚史学」においては，モデルとなるのはむしろ「市民社会」が成熟し，民主主義が根づいたとされるイギリスであった。その意味で，「大塚史学」は，ドイツにおける市民革命の不在・失敗にナチ体制成立の原因を求める「特有の道」論とも親和性の高い議論であった。たしかに，戦後初期の日独（ここでは西独）両国の歴史学を比較したコンラートも指摘するように，当時の両国の歴史家たちにとって，歴史の単位としての「国民」は不動であり，彼らが共通して格闘した課題は，第二次世界大戦という破局後の「国民」としての自己理解を歴史的にいかに再構築するのか，ということであった。ただし，そこで問われたのは，ドイツの場合は主としてその地理的な範囲であったのに対し，日本の場合は近代化を担うべき社会的中核層（下級武士，豪農，「人民」など）の確定であり，状況的共通性からくるはずの相互関心はむしろ弱かったのである［Conrad 1999］。

　しかし「モデルとしてのドイツ」が完全に消滅したかといえば，そうともいえない。近代国家の「失敗例」としての共通性の認識に加え，例えば1970年代以降のドイツにおけるナチス・ドイツ，ホロコーストの歴史との取組である「過去の克服」は，1980年代以降東アジアにおいて歴史認識が政治問題化するなかで注目を集めることになった［石田 2002；佐藤／フライ編 2011；ライヒェル 2006］。また最近では，2011年3月11日の東日本大震災にともなう福島第一原発事故のあと，いち早くドイツにおいて脱原発が決定され，それ以前からあった「環境保護先進国」のイメージが強化されたことも記憶に新しい［ラートカウ 2012］。アクチュアリティの高いこうしたテーマはドイツ，ドイツ史への関心を活性化してきたし，そして今後も活性化することが——実態から遊離したドイツの理想化には注意が必要であるが——期待される。しかし，それが「目的としてのドイツ」への

回帰に繋がるわけではないこともまた確かである。ここでも，大学の外国語教育におけるドイツ語の地位の低下，停滞がその証としてあげられよう。

　むろん，ここで重要なことは，どのようにして「目的としてのドイツ」を復活させるか，ということではない。今日ドイツにおける自国史研究自体，ヨーロッパ史のなかに位置づけようとする傾向が強まっている［ケルブレ 2010］。それは現在ドイツが中心的な役割をはたしているヨーロッパ統合と並行した文化的プロセスともいえ，皮肉な言い方をすれば，19世紀の歴史家たちが国民国家の文化構築にコミットしたのと同様，21世紀の歴史家たちはヨーロッパ統合に関与し，結局そのための政治的役割をはたしているという点では変わりがないのではないか，と問うことも可能であろう。例えば「特有の道」論世代の代表的歴史家の１人であるヴィンクラーのドイツ近現代史概説『自由と統一への長い道』は，その原題（『西への長い道』）が示すように，紆余曲折をへた西欧への統合のなかにドイツ国民史の成功した終着点をみようとする試みである［ヴィンクラー 2008］。しかし，その一方でドイツ史研究者のコミュニティ自体も国際化しており，現在（2014年）おそらく最新のドイツ近現代史事典である『オクスフォード近代ドイツ史ハンドブック』では，その40〜50代の中堅世代である執筆者37人の出自はドイツ，イギリス，アメリカなど多様である。編者であるアメリカ人歴史家スミスは，ドイツ史がより広い発展のなかにいかに埋め込まれ，同時にその発展に影響を与えてきたのかを問う必要性を強調している［Smith (ed.) 2011］。このような相互関係的な視点からドイツ史をとらえることが今後さらに重要になるが，同時にそれが表面的なものに陥らないためには，ドイツそのものに関する深い知識も必要となる。

１つのライヒ，複数のドイツ

　かつてニーチェは『善悪の彼岸』（1886年）において，「ドイツ人を特徴づけるのは，彼らにおいて「ドイツとは何か」という問いが決して消えてなくならない，ということである」と述べた。ベネディクト・アンダーソンの『想像の共同体』以来の構築主義の洗礼を受けた現在からみると，それはドイツに限られたものではないのではないか，という反論が返ってくる

かもしれない。しかしドイツには、ニーチェが示唆するように、「国民」の自己理解ないしアイデンティティが相対的に（ここでの比較対象はやはり英・米・仏となるが）不安定であったことは否定できない。それには、領土の伸縮の激しさに加え、政治体制の変化、宗教改革以来のカトリックとプロテスタントの対抗関係など、さまざまな要因がある。さらにドイツ史を研究する際に基本的前提となるのが連邦制である。この神聖ローマ帝国以来現在まで続く国制は、まさにドイツの伝統ともいってよく、ドイツにおけるナショナリズムのあり方にも大きな影響を与えてきた［ニッパーダイ 2008；Langewiesche 2008；Umbach (ed.) 2002］。前述のドイツ連邦議会の決議にもあげられていた、ドイツにおける国民国家建設とされる1871年のドイツ帝国成立は、日本の場合でいえば廃藩置県ではなく、むしろ雄藩連合に近いものであり、その意味で「モデルとしてのドイツ」からは重要な点において逸脱していた。

　ただし、この連邦制という遠心力の一方で、枠組としての「ライヒ」という観念が求心力を発揮したことも否定できない事実である。「ライヒ」は神聖ローマ帝国を出発とし、日本語では一般に「帝国」と訳されることが多い。1806年にこの枠組が崩壊したのち、ドイツのナショナリストたちはその再建を構想し、運動することになる。1866年に成立した北ドイツ連邦議会はすでに「ライヒ議会」を名乗り、71年のドイツ帝国成立とともに文字通り「帝国議会」となる。しかし帝政崩壊後のヴァイマル共和国においても、国会の名称は「ライヒ議会」のままであり、ナチスにも受け継がれた。このように、「ライヒ」という観念は政治体制を超えた「国体」の含意があり、同時にそれは、近代的な意味でのドイツ国民国家としての意味にとどまらず、他民族を包含する「帝国」ともなり、ヨーロッパにおける覇権的地位を正当化する概念ともなった。いずれにしても、こうした「内と外」をめぐる分権的な遠心力と、にもかかわらず「ライヒ」として1つにまとまろうとする求心力とのせめぎあいが、ドイツ史の大きな特徴をなしており、こうした政治的編成の複雑なあり方は、誤解を恐れずにいえば、現在進行中のヨーロッパ統合（あるいはドイツ人がイメージするヨーロッパのあり方）を理解するうえでも参考になるであろう。

しかし，こうしたダイナミックなドイツ史はそれ自体興味をかき立てずにはおかない一方で，いざ入門的概説として「ドイツ史」を書こうとする場合，困難をもたらすことになる。その代表的な例がオーストリアをどう扱うか，という問題である。長らく神聖ローマ帝国の皇帝の座を占めてきたハプスブルク家が支配するオーストリアは，1866年の普墺戦争の結果ドイツから排除され，1938年の併合（アンシュルス）によって再びドイツに加わり，ヒトラーは故郷に錦を飾った。しかし1945年以降再び分離すると，ナチ時代の過去に対する「犠牲者史観」もあり，独自の「オーストリア国民」としての意識が定着することになる。この包摂・排除（分離）はたんにオーストリア自体にとってだけの問題ではなく，ドイツ史にとっては前述のカトリックとプロテスタントの拮抗関係においても大きな意味をもっていた。逆にいえば，オーストリアと対抗関係にあったプロイセンについても，近代におけるドイツ統一の中核であったことが強調されるなかで，その非ドイツ的な，あるいは多元的な構成が軽視されてきたという点にも配慮が必要なのである。とはいえ，どのような地理的名称をあてるにせよ，それ自体が歴史のなかで政治的な意味をもち，異なる解釈が対立し，読み替えられていくことは避けがたいといえるだろう。「ドイツ史」の代わりに「中欧史」という枠組を採用しても，「中欧」そのものが政治的なプログラムであり，また制度的な実態をともなわないものであるため，問題はより複雑なものとなろう［板橋 2010］。むしろ重要なことは，中央集権的な主権国家という近代日本のイメージをそのままあてはめないことであり，ライヒや同君連合，連邦制といった観念・制度を，時代の文脈のなかで理解し，意識しておくことである。

　地理的な枠組としてのドイツについて，もうひとつ指摘すべきは，植民地の問題である。植民地宗主国としてのドイツの歴史は英・仏などに比べると極めて短命であり，ビスマルクの植民地政策やヴィルヘルム2世の世界政策など帝国主義の枠組のなかで研究がおこなわれる一方，第一次世界大戦での敗戦による植民地喪失とともにドイツの植民（地主義）史も姿を消すことになった。しかし近年では，ポスト・コロニアル研究の影響を受け，「植民地なき植民地主義」として，帝国建設以前における植民地をめぐる

イメージがドイツの国民意識の形成に与えた影響力を指摘する研究や［Zantop 1997］，20世紀初頭のヘレロ・ナマクア虐殺を20世紀のジェノサイドの最初の例とみなし，それが第二次世界大戦においてヨーロッパに逆流するという植民地からホロコーストへの連続性を指摘する議論もでてきている［Zimmerer/Zeller (Hg.) 2003］。さらには，18世紀後半のポーランド分割以来のプロイセン・ドイツ史を多民族的な「大陸帝国」として，国民国家としての西ヨーロッパ諸国との対比よりも，ロシア，オーストリア，オスマンの諸帝国との比較や関係のなかで考察すべきであるという指摘もある［Ther 2004］。もちろん海外植民地と大陸の異民族支配（とくにナチ期の「生存圏」）には大きな相違が存在するが［Jureit 2012］，「ドイツ」を国境線の内側だけに狭く限定せず，開いて考察することが今後さらに必要となるであろう。

千年のドイツ，地層としてのライヒ

　このような「ドイツ」の重層性は，近現代史のなかに限定されたものとしてではなく，それ以前の歴史との「連続」と「断絶」をどのように考えるか，という点からも問われなければならない。

　波瀾に富むモダン・ドイツの彼方には，アルト・ライヒの歴史，すなわち「千年のドイツ」がある。ドイツという国の魅力の1つは，この歴史の厚みにあるといえよう。この厚みとはしかし，国として存続した「時」の長さだけを意味しない。この千年とは，ヨーロッパで唯一ローマ皇帝権を理念的に継承する国でありつづけた千年であり，キリスト教の中心であるローマを庇護し，あるいは教皇権と対峙しつづけた千年であり，文明としてのヨーロッパが形成されていくなかで，その中核を占めつづけた千年であった。ドイツという国のもつ重厚な雰囲気は，この重みある千年の歴史から立ち昇っている。

　中世のドイツ・ライヒは，アルプス西麓のブルグント王国，南麓のイタリア王国，都市ローマに対して宗主権をもつローマ皇帝の称号を得た。この事実は，国民国家成立史の観点からは，統治資源をドイツ王国に集中投下しなかったことで，民族の国家的統一を遅らせた要因とみなされる。だ

が，王の交替のたびにローマでの皇帝戴冠が期待され，教皇が危機に陥るたびにローマに行軍する使命を負うことで，この国は，王国内を巡幸するだけでなく，アルプス山圏(トランスアルピーネ)を往来する運動性を発揮した。この運動性は，ローマ法など地中海世界の文物・制度をドイツにもたらしただけではない。環アルプス圏の人・モノ・文化の循環を促しながら，アルプス以北の世界と地中海世界とを連結し，バルト海から地中海に引かれた縦軸は，文明としてのヨーロッパが成立するための背骨となった。と同時に，ドイツ・ライヒが担う皇帝の位は，国という単位を越えてヨーロッパをまとめるロジックとして機能したのである。

　一方，ドイツが宗教改革の震源地となりえた理由の1つは，ルターが神聖ローマ帝国に出現したことにあるといえよう。帝国議会のもつ公共性ある情報発信力，活版印刷術を通じた図像・文字併用メディアの普及，それらの出版物を通じた改革思想の伝播や，宗教改革家の移動を可能にした都市間ネットワークは，まさに帝国のみが提供しえた情報基盤であった。さらに，宗教改革が信仰の多元化と宗派主義を生み出した時代は，各君主国の宮廷社会が結婚・外交・戦争を通じて領土と国益を守ろうとする主権国家体制をヨーロッパに構築していく時代にあたる。複合国家から都市国家にいたるさまざまなタイプの国家体が覇を競い合うなかで，神聖ローマ帝国は，国家内国家である諸領邦を連邦制的に統合し，領邦間の利害を調整すると同時に，対外的には帝国としての威信を誇示し，オスマン朝などに対してはともに戦う，二重国家体へと変貌を遂げた。すなわち，帝国は，無数の小国が四肢を構成する政治的身体として，国家意志を表明し，行動する主体となったのである。

　1000年を越える中世も，300年におよぶ近世も，独自の政治文化，社会制度，文化表現をもつ個性ある時代である。近代の起源をそこに探し求めることもできるが，それぞれが「文明」と呼びうる完結性と豊かさを備えていたことを見逃してはならない。ドイツの歴史を，その端緒から現代まで時系列になぞると，この千年の厚みをもつ「近代以前」の歴史と近現代史とのあいだに，神聖ローマ帝国の解体と近代ドイツ国家の成立という，明らかな不連続・不整合が存在することがわかる。むろん，近代とそれ以

前の時代の不整合は，植民地支配を経験したアジア諸国や南北アメリカなど，世界の多くの国や地域でも看取されるものである。そして，その国の現在を理解するには，この不整合がいかに克服されたか(されえなかったか)を見極めることが不可欠なのだが，ドイツ史の場合，この課題がもつ意味は極めて大きいといえる。

　ただ，いかに不整合であれ，ドイツがもつ千年の歴史は，現代のドイツ人にとってたんなる過去の遺物などではなく，彼らの思想や歴史認識のなかに，芸術家や音楽家の作品のなかに，都市の建造物や農村の景観に，いわば地層のごとく堆積している。現代のドイツの魅力は，多くの場合，ドイツの文物がもつ歴史的な地層の奥深さと，掘り当てた地層に広がる豊かな歴史社会の存在に発しているといえよう。アルト・ライヒの歴史を学ぶ意義は，ここにもある。

西山暁義・千葉敏之

通史編

第Ⅰ部

第1章 ドイツ・ライヒの成立

1 | 時代の概観

時代区分について

　ドイツ中世は，伝統的に3つの時代に区分されている。フランク王国期から初期ザーリア朝までの初期中世(751/800～1075年)，叙任権闘争開始後の後期ザーリア朝からシュタウフェン朝皇帝フリードリヒ2世の死去までの盛期中世(1075～1250年)，大空位時代からヴォルムス帝国議会までの後期中世(1250～1495年)である。一方で，ゲルマニアがカロリング朝の統治下に組み入れられる以前の時期は，古ゲルマン時代(期)と呼ばれ，共和政期・帝政期ローマと時間的に並行する，ドイツ・ゲルマン史の「古代」とされる。

　ただし，時代を区分する境界点をどの年号(できごと)におくかは，歴史をはかる尺度によって異なってくる。すなわち，政治過程，統治システム，景況，文化現象，社会編成などの指標は，同じタイミングでいっせいに転換するわけではなく，相互に時差や変動リズムの遅速があるためである。通例，数百年単位での時代区分の境界点は，複数の指標の変動周期が一致するポイントにおかれる。そうであっても，1つの時代区分法に拘泥しすぎると，歴史の見方が一面的になったり，転換点をまたぐ重要な事象をとらえそこねてしまう。その一方で，時代区分をいっさい設定しなければ，中長期的な構造の変化を捕捉できず，中世の一千年間が，時計の針のように同じリズムで進むだけの平板な歴史に映じてしまう。ゆえに，時代区分とは，研究者が明確な目的をもって方法的に設定すべきもの(方法的時代区分)だということを認識したうえで，柔軟かつ戦略的に時代区分を設けていく姿勢が肝要である[時代区分論：Goetz 1999]。

ドイツ・ライヒとは何か

　かつて中世を近代国家ドイツ(あるいはドイツ帝国)の起源と位置づけた時代には，国家の名称に迷うことはなかった。しかし，中世のドイツ国家を，国家の担い手である人びとの自意識(国民意識)[Nationes 1978-]，君主の称号表記，国家の実態・機能を踏まえた国家生成の観点からみようとする現在，その時点をどこに求め，それをどう呼ぶかという問題は，じつに複雑な問いとなっている。この点を踏まえ，中世を扱う第1章・第2章では，ドイツの人民・王国・帝国を表示しうる「ライヒ」の語を用い，中世ドイツの政治体を「ドイツ・ライヒ」(deutsches Reich)と呼ぶこととする。この表記は，問題を迂回するためのものではなく，王国と帝国とのあいだを状況に応じて柔軟に往来する，弾力性ある政治体の国家性を的確に表現するための名辞である[千葉 2008；Goetz 1999]。

　ドイツ・ライヒは，ローマ人が名づけた「ゲルマン人」という他称とその居住地名「ゲルマニア」を出自上の土台とする。ライン左岸や国境沿いのゲルマン人社会は，すでに帝政ローマ期にローマ社会との融合を進め，西ローマ帝国滅亡後のポスト・ローマ期には，帝政期ローマの統治理念・統治技術は，とりわけフランク王国へと継承された。のちのドイツを構成する地域は，ガリアではなく，カロリング朝による征服によって王国に編入されたテューリンゲン，ザクセン，フランケン，バイエルンに由来するが，政治伝統(系譜意識)や統治実践は，ローマのそれを基盤にフランク人が築き上げたものを継承することになる。

　フランク王国の東西分裂後，東フランク王国は，5つの主要な分国(大公国)が王を推戴し，王国の一体性を具現する新たな政治構成体(初期ドイツ・ライヒ)へと変容していく。911年にカロリング家の男系血統が断絶し，919年王位がザクセン人のリウドルフィング家のもとに移る(オットー朝)と，その統治実践のなかで徐々に実体化が始まる。962年以降，東フランク王が，ランゴバルド王位，ブルグント王位，ローマ皇帝位をかね，その権利主張をおこなうにいたって，ドイツ・ライヒは，帝国と王国の双子的な政治体を維持するなかで，東フランク王国とは異なる新たな王国としての内実を固めていった。紀元千年頃の時点で，この王国に欠けていたのは，わ

ずかに「ドイツ」という形容詞だけであった。

　この「ドイツ」(deutsch)という語は，9世紀初めに教養語・行政語であるラテン語と区別するために，フランク人が話していた民衆語を指して呼んだ言葉 theodiscus に起源をもつ［トーマス 2005；三佐川 2013；EdG〈→303頁〉31[4]-III.B.10］。この語が，叙任権闘争期のプロパガンダ合戦のなかで教皇側から「ドイツ人たちの国」という矮小化された呼び方をされたことを契機に，名実備えた「ドイツ王国」が成立することとなる。古代ローマ帝国と理念上の連続性をもちながら，それとはまったく異なる原理に基づく政治体である神聖ローマ帝国についても，同じように，実体の形成と名称付与とのあいだに相当の時間的隔たりがあった。この点は，第2章で述べることにしたい。

2｜古ゲルマン時代の社会とフランク王国

古ゲルマン時代の社会

　古ゲルマン時代（ゲルマニッシュ・アルタートゥム）を研究する際，文字史料については，主役であるゲルマン人が書き記したもの（自筆史料）がないため，読み書き能力（リテラシー）をもつ観察者であるローマ人が残したわずかな記録に依拠せざるをえない。一方で，非文字資料である考古学的発掘物（定住祉や墓地などの遺跡・遺構，装身具・武具などの現物資料）は，ゲルマン人の定住形態，生活様式，食文化，埋葬文化などについての情報源となるだけでなく，文字史料の記述を裏づけ，補完するものでもある。研究組織上は，文字史料は歴史学が，発掘物・美術品は考古学・美術史学が取り扱うのを常とするが，近年では学際的なゲルマン研究のプロジェクトも増えている［Geuenich et al. (Hg.) 1997］。一方で，ゲルマン人の動向はローマ国家がとる政策に強く規定されているため，ローマ国家の属州政策や国境防衛システム（属州ガリア，ライン方面軍）を考察の枠組として理解しておくことが必要となる［『世界歴史大系 フランス史1』〈→333頁〉第1章；*CAH*〈→312頁〉7-ch.14］。

　ゲルマン（人）研究のテーマ・動向については，ポールの文献案内［EdG57[2]］が，専門用語・概念を調べるには『古ゲルマン時代事典』［*RGA*[2]

〈→313頁)]が必読である。また，最新の動向の確認には，『初期中世ヨーロッパ』(*EME*〈→314頁〉)などの雑誌の書評欄が有益である。この分野は，ウィーン大学およびオーストリア学士院の主導のもと，ドイツ・スイスの大学に附属する先史・考古学・古代史の学部・研究所が担ってきたが，近年では英米圏の研究者による研究も増えている。

古ゲルマン時代はおおよそ，①群小部族＝共和政期，②中部族＝帝国との衝突期，③大部族＝帝国侵攻期の3期に分けることができる。共和政期には，ゲルマン人の群小部族とローマ軍とがライン川付近で接触し，小戦闘が始まる。この時期については，かつての硬直的な部族(シュタム)の理解に代わり，エトノゲネーゼ生成論の観点から，ローマ人が与えた呼称(「スエービー人」など)が時間の経過とともに指示内容を変える可変的な概念であったとする説が有力となっている。そうした認識のもと，主要史料であるカエサル『ガリア戦記』の記述内容の再検討もおこなわれている[EdG57²–II.3]。

帝政初期になると，帝国北東部の安定化のためにゲルマニア征服を目論むローマと，これに対抗するゲルマン人とのあいだで本格的な戦闘が始まる。アウグストゥスが着手した攻勢策は，ウァールスの戦い(後9年，「トイトブルクの森の戦い」)での大敗をへて後16年まで続いたが[Wiegels et al.(Hg.) 2003³]，次代のティベリウス帝はライン左岸に上・下ゲルマニア軍管区を設置して侵攻に備える守勢の策に転じた。ゲルマン人とローマの関係は，五賢帝時代末期まで安定する。この間，国境地帯で進んだゲルマン人のローマ化ないしローマへの融合については，ゲルマン人の帝国領内定住，ローマ軍への統合，物資需給関係の成立など，さまざまな観点からの分析がある[Franzius(Hg.) 1995]。なお，タキトゥスが『ゲルマニア』(98年)を著したのは，この時期である[Timpe 1995；EdG57²–II.3.2]。

2世紀末に始まる「危機の3世紀」，ローマ帝国では各地の方面軍が皇帝を擁立する軍人皇帝時代にはいる頃，ライン川下流域にフランク人，アラマン人の二大部族連合が台頭し，国境侵犯と略奪を繰り返した[Dorothee et al.(Hg.) 2008]。続く4世紀には，ディオクレティアヌス，コンスタンティヌス1世両帝による改革の結果，帝国は四帝統治体制のもとに再建をはたし，迫害の対象であったキリスト教は公認(313年，ミラノ勅

令)され，その後急速に浸透して，380年にはカトリックが国教化された。帝国のキリスト教化がゲルマン人に与えた影響について，例えばパクストンは埋葬方式の変化にそれを読み取っている[Paxton 1990]。5世紀以降，ゲルマン人のローマ社会への浸透と文化融合がさらに進む一方で，フン人の西進を契機とするゲルマン諸部族の大規模な移動と再編が始まった。

古ゲルマン期の国家・社会制度については，王制(神権的王権)，軍隊王権，従士制，ゲルマン的自由・忠誠，氏族制，血統原理，女性の役割，信仰形態，各種の儀礼など，豊富な研究蓄積があり，また近年新たな研究成果もでている[EdG57^2-II.2]。

メロヴィング朝フランク王国とゲルマニア

メロヴィング朝の歴史のおもな舞台はガリアであり，研究組織上，ドイツ・フランスの研究が重複する分野である。フランス史の観点からの歴史については『世界歴史大系 フランス史1』(第3章)，研究上の要点については『フランス史研究入門』(第2章)[佐藤・中野編 2011]を参照されたい。ドイツ史の観点からの歴史については，邦語では『世界歴史大系 ドイツ史1』〈→300頁〉，ドイツ語ではエーヴィヒの概説，英語では『新ケンブリッジ中世史』が手始めとなる[Ewig 2001^4; *nCMH*〈→312頁〉1]。

メロヴィング朝に関する史料には，おもに以下の類型がある。まず，国王証書，宮宰証書[MGH〈→316頁〉DM]，公文書の書式集，公会議決議，勅令などの行政文書，またプラキタなどの裁判記録[加納 2002]，部族法典などの法=裁判文書，所領明細帳などの実務文書である[佐藤 1997]。つぎに，トゥールのグレゴリウス『歴史十巻』，『フレデガール年代記』，『フランク人たちの歴史の書』，『ダゴベルト1世の事績』といった年代記・編年誌[FSGA QMA〈→316頁〉2-4]に加え，数多くの聖人伝[MGH SSrM III-VII]などの叙述史料がある。さらにクローヴィスの洗礼に関する記述で知られるヴィエンヌ司教アウィトゥスの書簡や，ウェナンティウス・フォルトゥナトゥスの詩などがある。史料一覧はエーヴィヒの概説に[Ewig 2001^4]，史料刊本はおもに史料叢書「モヌメンタ」(MGH)に，史料原本はファクシミリ版叢書「初期ラテン文書」(ChLA〈→317頁〉)に収録されている。

フランク王国の創設者とされるクローヴィス（在位481〜511）については，まず部族内での権力掌握過程，ガリアの統一過程，ライン地方・アルプス地方に対する軍事遠征（対ブルグント人・テューリンゲン人・アラマン人）の過程が論点となる［ミュソ＝グラール 2000；Ruche (éd.) 1997］。一方，地中海世界に占める地位という点では，東ローマ皇帝から得た「コンスル職をもつ属州監督」の称号の評価が問題となる［橋本 2008］。またもっとも注目される，カトリック（アタナシウス派）への改宗問題については，改宗の契機の面（王妃の勧め・戦勝祈願）と政治的思惑の面（セナトール貴族との信仰面での同化，アリウス派中心の国際秩序からの自立）とともに，事件を伝える諸史料のレトリックの面（改宗の定型描写(トポス)）などがおもに分析の対象となっている［Steinen 1963；Weiss 1971］。

クローヴィス没後，その遺領は息子たちのあいだで，ランス王国，オルレアン王国，パリ王国，ソワソン王国に分割相続された。対ゲルマニアでは，メロヴィング王権は，テューリンゲン王国，ブルグント王国，上・下オーストリア，ケルンテン地方に対し，「第2拡張期」と形容される拡張策をとった［Hauptfeld 1985］。また，561年に始まる熾烈(しれつ)な「内乱期」の過程で，アウストラシア（東王国），ネウストリア（西王国），ブルグンディアからなる三分王国体制がしだいに固まっていく。

クロタール2世・ダゴベルト1世による全分王国の単独統治（613・632年）が実現した7世紀前半には，三分王国を統合する王国理念がきざす一方，各分王国内で有力な貴族家門の勢力が増した［Ewig 1981］。国王代理としての宮宰による統治が認められ［Nonn 1998］，パリ勅令（614年）では，王国役人の在地貴族層からの選任が定められた［Kocher 1976］。アウストラシアでは，宮宰大ピピンの出自するピピン一門が王国を実効支配していたが，ダゴベルト1世は，王国周縁部の安定化，サン・ドニ修道院の王家霊廟(れいびょう)化，農村地帯での修道院建設の推進（聖コルンバヌス）［Löwe (Hg.) 1982］などの実績を残した。また，パリの国王宮廷で養成されたエリートは，これら修道院や司教座の長となり，異教的要素の排除と教区システムの整備を推進した。

ピピン2世率いるアウストラシア軍がネウストリア軍を破ったテルトゥ

リィの戦い(687年)と，ピピンの単独統治(688/689年)は，メロヴィング家からピピン＝カロリング家への権力移転の決定的な転換点と評価されている。ただし，王朝の交替はあくまで751年のクーデタまで実現されえなかったとみる研究者が多く[Fouracre 1984]，687～751年間の末期メロヴィング期を機能不全で，まったく傀儡(かいらい)政権と貶める見方は，じつはアインハルトに代表されるアンチ・メロヴィング色の濃い，カロリング朝期の歴史叙述の影響であるとの指摘もある[Gauert 1984]。

　この時期，メロヴィング王権は，ライン右岸地域の本格的な再編をおこなう。6世紀初めに王国に併合され，部族名や法(『アラマン人の法』)の維持を認められていたアラマン人は，アルザス(エルザス)および北・東スイス地方に広がる地域に根ざす領域権力へと発展した[Geuenich et al. (Hg.) 1985]。一方，ノーリクム・パンノニアの諸部族から形成され，バイエルン地方に定着したバイエルン人については，部族名の起源，部族の形成過程をめぐり論争があるが，アラマン人同様，この時期に新たに創出された部族連合体であるとの理解では一致している。こうした南ドイツ・スイス・オーストリアにわたる帯状地帯の動向は，同時に，東ローマ帝国の西部辺境経営，東ゴート王国の北部辺境経営とも切り結ぶ問題であった。この点で，「バユヴァーレン」(バイエルン人)の創出に東ゴート王国やビザンツ帝国の働きかけをみる説は示唆に富む[EdG26^3-II.6.4]。

　メロヴィング朝に関する近年の研究は，「古代世界の構造変動(トランスフォルマツィオン)」という，諸地域の相互影響を現象論的に考察する研究姿勢のなかで，従来の硬直的な学説や概念を再検討する方向で進んでいる。古代と中世を厳格に区分し，両者の連続・断絶を議論する態度は，有効性を失いつつあるといえる。

カロリング朝の国家と社会

　カロリング朝研究では，ドイツ，フランスに加え，イタリア人研究者の研究が本格的に増えてくるため，広く文献に目配りをする必要がでてくる。時代の概観・研究動向・文献を知るには，ブッシュの文献案内[EdG88]およびシュナイダーの文献案内[OGG〈→303頁〉5^4]が基本となる。また，歴

史過程の理解のためには，『世界歴史大系 フランス史1』(第4章)，『フランス史研究入門』(第2章)，『世界歴史大系 ドイツ史1』(第2章)，英語では『新ケンブリッジ中世史』第2巻[nCMH2]，ドイツ語ではシーファーの概説書[Schieffer 2006⁴]が手始めとなる。最新の研究動向を押さえるには，『初期中世ヨーロッパ』(EME)，『フランキア』(Francia〈→308頁〉)などの雑誌のチェックが欠かせない。

史料の類型については，国王証書，勅令，編年誌・年代記，聖人伝・国王伝・司教伝などの伝記，詩，アルクィンなどが執筆した学術論文や聖書註解など，そのジャンルは9世紀以降，格段に増える。史料校訂版は「モヌメンタ」(MGH)に，史料原本は「初期ラテン文書」(ChLA)に，史料一覧はブッシュの文献案内[EdG88-Ⅲ.1]にある。史料の現代語訳としては，ドイツ語対訳叢書「シュタイン史料叢書」の該当巻[FSGA QMA4-7]のほか，一部には邦訳もある[『中世思想原典集成6』〈→316頁〉]。

カロリング家の台頭期については，アルヌルフ家とピピン家の統合(中ピピン期)，家領の拡大過程，宮宰権限の強化も含め，ブッシュの文献案内[EdG88]を参照されたい。カール・マルテル(宮宰在位720以前～741)については，南仏・地中海沿岸地域をめぐるウマイヤ朝との対立，南仏ミディ地方・プロヴァンス地方に対する遠征，低地地方のフリーセン人・ザクセン人，ヘッセン地方・テューリンゲン地方，アラマン人・バイエルン人に対する遠征などの軍事行動，また封臣軍(鉄甲騎兵)の編制，教会・修道院領の収公による財源の確保，俗人の司教・修道院長職への登用など，カールが主導した一連の改革などが，研究上の焦点となっている[Jarnut et al. (Hg.) 1994]。

小ピピン(ピピン3世，宮宰在位741～，王在位751/752～768)の治世については，フランク王権が300年におよぶ歴史のなかではじめて経験する王朝交替について，教皇座との事前交渉から「ピピンの寄進」(756年)にいたる6年間の経過，ローマへの使節派遣，教皇ザカリアスとピピンとのあいだで結ばれた密約などが議論されている[Semmler 2003]。また，国王戴冠式への塗油式の導入や[Hack 1999]，754年の教皇ステファヌス2世によるパリ(サン・ドニ)での戴冠・塗油の狙いをめぐり，それを証言する史料

(『ピピンの塗油に関する条項』)の真偽・成立時期の問題［Strothmann 2008］を含めた，ニュアンスに富む議論がある［EdG88-II.3.1］。さらに，756年の「ピピンの寄進」(厳密にはランゴバルド人による征服地の返還)［Noble 1984］，キルデリク3世と息子テウデリクに対する処置としての幽閉［Busch 1996］，カールマンの隠棲(747年，モンテ・カシーノ修道院)と後継者カール(大帝)の誕生との関係性［Richter 1998］などが，おもな論点となっている。

　メロヴィング朝時代に引き続き，ブリテン諸島からの伝道師の活動とそれを支える王権の政策が，急速に広がる王国支配領域のキリスト教化の推進力となった。この点では，フリースラントへの伝道をおこない，エヒテルナハ修道院(レーゲンスブルク)を創設したアングロ＝サクソン人ヴィリブロルド(657頃〜739)，その後を継ぎ，フランク王権と教皇の後ろ盾を得て，ドイツの伝道と司教区制の整備を進めたボニファティウス(ヴィンフリート，672頃〜754)の役割がとくに重要となる［Felten (Hg.) 2007］。こうした王朝転換期の伝道活動については，パートベルクの一連の研究が手がかりとなる［Padberg 1995］。

　カール大帝(在位768〜814)については，数多くの伝記［Hartmann 2010；McKitterick 2008］，個別テーマに関する単著の出版に加え，大部な論文集，展示が企画されてきた。最初の本格的な出版企画は，シュラムをはじめ錚々たる中世史家が寄稿した論文集(5巻本)であり［Braunfels (Hg.) 1965-68］，最近では799年の教皇レオ3世とカール大帝の会談を扱った「799年――カロリング朝時代の芸術と文化」展のカタログ［Stiegemann et al. (Hg.) 1999］(3巻本)がある［EdG88-II.3.2］。2000年には，皇帝戴冠1200年記念を契機とする出版もあいつぎ，ドイツ歴史家大会もアーヘンで開催された［Kerner (Hg.) 2001］。

　統治実践面では，国王証書の文面の分析に加え，証書発給の統治コミュニケーション上の意義を問う研究や［Mersiowsky 2013］，王国全土に妥当する法規範と考えられていた勅令について，口承・文字文化が相克する社会における機能を問いなおす研究が進んでいる［Mordek 2000；Schieffer (Hg.) 1996］。また，勅令を中央権力と地方エリートとのあいだの「交渉の土台」と位置づけた場合，司教や伯を巡察使(ミッシ・ドミニキ)として

派遣する制度［菊地 2012；Kikuchi 2013］，王国集会・教会会議などの集会［津田 2010］の統治上の機能も，コミュニケーション論の観点（合意形成）からの再評価が求められる。

　皇帝戴冠（800年）については，まずできごとを伝える4点の同時代史料の概要を，ネルソンが提供している［EdG88-Ⅲ.3.2.7；Nelson 2005］。戴冠前年の教皇レオ3世とのパーダーボルン会談（799年）については，上記の展示カタログが有益である。この点に『カール大帝伝』著者アインハルトが言及していない問題（「アインハルトの沈黙」）については，各伝承を記憶形成・操作の観点から分析するフリートの研究がある［Fried 2001a］。このほか，皇帝戴冠と終末論との関係［Brandes 1997］，ビザンツ皇帝との外交関係など［Classen 1988^2］，論点は多様である［フォルツ 1986］。この事件を通じて，皇帝戴冠地としてのローマ，皇帝戴冠者としての教皇の地位など，のちの皇帝戴冠の次第が定まった点も見逃せない。

　カール大帝の文教改革（「カロリング・ルネサンス」）については，その鍵となる「文化の矯正(コレクティオ)」概念に関する研究をはじめ［Edelstein 1965］，アルクィンら招聘(しょうへい)学者・宮廷顧問［Marenbon 1981］，宮廷附属学校，古典文献の蔵書，書体・正書法・文法改革，写本生産システム［Contreni 1992］，教育制度の拡充［Hildebrandt 1992］，関連する勅令などが研究上の主要テーマとなっている。写本制作技術の向上，自由七科や神学教育の拡充を通じ，王国全体で読み書き能力の浸透がはかられただけでなく，古典・教父著作との対話のなかから，皇帝位を担う新しい国王像が彫琢(ちょうたく)され，それが国王証書や書簡，統治実践を通じて表明された。ただカールの国家が，王とエリートの人的結合に基づく統治体を超えて，制度化・客観視された「国家」であったか，すなわちその国家(シュタートリヒカイト)性をめぐる議論では，現実を国家理念へと抽象化する思考の欠落を指摘する研究が興味深い［Pohl et al. (Hg.) 2009］。この点で，当時の社会階層（貴族・エリート）の実態，君主の理想像を語る君主鑑(フュルステンシュピーゲル)がはたした役割との関係が問われるところである［岩村 2007；$EdG72^2$］。

　ルートヴィヒ1世敬虔帝（在位813/814～840）［Boshof 1996］については，国王証書［MGH DLdF（近刊）］のほか，2つの伝記がある（テーガン『ルートヴ

ィヒの事績』，アストロノムス『ルートヴィヒ伝』[MGH SSrG64]）。カール大帝の3人の嫡男のうち，唯一生き残ったルートヴィヒは，単独で父の王国を継承した。「偉大な父をもつ小器の息子」という伝統的評価が根強い一方で，聖俗の融合するキリスト教的王国理念の形成にはたした役割を評価する研究もある[Jong 2010; Dutton 1994]。治世中のおもな課題は，教会・修道院改革と王国・帝位相続原理の確立の2つである。前者では，アニアーヌのベネディクトを顧問とし，2度のアーヘン教会会議(816・817年)の開催・勅令の発布をとおして，共住聖職者(カノニカー)(聖堂参事会員)および修道士の生活規範の統一と徹底をはかった。後者では，父カール大帝の定めた王国分割令(ディヴィシオ・レグノールム)(806年)の方向性を継承しつつ，817年に3人の息子に自立的な分国統治を認める帝国整序(分割)令(オルディナティオ・インペリイ)を布告した。しかし，823年に第二妃ユーディトがその息子シャルル(禿頭王)の相続分を求めて以降，王国は，敬虔帝と三子との父子間戦争にはいる[Nelson 1996; Staubach 1992-93]。1990年代の紛争社会研究(後述)の進展を受けて，この時期の父子間・兄弟間戦争は，格好の研究対象となっている[Booker 2009]。敬虔帝死後，王国は，その長子で皇帝のロタール(1世)と弟たち，すなわちアキテーヌ王ピピン(その死後は息子ピピン2世)，ルートヴィヒ2世(ドイツ人)，シャルル禿頭との兄弟間戦争の時代にはいる。

初代東フランク王ルートヴィヒ2世(876年没)については，証書集[MGH DLD]のほか，『フルダ編年誌』などの歴史叙述がある[EdG88-II.3.5]。同王の生涯・事績については，ハルトマンによる伝記的叙述が[Hartmann 2002]，近年の研究成果については同じくハルトマン編の論文集が参考になる[Hartmann (Hg.) 2004]。個別研究には，バイエルン，ザクセンなど個々の分国(レグヌム)に関するもの[Hammer 2007]，東フランク王国における共族意識の形成に関するものがある[Geuenich 2004]。また，ドイツ・ライヒの成立を扱う文献リストも必見である[EdG31^4]。シャルル禿頭王死後の展開についてはフリートほかの論考を[Fried 1983; McLean 2003]，アルヌルフ(アルヌルフ，「フォン・ケルンテン」)についてはフックスの編著[Fuchs et al. (Hg.) 2002]を，7歳で即位したルートヴィヒ4世幼童王についてはオッファーゲルトの研究を[Offergeld 2001]，コンラート1世についてはジ

ャックマンの研究を参照されたい[Goetz et al.(Hg.) 2006；Jackman 1990]。

カロリング朝末期の東・西フランク王国を襲った外敵の侵攻は，両国の政治秩序に多大な影響をおよぼした[Bowlus 1995]。東フランク王国領内への侵攻を繰り返していたマジャール人については，907年のプレスブルク（ブラティスラヴァ）の戦いを，東フランク王国史の転機とする研究もある[Hiestand 1994]。イベリア半島のイスラーム教徒は西地中海の島々や沿岸部を襲い，さらにはローヌ川を遡ってアルルやアルプス地方までをも襲撃した[Sénac 1980]。ノルマン人は大西洋・北海にそそぐ主要河川を遡行し，西フランクの司教座都市や有力修道院を襲撃する一方，ライン川・エルベ川を遡行して東フランクのザクセンを略奪した[Zettel 1977]。ゆえに，リウドルフィング家のザクセンは，東のスラヴ諸族やマジャール人の侵攻に加え，西のノルマン人の侵攻に同時に対処せねばならなかった。

3│ドイツ・ライヒの成立と叙任権闘争

オットー朝とローマ帝国の再生

オットー朝研究は，1990年代，ライザー，アルトホフ，ケラーらを中心に，大胆な研究視角・解釈法の転換と叙述の書換えを経験した。その際にキーワードとなったのは，儀礼的パフォーマンス，政治ゲームとそのルール，口承性，紛争社会構造論，記憶論，史料機能論といった概念であり，言い換えれば，当時の社会をコミュニケーションという相互行為を前提に読みなおす営みであったといえる。その前提となったのは，1970年代に始まるフライブルク＝ミュンスター学派の記念祈禱(メモリア)研究であり，そこから発展した記憶論が90年代に史料解釈に適用された結果，史料の機能を社会のコミュニケーションのなかに位置づける史料機能論が胚胎することになった[EdG27³-II.6；Goetz 1999]。この転換については，アルトホフ編の論文集が必読である[Althoff et al.(Hg.) 1998；Althoff(Hg.) 2001]。1990年代に集中したオットー朝関係の展示にも，この方向性が色濃く反映されている[Euw et al.(Hg.) 1991；Puhle(Hg.) 2001]。

オットー朝研究をおこなう際の同時代史料には，発給点数が増える国王

証書[MGH DOI～III, HI～II]ならびに教皇証書・私証書(司教証書など)，書簡[MGH Epp.DK]，年代記・編年誌(ヴィードゥキント，リウトプラント，ティートマールなど)[MGH SSrG]，聖人伝・司教伝，記念史料[MGH LM, LM.NS]，韻文(ロツヴィートなど)，支配権標(王冠・マントなど)，写本挿絵，教会法集成，式次第など，史料類型も豊富となる。史料の現代語訳として，ドイツ語訳では「シュタイン史料叢書」の該当巻[FSGA QMA8, 9, 22]があり，一部の史料には英訳もある[例えばWarner 2001]。概説は，邦語では『世界歴史大系 ドイツ史1』〈→300頁〉，英文では『新ケンブリッジ中世史』[nCMH3]，独文ではアルトホフによる概説が手始めとなる[Althoff 2012³]。学術雑誌では，とくに『初期中世研究』(FMSt〈→314頁〉)が重要となる。上記の事情もあり，研究文献は過去20年間で急増し，研究テーマも幅広くなっている[EDG27, 31；OGG6]。

　コンラート1世から次期国王に指名されたリウドルフィング家のザクセン大公ハインリヒ(1世)[Giese 2008]は，919年，フリッツラーで東フランク王に推戴された。同王の治世では，この王位継承(家門と部族の交替)の経緯・意義，戴冠式での塗油・戴冠の辞退(「塗油されざる王」)[Erdmann 1968]，水平的同盟関係である友誼盟約（アミキチア）[Althoff 1992；Epp 1999]，西フランク王との王位の相互承認(921年，ボン協約)，ブルグント王国からの聖槍の獲得[Worm 2000]，王国の東部辺境経営(926年のハンガリーとの講和，ブルクヴァルド制による辺境防備施設の拡充)，リアーデの戦いでのハンガリーに対する勝利，長子オットー(1世)の後継者指名，などが論点となる。

　続くオットー1世の治世では，まずアーヘンでの国王戴冠式が問題となる。ヴィードゥキント『ザクセン史』の詳細な描写(マインツ大司教による司式，フランク風の衣装，カール大帝の玉座への着座式，支配権標の授受，塗油式，戴冠式，祝宴と4大公による宮内職の象徴的挙行)は，オットー朝の戴冠儀礼や国王理念の分析の重要な根拠であるが，近年，その構成性や意図的な改竄（かいざん）を指摘する研究があいついでいる[EdG27³‐II.6.1；Keller 2002]。こうした記憶操作的な歴史編纂に対する懐疑は，初期中世の叙述史料全般におよび，文書記録の意図的な破棄の可能性を指摘する研究もある[Geary 1996]。

第二に，統治初期に集中する親族・諸侯との紛争は，大公位を王家成員に与える王家大公支配や家門の女性成員のはたした政治的役割など，親族の統治上の機能を問いなおす議論のなかで注目されている［Erkens 2004; Glocker 1989］。第三に，とくに東方・北方の辺境経営（辺境伯領の設置，伝道活動，植民，司教区制の導入）では，伝道センターとしてのマクデブルク大司教座（対東欧），ハンブルク゠ブレーメン大司教座（対北欧）の役割，属司教座（ズフラガンビストゥム）の問題，伝道の皇帝理念上の意味［千葉 2006］などが主題となっている。

　第四に，カロリング朝から続くイタリア王国（帝国領イタリア（ライヒスイタリエン））の問題がある。これは，アルプス山圏南西部におけるイヴレア辺境伯とプロヴァンス王との勢力争いを背景とするが，教皇領が浸食された時点で，ローマとの接点が生まれてくる。プロヴァンス王の未亡人アデレード（アーデルハイト）とオットー1世の婚姻は，イタリア王の称号（に対する宗主権）を王家にもたらし，王国はアルプス山圏（トランスアルビーネ）を往来する政治体となる［Huschner 2003a］。これに関連して，第五に，皇帝戴冠と王位゠帝位の継承の問題がある。この点では，962年の戴冠式の式次第，教皇とのあいだでかわした証書（「オットニアーヌム」）［Zimmermann 1962］，967年の共同皇帝戴冠，972年のテオファヌとオットー2世の婚姻が論点となる［千葉 2005; Schulze 2007］。

　973年の父帝死去の時点ですでに王冠・帝冠をいただいていたオットー2世は，すぐに単独統治を開始する。オットー2世については，短命・イタリア政策への深入りなどを理由に否定的な評価が主であったが，そのイタリア政策を，国王大権・皇帝理念の普遍性を強化したとして肯定的に評価する研究もあらわれている［Seibert 2001］。研究上の焦点の1つは，従兄弟のバイエルン大公ハインリヒ喧嘩屋（ツェンカー）による蜂起に対する対処にある。これは家門構成員による王位の正当性への挑戦であり，叛乱（はんらん）鎮定後ハインリヒは拘禁，領国は解体されたが，オットー2世死後，オットー3世の順当な後見人として復権し，再び王位を請求した［Erkens 1993; Seibert 2004］。第二の論点は，980年末以降983年の病死まで続くイタリア遠征である。この遠征は，ローマでの復活祭挙行（981年春），南イタリアの帝国統合のための遠征，イスラーム軍との戦闘と敗北（コロンネの戦い），ヴェ

ローナ帝国会議の開催(983年)，オットー3世の国王選出と展開した[Alvermann 1998]。各事件の経緯や意図に加え，皇妃テオファヌを介したビザンツ宮廷文化の流入が，近年の展示でも中心的な論点となっている[Euw et al.(Hg.) 1991]。

 3歳で国王に戴冠したオットー3世の治世は，摂政期と親政期に分かれる[Görich 2001²]。母后テオファヌの摂政期は，有力貴族家門を土地や官職の付与を通じて懐柔する安定的な国内統治と，西フランクのユーグ・カペーやポーランドのミェシュコ1世との外交にみせた手腕を特徴とする。幾通かの皇帝証書で自ら「皇帝テオファヌ」と名乗ったテオファヌは991年に死去し，その後は祖母アデレードが摂政を務めた[Engels et al.(Hg.) 1993]。ゾーリンゲン帝国会議(994年)での帯刀儀礼をもって親政を始めたオットー3世の治世でもっとも注目される政策は，「ローマ帝国の再生（レノウァティオ・インペリイ・ロマノールム）」という標語(皇帝証書に付された鉛製印璽（いんじ）の銘)に象徴される。研究上は，宮廷司祭ベルンヴァルト(ヒルデスハイム司教)，ジェルベール・ドリャク(教皇シルウェステル2世)，ヴェルチェリ司教レオなど，同理念の形成に影響を与えた人物群，宮廷司祭で従兄弟のブルーノの教皇選出(グレゴリウス5世)とローマでの皇帝戴冠(996年5月)，皇帝・教皇共催のローマ教会会議，ローマの都市改造，古代ローマ風の官職・儀礼の復活，紀元千年の春に挙行された世界巡幸とポーランド公ボレスワフ・フロブリとのグニェズノ会見（アクト・フォン・グネーゼン）などの論点がある[Borgolte(Hg.) 2002]。また，聖アダルベルトを師事し，ボニファーチョ゠アレッシオ修道院を庇護したオットー3世の隠者的資質を指摘する研究[千葉 2010]や，写本挿絵の戴冠図の解析を手がかりにオットー3世の帝国理念を論じる研究もある[Fried 2001b²]。

 オットー3世の夭折後，王位は家門のうち「ハインリヒ」の名を継承する系列へと移り，ハインリヒ喧嘩屋の息子ハインリヒ(2世)が継承する[Weinfurter 2002³]。ザクセンでなくバイエルンを拠点とするハインリヒ2世の治世については，第一に，王位継承の手続き・正統性確保の手順の問題がある。第二に，バンベルク司教座創設，教会・修道院への庇護・寄進(王国教会体制)，国王参事会員制（ケーニヒスカノニカート）(後述)，ロタリンギア改革運動への支

持，といった教会政策に関する論点がある[Hoffmann 1993]。第三の論点は，ピアスト朝ポーランド（ボレスワフ1世フロブリ）をはじめとする東方経営などの対外政策である。政治標語の転換（「フランク王国の再生」）を根拠にハインリヒ2世とオットー諸帝との統治理念・実践上の連続性を問う研究があるが[Schneidmüller (Hg.) 1997]，通説的には，オットー朝とザーリア朝（とくに初期）をひとくくりにする立場が主流である。

ザーリア朝と叙任権闘争

　ハインリヒ2世没後，オッペンハイムに諸侯集会が開かれ，全員一致でザーリア家のコンラート（2世，在位1024～39）が新国王に選出された。まず新たに王家となったザーリア家（朝）について，基本文献としてはボスホーフの概説[Boshof 2008⁵]および『世界歴史大系　ドイツ史1』，『新ケンブリッジ中世史』[nCMH4-1]が，研究動向・文献情報ではボスホーフおよびハルトマンの文献案内[EdG27³, 21³]，証書原本・写本挿絵・建造物などの図版については展示カタログが手始めとなる[Heeg (Hg.) 2011]。

　史料では，証書類，叙述史料，書簡などの基本史料類型（MGH）に加え，叙任権闘争の関連では論争文書，教皇書簡，教皇令，公会議・教会会議決議が重要となる。詳しい史料一覧についてはボスホーフの上記概説の巻末を，史料対訳は「シュタイン史料叢書」の該当巻を参照されたい[FSGA QMA12, 12a, b]。

　コンラート2世の治世では，まず王家交替時の選出・戴冠のプロセス（「ドイツ史上最初の国王選挙」），すなわち先帝の后クニグンデからの支配権標の継受，マインツでの塗油・戴冠式，アーヘンでの着座式，王国全土の騎行など，個々の構成要素の意味が問われる。また，1026年のイタリア遠征と27年3月のローマでの皇帝戴冠式（デンマーク＝イングランド王クヌーズらが列席）の政治的意義が問題となっている。そのほかに，南イタリアへの遠征，ブルグント王国の帝国編入（相続協定にのっとる），帝国レーン法（「封についての制定法」）の発布，都市ミラノとの対立・戦争，王を国（船）の舵手になぞらえる超人格的国王観念（伝記作者ヴィーポ），などの論点がある[Wolfram 2000; Erkens 1998]。

続くハインリヒ3世(在位1039～56)は[Laudage 1995]，まず内政面では，ハルツ山地の王領の整備とゴスラーの王宮造営，王宮教院(カイザリッヒェ・カペレ)の設営，シュパイアーの家門霊廟の造営といった統治基盤・統治システムの強化をはかった[Huschner 2003b]。また，教会政策においては，クリュニー改革運動を支援し，改革派のペトルス・ダミアニやクリュニー修道院長フーゴーとの親交をはかるとともに，帝国教会制を拡充した。イタリア政策では，ローマ教皇のシスマ(教会分裂)に介入して教皇を廃位し，教会会議でシモニア(聖職売買)禁止などの綱紀粛正をはかり，また教皇選挙にも介入して，ドイツ人教皇(クレメンス2世ほか)を誕生させた[Engelbert 1999]。対外的には，婚姻による同盟政策を展開し，北方経営では大司教座を強化してスカンディナヴィア伝道を組織し，東方経営ではボヘミア，ポーランド，ハンガリーを帝国のレーン制支配のもとにおく政策をとった。さらに，1050年代には国内の紛争を処理しつつ，王位世襲(王朝化)の準備を進め，53年のトリブール帝国集会で3歳のハインリヒ(4世)を諸侯の同意を得て国王に選出させた。

　ハインリヒ4世(在位1056～1106)の治世は，ザーリア朝君主のなかで圧倒的に研究が多い[Althoff 2006;EdG21³-III.2.1]。その長い治世は，幼少=摂政期・親政期・晩年期に分けることができる。幼少期には，教皇ヴィクトル2世，母后アグネス，聖界諸侯(ケルン大司教アンノ，ハンブルク司教アダルベルト)らが摂政として統治にあたった。この期間では，王国ミニステリアーレ(家士。宮廷勤務や王領管理などを担当)の登用，王国教会体制の維持，教皇分立への介入(ドイツ王がパトリキウス〈ローマ守護〉の資格で別の教皇を指名)が論点となっている。親政初期の問題としては，2度のイタリア遠征(皇帝戴冠)計画とその頓挫，ペトルス・ダミアニ(枢機卿・改革派)の登用，ハルツ山地周辺の王領回収政策，ザクセン戦争，1075年ゴスラー宮廷会議での息子コンラートの国王選出などがある。

　いわゆる叙任権闘争は，教皇アレクサンデル2世との対立に始まる。叙任権闘争はザーリア朝の歴史を超えて，一個の独立した問題領域を構成し，研究も多い。事実経過や研究史，文献などの詳細は，ハルトマンの文献案内に詳しい[EdG21³]。教皇グレゴリウス7世とハインリヒとの関係は，

イタリアでの大司教・司教の任命を契機に悪化し、司教叙任権をめぐる闘争の発端となったが、その後の事態はドイツにおける諸侯と王権のパワーバランスに規定されるかたちで展開した。2006年の展示を契機に関心が再燃したカノッサ事件については[Stiegemann (Hg.) 2006；Zimmermann 1975]、これを「王位の脱神聖化」や「君主政史上の転換点」と評価することの是非や、ハインリヒの行為が敗者のおこなう服従儀礼（デディティオ）、懺悔者のおこなう贖罪行為のいずれか、といった点で議論がある[Reuter 2006]。

　ハインリヒの紛争は、国内諸侯との対立、教皇権との対立、息子コンラートとの対立、に大別される。すべては相互に連動していたが、国内の紛争では1103年に史上初の帝国ラント平和令を宣布し、紛争の過程でつねに忠実であったボヘミア大公を国王に昇格させ、また離反した息子コンラートの王位を王国集会の場で剝奪した（国王廃位）[Schubert 2005]。一方、対立する教皇ウルバヌス2世は、父王と対立するコンラートの支持を背景に、クレルモンに教会会議を開き、俗人による司教叙任を破門をもって禁止した。

　続くハインリヒ5世は、改革派のバイエルン貴族と結んで父王に反旗を翻した[Weinfurter 1992]。国内政策では、父王の政策を継承し、諸侯の台頭を制御しつつ、統治基盤としての王領の拡充に努めた。国内の紛争は離反的なザクセンの貴族（のちに国王となるロータル・フォン・ズップリンゲンブルクが率いる）を主体としたが、1115年には国王側が大敗を喫し、ザクセンは王国から離脱同然の状態となった。また、イングランド王ヘンリー1世の娘マティルデとの婚姻（1114年）は、イングランド王家との姻戚関係の系譜という点で、オットー1世の第一妃エディートを受け継ぎ、のちのハインリヒ獅子公の第二妃マティルデ、フリードリヒ2世の第四妃イザベラに続くものであった[Bihrer 2007]。一方、ヴォルムス協約（1122年）については、「ドイツ王国」と「爾余の帝国部分」（イタリア、ブルグント）とで内容が異なる点が、「ドイツ王国」概念の公式文書による最初の承認とされている。

オットー゠ザーリア朝時代の王権と社会

神聖なる王権

　オットー朝と(初期)ザーリア朝をひとくくりの時代とする時代区分は，とくに両王朝に共通する神聖王権制（ザクラールケーニヒトゥム）という特徴を主たる根拠としている[Erkens 2006]。その神聖性は多起源的で，諸要素が混淆する。古ゲルマン的な魔術的聖性(資質の証としての長髪)は，血統の聖性（血脈を通じた呪術的資質の継承）（ケーニヒスハイル），すなわち王の聖性として，中世の神聖王の一要素となっている。塗油式による聖性(聖性を創る儀式＝成聖式)は，旧約聖書のメルキゼデク，新約聖書のキリスト(「塗油された者」)との同痕性（スティグマ）を根拠とし，ゆえに「キリストの代理」としての聖性と理解できる。

　一方，この時代に新しく加わった聖性の要素として，自己を神格化するキリスト的聖性（クリストミメーゼ），カール大帝の後継者としての聖性(アーヘンでの着座式（イントロニザツィオン）)[Corsepius 2005]，異教徒を改宗させる伝道者的聖性，霊性の錬磨を通じて得られる隠者的聖性，ギリシアとローマの皇家血統上の融合に基づく聖性，古代ローマの再生にともなうローマ皇帝的聖性(オットー3世)，などが指摘されうる。また，国王が司教座聖堂などで参事会員の地位と聖職禄をもつ国王参事会員制（ケーニヒスカノニカート），は，王の聖職者(祭司)的聖性を示す社会制度である[Borgolte 1991]。また，ハインリヒ2世と后クニグンデはのちに(1146年，1200年)，教皇による列聖（カノニザツィオン）をへて，聖人(国王聖人)とされた[Guth 2006]。

　こうした多起源的で複合的な王の神聖性は，さまざまな媒体を通じて政治社会に呈示されるだけでなく，公共空間では王の聖性をめぐる儀礼的コミュニケーションがかわされた。国王戴冠式は，そのもっとも重要な機会である。戴冠式の手順は式次第（オルドー）に規定され，オットー大帝の皇帝戴冠と関連づけられる，『ローマ゠ゲルマン司教定式書（ポンティフィカーレ・ロマノ・ゲルマニクム）』中の「マインツ国王戴冠式次第」などがある[Schramm 1969]。また式次第に従い，司式者(マインツ大司教)から引き渡される帝国支配権標（ライヒスインジグニーエン）も王の聖性を証する現物資料（レアーリエン）である(支配権標研究の開拓者シュラムの研究が基本文献[Schramm 1954-78])。なかでも聖槍，帝国宝珠，帝国十字架，そして王冠・帝冠[Fillitz 2006]が，おもな権標である。現存するウィーン帝冠については，成立時期につ

いて複数の説がある[EdG27³-II.5.5]。

　国王戴冠式に関連して，復活祭などの教会祝日や入場＝入市式[Johanek/Lampen (Hg.) 2008]などの機会に，国王主催の礼拝に際して執りおこなわれる祝祭戴冠式(フェストクレーヌンク)[Benz 1975；Klewitz 1939]や，そのときに歌われた国王讃歌(ラウデース)については，カントーロヴィチほかの研究がある[Kantorowicz 1946；Opfermann 1953]。

　王の聖性はまた，（平面・立体を問わず）画像に造形され，天上の神や臣民に向けて呈示された。オットー2世の后テオファヌを通じたビザンツ宮廷文化の影響下に，王の聖性を表象する伝統が拡充され，従来の貨幣や印璽[Goez 1987]のみならず，写本挿絵（戴冠図・献呈図），象牙板，祭壇覆いなどにイエスやマリアとともに王や王妃が造形された。オットー3世が発注した典礼写本（『リウタール福音書』）の戴冠図[Fried 2001b²]やハインリヒ2世の福音書抜粋が著名であるが，こうした表象文化は司教たち（ヒルデスハイム司教ベルンヴァルト，トリーア司教エクベルトなど）によっても担われ，またザーリア朝においてさらなる発展を遂げた。王や王妃，王息に加え，王家の成員の形姿も表象され，リウドルフィング家は「聖なる家門」として自己を演出した[Corbet 1986；Leyser 1994]。

　王の聖性は，王の死，死後の王にもおよんだ。王の死は葬送儀礼によって生者の記憶に刻まれ，生前ゆかりの地か，ザーリア朝のように王家の霊廟（シュパイアー）に埋葬されることで，死せる王の系譜に連ねられた。死後の王のために，寄進によって結びつけられた修道院では，命日のたびに記念祈禱が営まれ，追善供養とともに王の記憶が更新された。こうした記憶の拠点(オルト・デア・メモリア)として，とくにオットー朝では，女子修道院（クヴェードリンブルク，ガンダースハイムなど）が重要性をもった[Bornscheuer 1968；Fößel 2011]。記憶・記念としてのメモリアを証言する史料群（メモリア史料，例えばネクロロギウム，記念祈禱名簿など）については，ミュンスター学派による一連の史料研究が重要であり[Iwanami 2004]，その成果は「ミュンスター中世史」叢書(MMS)，雑誌『初期中世研究』(*FMSt*)に収録されている[Oexle (Hg.) 1995]。また，年代記や編年誌，聖人伝といった叙述も，王の聖性を記録する媒体として，重要な役割を担っていた。

統治実践と政治社会

　この時代の財政は，第一に，王領(カロリング朝の遺産を含む)に立脚していた。王領は，①直轄領(クローンゲート)，②王国レーン(ライヒスレーネンゲート)，③王国教会領(ライヒスキルヒェンゲート)に分類できる。①の直轄領は，国庫領(フィスカルベジッツ)のことで，国王役人が直接管理する所領であり，移動する国王宮廷が自ら経営・管理する食卓領(ターフェルグート)[Brühl 1998]や御料林(フォルスト)[Thimme 1909]も含まれる。オットー朝下ではハルツ山地周域で王領の開発が進められ，ザーリア朝下では王領を一円的に回収・集積する政策(帝国領回収政策(ライヒスラントポリティーク))がとられ，統治基盤の拡充がはかられた。

　多くの王領には居城(プファルツ)(宮城・王城・国王居城)がおかれた。王城については，マックス・プランク歴史学研究所編の「ドイツの王城」叢書および「居城・国王ホーフ・その他の国王滞在地一覧」が最重要文献である[Deutsche Königspfalzen 1963- ;Repertorium 1988-]。

　これら王城や司教座都市，王立修道院などを駅(スタティオ)として組まれるのが，王の巡幸路(イティネラール)である。巡幸路研究は，「国王＝皇帝事績録(レゲスタ・インペリイ)」(RI〈→317頁〉)に集められた王の事績データのうち，場所と日付が明らかなデータを基に復元される。ミュラー＝メルテンスの研究以降，滞在回数だけでなく，国王道路・旅行速度研究に基づき[Ludwig 1897]，各王の滞在日数を計算し，国王が頻繁かつ長期に滞在する統治中核領域(ケルンラントシャフト)と統治疎隔地域(ケーニヒスフェルネ)が存在することが明らかになっている[Müller-Mertens 1980; Alvermann 1998]。国王宮廷が滞在する際の宿泊・饗応義務である国王奉仕義務(セルウィティウム・レギス)は，おもに王国教会(司教座教会)・王国修道院が負担した[Göldel 1997]。

　この時代の社会秩序に関して，従来は紛争・戦争は当事者間の権力闘争としてのみとらえられ，紛争の多発は社会秩序の欠落・破綻とみなされた。しかし，近年では，統御可能な規模の紛争を社会の歪みを調整するために不可欠な構成要素とみなす紛争社会構造論が，ロイターやギアリによって先唱され[服部編訳 2006]，さらにその考え方を押し広げた合意型社会論(コンゼンズアーレ・ゲゼルシャフト)が，社会の基本的な見方となっている[Schneidmüller 2000]。この場合とくに家門内部の紛争は，一種の政治的訴訟手続(ポリティッシャー・プロツェス)の一環であって，国王が基本的な資質である紛争統御能力を示すべき機会と考えられている[Kamp 2001]。その際，調整・公開の場として王国集会・宮廷会議・教会

会議などの「集会」がはたした劇場的機能が重要となる。いわゆるラント平和令も，この枠組のなかで考えられるべき問題であろう。

　教会と王権——叙任権闘争

　この時代の教会・修道院・信仰生活について，制度面ではボルゴルテによる文献案内[EdG17²]の，信仰実践や霊性面ではアンゲネントによる文献案内[EdG68²]の研究史・文献リストが必携となる。ドイツ・ライヒ内の司教座・修道院その他の教会施設の基本情報を得るには，「ゲルマニア・サクラ」叢書がもっとも詳しい[Germania Sacra 1929-]。

　10世紀に始まる教会改革運動の第一段階は，修道生活の規律化（戒律遵守），修道士の社会的地位の向上，修道院の土地財産の保護をめざす運動として展開する。クリュニーを始点として，運動は修道院の分枝，修道士の招致という「点と点」を結ぶかたちで広がっていった。その過程で，改革運動にはいくつかの亜流，すなわちヒルザウ，ゴルツェ（ゴルズ），サン・ベニーニュ修道院（ディジョン），サン・ヴァンヌ修道院，スタブロー修道院などの諸派が生まれた。世代を積み重ねるうち，優れた人材を養成するこれら修道院は，記念祈禱盟約を通じて在地権力や王権の庇護を得ながら，司教座教会や聖堂参事会にも人材を送り込むようになった（第二段階）[早川 1986; Schmid et al. (Hg.) 1984]。ライヒ内の司教・修道院長の人事を王権が王室礼拝堂（ホーフカペレ）を用いて統御したとする帝国教会制（ライヒスキルヒェンジュステーム）については，中世の教会を国単位で区切る発想を時代錯誤とし，単一の普遍教会とそのもとにある個別教会というスキームでとらえるべきだとするボルゴルテの提言がある[EdG17²-II.A.3]。

　改革運動は1049年のレオ9世の教皇即位を契機に，ローマの教皇座におよび，グレゴリウス7世のもとで改革はローマ教皇の首位権と霊導権を軸とする運動へと展開する（改革教皇権，第三段階）。レオ9世の即位によって始まる改革教皇権（レフォルムパプストゥム）は，教皇位の理念的強化（教皇首位権（プリマート））と教皇座の制度的整備（教皇選挙規定・枢機卿）をおこない，とくにグレゴリウス7世は，各国の教会を書簡・使節の派遣を通じて霊導し，地域的叙任権闘争をコントロールした[関口 2013]。

　この時期，修道誓願を立て，聖アウグスティヌスの戒律に従って共同生

活を営む律修共住聖職者(アウグスティヌス共住聖職者会など)が改革運動の一翼を担った。1120年にはクサンテンのノルベルトゥスがプレモントレ(ラン司教区)に律修共住聖職者会を創設し、ドイツ・ライヒ内では12世紀半ばまでに150以上のアウグスティヌス会系教会(ロッテンブーフ、マールバッハ、ザルツブルクなどの南ドイツ)、50以上のプレモントレ会系教会が生まれた[Dölken (Hg.) 2010; Mai (Hg.) 1999]。

ローマ貴族家門の傀儡と化していた10世紀中葉の教皇権は、オットー3世期に皇帝権の影響下におかれた[Zimmermann 1971]。教皇の基本特権を包括的に認めたとされる文書「コンスタンティヌスの寄進状」(『偽イシドールス教令集』に収録)は偽文書と見抜かれたが、オットー大帝による同様文面の皇帝証書(「オットニアーヌム」)の発給と更新を通じて、教皇の基本特権は皇帝による承認を受けた[Fuhrmann 1972-74]。ザーリア朝下でも当初、王権と教皇権の関係は良好であったが、叙任権が争点化すると、両者の対立は原理上、避けがたいものとなる。対立と和解の詳細な過程はハルトマンの文献案内[EdG21³]に譲るが、著名なヴォルムス協約(1122年)については近年、その存在自体を疑問視する研究もある[Schilling 2002]。

知識社会

中世の学問・思想も、近年の中世研究におけるコミュニケーション論の受容を契機に、知識社会論として再編されつつある。現時点で未刊だが、フリート執筆の文献案内[EdG Wissenskultur]がこの分野で最良の文献案内となるはずである。

オットー朝期の知識社会は、国王宮廷と開明的な学識司教・修道院長の周囲に限定されていたといえる。そのなかでは、ジェルベール・ドリャク(教皇シルウェステル2世)[千葉 2010; Guyotjeannin et al. (Hg.) 1996]、ヒルデスハイム司教ベルンヴァルト、トリーア大司教エクベルトらの活動がとくに重要である[Brandt et al. (Hg.) 1993; Weiner et al. (Hg.) 1993]。一方、改革派修道院の急増のなかで、修道士が固有の象徴的思考を培ったとする研究も興味深い[Sonntag 2008]。

ザーリア朝の後半は、12世紀ルネサンスの時代にあたる。ドイツはこの知的転回から取り残された文化的後進地帯とされ[Pixton 1998]、クラッ

センはこの点を，アベラールらの先端的著作のドイツでの普及度を調べることで検証している[Classen 1983]。一方で，叙任権闘争の過程で教皇座と応酬し合った論　争　文　書(シュトライトシュリフテン)は，政治的権威や権力を神学的に裏づける，あるいは神学を政治に動員する新しい知のあり方を育んだ[Kottje 1977; Robinson 1978]。また，ザーリア王権とローマ法の発展，カノン法学の発展，初期スコラ学の発展との関係を問う研究もある[Struve 1999; Mordek 1985; Hartmann 1975]。

　カノッサ事件を神聖王権の終焉(しゅうえん)(「脱魔術化」)とみるドイツ史の時代区分論は，おもに，叙任権闘争の過程で生じた聖俗権威の理念・理論上の分離訣別とその社会的余波という宗教＝政治的次元の変化を主たる論拠としている[Weinfurter 2007³]。しかし，この問題を11世紀後半から12世紀末にかけてヨーロッパに起こった諸変化，すなわち社会経済的次元では人口増，農業生産力の向上，開墾運動，都市の建設といった土地利用の拡張と濃密化，文化的次元では古典知の再受容による知的枠組の転換(12世紀ルネサンス，ローマ法継受)，その総括的意味をもつ十字軍運動などと連結すると，その変化の波及範囲と総量は他の時代を圧倒する(12世紀革命論)[Leyser 1994; EdG21³-II.5]。その変化の過程と変化後の世界については，次章で扱うこととする。

千葉敏之

第2章 ドイツ・ライヒの展開と神聖ローマ帝国

1 | 時代の概観

膨張・凝固するヨーロッパとドイツ・ライヒ——中世盛期

　フリードリヒ・バルバロッサの国王即位(1152年)は,新しい時代,すなわち中世盛期(ホーホミッテルアルター)の始まりを画するできごとであった。この時代の特徴は,第一に,古代ローマ以来の来歴をもつ旧き地中海世界と,ゲルマン人のキリスト教国家形成によって誕生した若きアルプス以北の世界とが,政治理念・統治実践・社会経済・信仰などの多様な次元で連結し,広大な地理的空間を覆う新しい地政学的圏域(ヨーロッパ)を生み出したことにある。この2つの世界の連結は,幾重もの小世界の連結によって実現したものである。すなわち,ローマ皇帝位の復活はドイツと北イタリア,ブルグント(アルプス山脈圏),ローマを結び,オットー＝ザーリア朝下での伝道活動は,ドイツとスラヴ世界,ドイツと北欧とを結びつけた。また,デンマーク王クヌーズによる北海帝国の形成は北欧とブリテン島を結び,ノルマン・コンクェストはイングランドとノルマンディー公領を海をまたいで結びつけた。この過程で,西地中海,東地中海,大西洋,北海,バルト海,黒海といった諸海域も連結された。これらの連結は,統治権の拡張によって,あるいは大司教座の裁治権の拡張(信仰圏の拡張)によるものであった。

　一方,レコンキスタ(再征服運動)が進むイベリア半島や東方植民運動が展開する東方スラヴ世界には,移民の送り元である「旧きヨーロッパ」で成熟した土地所有関係や法秩序,村落・都市の生活様式が,人びとの移住・植民を通じて移植された。森林の開墾が進み,定期市ネットワークに基づく地域経済圏を形成していくこれらの都市・村落が移住先に続々と建

設されていくことで，ヨーロッパのほぼ全域が同一型の都市・村落のネットワークで結ばれていった。大量の物資や人員がこのネットワークを経由して行き来し，在地権力もまたそこに生じる富に寄生するようになる。こうしてヨーロッパは，巨大で緻密な経済＝商業圏へと発展を遂げた。

　連結された小世界は，ヨーロッパに固有の双子の普遍的権威（教皇権と皇帝権）との交渉を通じて，イデオロギー面で統合されていく。聖ペトロ（ペテロ）の座を継承し，イエスの地上における代理人を自任する教皇座は，グレゴリウス改革をへて，キリスト教世界の隅々に霊的指導権を発揮しうる首位権者として，各地で起こる君主・聖職者間の紛争（地域的叙任権闘争）に介入し，破門や聖務停止令などの教会刑罰による威嚇(いかく)と，新任大司教に対する大司教肩衣付与権(パリウム)などの教皇留保特権を用い，普遍的権威の実質化をはかっていった。ビザンツからの救援要請という偶然事を契機とする聖地十字軍は，教皇権威の浮沈を左右するイデオロギー戦争としてヨーロッパ中の信徒を拘束しえたが，それは時間の経過とともに，信仰と軍事を超えて商業・金融・文化交流にまでおよぶ，キリスト教世界あげての一大事業へと成長した。

　いまひとつの普遍的権威である神聖ローマ皇帝は，教皇権のごとく，世俗権力すべてに君臨しうる権威ではなく，相対的に王よりも高い地位であることと，ドイツ王国の外にある帝国領の統治権と北イタリア諸都市への宗主権を主張しうるにすぎなかった。叙任権闘争を通じて教皇権との理念的訣別をはかった皇帝権は，教皇のキングメイカーとしての権利を否定し，自らの地位をローマ法における君主権(マエスタス)によって基礎づけた。両権威が繰り広げる理念闘争の背後で進行していたのは，教皇権にも皇帝権にも依拠しない固有の王権理念と，王朝の連続性をもつ新しい型の国家，すなわち君主国(モナルヒア)の形成であった。シュタウフェン朝下のローマ帝国はそのじつ，イングランドやフランスと同じく，君主国となったドイツが担う仮構的政治体にほかならず，教皇領（教皇国家）をかかえる教皇権も，これに準じた擬似君主国へと変貌していく。教皇権が発揮する宗教イデオロギー的求心力と，その具現の場としての十字軍参加を通じ，ヨーロッパは，領域的には膨張しながら，内面的にはローマ・カトリックを奉じる君主国からなる地

政学的圏域へと凝固していったのである[Borgolte 2002]。

諸対立のなかの均衡と信仰の内面化——中世後期の世界

　かつてホイジンガが「中世の秋」と形容した時代は，崩壊・終焉(しゅうえん)・死といった「終り」の観念と結びつけられてきた。とくにドイツ史では，輝かしい皇帝時代の終焉，疫病や戦争のために死への不安に満ちた暗鬱(あんうつ)たる時代，封建制や帝国国制などの制度が機能不全に陥った危機の時代と位置づけられ，ドイツが再び歴史の主役となる宗教改革によって全面否定される「腐敗と迷妄の時代」という強い負のレッテルを貼られてきた。中世の最後の250年間は長いあいだ「過(ニヒトメア)去と未(ノッホニヒト)成の時代」とされ，独自性のある1つの時代(エポッヒェ)と認識されることさえなかった。

　1950年代以降，同時代のフランスにおけるアナール学派の動向とは別に，ドイツに固有の社会史(ゾツィアールゲシヒテ)研究が唱えられるなか，新しい問題関心とそれに見合った分析の手法があらわれてきた。従来の国制・制度・法規範に加え，人びとのコミュニケーションや共生といった人間生活に対する関心が高まった。すなわち，政治生活では，国や領邦の組織機構とは別に，国王，貴族，領主，騎士，大商人といったさまざまな次元での宮廷(ホーフ)・居館に，信仰生活では，司教座や教会当局に加え，聖堂参事会教会や兄弟団に注目が集まった。また経済生活では，マクロ経済から都市の賃金労働・価格統制への関心の移行が起こり，文化生活では，高等芸術よりもむしろ，食事や宴会，祝祭や遊戯，服飾や流行といった問題群を扱う研究が増えた。

　その際，傑出した個人よりも，普通の人びと(ゲマイナー・マン)や社会集団に，また家族や子ども，若者といった年齢集団や男女の性差(ジェンダー)現象，犯罪者や被差別民，ユダヤ人などの周縁民(ラントグルッペ)，巡礼や遍歴職人，商人や遍歴する教師や学生，外交使節など，移動する人びとに関心が向けられた。

　ドイツ版社会史は，1980年代になると，アナール学派の影響を受け，とくに心性史においてさらなる発展を遂げる。信仰の個人＝内面化が進んだ中世後期の社会では，信仰実践の形態，信仰をめぐる個人と教会の関係，兄弟団などの団体としての信仰のあり方など，信仰をめぐる社会状況は多様化し，複雑化する。都市社会にあっては，死を強烈に意識した芸術表現

(死の芸術)が暗鬱な社会の雰囲気を示す一方で，信仰が貨幣経済やそれがもたらす新しい心性と連動することで，いわば信仰の産業化が起こり，罪(贖罪)は金銭で買収可能とみなされるようになった。

　このような研究の推移のなかで，より複雑で多元的な秩序編制をもつ中世後期(シュペートミッテルアルター)は，豊富な未公刊史料の存在も手伝って，魅力的な研究対象，開拓の余地ある肥沃な分野と目されるようになった。ともすれば，中世と近代のあいだに引き裂かれかねないこの時代は，近年の膨大な実証研究の蓄積を通じて，対立する諸価値のあいだで絶妙な均衡を保ちつつ，さまざまな難題について合議を通じて解決をはかる，1つの個性ある時代と評価されるにいたっている[Moraw 1985;Schreiner (Hg.) 2002;Schubert 1998^2]。

神聖ローマ帝国史が開く可能性

　第二帝政成立前後からナチ国家の最終的崩壊にいたる期間(1860年代～1945年)，現代の政治を正当化する民族至上主義(フェルキッシュ)的な学問への道を歩んだ歴史学において，神聖ローマ帝国の歴史は「ドイツ第一帝政」の歴史として，民族的矜持(きょうじ)を鼓舞し，領土拡張主義を許容する言説空間のなかで，歴史性を剥奪されたイデオロギー装置の役割をはたした。戦後は，こうした歴史学への痛烈な自省から，神聖ローマ帝国を正面から論じる議論はタブー視されて鳴りを潜め，ドイツ中世史は，骨格(国制)ばかりを論じる，国家論不在の「屋根なき(オブダハローゼ)」歴史学として再出発をはかった。

　政治との癒着ゆえに禁忌視された神聖ローマ帝国論が解禁される契機は，やはり現代政治の展開のなかで与えられた。ブラントの東方外交と1970年のワルシャワ・ゲットー記念碑での献花と跪き(ひざまず)によって，東欧諸国との学術交流への道が開かれ，中世の東方植民をヨーロッパ史全体の問題として論じる環境が整えられた[Schlesinger (Hg.) 1975]。また，1990年の再統一は，統一国家ドイツに「普通の国家」として自らの過去を検証する資格を与えた。この新たな過去の検証は，2001年，旧東独のマクデブルクが主催する「オットー大帝およびマクデブルクとヨーロッパ」展[Puhle (Hg.) 2001〈→341頁〉]として実を結び，神聖ローマ帝国の成立をヨーロッパ的広

がりのなかで考える最初の機会となった。この実績を土台として，5年後の2006年には，神聖ローマ帝国に関する戦後ドイツ初の歴史展覧会「ドイツ国民の神聖ローマ帝国」展が，オットー朝の首都的存在であるマクデブルクと統一ドイツの首都ベルリンで開催されるにいたった［Puhle（Hg.）2006］。

　21世紀に蘇った神聖ローマ帝国史は，いかなる相貌をもっているのだろうか。2010年の「シュタウフェン朝とイタリア」展の論文集でシュナイトミュラーは，「いまや狭隘(きょうあい)なナショナリズムを越え，ヨーロッパ的視野を得たわれわれの目に，神聖ローマ帝国は，さまざまな〔文化や人びとの〕出会い，コミュニケーション，生活，思想，芸術，文化，言語，文学，経済，社会のすべてが詰まった歴史空間，固有の象徴体系と想像力を備えた政治体として立ちあらわれている」と記し，神聖ローマ帝国を「国民(シュターツフォルク)をもたないが，多くの民族(フォルク)を統合し，首都をもたないが，多くの栄えた都市をかかえ，中央集権的な国家ではないが，成員間の紛争解決の能力をもち，相異なる文化を共存させ，またそれらを結びつけつつ，およそ850年という長い時間を越えて存続しえた，諸地域の連邦制的な政治体」と定義した［Wieczorek et al.（Hg.）2010］。さらに帝国は，第1章第1節で述べた可変的政治体としてのドイツ・ライヒの外骨格として，「体内」の群小権力間の対立を制御し，またこれらを対外的に守る「殻」のような働きをはたした。

　こうした展開の背景には，むろん，欧州連合（EU）統合の進展とEUがかかえる文化統合の未成熟という課題がある。神聖ローマ帝国は，ドイツという中核領域に加え，ベルギー，フランス，イタリア，ルクセンブルク，オランダ，オーストリア，ポーランド，スイス，スロヴァキア，スロヴェニア，チェコといった現代の諸国家が，多かれ少なかれ，成員としてかかわった稀有(けう)の歴史的政治体である。現在のEUをめぐる政治状況は，これをドイツの拡張主義ととらえるのでなく，ヨーロッパ統合の基盤となりうる共通の歴史的経験として位置づけなおすことを求めており，この要請は学問的にも生産的なものであるといえる。すなわち，同時代の諸地域の歴史を俯瞰(ふかん)しつつ，諸地域が織り成す関係性の複雑な網の目のなかで，神聖ロ

ーマ帝国という機構と理念が参照系あるいは協議の装置としていかに機能したか，この点を検証していく研究姿勢こそが，新しい歴史像を結んでいくと期待されるからである。

2｜シュタウフェン朝時代と神聖ローマ帝国

フリードリヒ1世バルバロッサの時代

　シュタウフェン朝時代の史料は，国王＝皇帝証書，叙述史料（オットー・フォン・フライジング『皇帝フリードリヒの事績』など），書簡など，類型・分量ともに増え，その大半は「モヌメンタ」(MGH〈→316頁〉)の各史料類型に収録されている。これら史料を一覧するには，ヤーコプスによる文献案内[OGG〈→303頁〉7[4]–III: Quellen]が有益である。

　バルバロッサに先立つロータル3世（ズップリンゲンブルク家）については，国王選出の経緯[山本 2007]に加え，東方植民運動の推進，スラヴ人・デーン人対策について，シュトープの研究がある[Stoob 1977]。また，シュタウフェン家初代国王のコンラート3世[Dendorfer et al. (Hg.) 2011]については，ザーリア家からの王家交替に際し，いかに正統性を確保したか[山本 2000]という点と，同王がかかわった2つの十字軍，すなわち第2回十字軍[Goez 2009]と対ヴェンド人十字軍[Kahl 2008]，ならびに両十字軍のプロモーターであるシトー会クレルヴォー院長聖ベルナールの影響力といった問題に研究上の関心が集まっている[Dinzelbacher 2012[2]]。

　バルバロッサに関する研究文献は浩瀚なため，研究史・文献情報はシンメルプフェニヒおよびヤコープスの文献案内[EdG〈→303頁〉37[2]; OGG7]に，詳細な事績については「国王＝皇帝事績録（レゲスタ・インペリイ）」の該当巻[RI〈→317頁〉–IV, 2]および「モヌメンタ」の国王証書集[MGH DFI]に譲りたい。入門書としては，英語では『新ケンブリッジ中世史』第4巻[nCMH〈→312頁〉4]を，ドイツ語ではゲーリヒほかの概説を[Görich 2011; Engels 2010[9]]，論点の概観にはバルバロッサの名を冠した論文集や[Haussherr (Hg.) 1977–79; Haverkamp (Hg.) 1992]，2011年の「シュタウフェン朝とイタリア」展のカタログがある[Wieczorek et al. (Hg.) 2010]。邦語では，法制史家西川洋

一の一連の論文が必読である[西川 1981-82 ほか]。

バルバロッサ研究の第一の論点は，王位継承(トローンフォルゲ)の問題である。ドイツにおける王位の継承は，血統原理(ゲブリューツレヒト)と選挙原理(ヴァールプリンツィープ)の折衷的な性格を有し，一般に長子の継承権が優先されたが，一定の血縁範囲から複数の候補が選ばれ，候補の資質・実力などを選挙人集団(クアフュルステンコレーゲ)が協議し，選挙時の時勢や選挙人の党派的利益にかなう人選がおこなわれた。また，王の選出手続きに瑕疵(かし)があれば，登位後の王国統治に深刻な禍根(かこん)を残す結果となった[Castorph 1978]。とくに前王の代に始まるヴェルフェン家との家門間対立は，国内統治のうえでもっとも配慮を要する懸案となった[桑野 1995；ヨルダン 2004]。

バルバロッサの皇帝戴冠(1155年)は，すでに教皇と国王使節とのあいだでかわされた文書(1153年，コンスタンツの条約)で確認されている[Engels 1987]。同王の皇帝理念(カイザーイデー)は，ライナルト・フォン・ダッセルを中心に[Weinfurter (Hg.) 2002]，ボローニャ大学で復活したローマ法の君主理念を援用しつつ構想された[池谷 2000；北嶋 2001；西川 1999]。新しい皇帝理念は皇帝文書の称号表記やアレンガ(証書中の理念開示部)に示されるだけでなく，コロッセオなど古代ローマ風の図案を用いた印章の採用や，ローマの凱旋式(がいせん)を模した式典の挙行などを通じて，臣民(ローマ市民)に示された[Saurma-Jeltsch 2010]。なお，晩年の第3回十字軍については，ラウドの研究を参照されたい[Loud 2010]。

バルバロッサのイタリア政策では，ミラノを盟主とするロンバルディア諸都市(ロンバルディア都市同盟)との宗主権承認をめぐる紛争[Haverkamp 1997]，これと連動するかたちでの教皇座との司教叙任権・マティルデ遺領をめぐる対立が重要である。とくに「アレクサンデルのシスマ」期(1159〜77年)におけるアレクサンデル3世との対立は，長期におよんだ[Clarke et al. (eds.) 2012]。

フリードリヒ2世の時代

バルバロッサの息子で，フリードリヒ2世の父ハインリヒ6世(后はシチリア王の娘コンスタンツェ)については，シチリア王位の確保と，シチリ

ア王国を含めた帝国領の世襲化をはかる計画(世襲帝国計画)の立案のほか，イングランド王リチャード1世(獅子心王)の捕縛と身代金支払いによる解放にかかわった点が注目すべき事績である[Jericke 1997；Ogris 2003]。ハインリヒの急逝後(1197年)，すでに国王に選出されていた幼子フリードリヒ(2世)の存在を無視して，シュタウフェン派によってシュヴァーベン大公フィリップが国王に選出されたが[Rzihacek et al. (Hg.) 2010]，反シュタウフェン派はこれに対抗してヴェルフェン家のオットー4世を国王に選出した[Hucker et al. (Hg.) 2009]。この二重国王選挙に対する教皇座(インノケンティウス3世)の介入，フランス・イングランド情勢との関係，フランス王フィリップの軍が英王ジョン，オットー4世，フランドル伯の連合軍を破ったブヴィーヌの戦いの経緯や意義については，デュビの戦争社会史的な観点からの分析がある[デュビー 1992；Hucker 1990]。

親政を開始(1208年)したフリードリヒ2世の治世は，インノケンティウス3世，ホノリウス3世，グレゴリウス9世，インノケンティウス4世といった，いわゆる法曹教皇の時代であり[Fuhrmann 1973]，教皇権の絶頂期に相当した。研究上の焦点は，皇帝戴冠問題と息子ハインリヒ(7世)の王位継承問題，第5回十字軍への出征(休戦条約の締結とエルサレムの解放)[Hechelhammer 2004]，シチリア王国の統治と「シチリア王国勅法集成」(リベル・アウグスターリス)(1231年，メルフィ憲法とも)，息子ハインリヒの廃位と監禁，マインツ帝国集会での帝国ラント平和令の発布，そして晩年の教皇座との対立と皇帝理念をめぐる論争(3度の破門宣告や聖務停止令，フィオーレのヨアキムに代表される終末論的風潮との関係など)[McGinn 1979]，リヨン公会議での皇帝廃位(1245年)におかれている[西川 1999]。

先行王朝であるノルマン(オートヴィル)朝の行政機構については高山博の研究が[高山 1993；Takayama 1993]，フリードリヒ2世期については『新ケンブリッジ中世史』に収録されているアブラフィアの概説が[*nCMH*5]，また同王の経済・文化政策(ナポリ大学創設など)ならびに教会政策・行政機構についても，アブラフィアの一連の研究が手がかりとなる[Abulafia 1997；Herde 2008]。

フリードリヒ(フェデリーコ)2世の個人誌では，カントーロヴィチの物

議を醸した伝記の邦語訳のほか[カントーロヴィチ 2011]，英語ではアブラフィアの概説[Abulafia 1988]，ドイツ語ではシュトゥルナーほかの叙述がある[Stürner 2009³;Stürner 2012;Houben 2008]。周年記念企画や展示企画をはじめとする研究論集は，とくに1990年代以降，数多く出版されている[Esch et al.(Hg.) 1996;Fansa et al.(Hg.) 2008;Fleckenstein (Hg.) 1974]。イタリアでの出版物では，生誕800周年記念論文集をはじめ[Calò Mariani et al.(eds.) 1995]，テーマ別の論文集も数多く出版されている。近年では，3巻本の事典がローマで出版されている[Arena(ed.) 2005-08]。イタリア語での出版は目下，ドイツ語での出版に匹敵するほどに増えている。

「大空位時代」からルードルフ１世の治世

　フリードリヒ２世の死後の23年間は，大空位時代(インテルレグヌム)(1250～73年)と呼ばれ，王権不在の低迷・混乱の時期と評価されてきた[Kaufhold 2000]。しかし，皇帝の不在は1355年(カール４世)まで続いており，一方で王位も，複数の王が併存したとしても，空位であったわけではない。この間に王位に即いた人物(ハインリヒ・ラスペ，ヴィルヘルム・フォン・ホラント，リチャード・オブ・コーンウォールら)に，国王候補にあがった人物まで含めると，その出身地域は帝国領域を越えて，イングランド，ノルウェー，カスティーリャなど，ヨーロッパ全域におよんだ。これにより，教皇座の介入を含め，王位＝帝位をめぐるドイツ諸侯間の党派対立が国際政治における党派と連動する回路が生まれたといえる[EdG40]。また，ドイツ最初の都市同盟(シュテッテブント)として，マインツやヴォルムスを中心にライン同盟が関税の監視や実力をともなう平和維持を目的に結成され，ライン地方の司教・伯の参加を得，王の正式の承認も得て，スイスにまでおよぶ70都市を加えた一大組織へと成長した[Mötsch et al.(Hg.) 1986]。王権をめぐる混迷が，国内秩序を補完する新しい型の組織(ハンザ同盟など)の結成を促し，ドイツ政治社会の再編を招いた点で，大空位期の再評価が進んでいる。

　フリードリヒ２世の遺児たち(コンラート４世，マンフレート，コンラーディン)は，教皇の後ろ盾を得たアンジュー家のシャルル(シャルル・ダンジュー，フランス王ルイ９世の弟)の攻勢のなか，地中海圏域で後退をよぎなく

され，1268年にはシチリア王国を失う[Herde 2008]。ドイツ王位，ラテン帝国の遺産，ハンガリー王位，シチリア王位を手中にして地中海帝国を築こうとするシャルルの野心は，シチリア晩禱(ばんとう)事件(1282年)で頓挫するが[ランシマン 2002]，シチリア王国はアンジュー家(ナポリ)とアラゴン王(シチリア島)に分割領有される結果となった。

1273年にドイツ王に選出されたハプスブルク家のルードルフ1世は，統治基盤となる帝国領の回収(返還請求)と家領の拡充を積極的に進めた[田口 1994-96]。オーストリア大公領などの返還をめぐりボヘミア王プシェミスル・オタカル2世と対立した際は[Kuthan 1996]，慎重な訴訟手続き(平和喪失刑の判決)を踏んで理を確保しつつ，マルヒフェルトの戦い(1278年)に勝利し，オーストリアをハプスブルク家の家領とした。同王死去の直後，スイスで永久同盟(原誓約同盟)が，ラント平和を目的とする都市同盟として成立している(1291年)。

ルードルフ死後，後継国王に選出されたナッサウ伯アードルフ(在位1292～98)は，英仏間の紛争に介入し，イングランド王エドワード1世から軍事協力の見返りに莫大な支援金を得たが，その資金で家領の拡大(ドイツ東部)をはかった[Gerlich 2002]。この行為を選挙公約違反とみなした選挙侯会議は，同王を廃位した。つぎの国王アルブレヒト1世(在位1298～1308，ハプスブルク家)も，家領の拡張と帝国領の返還請求を同時並行的に進め，またアナーニ事件にいたるフランス王と教皇の対立に巻き込まれたが，教皇座に対する王＝帝位の自立を守る論陣を張った[Reinle 2003]。

この時代，すなわち13・14世紀の交，バルト海沿岸地域では，ハンザ同盟がリューベックを盟主とする都市同盟となり(1298年)，また，皇帝・教皇の許可を得てプロイセン地方での異教徒制圧を進めていたドイツ騎士修道会が，本拠地を聖地からマリーエンブルクへと移転した(1309年)。

3│中世盛期のドイツ・ライヒ

統治実践とライヒの一体性

王＝帝権をめぐる政治理論は，教皇権との論争の過程で鍛えられた。バ

ルバロッサの宮廷では，宮廷顧問ライナルト・フォン・ダッセルを中心に，ローマ法に立脚する新たな皇帝理念が構想された。13世紀末には，ケルンのアレクサンダー・フォン・ロエスが，帝権・教権・学権がおのおのドイツ・イタリア・フランスに帰属する理想の世界秩序(三権共立論)を描くなかで，ルードルフ1世による帝権復活を訴えた[Horst 2002]。

アヴィニョン教皇庁とルートヴィヒ4世の宮廷とのあいだの論争では[Miethke 1983]，ドイツ王戴冠者の帝国期待権，教皇の帝位認可権(アプロバティオ)が主たる争点となった。論争の経過，国王＝皇帝の選挙プロセスから教皇を排除するレンス判告，帝国法『リケット・ユーリス』(1338年)，また論争の理論的支柱となったパドヴァのマルシリウスの人民主権論(『平和の擁護者』)，ミュンヘンの宮廷に亡命していたウィリアム・オッカムの政治著作については，池谷文夫の研究に詳しい[池谷 2000]。これらの論者は，「信徒の共同体」こそが帝権・教皇権双方の依って立つ基盤であり，両権力はいずれも「信徒の共同体」を代表する選挙侯・公会議の制約を受けると考えた[Schneider et al. (Hg.) 1990]。

シュタウフェン朝下でのローマ法継受(レツェプツィオン)の過程で，王を万法の源泉(クヴェレ・アレン・レヒツ)，立法権者とする観念，王に対する罪を反逆罪(不敬罪)とする観念が普及した[Krause, H. 1952]。一方で，王を最高位の判決者とする観念は，中世盛期の裁判高権(罰令権，国王特権(レガリア))の概念をへて，中世後期にはあらゆる流血裁判権(ブルートバン)は王に淵源するという観念を生み出した[Krieger 1987]。一方，王が自ら判事となる国王宮廷裁判(ホーフゲリヒト)は，諸侯・領邦君主宰の法廷(ランデスヘル)と競合しつつ，王の人格から切り離された司法機関(帝国最高法院(ライヒスカンマーゲリヒト)など)へと徐々に変化していった[EdG14²-II.4.4; Battenberg 1987]。さらに，域内平和の推進者としての王については，帝国集会などでのラント平和令の宣告，諸侯貴族の自力救済権(フェーデ)に対する抑制効果，マインツ帝国ラント平和令(1235年)の意義，といった点が考察の対象となっている[Angermeier 1974]。

私撰法書『ザクセンシュピーゲル』(13世紀初め)については，石川武による研究・翻訳がある[石川 2001-05]。現在の研究状況を知るには，14世紀以降に制作された絵入写本(4点が伝来)のファクシミリ出版にともなう論文集が手始めとなる[Schmidt-Wiegand et al. (Hg.) 2006]。なお，写本の

画像は，全ページがウェブ上で見られる[URL-1]。

　帝国の全臣民・全土地に一律に賦課される人頭税・地税などの安定的な税収を欠くドイツ・ライヒでは，君主の財政基盤は，家領(ハウスグート)，王=帝国領(ケーニヒス=ライヒスグート)からの収入，帝国都市からの納税(都市税)，ユダヤ人税，裁判収入，関税などからなっていた。家領となかば融合する帝国領の回収(レフィンディカツィオーン)(返還請求)は，帝国の財政基盤を拡充する限られた手段の1つであった。また，貨幣経済の浸透と都市の経済力上昇のなか，帝国都市がもっとも有望な貨幣収入源であったことは，特別税負担額の一覧『帝国租税一覧(ライヒスシュトイアーフェアツァイヒニス)』(1241年)に明らかである。しかし14世紀以降は，財政は帝国領・帝国都市・国王特権の質入(フェアプフェンドゥング)れや，商人・銀行家からの融資(借款)によって賄われ，またフス戦争やオスマン危機などの緊急時には戦争税(クリークスシュトイアー)が徴収された。ドイツにおける国王の財政状況・政策の委細は，帝国全体を管掌する財務局や，租税台帳・資産目録の類がなく，また官房で証書登録簿(レギスター)を作成する習慣が定着しなかったこともあって，不明な点が多い。帝国改革における帝国税導入の試みやゲマイナー・プフェニヒ(一般帝国税)の創設を含めた15世紀の財政全般については，イーゼンマンの研究が出発点となろう[Isenmann 1980]。

　帝国の一体性は皇帝個人(皇帝誕生までの手続き)のほか，皇帝の家領と区別される帝国領(帝国財産)の存在，帝国議会への招集(招集状の配布対象者)，帝国直属性(ライヒスウンミッテルバーカイト)(帝国諸身分・帝国都市)，動員・戦費の拠出(とくにドイツ以外の帝国領〈イタリア，ブルゴーニュ〉での戦争への招集)，帝国税(臣民に一律に付加される税)，帝国最高法院への出頭・上訴など，帝国への帰属を臣民に確認させるこれらすべてが，帝国の一体性の醸成に寄与したと考えられる。

　一方，帝国の一体性を示す理念としては，帝国を「身体」(頭と四肢)ととらえる有機的国家観がある[Struve 1978]。また，帝国の表象として用いられたものに，王冠，双頭の鷲(わし)の紋章盾・旗印，また15世紀初め以降にみられる(四重十連)紋章鷲(クヴァテルニオーネンアドラー)(王冠をいただく双頭鷲が広げる10枚の翼に帝国諸身分の紋章盾が4つずつ並ぶ図像)[Schubert 1993]，皇帝文書に付された印璽(いんじ)の図案と銘，貨幣の図案と銘などがある。また，王の儀礼と記憶(婚姻・

葬儀・菩提寺)の問題も，帝国の理念と表象という観点からの検討が必要なテーマである[Meyer 2000]。

　王は封(レーン)を媒介とするヒエラルキーの最上位に位置したが，ドイツでは，この原理は王権による国家統合をもたらさず，むしろ家臣の側の権利を徐々に拡大させる傾向にあった。国王は直属の封臣(クローンファサレン)しか掌握しえず，ヒエラルキーの末端にまでその権力はおよばなかった。レーン制をめぐる議論は古典的テーマであるが，近年では多元的な権力装置の1つとして位置づけなおす試みがみられる[EdG14^2-I.4.2]。例えば，後期中世のドイツ国家は，ラント法とレーン法をあえて統合せず，両者を巧みに使い分けつつ「公の秩序」を効果的に維持したとする説がある[Angermeier 1981]。具体的には，レーン法上の瑕疵に対しラント法の制裁(帝国アハト刑など)を科すことでこれを犯罪化し，逆にラント法上の違反(ラント平和令違反など)に対し，レーン法上のレーン国庫没収をもって罰するといったやり方である。現在の学界では，そもそも中世後期のドイツ・ライヒは，あえて自己を単一国家化する道を選ばず，王権とライヒの二元構造を基本とする「開かれた国制」(オッフェネ・フェアファッスンク)であったとする説が主流となりつつある[Schubert 1979]。

諸侯権力と領域支配

　中世盛期以降のドイツ・ライヒにおいて，王権(中央)に対置される地方権力のあり方は複雑さを極めた。中央集権度・国家領域の一円性・広域性を国の成熟度や強度，あるいは国制の評価指標としてきた従来の歴史学では，中世盛期以降のドイツ・ライヒの地方権力は，中央集権的な国家を形成するうえでの最大の阻害要因，ドイツの「遅れ」や「歪み」の原因とみなされてきた。しかし，近年では，統治効率や平和維持といった機能論的な観点からこの問題を再考する研究が増えている。

　ハインリヒ獅子公のレーン法訴訟をめぐる一連の処置(1180年)によって[Fried et al.(Hg.) 2003]，増設も分割もできなかった大公位＝領が分割可能で増設可能であることが明示された。さらに，これら新しい大公位と国王直属の地位を与えられた「伯」位が，聖界諸侯の地位(大司教・司教・帝

国修道院長・女子修道院長)とともに，帝国直属の帝国諸侯身分(ライヒスフュルステンシュタント)として再定義され[Boshof 1986]，国王との絆はレーン法という法的関係で結びなおされた。ここに大公位は，旗レーン(ファーネンレーン)(王からの直接の下封であることと自己の封土を再下封する権利を象徴する旗を用いて授封されるレーン)を核とする領域的支配(ランデスヘルシャフト)[服部 1998]と結びつきつつ，同一家門に世襲される名義大公制(ティーテルヘルツォークトゥム)[Werle 1956]へと変容していった(シュヴァーベンのツェーリング家，メランのアンデックス家など)。

一方で，諸侯の封臣となった下層貴族は，シュタウフェン家の家領・王領で登用されたミニステリアーレ(家士)層などにみられるように[小川 1997; EdG72[2]]，零落と上昇による新陳代謝を繰り返しながら，宮廷役職，城伯(ブルクグラーフ)や教会守護(フォークト)，荘園を管理する荘司(マイアー)など，監督・運営にかかわるさまざまな職に就いた。

地方権力は，支配領域の資源開発(ランデスアウスバウ)を通じて，収益の向上をはかった[Körmendy 1995; Pötzl 2003]。その第一は，森林の開墾や沼地の干拓，牧草地の耕地化を通じた穀物作付面積(フェアゲトライドゥンク)の拡張であり，土地を耕す農民の確保である。12世紀以降，人口増加を背景に耕地面積拡充の必要が生じるなか，開墾技術・農耕法(三圃制(さんぽ)・撥土板付重量有輪犂(はつどばん)・繋駕法)の改良とドイツ国内の耕地化が進み(内国植民(ビンネンコロニザツィオン))，その過程で開墾にあたる農民に良好な地位を保証する植民法(ジーデルレヒト)(移動の自由・土地の世襲貸借・免租期間・村落自治権など)が形成された。これら経験豊かな開墾農民は，シュレージエン，ポーランド，ハンガリー，ボヘミアといったスラヴの諸侯・領主によって招致され，上記の植民法に準じたドイツ法(ユース・テウトニクム)が文書(植民契約証書(ロカツィオンスウアクンデン))にて与えられ，ここにドイツ農民の大規模な東方への移住運動が生まれた。

この東方植民運動(オストジートルンク)については，19世紀以来の長く複雑な研究史があり[千葉 2003]，地域ごとの定住史的研究のほか，東方の領主と西方の開墾者を媒介した植民請負人(ロカトール)(多くは創設された村落の村長(シュルトハイス)となる)や，高い開墾能力とネットワークを用いて独自の植民活動を展開したシトー会・プレモントレ会の活動，シトー会の農場(グランギア)の経営などについての研究がある[イグネ 1997]。また，1970年代以降は，ヨーロッパの膨張とい

う観点から，同時代のレコンキスタにおける定住活動などとの比較や関連を検討したり［Erlen 1992;Schlesinger(Hg.) 1975］，同現象を文明体としてのヨーロッパの形成の契機ととらえるバートレットの著作がある［バートレット 2003］。また，プロイセン地方進出後，東方植民運動の組織者となるドイツ騎士修道会については，阿部謹也の研究のほか，ミリツァーによる最新の概説を参照されたい［阿部 2002;Militzer 2012²］。

　開発の第二部門は，既存の都市法を付与された建設都市の計画的設置と市場の開設である。建設都市は周囲の農村と法＝経済圏としての一体性を確保しつつ設置され（都市＝農村定住）［Kießling 1989］，都市は周辺地域の政治・法・経済・文化の中心として機能した（中心地論）［Mitterauer 1980;Oberste(Hg.) 2012］。また，鉱脈のある地区（ハルツ山地・ヴォゲーゼ山地など）では，貨幣収入を得る有力な手段として，鉱山経営（銀・塩）の保護・育成がおこなわれた［Sprandel 1968;Wagenbreth et al.(Hg.) 1990］。

　中世後期には，これら諸侯の諸権限は細分化され，その権限がもたらす収入実績を基に「価格」が設定され，売却・交換・譲渡，そして資金供出のために頻繁になされた質入れの対象となった。このランデスヘルシャフトの営利化，およびこれと関連する遺産の分割相続や貨幣価値への換算といった現象については，シューベルトの解説・文献案内のほか，クラウゼの研究などがある［EdG35²-I.1.4;Krause, H.-G. 1970］。

都市の諸類型と都市社会

　中世都市は，ドイツ中世史研究の主要分野の１つである。ゆえに膨大な研究史と研究文献についてはヒルシュマンの文献案内に譲ることとし［EdG84］，ここでは主たる論点のみの紹介にとどめざるをえない。なお，中世都市一般の概要については，河原温による概説を参照されたい［河原 2009］。

　中世都市とは何か。その定義をめぐってはヴェーバー以来の長い歴史があるが，近年の学界では，その外観・秩序編制・機能に着目して，おおよそつぎのように定義されている。稠密で区画された建造物と，職業分化し，社会的に階層化された住民が密集する定住地で，自衛目的の市壁で周囲か

ら空間的にも法的にも隔離されている。住民は原則，市民として同権であり，自ら統治をおこない(自治)，その身分・権利・義務は成文法である都市法に定められている。また，経済・商業・産業上の中心地であるうえに，政治・宗教・軍事・統治のいずれか，ないし複数の中心地としても機能する，というものである。

この定義はあくまで原則で，実際の都市には多様な類型と逸脱があり(都市類型論〔シュタットテューブ〕)，それは都市の形成(都市形成論〔シュタットゲネーゼ〕)や，都市領主からの自治獲得運動(コミューン運動)の過程に起因する。都市の類型には，人口の多寡による分類のほか[Ammann 1956]，鉱山都市・織物業都市・ビール業都市などの主要産業別，居城都市・港湾都市・司教座都市・修道院都市・大学都市・巡礼都市などの機能別，また帝国都市などの法的身分別など，がある。近年では，従来の大都市よりも，人口の少ない中小都市や，都市の要件を十分には満たさない，都市と村落の過渡的存在である亜(准)都市〔ミンダーシュタット〕や，中世後期に特徴的にみられる，人口500名，面積8ヘクタール程度の極小(侏儒)都市〔ツヴェルクシュタット〕を対象とする実証研究が積み重ねられ[Knittler (Hg.) 2006]，都市・農村を含む集落をより柔軟にとらえる方向に進んでいる。

都市を商業中心地としてみた場合，物流の観点から重要となるのは，地域経済圏の物流(日常品)を促す日々市や週市(マルクト)である。これに加え，年に1度開催され，複数の都市を巡回する年市(定期市〔メッセ〕)には，遠隔地商人が奢侈品〔しゃし〕やその地域では珍しい商品を持ち込んだ。開催時には都市に莫大な利益(各種の租税)をもたらす年市は，ほかの地域で開催されるものと競合しつつ，広域経済圏での物資調達に重要な役割をはたした[EdG84-III.17 ; Irsigler 1996]。

生産の場として，都市は，市内・地域の需要を満たすための手工業生産に加え，各種の織物業を中心に，金属加工業，ビール醸造業，紙の生産などの産業において，輸出用の商品を生産した。生産と労働は職業ごとに結成されたギルド(手工業同職組合)が規約を定めて，品質・価格・販売などを統制した。ギルドは宗教活動や慈善活動，相互扶助などを通じて，強固な仲間意識をつくりながら，都市の生産力を支えた[Schwineköper (Hg.) 1985]。中世後期には，広域・地域の物資の流通を担う商事会社〔ハンデルスゲゼルシャフト〕があ

らわれ，ドイツではラーフェンスブルク商事会社(1380年設立)が，近世のフッガー家やヴェルザー家の先駆として，ヨーロッパ中に支店を構えた[Widmann 1988]。さらに，都市の生産活動にかかわる論点として，都市の労働(労働時間・体制・雇用形態など)，労働形態の社会への影響(時間観念の変容，都市人口の推移)といった問題がある[ル・ゴッフ 2006]。

　都市の統治や裁判も，都市のコミュニケーションの一環としてみることができる。都市の統治体制は，地域や都市ごと，さらには時代によって大きく異なる。大商人などの有力市民の指導のもと，都市領主から自治権を獲得した都市共同体(シュタットゲマインデ)は，都市門閥層(パトリツィアート)が中心となって行政府たる参事会を組織し，都市の行政(対外防衛・域内平和・警察・市場の監督・司法・財務)を担った。都市参事会(シュタットラート)(1196年のユトレヒトに初出)の構成や権限，その長たる市　　長(ビュルガーマイスター)(1174年のケルンに初出)の職務，参事会の行政執行力を担う都市役人(シュタットベアムテ)(書記・収税吏・病院長・学校長・使節・廷吏・刑吏など)の職務などが，地域・都市ごとの個別研究のおもな分析対象となっている。その際，重要な史料となるのが，都市共同体が自ら作成・記録した公文書群であり，なかでも都市が受給した特権状の写し，都市が発給した公文書の写し，都市が制定した条例，都市法廷の裁判記録(判決文)などを記載する都市台帳(シュタットブーフ)(都市帳簿)である[Debus (Hg.) 2000]。1130年頃に遡るケルンの都市台帳(シュラインブーフ)は参事会内の施錠された櫃に厳重に保管され，その法廷での証言能力を恃(たの)んで市民の土地所有・土地取引などが記録された[Militzer 1989]。

　都市は初等教育を通じて市民のリテラシー(読み書き能力)を涵養(かんよう)し[Dilcher 2010]，また一部の都市は大学や商業・法・医学系の専門学校などを通じて，専門知を習得する機会を与えた。参事会が公的に記録する文書に加え，都市の名士や学識者が日記や書簡を書き，都市の年代記を綴り，愛郷心を文字(都市史，都市讃歌(シュタットロープ))や図像(都市図など)で表現した。都市が当初は自治の証として定めた都市紋章(シュタットジーゲル)は，公文書の印璽や貨幣に付されてその法的効力・貨幣価値を保証するとともに，市門や軍旗に描かれた盾形紋章は，市民の愛郷心を育んだ[Haverkamp et al. (Hg.) 1998]。

　一方で，都市は自己の利益を守るべく，外交使節(ボーテ)を近隣都市や国王宮廷，公会議・ローマ教皇庁などに派遣し，都市の代表として，情報の収集・紛

争の調停・陳情などにあたらせた[EdG84-I.4;Hübner 2010]。さらに，巡幸する君主を受け入れ(入市式〔アドウェントゥス〕)，饗応したり，公会議や王国集会などの開催地となって，莫大な数にのぼる出席者を収容することもあった。

都市共同体は「聖なる都市〔ハイリゲ・シュタット〕」として自己をエルサレムやローマになぞらえ[Haverkamp 1987]，また都市を特定の守護聖人〔シュタットパトロン〕に捧げた[千葉 2009；Röder 1999]。都市共同体と信仰という観点では，教会と俗世を繋ぐ共住聖職者教会〔コレギアートシュティフト〕研究が個別実証研究を積み重ね，その成果として帝国内の分布状況などが明らかになっている[Moraw 2003；Wendehorst et al. (Hg.) 1994]。さらに，都市を拠点とする托鉢修道会の都市における役割や[Schmidt 1986]，都市内の諸聖堂を巡回する宗教行列の研究がある[Löther 1999]。

域内平和や諸侯に軍事的に対抗する目的で結ばれた都市同盟〔シュテッテブント〕については，中部ライン地方の都市同盟をテーマとした論文集がある[Schulz 2009]。中世最大の都市同盟であるハンザ同盟についての研究[斯波 1997；高橋 1999]，ならびに邦語文献情報は，「日本ハンザ史研究会」のサイトにまとめられている[URL-2]。ドイツでは戦後，研究が滞っていたが，統一後は新たな局面を迎えている。論点の総点検と新しい方針については，1989年に刊行された展覧会論文集『ハンザ同盟——その実態と神話』を参照されたい[Bracker (Hg.) 2006⁴]。転換後の研究としては，ブルージュに滞在するハンザ商人についての研究や[Paravicini (Hg.) 1992-2001]，ハンザ同盟の仲間団体としての側面を論じた研究などがある[Jörn et al. (Hg.) 1999]。最新の情報は，1870年創設の「ハンザ史協会」のサイトに詳しい[URL-3]。

教会の階層化と宮廷の機能

中世盛期には，司牧・司法・徴税機能をあわせもつ司教座＝聖堂区制度が，都市の急増と都市社会の成熟にともない，社会の隅々にまで浸透していった。教皇座は，書簡の送付や教皇特使〔レガーテン〕の派遣，公会議の開催を通じて，地方教会に対する教義・裁治・徴税(教会十分の一税〔キルヒェンツェーント〕，聖ペトロの献納金〔ペータースプフェニヒ〕)面での統制を強めていった[関口 2013〈→337頁〉；Harrer 1992；Maschke 1979]。この点では，とくに空位となった大司教座・司教座の任命権を教

皇に留保する空位聖職禄留保特権(レゼルファツィオン)や，教会刑罰(キルヒェンシュトラーフェ)(破門・聖務停止令など)を用いたドイツ教会への介入に関する研究が重要である[Ganzer 1968]。

一方，ドイツをはじめとする地方教会の実態を知るうえで最良の史料は，その意志決定機関である首都大司教管区教会会議(プロヴィンツィアールシノーデ)や司教区教会会議(ディエツェザンシノーデ)などの決議(シュタトゥーテン)である[Johanek 1978]。また，司教を選出し，また補佐する司教座聖堂参事会(ドームカピーテル)については，戦後の基礎的研究をへて，近年では構成員の個人誌・経歴分析が，在地の貴族家門との関係を軸におこなわれている[Schieffer 1976]。大助祭(アルヒディアコン)，下級聖職者(教区司祭(プファラー)を含む)，さらには在俗の共住聖職者会(ゼクラーカノニカー)や，アウグスティヌス戒律を生活規範とする律修共住聖職者会(レグラーカノニカー)，都市を拠点とする托鉢修道会など，複雑化する地方教会の信仰生活を社会史的観点から分析する研究が増えている[Moraw 1980]。

シュタウフェン朝の国王宮廷がイタリア政策を重視し，またシチリア王国を統治下においたことで，イタリアの表象文化がその工房・技術とともに，王権の画像プロパガンダと連結した。この主題では，金銀細工・ガラス細工・象牙・織物・典礼用具などを手がけたパレルモの宮廷工房の役割，証書に付された印璽の図案・銘文，広範囲に流通する貨幣の図案・銘文と皇帝理念との関係，カッペンベルクのバルバロッサ頭部像の象徴的機能などの諸点が研究対象となっている[Bering 1986]。

建築物やその装飾についても画像プロパガンダに関する研究があるが，とくに聖遺物の奉遷・獲得と結びついた事例が注目される[榊原 1993]。例えば，東方三博士の聖遺物のケルン奉遷(1167年)とケルン大聖堂建造との関係[Budde (Hg.) 1982]，カール大帝の列聖(1165年)とアーヘンの聖マリア聖堂との関係，聖エリーザベトの列聖(1235年)とマールブルクにおける聖エリーザベト教会の建造およびフリードリヒ2世のマールブルク訪問[Bertelsmeier-Kierst et al. (Hg.) 2008]などである。フリードリヒ2世が南イタリアに建造した城塞群(カステル・デル・モンテなど)については，ノルマン朝の防備システムの継承，南イタリア社会に対するシュタウフェン朝の軍事的プレゼンス，あるいは高い技術力の誇示といった複数の機能が指摘されている[Wieczorek et al. (Hg.) 2010]。

12世紀ルネサンス(36頁参照)の過程で成立したボローニャ，パリ，オクスフォードといった初期の大学は，13世紀初めに教皇座から正式な認可を受けた。大学はその後，教皇座の監督下におかれ，また托鉢修道会から教育スタッフの提供を受けつつ学生数を増やし，研究・教育機関として制度的に整えられていった[児玉 2007]。イタリアでは，医学(サレルノ)や法学のための専門の学校が設立され，アルプス以北でも都市の学校(司教座学校，修道院学校)が増え，教育制度の充実がみられた。

　これらの教育機関とは別に，学問のセンターとなったのが，君主の宮廷である。なかでも，シチリア王国のパレルモの王宮は，ノルマン朝時代，イベリア半島のトレドと並ぶ，アラビア語・ギリシア語文献の翻訳センターとして，12世紀ルネサンスを牽引したが，フリードリヒ2世治下においてもその機能を維持し，さらには王権の表象文化を支え，また俗語による文学(宮廷文学)の発展にも寄与した[伊東 2008-10; Vollrath 2001]。ドイツ語の俗語文学では，ヴォルフラム・フォン・エッシェンバハ，ヴァルター・フォン・デア・フォーゲルヴァイデ，トマジン・フォン・ツェルクレア(『ヴェルシェ・ガスト』)[有信 2009]，ラテン語の宮廷文学ではゲルウァシウス『皇帝の閑暇』の名をあげることができる[ゲルウァシウス 2008]。

　13世紀はまた，ロジャー・ベイコンに代表される自然学(自然科学)の時代でもあった。パレルモの王宮で活動したマイケル・スコットらにより，アリストテレスの著作(『政治学』ほか)がラテン語訳されたことが，スコラ学の確立(トマス・アクィナス)を促し，1255年にはパリ大学のカリキュラムに公式に導入されるなど，「13世紀革命」と呼ばれる知の転回をもたらした[ルーベンスタイン 2008]。またドイツでは，ケルンのドミニコ会士アルベルトゥス・マグヌスによる，自然学・神学など，あらゆる学問にわたる総合の試みは，ヨーロッパ全体に影響をおよぼした。そのほか，動物の生態・象徴性を記述する動物誌(フィジオログス)[Henkel 1976]や世界図(マッパ・ムンディ)(『エプストルフ世界図』1300年頃)など[Wolf 2010]，百科全書的な著作や作品が多数生まれた。

　なお，中世哲学の動向については『ケンブリッジ中世哲学史』ほかの文献を[Pasnau (ed.) 2010; OGG8^2-II.3.4]，おのおのの学者のテクスト原典に

ついては『中世思想原典集成』〈→316頁〉の該当巻を参照されたい。

4 | 中世後期のドイツ・ライヒ

ルクセンブルク家の台頭からハプスブルク家の帝国へ

　中世後期には，国や都市の行政文書が格段に増えるだけでなく(次項を参照)，個人の通信や遺言書，商業文書など新しいタイプの史料もあらわれ，未公刊の史料も多くなる[*QdGS*〈→315頁〉]。ルクセンブルク家，ハプスブルク家の通史としては，ヘンシュおよびクリーガーの概説が[Hoensch 2000; Krieger 2004²]，中世後期ドイツ史の入門書としてはシューベルトの概説および『ゲープハルト』が手始めとなる[Schubert 1998²; *GEB*¹⁰〈→301頁〉7, 8]。

　ルクセンブルク家のハインリヒ7世(在位1308～13)の短い治世ののち，ヴィッテルスバハ家のルートヴィヒ・デア・バイエルが，二重選挙による混乱期をへて，単独のドイツ王となる(ルートヴィヒ4世，在位1314～47)[Nehlsen et al. (Hg.) 2002]。ルートヴィヒの治世では，ボヘミア王とのライバル関係といった国内問題は，アヴィニョン教皇庁との法的論争・パンフレット合戦[Lambertini 2011]，ミュンヘンの宮廷がはたした異端的思想家の避難所的役割，英仏百年戦争への介入などの国際関係と密接に連動していた。

　カール4世(在位1346/47～78)がドイツ国王・ローマ皇帝となったことで，ルクセンブルク家に再び王＝帝位が戻る[Hoensch 2000]。フランス育ちのカール4世個人については，ザイプトによる伝記のほか[Seibt 2003]，2006年の展覧会カタログがある[Fajt (Hg.) 2006]。内政面では，統治基盤となる家領の拡張，ブランデンブルク辺境伯領の獲得，金印勅書の発布と皇帝選挙規定の確立などの事績に加え，首府プラハの改造，プラハ大学の創設，経済振興策，ハンザ同盟との連携，官僚組織の整備などが研究対象となっている。外交面では，引き続いての英仏戦争への関与，教皇庁のローマ帰還の実現，また文人で外交官のペトラルカとの交流などが注目される事績である。

カール4世の没後，その長男ヴェンツェルが跡を継いだが，失政と統治能力の欠如を理由に諸侯により廃位され(1400年)，その後はボヘミア王として1419年まで統治を続けた。一方，カールの次男ジギスムントは，1387年にハンガリー王となり，1410年にはドイツ王，ローマ皇帝となり，19年以降はボヘミア王もかねた。ジギスムント(1437年没)については，君主称号をかねることで一時バルト海から黒海にいたる広域世界の統治を実現し，また2回の普遍公会議(コンスタンツ，バーゼル)を開催して教会分裂(教皇鼎立(ていりつ))を解消した政治的手腕が際立つ。また，対オスマン朝十字軍，対フス派十字軍を組織し，結果的には敗戦をかさねたものの，その軍事面での組織・統率力はこの時代の君主として傑出していた[Macek et al. (Hg.) 1994]。

　フィレンツェでの東西教会の合同(1439年)直後に帝位に即いたフリードリヒ3世は，百年戦争の終結(53年)，ビザンツ帝国の滅亡(53年)をへて，アメリカ大陸の発見(92年)にいたる激動の半世紀を，皇帝として君臨した[Koller 2005]。ますます錯綜する国際政治のただなかにあって，ハプスブルク家の家領拡大と統治の盤石化に専念した。ブルゴーニュ公の相続人マリアと息子マクシミリアンとの婚姻がなったあとは，軍事的才能あるマクシミリアンと帝国を実質上共同統治し，1486年にはマクシミリアン(1世)のドイツ=ローマ王への選出と戴冠を実現した。両君主は滅亡したブルゴーニュ公国の遺産を継承し，ネーデルラントを確保し，次世紀に実現するハプスブルク帝国の礎を築いた[Krieger 2004^2]。

　両君主が統治した15世紀後半は，人文主義者を中心に帝国改革の必要性が叫ばれ，1439年には『皇帝ジギスムントの改革 Reformatio Sigismundi』と呼ばれる改革文書が広く社会に流布した[Marosi 2006]。帝国ラント平和令の実現や諸侯間・都市間の紛争解決機関の設置など，改革は試行錯誤のなか少しずつ成果をあげ，1495年のヴォルムス帝国議会を迎えることになる。また，ブルゴーニュに勝利し，強力な傭兵を各地に派遣するスイス誓約同盟の実質上の独立がはたされた[瀬原 2009]。フリードリヒ没後は，フランスのイタリア侵攻に発端するイタリア戦争が始まり，マクシミリアン1世も巻き込まれていく。一方，国内では農民一揆や都市騒擾(そうじょう)が多発し，

社会不安が深刻化するなか，1517年にはルターが登場し，ハプスブルク家はカール5世のもとで広大な地中海帝国を実現することになる。

知識社会と外交

　14世紀にはいると，帝国内に大学が君主主導で続々と設立された［Bünz 2011］。ドイツ語圏最初となるカール4世によるプラハ大学の創設(1348年，神学・法学・医学・学芸学部の4学部)は，教皇クレメンス6世による設立認可状を受けてのものであったが，同王は，大学創設権がドイツ王にも認められるとして，計9つの大学を創設した［浅野 2000；Šmahel 2007］。以後，ドイツ王国内では，ウィーン大学(1365年)，ハイデルベルク大学(86年)，ケルン大学(88年)，エアフルト大学(92年)，ライプツィヒ大学(1409年)が設立された。パリ大学やイタリアの諸大学では，学生を出身地域の学寮的組織「国民団」（ナティオ）に分け，ドイツ出身者も中欧の学生とともに1つの国民団（ドイツ・ナティオ）を形成した［田中 1995］。

　大学設立には君主の権威誇示の面もあったが，知識社会の出現と読み書き能力の普及がより本質的な背景をなしていた。国王や聖俗の諸侯が自らの宮廷に官房（尚書部）（カンツライ）［Silagi (Hg.) 1984］を組織し，公文書の作成・保管などの業務を担わせ，また司法手続きや所領・税収の管理など，行政のさまざまな部門で，法律・簿記などの専門知識と文書作成技術をもつ人材が求められるようになった［大黒 2010］。文書の膨大化は，14世紀半ば以降に顕著となる，書写材料の羊皮紙から紙への移行，行政語のラテン語からドイツ語への移行，官房役人の聖職者から俗人への移行と相関関係にあった［Jucker 2011］。読み書き能力の普及は都市社会で顕著で，都市行政の文書化という並行現象とともに，市民の読書量の増加，書籍の需要と流通量の上昇，書籍商の増加を招いた。こうした問題は市民の読書行為の変容といった社会史的主題とともに，書物文化史の研究テーマとなっている［シャルティエ／カヴァッロ 2000；Mazal 1999-2007］。

　一方，最初期のイタリア人文主義は，当初はわずかに，書簡や人の往来を通じてドイツの宮廷と接触をもつだけであったが，14世紀を通じて徐々にアルプス以北にも広がった。カール4世の宮廷官房長ヨハン・フォン・

ノイマルクト，プラハ市の書記ヨハンネス・フォン・テプル，桂冠詩人コンラート・ケルティス(1508年没)などがその一例である[瀬原 2011]。彼ら人文主義者は作品を著すだけでなく，大学・宮廷・都市を舞台に，新しい思想の流布や学識サークルの形成といった面で活躍し，またイタリアの人文主義者と同様，宮廷顧問や都市の役人，そしてとりわけ外交使節として，多方面かつ広域に活動した[McLelland et al. (Hg.) 2008]。

14・15世紀は，ドイツの帝国議会(ライヒスターク)をはじめ，ポーランドやハンガリー，ボヘミアなどの国々で，君主権力と対等に渡り合う会議体(身分制議会)が成長した時代である[成瀬 1988]。これは，イングランドのパーラメントやフランスの三部会の発展と並行する現象であるといえる。これら会議体は，君主の選出・承認，課税や補助金の拠出の可否，出兵(和戦)の可否などを決議する機能を担う一方，君主家門が戦争・相続・取引によってめまぐるしく交替する状況にあって，「国」の連続性を担保する役割(身分制国家)をはたした[Annas 2004]。

一方，キリスト教(カトリック)世界では，普遍公会議(コンキリウム・ゲネラーリス)が教皇権に対抗しうる会議体として，教皇の上に公会議を位置づける公会議主義を背景に，同様の役割をはたすようになる[Dendorfer et al. (Hg.) 2008]。これらの公会議では，大学人(ニコラウス・クザーヌスなど)が公会議主義や教会改革の理論的支柱となるだけでなく，実務担当者(部会長・使節など)として議事・運営をリードした[Müller et al. (Hg.) 2007]。中世後期の教会危機に関する研究動向・文献については，ミュラーの文献案内が有益である[EdG90]。

死と霊性

霊性(シュピリトゥアリテート)とは，中世人の信仰にかかわる心のありよう(心性)を意味するだけでなく，信仰の実践形態やそのための社会制度をも射程に入れた概念である[Angenendt 2010^2; EdG68^2]。中世人の霊性の核には，創世からキリストの降誕・受難・復活をへて，最後の審判を含む終末の到来にいたるキリスト教の救済史的時間観念があり，そして死，死後の復活，魂の救済への強い願いこそが，信仰心の根底にある。中世後期の霊性においては，それ以前に比べ，この死をめぐる観念が生々しさを帯び，身体をめぐる感

性・考察・表現に深化がみられた[Schreiner (Hg.) 2002]。その背景には，医学教育の高等化，都市における病と治療[シッパーゲス 1988]，衛生管理の経験，黒死病(ペスト)の流行，死生観の変化があった。こうした身体と死への執着は，キリストの受難や聖母の悲嘆，聖人の殉教場面を題材とする祭壇画，木製人像などの芸術表現にも明確にあらわれている。死への恐怖が深まる一方で，日常化された死を克服するべく，「死の舞踏(トーテンタンツ)」のような図像群や「死 の 作 法(アルス・モリエンディ)」などの作法書が生まれた[Birkhofer 2008]。

身体と死は，後期中世の政治文化・政治儀礼へも浸透する。王や教皇，諸侯や貴族の死を演出する葬送儀礼は，トランジ(葬儀用彫像)などを用いた大規模で仰々しい儀式となった[Babendererde 2006]。これについては，国王葬儀の式 次 第(エクスクイエース)が基本的な史料となる。葬儀を終えた王の亡骸(なきがら)は，王家の菩提寺である大聖堂内の納骨堂に，生前の盛装での姿を彫った丸彫り彫像を載せた石棺におさめられて安置された[パノフスキー 1996；カントーロヴィチ 2003；Jericke 2006]。

死後の復活と魂の救済を強烈に意識する中世後期の霊性においては，墓 碑(グラーブマール)の増加にみられるように，自己の記憶を生者のなかに刻み，絶えず想起されたいという欲求がいっそうあらわとなる。生前の罪を浄化する煉 獄(フェーゲフォイア)の観念が教会による宣伝によって浸透し，煉獄(れんごく)にある死者の魂と生者とを善行(善財)(グーテス・ヴェルク)によって結ぶ教会に富が集まる仕組が生まれた[ル・ゴフ 1988]。善行には，自分や自分の家族のために生前におこなうもののほか，祖先など(煉獄で苦悶する)死者の魂のためにおこなうものがあった。教会に集まった富(土地・金銭など)は，教会施設の保全・修復・拡張，聖職者の雇用(聖職禄)などにあてられる一方，貧者や病人に対する慈善行為(喜捨・食事の提供，施療院の維持など)に用いられた[Jetzler (Hg.) 1994]。

ある目的のために財を寄託する行為(シュティフトゥンク)(寄進・献金・喜捨・慈善)は，広く中世社会に認められる[Borgolte 1988]。それが隣人愛に立脚する場合はとくに慈 善(カリタース)と呼ばれ，その行為はおもに貧者に向けられた(貧者給養)。また，財の寄託はしばしば施設の創設(フンダティオ)＝維持と結びつけられた。すなわち救貧院，施療院，孤児・捨子院，救老院といった慈善施設(シュピタール)のほか，教会における礼拝堂・祭壇などである[EdG17²-II.2.4.]。

1980年代の民衆史研究は，その後，ユダヤ人や特定の病(ハンセン氏病など)に罹患した病人などの周縁民研究(ランントグルッペ)へと発展した。さらに1990年代には，パチョフスキの研究に代表されるように，社会学的な概念装置を用いて差別＝排除(アウスグレンツンク)や階層化の仕組を解明する研究へと進んでいる[Patschovsky 2001]。市壁によって閉じられた都市社会に先鋭的にあらわれるこうした現象は，階層と居住区域の関係を問う都市地誌(シュタットトポグラフィ)研究や司牧組織(プファールオルガニザツィオン)研究，都市社会の刑罰規定の詳細化といった犯罪史の成果とあわせ，総合的に分析されなければならない[池田 2010]。

中世ユダヤ人研究については，トッホの文献案内に詳しい[EdG44[2]]。論点としては，迫害・弾圧・ポグロムという観点と，国王による保護という観点の両面がある。前者については，ホスチア冒瀆(ホスティエンシェンドゥンク)[Honemann 2008]，儀式殺人(リトゥアールモルト)(ユダヤ人によるキリスト教徒少年の儀式上の殺害)[Buttaroni (Hg.) 2003]，井戸への毒混入(ブルンネンフェアギフトゥンク)[Haverkamp (Hg.) 1981]などの，ユダヤ人迫害の定型化した「罪状」，十字軍(とくに第1回の1096年)やペスト流行時の迫害・殺戮(さつりく)事件，強制改宗＝受洗(ツヴァンクスタウフェ)やゲットーへの移住強制などがおもな論点である。後者については，国王によるユダヤ人保護(ユーデンシュッツ)・保護状(シュッツブリーフ)が主たる研究対象となっている[Schneider 1981]。

ドイツは，盛期中世の民衆的異端運動では周縁的であったが，中世後期には新しい型の宗教運動の中心地となった。その1つは，帝国の首都プラハから発したヤン・フスとフス派の運動である[Fudge 2010]。イングランドでジョン・ウィクリフの教説がオクスフォード大学を中心にロラーズの運動を生んだように，ウィクリフの教説に感化されたフスの著作・説教活動が，都市プラハ・プラハ大学を中心に，チェコ語ナショナリズムをはらみながら，中東欧の広域に展開する反体制的運動(フス派)へと発展した[Šmahel 2002]。

いま1つは，神秘主義運動である[McGinn 2010]。ドミニコ会士マイスター・エックハルトの神秘主義思想[香田 2011；『中世思想原典集成』15, 16]は，同じドミニコ会士のヨハンネス・タウラー，ハインリヒ・ゾイゼに継承された。さらにネーデルラントの共同生活兄弟団，「新しい敬虔(デウォティオ・モデルナ)」運動[Engen 2008]をへた神秘的主義の土壌に，エラスムスに代表される

人文主義者が胚胎する。

　中世後期は，戦争・紛争・蜂起といった武力衝突に満ちた時代である[EdG1³]。この分野(戦争史研究(クリークスゲシヒテ))では，古典的なデルブリュックの戦術研究[Delbrück 1990]，唯物史観に基づく農民戦争研究，あるいは傭兵(ゼルトナー)研究に加え，1990年代以降の紛争構造社会論(各種の紛争を社会秩序の破綻要因としてでなく，社会の均衡を維持する社会制度としてとらえるもの)，さらに最近では，叢書「戦争と社会」(Krieg und Gesellschaft)に代表されるように，戦争の社会への影響，戦時における性差の問題(男性らしさ)，文学作品への心理的影響など，多角的な分析がおこなわれている。中世後期のドイツでは，フス派戦争における新戦術，スイス国家の独立の要因となる傭兵・戦術(ゼンパハの戦い)や，皇帝ジギスムントが指揮した対オスマン朝十字軍などが分析対象として着目されている[Kaindel et al.(Hg.) 2010]。このほか，傭兵(スイス)の普及と戦争の金銭化など，当時の社会経済と切り結ぶ問題領域もある。

　　　　　　　　　　　　　　　　　　　　　　　　　　　　千葉敏之

第3章 近世の神聖ローマ帝国と領邦国家

1 │ 時代の概観

近世とは

　本章は16世紀前半の宗教改革から19世紀初頭の神聖ローマ帝国の終焉までを扱っている。この時代は「近世」と呼ばれ、独自の専門領域をなしている。一般に近世とは、中央集権国家、啓蒙的合理主義、個人の自由と人権、政教分離、資本主義、階級対立といった近代的現象の萌芽期を意味し、おおむね宗教改革から市民革命・産業革命の時代までを指す[Schorn-Schütte 2009]。この時代区分は、20世紀後半以降の学者たちが「近代」の本質を論じるなかで生まれた。とくに重要な役割をはたしたのは「初期近代国家」を考察したエストライヒやネフ、「市民社会」の成立期（狭間期）を研究したコゼレックである[エストライヒ 1993；コゼレック 1989]。ただし、およそ1500年から1800年までの歴史を一体視する観点は19世紀後半のランケにもみられた[ランケ 1998；Reinhard 2004]。

　近世の定義をめぐっては論争があり、その発端をルターの『95箇条の論題』(1517年)とすることについても合意はない。ルターが「個人の良心」の宗教を樹立したことや、宗教改革が統一国家の形成を阻んで領邦主権の道を開いたことを重視して近世の始点とする見方には一定の説得力がある。しかし帝国最高法院の設置や一般帝国税の導入を決めた1495年のヴォルムス帝国議会を近世の出発点とする見解も有力である[ウィルスン 2005；Burkhardt 2009]。ヨーロッパ全体の近世史の叙述を1450年頃から始める歴史家もいる。その場合は活版印刷革命やコンスタンティノープル陥落、英仏百年戦争の終結が画期とされる[Wiesner-Hanks 2006]。なお中世盛期

(12〜13世紀)から18世紀初頭までを近代に先立つ「中間期」ととらえるトレルチや,「旧ヨーロッパ」の概念を使うブルンナーらの解釈も影響力を保っている[トレルチ 1984；ブルンナー 1974；Gerhard 1981；Blickle 2008；ブルンナー 2013]。最近ではウォレスの「長い宗教改革」論が注目される[Wallace 2012]。アッボルドも同じ視点で中世から近世にいたる長い「キリスト教化」の過程を連続的に把握しようと試みている[アッボルド 2012]。それでも宗教改革の動乱や帝国改革の本格的な進展が歴史を変えたことに異論の余地はなく,この時期から近世史の叙述を始めることには十分な根拠がある。ただしこの時代を「本来の近代」に先立つ過渡期とみる視点は,一種の進歩史観に陥る危険をはらんでいる。すべてが「近代化」の途上にあったのではなく,この時代に完成の域に達した思想や制度もある。ドイツ語のFrühneuzeitは初期近代とも近世とも訳されるが,前者の場合は過渡的性格が,後者の場合は独立性が暗示されることになる。

宗教改革と宗派化の時代

　ドイツ宗教改革は事件史としては『95箇条の論題』の公表に始まり,その後は教会,皇帝,貴族,平民が連鎖的に反応するなかで展開し,ドイツ全土に改革支持派と反対派の対立をもたらした。支持と反対のあり方には社会層による違いがあった[ブリックレ 1991；Dixon 2002；Schnyder 2008]。宗教改革前の教会の状況(教義,制度,民衆の信仰),人文主義者の教会批判も背景として重要であり,15世紀後半以降の活版印刷術,図像,音楽(楽譜)の役割も見逃せない。同時代のスイスにも目を配る必要がある。帝国都市チューリヒは宗教改革の一大中心地であり,その指導者は1519年に同市の司祭となったツヴィングリである。彼の神学と社会観はルターのものとは異なっており,その路線はやがてカルヴァン主義と融合して帝国各地に波及し,近世ドイツ社会をいっそう多様なものにした。宗教改革は統一的な運動ではなく,再洗礼派や神秘主義者も無視できない。ミュンツァーやフープマイアーのように農民戦争に関与する指導者もいた。近年,宗教改革と農民戦争を統一的に考察する研究が大きな成果をあげたが,それらはかつて両者を「初期市民革命」とみなしたマルクス主義史学とは異なり,

農民世界の宗教と文化の特質を解明しようとする視点を含んでいる。

　宗教改革は1521年のヴォルムス帝国議会を機に政治問題化し，シュマルカルデン戦争(46～47年)をへて55年のアウクスブルク宗教平和令においてカトリックとの妥協にいたる。それは領邦君主に宗派決定権を認め，帝国都市の一部に二宗派の併存を許すものであった。1531年にスイス諸邦が結んだカッペル(第2)平和条約はすでにそうした内容を先取りしていた。この解決方法は権力の分散化に拍車をかけたが，各領域の内部では宗派教会の力を借りた統合の試みが緒につく。領邦や都市の公認教会は，世俗権力と結びついて国家教会体制を整え，政治・外交・社会制度・文化・習俗の「宗派化」を試みるのである。この宗派化の過程は，領邦や都市権力による「社会的規律化」の試みとかさなりあう近世社会の根本的動向であったとされる。この見地に立つ研究者たちは，ヴェーバーのプロテスタント重視の合理化論・近代化論を批判し，近世カトリシズムにも同様の歴史的役割を認めようとしている［踊 2013］。

争いの克服

　宗派化政策は，その始まりの時点から脱宗派化現象を反作用として引き起こした。争いを防ぐ実際的な妥協，相互の寛容，宗派的越境(改宗，異宗派間の婚姻，経済的交流)，信仰の内面化・個人化の傾向などである［踊 2003］。宗派的ドグマを相対化する新ストア主義の哲学も見逃せない。なお三十年戦争(1618～48年)はボヘミアの新教勢力の反抗に起因するが，旧教国フランスがドイツの新教勢力を支援し，新教国スウェーデンの脅威に対してドイツの新旧両勢力が協力するなど，宗教戦争とはいえない要素ももっていた。ただし1617年に宗教改革100周年のプロパガンダが宗派的緊張を生じさせたことや，戦争終結の際のヴェストファーレン条約(1648年)が宗派問題の解決をめざすものであった事実は無視できない。この条約のおもな内容をあげれば，カルヴァン派の承認，基準年(1624年)の設定による宗派状況の固定化と安定化，君主の信仰に従わずにカトリックまたはルター派ないしカルヴァン派として生きる臣民に対する私的礼拝の自由の承認，1555年に認められた異宗派の臣民の「移住権」の再確認である。戦争

中の幾多の惨劇を互いに「忘れること」を強く求めている点も，この条約の特徴とされる[Wolffe (ed.) 2013]。

信仰と理性

　一般に三十年戦争後には「世俗化」が進むとされるが，信仰の多様化に起因する衝突も起こりつづけた。とくにカルヴァン派の浸透地域では新たな摩擦が生じた。硬直化した教会制度を批判し，日常的な祈りと実践を重んじる敬虔主義の台頭も注目される。17世紀後半以降には教会合同の試みや信仰と理性の調和を模索する哲学的な営みも目につく。しかし地域によっては「再宗派化」が試みられ，ザルツブルクでは18世紀になってからプロテスタントが集団追放された。ヨーゼフ2世のような18世紀の啓蒙専制君主は寛容政策をとったが，ユダヤ人差別は残り，各種の宗教的マイノリティも無権利状態にあった[Maurer 1998]。

近世の神聖ローマ帝国と国際情勢

　16世紀のヨーロッパの歴史地図を見るとわかるとおり，神聖ローマ帝国は，ヨーロッパのほぼ中央に位置している。この近世の神聖ローマ帝国が，これまで以上にヨーロッパの国際情勢と密接に結びつくきっかけの1つは，ハプスブルク家にあった[ウィートクロフツ 2009]。ハプスブルク家は，15世紀の半ば以降，1回の例外を除いて，1806年の終焉まで皇帝の位にありつづけたが，その所領を飛躍的に拡大することに成功したのが，15世紀後半から16世紀初めのことだった。1440年にフリードリヒ3世が国王に選出されたとき，彼はオーストリア南部3州の領主でしかなかった。しかしその後の「結婚政策」によって，ブルゴーニュ，スペイン，ハンガリーなどをつぎつぎと獲得した。しかしこの所領の拡大とともに，ヨーロッパの国際情勢と深く結びつくことになった。フランスとは，15世紀後半のブルゴーニュ公領をめぐる争いとイタリア戦争に始まり，三十年戦争，スペイン継承戦争などの戦争をへて，第二次世界大戦まで500年にもおよぶ宿敵となった。とくに1648年以降，フランスはほぼ一貫してハプスブルク家に対抗する勢力の保護者でありつづけた。一方東では，オスマン帝国が1453

年以降断続的に襲来し，18世紀半ばまで大きな脅威となった [河野 2010]。神聖ローマ帝国のなかでもっとも東に所領を有していたのが，ハプスブルク家であり，対オスマン戦争の最前線にあった。オスマン軍との戦いは，ハプスブルク家の領土問題でもあり，また同時に異教徒からキリスト教世界を守る戦いでもあった。そのため皇帝は，帝国等族に援助（帝国援助）を要請することができたが，しかしこの帝国援助は，帝国国内の政治情勢と結びつき，皇帝は援助を得るために，さまざまな譲歩をよぎなくされたのだった [Schulze 1978]。

　帝国等族は，中世以来，外国勢力も含めたさまざまな同盟を結びながら，そのときどきの政治情勢に対応した。数多くの同盟は，ドイツ特有の現象であり，近世ドイツの政治構造を知る重要な手がかりとなるものでもある [Press (Hg.) 1995]。また帝国議会には，ローマ教皇をはじめ数多くの外国勢力の使節も訪れ，帝国等族と協議や情報交換をおこなっていた。17世紀後半以降帝国議会が継続的に開催されたレーゲンスブルクは，ドイツのみならずヨーロッパのさまざまな情報の集積地であり，また発信地でもあった [Friedrich 2007]。

近世国家論における神聖ローマ帝国

　しかしながらこの神聖ローマ帝国が，どのような国家範疇にあてはまるのかについては，さまざまな議論がある [渋谷 2006]。1648年のヴェストファーレン条約によって，領邦に主権が認められ帝国は政治的意味を失うと考えられたことから，同条約は「帝国の死亡診断書」といわれてきた。神聖ローマ帝国を主権国家を基準に評価するならば，このような評価も妥当かもしれない。帝国が主権国家になることもなければ，皇帝が絶対主義的君主として帝国を支配することもなかった。1648年以降，帝国はもはや政治的に意味をもたず，やがてドイツを統一するブランデンブルク＝プロイセンの発展に目を向けるのが，伝統的なドイツ史であった。しかし1960年代以降，近世の帝国がはたしていた機能が徐々に明らかになるにつれて，中世後期以降の帝国を再評価する研究が多く発表されるようになった。その結果，近世においてとくに帝国のさまざまな制度が機能しつづけ，帝国

ヴェストファーレン条約以後のドイツ

が政治的意味においても生きつづけていたことが明らかになった。日常的な支配行為は基本的にはそれぞれの領邦においておこなわれ、領邦の枠を超えるような事態にあっては、皇帝あるいは帝国の制度が機能していた。帝国は1つの法・平和共同体であり、そのなかで帝国と領邦は相互補完的な関係にあったということができる。

こうした研究動向にあって、今日もはやヴェストファーレン条約を「帝国の死亡診断書」と理解することはできない。帝国が連邦制的な体制にあること、そのなかでは帝国と領邦が相互補完的な関係にあることについては、多くの研究者の意見が一致するところである[Schmidt, G. 2001]。しかし国家概念との関係では意見が分かれている。例えば、ブルクハルトに

よれば，16世紀以来の帝国改造の過程で帝国レベルの諸制度が確立する一方で，領邦の自立性も進展していた。この2つの発展傾向は，最終的にヴェストファーレン条約によって調停され，帝国は二重国家性という道を歩むことになった[Burkhardt 2006]。さらにG・シュミットのように，この帝国に「国民」の存在を一貫して見出そうとする研究者もある。シュミットによれば，近世の神聖ローマ帝国は，権力国家的に間違った道から解放されている存在であり，そこにドイツ国民のアイデンティティをみようとする[Schmidt, G. 1996 ; Schmidt, G. 2009]。

　その一方で，伝統的な歴史観に立つシリングやラインハルトは，帝国に国家性を認めず，国家性は，あくまでもプロイセンおよびオーストリアをはじめとするいくつかの領邦のレベルでのみ語ることができると理解する。しかし両者においても帝国の諸制度が機能しているという帝国史研究の成果を採り入れ，シリングは，「部分的に近代化された帝国システム」[Schilling 2001]，ラインハルトは「新奇な二階建ての統治システム」と表現した[Reinhard 2003]。

　このような帝国の国家性をめぐる議論とは別に，国家概念で帝国を理解することを拒否し，その前近代性，異質性を強調する研究もある。シュトルベルク゠リリンガーがその代表である[Stollberg-Rilinger 2009]。2009年の著作の最終章「あらためて旧帝国とは何であったか」において，帝国の特徴を11点あげている。そのなかで重要な点だけ抜き出せば，帝国とはまず伝統とコンセンサスに基づく団体であり，相互の誠実関係に依存した人的団体であり，こうした団体にあっては，さまざまな儀式やシンボルが相互の義務や位置を確認する本質的な行為である。このような帝国はさまざまな利害関係をもつ不均質なメンバーから構成されており，平和と法の維持が目的であった，とされるのである。

領邦国家の展開

　19世紀以来，近世のドイツは絶対主義の時代と理解され，領邦が絶対主義国家へと発展するプロセスが，主としてブランデンブルク゠プロイセンを中心に研究されてきた。そこでは絶対主義国家の支柱として，中央政府

の官僚機構と常備軍の整備が強調された。しかしながら今日の研究では，これらの官僚や軍隊の前近代性が指摘され，中世以来の身分制的・階層的な構造が依然として残っていたことが明らかにされている。絶対主義国家の君主権もまた，身分制社会によるさまざまな制約のもとにあったということができる［阪口 1988；神寶 1994；千葉 1993；成瀬治 1988b；山内 1985］。

　こうした研究に大きな影響を与えたのが，エストライヒであり，彼が提唱した社会的規律化(Sozialdisziplinierung)の概念である［エストライヒ 1993］。この社会的規律化の概念は，政治・経済・社会のあらゆる分野における秩序形成と自己抑制のプロセスを歴史的に把握することをめざしたものであり，近世社会の特色を表現している。これと密接に関連するポリツァイ概念もまた近世社会の特質を示す概念ということができる［佐久間 2006］。ポリツァイとは，都市や農村における善き秩序を意味しており，公共の福祉の推進および住民の幸福の増進を積極的にはかる活動全般を含む言葉として理解することができる。そのために制定されたのがポリツァイ条令である。都市から始まったこのポリツァイ条令は，帝国レベルでも制定されたが，17世紀以降は領邦国家がポリツァイ条令の主たる担い手となった。領邦国家は，善き秩序と公共の福祉の推進を目標として掲げ，住民の公私にわたる生活全般を積極的に規律化することをめざした［屋敷 1999］。こうしたポリツァイ国家が，近世の領邦国家の1つの特色であるが，規律化は一方的に上から押しつけられたものではなく，住民からの要請に応えるものでもあったことに注意しなければならない。

　近年のもう1つの注目すべき研究分野は，領邦国家の軍隊に関する研究である。「新しい軍事史」ということができる軍隊の社会史研究は，軍隊の宿営や兵士の日常生活をはじめ，軍隊の地域社会との関わり全般を問題にしている［阪口 2001；阪口編 2010；阪口・丸畠編 2009；鈴木 1999］。およそ300年にわたる近世という時代は，戦争が頻発した時代であり，ブルクハルトはこの恒常的な戦争状態を近世の特徴とみなし，「平和のなさ」(Friedlosigkeit)と表現した［ブルクハルト 2002・06；ブルクハルト 2009］。ブルクハルトによれば，こうした戦争は，近世において国家形成が未成熟な状態にあったことに原因があった。中世以来の普遍主義勢力が残る一方

で，新たに国家を形成する動きが各地であらわれたことが，戦争を誘発するとともに，こうした国家における未成熟な王位継承や諸制度がまた戦争を誘発した。未成熟な近世国家と戦争を結びつけたこのブルクハルトの理論は，ドイツのみならずヨーロッパ近世史の1つの参照枠とすべきものである。軍隊はまさにこうした恒常的な戦争状態の社会のなかで，戦闘のみならず日常的にも社会に大きな影響をおよぼす存在であったということができる。

近世の領邦については，これまでは近代国家的な観点から，ブランデンブルク=プロイセンなどの一部の領邦国家のみが考察の対象とされてきた。しかし現在，近代国家とは質的に異なるものとして近世国家を理解する状況にあって，ブランデンブルク=プロイセンやオーストリア以外の領邦への目配りがいっそう求められているということができる。

踊　共二・山本文彦

2 | 宗教改革の始動と展開

ルターとドイツ宗教改革

宗教改革関係の研究案内や書誌は数多く存在するが，社会史的・構造史的研究が充実する1980年代以降のものをまず参照すれば，伝統的な神学や思想史の成果も含む全体的展望が得られる［スクリブナー／ディクソン 2009；俊野 1998；德善 ほか 1998；森田 1983；森田 2009；Mörke 2011；*Sixteenth Century Essays & Studies*〈→319頁〉2008］。欧文の最新文献を知るには宗教改革史協会刊行の専門誌が役に立つ［ARG Literaturbericht 1972ff.］。同誌の100号を記念して編まれた研究史特集号も有益である［Schutte et al.（Hg.）2009］。概説としてはブラディとカウフマンの書物を勧めたい［Brady 2009；Kaufmann 2009］。ルター宗教改革500年を記念する国際企画 Refo 500 の成果物も注目に値し，例えばオーピッツは宗教改革史の常識ないし神話の数々を批判的に吟味する論文集を刊行している［Opitz（ed.）2013］。

ルターは1483年にドイツ中部の都市アイスレーベンで鉱山業を営む平民

の家に生まれ、長じて法学と神学を学び、落雷体験(1505年)を機に修道士となり、罪と赦し、恩寵と救済をめぐる問題に悩み、大学教授となり、聖書研究によって「信仰のみ」の境地に達した。そして彼は贖宥制度を批判する『95箇条の論題』(1517年)をヴィッテンベルクの城教会の扉に掲出して改革の狼煙(のろし)をあげ、ヴォルムス帝国議会(21年)では自分自身の「良心」を根拠に自説の撤回を拒み、「われここに立つ」と叫んだという。この「宗教改革神話」[スクリブナー／ディクソン 2009]の影響力は絶大であり、世代を超えて語り継がれ、ランケのような大家の手でドイツ史の重要な構成要素となる。しかしこの「神話」はグーテンベルクが実用化した活版印刷の世界で不朽の大事業の記念としてつくられたものであり、史実と伝説の織物である[Ott/Treu (Hg.) 2008]。史実は複数の情報源から再構成されねばならず、思想についてはルター自身の著作が出発点である。主要な著作には翻訳があり、『キリスト者の自由』(1520年)ほかの宗教改革三大文書を含む選集もある[ルター 2012]。それらは原典に向かう前に基礎的理解を得る手段となる。ルターの生涯を知るにはベイントンの大著が最良だが、カウフマンの短いルター伝も極めて啓発的である[ベイントン 1954；カウフマン 2010]。展示企画にも目を配りたい。例えば2008年秋から翌年にかけてザクセン・アンハルト州の先史博物館で開かれた展示会「発掘品にみるルター」は、彼の誕生地や居住地で見つかった遺品や日用品を出展しており、その図録は等身大のルターに迫る資料となる[Meller (Hg.) 2008]。

　ルター思想の総合的把握のためには金子晴勇の概論が役に立つ[金子 2009]。この書物は中世後期の神秘主義との連続と断絶の両面からルターにおける霊、良心、義認、愛、社会倫理などのテーマを論じている。ルターの社会観・権力観については論争もあるが、霊の王国とこの世の王国を区別して「キリスト者の自由」を前者に求め、後者においては権力者への従順を説く「二王国論」がその特徴とされ、それはルターの悲観的人間観(原罪論)に由来するというのが通説である。この問題についてはまず木部尚志の書物を読めば問題の所在と先行研究への視野が開ける[木部 2000]。なおルターはザクセン選帝侯フリードリヒに支えられて改革を進めたが、1530年代にルターが福音派を弾圧する暴君(皇帝や諸侯)に対する抵抗と自

己防衛を認める発言をしていたことにも注目したい。このことは『卓上語録』からもわかる[ルター 2003]。暴君に対する同位・下位の権力者の抵抗を正当化する議論はオジアンダー，ブツァー，ツヴィングリも展開した。当時の抵抗権思想を包括的に研究したスキナーは，カルヴァン派の抵抗権思想の淵源をルター派世界に求めた[スキナー 2009]。この問題は近代政治思想の起源をたどる研究に連なっており，研究者の関心は高い[Friedeburg (Hg.) 2001]。ハインペルは第二次世界大戦後，ルター主義は「服従のパトス」を生み，カルヴァン主義は「自由のパトス」を育てたと論じたが，その適否は実証的に確かめねばならない[ハインペル 1991]。

　宗教改革は帝国の政治問題でもあり，帝国議会の最終決定や勅令の数々に痕跡を残している。とくに重要なのは，1521年のヴォルムス帝国議会での「ヴォルムス勅令」(ルターの帝国追放刑)，26年の第1回シュパイアー帝国議会の最終決定(宗教改革の容認)，29年の第2回シュパイアー帝国議会の最終決定(上記の決定の撤回とヴォルムス勅令実施決定)，ルター派諸侯・帝国都市の「抗議」，30年のアウクスブルク帝国議会でのルター派の「アウクスブルク信仰告白」の提示とヴォルムス勅令実施の再決定，47〜48年のアウクスブルク帝国議会で決まった「仮信条協定」(カトリックの教義を保つことを条件にパンとブドウ酒による二種聖餐と聖職者の結婚を認める帝国法)，そして55年のアウクスブルク帝国議会で発せられた「アウクスブルク宗教平和令」である(ルター派を公認し，「ひとりの支配者のいるところ，ひとつの宗教」の原則によって諸侯に宗派選択を委ね，二宗派併存の帝国都市には現状を維持させるが，聖界諸侯がルター派に改宗する場合は支配権を放棄させ，カトリックの後継者を選ぶという「聖職者留保」をともなう)。これらの研究には議事録などの精読が必要だが，入門者には日本語の抄訳が役立つ[シュトゥッペリヒ 1984；中村ほか編訳 1976]。アウクスブルク宗教平和令については永田諒一の詳しい研究がある[永田 2000]。なお政治史と関連して，宗教改革と「ドイツ人意識」の問題も重要である[トーマス 2005]。

ツヴィングリとスイスの宗教改革

　ツヴィングリはトッゲンブルクの村長の家系から出た現実主義者であり，

共同体自治の申し子であった。彼は聖書原理をルターと共有していたが、その聖餐論はルターの「実在説」とは異なる「想起説」であり、信徒の共同体の能動的行為を強調するものであった［赤木 2005］。またツヴィングリにとって信仰は内面世界だけで完結せず、正しい行いに結実すべきものであり、現世は「神の義」の実現を目標として漸進的に聖化されねばならなかった。その倫理観は人文主義に根ざしており、共和政の擁護も同じ背景から理解できる。ツヴィングリの改革は1523年の「公開討論会」によって本格化し、市当局の力で前進した［出村 2011；ビュッサー 1980］。聖書のみに従った説教と礼拝の導入、修道院・聖職者独身制の廃止、教会財産を用いた救貧事業の構築などはルター主義と同じだが、聖画像の撤去と新しい礼拝空間の創出は独特であり、急進的でさえあった［富本 1987；永田 2004］。聖画像撤去は「聖なるもの」の概念と芸術の役割の革命的転換にかかわっている［Blickle et al. (Hg.) 2002；Koerner 2008］。

　宗教改革初期のチューリヒ農村部では自治の拡大、教会税の改革、共同体の牧師任免権などを求める運動が激化し、聖画像破壊事件も起きたが、やがて市当局とツヴィングリの柔軟な対応によって沈静化する。その後、農村部は都市と同じく婚姻裁判所と道徳監督署による規律化の対象となり、「風紀取締令」(1530年)によってピューリタン的な文化の浸透が試みられた。しかし自治と反抗の精神は消えず、都市権力も民衆諮問（意見聴取）制度などを用いて対話を心がけた［森田 1991］。ツヴィングリ主義はバーゼル、ベルンなどの都市邦やグラールス、アペンツェルなどの農村邦にも波及した。宗教改革を教区共同体の多数決に委ねた地方では宗派的混在状態が生じる。1529年と31年には宗教戦争（第1次・第2次カッペル戦争）が起きた。1531年の平和条約では宗派選択問題を諸邦の決定に委ねたが、いわゆる共同支配地では戦勝したカトリックを優遇する体制がとられた。二宗派同権の確立は1712年、スイス最後の宗教戦争、第2次フィルメルゲン戦争後のことである［踊 2003］。なおスイスではドイツの帝国都市と同様の二宗派による教会の共同利用、二宗派同数の裁判官による仲裁裁判、二宗派同数ないし輪番による行政役人の任命など、共存を可能にする現実的な制度が数多く生まれており、その細部を解明する研究が望まれる。

カルヴァン派と第 2 次宗教改革

　ツヴィングリ派はコンスタンツなど西南ドイツの諸都市にも影響を与えたが，ルター派とは緊張関係にあった。1529年9月，ヘッセン方伯フィリップの仲介でツヴィングリはルターとマールブルクで会談するが，聖餐論の対立は解消しなかった。それでも西南ドイツにはツヴィングリ派との一致を求めつづけるブツァーのような神学者もいた［岩倉 2011］。しかしシュマルカルデン戦争でのカトリックの戦勝はプロテスタント統制の強化に繋がり，その過程で帝国内のツヴィングリ派は排斥されてしまう。他方スイスではフランス人カルヴァンが1536年にジュネーヴに到来して改革を担った。その教えの特徴は，救いと滅びの二重予定説と長老会制度にある。長老会は信徒代表（有力市民）を含む点でチューリヒの婚姻裁判所と同じだが，ジュネーヴでは選任時に牧師の同意を必要とし，政治家は教会の上には立てなかった（1560年版の「ジュネーヴ教会規則」による）。これは教会共同体と市民共同体を融合させて国家教会を樹立したツヴィングリ派の制度設計とは異なっており，出村彰によればそこには再洗礼派の自律的教会の理念に通じる要素もある［出村 2009］。それでもツヴィングリの後継者ブリンガー（首席牧師）はカルヴァン派との協調に努め，1549年には「チューリヒ和協書」を作成して一致点を確認し，66年には「第2スイス信仰告白」を編んで全スイスの改革派を団結させた（36年の「第1スイス信仰告白」はドイツ語圏の改革派だけの文書）。ただし予定説の受容度はドイツ語圏では低かった［和田 2009］。ヴェーバーによれば予定説は救いを確信する信徒の世俗内的禁欲に結びついて勤労倫理を高め，資本主義発展の精神的土台となった［ウェーバー 1994］。この説には批判も多いが，改革派信徒の経済活動が新産業の興隆と結びついた事実自体は欧米世界の随所で確認できる［梅津・諸田編 1996］。

　ドイツの改革派は16世紀前半には東フリースラント（都市エムデン）やニーダーライン地方にしか拠点をもたなかったが，やがて「第 2 次宗教改革」によって勢力を伸ばす。プファルツ選帝侯の改宗（1560年）を皮切りに，アンハルト，都市ブレーメン，ナッサウ・ディレンブルク，ヘッセンもカルヴァン派になった［Schilling 1986］。なおライン下流地方のカルヴァ

派教会は領邦君主に従属せず，長老会と教会会議の自己管理体制を築いた［村山 1995］。ドイツの改革派はオランダ，イギリス，スコットランド，スイスの改革派と連帯しており［高柳・松本編 2009］，その研究は近世の国際ネットワークやユグノー移民問題の解明にも欠かせない［西川 2002］。

3 │ 宗教改革と中世 断絶と連続

神学・敬虔・人文主義

　宗教改革と中世のあいだには断絶と連続の両面があった。近年，断絶説を新たに説いているのはハムである。ハムによれば宗教改革は「システム変革」であり，「聖書のみ」の原理によって中世的な神学と敬虔（信心）の多様性を排除し，規範の統一を推し進めた。また「良心の自由」の思想は自律的人間を生み出す契機であり，創発と呼びうる［Ham 1993; Ham/Welker 2008］。他方ハムを批判するユッセンらにとって宗教改革は中世後期から17世紀にいたる長期的な文化変容の一部である［Jussen/Koslofsky (Hg.) 1999］。連続説は古くからあり，信仰義認論を中世後期の神学論争や教会改革論の延長上に位置づける見解もある［Lortz 1992[6]］。トレルチは中世の教会文化を引き継ぐルター主義を「古プロテスタンティズム」と呼び，自由教会の原理に従う17世紀末以降の近代的な「新プロテスタンティズム」と区別したが，これも連続説を含んでいる［トレルチ 1984］。

　ルターは神学者エックとのライプツィヒ討論(1519年)をへて1521年に破門されたが，中世神学を知らずに彼らの議論を理解することはできない。宗教改革神学は実在論と唯名論の対立とも関係していた。なおオーバーマンは恩寵を重視する16世紀初頭の「アウグスティヌス学派」とルターの関係を指摘したが，これには批判もある［Oberman 1992; マクグラス 2000］。中世後期の民衆的信心にも目を配りたい。例えばルターの「死」の克服の思想は，中世後期の「往生術」や「死の舞踏」にあらわれた死生観と対比してはじめて深く理解できる［石居 2009］。このテーマは芸術の問題でもある［海津 1984; 深井・大角 2009; 藤代 2002］。なお中世後期の信心の核にはマリア崇敬があり，神学者たちはルターを含めてマリアの「無原罪」

について思索をめぐらせていた［澤田 2001］。

エラスムスやフッテン，ブラントらの人文主義者・体制批判者と宗教改革の関連も重要である［金子 2007；菊盛 1977；木ノ脇 2004；フラーケ 1990］。彼らの源泉回帰論や聖職者批判は宗教改革への跳躍台であった。ただし自由意志（奴隷意志）論争にあらわれているように，ルターと人文主義者の人間観は正反対であった［エラスムス 1974；日本ルター学会編訳 2011］。しかしルターの後継者メランヒトンやスイスの改革者たち，また再洗礼派に目を向ければ，人文主義者の人間観に近い要素が見つかる［シュトゥッペリヒ 1971；出村 1970］。

メディアの役割

宗教改革は活版印刷術［マン 2006］を活用した大衆メディアによる情報戦争であった。とくに力を発揮したのは短いパンフレットと一枚刷りのビラである［Köhler(Hg.) 1981］。1500年から30年までに印刷されたパンフレットの9割以上は宗教にかかわる内容であった。印刷メディアは「公論」の場を提供し，信徒層も筆をとった。識字率の低いこの時代の印刷物は公共の場での朗読を意識し，反復と対照を好む民衆的思考に合わせてあった。木版画の挿絵も内容の理解を助けた［森田 2013］。ルターのドイツ語聖書も同じであり，木版画を提供したのはクラナハの工房である。画家たちはルターの肖像画も数多く作成し，宗教改革のメッセージを民衆に届けた［ヴァルンケ 1993］。なお，聖書の大量印刷の背景としてボヘミアのフスに代表される中世後期の聖書主義も重要である［薩摩 1998］。カトリックの聖書はラテン語であったが，中世後期の「新しい敬虔」運動がキリストに倣う生活を信徒に求めるなかで翻訳も流布していた。反聖職者感情（反教権主義）も聖書の普及を助けた［Goertz 1994］。

ところでエドワーズは，信徒層の作品には行いを重視するものが多く，信仰義認論を理解していないと論じている［Edwards 2004］。しかし改革陣営内には信仰と行いを切り離さない立場もあり，判断には慎重を要する。なお当時の印刷物には，中世美術のモチーフを転用して新思想を伝える方法や相手方を激しく揶揄する手法も多用されていた［青山 1984；菊盛

1977]。占星術も宗教改革にかかわっており，人びとは大事件の背後に神意を読み取っていた[ヴァールブルク 2006]。改革思想の伝播を助けた讃美歌・俗謡・演劇についても研究が進んでいる[Oettinger 2001；Pettegree 2005]。クラナハやデューラーなどの画家やザックスなどの文筆家の宗教改革受容に関する研究も充実しており[内海 1996；藤代 2006]，近世のドイツ語に関する研究もある[新井 1994；塩谷 1975]。近世のメディアの活用者としては神聖ローマ皇帝も重要である[河野 2010]。

宗教改革と社会層

　宗教改革は社会層によって多様な意味をもちえた。早期にルターを支持した下級貴族(帝国騎士)については，戦術の近代化，貨幣経済の進展，市民層の興隆による困窮が背景にあった。16世紀初頭の騎士ベルリヒンゲンの手記は翻訳されており，動乱の時代を生きた人びとの姿が描かれている。ルターの支持者ジッキンゲンも登場する[ベルリヒンゲン 2008]。現世的な騎士たちはルター思想を理解しなかったという評価もあるが，ジッキンゲンに関しては，宗教改革の共同体原理と騎士の同盟思想の親和関係を指摘し，領邦教会の第1号の樹立者とみなす研究者もいる[Press 1998；Schorn-Schütte 2006]。ジッキンゲンの城のあるエーベルンブルクでは1522年までにエコランパートの指導下にドイツ3番目のプロテスタント教会が生まれており，その実態を確かめる詳しい研究が望まれる。

　宗教改革を都市の現象とみなすメラーの『帝国都市と宗教改革』(1962年)は諸国の宗教改革研究に大きな影響を与えた。メラーによれば宗教改革はその共同体原理(個別教会の自律の思想)ゆえに「聖なる共同体」の自覚をもつ自由都市の仲間団体的精神を再活性化させ，寡頭政(かとう)への抵抗と結びついて展開した[メラー 1990]。ブラディやスクリブナーはメラーの都市観を理想主義的と批判し[Brady 1978；Scribner 1975]，都市内の階層的分裂や内紛を描き出した。他方オズメントは市民の宗教的不安を重視し，メラー説を発展的に継承している[Ozment 1980]。なおメラーは西南ドイツの帝国都市をモデルとし，その法制や都市民の心性とツヴィングリ主義との適合を説いたが，シリングは北ドイツの都市も同じであると述べ，研究の

射程を拡大させた[Schilling 1979]。そうしたなか，万人祭司主義を説くルターが初期段階では各個教会の聖職者任命権を認めていたことが注目され，再評価がおこなわれた。わが国の都市宗教改革研究にも上述の研究動向が反映されている[中村・倉塚編 1983；棟居 1992]。宗教改革が失敗した帝国都市や領邦都市，都市間の連携，都市と農村の関係などを扱う研究も盛んである[Close 2009；Enderle 1990；Rublack 1978]。

都市宗教改革の研究はドイツの総人口の1割に満たない人びとの歴史を扱うものであり，農民を過小評価する傾向は否めない[スクリブナー／ディクソン 2009]。この状況は，ブリックレが1525年の農民戦争を「平民の革命」と呼んで都市と農村を包含する「共同体宗教改革」論を提起した1980年代に大きく変化する。ブリックレによればツヴィングリ主義は農村世界にも適合的であり，シュヴァーベン農民の『12箇条』にみえる聖書原理，純粋な福音的説教，共同体の聖職者任免権，十分の一税の共同体管理，農奴制の廃止要求などは農村的宗教改革の表現であった[ブリックレ 1988；ブリックレ 1991]。この新しい視点は『宗教改革著作集』〈→321頁〉の諸巻にも反映されている。なおブリックレ説の前提には，農民を高度の法意識と政治意識をもった歴史形成の主体とみなすフランツの研究がある[フランツ 1989]。ブリックレはやがて中世後期から近代を展望する包括的なコミューナリズム論を構築する[Blickle 2000a]。これに対してシリングは，農村のコミューナリズムは都市のそれに比べて弱く，ツヴィングリ主義と西南ドイツの事例を軸にした理論構築にはメラー説と同じ難点があると指摘している。また1525年を境に共同体宗教改革は下火になったとする説明も北ドイツについては正しくないとも述べている[Schilling 1987]。ブリックレはこれらの批判を部分的に受け入れ，北ドイツの事例を概説に盛り込んでいる[Blickle 2000b]。その間，農村の宗教改革の事例研究は，アルザス(エルザス)，ティロール，スイスなどに関して豊富な成果をあげた[Bierbrauer 1993；Blickle (Hg.) 1987；Hippenmeyer 1997；Schnyder 2009]。なおコンラートによれば農民は改革思想と古い行為義認的な宗教を融合させたという[Conrad 1984]。農民の保守性を強調する研究者は少なくないが，改革思想を都市民は正しく受容し，農民は歪曲したと結論することは

できない。プロテスタント神学者のなかにも信仰と行いを結びつける人びとがいたし，都市世界においてもルター主義は長らくカトリシズムとの混合宗教であった[Zeeden 1965]。農村部の場合，下からの運動がやんで国家教会による統制が進むにつれ，古い習俗や価値観への回帰願望が都市以上に強まったとも考えられる。なお農村の宗教改革を深く考察した邦語の研究としては前間良爾と渡邊伸のものがある[前間 1998；渡邊 2001]。

ところでブリックレは，宗教改革の国家的統制の過程で臣民の「政治的禁治産化」が進んだと論じている。しかし同時に，農民が領邦身分資格をもち，政治的にアクティブでありつづけたヴュルテンベルクなどの事例をあげ，歴史形成の主体としての農民像を保とうとしている[ブリックレ 1990]。わが国では服部良久がティロール地方に関して16世紀後半の農民間紛争とその解決（仲裁）の事例を研究し，農民たちが領邦議会身分の一員として政治的行為能力を発揮しつづけたことを明らかにしている[服部 2009]。18世紀のドイツ農民の叛乱も射程に入れながら宗教改革時代の農村社会および各種の変革思想を論じたスコットの論文集も必読である[Scott 2013]。なお農民戦争期のドイツでは叛乱者たちによってスイスがしばしば国制上のモデルとされていた[Brady 1985]。ハプスブルク家の支配に抗した農民と市民の同盟体としてのスイスに関する知識は，ドイツ近世史とりわけ国制史の研究にとっても不可欠である[皆川 2005]。

4｜宗派国家の形成と近世ドイツの社会

領邦の宗派国家化

宗教改革は第1回シュパイアー帝国議会の決定によって黙認され，ザクセンやヘッセンでは領邦国家への教会組織の編入（宗務局の設置）や巡察制度の導入が進み，領邦教会の基礎が築かれた。この問題については中村賢二郎の研究が手引となる。中村はザクセン選帝侯領の宗務局の編成や巡察について調べ，教会規程（1580年）による領邦教会の法制化，没収修道院財産の活用（選帝侯の負債の償却，築城，巡察費，牧師給与の補助，大学助成）について詳述し，宗派国家の具体像を描き出している[中村 1976]。有賀弘

も近世ドイツの政治思想との関わりで領邦教会体制にふれている［有賀 1966］。19世紀のトリーアを対象に民衆宗教を論じた下田淳の研究も領邦教会体制に関する記述を含んでいる［下田 2001］。なお、領邦教会に関してはその政治的性格を強調する論者が多いが、君主や宮廷人の宗教心も研究対象とすべきである。ところでドイツでは1990年代にシンドリングらの手で宗派時代の領邦史を総覧する叢書が編まれた［Schindling/Ziegler (Hg.) 1989-97］。近年においては諸侯間の同盟、対話、儀礼などを扱う研究も盛んである［Althoff et al. (Hg.) 2009；Haug-Moritz 2002］。

　ザクセンやヘッセンで起こったことは領邦の宗派国家化ないし国家の宗派化である。シリングとラインハルトはこれを近世史の根本過程とみなし、「教会と国家と社会の宗派化」は新教圏でも旧教圏でも起こったとしている［Schilling 1995］。近年この観点からカトリック改革の歴史を再検証する作業も進んでおり、ドイツに関しては教皇・司教・修道会・領邦君主が発した各種の文書を集めた史料集も編まれている［Luttenberger (Hg.) 2006］。シリングらのテーゼが注目を集めた1990年代の研究においては、信仰告白の明確化による宗派の組織化、国家教会体制の整備、各種のプロパガンダ、異宗派の出版物の禁止・検閲、巡察、教理問答教育、初等・高等教育の振興、官吏・聖職者・教師・産婆などの統制、娯楽・暴力・婚外交渉・同性愛・放浪を抑圧する道徳令やポリツァイ条令の公布と違反者の処罰、宗教問題と道徳問題を管轄する裁判所の設置、洗礼・婚姻の統制などによる公認宗派の教義・倫理規範の浸透と臣民の指導に関心が集まり、それらが「社会的規律化」とかさなりあう過程として研究されてきた。しかし近年では市民や農民による共同体的な秩序形成と「下からの宗派化」に注目する研究もある［踊 2011］。

　なお宗派化（Konfessionalisierung）という用語は、教会と国家体制の融合の意味で使われる場合には「宗派体制化」と訳せるが、近年では「歴史観の宗派化」や「芸術の宗派化」「人文主義の宗派化」をめぐる研究もおこなわれ、そこでは思想や芸術を「宗派的にすること」という意味で使われている。「再洗礼派の宗派化」や「ユダヤ教のなかの宗派化」を扱う研究もある。その場合は「組織形成」を意味し、「国家体制化」を指してはいな

い。こうした概念的多様性と研究の射程の広がりを考慮すれば，宗派の発生，組織形成，宗派国家体制の創出，人間精神や文化の宗派化の全体を意味しうる「宗派化」という訳語を用いるほうが合理的であろう。元来シリングも Konfessionalisierung を他動詞的に，教会と国家，社会制度と人間精神を「宗派的にすること」という意味で使っている。「宗派化」という訳語を1980年代に使い始めたのは社会学者の沢田善太郎だが，その論考はフーコーの規律化論・身体論，ヴェーバーの近代化論・合理化論，エストライヒの社会的規律化論，エリアスの文明化論と宗派化論との関係を理解する手引きになる［沢田 1997］。宗派化をめぐる研究文献はウィットフォード編の研究案内に網羅されている［*Sixteenth Century Essays & Studies* 2008］。ところで近世は人口増加の時代であり，市民権や村民権のない下層の居留民や移民の増加によって共同体的一体性が崩れ，犯罪も増えていた。そのため為政者だけでなく都市や農村の住民も規律と平和を求めており，上からの取締り（刑罰）と被治者の要請は相互補完の関係を築きえた。そうした事例は中世後期にもみられる［池田 2010］。これと同じ視点で宗派化の過程をとらえる研究もある［Schmidt, H. R. 1995］。

変化する近世社会

　宗派化論には批判も多く，民衆生活の奔放さや古い価値観の残存を強調する研究も蓄積されている［小野 2008；Strauss 1978］。小氷河期である近世特有の冷害や宗教戦争の混乱のなかで人びとに歓迎されたのは終末への備えを説く建徳書の類であって宗派的な教理問答ではなかったとする研究もある［Greyerz et al.(Hg.) 2003］。異宗派間の交わりや改宗に関する社会史的研究も，君主，聖職者，一般信徒にいたるまで多様に展開されている。改宗に際しては個人の意志と信仰の表明が重視されたが，そのダイナミズムは近世社会をコミューナルな側面から考察するだけでは理解できない［Lotz-Heumann et al.(Hg.) 2007］。近世は平民の世界においても個人の意識が覚醒し，自己を語る史料が増える時代である［Greyerz 2007］。宗派的境界は明確ではなく，非公認宗派に家庭内の私的礼拝や異宗派の隣接地での越境礼拝を許す為政者も多く，そうした場所では不可避的に信仰の個人

化が起こった［Kaplan 2010］。宗教的価値観の多元性を承認する近代的な寛容論の萌芽もこの時代に求められる［Schmidinger (Hg.) 2002］。宗派化政策は政治的・社会的統合を助けたとされるが，最近ではその限界を指摘し，多元化を強調する宗教改革史の概説も書かれている［Marshall 2009］。

　宗教改革は各種の急進派を誕生させた［倉塚ほか編訳 1972；出村 1970］。そのなかにはミュンツァー［木塚 2001；ゲルツ 1995；田中 1983］や1534年のミュンスター事件［グレシュベック 2002］の担い手たちのような黙示録的終末論者もいれば，内面世界に沈潜する神秘主義者もいた。またスイスや西南ドイツには，厳格な聖書主義に立ち，自覚的信仰をもつ成人だけに洗礼を施して再洗礼派と呼ばれた人びともいた。なお，ミュンツァーは再洗礼を求めなかったので再洗礼派とはいえないが，ミュンスターの一派は再洗礼派に分類される。スイス再洗礼派はミュンスター再洗礼派とは違って非暴力主義を特徴とする。ただし，1520年代には既存の教区共同体の改革を追求し，叛乱農民と連帯することもあった。それから100年たってもスイス農村には再洗礼派を助け，飲食や隠れ家を提供する住民がいた。再洗礼派は厳しい弾圧にもかかわらずスイス西部，西南ドイツ，オランダなどで生き延びたが，彼らはモラヴィアに逃れてコロニーを形成した一派（フッター派）にも助けられていた［榊原 1967］。オランダで寛容政策の対象となった一派（メノー派）も国境を越えた支援活動を展開していた。17世紀末にはアーミッシュ派がスイスと西南ドイツで派生するが，これは分離主義の徹底を求める厳格派である［坂井信生 1977；Leu／Scheidegger (Hg.) 2007］。近世には多くの再洗礼派が信仰の自由を求めて亡命を試みたが，北米大陸もその目的地であった。再洗礼派は社会変革力を欠いていたが，彼らの存在自体が信仰の強制（宗派化政策）の限界を為政者に認識させ，寛容と良心の自由の問題を投げかけたことは重要である。彼らがいつどこでいかなる自由を得たかを知れば，「迫害社会」の終焉の具体相がわかる。それは時代の根本的変化にかかわっている。なお欧米諸国ではチューリヒの改革派教会とメノー派・アーミッシュ派の歴史的和解（2004年）の影響もあって再洗礼派研究は活況を呈している［Roth／Stayer (eds.) 2011；Schubert et al. (Hg.) 2009］。

ドイツ近世史を理解するには以下の諸分野への目配りも必須である。中世後期から近世にかけての法の整備（ローマ法の継受），法律家の活躍［勝田・山内編 2008］，犯罪の定義の拡大と治安・刑罰の強化［林 2007；松本 2012；若曽根 2009］，セクシュアリティの抑圧［三成 2005］，女性蔑視と女性の抵抗［オズメント 2001］，魔女迫害［アーレント＝シュルテ 2003；牟田 2000］，初等教育の生成と高等教育の管理強化［浅野・佐久間編 2006；藤枝 1976；別府 1998；松元 1998］などである。都市民（親方，職人，徒弟，奉公人，賤民）の労働と生活実態を明らかにする研究［佐久間 1999；佐久間 2007；藤田 1994］，農村の階層分化，少数者と化した正規の共同体員による下層民統制，下層の奉公人の生活に関する研究も必読である［平井 2007；若尾 1986］。宗派主義に左右されない国家哲学の誕生［山内 1985］，軍制の変化（傭兵制から常備軍へ）も重要な問題である［阪口・丸畠編 2009；バウマン 2002］。プロト工業化（農村工業の展開）も１つの論点であり，その随伴現象としての労働者の早婚化，恋愛，遊興，自由な行動の領域の拡大，規律化・宗派化政策との衝突も注目される［クラークソン 1993；馬場 1993；メンデルスほか 1991］。さらに大航海時代以後の国際商業がドイツに与えた影響も知らねばならない［玉木 2009；ヘニング 1998；諸田 1998］。黒死病（ペスト）［シュメルツァー 1997］や寒冷化の問題も見過ごせない。気候の変化は農業生産に直結し，社会不安や宗教心の高揚の要因になるので，例えばル＝ロワ＝ラデュリが17世紀のアルプス地方について調べたような，氷河の前進，農民の不安，聖職者の対応といった現象の掘起しが求められる［ル＝ロワ＝ラデュリ 2000；Behringer et al. (Hg.) 2005］。

　なお，都市と農村，家，結婚と家族，老いと死，信仰と理性などの問題を概観したデュルメンの翻訳書は近世社会史研究の総合的な手引となる［デュルメン 1993・95・98］。近世社会の現実を伝える裁判記録［ビルクナー編 1990］，学徒，兵士，刑吏，医師などの日記類［コンゼンツィウス 2001；F・シュミット 2001；ブレーカー 2000］も翻訳で読める。なお宗教改革・カトリック改革と医学・民間医療・呪術をめぐる問題も研究されており［ゴルトアンマー 1986；Grell/Cunningham (eds.) 1993］，パラケルススのような革新者の書いた著作にも翻訳がある［パラケルスス 2004］。

ユダヤ人の歴史については，ドイツ系の東方ユダヤ人のロシア東欧方面への移住[市川 2009]，人文主義・宗教改革における親ユダヤ主義と反ユダヤ主義[甚野・踊編 2014;Jung 2012]，ヨーロッパとオスマン帝国領におけるユダヤ人の商業・金融業，宮廷ユダヤ人の活躍，神秘主義・カバラー思想の大衆化，ポーランド方面での迫害とサバタイ・ツヴィのメシア運動(17世紀後半)，ハシディズム(ユダヤ敬虔主義)[ショーレム 2009;ブーバー 1997]，18世紀の寛容と迫害[ハージス 2006]，ユダヤ啓蒙主義とユダヤ人の「ドイツ人化」の問題が重要である[モッセ 1996;Litt 2009]。

5 | 脱宗派化と信仰の変容

三十年戦争と宗派対立の再燃・緩和

1555年のアウクスブルク宗教平和令は，その時点での宗派問題を解決したものの，新たな危機がつぎつぎに生まれた。トリエント公会議(1545〜63年)とカトリック改革，プロテスタントとの衝突(とくに二宗派併存地域)，グレゴリウス暦の導入と改暦紛争(82年以降)，カルヴァン派の浸透，オランダの独立戦争(68年開始)と宗教的寛容体制の導入，フランスのユグノー弾圧・宗教戦争，再洗礼派の活動，領邦君主の突然の改宗，宗派内部の教義論争などである[蝶野 2014]。スウェーデンやイギリスの重商主義政策，ハンザ都市の衰退も宗派対立と無縁ではなかった[『世界歴史大系 ドイツ史1』〈→300頁〉]。ケルン大司教の改宗宣言(1582年)を契機とするケルン戦争は，アウクスブルク宗教平和令の聖職者留保条項を盾にとるカトリック側の勝利に終わるが，この戦争は定期刊行物(新聞)を用いた新旧両陣営のメディア合戦をともなった[Schnurr 2009]。1607年から翌年にかけての帝国都市ドナウヴェルトの宗派間紛争とバイエルン公マクシミリアン1世による同市の併合・再カトリック化は帝国全土を緊張状態に陥れ，プファルツ選帝侯フリードリヒ5世(カルヴァン派)を盟主とする「同盟」とバイエルン公率いる「連盟」が対峙するにいたる。そしてイエズス会の教育を受けた皇帝フェルディナント2世のボヘミアでのプロテスタント弾圧を契機に，ついに三十年戦争(1618〜48年)が始まる[ウェッジウッド 2003]。そ

の史料は膨大だが、入門者用の英訳史料集もある[Helfferich (ed.) 2009]。この戦争は宗派的プロパガンダの過熱をよそにスウェーデンやフランスの参戦をへて宗教的性格を弱めていった。民衆世界でも宗派を超えた交流が起こり、隣接する異宗派の集落が軍隊による略奪を前に避難所を提供し合った例もある[Burkhardt 2009]。宗派を相対視する姿勢は『阿呆物語』のような文学作品にも読み取れる。そこには「全宗派の統一」を阻む聖職者を「縛り首」にする「英雄」の出現を説く男がでてくる[グリンメルスハウゼン 1953・54]。なお三十年戦争後には各地の情勢を客観的に伝えようとする日刊新聞が生まれた[大友 2004]。

世俗化の傾向と敬虔主義

17世紀には多く諸侯が改宗をおこない、宗派化政策を空回りさせた。ヴェストファーレン条約以後、改宗した君主の宗派を臣民に強制することはできなかったからである。臣民の信仰をよそに、ブランデンブルク選帝侯はクレーフェ相続に際してルター派からカルヴァン派に、ザクセン選帝侯はポーランド王位獲得のためにルター派からカトリックになった。マウラーによれば1648年から1769年までに合計31人の諸侯が改宗している[Maurer 1998]。三十年戦争後には諸宗派の合同を訴える知識人も増える。ルター派ではヘルムシュテット大学のカリクスト、カトリックではマインツ選帝侯シェーンボルンが名高い。後者の宮廷は異宗派の知識人を迎えたが、ライプニッツもその1人である[酒井 2008]。これらの人物については宗派主義の克服の歴史を具体的に知るために詳しい研究が望まれる。

三十年戦争後の政治と社会は世俗化の傾向を強めていた。新時代の主権国家は宗派的大義のために戦争をおこなわず、17世紀後半にはプーフェンドルフのような思想家が世俗化された自然法に基づく国際法の理念を追究した[高澤 1997；前田 2004]。ヴェストファーレン条約以後、権力による個人の内面への干渉はやわらぎ、信仰の個人化の傾向がいっそう強まる。

しかし、民衆の信仰心の集団的な高まりも看過できない。三十年戦争に神罰をみて贖罪運動が広がったカトリック地域もある。カトリック世界ではバロック的教会芸術の影響下、劇的・感覚的な信仰の表現が好まれ、魔

術的要素の増大さえ確認できる。聖心信仰が高まり，近距離の巡礼も盛んになった。巡礼や宗教行列を主催する兄弟団の叢生(そうせい)も近世的現象である［下田 2009; Ikari 2009］。他方，1670年代にルター派世界で始まった敬虔主義は，正統教義に満足できない人びとが日常生活における聖書の教えの実践を試みた運動である。当初舞台は牧師指導下の小集会（フランクフルト・アム・マインのシュペーナーの場合）や大学（ライプツィヒとハレで活動したフランケの場合）であったが，やがては分離教会も生まれた。ハレで学んだツィンツェンドルフ伯は信仰と労働をともにするヘルンフート兄弟団を形成した［伊藤利男 2006］。一方ヴュルテンベルクの敬虔主義は領邦教会の改善と教育の充実をもたらした［三輪 2007］。敬虔主義は千差万別であり，それぞれの仕方で個人の信仰の覚醒，自発的な共同体の形成，教育事業，社会奉仕，農民解放などに取り組み，新時代への架け橋となった。アルノルトのように神秘主義に傾倒する者もいた。彼は再洗礼派の歴史を共感をもって研究したことでも知られている。一部の急進派のもとでは個々人が神の言葉を聴く霊的体験が重視され，女性が能動的に集会に参加する場合もあった。森涼子はそこに自由な「自己」の成長過程をみている［森 2006］。なお敬虔主義の概観にはM・シュミット，ブラウン，ヴァルマンの翻訳書と『キリスト教神秘主義著作集』〈→321頁〉が役立つ［M・シュミット 1992; ブラウン 2006; ヴァルマン 2012］。

啓蒙の時代

　敬虔主義は当然のことながら宗教運動であり，ハレ大学ではフランケと啓蒙主義者ヴォルフが対立したが，ヴォルフの弟子シュルツは敬虔主義者であり，若きカントは彼の教えを受けた。その道徳哲学や理性的宗教には明らかに敬虔主義の影響がある。プロイセンの君主とくに1713年に即位したフリードリヒ・ヴィルヘルム１世は敬虔主義を保護し，宗派的原理主義を抑えた。1740年に即位したフリードリヒ２世（大王）は啓蒙主義・合理主義を好み，宗教的寛容政策を徹底させた。その背景にはフランスから大量のユグノー亡命者を受け入れてきた伝統がある［Greyerz et al. (Hg.) 2003］。ただし大王はユダヤ教徒には厳しい統制を加えつづけた。1800年頃になる

とプロイセンでは諸宗派の合同の動きが活発化するが，ルター派教会においては宗教改革300年(1817年)を機に反対論が強まり，信仰と理性を調和させる新思想も槍玉にあげられた。オーストリアのヨーゼフ2世の寛容令(1781年)にも限界があり[Lehmann 2012]，その政策は教会の国家管理を企図するものであった[レック 2001]。啓蒙の時代の聖職者は新市民層・教養市民層(官吏，法律家，教師，医師，軍人など)に近い存在であった[シュペネマン 1995]。なお，18世紀半ばには「再宗派化」が起こったと述べる研究者もいる。いわゆる世俗化論を無批判に受け入れることなく，時代の変化への反動も考慮に入れた実証的な研究に取り組むことが必要である[Haug-Moritz 1992]。

　啓蒙主義者トマジウスやレッシングにおける信仰と理性の問題，啓蒙思想とドイツ理想主義，ロマン主義との接続については成瀬治の研究が基本文献である[成瀬治 1988a]。ドイツ語圏の都市と大学を論じたヴァイグルの研究も注目される[ヴァイグル 1997]。「救済史」の観念が歴史叙述から排除され，啓蒙的進歩史観が確立する過程については岡崎勝世の研究がある[岡崎 2000]。啓蒙以前の自然科学者とりわけケプラーのような天文学者も研究対象として重要である[ケストラー 2008；Greyerz et al. (Hg.) 2010]。民衆の啓蒙，初等教育史の研究も進んでおり，教理問答の暗記を軸とする宗派主義的教育の成果の低さも浮彫りにされている[寺田 1996]。「狭間期」としての18世紀には新旧の諸要素が衝突し，多元化が起きていたが，その促進剤は書籍・定期刊行物・書簡類であった。近年では18世紀の家族と個人の自立をめぐる苦闘を題材にした演劇についての研究も注目される[菅 2009]。フリーメーソン，読書クラブ，学者や芸術家の協会などの自発的結社の叢生も重要な研究対象でありつづけている[田村 1994]。それらの「公論」の世界[ハーバーマス 1994]で起こった現象，例えば制度改革の提案，国民意識の覚醒，疾風怒濤(シュトゥルム・ウント・ドラング)の文学運動，そして理想主義，新人文主義まで広く射程に入れた概論としては坂井榮八郎「十八世紀ドイツの文化と社会」[『世界歴史大系 ドイツ史2』]が啓発的であり，ベーンの大著とともに研究の手引となる[ベーン 2001]。

踊　共二

6 | 近世の神聖ローマ帝国の展開

国制改革の試み

　15世紀から16世紀にかけておこなわれた帝国の国制改革は，帝国改造（Reichsreform）と呼ばれている。帝国国制を改革するための文書が，1410年代に出されていることが知られており，当時のシスマ（教会分裂）とフス派の問題と関連して，改革を求める声があがったと考えられている。この改革運動は，15世紀前半に盛上りをみせたが，その後やや沈静化し，1480年代から再び大きく盛り上がった。この背景として，ハプスブルク家の側の大きな変化を指摘することができる。マクシミリアン1世は，1477年のブルゴーニュ公女マリアとの結婚によって，経済的な先進地域であるネーデルラントを獲得し，家門としての発展のきっかけを手に入れた［江村 1987］。このハプスブルク家の急速な興隆は，帝国等族に警戒心をいだかせるとともに，フランスとの宿命的な対立をもたらした。イタリア戦争の戦費を調達するために招集したのが，1495年のヴォルムス帝国議会である。

　このとき，マインツ選帝侯ベルトルト・フォン・ヘネベルクをリーダーとする帝国諸侯は，マクシミリアン1世の経済的な窮状を利用して，帝国等族に有利なかたちでの国制改革の実現をめざした。この改革の具体的な成果が，1495年の帝国議会で決定された4つの改革，永久ラント平和令，帝国最高法院，一般帝国税，平和と法の司掌（ししょう）である［Angermeier 1995］。永久ラント平和令は，帝国内における紛争の解決方法として自力救済権（フェーデ）を完全に廃棄し，今後はすべて裁判による解決のみを正当な方法として認めた。このために帝国の最高裁判所として設置されたのが，帝国最高法院（Reichskammergericht）である。一方，皇帝は帝国最高法院に対抗して1498年に皇帝のみが裁判官を任命することができる帝国宮内法院（Reichshofrat）を設置した。この結果，2つの帝国最高裁判所が存在することになった［勝田 1972；ゼラート 2000；ディーステルカンプ 1991；文字 1998；Press 1991；Ranieri 1996；Sellert (Hg.) 1999］。この帝国最高法院の維持費を捻出するために考案されたのが，一般帝国税（Gemeiner Pfennig）である［Rowan 1977；Schmid 1989］。平和と法の司掌は，いわば帝国の中央権力をめぐる

皇帝と帝国等族の妥協の産物であり，内容としては，皇帝と帝国等族双方がそれぞれ平和を守ることを約束したこと，皇帝は帝国議会を毎年1回少なくとも1カ月間開催すること，である。これによって今後帝国議会が，帝国の国制における最重要な機関としての地位を得ることになるが［Aulinger 1980］，しかし毎年1回最低1カ月の開催は実現せず，その結果，1500年のアウクスブルク帝国議会において，帝国統治院（Reichsregiment）が設置された［Angermeier 1970］。

　この帝国統治院は，皇帝あるいはその代理人を主席とする20名から構成され，帝国の統治に関するあらゆる権限を行使することが認められたが，1502年におもに財政的な理由から機能停止し解散する。しかし帝国統治院が，その構成員を選出する地域区分として，6個の帝国クライスを設置したことは，このあとの帝国に大きな影響を与えることになった［山本 1995；Dotzauer 1998］。帝国クライスはこののち1507年に帝国最高法院の陪席判事を選出する単位となり，また12年には，新たにラント平和の維持の機能が付与されるとともに，帝国クライスに属していなかった選帝侯と皇帝の所領を新たに4つの帝国クライスに編入した。

　1519年のカール5世の国王選挙において，はじめて選挙協約が結ばれ，これ以降，国王選挙においては選帝侯と選挙協約が結ばれることが慣例となる。この選挙協約に基づいて，1521年に再び帝国統治院（第2次帝国統治院）が設置された［Roll 1996］。この第2次帝国統治院は，1524年頃には実質的な活動を停止するが，しかし「カロリーナ刑事法典」を編纂したことは特筆すべきである［塙 1968］。一方，帝国クライスは第2次帝国統治院において，その執行機関と位置づけられ，ドイツ国内の平和問題に権限をもち，平和破壊事件に対する執行機関として内部体制を整えた。帝国クライスを帝国の執行機関として最終的に整えたのが，1555年の帝国執行令である［皆川 2004；山本 1995］。帝国執行令は，帝国内の治安の維持を帝国クライスの任務とし，帝国クライスは軍事力を用いて平和の維持にあたった［渋谷 2000］。またこの体制のなかで新たに，帝国代表者会議（Reichsdeputationstag）が設置された［Neuhaus 1982］。

　この1555年の体制は，1648年のヴェストファーレン条約においても基本

的に確認され、1806年の帝国の終焉まで維持されることになる。各領邦内の問題は、基本的には個々の帝国等族に委ねられたが、領邦を越える問題に関しては、帝国諸制度が活用された。帝国議会は、帝国等族の協議および連絡や調整の場として機能し、帝国クライスは帝国の執行機関としておもに平和維持の任務にあたった。帝国裁判所（帝国最高法院・帝国宮内法院）は、帝国の幅広い層の人びとによって利用され、和解・調停がおこなわれるとともに、領邦の裁判所の上訴裁判所として機能した。「帝国等族の自由」「ドイツの自由」を原則としながら、帝国は諸領邦を連邦制的に統合する法・平和共同体として機能したのである。

　近世の神聖ローマ帝国と領邦にかかわる基本的な概説書としては、日本語文献では、ハルトゥング『ドイツ国制史』〈→306頁〉とウィルスン『神聖ローマ帝国 1495-1806』［ウィルスン 2005］がある。英語文献では、バランスの良い概説書としてはウィルスンとウェイリーのものがある［Wilson 2004; Whaley 2012］。ドイツ語文献では概説書だけでも膨大な数があるが、G・シュミットとシュトルベルク゠リリンガーの著作は、神聖ローマ帝国を視野に入れた概説書として有用である［Schmidt, G. 1999; Stollberg-Rilinger 2009］。また、アレティンおよびハルトマンの著作から、とくに1648年以降についての多くの情報を得ることができる［Aretin 2005; Hartmann 2001］。

1648年ヴェストファーレン条約

　16世紀後半のドイツは、三十年戦争を前提にして、宗派の対立が激化し始めた期間ととらえられがちである。しかし1555年以降少なくともおよそ20年程は、比較的平穏な状態が続いた［Lanzinner 1993; Luttenberger 1994］。1570年代以降、ドイツ各地ではたしかに宗派的な対立は起き始めていたが、両宗派ともに過激な行動にでることはあまりなかった。皇帝ルードルフ2世は、対オスマン戦争の援助金を得るためにも、プロテスタント諸侯を刺激する行動を控えていた［エヴァンズ 1988］。宗派をめぐる問題の多くは、裁判に訴えられたが、その多くは未解決のままであり、根本的な解決は後回しにされていた。

こうした状況のなかで，1607〜08年のドナウヴェルト事件は，プロテスタントに大きな衝撃を与えた［永田 2000］。さらにこの問題と並行するように，1608年に皇帝ルードルフ２世は，対オスマン戦争の援助金を獲得するために，帝国議会を招集した。しかしこの帝国議会は，宗派の対立のために帝国最終決定をおこなうことができなかった。さらに同じ頃，ハプスブルク家の内紛とボヘミアの問題が密接に結びついて1618年にプラハの事件が起き，三十年戦争が始まった［Hartmann/Schuller（Hg.）2010；Wilson 2009］。

　さまざまな利害が錯綜するこの三十年戦争を大きく４期に分けて理解することができる。第１期は1618年のボヘミアの蜂起から23年のバイエルン大公の選帝侯位獲得まで。第２期は1625年のデンマーク王クリスティアン４世の参戦から29年のリューベックの和約まで。第３期は1630年のスウェーデン王グスタフ・アドルフのドイツ上陸から35年のプラハの和約まで。第４期は1635年のフランス王ルイ13世の参戦から48年のヴェストファーレン条約まで。戦争期間中，帝国クライスがそのときどきの状勢に応じて活動していることが知られており，また第４期になると帝国議会，帝国代表者会議と選帝侯会議があいついで開催され講和交渉の準備が開始されている。帝国国制はたしかに一時的には麻痺したが，しかし崩壊したわけではなかった。講和交渉は，ミュンスターとオスナブリュックで1644年から始まり，48年10月に講和条約が締結された。フランスとの講和条約がミュンスター条約，スウェーデンとの講和条約がオスナブリュック条約であり，これらを総称してヴェストファーレン条約と呼ぶ。

　このヴェストファーレン条約は，これまでの一般的な理解では，ヨーロッパ史におけるはじめての国際法であり，また帝国等族に主権が与えられ，帝国はもはや政治的な存在意義を失ったとみなされた。さらにこの条約によって，勢力均衡の原理で成り立つヨーロッパ諸国家体系が形成されたと理解されてきた。しかしこうしたヴェストファーレン条約に対する評価は，近年では「ウェストファリア神話」と呼ばれ，その内容の全面的な見直しがおこなわれている［明石 2009；伊藤宏二 2006；テシィケ 2008；Durchhardt（Hg.）1998］。

神聖ローマ帝国の体制を規定しているオスナブリュック条約の主要な内容としては，キリスト教的な永遠の平和が謳われ，今後起こる紛争は，裁判および友好的妥協によって解決をはかるとされたこと，戦勝国であるフランスとスウェーデンに領土を与え，このために領土を失った帝国等族に対する補償問題を詳細に規定したこと，複雑に入り組んだ宗派問題を解決する方法として，基準年(1624年1月1日)とパリテート(宗派同権)が規定されたこと，帝国等族に伝統的に認められていた諸権利があらためて認められたこと，である。

　ヴェストファーレン条約の講和交渉が，4年程の期間，ヨーロッパの主要国および帝国等族の使節たちによっておこなわれたことにより，ヨーロッパ政治の方法が大きく変化するきっかけになった。専門知識を身につけた外交官たちが，講和会議の舞台で活躍するとともに，ドイツ国内のさまざまな案件についても帝国等族本人ではなく，専門知識をもった代理人・使節たちが活躍することになる。高度な法学的知識と外交技術をもった専門家による政治の段階へと変化し始めたのである[伊藤宏二 2008]。

1648年以降の帝国

　1648年直後は，ヴェストファーレン条約の履行をめぐるさまざまな会議が開催されるとともに[Oschmann 1991；Schnettger 1996]，1648年後はじめて開催された53～54年の帝国議会は，ヴェストファーレン条約で先送りされた国制改革の問題を取り上げたが，十分に解決することはできなかった[Müller, A. 1992]。この帝国議会の最終決定は，「最後の帝国最終決定」と呼ばれる。こののちレーゲンスブルクで開催された1663年の帝国議会が，最終決定も解散もおこなわないまま続くことになり，これ以降の帝国議会を「永久帝国議会」と呼ぶ。帝国議会は常設議会となり，皇帝をはじめ帝国等族はレーゲンスブルクに代理人をおいて交渉をおこなった。永久帝国議会は，たしかに1681年の「帝国軍制」を除けば，めぼしい成果をあげていない。しかし協議や情報交換が可能な場がつねに存在したことを積極的に評価することができる[渋谷 2000；Schindling 1991]。

　1648年以降特筆すべきことは，皇帝権が復興したことである[Press

1989］。この点において1658年に即位し，およそ半世紀にわたって皇帝の位にあったレオポルト１世が重要である［Spielman 1977］。この皇帝権の復興の背景にはいろいろな事情が考えられるが，その１つとして，帝国諸制度が機能していたことがあげられる。帝国諸制度の最終的な権威者は皇帝であり，とくに永久帝国議会は，皇帝の権威をつねに示す場所でもあった。またこれと関連して，帝国公法学も重要である［シュトライス編 1995］。帝国公法学では，皇帝および帝国国制と領邦の国制的・法的な関係が論じられ，帝国の国制的な枠組の肯定的な評価が主流だった。もう１つの事情として，ハプスブルク家の力の増大がある。皇帝は，1635年以降，ハプスブルク家の家領に対する帝国諸制度の介入を排除することにほぼ成功した。その結果，皇帝はその家領に対しては，絶対主義的な支配をおこなう可能性をもつとともに，1683年の第２次ウィーン包囲以降，オスマン軍に優勢にでて，ハンガリーやバルカン半島などに所領を拡大し，財政的な基盤を拡充することに成功した［Müller, K. 1976］。なおカール５世以降の歴代の皇帝については，シンドリングとツィーグラー編の論集が有用である［Schindling/Ziegler（Hg.） 1990］。

　1648年以降のもう１つの特色は，数多くの戦争が起きたことであり［Wilson 1998］，とくにフランスの軍事的な行動がつねにドイツに影響を与えたことである。1658年には，ライン地域の諸侯がライン同盟を結成し，フランスと結束する事態に陥っている［Schindling 1995；Schnur 1955］。フランスは帝国等族と連携することでハプスブルク家を牽制する方針をとり，一方，帝国等族は，強大になりつつあるハプスブルク家に対抗する必要から，フランスをはじめとする外国勢力と連携することを望んだ。またこの当時のヨーロッパ各地で生じた戦争は，国際的な講和会議によって利害が調整され，講和条約が結ばれて終結した。この講和会議において，交渉当事者として認知されたのは，帝国においては皇帝だけだった。このような状況のなかで，有力な世俗諸侯は，ヨーロッパ規模の外交のために，帝国の外の王位を取得する道をめざした。そのもっとも有名な事例が，1701年のブランデンブルク選帝侯によるプロイセン王位の取得である。このほかにも，ザクセン選帝侯は1697年にポーランド王位を獲得し［戸波 2005；

Vötsch 2003］．ハノーファー選帝侯は1714年にイギリス王位を取得している。またバイエルン選帝侯は，1742年に皇帝位を獲得したが（カール7世），皇帝位を維持するだけの財政基盤に欠けたためフランスに依存せざるをえず，45年にカール7世が死去すると，皇帝位は再びハプスブルク家に戻った。

　1648年以降も機能した帝国諸制度として，先に述べた帝国議会のほかに，2つの帝国裁判所（帝国最高法院・帝国宮内法院）と帝国クライスがある。帝国最高法院と帝国宮内法院は，帝国等族だけではなく，農民や寡婦など幅広い人びとによって利用されていたことが明らかになっている［山本 2002；Baumann 2001］．とくに帝国宮内法院は，帝国内の平和維持の機能をはたすとともに領邦君主の絶対主義的な支配を阻害する傾向を示した［Gschliesser 1942；Hughes 1988］．領邦等族が自らの君主を帝国裁判所に訴えることにより，領邦等族は君主の絶対主義化にある程度歯止めをかけることができた［Trossbach 1986］．訴訟を起こさない場合であっても，帝国裁判所の判例は，個々の領邦の裁判に大きな影響を与えていた。領邦裁判所は，つねに帝国裁判所を意識しなければならず，また人びとは，領邦裁判所で満足な結果を得られない場合，帝国の裁判所に上訴することができた。

　この時期の帝国クライスは，西南ドイツの2つの帝国クライス（フランケン，シュヴァーベン）が，帝国の終焉まで比較的活発に活動したことが知られている［Wüst (Hg.) 2000］．この地域では平和の任務だけでなく，道路建設などのインフラ整備や関税などの経済政策の分野でも活動している。ほかの帝国クライスの活動が不活発になった原因の1つとして，有力な帝国諸侯の所領が複数の帝国クライスに分散していたことをあげることができる。4万人の帝国軍の創設を定めた1681年の帝国軍制が失敗に終わったことも，このことが原因の1つだった［求馬 1998］．

帝国の終焉

　フランス革命への干渉戦争において，1795年にプロイセンがフランスと単独でバーゼルの講和条約を締結し，フランスのライン左岸領有を承認す

ることによって，マイン川以北のドイツ地域の平和が保障された。これによって事実上，ドイツは南北に分裂し，北ドイツはフランスとの戦いから撤退した一方で，南ドイツはハプスブルクのもとで依然として抗戦状態にあった。しかしナポレオン軍が1797年にイタリアからウィーンをめざしたとき，オーストリアは97年10月にカンポ・フォルミオの講和を結び，フランスのライン左岸領有を認めた。その後，ナポレオンが1799年にエジプトに遠征したことを機に第2次対仏大同盟が結成されるが，エジプトから戻ったナポレオンが翌1800年にイタリアでオーストリア軍を破り，オーストリアは01年2月にリュネヴィルの講和において，あらためてフランスのライン左岸領有を認めた。

こうしてライン左岸のフランス領有が繰り返し認められたことにより，ライン左岸で領土を失う帝国等族に対する補償が必要となった。この補償のために，聖界領邦と世俗の中小領邦が犠牲になった。これが「世俗化」と「陪臣化」である。「世俗化」とは，世俗の諸侯によって聖界領邦が接収されることを指し，「陪臣化」は，中小の領邦君主がその帝国直属性を失い，世俗諸侯の家臣になることを意味した。

具体的な領土の変更を決めるために，レーゲンスブルクに帝国代表者会議が設置され，1803年2月25日に主要決議がなされた［モルザイ 1982；Hufeld（Hg.）2003］。これによって112の領邦などが取り潰され，その所属を変更した。この1803年の領土の変更は，1648年よりも規模が大きく，これに匹敵する領土の変更は，第二次世界大戦である。この変更によって，帝国国制および皇帝政治を支えていた有力な柱が消えたのだった。

1805年12月の「三帝会戦」にオーストリアは敗れ，プレスブルクの講和を結んだが，この講和条約において皇帝自身は，「ローマ＝オーストリア皇帝」を名乗った。というのも前年の1804年8月に皇帝フランツ2世は，オーストリア皇帝の称号を新たに帯びることを宣言していたからである。このことはナポレオンが1804年12月にフランス人の皇帝として自らを戴冠することに先立っておこなわれた処置だった。

1806年7月12日に，バイエルンなどの西南ドイツの16邦は，ナポレオンを保護者とするライン連盟を結成し，帝国からの分離を定めた連盟規約に

従って，連盟参加諸国は06年8月1日に帝国議会に対して，帝国から分離することを伝えた。同じ日にフランスもまた帝国議会に対して，フランスは今後もはや帝国を認めないことを伝えている。こうした一連の宣言を受けて，1806年8月6日に皇帝フランツ2世は，神聖ローマ帝国の皇帝を退位する宣言をおこない，またすべての帝国構成員に対して，帝国に対する義務がこれにより解かれたことを宣言した［Burgdorf 2008；Forrest/Wilson (eds.) 2009；Hartmann/Schuller (Hg.) 2006］。こうした皇帝による一方的な退位宣言によって，帝国が消滅するのかどうか，法的および手続き的な面について，このあとも議論が続いた。しかしフランツ2世の退位宣言ののち，別の皇帝を選挙する動きがあらわれなかったことからみても，この宣言によって神聖ローマ帝国が名実ともに滅亡したと考えることができる。

7 | 領邦国家の展開

オーストリア

近世のドイツにあって，名実ともに最大の勢力を誇った領邦は，オーストリアである。1740年以降は，オーストリアとプロイセンの二元主義体制が語られるが，これ以前にあっては，ハプスブルク家が支配するオーストリアの勢力が群を抜いた存在であった［シュタットミュラー 1989；丹後 1997；ツェルナー 2000；Evans 1979；Fichtner 2003；Ingrao 2000；Rauscher (Hg.) 2010］。

近世のオーストリアの歴史は，オスマン帝国とフランスと絶え間なく戦う歴史でもあった。1529年の第1次ウィーン包囲以降，16世紀後半はハンガリーをおもな舞台に，オスマン軍との戦いは断続的に続いた。1658年以降，皇帝レオポルト1世が，トランシルヴァニアに対する政治的影響力を主張したことをきっかけに，63年にオスマン軍との戦いが再発し，64年の聖ゴットハルトの戦いで勝利をおさめ，同年に20年間の休戦を定めたヴァシュヴァールの講和を締結した。この休戦期間が切れる直前の1683年の夏にオスマンの大軍が，ウィーンをめざして進軍し（第2次ウィーン包囲)，99年まで続く戦闘が始まった。1699年に結ばれたカルロヴィッツ条約によ

って，オーストリアは，トランシルヴァニアを含むハンガリーとカルパティア山脈の屈曲部まで(クロアチア東部のスラヴォニア)のドナウ川流域を獲得した。この講和条約で確定した勢力分布は基本的には1918年まで維持され，ハプスブルク家の領土は，東側に大きく広がり，いわゆるドナウ国家となる。本来のオーストリアの家領は，そのなかで西側の領土の一角を占めるにすぎなくなった。

　一方，フランスとの対抗関係では，15世紀末からおこなわれていたイタリア戦争は，1544年に戦闘がほぼ終結し，59年のカトー・カンブレジ条約で正式に終了した。1660年代以降，ルイ14世の親政の始まりとともに，軍事的な対立が繰り返されることになる。これ以降のヨーロッパにおけるほとんどの戦争において，ハプスブルク家とブルボン家は対立関係にある。こうした多くの戦争の結果，ハプスブルク家の領土はいくたびも増減を繰り返した。まず西ヨーロッパおよびイタリア方面では，1714年にスペイン領ネーデルラント，ミラノ，ナポリ，サルディニア，マントヴァを獲得したが，ネーデルラントは97年のカンポ・フォルミオの講和によって，ヴェネツィアと交換するまでもちつづけ，またこの講和で，ダルマチアがオーストリアに割譲された。さらに1720年のハーグ条約で，サルディニア島がシチリア島と交換になった。また，1735年のウィーン条約(ポーランド継承戦争)によって，ナポリとシチリアをスペインに割譲し，その代わりにパルマ公国を獲得した。1779年にはバイエルン継承戦争の結果，イン川とドナウ川のあいだのオーストリア側の領土を獲得し，1805年に，03年に世俗化によって選帝侯領となったザルツブルク大司教領を併合した。

ブランデンブルク＝プロイセン

　ホーエンツォレルン家は，もともとは西南ドイツの小領主であり，12世紀終わりにフランケン地方に進出し，ニュルンベルクの城伯〔ブルクグラーフ〕となり，1415年にブランデンブルク辺境伯領を得た。この東側にはバルト海沿岸に広大な所領をもつドイツ騎士団領があったが，その団長に1511年ホーエンツォレルン家の分家のアルブレヒトが選出され，アルブレヒトは23年にルター派に改宗し，25年にプロイセン公国へと世俗化した。このプロイセン

公国をブランデンブルク選帝侯が1618年に相続した。また1614年には，クサンテン条約によって，帝国西部のライン川下流域のクレーフェ，マルク，ラーヴェンスベルクを獲得した。さらに1648年のヴェストファーレン条約によって，東方では，東ポメルンとカミンを，西方では，ミンデン司教領，ハルバーシュタット司教領，マクデブルク大司教領(継承は80年)を獲得した。しかしこれらの支配領域は分散しており，以後これらをまとめることに重点がおかれることになった[Dwyer(ed.) 2000]。

　プロイセン公国がポーランド王との封建関係から解放され，独立を達成したのが，1660年(オリヴァの講和条約)であり，さらに1701年にはプロイセン王国となった。1720年のストックホルム条約(大北方戦争)によって，西ポメルンとシュテッティンを獲得し，バルト海沿いの領域を拡大した。この時点でのプロイセンの領土的な視野は，プロイセンとブランデンブルク地域を結合させることにあった。この点を解決したのが，1772年の第1次ポーランド分割だった。これにより西プロイセンを獲得し，ブランデンブルクとプロイセンがはじめて地続きになった。さらに第2次および第3次ポーランド分割により，プロイセン王国は東側に大きく領土を広げることに成功した。また1742年には，オーストリア継承戦争においてシュレージエンを取得することに成功している。1803年の帝国代表者会議主要決議では，ライン左岸のクレーフェ公領の一部をフランスに割譲するために失ったものの，補償として，ミュンスター，パーダーボルン，ヒルデスハイム，アイヒシュテット，エアフルトの司教領を世俗化した。これによって，ブランデンブルク地域の所領と西部地域を地続きにすることはできなかったが，西部所領をある程度の大きさにまとめることに成功している。

プロイセン・オーストリア二元主義体制

　オーストリアとブランデンブルク゠プロイセンが軍事対立を繰り返すのは，1740年の第1次シュレージエン戦争以降のことであり，これ以前は，ブランデンブルク゠プロイセンは，帝国等族の一員として帝国戦争に参戦するか，オーストリア側に立って参戦していた。軍事的対立だけをみると，両者の対立は1740年以降に顕著だが，しかしそれにはそれなりのプロセス

があった。

　17世紀半ば以降，ブランデンブルク選帝侯の国力は，巨大な常備軍と中央官庁および財政の整備によって急激に上昇した［久保 1998；阪口 1988；仲内 1999；仲内 2000a；仲内 2000b・01；ヒンツェ 1982］。とりわけ大選帝侯と呼ばれるフリードリヒ・ヴィルヘルムが，こうした発展に大きく貢献した［McKay 2001］。国力の強化とともに帝国内の地位に大きな影響を与えたのが，17世紀後半以降帝国内で進展した再カトリック化である［Hauser (Hg.) 1987；Peper 2010］。有力諸侯の改宗の例としては，ザクセン選帝侯（1697年），ヴュルテンベルク大公（1712年），ヘッセン＝カッセル方伯（49年）である。また改宗ではないが，プファルツ選帝侯位がカトリックの分家プファルツ＝ノイブルク家に移り，1685年にカトリック化した。この結果，プロテスタントの選帝侯は，ブランデンブルクとハノーファー（1692年に選帝侯位獲得）だけとなった。こうしたプロテスタントの全般的な退潮傾向のなかでさらに大きなインパクトを与えたのが，1697年の「ライスワイク条項」である。この「ライスワイク条項」は，フランスから帝国へ返還されることが決まった「再統合」地において，カトリックをそのまま維持することを認めた条項である。これは明らかにヴェストファーレン条約に反しており，帝国内の宗派問題の新たな火種となった。さらにこの事態をいっそう深刻化させたことは，プファルツ選帝侯が，領内のプロテスタントの弾圧を始めたことだった。選帝侯による弾圧行為は，ただちに帝国議会に上程され，以後宗派問題が帝国議会で審議されることになった。

　帝国議会に上程された宗派問題は，福音派会議において審議されることになっており，この福音派会議を事実上支配していたのが，ブランデンブルク選帝侯とハノーファー選帝侯だった。しかしハノーファー選帝侯は，1714年にイギリス王位を獲得し，ロンドン滞在が義務づけられたため，帝国内の有力なプロテスタント諸侯としては，事実上，ブランデンブルク選帝侯だけになった。ブランデンブルク選帝侯は，プロテスタントの保護者として，中小のプロテスタント等族のパトロン的役割を演じ，帝国政治に関する案件を宗派に関係する案件とみなし，福音派会議を自由に操ることによって帝国政治で大きな発言力を得ることができた。さらに1717年の宗

教改革200周年のプロパガンダが、この当時の宗派問題の高揚に一役かった。

このような宗派対立と軍事的対立が結びつくことによって、1740年代以降、神聖ローマ帝国はオーストリアとブランデンブルク＝プロイセンの対抗関係によって大きく規定されることになった。

中小領邦の世界

聖界諸侯の数は、1648年以降に限定すれば、時代による若干の変動はあるが、聖界選帝侯が3、大司教・司教が22、修道院長8、騎士団団長2の合計35である。またこれ以外に諸侯位にはない高位聖職者がおよそ40名程おり、彼らは帝国議会では2票の集合票をもった[Feine 2012；Gatz (Hg.) 1990]。聖界領邦の最大の特色は、君主が選挙によって選ばれることである。選挙権をもったのは、基本的には司教座聖堂参事会だった。聖堂参事会による選挙は、1448年のウィーン協約によって認められた[山本 2000]。その一方で、皇帝は17世紀後半以降、ほとんどすべての大司教・司教選挙に皇帝使節を派遣して、皇帝使節の面前において選挙がおこなわれることを要請した。聖界領邦は、対プロテスタントという観点において、教皇庁の特別な庇護のもとにあり、また皇帝も同様の理由からとくに保護した。さらに皇帝は、帝国国制の安定の観点から、1648年の体制を維持するためにも、聖界領邦の維持に特別な関心を寄せていた。また聖界諸侯は、皇帝の宮廷における勤務、あるいは皇帝の使節などの勤務に就く傾向があり、皇帝政治を人的に支える集団の1つでもあった。また、聖界諸侯のほとんどが貴族家門出身者であり、帝国教会は貴族の有力な就職先でもあった[Kremer 1992]。

こうした聖界領邦のなかでとくに注目する必要があると思われるのは、マインツ、ミュンスター、バンベルク、ヴュルツブルクであろう。「大砲司教」の渾名のあるバンベルク司教クリストフは、大砲を好み比較的大規模な軍隊を維持した[Caspary 1976]。また、18世紀半ば以降の啓蒙主義のなかで、先にあげた聖界領邦などでは、国内改革が推進され、教育や福祉政策の面でみるべきところがあった。ドイツ北西部に関してはブラウンら

編の論文集［Braun et al.（Hg.）2003］が，ドイツ南部に関してはヴュスト編の論文集［Wüst（Hg.）2003］が有用である。

　一方，世俗領邦は18世紀の末に帝国直属性をもっていると考えられたのは約250で，このほかに帝国直属性をもつ帝国騎士の家門がおよそ1500である。帝国議会の諸侯部会での個人票は100票で，このうちの世俗票は，18世紀末の時点で63票で，そのうちの4票は集合票で，4つのグラーフ（伯）のグループが形成されていた。

　世俗領邦で問題になることは，相続の問題だった。相続によって領邦が分割された場合，帝国議会の席次と票の問題が発生した。そのため1582年の帝国議会で，諸侯位をその土地に固着する決定がなされた。この結果，相続によって領地が分割されても，票は土地に固着している1票とされた。またこのことは逆に，固着した票をもつ土地を手に入れた場合，1人の君主が複数票をもつことを可能にし，帝国議会内の勢力分布に影響を与えた。例えば，ブランデンブルク選帝侯は，8票の諸侯票をもった。

　こうした世俗領邦は，絶対主義的な方向へ発展することができた領邦もあれば，中世の政治体制をそのまま維持しつづけた領邦，あるいは都市市民が領邦議会で優位を占め，市民的体制をとった領邦などさまざまである［ヴァイス 1998-2000；神寶 1994；Haug-Moritz 1992；Kappelhoff 1982；Wilson 1995］。例えば，実業教育の面で多くの先進的な政策を推進したザクセン選帝侯国，重農主義的政策で農業の振興をはかったバーデン，ゲーテを大臣に迎え国内改革に熱心に取り組んだザクセン＝ヴァイマル［坂井榮八郎 1996；坂井榮八郎 1998］，国法学者として名高いゼッケンドルフが仕え，初等教育において他国の模範となったザクセン＝ゴータ［千葉 1991］，17世紀後半に課税をめぐって領邦君主と等族が激しく争い，帝国宮内法院の判決により領邦君主を強制的に廃位に追い込んだメクレンブルク＝シュヴェーリン，都市市民が領邦議会に出席し，都市民による寡頭制的な等族議会がおこなわれたヴュルテンベルク公国などをあげることができる。

　帝国都市は，1521年の帝国台帳によれば85で，18世紀末には51に減っている。帝国議会では独自の部会を構成したが，正式に票が与えられたのは

1648年で，2票の集合票が与えられた。帝国都市は，つねに近隣の有力領邦による陪臣化の危険にさらされていた。帝国都市はこのような圧力に対抗するために，皇帝の庇護を必要とした[Krischer 2006]。帝国都市の多くは，自治都市として中世以来の歴史をもつが，近世においては，その自治的機能は一般に低下し，都市貴族による門閥政治，寡頭制的な政治体制になる傾向が強くあらわれた[神寶 2010]。こうした帝国都市は，17世紀後半以降において，政治的に重要な役割をはたしたとはいえないが，しかし帝国都市は依然として，ドイツ内における経済活動の拠点であった。

　こうした中小領邦や帝国都市の多くは，西南ドイツにあった。この西南ドイツにおいて帝国理念が生きつづけ，18世紀の日常語のライヒという言葉は，まさにこの西南ドイツを指していた。帝国理念とは，皇帝と帝国国制のもとでキリスト教的秩序・平和を追求する考え方であり，いわば伝統的な秩序観であった。この秩序を守ることが，当時にあってはもっとも一般的な行動規範だったということができる。

8 | 近世ドイツの社会と文化

国家思想の展開

　16世紀以降の宗派対立の危機的な状況のなかで，帝国国制をめぐって活発な議論が展開した。その発端の1つとなったのが，シュマルカルデン同盟に関連して，プロテスタントの神学者と法学者によっておこなわれた皇帝の権利と権限の問題，とくに帝国等族の抵抗権をめぐる議論だった。彼らによれば，帝国は制限君主政であり，帝国等族は国家権力を分有しているゆえに，暴力を用いた正当な抵抗権をもつとされた。こうした議論の中心人物の1人が宗教改革者でもあるメランヒトンである。これ以降17世紀後半から18世紀のいわゆる初期啓蒙主義の時代にいたるまで，さまざまな政治理論のおもな関心は帝国国制の枠組のなかで，君主政を中心とする政治形態の理論的把握に向けられ，政治的アリストテレス主義とキリスト教政治神学がその根幹をなしていた。1603年に公刊された『政治学』で知られるアルトゥジウス，新ストア主義の国家哲学で有名なリプシウス，メク

レンブルク゠シュヴェーリン公国やシュレースヴィヒ゠ホルシュタイン公国で宰相などを歴任したラインキングらの名前をあげることができる［エストライヒ 1993；山内 1985］。

　一方17世紀後半以降，政治理論のおもな関心は領邦国家に向けられるようになり，啓蒙主義自然法論や政治的叡知論があらわれた。自然法論の世俗化・体系化を完成させた人物としてここではまず，プーフェンドルフの名前があげられるべきである［前田 2004］。さらにこの時期の絶対主義を理論化し国家学を体系化した人物として，ハレ大学の２人の自然法学者，トマジウスとヴォルフが重要である。トマジウスは1687年にドイツの大学においてはじめてドイツ語で講義した人物としても知られている。ドイツ語がラテン語に変わって学問の使用言語になり始めたのもこの頃からであり，法学関連文献のなかでラテン語の比率は，1740年代には60％だったが，1800年には６％にまで減少している。またハレ大学には，1727年に官房学の講座が設置された。この官房学とは，ドイツ語の Kameralistik の訳語であり，国庫学と訳される場合もある。いずれにせよこの官房学は，近世の領邦において発達した包括的な統治術，すなわち経済学，財政学および行政学を包括した体系的な統治論である。この官房学からユスティやゾンネンフェルスによってポリツァイ学(Polizeiwissenschaft)が確立された［川又 2006］。この官房学およびポリツァイ学は，領邦絶対主義，とりわけ大領邦の啓蒙絶対主義の進展と結びつく学問であり，その歴史的役割は非常に大きい［海老原 1981-82；松本 2004-05］。ユスティは，国家を１つの機械に喩え，権威主義的に規律化された組織ではなく，各部分が自律的に機能し，相互に作用し合う組織として理解し，そのなかで君主の任務は，機械の動力が失われないように上手に舵をとることにあると述べる。このような考えはのちにプロイセンの官僚に継承され具体化されることになる。

　他方でまた，17世紀には帝国公法論(Reichspublizistik)と呼ばれる学問分野も形成されている。これは金印勅書やヴェストファーレン条約などの帝国基本法，帝国議会の決定（帝国最終決定）および皇帝の選挙協約などの帝国の法源を対象とした学問である［シュトライス 1991；モーンハウプト 1989］。代表的な人物としては，帝国内のさまざまな法源を発掘収集した

モーザーと，ゲッティンゲン大学で長く教鞭を執ったピュッターの2人の名前をあげることができる。ピュッターはまた18世紀半ばのゲッティンゲン大学の学問的繁栄の一翼を担ったことでも知られている[荒井 1996]。

　こうした多くの政治理論は，大学，とくにプロテスタント諸領邦の大学において成立し育まれた。大学で専門教育を受けた人びとが，学識者として社会のなかで特別な地位を占めたことは，近世ドイツの特色の1つということができる。彼ら学識者は，大学教授としてあるいは諸侯の参議官などとして，あるいはこの両方にかかわって活動した。彼らは，領邦の境を超えて皇帝や諸侯の宮廷に活躍の場を求め，ときには帝国の枠組を超えて活動した。その高い流動性にも注意をはらう必要がある。しかしながらこの当時のさまざまな政治理論は，たしかに実践的な意味をもっていたが，しかしそれは現実を必ずしも反映したものではなく，現実と一定の距離をおいてつくりだされた学問的な産物であったことに留意すべきであろう[千葉 1993]。

　なお17〜18世紀の主要な国家思想家については，シュトライス編『17・18世紀の国家思想家たち』[シュトライス編 1995]および勝田有恒・山内進編『近世・近代ヨーロッパの法学者たち』[勝田・山内編 2008]が有益である。

経済と社会

　16世紀初めにはヨーロッパ的な水準に達していたドイツの経済は，世紀半ば以降は後退する。このことはしばしば「大航海時代」において，ヨーロッパの経済の中心地が西へ移動し，地中海から大西洋へ移ったことが指摘される[クーリッシェル 1982・83]。このような地理的な変化とともに，当時の経済と政治あるいは国制との関係にも注意をはらわなければならない。その良い例が，北ヨーロッパの遠隔地商業において活躍していたハンザ商人である。1494年にモスクワ大公のイヴァン3世によって，ノヴゴロドのハンザの商館が閉鎖された。これ以降，ヨーロッパ各国の重商主義的な政策によって，ハンザのバルト海交易に関する経済的特権が奪われた。1598年にロンドンに残っていた最後のハンザの拠点シュタールホールが閉

鎖され，ここにハンザの歴史は事実上幕をおろすことになった［高橋 1980；高橋 2013；Dollinger 2012］。ハンザ商人はこうした各国の対応に対して，皇帝に対策を講じることを訴えたが，有効に対処することができなかった。一方，南ドイツで経済的に繁栄していた諸都市も，16世紀後半以降徐々に衰退した。ヨーロッパを代表する銀行家として知られるアウクスブルクのフッガー家は，16世紀後半のスペインの国家財政の破綻によって大きな損失をこうむった［諸田 1989；諸田 1998］。こうした大商人のなかには，没落貴族の所領を買い取り，伯などの称号を得る者もあった。

　三十年戦争は，ドイツの経済に大きな影響を与えた。しかしこの戦争によってドイツの人口が半減し，経済の発展が1～2世紀遅れたという見解は，今日ではもはや通用しない。人口の減少については，3割程減少したとする説が有力とされているが，人口の極端な減少を否定する説もあり，現時点では定説と呼べるものはない。三十年戦争後のドイツの出生率は他国より高く，18世紀初め頃には三十年戦争の前の水準(約1600万人)に達したといわれている。17世紀後半以降のドイツの経済状態を考える際に忘れてはならないことは，この時期に外からの侵攻にさらされつづけたということである。東からはオスマン軍が，西からはフランス軍が侵攻し，ドイツがこれらの大きな戦争から解放されたのは，18世紀の初めのことである。それまでの約半世紀のあいだ，ドイツでは本格的な経済復興は持ち越されたのであった。

　領主制という点では，エルベ川の西と東で区別して整理することが一般的である。エルベ川以西では，貴族の支配権が弱体化しグルントヘルシャフトが発展した。この地域では領主の直営地経営が早い段階で放棄された結果，農地の大部分が農民の保有地となった。領主との関係という点では，地域的に多様であり，類型的な整理がなされている。他方，エルベ川以東においては，グーツヘルシャフトが成立した。この地域では，領主の直営地経営が中心であり，農民の賦役(ふえき)労働を強化し，農民を体僕(農奴)として移動の自由を奪うなど人格的な支配をおこなった。農民の賦役は週に2～5日が一般的で，週6日の場合もあった。こうしたグーツヘルシャフトは，領邦君主の支配からほぼ自立した国家内国家のような様相を呈していた。

領主はこうした労働によって耕作される大規模直営地で西欧諸国に輸出する作物を栽培した[飯田 2006；山崎 2005；Hagen 2002]。

　近世における都市では，領邦君主の宮廷都市(レジデンツ)が重要である。ウィーン，ベルリン，ミュンヘン，シュトゥットガルト，ドレスデンなどがこれにあたる。また，カールスルーエやマンハイムのように，幾何学的な都市計画に基づいて新たに建設あるいは大改造された都市もあった。これらの宮廷都市は，領邦の政治，経済，文化の中心として重要な機能をはたしたのだった[ヴァイグル 1997；谷口 1995]。

コミュニケーションの発達

　近世ドイツにおいては，コミュニケーションをめぐる社会環境が劇的に変化したことを指摘することができる。15世紀末にタクシス家によって，郵便事業が興されたことが，その始まりである[菊池 2008；渋谷 2001；Behringer 1990；Behringer 2003]。街道にそって宿駅や郵便局を設置し，騎乗の配達夫がその間をリレー方式で輸送した。タクシス家は，ハプスブルク家の保護のもとで，ドイツ各地に郵便路線を拡大し，16世紀後半には「帝国郵便」と位置づけられた。三十年戦争によって郵便路線も大きな被害を受けたが，戦後すぐに復興し郵便路線は拡充された。18世紀以降には郵便馬車が導入されて，手紙や軽貨物だけでなく人員や貨物を輸送する手段となった。18世紀は「旅行革命」の時代とも呼ばれるが，その背景には郵便馬車路線の拡充があった。19世紀に鉄道が敷設されるまで，郵便は人員および物資のもっとも重要な陸上輸送手段だった。タクシス家によって運営された帝国郵便のほかに，いくつかの領邦では独自に郵便(領邦郵便)をおこなうとともに，都市にも独自の飛脚制度(都市飛脚・肉屋郵便)もあった。これらは互いに対立を繰り返したが，補完的な役割を担うようになった。

　18世紀以降の郵便馬車路線の敷設にともなって，舗装道路の建設が進んだ[Szabó (Hg.) 2009]。郵便馬車のためには舗装道路が必要であり，馬車がすれ違える車幅の舗装道路の建設が，郵便馬車路線敷設の前提条件だった。そのため帝国郵便は，郵便馬車路線敷設予定地の領邦君主に舗装道路

の建設を要請し，領邦が建設および維持の工事を負担した。この舗装道路の建設とともに，道路には標識なども整備され，社会的インフラの整備が進んだ。こうした土木事業には，当時の築城技術が応用されており，新たな技術の発展と新しい雇用を生み出すものでもあった。しかしこうした道路や橋の建設と維持には，毎年多くの資金が必要であり，領邦は安定した財源の確保に努めなければならなかった。

　郵便はまた，出版メディアにも大きな影響を与えていた。17世紀以降，いくつかの郵便局では新聞が発行され，さまざまな情報の発信基地にもなった。16世紀以降にみられるこうしたコミュニケーションの分野における大きな変化を「コミュニケーション革命」と呼ぶ研究者もいる［North (Hg.) 2001］。15世紀末に始まった郵便がこの原動力であり，人やモノの移動速度の向上，旅行の簡易化，道路をはじめとする社会的インフラの整備にいたるまで,「コミュニケーション革命」の影響は大きい［山本 2008；Burkhardt／Werkstetter (Hg.) 2005；Gotthard 2007］。

山本文彦

第4章 「長い19世紀」

1 │ 時代の概観

「長い19世紀」

　19世紀初めのナポレオン戦争期から第一次世界大戦までの時期，いわゆる「長い19世紀」[Blackbourn 2002²; Kocka 2001]は，ドイツにおいて近代社会が成立する時代として位置づけられる。もちろん，これまでの近世（初期近代）においてすでに近代社会の成立過程は始まっているのであって，資本主義経済の発展，近代国家の形成などはすでにこの時期に始まっている。しかし，19世紀になってはじめて，身分制や領主制などの前近代的な社会制度や，これらと結びついた国家体制が解体され，市民社会，階級社会あるいは工業社会と呼ばれるような近代社会が成立し，また，ドイツ帝国というかたちで国民国家が形成される。今日のドイツは，その国家の領土的な枠組にしても，市場経済と呼ばれる経済体制にしても，20世紀における大きな変動をへているとはいえ，19世紀に形づくられたものを基礎としている。そして，ドイツ帝国はやがて19世紀末には帝国主義政策を展開するようになるとともに，その国内では大衆政党が組織化されるなど大衆社会状況が成立し，やがて第一次世界大戦に突入する。

　このような19世紀の歴史が20世紀前半の惨禍へとどのように連続し，あるいは断絶しているかが，「ドイツ特有の道」をめぐる問題として問われつづけてもいる。

　本書では，この長い19世紀をその半ばにおいて起きたドイツ帝国の成立で前後の2つの時期に区切り，第2～4節と第5～6節でみていく。

「長い19世紀」の前半——1806〜71年

　19世紀初頭，フランス革命とナポレオンの衝撃，そしてイギリスの産業革命の影響のもとで，ドイツの社会と国家の深刻な変動が始まった。そして，この変動は1870年代にいちおうの到着点に達する。

　この変動は複雑で多岐にわたっており，単純化することは許されないが，あえて大ざっぱにまとめればつぎの4つとなろう。1つは，身分制的な社会体制の解体と市民社会の形成である。この時期に，身分制社会の構成原理とその基礎であった，ツンフトや村落共同体などの伝統的共同体（コルポラツィオン）がしだいに解体し，個人の独立と法的平等を構成原理とする「市民社会」が形成されていった［田熊 2006；Gall 2012[2]］。この新しい社会は同時に階級間の対立によって彩られる階級社会でもある。2つ目は工業化，または産業革命である。19世紀前半に始まった機械制工場による新しいかたちでの工業生産は，世紀半ばをへて急速に成長し，1870年代にはドイツはすでに工業国となっていた。3つ目は，「国民」の形成と国民国家の形成である。この時期の初めに近代的なナショナリズムがドイツにおいても出現し，1871年にドイツ帝国の建設というかたちで国民国家が成立する。ただし，こうした変化は単線的に進んだわけではなく，幾重もの紆余曲折をへていたし，さまざまな分野で現実は，伝統的な要素が残りながら新しい要素と結合するというような重層的な様相を呈している。4つ目は，文化の構造的な変動である。概念史の研究者コゼレックは，18世紀後半から19世紀半ばまでの時期に，ドイツ語のなかでさまざまな語彙（Polizei, Revolution など）の意味内容が根本的に変化したことを明らかにし，この時期を地理学の用語を援用して「鞍部時代」（Sattelzeit）と呼んでいる。この時期に起きた社会生活と政治の急速かつ根底的な変化のなかで，人びとは世界を認識するための言葉の意味論的な枠組を大きく変えていったのである［Koselleck 1972］。概念史で直接に分析される知識人層の言語世界だけではなく，社会のすべての階層が文化の変動に直面した。

　この時期についての通史的叙述も，なんらかのかたちでこれら4つの変動のいずれかを参照軸にしているといえる。かつて19世紀においては，プロイセンが主導するドイツ国民国家の形成に向かう政治過程が歴史叙述の

中心であった。しかし20世紀後半には，社会経済的な変化をより重視する叙述が生まれた。資本主義社会の成立と労働者階級の形成を軸に考える旧東独のマルクス主義学派[Obermann 1983]も，「近代化」を軸に近現代史を総合的にとらえようとするヴェーラーら社会構造史学派[Wehler 1987a; Wehler 1987b; Wehler 1995]の叙述も，そのようなものとして位置づけることができよう。

ヴェーラーとは対照的にニッパーダイは，時代を画するナポレオンやビスマルクの役割を重視するなど，個性を重視する歴史主義的な方法による叙述を試みているが[Nipperdey 1983]，社会史・社会経済史の方法も取り入れている。また新しい文化史に連なる視点も示している。イギリスの歴史家シーハンは，19世紀ドイツにおける国民国家の形成を中心テーマとしつつ，政治，社会経済，文化の分野を総合的に叙述している[Sheehan 1989]。20世紀末からは文化人類学的視点をもった日常史の研究が始まったが，イギリス・ニューレフト史学からは，そのような視点に立ちながら政治，経済の分野を巧みに総合した19世紀史の叙述が出されている[Blackbourn 2002[2]]。

「長い19世紀」の後半――1871〜1914年

1871年，ヨーロッパ国際政治はその様相を大きく変えた。17世紀以来，その主導権はフランスが握り，これにオーストリア（神聖ローマ皇帝），イギリス，新興勢力のロシア，プロイセンが対峙する構図であり，ドイツの地は列強に蹂躙(じゅうりん)されるばかりであった。だが強大な経済力・軍事力を備えたドイツ帝国が中欧に出現し，やがて海外進出にも乗り出すと，主導権を失ったフランスはもとより，イギリスも対独姿勢を硬化させ，やがてロシアもドイツ包囲網に加わった。新興国ドイツとそれを警戒する周辺諸国との対立は，やがて第一次世界大戦で火を噴くことになる[Heidenreich et al. (Hg.) 2011; Hildebrand 1989; Mommsen 1993; Mommsen 1995; Stürmer 1983]。

「長い19世紀」におけるヨーロッパ各国の内政は，いわゆる「未決定」の状態にあった[Stolberg-Wernigerode 1968]。すなわちフランス革命で謳われた自由と民主主義の理念は徐々に浸透したが，君主など非民主的機

関・勢力の政治的役割も依然残存し，各国で綱引がおこなわれていたのである。ドイツ帝国も例外ではなく，先駆的な普通・平等・直接・秘密選挙法に基づく帝国議会が事実上ドイツ政治の行方(ゆくえ)を決め，反体制政党のドイツ社会民主党が第一党に躍進する一方で，帝国宰相は皇帝のみに責任を負い，連邦諸国政府の代表機関たる連邦評議会が広範な権限を有し，社会主義者鎮圧法が制定され，巨大領邦プロイセンは三級選挙法など民主主義への制約を多く残していた。後者の側面を強調しドイツ「官憲国家」の抑圧性・攻撃性を批判するか [ヴィンクラー 2008；ヴェーラー 1983；望田 1996；望田 1997；Berghahn 2003；Ullrich 1997；Wehler 1995]，批判者の誇張を問題視し前者の側面に配慮するか [Huber 1969；Huber 1978a；Huber 1988b；Nipperdey 1990；Nipperdey 1992] が，「ドイツ特有の道」論争の争点となってきた。

　ドイツ帝国の約50年間は，この国がもっとも文化的発信力をもった時代である。「長い19世紀」の初めにおいて農業国であり，貧弱な文化的基盤しか有しなかったドイツは，この時代に経済力でイギリスを凌駕(りょうが)し，学問において世界の模範となった。ドイツの音楽，ドイツの文学は世界で愛好され，ドイツの思想は世界で受容され，ドイツ語は学術上・軍事上の国際語となり，各分野のドイツ人が世界各地へ進出するようになった。こうしたドイツ文化の著しい世界進出は，他言語文化の場合と同じく，ナショナリズムの思想によって強く後押しされていた [Retallack (ed.) 2008]。

長期的変化

　時系列順にみる前にいくつかの分野について長期的な変化をみておこう。

　まず，人口動態である。1816年にはおおよそ2500万であったドイツの（ただしオーストリアを除く）人口は，1870年に4000万，1910年には6500万へと急速に増加した。この時期の前半においては，死亡率は前時代から引き続き比較的高いレベルでとどまっていたものの出生率の向上により人口の増大が続いた。19世紀末からは出生率が低下するが，死亡率も低下するため人口増加はなおも続いた。その原因はそれぞれの時期の複数の要因の組合せが検討されなくてはならない [エーマー 2008；桜井 2001]。人口の流

出，すなわち移民の問題も社会史を考えるうえで重要である[Oltmer 2010]。

もうひとつ長期的な変化として重要なのは，交通とコミュニケーションのあり方の変化である。例えば鉄道による人・情報・モノの移動の高速化は，大きく社会生活のあり方を変え，また，人びとの意識に大きな影響をおよぼしていく[シヴェルブシュ 1992]。また，新聞など出版物の増大と，識字率の上昇は，人びとの読書習慣を大きく変え始め，「読書革命」ともいうべき社会的変化をもたらした[Nipperdey 1983]。これと並行して，身分制の解体にともない，自発的に参加する諸個人からなる結社という新しいかたちの社会関係が，前の時代と比べて格段に広がり，コミュニケーションのあり方を変えていった。結社の最初の増大は三月前期から1848年革命にかけての時期にみられ，1860年代・70年代に再び増加の時期をみ，19世紀末には社会のあらゆる分野でさまざまな階層の結社が成立する。こうした結社は，ナショナリズム運動の重要な基盤ともなり，また，例えば労働者の文化サークルなどは労働者の階級形成とかかわっていく[小原 2011；藤田 1988；ホフマン 2009；Dann 1984]。

こうしたコミュニケーションの変化や，社会環境の変化，国家の介入などによって，人びとの文化も変化する。すでにみた「鞍部時代」の議論も文化の歴史の一部をなすといえる。そのほかにも現在，文化を対象とする新しい歴史学の方法がさまざまな角度から試みられ，名誉の観念[Frevert 1995]，清潔さの観念[Frey 1997]，死刑をめぐる人びとの態度[Evans 1996]など，さまざまなテーマが取り上げられている。

ジェンダーのあり方も重要な変化を迎える。近代的な性別役割分担の意識と，実際の分業が市民層などのあいだで広がり[Frevert 1995；Hausen 1976]，19世紀後半にはそれが労働者層においても定着する。かつてジェンダーの問題は歴史学においてあまり意識されていなかったが，現在では女性史[田村雲供 1998]の分野だけではなく，労働，ナショナリズム研究，法制史，政治史などあらゆる分野において問題にされるようになっている[川越ほか編 1990；姫岡 2004；三成美保 2005；若尾 2005；Planert (Hg.) 2000]。

山根徹也・今野　元

2 | 改革期から三月前期へ

改革の時代

「はじめにナポレオンありき」。先にあげたドイツ近代史通史を,ニッパーダイはこの言葉で始めている[Nipperdey 1983]。1806年,オーストリアとプロイセンはフランス軍にあいついで敗れ,神聖ローマ帝国は消滅し,ナポレオンによるドイツ支配体制が始まった。フランス革命もすでにドイツに衝撃をおよぼしてはいたが,ここに始まったナポレオンの支配と,そのもとで進められたドイツ諸国家の領土再編,各国における改革[Nolte 1990]は,ドイツ近代史の重大な転換点となった。

ナポレオン体制のもとでドイツは三種の地域に分かれた。まず,ライン左岸地域とその他若干の地域は,フランスの直轄領とされた。フランス革命以前に存在した約300の領邦は,この間に40程に整理された。そのうち,オーストリア,プロイセンは,多くの領土を失い,その重心を東に移しながら,ナポレオンに対する劣位の同盟者となった。これが第二種の地域である。第三種の地域をなす残りの中小のドイツ諸国は,それぞれが主権国家とされたうえで,ナポレオンを盟主とするライン連盟に組み込まれた。

ライン左岸においてはフランスの制度が導入されたために,領主制・ツンフト制の廃止や,伝統的な都市自治制度の解体と中央集権的な官僚制の導入などによって大きな社会的変化を経験した。

第二の地域のうち,比較的に打撃が少なく,旧来よりの大国の地位を維持しつづけていたオーストリアではめだった改革が進められなかった。これに対してプロイセンでは,改革派官僚が主導権を握り,シュタイン,ついでハルデンベルクのもとで重要な改革が進められた[石川 1972;林 1952;Sösemann(Hg.) 1993;Vogel(Hg.) 1980]。このプロイセン改革については,それによって,近代化ないし近代市民社会への移行がどのように,どの程度進んだかという問題を中心に多くの研究が積み重ねられている。

まず,社会経済面では,農業改革と「営業の自由」導入政策が「2本の柱」である[松田 1978]。農業改革は研究史のなかでは「農民解放」と呼ばれることもあり,隷農制の廃止とそれによる農民の人格的・経済的自由

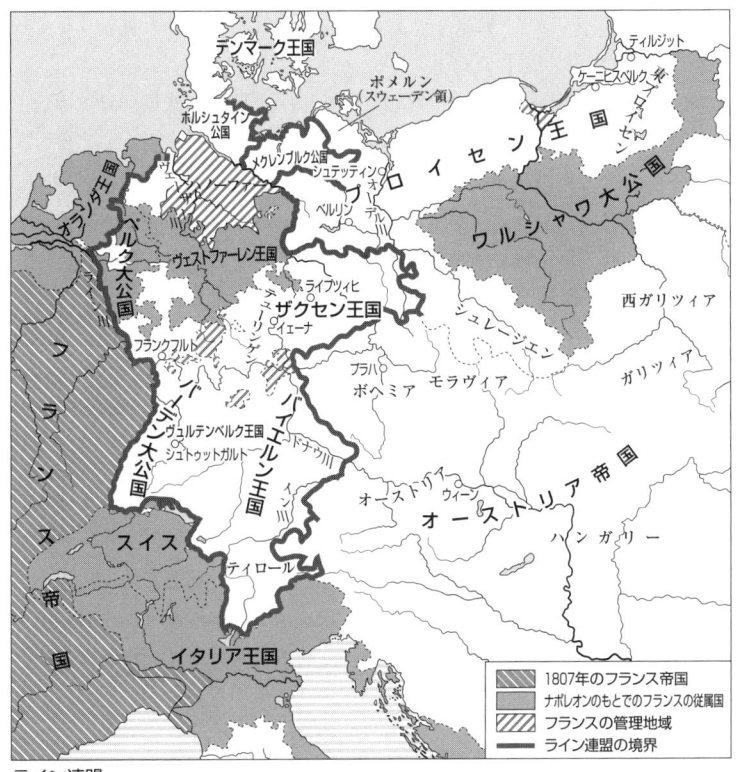

ライン連盟

の保障がなされ，また，土地所有が認められた。しかし，他方で，農民の土地所有は有償でのみおこなわれ，また，領主の裁判権，警察権などの特権は維持された。この改革によって，旧領主が賃労働者の雇用によって所有地を経営するいわゆる「ユンカー経営」が成立し，その後のプロイセン社会の重要な構成要素となった［林 1952；藤瀬 1967；北條 2001；Harnisch 1984；Schissler 1978］。「営業の自由」政策は，ツンフト強制制度を廃止し，ツンフトに加入していない者にも手工業・工業に参入することを許した。これによって都市社会の身分制的構造は大きく解体され，社会の近代化が大きく進むが［Vogel 1983］，抵抗も大きく，ツンフトはかたちを変えて

「イヌング」として生き延びているように，この変化は複雑なものとならざるをえなかった[田熊 2006]。

政治機構の改革としては，財政[大西 1978]と行政機構の改革[上山 1964]，都市自治制度の導入[北住 1990；Heffter 1969]，一般兵役義務の導入を主軸とする軍制改革[丸畠 2011；Frevert 2001]が重要である。一方で，改革のなかで議会制と憲法を導入する動きもあったものの，この面での改革は放棄され，以後1848年まで官僚独裁体制が続く。この点に関しては，経済面での自由の導入に対して領主層や都市市民が抵抗したために，議会制の導入はむしろ改革の妨げとなる恐れがあり，それゆえ官僚独裁の道が選択されたとするコゼレックのテーゼが重要であり[コゼレック 1982；Koselleck 1989]，その当否をめぐって論争が続いている。

ライン連盟諸国のうち，新たに設立されたヴェストファーレン王国やベルク大公国は，ナポレオンの一族の者を君主としていただき，フランス的な諸制度をドイツに導入する「模範国家」として役割を与えられ，ナポレオン法典の導入やフランス帝国のものを模した憲法の制定が試みられた。領土を著しく拡大したバイエルン王国，ヴュルテンベルク王国，バーデン大公国など西南ドイツ諸国では，新たに支配下においた多様な地域を統合するためにも，フランスをモデルとしながら，中央行政機構・地方行政機構の合理化，統一的な法制度の整備などを中心とする改革が進められた[谷口 2003；Weiss (Hg.) 1984]。

各国のあいだに程度の差こそあれ，中央集権的な国家機構の整備と身分制的社会構造の解体が進み，ドイツ社会は近代社会への決定的な一歩を踏み出すこととなったのである。

産業革命の開始と社会の変容

改革の時代から19世紀半ばにかけては，大きな変化が始まる時期である。

この時期に産業革命が始まる。ただし，19世紀の工業発展を中心とする経済の変化を産業革命と呼ぶかたんに工業化と呼ぶかについては争いもあり，また，その始期をどの時点と考えるかについては見解に大きな相違がある[川本 1971；キーゼヴェター 2006；ボルヒャルト 1988；モテック

1980；渡辺 1987]。また，日本の戦後歴史学においては，ドイツ一国レベルでの経済構造のあり方にドイツ特有の国民的な「型」を見出すという問題意識が強かったが[川本 1971；肥前 1973]，経済における国民的な枠組を否定して，地帯別に独立したものとして経済構造をみようとする立場も提起されている[渡辺 1987]。しかし，いずれにせよ19世紀初めから半ばにかけて，工業の発達を中心とする大きな経済構造の変化があったことは明らかである。

工業発展を主導する部門として鉄道が大きな役割をはたし[鳩澤 2006；山田 2001]，これと関連して発達した製鉄・鉱山業，機械製造業などの重工業が，ドイツにおいては産業革命の推進力となった[川本 1971]。また，産業振興政策や関税同盟政策など国家の政策も重要な役割をはたした[高橋 1986；肥前 1973；諸田 1974；Henderson 1984]。

なお，工業化が環境と社会に与えた負荷と，それをめぐる社会の対応のありようも新たな研究対象となりつつある[Brüggemeier 1996；Uekötter 2007]。

産業革命や，先にあげたコミュニケーション革命，そして教育機関や国家機構の拡大を背景として，「市民層」が新たなエリート層として台頭した。市民層とは，ドイツ史においては，貴族と下層民の中間にあって農民ではない層を指す。この階層を「市民」として一括することを可能とする要素は何であるのかについては，身分制的な都市市民層の伝統を重視するガルの立場[Gall 1996 の諸論考]と，「市民」として有するなんらかの固有の生活様式や文化を市民性としてとらえ，これが共通項であったとするコッカらのアプローチ[コッカ編 2000]が代表的である[森田 2001；Schäfer 2009]。市民性を構成する理念的要素として中心的な役割をはたした「教養」やその他の価値観に最近の研究はとくに注目している[Bollenbeck 1996；Hettling/Hoffmann (Hg.) 2000]。産業革命のなかで成長した企業家などを中心とする経済市民層[Kaelble 1972；Zunkel 1962]と，中等教育・大学で獲得した「教養」に基づいて，教員や文筆家，医師，官吏として活動する「教養市民」[野田 1997；Hodenberg 1996]がその中核をなしており，手工業経営者などの「小市民」[Lenger 1988]もこれに加わっ

ていた。彼らは，結社などの場や出版メディアを通じて交流し，国家政治への政治的参加権をも求めるようになっていた。こうした動きが自由主義の誕生に繋がっていく。

一方で「大衆的貧窮」(パウペリスムス)と呼ばれる，社会の多数の人びとが生存維持ラインぎりぎりかそれを下回る生活を強いられる事態が生じていた[川本 1997；Abel 1986³]。この事態の深刻な影響を受けたのは，手工業者[Bergmann 1973]や，手工業職人，工場労働者などの都市下層民と農村住民の下層であった。

こうした下層民は，支配層や市民層の側からは，市民社会の枠からはみ出して社会秩序を乱す「賤民」として恐れと不安の対象とされていたが，一部の手工業職人のあいだでは「労働者」(Arbeiter)として水平的に連帯しながら自立をめざす意識も広がり始めた[田中 1998；Conze 1966]。遍歴の慣行ゆえに外国にいることも多かった手工業職人のあいだでは，1830年代以降，外国で政治的結社をつくる試みもみられた。パリで結成された「正義者同盟」や，これを改組して設立された「共産主義者同盟」は共産主義の宣伝活動をおこなった。正義者同盟を率いたヴァイトリングのような，手工業職人出身の共産主義思想家もあらわれた[石塚 1998；的場 1995]。しかし，より多くの下層民の人びとが参加したのは，そうしたフォーマルな組織によらない直接行動である。シュレージエンの織工暴動(1844年)や，47年の食糧暴動などのそうした運動は，ドイツでは「社会的抗議」として概括され，研究が進められてきた。そうした運動の担い手を明らかにすることや，行動様式の分析を通じての彼らの運動の論理の解明が課題とされている[山根 2003；若原 1984；Bergmann/Volkmann (Hg.) 1984；Gailus 1990；Hodenberg 1997]。

大衆的貧困に対しては自治体の救貧や私的慈善活動があった[Sachße/Tennstedt 1998]。市民層や聖職者などエリート層のあいだからは，旧来の救貧の枠を超えたかたちで貧困に対処するために，社会改良を試みる動きもあった[北村 2007；Reulecke 1983]。民衆運動に対する上からの対応としてはもうひとつ，この時期においては国家の暴力装置＝軍による抑圧という様式が発達した[Lüdtke 1982]。

ウィーン体制と自由主義

　ナポレオンを破ったヨーロッパ諸国は，ウィーン会議（1814～15年）においてナポレオン後の国際的秩序，すなわちウィーン体制の枠組をつくった。この体制の構築において中心的な役割をはたした政治家が，オーストリアのメッテルニヒであった。ウィーン体制の原則として正統主義，すなわちフランス革命以前の状態への復帰が謳われ，実際に，フランス革命やナポレオンのもとで廃止された王朝や君主国が多く回復され，また，自由主義やナショナリズムの運動を圧迫した。しかし，他方では，この体制には現実主義的な面があり，さまざまなこの間の変革を追認した。神聖ローマ帝国は復興されず，整理統合されて消滅した多くの領邦，帝国都市が回復されなかった。すでに領主制が廃止された地域ではそれらは回復されないなど，内政・社会面での改革の成果も多くが保障された。

　ドイツの政治秩序もウィーン会議において定められ，ドイツ連邦が結成された。ドイツ連邦は，主権を有する諸国家のゆるやかな連合体とされた。ただし，オーストリア，プロイセンの二大国が主導する連邦議会の決定には拘束力があり，とくにカールスバート決議（1819年）以降，自由主義運動などの弾圧においてドイツ諸国家を協調させる局面ではよく機能した[Schulz, M. 2009]。自由主義運動が求める議会制と立憲制度に関連して，ドイツ連邦規約は「ラントシュテンデ的国制」の導入を定めていたが，この規定はたんに旧時代の身分制議会をいうものなのか，国民代表制を指すのかが曖昧であった。南ドイツ諸国では憲法が導入され，それを容認しながらも，同時に，プロイセン，オーストリアのように憲法なしの絶対主義的統治を継続している国家についてはこれを支持する機能をはたした[成瀬 1988]。ドイツ連邦の機能については，その統一性と役割をめぐって種々の評価がある[Hahn 2006；Müller, J. 2006]。

　このウィーン会議後，1848年革命直前までの時期を「三月前期」と呼ぶ。この時期の政治史において注目すべきなのは，自由主義運動である[シーダー 1983；Langewiesche 1988；Schieder, W. (Hg.) 1983；Sheehan 1978]。自由主義者は，個人の自由を価値規範とし，立憲主義と，出版の自由をはじめとする権利の保障を求めた。彼らの思想の内容，その具体的な政治行動，

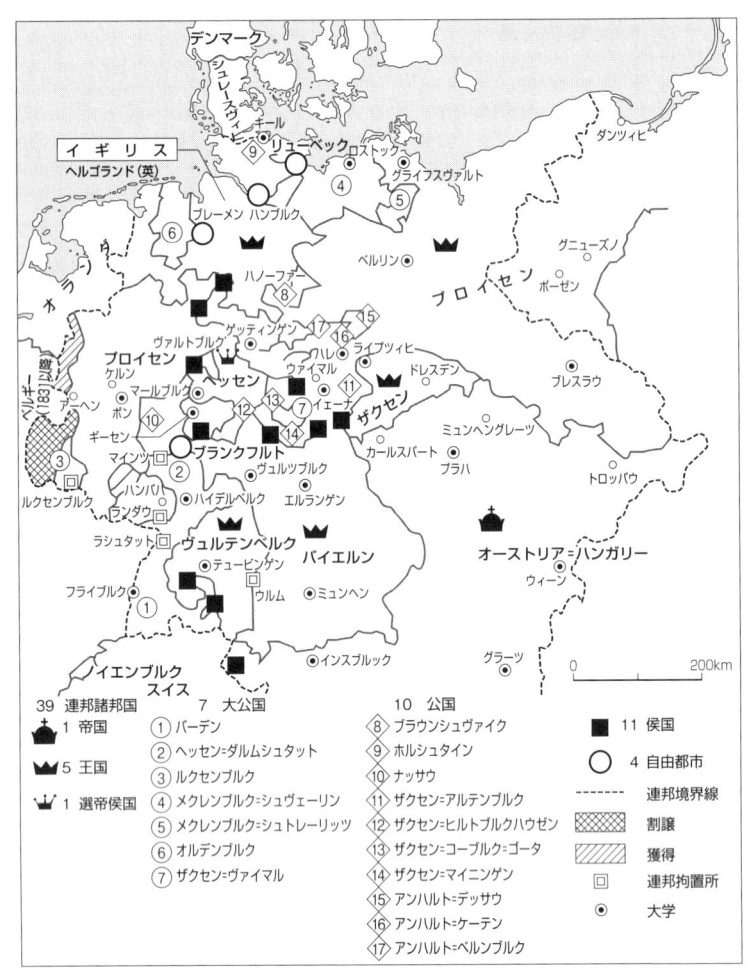

ドイツ連邦

運動参加者の階層の広がりなどが問題にされている。自由主義運動の担い手は，おもに学者などの知識人であったが，工業化の進展にともなってプロイセンのライン州などで急速に成長しつつあった企業家層，さらには手工業者層なども加わっていった。自由主義思想とはいってもこの時期のそれには，一方ではルソー的な社会契約論，他方ではイギリス名誉革命体制を範とする，身分制の伝統を尊重する立場など，さまざまの異質な要素が絡み合っており，それらの重なり合いと変化の様相を具体的に検討する必要がある［村上淳一 1985］。とくに西南ドイツの自由主義において特徴的な発想として，「階級なき市民社会」の構想があったことを強調するガルの主張は，注目されている［Gall 1996b］。

　はじめのうちは自由主義運動の一部をなしていた急進派は，しだいに，普通選挙制，共和制など，自由主義よりも急進的な主張をするようになり，両者の分離が進行した［石塚 1983；Backes 2000；Wende 1975］。

　急進派とかさなりあうのが当時のヘーゲル左派の思想運動である。ヘーゲルの哲学は，むしろプロイセンの政治体制を合理化する保守的な傾向があったが，その哲学の影響を受けた若い世代の知識人は思想を急進化させた。そのなかから政治的な急進主義に合流していく部分もあらわれる。ドイツにおける社会主義・共産主義の始まりもこの時期にある。ヘーゲル左派の影響のもとで，社会改革による社会問題の「真正社会主義」の運動があらわれた。また，ヘーゲル左派からでてこれと袂を分かち，共産主義運動に向かったのがマルクスとエンゲルスである。こうした運動については，メーリング［メーリング 1968・69］以来マルクス主義史家によって研究が積み重ねられている。日本では，マルクス主義成立の前提としてではなく，ヘーゲル左派の諸思想自体を評価しようとする良知力の研究などがある［良知 2001］。マルクスの伝記的研究は数多いが［マクレラン 1976 が代表的］，そのなかで若きマルクスを社会的背景との関わりのなかでみようとする試みもある［的場 1986］。

　この時期，自由主義・急進主義運動と一体となって展開されたのがナショナリズム運動であった。この頃からドイツ帝国建設の時期まで，ドイツ統一と自由の実現が一致すると考えられていたのである［ダン 1999］。

1813年の対ナポレオン解放戦争のなかで,ナショナリズム運動の最初の高揚がみられ,三月前期を通じてその展開が続いた[Echternkamp 1998]。政治的結社の設立が抑圧されていた当時,この時期にあらわれた合唱協会や体操協会がナショナリズム運動の場として大きな役割をはたした[小原 2011;Düding 1984;Langewiesche 2000]。

他方,こうした政治変革運動に対抗して,シュタールらの保守主義思想が形成され始めた[玉井 1990-91]。

3 │ 1848年革命

革命の位置づけ

こうした政治的変革を求める運動の高まりと,他方での社会的危機の深まりを背景として激しくなった農民,下層民ないし労働者などの運動がかさなりあうかたちで,1848年3月には,既存の政治体制の崩壊が起きた。

この革命によってメッテルニヒら旧来の政権担当者は多くが権力を失い,三月前期の政治運動において主導権を握っていた自由主義者が,多くの国で新たに内閣を構成した。さらに,各国内では自由主義者が要求していた諸項目,すなわち言論の自由,ドイツ統一などの原則が承認された。そして,プロイセン,オーストリアなどでは議会が招集され,各国の憲法制定のための審議がおこなわれた。フランクフルト・アム・マインでは「ドイツ国民議会」が開催され,ドイツ統一とドイツ憲法の審議がおこなわれた。しかし,オーストリア,プロイセンで反革命勢力がすみやかに主導権を回復し,革命は挫折に追い込まれる。ドイツ統一とドイツ憲法の導入ははたされないままドイツ国民議会は解散に追い込まれ,各地で起きた蜂起や革命政権は翌年7月までにすべて軍事的に鎮圧された。

この革命の歴史的位置づけについては,マルクス主義史学やこれに近い日本の戦後歴史学,および西ドイツ社会構造史学派のあいだでは,従来「挫折したブルジョワ革命」としてこれをとらえ,ブルジョワ的変革が十分におこなわれないまま資本主義の発展が進むという「ドイツ特有の道」の出発点であるという見方が有力であった。しかし,ここ30年程の研究の

展開のなかで，この見方には多くの修正が加えられてきた[川越 1995a；山井 2000]。第二帝政期からナチ期までのドイツを「特有」とみるべきか否かについての論争は，次節以降でみるとして，1848年革命自体の研究については以下の3点をあげることができる。

　第一に，この革命がその担い手についてみれば，単純にそれを「ブルジョワ的」ということはできないことが明らかにされてきた。たしかに市民層は，革命政治の場で議員などとして活動する自由主義者・急進派のあいだで多数を占めていた。しかし，革命運動は，多様な階層のそれぞれに自律的で固有の内容をもつ諸運動の複合だったのであって，革命全体を，市民層の指導下にあり，市民層が掲げる目標を共有していたと考えることはできない。市民層の政治家・活動家が，出版の自由や議会制の実現など「ブルジョワ的」な変革を要求したのに対して，例えば都市下層民は，取引の自由に反対して食糧の適正価格を要求するモラル・エコノミーの要求から行動を起こし[山根 2003]，手工業者はツンフト制的な営業規制の復活を要求した[谷口 2001]。こうした運動の論理は，単純に後ろ向きと評価することができない場合もあるが，いずれにせよ「ブルジョワ的」な論理とは異質であった。

　第二点は，革命運動の「場」の重層性である。ドイツ国民議会，諸国家の政府と議会，あるいは都市自治体の議会など，国家的な機構のレベルの革命がある一方で，新聞・ビラなど印刷メディアの革命があり，また，政治的結社のレベルの革命があり，基底には，そういった明確な組織をもたない，街頭の蜂起や騒擾のレベルの革命，「街頭の政治」があった[Gailus 1990]。1848年革命は，これら諸次元の革命が並行的にしかしながら複雑に相互作用を起こしながら展開したものであった。そのため，例えば議会のレベルでは，権利の保障や議会主義の確立などブルジョワ的な政治変革の追求が中心的課題であったとしても，街頭の蜂起の世界においてはまた別の論理があったのである。

　第三点は，こうした多様な革命運動の場をみた場合，必ずしも一様に革命が「挫折」したとはいえないということである。たしかにドイツ統一と自由主義的政治体制の定着という点では，革命は挫折したのではあるが，

さまざまな分野で決定的な変化が,それにもかかわらず革命によってもたらされた。プロイセンでは,権威主義的体制のもとにおいてではあるが,法の前の平等を保障する憲法と,市民層の政治参加を可能とする議会制度が導入された。農業改革はこの革命を機に各国で大きく進み,領主制の廃止が決定的となったことで,身分制的な国制構造はほぼ解体され,社会を国家が一元的に支配する近代国家体制が築かれた[坂井 1998]。さらに,近年では,社会空間におけるコミュニケーションの発達と,政治化の進行が強調されている。革命時に起きた新聞などの出版の飛躍的な増大,各地における政治的結社の形成や全国的組織の成立,それらへの広汎な人びとの参加などは,革命後の抑圧のなかでも不可逆的な変化を社会にもたらし,その後の政治社会のあり方を変えたのである[Siemann 1985]。

諸党派・社会運動・ナショナリズム

ドイツではヴァレンティンの大著以来,フランクフルト議会や各国における自由主義者,民主派の運動が注目されてきた[Valentin 1998]。また,メーリング以来のマルクス主義史家による労働運動史研究の蓄積があり,東ドイツでは集中的に研究が進められた。この分野は,西ドイツでも非マルクス主義的な社会民主主義の立場から,労働者友愛会など組織的労働運動への関心が高まった[Balser 1965[2]]。1980年代以降は,社会的抗議行動など,具体的な民衆の行動に着目する研究や,ローカルな結社の広がりやコミュニケーションに着目する社会史的な研究が盛んになり[Gailus 1990],90年代以降,儀礼やシンボルに注目した文化史的なアプローチがあらわれている[Hettling et al. 1993]。全体の概観としては,ジーマンやハハトマンのものが標準的である[Siemann 1985;Hachtmann 2002]。

日本の研究では,従来,革命運動の社会経済的内容に注目し,農業土地問題や手工業問題などを対象とする重要な研究の蓄積があった[坂井 1998;藤田 1984;柳澤 1974]。また,労働者友愛会など労働運動の組織形成や社会構想を問題とする労働運動史的研究も積み重ねられてきている[山井 2000]。しかし,それに加えて,良知の一連のウィーン革命に関する仕事に続いて,ローカルな場に視野を設定したうえで,具体的な民衆の

運動と論理にアプローチしようとする社会史的な方法が模索されている[良知 1993;増谷 1987;川越 1988;山根 2003]。

　革命においては，フランクフルト国民議会の目標がドイツ統一であったように，ナショナリズムは極めて重大な問題になった。統一すべき「ドイツ」の範囲をめぐって，また，非ドイツ民族の独立や近隣民族との国境線の画定をめぐってさまざまな論争，さらには武力紛争が生じた。大ドイツ主義と小ドイツ主義の対立，シュレースヴィヒ゠ホルシュタイン問題，チェコの自立運動をめぐる問題，ポーランド人とドイツ人が混住するポーゼン地方をめぐる問題[伊藤 2002;割田 2012]などが代表的である。そこには，「民族」が国民国家の建設をめざすときそのような諸民族のあいだに相克関係が生じるという，その後の歴史のなかでナショナリズムがつねにはらむ問題がすでに噴出している。

4｜ドイツ統一へ

産業革命の進展と自由主義運動の展開

　1848年革命終結後の50年代・60年代は，新しい社会と国家のかたちがはっきりと姿をあらわしていく時期である。その新しい姿とは，おおまかにいえば，重工業の発展を軸とする産業革命と，市民社会的秩序と階級社会の形成，ドイツ統一の動きである。

　1848年革命の終結後の50年代の時期はしばしば「反動期」(Reaktionsära)と呼ばれる。オーストリアでは憲法が廃止され，プロイセンでは欽定憲法のもとで議会の権限が縮小されて王権が強化されたうえに，三級選挙制度という富裕層が多くの票を行使する事実上の制限選挙制度が敷かれ，反動派に有利になった。言論・政治活動は厳しく統制され，急進派・社会主義者の運動は厳しく弾圧された。治安維持装置としての警察が拡張，整備されていく[Funk 1986]。

　しかし，この時期はすでに水面下では大きな変化が進行していた。産業革命はこの時期に本格的な進行をみせた。その主導的部門はここでも引き続き鉄道と重工業であったが，この時期に法制度の自由化によって株式会

社制度が広がったこと，これに必要な金融をおこなう新型の銀行が定着したことが大きかった［大野 1956；戸原 1960；Tilly 1966］。また各国では，領主制の廃止が完成に近づき，ツンフト制度の廃止など，営業の自由の導入も進展した。反動期の国家体制は，こうした経済発展を含め，近代的システムの発展に寄与する一面をもった［Brophy 1998］。警察機構の発達も，新たな社会に対応する統治システムの創出という意味をもっている［川越 1988；矢野 2012］。

　自由主義勢力は政治的には押さえつけられたものの，経済市民層の勢力はこうした経済発展にともなって増大し，潜在的には自由主義運動の発展を支えたのであった。また，経済の発展はドイツの経済統合とコミュニケーション網の発展を通じて，「国民」の形成を促した。1850年代の終りには，プロイセンで「新時代」と呼ばれる政策転換があり，言論統制や政治的弾圧は緩和された。これにともなって，自由主義運動は大きく展開し，プロイセン下院では議席の多数を占めるようになった。また，これとかさなりあいながら，ナショナリズム運動が大きく発展し，全ドイツ的規模の組織「国民協会」が結成され［Biefang 1994］，ナショナリズム運動・自由主義運動の結集点となった。合唱団や体操協会などの大衆的な結社の発達もこの動きとかかわっていた［松本 2008；小原 2011］。

　プロイセンでは，まもなくこうした自由主義運動と政府のあいだに激しい対立が起こった。1861年から軍制改革をめぐって起きた「憲法紛争」である。これは軍備拡大と，王権による軍の統制の強化を狙う政府案に対して，下院の自由主義議員が，市民的自由を脅かすものとしてこれに反対し，ドイツ進歩党を結成して議会の予算審議権を武器に抵抗して［Winkler 1964］，起きたものであった。この紛争に関しては，19世紀以来の政治思想史的な研究に加えて，社会構造史的な分析が導入され［Anderson, E. N. 1968］，日本でもこうした動向を踏まえた政治構造論の視角から「名望家政治」の構造変動としてこの紛争を分析する望田幸男の研究などがある［望田 1972］。

ドイツ帝国の成立

さて,この危機を乗り越えるべく国王により,1862年,新たに宰相に任命されたのが,ビスマルクであった[Pflanze 1990;エンゲルベルク 1996;ガル 1988]。彼は,議会の要求を拒むとともに,対外戦争に乗り出すことで,政治危機を回避しようとした。すでにクリミア戦争によってヨーロッパ列強の協調を基盤とするウィーン体制は崩れており,それぞれが自国の利益の追求を優先する状況は,プロイセンの対外政策に有利に働いた。ビスマルクのもとで政府が対デンマーク戦争,普墺戦争,普仏戦争で戦勝をおさめ[望田 1979;Carr 1991],1871年にドイツ帝国の成立をみた。この展開に,下院の自由主義者の多数は,立憲主義の主張よりもドイツ統一という課題を優先してビスマルクを支持し,進歩党を離れて国民自由党を結成した。以後,国民自由党は右派自由主義の流れを,進歩党やその他のより急進的な自由主義者は左派自由主義の流れを形づくることになる。

なお,この政治過程のなかで,カトリック政党である中央党の設立に向かう動きも進展している。また,すでに1848年革命期に保守派の結社と政党の結成の動きがあったが,60年代には国民協会に対抗して保守派も近代的な大衆組織を形成し始め,その後の保守政党の基盤を形づくった。つぎにみる社会主義政党とあわせて,第二帝政期の政治を特徴づけ,その後も長く影響を残す五大政党体制,すなわち,保守,自由主義右派,自由主義左派,カトリック,社会主義の政党からなる政治勢力の配置もほぼ形成された[Ritter 1985]。こうして第二帝政期の社会と政治の出発点が形づくられていったのである。

プロイセン主導のかたちでドイツ統一が成功した要因として,すでにふれたナショナリズム運動の発展のほかに,ドイツ関税同盟圏におけるプロイセンの自由主義的経済政策の意義を重視する議論がある[Böhme 1966]。ほかに,プロイセン主導によるドイツ統一を許した,ウィーン体制崩壊後の国際政治状況もみなければならない[Kolb (Hg.) 1987]。また,プロイセンによる小ドイツ的統一の方向がはじめから決まっていたとするような見方に対しては慎重でなくてはならない[Sheehan 1989]。ともあれ,プロイセン国家による「上からの革命」としてドイツ帝国が形成されたことは,

ドイツ帝国

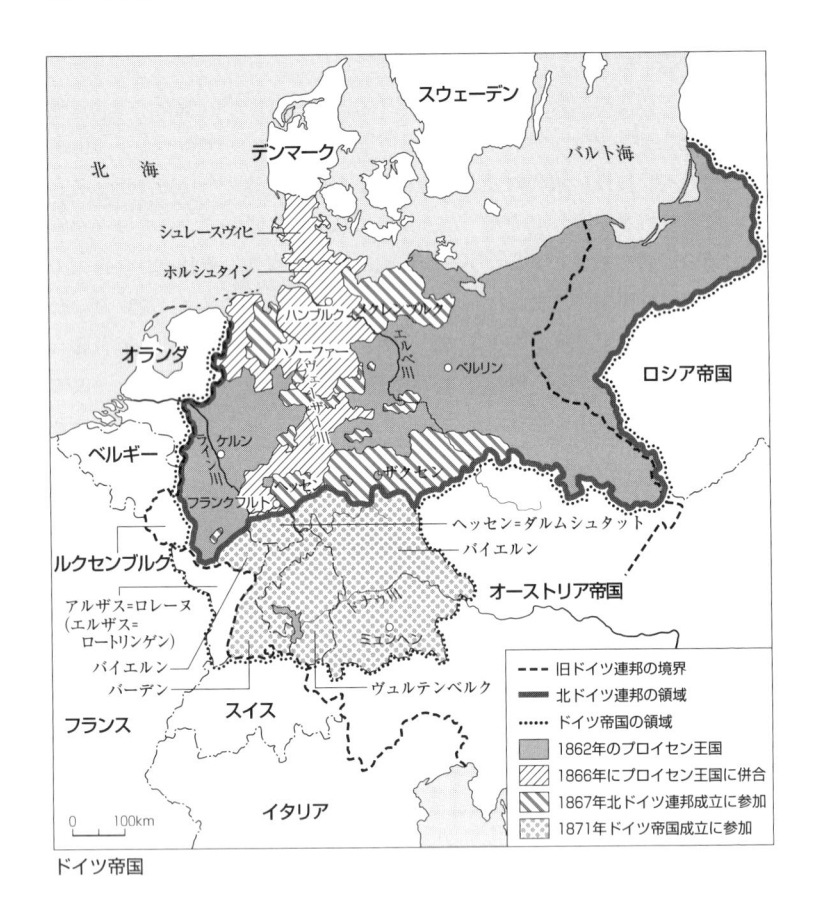

その後の歴史に大きな影響を残した。それを「ドイツ特有の道」の定着として位置づけるべきか否かについては、先にもふれたように論争がある[木谷 1977；松本 1985]。

こうした国民国家の形成と同時に、この時期には労働者階級の形成と労働運動の発展がみられ、階級社会の出発点として位置づけられる。1863年にはラサールを指導者とする全ドイツ労働者協会(いわゆるラサール派)が、69年にはベーベル、リープクネヒトらのドイツ社会民主労働者党(アイゼナハ派)という2つの労働者政党が成立している[メーリング 1968・69；山

井 1993;Offermann 1979;Na'aman 1975]。また，これら政党の形成にやや遅れて，1860年代末には労働組合運動の成長がみられる[太田 2001;Tenfelde 1987]。従来，労働者政党の成立は「ブルジョワ的民主主義からのプロレタリア民主主義の独立」，すなわち労働者階級政治運動の市民層からの独立・分離として位置づけられてきた[Mayer 1969]。しかし，最近では，社会史的・文化史的なアプローチからこの時期の社会民主主義運動を分析したヴェルスコップが，この時期の「社会民主主義」運動を労働者運動というよりはむしろ手工業者的な急進主義の運動の一翼であったとして，観点の再検討を迫っている[Welskopp 2000]。

山根徹也

5│ドイツ帝国研究における論争

「ドイツ特有の道」批判の台頭と爛熟

「ドイツ帝国」(Das Deutsche Reich)は多様な表情をもつ国家であった。それは普墺「二元対立」(Dualismus)や「分邦割拠」(Partikularismus)を乗り越えて構築された小ドイツ主義的国民国家であるが，数世紀にわたりドイツ諸国の相克から漁夫の利を得てきた英・仏など周辺諸国は，その出現を「勢力均衡」の危機と呼んで警戒した。墺・仏を圧倒したプロイセン軍制は日本など各国に影響を与えたが，「ケペニックの陸軍大尉事件」(1906年)などに際しては軍事偏重，上意下達の気風を揶揄された。ドイツ帝国はまたイギリスを凌駕してアメリカ合衆国に並んだ経済大国であり，社会保障政策の草分け，社会政策学会やマルクス主義政党の揺籃の地ともなった。学術面でもドイツ帝国は世界に近代大学の模範を示し，ノーベル賞受賞者を続出させ，ディーゼル機関，飛行船，ガソリン自動車，レントゲン，ブラウン管，毒ガス，相対性理論，細菌学などが世界中に広まった。女権運動，菜食主義，裸体主義などもドイツではこの時代に勃興し，ワンダーフォーゲルなど青年運動も発達した。さらにドイツが西欧諸国の海外植民地経営を遅ればせに模倣し，遠くアフリカやアジアの地に足跡を記したのもこの時期であった。このようにドイツ帝国は，その各方面での著しい発展が世

界中からの注目をあび，憧憬，羨望，嫉妬，反感を集めるにいたったのである。

　だが第二次世界大戦後のドイツ帝国研究では，政治情勢を反映しておもに「ナチズム」への「連続性」をめぐって議論が白熱してきた。そこでの中心的論題は，「ドイツ特有の道」批判の是非である。これは，政治における自由主義的民主主義と経済発展とをともに実現した西欧(英・仏・〈米〉)の標準的政治発展から逸脱する，後者のみ突出した跛行(はこう)的近代化を遂げたドイツ帝国が，抑圧的国内体制の矛盾を国外に振り向けるために対外的冒険に走り，第一次世界大戦からやがて「ナチズム」に繋がったとする歴史観である。これは，日本でも大流行した「近代化論」のドイツ版であり，西欧中心主義的世界観に基づく「比較政治学」であって，非西欧地域としてのドイツを「オリエント」に見立てた「オリエンタリズム」である。西欧の「先進性」に対してドイツの「後進性」を際立たせるために，世界のそれ以外の地域(例えばロシア，アジア，アフリカ)は捨象され，まれに扱われても否定的・副次的にでしかない。またこの歴史観は，民主的国家同士は戦争せず，戦争の原因となるのは非民主国家だとする「リベラリズム」国際政治学で，ドイツ史を説明しようとする試みでもある。

　「ドイツ特有の道」批判は，本質的に20世紀の政治過程の産物であり，また学界内の世代間権力闘争とも一体不可分の関係にあった。以下でその具体的展開を回顧してみたい。

　同時代人の論争(1950年代まで)

　元来ドイツでは西欧諸国の「ドイツ特有の道」批判への反発が強く，逆に「ドイツ特有の道」を肯定的な意味で論じる歴史認識も存在した。「ドイツ特有の道」の是非が争われたのは，とりわけ第一次世界大戦期である。だがドイツ帝国には，すでにヴェーバー，プロイスなど「ドイツ特有の道」批判の先駆者もいた。第二次世界大戦後，敗北した「ナチズム」の起源をドイツの国内事情に求め，ドイツ史の負の「連続性」を強調する歴史観が戦勝国で勢いを得，亡命米歴史家のハルガルテン，ローゼンベルク，ファークツらが注目された[Hallgarten 1951；ローゼンベルク 1978；ファークツ 1994]。東独でもピークなど当時を知る元共産党員らが事実上の独裁

政権を打ち立てるなかで，マルクス主義の普遍史的な「帝国主義」批判の一事例研究として，西洋諸国と並んでドイツ帝国の「反動的」支配体制が回顧・研究され始めた。これに対し西独歴史学界は，「プロイセン軍国主義」「全ドイツ主義」などを「ナチズム」との「連続面」として批判し，「古プロイセン的伝統」「ハイデルベルクのミュトス」などを「非連続面」として救済するという両義的なドイツ帝国論で臨み，マイネッケの『ドイツの破滅』[マイネッケ 1969]，リッターの「軍国主義」論[Ritter 1954-68]などを生んだ。

「ドイツ特有の道」批判の台頭（1960年代〜70年代）

1960年代にはいると，社会民主党の政権参加，学生叛乱(はんらん)に象徴される世代間対立を背景に，西独歴史学界でも「ドイツ特有の道」批判の信奉者が増大していく。その先駆者フィッシャーは，1961年に単行本化した『世界強国への道』[フィッシャー 1972・83]で，「ナチズム」とは「非連続」の穏健派とみられてきたベートマン＝ホルヴェークの帝国指導部も，7月危機に際し早期対露戦を望んで世界戦争の危険を承知でハプスブルク帝国の対セルビア報復を支持していた，経済団体などの影響で広範な侵略計画を立てていたなどと主張した。のちフィッシャーは「ヒトラーは突発事故ではなかった」と唱えて，ルター，ビスマルクからヒトラーまでの「連続性」を強調するようになる。フィッシャーの学説は，他国の侵略政策を度外視してドイツ帝国のみを批判したなどの理由で，西独歴史学界から猛反発をかったが，英米学界，さらには西独言論界で画期的と称讃され，「フィッシャー論争」が起こった。フィッシャーのドイツ帝国批判は，後続世代のW・J・モムゼン『マックス・ヴェーバーとドイツ政治』[モムゼン 1993・94]，ヴェーラー『ビスマルクと帝国主義』[Wehler 1969]でも再論されていく。ヴェーラーらは，長老リッターら「歴史家ツンフト」が「外政の優位」史観に依拠して，ドイツ帝国の弁護に終始していると批判した。彼らはケール[Kehr 1965]を再評価して，「内政の優位」の観点からこの「権威主義的国民国家」を「社会科学」的に批判することを提唱し，自分たちの新しい雑誌『歴史と社会』を刊行して，「ドイツ社会史派」と呼ばれるようになる。学問に対する政治の優位を公言し，時代状況に相応した

歴史解釈の必要性を訴える彼らは，戦後西独の価値観によるドイツ史批判の道義的必要を力説した。彼らの「内政の優位」論はマルクス主義にも通じるところがあるが，彼らは自由主義圏の知識人として社会主義圏とその歴史学には否定的態度を貫き，マルクスに代えてヴェーバーの同時代批判や社会学理論に強く傾倒していた。

「ドイツ特有の道」批判の体制化と論争（1980年代）

　政治情勢に後押しされ，また新設大学の急増によって教職に恵まれた「ドイツ社会史派」は，学生叛乱とブラント東方政策後の西独政治の変容を学界で体現する「新正統主義」学派として，同世代の社会哲学者ハーバーマスらと連携しつつ，1970年代以降の言論界で重きをなした。これに対し2つの潮流が挑戦をおこなっている。第一の潮流は「イギリス社会史派」である。イギリスの新左翼マルクス主義知識人で，イギリス社会史研究の洗礼を受けた彼らは，「ドイツ社会史派」をその「歴史家ツンフト」批判については熱烈に歓迎しつつも，彼らがドイツ帝国の特異性を誇張して西欧隣国の類似現象を看過している，国家権力に視野を限定し「上から」の国民誘導を誇張して「下から」の大衆的突上げを軽視している，プロイセンに目を奪われほかの連邦諸国を度外視している，と批判した。彼らの問題提起は注目されたが，「ナチズム」への道を説明する独自の論理があるわけでもなく，「ドイツ特有の道」批判の克服というよりその洗練に貢献した印象がある。第二の潮流は，「新歴史主義」と揶揄されたドイツ「伝統史学」新世代である。彼らの特徴は，「ドイツ特有の道」批判の白黒図式に反論して，ドイツおよび「西欧」の歴史の多面性を強調すると同時に，ある種の「ドイツ特有の道」の存在を認めつつも，それが所与の条件から不可避であったこと，そもそもあらゆる国にそれぞれ「特有の道」があることを指摘する点にある。その代表格であるニッパーダイは，「ドイツ特有の道」批判が，ヨーロッパ「標準」(Normalität)だったはずのナショナリズムを断罪し，ドイツ帝国の後進性を誇張したと批判し，また学問の名において「政治教育」を展開する風潮に対して，学問には価値判断はできないはずだとした［ニッパーダイ 2008］。ニッパーダイと並んで「ドイツ特有の道」批判に異議申し立てをしたのが，国法学者フーバーで

ある。フーバーはカール・シュミットの門下生で,「ナチズム」に加担した時期があり,ドイツ連邦共和国の秩序を受け入れて大学に返り咲いたが,「ドイツ特有の道」批判の台頭を横目に書かれたその概説書『ドイツ国制史』は,全編にわたって西欧中心主義的歴史観へのドイツ的反論を満載しており,「伝統史学」には有益な石切場となった[Huber 1969; Huber 1978a; Huber 1988b]。フーバーはドイツ帝国をドイツ初の国民国家として政治的にも道義的にも肯定し,その建国によりヨーロッパはむしろ以前の不安定な国際情勢から脱却したのだと説明した。またフーバーは,ドイツ帝国を自由主義的民主主義の観点から西欧諸国と単純に比較することを批判し,同国はドイツの所定の条件に根ざした「立憲国家」だったとして,「ドイツ特有の道」を擁護した。「伝統史学」新世代と「ドイツ特有の道」批判者とは,1981年11月26日にミュンヘン現代史研究所での討論会で直接対決し,前者のニッパーダイ,ノルテ,シュテュルマーらと,後者のゾントハイマー,ブラッハーとが討論をおこなっている[Institut für Zeitgeschichte (Hg.) 1982]。だが「伝統史学」にも「ドイツ特有の道」批判の影響を抑えることはできなかった。というのも「伝統史学」は,「ナチズム」への道の説明が「ドイツ特有の道」批判よりも複雑で,またゾントハイマーが主張したように,「ドイツ特有の道」批判をドイツの道義的義務として求める西独の政治情勢があるからであった。

「西欧的国民国家」の謳歌と歴史学の多様化(1990年代以降)

社会主義圏の崩壊は,自由主義圏の新たな「歴史家ツンフト」となった「ドイツ社会史派」にとっても僥倖ではあったが,大衆ナショナリズムの予期せぬ台頭で東西ドイツ統一が実現したことは,欧州統合による「ポストナショナル」な秩序の構築を標榜してきた彼らには青天の霹靂でもあった。ヴェーラーら「ドイツ社会史派」年長世代がドイツ・ナショナリズムへの懐疑を捨てなかったのに対し,新しいドイツ国民国家に順応したのが同派若手のヴィンクラーである。ヴィンクラーは『西への長い道』で断固として「ドイツ特有の道」批判を貫いた(だがその凡庸な邦訳題『自由と統一への長い道』は,野心家ヴィンクラーの挑発性をみごとに減殺している[ヴィンクラー 2008])が,統一を契機に1980年代の「ポストナショナル」論か

ら転向し，国民国家をヨーロッパ標準として，それにドイツが90年にようやく復帰したのだと主張するようになり，東西ドイツ統一を歴史学の立場から正当化した。ヴィンクラーは「ドイツ社会史派」でありながら，その論敵であるニッパーダイからの信頼も厚かった人物で，その歴史像や手法にはニッパーダイやフーバーと共鳴し合う一面もある。ドイツ帝国についてもヴィンクラーは一面的に「官憲国家」として批判するのではなく，帝国議会選挙法の顕著な先進性を指摘するなどしている。新生ベルリン大学第一哲学部に赴任して歴史学科長となったヴィンクラーが，シュレーダー赤緑政権の指南役となり，ドイツ連邦政府編のパンフレット『ドイツの実情 Tatsachen über Deutschland』2006年版の歴史部分を担当したことは，彼の改定版「ドイツ特有の道」批判が統一ドイツの公式史観として認定されたことを意味する。ちなみに21世紀にはいってヨーロッパ社会の「多文化」化の是非が論争の的になると，ヴェーラー，ヴィンクラーら「ドイツ特有の道」批判者たちはこぞってトルコの欧州連合(EU)加盟に反対し，自由と民主主義の揺籃の地としてのヨーロッパの世界史的使命を高唱して，彼らの歴史観の「オリエンタリズム」的特徴をあらためて顕在化させた。

　冷戦終焉で文書館の使用環境が改善され，また周辺諸学から手法的刺激を受けると，後述のように「ドイツ特有の道」批判の枠組にはおさまらない多種多様な研究もあらわれるようになったが，「ドイツ特有の道」批判に代わる新たな「パラダイム」は生まれていないともいえる。そもそも「闘う民主政」を掲げるドイツ連邦共和国では，歴史学は「政治教育」の基盤とされ，政治的目的に拘束されない自由な研究というのは難しい環境にある。「ドイツ特有の道」批判は，「過去の克服」から「ヨーロッパ統合」へというドイツ連邦共和国の国是を学問的に正当化する教説という面があり，その批判には政治的困難がともなう。若手研究者が個々の実証研究で新しい見方を提起しても，概説書を執筆する現在の「歴史家ツンフト」がそれらを顧慮するとは限らず，若手研究者の就職も厳しい現状では，新鮮な問題意識が(とくに主要な大学の)教壇にまで到達するとは限らない。

日本のドイツ帝国研究

　日本のドイツ帝国研究は，小野塚喜平次，上杉愼吉，吉野作造，神川彦松らが同時代研究として始め［小野塚 1908；上杉 1910；吉野 1915；神川 1940］，林健太郎，村瀬興雄，篠原一らが歴史研究にして以来［林 1952；村瀬 1954；篠原 1956］，1 世紀余りの足跡を刻んできた。

　従来の日本のドイツ帝国研究は，以下のような問題をかかえているように思われる。(1)日本国内での学界形成が進んできたものの，そこから世界に独創的な学説を発信しようという意志が弱く，対等な国際的学術交流が成立していない。価値観や手法が近い欧米人研究者を訪問，招聘(しょうへい)し友好を深めるものの，必要なら異論を提示し断固闘うという気風が乏しい。(2)海外学説の国内へのすみやかな紹介に相当な労力を割き，新しい「理論」や流行語に敏感だが，その際注目するのはマルクス主義の東独歴史学，世界標準のように尊ばれる英米歴史学(ドイツ人英米移住者やイギリス社会史派を含む)，英・米「社会科学」「社会史」志向の「ドイツ社会史派」などで，史料重視の(西)ドイツ「伝統史学」は分厚い蓄積があっても軽視され，紹介されても否定的・皮相的なものにとどまることが多かった。ドイツ帝国研究が政治化し，近現代日本の批判を意識していることが多く，同時代から「ドイツ特有の道」批判がさかんに説かれ，近年ではナショナリズム脱構築論(構築主義)，ジェンダー論，ポスト・コロニアル論，クィア論，エコロジー論など英・米「リベラル」の分析枠組がいち早く輸入されている。(3)歴史解釈のみならず対象選択でも「内政の優位」が顕著で，対外政策が国内「矛盾」に還元されることも多く，国際政治の視角が極めて弱体化している。(4)国際的に需要のある日独関係史研究が，国内では長らく適切な評価を受けず，日本のドイツ帝国研究者が日独両言語の知識を生かして近代日独関係史を論じるということが(少数の優れた例外［Hayashima 1982］を除き)少なかった。大日本帝国は当時のドイツ語圏から政治，学問，軍事などの領域で多大な影響を受けていたにもかかわらず，日独関係史研究ではドイツ人日本学者が有力であり，日本人ドイツ研究者ではこれにまったく関知しない者も珍しくない。(5)政治史研究が空洞化し，制度，政策，政治過程，人物，政治思想への理解が十分深まらないまま，「民衆」世界の

分析,「文化史」の手法(表象, メンタリティ, 記憶など)が突出しつつある。これは過去40年間, 文学部系の西洋史学が広義の「社会史」を称揚し, 政治史を大人物中心, 権力闘争中心,「民衆」不在として批判してきたこと, 法学部系の政治史学が「比較現代政治」への路線転換を強行し,「理論」から出発しない特定地域の歴史や現状の実証研究を日本の「政治学」の枠組から排除してきたことの, 当然の帰結である。

6 | ドイツ帝国研究の諸問題

ドイツ帝国の国制

　ドイツ帝国の国制は, さまざまな意味で「未決定」の産物である。ドイツ帝国は統一戦争での3度の軍事的勝利を踏まえて, ドイツ諸侯の「永遠の同盟」として誕生したが, 一部支配者が恣意的・暴力的に構築したというわけではなく, 年来の広範な国民国家形成運動を前提としており, 社会主義者やカトリックもドイツ統一自体には必ずしも反対でなかった。ドイツ皇帝(Deutscher Kaiser)は帝国宰相(Reichskanzler)を任命し, 軍事・外交で広範な権限を有していたが, そもそも皇帝とは連邦主席, 連邦諸侯中の第一人者たるプロイセン王が帯びる称号にすぎず, ドイツ帝国の主権者とは規定されていなかった。皇帝がどのように, どの程度現実政治に関与するかは, 制度というより皇帝本人の個性と, 国民的評判とに左右されていた。皇帝と並び帝国の一体性を象徴する一院制の帝国議会(Reichstag)は,「議院内閣制」による帝国宰相選出の制度も慣習も有さず, 連邦諸国の政府使節が参集する連邦評議会(Bundesrat)の掣肘を受けたが, 一部制約はあるものの法律や予算の審議権を掌握しており, 全国一律の選挙に立脚した国民的・民主的正統性を有していたため, その意向を無視した帝国政治の運営は不可能であった。ビスマルクは当初, 普通・平等・直接・秘密選挙による保守的大衆の動員に期待したが, 結果的に帝国議会は中央党, 社会民主党という, 現体制を疑問視する政治勢力が第一党の座を争う場となった。ドイツ帝国はプロイセン王国という覇権国家の主導で誕生し, 徐々に法制度や社会風俗の帝国化, プロイセン化が進んでいったが, 連邦諸国に配慮

して正式な「帝国政府」がなく、その代わりの「帝国指導部」(Reichsleitung)も当初は財政的に連邦諸国の分担金に依存しており、バイエルン王国をはじめとする連邦諸国の愛国心も並存していた。連邦諸国の国制もまちまちで、近代的憲法や公選制議会すらないメクレンブルク両大公国から、自由主義の金城湯池で社会民主党も台頭したバーデン大公国まで格差があった。このようにドイツ帝国の国制は、当時のヨーロッパ諸国の常として、君主の専制支配にも民主主義の全面展開にも属さない中間的な形態であったため、同時代から評価が分かれていた。

ドイツ帝国および連邦諸国の国制一般については、フーバーの概説書『ドイツ国制史』をどうみるかが問題になる。フーバーを政治的理由で忌避するのは論外だが、前述のように「ドイツ特有の道」批判への反論という明確な傾向があり、項目によっては必ずしも十分でないため、その叙述に無批判に依存するのも適切ではないだろう[Huber 1969; Huber 1978a; Huber 1988b]。ちなみに近代行政概観では、未完だがフーバッチュ編『ドイツ行政史綱要』が有益である[Hubatsch (Hg.) 1975-83]。軍事制度は『ドイツ軍事史』が体系的に扱っている[Militärgeschichtliches Forschungsamt (Hg.) 1983abc]。「帝国化」を代表する帝国法の制定過程に関しては、ドイツ民法典編纂について詳細な研究が出されている[石部編 1999]。

宰相ビスマルクと皇帝ヴィルヘルム2世

ドイツ帝国の政治指導者でまず注目されるのは、やはり帝国宰相ビスマルクと皇帝ヴィルヘルム2世だろう。帝国建設(1871年)からビスマルク退陣(90年)の頃までをビスマルク期、そこから帝国崩壊(1918年)までをヴィルヘルム期と呼ぶのも、両者の存在感の大きさゆえである。

ビスマルク伝はかつてドイツ近代史研究の華で、ビスマルク回顧録[Bismarck 1998]が幅広く読まれたものである。この領域では、「ドイツ特有の道」批判の立場から「鉄血宰相」と批判的に対峙するものと[アイク 1993-99; ヴェーラー 1983; Willms 1997]、ビスマルクという人間の個性に興味をいだきつつその卓越性および苦悩を詳細に描くものとがある[ガル 1988; Nipperdey 1990; Nipperdey 1992]。ヴェーバーの概念を用いてビ

スマルクを「カリスマ的指導者」(Charismatiker)と表現したヴェーラーの解釈は前者に属し，ビスマルクの独裁性を強調する歴史観として論議を呼んだ。後者に属するガルは，自由主義とナショナリズムという時代の潮流をつかんでドイツ統一を成し遂げた柔軟な保守政治家ビスマルクを「白色革命家」と呼び，また自らの構築した統一後の政治状況に翻弄される彼を「魔法使いの弟子」と評している。またエンゲルベルクも，東独歴史学では珍しい実証主義的ビスマルク伝を発表し，勢力均衡の擁護者，左右急進派から攻撃された鉄血宰相を描いている［Engelberg 1990］。

　皇帝ヴィルヘルム2世の「親政」(Persönliches Regiment)も「ドイツ特有の道」批判の主要論題の1つだが，最近はレールのヴィルヘルム2世伝をめぐって大きな論争がある。フィッシャー論争に触発されたドイツ系イギリス人レールは，一次史料を発掘してヴィルヘルム2世の醜態を公私両面から暴露し，無慈悲で暗愚な君主としての彼が第一次世界大戦開戦にいたる過程で重要な役割をはたしたと主張した。エリアスの「国王メカニズム」(Königsmechanismus)という概念を受容し，ドイツ政治における君主や宮廷社会の役割を強調するレールは，ヴェーラーと「ドイツ特有の道」批判を共有しつつも，「社会構造」ではなく個人を批判対象にする手法において対立している［Röhl 1993-2008］。ヴェーラーは「カリスマ保持者」ビスマルク退場後の「調整なき権威的多頭制」(Autoritäre Polykratie ohne Koordination)としてヴィルヘルム期政治を把握し，皇帝もその「ビザンツ的言葉遊び」や「大衆迎合的絶対主義」との評判にもかかわらず，実際には統合力を発揮できなかったとみていた［ヴェーラー 1983］。ヴェーラーの立場を進めたのがモムゼンで，「プロイセン＝ドイツの権力エリート」の総体を視野に入れるべきだとしている［Mommsen 2002］。こうしたレール，ヴェーラー，モムゼンの論争には，「ナチズム」研究における意図派・機能派の論争を連想させるものがある。これに対してゾンバルトは，そもそもヴィルヘルム2世をビスマルクの対極に位置づけ，「犠牲の山羊」に仕立てて轟々たる非難をあびせるという同時代以来の風潮に疑問を提起している。ゾンバルトはラーテナウの証言に依拠しつつ，国家を率いる強大な君主の存在はドイツ帝国国民の期待の産物だったのであり，ヴィルヘルム2世は

両宗派，諸機関，列強の「仲介役」(Herr der Mitte)たろうとしたのだと説明している［Sombart 1996］。

ドイツ・ナショナリズムと少数民族問題

「長い19世紀」はナショナリズム勃興の世紀であった。ドイツ帝国もまた国民国家建設運動の1つの産物であったが，ドイツ帝国民＝ドイツ民族とはならなかったため，「未完成の国民国家」(Der unvollendete Nationalstaat)［Schieder, T, 1961］と呼ばれている。ドイツ帝国が国民国家として「未完成」な理由は，おもに2つある。第一はドイツ帝国が国内に少なからぬ非ドイツ系少数民族を抱え込んだためであり，第二はこの小ドイツ主義的国民国家に包摂されないドイツ人が東中欧・東欧一円に少数派として多く残存したためである。

ドイツ帝国内の少数民族としては，アルザス＝ロレーヌ（エルザス＝ロートリンゲン）系，デンマーク系，ポーランド系など国境地帯の住民，さらには北ドイツのソルブ系が有名で，とくにポーランド人問題は重大であった。18世紀後半のポーランド分割でプロイセンがポーランド王国西部を取得したとき，まだ国民国家原理は確立していなかったが，数百年の歴史をもつポーランド国家の分割を大国の理不尽とみる発想はすでに存在した。19世紀にナショナリズムがヨーロッパの潮流となると，「ポーランド人」というナショナル・アイデンティティが徐々に明確化していく。当初は貴族や聖職者がポーランド・ナショナリズムの先頭に立っていたが，やがて近代国家プロイセンで教育を受けた中間層・知識人が台頭し，運動の主導権を握っていった。ただドイツ帝国指導部，プロイセン王国政府には，ドイツ人との混住が進む旧ポーランド領地域の自発的放棄は考えられず，ポーランド系住民の反抗とこれを抑制するポーランド政策との応酬が，帝国崩壊まで続いたのである。

ドイツ帝国のポーランド人問題に関するドイツの研究は，東欧一帯におけるドイツ人の「文化的」貢献を重視する「東方学」(Ostforschung)から，「ドイツ特有の道」批判の一環としてポーランド系住民＝「弱者」へのドイツ「官憲国家」＝「強者」の「不正」を批判する論調へと移ってきた。前者

には下記のコンツェらが，後者には東独やポーランドの歴史学者，フィッシャー学派，「ドイツ社会史派」などが数えられる［Galos et al. 1966；Geiss 1960；Wehler 1970］。近年ではグラボフスキのように，ドイツとポーランドのナショナリズム運動間の相互作用に注目する研究もある［Grabowski 1998］。ポーランド歴史学は，ポーランド・ナショナリズムを心情的背景として，ドイツのポーランド政策を批判的に分析してきたが，近年ではインテリゲンチャや地主など社会階層を研究するモリク，帝国議会のポーランド会派を研究するコトフスキの活躍がめだつ［Molik 1999；Molik 2009；Kotowski 2007］。日本では伊藤定良が，大日本帝国の少数民族抑圧を念頭におきつつ，ドイツのポーランド政策の抑圧性を強調してきたが［伊藤 1987；伊藤 2002］，今野元はドイツ支配下におけるポーランド人保守派の親独傾向を指摘し，伊藤やポーランド歴史学と対峙している［今野 2009］。

　ドイツ帝国の多数派であるドイツ人は，国外では逆に少数派に転落しており，大きく2つの方向に分かれた。第一はロシア系ドイツ人の官僚や農民のように，現地の民族的多数派に同調してドイツ帝国への志向を強くはもたなかった集団であり，第二はヒトラー（ハプスブルク帝国出身）［ヒトラー 1973］やシーマン（ロシア帝国出身）のように，ドイツ系住民が周囲諸民族に圧迫されていることを慨嘆し，強大なドイツ帝国に憧憬するという集団である。ドイツ帝国外のドイツ系住民の生活世界については，コンツェらの叢書『ヨーロッパ東部のドイツ史』が幅広く概観している［Conze (Begründer) 1992-99］。ハプスブルク帝国が多民族共存の場だったのか，救済不能なカオスだったのかは意見が分かれるところだが，冷戦末期から（後述のような「中欧」理念の復権を背景として）前者の議論が盛んになっている［大津留 2007］。また冷戦後は，ロシア領のドイツ系住民がたどった数奇な運命なども注目されてきている［ゲルマン／プレーヴェ 2008］。

　ドイツ・ナショナリズムが時代に応じてどう変容したかについては，「左のナショナリズムから右のナショナリズムへ」という「機能転換説」が通説化してきた。すでにケールが示唆していたことではあるが，ヴィンクラーは19世紀前半には連邦諸侯の分邦割拠主義に抗して民主的統一国家をめざす左派の理念だったドイツ・ナショナリズムが，ビスマルクが国民

自由党から離反した1878年以降，ドイツ帝国の「官憲国家」体制を肯定する右派の理念に変容したと論じ，ほぼ通説となっている［Winkler 1979; Nipperdey 1990; Nipperdey 1992］。これに対して今野が「知性主義の逆説」論，「青の国際派」論で批判を試みている。「知性主義の逆説」論とは，ヴェーバーを事例に，左派的秩序観の根源にある知性主義が，人間を序列化し民族紛争を激化させる可能性を指摘するものである［今野 2003; 今野 2007］。「青の国際派」論とは，ユダヤ人（金の国際派）や社会民主党（赤の国際派）がナショナリズムの攻撃対象にされたとするヴィンクラーに対し，フッテン＝チャプスキ伯爵というポーランド系プロイセン貴族を事例として，じつは「支配層」とされる「青い血」の貴族層（青の国際派）が，前近代以来の国際性ゆえに大衆ナショナリズムの標的になっていたことを説くものである［今野 2009］。

　ドイツ帝国は，「左のナショナリスト」の希望に反して連邦国家にとどまった。「イギリス社会史派」の問題提起以来，ドイツ帝国を最大領邦プロイセン王国と単純に同視するのではなく，帝国内の地域的多様性を意識することが多くなってきた。ドイツ各地の地域史研究はすでに長い歴史を有しているが，それと国民国家形成史との関連性が意識されてきたことが重要であろう。ブラックボーンの中央党ヴュルテンベルク支部の研究は，それまで暗黙の前提だったプロイセン中心主義を再考させた古典とされている［Blackbourn 1980］。近年ではヴァイヒラインが，鉄道・郵便などの社会資本，「ゼダン記念日」のような国民祝典，「ヴィッテルスバハ家支配700周年」「ヴェッティン家支配800周年」のような王朝祭典，地方行政制度の整備など多様な回路が，ドイツ帝国や各連邦諸国の統合強化に関係していたことを論じている［Weichlein 2004］。

反教権主義と宗教的高揚

　近代ヨーロッパ世界ではカトリック教会が，宗教改革，啓蒙主義，フランス革命によりあいつぐ挑戦を受けたが，教皇ピウス9世が反近代主義・教皇全権主義を打ち出してこれに対抗したことから，各地で反教権主義運動が起き，ゲルマン系諸国では「古カトリック教会」(Altkatholische Kirche)

という反教皇全権主義の分派も生まれた。プロテスタントが多数を占めるドイツ帝国では，少数派に転落したカトリック勢力が中央党を設立して団結し，ビスマルクや国民自由党が開始した「文化闘争」(Kulturkampf)に立ち向かうこととなる。この「文化闘争」については，近年カトリック攻撃の熾烈さに注目する研究が出されている[Borutta 2010]。またカトリック一般信徒の観念世界について，近代における聖母マリア崇拝の高揚が注目されてきた[Blackbourn 1993]。

　ドイツ帝国はプロテスタントが多数を占める国家であったが，プロテスタント勢力は決して一枚岩ではなかった。プロテスタント教会内でも領邦教会を統括している「正統派」(Orthodoxie)が，カトリック教会に近接した教階制度や儀式を残存させ，「玉座と祭壇との結合」によって官憲国家と一体化していると，自由主義的な「文化的プロテスタンティズム」(Kulturprotestantismus)側から批判されていた[Hübinger 1994]。なかにはゲーレのように，プロテスタント牧師でありながら教会の現状を批判し，それを脱退して社会民主党へ鞍替えする者まであらわれた。ドイツ帝国の自由主義的神学者のなかでは，皇帝ヴィルヘルム2世の信頼も厚かったハルナック[Nottmeier 2004]や，ヴェーバーとともに「ハイデルベルクのミュトス」を担ったトレルチュ[グラーフ 2001]が，当時から世界的名声を享受している。さらに「文化的プロテスタンティズム」の団体として設立され，「文化闘争」期に活動した「ドイツ・プロテスタント協会」(Deutscher Protestantenverein)なども注目されている[Lepp 1996]。

4つの部分社会

　社会学者レプシウスの「社会倫理的環境」(sozialmoralisches Milieu)論は，ドイツ帝国における4つの部分社会(ミリュー)の割拠が，ドイツの国家的・国民的統一を阻害して民主化の遅滞を招いたとするもので，比較政治学から刺激を受けた「ドイツ特有の道」批判の一種である[Lepsius 1993]。この4つの部分社会とは，プロテスタントの保守陣営，自由主義陣営，社会主義陣営，そしてカトリック陣営である。以下でみるように，各陣営はそれぞれ1つあるいは複数の政党組織を有していた。

保守陣営

「君主制原理」を信奉し,元来ドイツ連邦の解体と小ドイツ主義的統一に懐疑的だったプロイセン保守派は,統一戦争の熱狂のなかで分裂し,ビスマルクを支持する「自由保守党」(帝国議会では「帝国党」)が生まれ,残りの多くも徐々にドイツ帝国に順応して「ドイツ保守党」に再結集した。「ドイツ保守党」は三級選挙法にも助けられて,プロイセン代議院で長く第一党を占めたが,その経済的基盤である農業が国際競争にさらされて危うくなると,ヴィルヘルム期には保守主義の信奉者から東部農業利益の代弁者へと変容したとの批判を受けた。これに対し「自由保守党」は,「ドイツ保守党」と「国民自由党」との狭間で終始少数派にとどまった。保守陣営の研究としては,従来からボームスの「ドイツ保守党」研究[Booms 1954],ドイツ保守党の東方専門家ヘッチュの研究[Voigt 1978],レタラックの「ドイツ保守党」研究[Retallack 1988]などがあったが,冷戦終焉後はさらに活性化し,「自由保守党」の研究[Alexander 2000; Stalmann 2000],帝国建設に反対したプロイセン保守派の領袖ゲルラッハの研究[Kraus 1994],ヴィルヘルム期「ドイツ保守党」の指導者ヴェスタルプ伯爵の研究[Jones/Pyta (Hg.) 2006],プロイセン貴族院の研究[Spenkuch 1998]などがでた。保守政治家の著作や回顧録も近年数多く出されている。

自由主義陣営

「長い19世紀」は民主主義勃興の世紀であり,それを当初牽引したのが市民層を中心とする自由主義陣営である。自由主義陣営は1861年プロイセンで「ドイツ進歩党」を形成したが,ドイツ戦争の熱狂のなかで66～67年にビスマルクの小ドイツ主義的統一に賛成する「国民自由党」が分離した。自由主義陣営は当初帝国の最大勢力をなしたが,台頭する社会主義陣営に左派の主導権を奪われ,「自由連合」「自由思想家党」「自由思想連合」「自由思想人民党」「進歩人民党」など離合集散を繰り返し,帝国議会やプロイセン代議院では弱体化していった。ただ自由主義陣営は大学や言論界では多くの論客を生み,諸都市の行政でも比較的影響力を維持した。19世紀を象徴する政治勢力であった自由主義陣営に関しては,研究も多く出されている。自由主義陣営の概観としては,ランゲヴィーシェのもの

[Langewiesche 1988;Langewiesche（Hg.）1988]が知られている。自由主義研究では個人の思想と行動が注目されることが多く，前述のヴェーバー，ハルナックに加えナウマン[Theiner 1983]が重要で，ほかにも枚挙にいとまがない。また「市民層」という観点からの研究[Gall 1996a]，「社会的自由主義」（ヒルシュ＝ドゥンカー労働組合）という観点からの研究もある[Fleck 1994]。なお自由主義陣営の論客ヴェーバーの政治評論は，ドイツ世界政策の主張，「官憲国家」ドイツの批判，ドイツ戦争責任論の拒否で知られ，歴史学者，政治学者にとっての必読史料となっている[ヴェーバー 1982]。

　社会主義陣営

　帝国建設時には弱小勢力にすぎなかった社会主義陣営は，「社会主義者鎮圧法」のもとでかえって団結し，1890年の帝国議会選挙では最多得票を獲得し，同法廃止後は「ドイツ社会民主党」（SPD）を名乗り，1912年にはついに議席数で帝国議会第一党になった。強固な労働者ミリューを基盤とする巨大反体制政党の存在は，帝国指導部にとって脅威であった。ただ社会主義陣営が大きくなるにつれ，マルクスの唱導した暴力革命を文字通り実行するのか，あるいは既成制度の枠内で労働者の生活改善に取り組むのかで内部対立が激化し，ロシア革命後には共産党と社会民主党とに分裂することになる。ドイツ社会民主党研究は過去数十年来ドイツ史研究の王道で，研究も東西ドイツを中心に多数ある。グローらは同党の政治姿勢の変容を，ナショナリズムとの関連で概観している[Groh/Braudt 1992]。日本にも東独歴史学の影響を受けた研究者が多く，革命に殉じた女性闘士ルクセンブルクなどは共感の対象とされた。この世代の代表作としては，社会主義平和運動を描いた西川正雄の研究がある[西川 1989]。また同党バイエルン支部の独自性に着目した研究もでている[鍋谷 2003]。さらに冷戦終焉と前後して，「正統派」マルクス主義者から「修正主義者」と断罪されたベルンシュタインが関心を集めている[亀嶋 1995]。

　カトリック陣営

　社会主義陣営と並んでカトリック陣営は，ドイツ帝国で少数派に陥っているという危機意識から，強固な団結を誇る部分社会であった。実質的に

カトリック陣営を代表していた「中央党」は、キリスト教的秩序の維持を標榜しつつ、貴族、高位聖職者から一般庶民まで階級を超えて結集させ、ヴィルヘルム期には社会民主党と帝国議会第一党の座を争った。またカトリック陣営は、大衆政治社会に対応して「カトリック系ドイツ人民協会」という動員組織をも生み出した。ただ高位聖職者、中央党、人民協会とのあいだには不協和音もあり、例えば宮廷政治の場でビスマルクやヴィルヘルム２世と教皇庁とを仲介していたコップ枢機卿やフッテン゠チャプスキ伯爵は、中央党や人民協会には懐疑的であった。中央党に関しては指導者バッヘムの浩瀚(こうかん)な概観が出発点となる[Bachem 1927-32]。人民協会に関しては近年ではクラインの研究がある[Klein 1996]。ヴィルヘルム期中央党内の階層対立に関しては、前述のブラックボーンに加えてロートの研究がある[Loth 1984]。同党とヴェルフェン家勤王党との共闘を描いたアショフの研究も見逃せない[Aschoff 1987]。

都市と農村

　都市社会の研究は多彩である。市民層研究の起爆剤は、ヴェーラーの「市民層の封建化」論であった。ヴェーラーはヴェーバーの同時代批判に依拠して、ドイツ市民層が市民としての矜持(きょうじ)を忘れて貴族の生活習慣を模倣し、「官憲国家」の走狗となったことがドイツ近代化の遅滞をもたらしたという議論を展開した。この歴史観は、「歴史家ツンフト」批判とあいまって人口に膾炙(かいしゃ)したが、やがて疑問が提起されることになる。まず「イギリス社会史派」がイギリスにおける「市民層の封建化」現象を指摘したことから、ヨーロッパ各国の市民層を公平に比較することの必要性が意識されるようになった[コッカ編 2000]。日本でも教養市民層の研究[野田 1997；望田 1998]をはじめとして、市民層研究がつぎつぎに発表されている。加えて労働者層の研究も詳細になされてきた[Ritter/Tenfelde (Hg.) 1992]。

　農村世界は、「ドイツ特有の道」批判では「プロイセン・ユンカー」の支配する封建世界と相場が決まっていたが、社会経済史研究から個別実証研究へと手法が変化するなかで、歴史像が精緻になりつつある。ドイツ東

部大土地所有については多角的な研究がなされており[Heß 1990], 農村「奉公人」という視角でも研究がおこなわれている[足立 1997]。

国際協調の重視から「世界大国への挑戦」へ

　ドイツ帝国の対外政策は, 誕生後まもない帝国の安定を優先したビスマルク期のそれから, 果敢に「世界政策」を追求したヴィルヘルム期のそれへと変容した。ビスマルクは, アルザス゠ロレーヌ奪還に固執するフランスを孤立させ, フランス以外のヨーロッパ列強との良好な関係, とりわけ露・墺2国との同盟関係を密にして, 対独包囲戦争を未然に防ごうとした。しかしバルカン半島での主導権をめぐる露・墺の対立を受けて, 帝国宰相カプリヴィ, 外務省の実力者ホルシュタインのもとで, ドイツ帝国は独露再保障条約を更新せず, 独墺同盟に基軸をおく選択をした。このためロシアはフランスに接近して露仏同盟を結び, ドイツが東西二正面戦争に陥る危険性が生まれたため, ドイツ軍部はまずフランスを撃破したのち軍勢を東方に向けてロシア軍にあたるという「シュリーフェン計画」を練り上げた。またドイツ帝国は, ヴェーバーなど論客が台頭するなか, 世界大国の1つとしての発言権を確保しようと, 「日の当たる場所」(ビューロー外務長官)を求めてアフリカ, アジア, 太平洋に進出したが, これは大英帝国との軋轢を生むことになった。さらに独墺伊三国同盟に取り込んだはずのイタリアは, 対墺関係の悪化により同盟から離反していった。こうした状況下でドイツ帝国は, 1914年にほぼ世界中を敵にまわしての世界戦争に突入することとなる。

　ドイツ帝国の対外政策をめぐる研究は, これまで外交軍事史学と社会帝国主義論との対立を中心に展開してきた。外交軍事史学は, ビスマルク, ホルシュタイン, モルトケ, シュリーフェンなど政治・軍事指導者の回顧録を読み込み, 外交史料を渉猟して対外交渉過程を明らかにしようとする伝統的な手法である。この手法には, 外政優位, エリート中心の歴史観で内政との連関が描けていない, ドイツ指導者の「弁護論」になりがちだとの批判がある[Hildebrand 1989; Hillgruber 1980; Schöllgen 1984]。これに対し社会帝国主義論とは, ドイツ帝国の対外政策を「権威主義的国民国

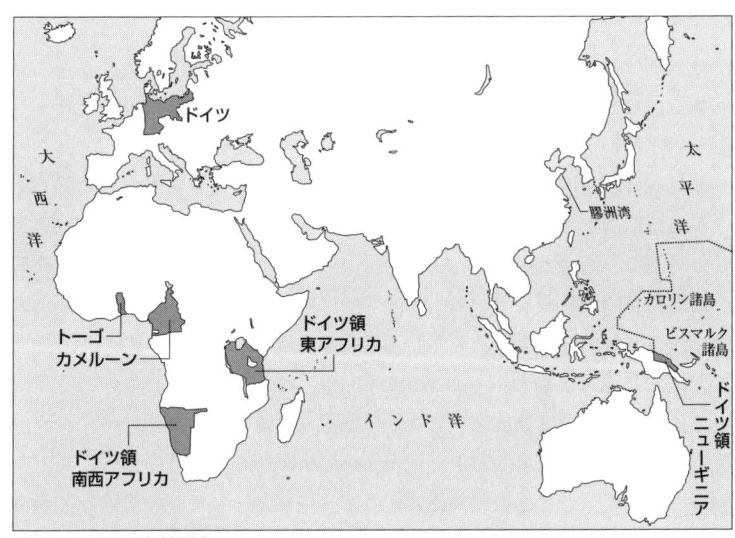

ドイツのおもな海外領土

家」の社会経済的「矛盾」を国外にそらす「社会帝国主義」(Sozialimperialismus)とみる「構造」的解釈から出発する内政優位論で,「ドイツ特有の道」批判に基づくものである。この手法には，ドイツの「後進性」に二度の世界戦争の責任を負わせる方針を前提とした「目的論」だとの批判がある。この方針を採るのは，東独歴史学，フィッシャー学派，「ドイツ社会史派」であり，江口朴郎や西川が傾倒したハルガルテン「帝国主義」論もこれに連なるものである。とりわけヴェーラーは，ビスマルク末期のアフリカ，太平洋での植民地獲得も内政を「上から」操作するための手段だったとし[Wehler 1969]，のちに彼はその見方をドイツ帝国全体に適用した。

近年ではドイツ対外政策研究の焦点が，外交軍事史学対社会帝国主義論の手法的対立から，その具体的展開の実証的解明へと移ってきている。すでにオリエントにおける英・独の緊張関係はシェルゲンが詳述しており[Schöllgen 1984]，キリスト教宣教団の活動もさかんに研究されてきたが[Bade (Hg.) 1982 ; Gründer 1982]，近年はアジア・アフリカのドイツ植民政策に関する各種研究が，史料が十分でないにもかかわらず激増しており，

例えば膠洲湾のドイツ租借地に関する研究［浅田 2011］，ドイツ領南西アフリカ（ナミビア）で蜂起したヘレロ族・ナマ族（「ホッテントット」）の虐殺に関する研究［Zimmerer/Zeller (Hg.) 2003］などがある。さらに国際経済へのドイツ帝国の対応も関心を集めている［Aldenhoff-Hübinger 2002；Torp 2005］。このような近年の研究動向は，「グローバリズム」がすでにヴィルヘルム期にはドイツを取り巻く現実であったこと，ドイツ帝国も英・米・仏と同様に，植民地主義，人種論，「オリエンタリズム」などに関する「近代批判」的分析の対象となりうることを示している［Conrad/Osterhammel (Hg.) 2004］。こうした研究の発展にともない，従来「ナチズム」の陰に隠れていたドイツ植民政策を，「ホロコースト」（ユダヤ人虐殺）へと通じる暴力の「連続性」のなかに位置づけるという，新しい「ドイツ特有の道」批判も登場してきた［Zimmerer/Zeller (Hg.) 2003］。

なお1980年代から冷戦終焉期にかけて，中部ヨーロッパの旧社会主義諸国の「西欧」への接近と欧州連合加盟が問題となるにつれて，ドイツ帝国主義の合言葉として戦後禁忌とされていた「中欧」(Mitteleuropa)概念が再び注目されるようになった。板橋拓己は主としてフランツやナウマンらの秩序構想を紹介しながら，ドイツ・ナショナリズムにとって超民族的な場である「中欧」が重要であったことを，欧州統合なども視野に入れながら説明している［板橋 2010］。

今野　元

第5章　二つの世界大戦

1 | 研究史と論争

「二つの世界大戦」の時代

　第一次世界大戦の勃発から第二次世界大戦終結までを「二つの世界大戦」の時代としてひとくくりにする時期区分の仕方は比較的新しい。第一次世界大戦もしくはロシア革命を現代史の始まりとみなす見方はあったものの，ドイツ史研究についていえば，政治体制の転換を区切りにして論じることのほうが通例であった。

　1980年代末から90年代初めにかけてのベルリンの壁の崩壊とドイツ再統一，東欧・ソ連の社会主義体制の終焉とともに，歴史の「見直し」がおこなわれ，1914年から91年のソ連邦崩壊までを「短い20世紀」として全体的に見通す論じ方が盛んになった。和田春樹はそれを「世界戦争の時代」と表現し，ホブズボームは「極端な世紀」と呼んで，1945年を境に「破局の時代」と「黄金の時代」「地すべり」とに区分した［和田春樹 1992；ホブズボーム 1996］。さらに，その後起こった各地の民族紛争を契機に，20世紀の「ジェノサイド」に関する比較研究や，20世紀ヨーロッパを「暗黒大陸」の歴史とみる概説もあらわれた［石田・武内編 2011；松村・矢野編 2007；Mazower 1998］。

　ドイツ史研究では，二つの世界大戦のあいだの戦間期を「ファシズムの時代」［ノルテ 1972］あるいは「イデオロギーの時代」［Bracher 1982］と名づけ，ファシズムあるいはナチズムとスターリニズムの敵対関係をこの時代の特徴と考える見方があった。東西ドイツの統一によって，ドイツ問題を軸にこの世紀を「ドイツの世紀」［Jäckel 1999］と呼んだり，「西への長い道」［ヴィンクラー 2008］としてドイツ史を総括したりする試みも登場した。

また，社会史派のヴェーラーは，この時期を「第二の三十年戦争」として論じた[Wehler 2008]。

いずれにせよ，過ぎ去った20世紀の歴史を振り返るとき，総力戦としての2つの世界大戦がさまざまな意味で現代世界の幕開けになったことを否定することはできない。この時代に関しては膨大な研究の蓄積があるが，いずれの時期についても現代的な課題に照らして絶えず研究の見直しが進んでいることに留意しておきたい。

第一次世界大戦と帝国の崩壊

第一次世界大戦に関する本格的な研究は，戦後のヴェルサイユ講和条約によってドイツの戦争責任が戦勝国の賠償請求の根拠とされたことに始まる。戦争の背景となった戦前・戦中の秘密条約の公開は，すでに1917年のロシア二月革命のあとでペトログラード・ソヴィエトによっておこなわれていたが，連合国側の主張に対するドイツの反論から双方の側でそれぞれの外交文書の公開とそれに基づく本格的な戦争原因研究が外交史の文脈で展開された。戦勝国側は，この戦争を「あらゆる戦争を終わらせる戦争」と意義づけたのに対し，ドイツ側では，戦争責任の否定が国内の「背後からの一突き」伝説の流布とあいまって戦争終結を認めようとしない世論を醸成させることになった[西川 1997]。

第二次世界大戦後に復活した西ドイツの保守的な歴史学界が第一次世界大戦の戦争責任を依然として引き受けない体質であることは，1960年代の「フィッシャー論争」によって明らかになった。フィッシャーは，1961年に発表した『世界強国への道』で，第一次世界大戦におけるドイツの戦争目的政策を主題とし，伝統的な外交史の手法でドイツの戦争責任を認定した。そこから，1914年7月危機におけるドイツ政府首脳の決定，宰相ベートマン゠ホルヴェークの併合主義的な「9月綱領」をめぐって激しい論争が展開された。それだけでなく，フィッシャーはドイツの戦争目的が第二次世界大戦期と連続していることを主張したから，問題は第二帝政からのドイツ史の連続と断絶に関する議論に拡大した[F・フィッシャー 1972・83；ガイス 1966]。

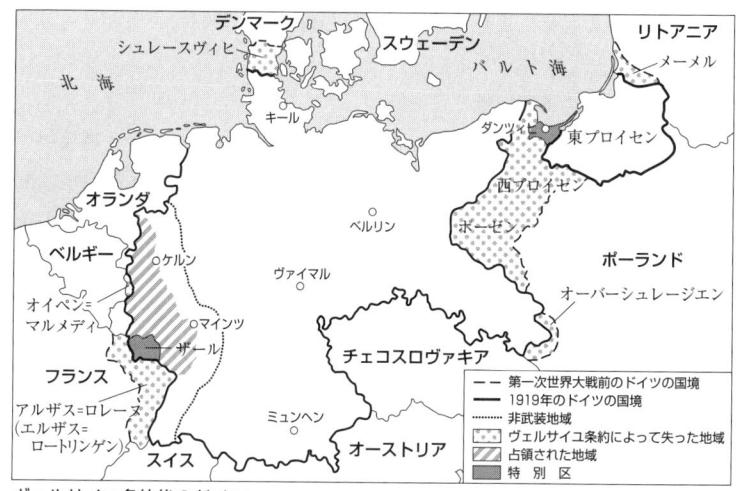

ヴェルサイユ条約後のドイツ

　この論争は日本にも紹介されたが，江口朴郎をはじめとする歴史家たちには，むしろレーニンやハルガルテンの帝国主義論の影響から第一次世界大戦は帝国主義戦争とされ，その体制を打ち破ったロシア革命の世界史的意義が評価された［江口 1975］。

　西ドイツでは，フィッシャー論争は，新しい社会史・社会構造史の側から19世紀以来のドイツ史の連続性を「ドイツ特有の道」としてとらえる研究の方向を切り開いた。第一次世界大戦に関しては，戦争勃発をドイツの国内的要因からとらえる「前方への逃避」論，社会史的な階層分析に基づく「戦時の階級社会」研究が生まれた［ヴェーラー 1983；Kocka 1973］。

　第一次世界大戦の研究は近年，兵士や女性の体験した戦争の次元を明らかにする社会史的・文化史的領域で再び活性化しており，第二次世界大戦の惨事の原型としてこの戦争を「原破局」としてとらえる動向に関心が集まっている［Hirschfeld/Krumeich 1996；Hirschfeld et al.（Hg.）2008；Mommsen, W. J. 2004］。一方，帝国の崩壊という問題は，早くからハプスブルク帝国史研究においてこの多民族帝国が崩壊した原因とその触媒としての第一次世界大戦に関する研究，戦後に成立するポーランドやチェコスロヴァキア

の国家形成史の脈絡で扱われた[矢田 1977；林忠行 1993]。

ヴァイマル共和国の脆弱性と可能性

　敗戦と革命によって生まれたヴァイマル共和国は，政党による議会制を基礎に女性やユダヤ人にも平等な権利を認め，国民の生存権・社会権に配慮した民主主義国家として発足した。その一方で，共和国は，「即興の民主主義」と呼ばれるように，さまざまな政治勢力の妥協の産物として成立し，緊急時の大統領権限のように当初から民主主義を掘り崩す構造的な弱点を有していた。

　ヴァイマル共和国に関する研究は，ナチ時代に亡命した人たちによって共和国の崩壊とヒトラーの政権掌握を許した原因を探ることから始まった。第二次世界大戦が連合国の勝利によって終結すると，共和国の崩壊原因を探ることが，戦後の新たな出発にとって不可欠な前提になった。西ドイツでは，ヴァイマル憲法の弱点を克服した「基本法」が制定され，「ボンはヴァイマルではない」という言葉通り，西側との統合，西欧流の民主主義体制が志向された[Ullrich 2009]。1955年に初版が刊行されたブラッハーの『ヴァイマル共和国の解体』は，西欧を基準として共和国の構造的な欠陥とそれによる民主主義の崩壊過程を描き出して，その後のヴァイマル共和国研究の視点を設定した[Bracher 1971⁵]。

　反ファシズムを国是に掲げ，社会主義国家の道を歩んだ東ドイツでは，ヴァイマル共和国の崩壊原因よりも，ドイツ革命の失敗とそこでの共産党の役割，社会民主党の「裏切り」に焦点があてられ，社会主義統一党のマルクス・レーニン主義公式史観による社会主義労働運動史とその国際的展開の研究に力が入れられた。

　それに対し，西ドイツでは，ローゼンベルクのヴァイマル共和国史の再評価から，1960年代にドイツ革命期における協議会(レーテ)運動の研究が進み，「ボリシェヴィズム」でも「保守的共和国」でもない，真に民主的な「第三の道」の可能性が論じられた[ローゼンベルク 1964；Kolb 1962；Oertzen 1963]。ブラッハーの研究がボン民主主義の視点からであったとすれば，コルプらの研究はそれを批判する抗議運動の流れに位置づけられる。

1970年代の西ドイツでは，社会史派による「ドイツ特有の道」論の提起を受けて，共和国崩壊の社会・経済史的な要因を保守的な業界団体の政策にみる「利益政治」研究がおこなわれるようになった。それはまた，東ドイツの「国家独占資本主義」論を批判し，1920年代に社会民主党のヒルファディングが主張した説をもとにした「組織資本主義」論の問題提起を生み出した。日本では，マルクス主義的経済史の枠組でヴァイマル経済の構造的脆弱性が指摘された[ゴスヴァイラー 1979;ヴィンクラー編 1989;加藤栄一 1973]。また，近年，「国際定位と大企業体制」の分析をとおして20世紀ドイツ資本主義を通観する研究，オイケンらを中心に戦後ドイツ自由主義経済政策思想の「源流」をたどる研究も出されている[工藤 1999;雨宮昭彦 2005]。

政治史研究とは一線を画して，アメリカに亡命したピーター・ゲイやクラカウアーは，現代文化のさまざまな可能性を開いたヴァイマル文化を高く評価する視点を打ち出した。表現主義やダダの芸術，映画『カリガリ博士』やバウハウスの建築などの現代文化・大衆文化は，ゲイによって「時代の流れによって内側に駆り立てられたアウトサイダーがつくった，幻惑的なまでにはかない瞬間の作品であった」と評された[ゲイ 1987;クラカウアー 1970]。

1987年に出版されたポイカートのヴァイマル共和国史は，それまでの政治・社会史的研究と文化史的研究とを結びつけ，近代社会の可能性と危機の両義的な性格をこの時代の特徴とみなした。それは，共和国を西欧流の正常なコースからはずれたドイツ史の特殊性からではなく，全ヨーロッパ的な近代化過程の危機の産物とみる視点に裏打ちされ，その後の社会史的・日常史的研究に道を開くものであった[ポイカート 1993]。

ナチズムの性格

ナチズムに関する研究は同時代にすでに始まるが，とくに第二次世界大戦中に亡命知識人らによってスターリニズムとの比較の観点から，その全体主義的な性格が明らかにされた。レーデラーは，自立的な社会集団の圧殺と無定形な大衆社会の制度化をその特徴とみなし，フロムは，没落した

下層中産階級の「自由からの逃走」のメカニズムを解明した［レーデラー 1961；フロム 1951］。S・ノイマンは「恒久革命」としてのダイナミズム，アーレントはテロの制度化と強制収容所の体制のなかに全体主義支配の貫徹する様相をみてとった［S・ノイマン 1960；アーレント 1972-74］。

　第二次世界大戦後，西欧の研究者がドイツ史の伝統のなかにナチズムの起源を見出そうとしたのに対し，西ドイツの保守的な歴史学界は，ナチズムをドイツ史の流れから切り離し，フランス革命以来の大衆政治の展開のなかに位置づけた。これに対し，1969年にでたブラッハーの『ドイツの独裁』は，全体主義論の観点に立ちながら，西欧とは異なるドイツの特殊な歴史的展開のなかにナチズムが成立した要因を探り，社会史派によるドイツ史の連続説ともムーアらの近代化論による解釈とも連なる論点を提起した［マイネッケ 1951；ブラッハー 1975；ムーア 1986・87］。

　これに対し，東ドイツの研究は，コミンテルンのファシズム論，とくに第7回大会のディミトロフ報告に依拠し，「金融資本の……公然たるテロ独裁」というテーゼに基づき，反ファシズム国家としての東ドイツを正当化する性格をもっていた［Eichholtz/Gossweiler (Hg.) 1980^2］。西欧諸国でも，1968・69年の抗議運動のなかでマルクス主義ルネサンスが起こり，ファシズムの比較研究が盛んになった［ウェバー 1979；ウルフ編 1974］。西ドイツでは，ノルテらを除き，ナチズムの特殊性を強調する見解が優勢であったが，日本では，欧米の運動と体制だけでなく日本の天皇制ファシズムまで含めた比較ファシズム論が提起され，コミンテルンのファシズム論に関心が集まった［山口 1976a；山口 1979；富永ほか 1978］。

　西ドイツではブロシャートらが，保守的な歴史家による「ヒトラー中心主義」に対して，ナチ・エリート間の権力紛争による「多頭制」（ポリクラシー）をナチ国家の特徴とみなし，それによってナチの政策を説明する「構造主義」「機能主義」の見方を提示した。この議論は，ナチ体制の権力構造をどうみるかという点だけでなく，ホロコーストの政策決定の理解にも影響をおよぼした［Broszat 1974；Broszat 1977；Mommsen, H. 1983］。

　1970年代後半以降，ナチ体制についての理解は，ドイツ国内の労働者・労働者組織の抵抗，ナチに対する民衆の支持・同調・抵抗についての研究

によって社会史・日常史的な次元で深められた。アメリカの歴史家シェーンボウムが近代化論の立場から階級とステイタスの乖離によるヒトラーの「社会革命」を論じたのに対し，イギリスのマルクス主義的歴史家メイスンは，労働者の抵抗による体制的危機の存在を指摘した[シェーンボウム 1978；Mason 1977]。ゲシュタポ史料などに基づく「ナチ時代におけるバイエルン」シリーズ，オーラル・ヒストリーの成果を用いたニートハマーらの「ルール・プロジェクト」は，ナチ体制下の民衆の多様な対応のあり方を検証した[Broszat et al.(Hg.) 1977-83；Niethammer(Hg.) 1983-85；井上 1986]。

ポイカートは，ナチ体制下の「適応，抹殺，反抗」を「日常史的なアプローチ」によって分析し，「人種共同体」としてのナチズムの問題性を探り出した。「人種国家」としての見直し，民衆の同調の問題はその後の研究の主流になり，日本では「ナチズムのなかの20世紀」という問題が提起された[ポイカート 1991；ケルショー 1993；バーリー／ヴィッパーマン 2001；ジェラテリー 2008；川越・矢野編 2002]。

第二次世界大戦とホロコースト

第一次世界大戦の場合とは異なり，第二次世界大戦の原因が，戦間期の国際関係を攪乱し，破壊したドイツに求められることは，イギリスの歴史家テイラーの異論にもかかわらず，大筋で認められている[テイラー 1977；斉藤孝 1965]。戦争の性格をめぐっては，ファシズム対民主主義という戦争中から連合国側の指導者によって主張された性格だけにとどまらず，英・米・仏と日・独・伊の帝国主義戦争，民衆の抵抗闘争・民族解放戦争としての側面ももつことが指摘されている[荒井 1973；木畑洋一 2001；栗原 1994]。

ナチ体制がドイツ社会の近代化を推し進めたかどうかについてドイツでは1990年代の初めに議論になり，戦争が社会の平準化にはたした役割が指摘された。日本では比較研究の枠組で「総力戦体制と現代化」の関連が問われ，ファシズムであれニューディールであれ，イデオロギーの差異を超えて総力戦が戦後の現代社会システムをつくりだした面が強調された

[Prinz/Zitelmann (Hg.) 1991；山之内ほか編 1995]。

　ホロコーストに関する研究はドイツでは遅れて始まり，戦後の節目ごとに世論を巻き込む多くの論争が起こった。1985年の戦争終結40周年に際し，西ドイツ・コール首相の「歴史政策」を背景として，スターリンの犯罪によってナチの犯罪を相対化しようとするノルテやヒルグルーバーら保守的な歴史家の議論に哲学者のハーバーマスが痛烈な批判をあびせたことから，「歴史家論争」がおこなわれた。争点は，ホロコーストの特異性と比較可能性をめぐる論点に集約されるが，同時にそれは西ドイツにおける「過去の克服」問題とも関連していた［ハーバーマスほか 1995；佐藤健生 1987；ヴィッパーマン 2002］。

　1990年代にはいると，ホロコーストにおける「加害者・被害者・傍観者」の問題が議論されるようになり，占領地域の虐殺行動に「行動部隊」だけではなく，国防軍の兵士や警察部隊も加わっていたことが注目された。ブラウニングは，ハンブルクから派遣された第101警察予備大隊の大多数の「普通の人びと」がなぜ殺人者となったかを，戦後の裁判史料を用いて個人の動機のレベルで解明した。同じ史料を用いて，ゴールドハーゲンは，彼らの行動の背景にドイツ特有の「抹殺的反ユダヤ主義」が存在することを指摘し，メディアを巻き込む一大論争に発展した（「ゴールドハーゲン論争」）［Hilberg 1992；ブラウニング 1997；ゴールドハーゲン 2007；佐藤健生 1997］。

　同じ頃，ハンブルク社会研究所によって開催された「国防軍の犯罪」展は，ナチの犯罪から潔白とされた「国防軍神話」を打ち破ったことで，これに反対する抗議行動を呼び起こした。使われた写真などの史料批判が不十分だったことから，専門家からも批判をあび，展覧会は改訂されて各地を巡回することになった（「国防軍展」論争）［Hamburger Institut (Hg.) 2002[2]；中田 2001］。

　ホロコーストの表象可能性の問題は，ランズマン監督の映画『ショアー』上映をきっかけにして活発に議論されるようになったが，それは世界各地でのホロコースト関連の記念施設や博物館における展示の問題にも影響を与えた。さらに，直接体験者が数少なくなるにつれて，ホロコースト

の記憶と歴史の問題は，歴史研究の範囲を超えて，広く文化・思想研究の重要なテーマとなっている[鵜飼・高橋編 1995;フリードランダー編 1994]。

2 | 第一次世界大戦

戦争の勃発

　戦争の勃発にかかわる近年の研究では，ドイツの直接的な戦争責任だけでなく，オーストリアの役割，国際的対立という長期的要因，国際協調による戦争回避の可能性，政治家・軍指導者の人的な要因と事件の偶然性などがあらためて注目されている。このうち，オーストリア＝ハンガリー帝国に関しては，バルカン戦争をへて政府が軍事力依存の外交政策に転じ，サライェヴォ事件後の7月危機には戦争を辞さない強硬路線をとったことが注目される[馬場 2006]。

　普仏戦争以来大きな戦争を経験せず，繁栄の時代を謳歌していたヨーロッパの交戦各国では，1914年8月の開戦とともに熱狂的な愛国的ナショナリズムが巻き起こった。あとになって1914年以前を「旧き良き時代」と懐かしむ市民層の回想は，ヨーロッパ中心的なものの見方にすぎない。「帝国の時代」にヨーロッパは世界諸地域を従属させ支配するとともに，自国の民衆を教育と啓蒙(けいもう)によって「国民」としてつくりあげていた[ホブズボーム 1993・98;モッセ 1994]。

　各国政府はこの戦争を自国の「防衛戦争」として正当化したから，社会主義者までも含む挙国一致が合言葉となった。ドイツでは，皇帝ヴィルヘルム2世が「朕(ちん)はもはや党派あるを知らず，ただドイツ人あるのみ」と述べ，政府は「野蛮な」ロシアに対する防衛を呼びかけた。このときの国民的団結はのちに保守派によって「1914年の理念」として喧伝され，神話化されていくが，最近の研究によると，愛国心に酔いしれたのは市民層や学生，知識人の一部であり，すべての階層にわたっていたわけではない[木村 1999;Verhey 2000]。

　最大の野党勢力であった社会民主党は，社会主義者の国際組織「第二インターナショナル」と呼応してその直前まで反戦を呼びかけていた[西川

1989]。しかし，8月4日，党は「防衛戦争」を前提に帝国議会で戦時公債法案に賛成し，政府の戦争遂行に協力することになった（「城内平和」）。その後，戦争が長期化し，労働者の生活が悪化するにつれて，党内では反戦派の結集が進み，1917年4月に独立社会民主党を結成する。党の分裂は指導者だけの問題ではなく，それぞれの地域の労働者・労働運動のあり方にも関連していた[Miller 1974; Wheeler 1975]。

「総力戦」体制

第一次世界大戦の最大の特色は，それが史上はじめてヨーロッパの主要国が国家の総力をあげて戦う「総力戦」となり，国民を総動員する体制をつくりあげたことである[ベッケール／クルマイヒ 2012; 三宅立 1995; Chickering 1998]。

開戦直後の予期せぬ兵力と武器弾薬の著しい消耗によって，政府は軍とともに軍需生産の増大をはかるため産業界と労働組合を巻き込んで戦時経済体制を構築していく。国家の経済介入とともに軍部の影響力が著しく増大し，第3次最高統帥部の軍事独裁体制が成立した。しかし，原料と食糧を確保し，労働力を再配置する総動員体制は経済の混乱を招き，経済封鎖とあいまって食糧不足を深刻化させ，民衆の抗議行動を引き起こした[Feldman 1966; 相馬 1980]。このときの経験から，第二次世界大戦に際してヒトラーは「背後からの一突き」の二の舞を何としても避けようとした[藤原 2011]。

戦争中から戦後にかけてのストライキ運動については以前から注目され，その階級的・階層的な構造が検討されてきた。社会・経済史的な階層分析に基づくコッカの研究は，東ドイツの「国家独占資本主義」論への批判として書かれ，戦時の階級社会が両極化の傾向とそれを阻害する要因によって成り立つという仮説を検討している[Kocka 1973]。

これに対し，最近の社会史的・日常史的研究は，男子の出征によって銃後の中心になった女性の労働と生活の実態，福祉などの社会活動への取組，あるいは食糧騒擾における役割などから，それまでのジェンダー秩序がどれだけ揺らいだのかを比較検証しようと試みており，女性運動の動向とと

もに注目される[Hagemann/Schüler-Springorum (Hg.) 2002；Davis 2000；姫岡 1993]。

「世界戦争」の諸相

　この大戦のもうひとつの特色は，それがヨーロッパだけでなく，アジア・アフリカの植民地やアメリカ・日本なども巻き込む「世界戦争」となり，国際政治の地殻変動を引き起こしたことである。近年の大戦史研究は，戦争の軍事と政治［Michalka (Hg.) 1994］に加えて，戦争の体験とメンタリティ，戦後への影響を重視している。

　第一に戦争は，主戦場となった東西２つの戦線だけでなく，南部・東南部のイタリア戦線，バルカン半島，オスマン帝国の領域，さらに極東やアフリカでも戦われ，その空間的広がりとそれぞれの地域の戦闘の具体相が兵士の経験とともにとらえられるようになった［Strachan 2003］。

　第二に，西部戦線での塹壕戦は，レマルクの小説『西部戦線異常なし』（1929年）でも描き出され，戦争の悲惨さを象徴する戦いとみなされてきた。エクスタインズは，それをストラヴィンスキーのバレエ『春の祭典』のパリ公演に始まるモダニズムの文化と関連づけ，クレイマーは，大量殺戮による「破壊のダイナミクス」とその余波を描いた［エクスタインズ 1991；Kramer 2007］。戦後になって兵士の戦争体験は神話化され，男性的な暴力の文化がつくりだされた［モッセ 2002］。

　第三に，東部戦線について，リトアニアを中心としてドイツ軍が軍事占領下においた「オーバー・オスト」国家の政策をこの地域へのドイツ文化の導入による一種の植民地政策と考え，それを19世紀以来のドイツの「東方神話」のひとこまとみなすリュールヴィシャスの研究が注目される［Liulevicius 2000；Liulevicius 2009］。これをドイツのポーランド政策，とくに「民族ドイツ人」を入植させる「ポーランド国境帯状地帯」計画，ブレスト・リトフスク講和条約によるウクライナ占領と対ボリシェヴィキ政策とかさねあわせれば，ヒトラーの東部併合政策の発想の多くが第一次世界大戦に由来することがわかる［谷 2012］。

　第四に，ドイツの同盟国オスマン帝国における「アルメニア人虐殺」に

ついて，ジェノサイドの比較研究の枠組でホロコーストとの関連が検討されている［石田 2006］。

第五に，ドイツの植民地であった中国山東省の青島（チンタオ）に対する日本軍の攻撃と占領，そして捕虜としたドイツ兵，オーストリア＝ハンガリー兵に対する日本の捕虜収容所での処遇の問題が明らかにされている［大津留 2007；山室 2011］。捕虜の問題は，日本における処遇だけでなく，ヨーロッパを含めて国際的に比較検討されるに値する［大津留 2013］。

以上のような最近の研究動向に対し，ロシア革命とウィルソン大統領による「新外交」が各国の「運動勢力」と「秩序勢力」のあいだの関係に与えた作用・反作用を外交と内政の連携の視点から明らかにしたメイアの研究は依然として重要である［メイア 1983］。第一次世界大戦期の労働者，兵士，農民の動向を一貫して追求している三宅立の研究は，ドイツ革命期の民衆意識を知るうえでも不可欠である［三宅立 2001］。

3 │ ヴァイマル共和国

ドイツ革命とヴェルサイユ体制

ヴァイマル民主政が崩壊し，ナチが政権を掌握する過程は，ドイツ現代史研究の中心テーマであるだけに，多くの概説［アイク 1983-89；林健太郎 1963；モムゼン 2001；山口 1991；Büttner 2008］，研究ガイド［コルプ 1987；McElligott (ed.) 2009］，論集［田村栄子・星乃編 2007；Bracher et al. (Hg.) 1987］，統計・史料集［Kaes et al. (eds.) 1994；Michalka/Niedhart (Hg.) 1999；Petzina et al. 1978］で扱われる。

ドイツ革命について，西ドイツでは協議会運動・社会化運動の研究に続き，社会民主党や労働組合についての研究が進み，「第三の道」論が批判されるようになった［Miller 1978；Potthoff 1979；Winkler 1984-87］。日本では，篠原一の先駆的な革命エリート論ののち，ローザ・ルクセンブルク，兵士の革命，金属工の「革命的オプロイテ」，ルール社会化運動，独立社会民主党・共産党などについて興味深い視点が打ち出された［篠原 1956；西川 1960；木村 1988；野村 1980；宮本 1979；垂水 2002］。

革命と反革命が対抗した1923年までの時期に関しては，義勇軍とカップ゠リュトヴィッツ一揆，それに触発されたルール赤軍運動，コミンテルンとドイツ共産党，同党の1921年3月行動などが検討された［ウェイト 2007；Angress 1972；Lucas 1973-83；山田 1997；篠塚 2008］。

　1918年11月の「シュティンネス゠レギーン協定」とそれに基づく「中央労働協同体」の結成からインフレ期にいたる労使関係およびインフレーションの社会・経済史についての研究は，フェルドマンに刺激を受けて始まり，インフレーションの「勝者」と「敗者」をめぐる論争が起こった［Feldman 1977；Feldman 1993；Holtfrerich 1980；相馬 1987］。

　戦間期の国際政治においては，国際連盟に代表される平和への理想主義的な動きと大戦によって変動した権力政治の構造とが複雑に絡み合わされていた［カー 1968；斉藤孝 1978］。公正な講和をめざして開かれたパリ講和会議では，敗戦国に課すべき条件とともに，とりわけ戦争にかかわった諸地域の領土と民族の問題が話し合われた。帝国崩壊後の中東欧では，民族と国家を一致させる「国民国家」がモデルとされ，民族境界地域のマイノリティ問題がその後の争点となった［相馬 2007a；マクミラン 2007］。

　ドイツでは，「ウィルソン講和」への期待から「押しつけられた講和」に対する失望は著しかった。たしかにヴェルサイユ条約による領土と軍備の縮小，戦争責任と賠償の条項が，ヴァイマル共和国の政治をその当初から大きく制約したことは疑いない。しかし，長い目でみて第二次世界大戦後にドイツが課された決定に比べると，条約はドイツを決定的に弱体化させるものではなかった［Niedhart 2006^2］。

　講和会議がおこなわれている最中の1919年2月に，ベルンでは第二インターナショナル系の国際社会主義者会議が開かれ，3月にはモスクワで「コミンテルン」（共産主義者インターナショナル）が創設され，ともに国際問題・民族問題に力を入れていく。ボリシェヴィズムの脅威は主要国間の交渉だけでなく，各国の国内政治と関係し，講和会議では「運動勢力」の退潮と「秩序勢力」の回復が際立つことをメイアの続編が示した［西川 2007；Mayer 1967］。

　賠償問題はドイツの問題であるだけでなく，国際的な政治・経済との連

関でとらえる必要がある[高橋 1983;チブラ 1989]。また，第二次世界大戦後との関連からも，この時期の戦争責任問題への対応や平和主義の動向が注目される[石田 1991;武田 1986;竹本 2004]。

1922年のラパロ条約から独ソ不可侵条約にいたる独ソ間の関係は，イデオロギーと権力政治という視角からとくに秘密再軍備との関連で取り上げられた[カー 1972;鹿毛 1965;清水 1984;富永 1979;Nakata 2002]。1920年代のシュトレーゼマン外交については，ロカルノ条約に象徴される独仏和解という面とともに，ポーランドとの東部国境・マイノリティ問題では修正主義的な政策を継続する面があったことに注意すべきである[Schot 1988;Turner 1963;Wright 2004]。

ヴァイマル期の移住政策は，第二帝政期の政策を受け継ぎながら，外交上の修正主義，内政面での労働力統制という大戦後の新しい状況に対応したものであり，「シティズンシップ」問題との関係でも重要な研究分野である[相馬 2009;Oltmer 2005]。また，この時代のドイツの「東方学」「中欧」構想には，ナチの「東方生存圏」構想に繋がる面があることから，注目が集まっている[板橋 2010;植村 1998;Burleigh 1988]。

オーストリアにとっては，戦後の講和条約でドイツとの「合邦」が連合国に認められなかったことが，その後の歴史を左右することになる[北村 2003;Low 1974]。小国となったオーストリア共和国については，概説と研究ガイド[Goldinger/Binder 1992;Steininger et al.(eds.) 2002;Konrad/Maderthaner(Hg.) 2008]のほか，オーストリア革命，1920年代オーストロ・マルクス主義の動向と社会民主党による「赤いウィーン」の実験，地方におけるキリスト教社会党と護国団，ドイツと比較される議会政治の危機と街頭の暴力などに関する研究が注目される[Carsten 1972;Leser 1968;Weidenholzer 1981;Rabinbach(ed.) 1985;小沢 1995a;古田 1988;Botz 1976;細井 2001]。

社会と文化

1923年のルール占領にともなう危機をへて，ヴァイマル共和国は「相対的安定」の時期を迎える。この時期の民主党，国家国民党など中道・保守

の諸政党の動向は，その背後にある中間層や農業界，工業界の団体政治とともに，共和国崩壊との関連で検討されてきた[B・B・フライ 1987；木村 1975；Winkler 1972；Mommsen, H. et al. (Hg.) 1974；柳澤 1989；鎗田 1990；Weisbrod 1978]。

1920年代の合理化は，アメリカ資本の脅威に対抗する産業界の合言葉となり，構造的な失業を生み出すとともに，この時期の労使関係，労働者の団結とストライキのあり方に大きな影響をおよぼした[相馬 1993；Balderston 2002]。戦後革命期に高揚した労働者のストライキ運動は低調になり，労働組合は国家の仲裁裁定による紛争の防止，「産業民主化」による社会改良に重きをおいた[Potthoff 1987]。この関連で労使関係を「コーポラティズム」概念でとらえたマイアの比較研究が注目される[Maier 1975]。

社会民主党は政権党になり，社会改良路線を明確にしていたにもかかわらず，1925年のハイデルベルク綱領では依然としてマルクス主義を掲げ，労働者政党から国民政党への脱皮はならなかった[Winkler 1984-87]。一方，共産党はこの時期，戦後の内部対立の時期をへてレーニン主義的な鉄の規律の党に変貌しつつあった。この問題は，コミンテルンとの関係や党指導部の問題だけでなく，党員層レベルでも考察される必要がある[フレヒトハイム 1971；Weber 1969；Mallmann 1996；星乃 2007]。

「社会国家」としてのヴァイマル共和国については，社会政策，福祉国家と利益団体の問題として扱われ，とくに住宅問題をめぐる中間層団体との関係が明らかにされている[Abelshauser (Hg.) 1987；後藤 1999]。また，失業保険の掛金をめぐって1930年に社会民主党のヘルマン・ミュラー大連合内閣が崩壊し，大統領内閣への道を開いたことから，失業問題をめぐる諸対抗関係，労働者の失業経験が検討された[Evans/Geary (eds.) 1987]。

ヴァイマル期青年層の生活と「規律化」を主題にしたポイカートの研究は，国家，福祉団体，青年と女性，世代などをめぐる議論を活性化させ，新しいジェンダー研究にも影響を与えた[Peukert 1986；Peukert 1987；Hong 1998；川手 1994；斎藤哲 2007；村上 2012]。リッターの「社会国家」研究とは一線を画す川越修は，20世紀社会システムの生成という観点からナチ

ズムとの連続性について問題提起をおこない，福祉国家の捉え方について問題を投げかけた［リッター 1993；川越 2004；川越・辻編 2008］。

　ヴァイマル期の「政治文化」は，宗派・地域・文化・階層などが異なる「社会文化的ミリュー」によって分裂し，「世界観政党」としての政党が民主政治の実現を妨げたとされる。この関連で保守主義・自由主義・カトリック・社会主義のミリューが研究され，とくに労働者文化と生活圏のありように関心が集まった。アメリカニズムの影響下に新しい都市計画や集合住宅団地が実現され，伝統的な労働者の暮しも大都市圏では様変わりしていく［Boll（Hg.）1986；Lüdtke（Hg.）1989；Hagemann 1990；Nolan 1994；相馬 1995；森 2009］。郊外には菜園施設が設けられ，田園都市ヘレラウでは「新教育」の実験がおこなわれた［穂鷹 2004；山名 2006］。

　ゲイの指し示したヴァイマル文化研究の方向は，ラカーらによって受け継がれ，さまざまな分野の前衛文化と大衆文化の現代性に興味が集まった［ラカー 1980；平井ほか 1987］。ヴァイマル期の政治思想については，その反民主的性格がとくに「保守革命」「民族至上主義」思想とナチズムとの連続ないしは断絶の観点から問題にされる一方，フランクフルト学派やベンヤミンなどの現代思想への関心も高い［ゾントハイマー 1976；モッセ 1998；リンガー 1991；リンゼ 1989；ハーフ 1991；石田 1986；Ishida 1988；蔭山 1986；宮田編 1988；小野 1996；小野 2004；深井 2012；ジェイ 1975］。青年運動や学生運動を「思想の社会史」という手法で取り上げた田村栄子の研究は，ヴァイマル期に特徴的な「フォルク」概念の両義性を明らかにするとともに，医療や女性，教育にも広がる視野を開いた［田村栄子 1996；田村栄子 2007］。

　近年，共和国の「アイデンティティ」や「政治暴力」を問いなおしたり，「言説」「象徴」などの「政治文化」に着目したりする研究があらわれており，国会における「政治コミュニケーション，シンボル政治，世論」を扱ったメルゲルの研究は後者の代表格である［Hardtwig（Hg.）2005；Mergel 2005］。

ナチ党の台頭と共和国の崩壊

ヴァイマル共和国の歴史は，同時にナチ党の成立と興隆の歴史でもあった。したがって，ナチズムの歴史をヴァイマル期から「第三帝国」の時代まで通観する概説[ブラッハー 1975;Evans 2004-08]，アンソロジー[Gregor(ed.) 2000]，史料集と史料案内[ホーファー 1982;Domarus 1988[4];Noakes/Pridham(eds.) 1998-2001;西川 1963]が出されている。

1919年1月のドイツ労働者党の結成に始まるナチ党(国民社会主義ドイツ労働者党)の歴史は，多くの「民族至上主義(フェルキッシュ)」団体のうちの1つから，ヒトラーが主導権を握り，1923年11月のミュンヘン一揆をへて，「合法的に」イタリア・ファシスト党に倣って党組織を整備していく過程であった。多くの通史的な研究と並んで，この「闘争期」のナチ党に関する研究は，とくにヒトラーの思想と行動，ナチ党綱領とシュトラッサー派との関係，ナチ運動の大衆的・組織的な展開などに注目してきた[村瀬 1968;栗原 1974;野田 1988;中村幹雄 1990;フェスト 1975;イエッケル 1991;クロル 2006;Kershaw 1998・2000;Orlow 2008]。

ナチ党が，没落した新旧の中間層(官吏・職員・手工業者・商店主・農民など)を支持母体として勢力を伸ばしたことは同時代から指摘されていた。近年の社会史的研究では，指導者と党員，選挙での支持者の社会的構成があらためて検討され，ナチ党が中間層主体の党から労働者を含む幅広い階層から支持される反民主的な「国民政党」に発展したことが指摘されている[Hamilton 1982;Kater 1983;Falter 1991]。

世界恐慌期に大量失業が顕在化するなかでナチ党は，地方選挙・国会選挙においてそれまでにない宣伝活動を展開し，不況の影響を受けた地方で弱小な利益団体政党の支持基盤に食い込むとともに，大都市でも共産党・社会民主党と激しい街頭闘争を繰り広げた[アレン 1968;プリダム 1975;ヘベルレ 1980;豊永 1994;Rosenhaft 1983]。地域に関する研究とともに，ナチ党の宣伝の方法と反ユダヤ主義的暴力，ナチ経営細胞組織による労働者の取込み，突撃隊および鉄兜団(てつかぶと)，国旗団などその他の政党の準軍事団体の組織について研究が進んだ[佐藤卓己 1992;Paul 1990;Walter 1999;原田昌博 2004;Fischer 1983;Fischer(ed.) 1996;岩崎 1981]。

1930年3月にブリューニング内閣が発足して以降の「大統領内閣」の時代は，ブラッハーによると，「民主主義における権力喪失」の過程と位置づけられる。コンツェが大統領内閣への移行を「政党国家の危機」を救う最後の試みと評したのに対し，ブラッハーがそれを共和国解体の「第一段階」としたため，両者のあいだに論争がおこなわれた[Bracher 1971⁵; Conze 1964]。それまでの研究に批判的な平島健司は，「議会制民主主義国家」において「政党と議会が果たした体制維持機能」を分析の中心にして共和国の崩壊を論じた[平島 1991]。

　ブリューニング内閣は，対外的に賠償問題の解決を追求する一方で，内政面でデフレ政策をとったため，景気回復にはかえって逆効果となった。これに関して，ブリューニングの経済政策がほかに選択肢のない必然だったのかどうかをめぐって，1980年代初めに経済史家のボルヒャルトとホルトフレーリヒらとのあいだで激しい論争が起きた[Borchardt 1982; Holtfrerich 1982]。また，シュライヒャー内閣の「国家非常事態計画」について，それが共和国救済の最後の選択肢であったかについても議論がある[熊野 2007]。

　議会と政党が権限を喪失していくなかで，ヒンデンブルク大統領とパーペン，シュライヒャーおよびその周辺の保守勢力，軍部，東部の大土地所有者，ルール重工業界などが政治に強い影響力を行使するようになる。ヒトラーの政権掌握との関係でこれらの保守派・利益団体の行動は早くから注目されていたが，西川正雄はそれらの「権威主義的反動」勢力がナチ党の「擬似革命」と同盟することによってヒトラー内閣が成立する過程を鮮やかに分析した[ウィーラー゠ベネット 1961；ハルガルテン 1969；西川 1967；伊集院 1989]。この過程でヒトラーと連立を組むことになる国家国民党のフーゲンベルクの行動も注目される[熊野 1996]。

　一方，栗原優は，東ドイツの「国家独占資本主義」論，大企業のヒトラー支持に関する「ターナー゠シュテークマン論争」を踏まえ，社会構造史的分析からヴァイマル共和国末の「ナチズム体制への移行過程における経済界の政治行動」を明らかにした[Turner 1972；Stegmann 1973；栗原 1981]。

1930年のヘルマン・ミュラー大連合内閣の崩壊以降，社会民主党がブリューニング政府への「寛容政策」をとり，その後もプロイセン・クーデタからヒトラーの政権掌握にいたるまで有効な手立てを見出せず，「なぜヒトラーを阻止できなかったか」については，ほかの政党とともに早くから論じられてきた[マティアス 1984；Winkler 1984-87]。共産党は，社会民主党を「社会ファシズム」と激しく非難したため，統一行動は実現せず，1932年ベルリン交通ストライキでナチ党と連携して不信感を与えた[Bahne 1976；富永ほか 1978]。世界恐慌下の大量失業は，労働組合の組織に深刻な打撃を与え，ドイツ労働総同盟の雇用創出計画は社会民主党との意見の食い違いを表面化させた[Jahn (Bearb.) 1988]。

4│ナチ体制，第二次世界大戦とホロコースト

ナチ体制の成立

　「第三帝国」に関しては，すでにあげた参考文献以外に，多くの概説書[カーショー 1999；シャイラー 2008-09；N・フライ 1994]，研究ガイド[ヴィッパーマン 2005；ヒルデブラント 1987；Benz et al. (Hg.) 1997；Caplan (ed.) 2008]，論集[井上ほか 1989；Bracher et al. (Hg.) 1983；Crew (ed.) 1994]，地図[オウヴァリー 2000；Freeman 1995^2]，史料集[Michalka/Niedhart (Hg.) 2002]，文献目録[Ruck 2000^2]があり，研究文献も膨大な数にのぼる。

　1933年1月にヒトラーが政権を掌握すると，反対勢力は急速に排除され，「強制的同質化」によってナチ的な人種原理に基づく独裁体制が樹立される。ヒトラーの「国民革命」は，「諸身分・諸階級」を超えた「民族共同体」への結集・統合を排除のメカニズムと裏腹に推進した。

　このダイナミックな過程の政治的側面については，それを「全体主義支配体制の設立」ととらえる『ナチの権力掌握』が詳細に論じており，地域におけるその実相もその後明らかにされている[Bracher et al. 1960]。この過程は，ヒトラーが「敵」とみなした民主派や労働運動指導者に対する激しいテロによって特徴づけられる。彼らは街頭を引き回され，公衆の面前

で辱められたのち，ダッハウをはじめ各地に設立された強制収容所に連行された。国会は「授権法」を採択し，政党はその役割を自己放棄した[Hesse, K./Springer 2002；Matthias/Morsey（Hg.）1960]。ナチはそれまでのメーデーに代えて「国民労働の日」を演出し，ドイツ労働総同盟ほかの労組事務所を急襲して資産を没収し，組合員を「ドイツ労働戦線」に組み込んだ[相馬 1998]。

　行政面では「職業官吏再建法」で民主派・ユダヤ系の官吏は追放され，地方では「大管区指導者」をとおしてナチ党の影響力が行使された。しかし，それによってヒトラーを頂点とする一元的な指揮・命令体制がただちに貫徹したわけではない。「規範国家」と「措置国家」というナチ国家の二重性，党・軍・官僚・工業の権力集団からなるナチ国家の「垂直的多元性」についてはフレンケル，F・ノイマンによって指摘されていたが，ヒトラーのもとでの激しい権力闘争と支配構造は，「多頭制」概念を用いて明らかにされた[フレンケル 1994；F・ノイマン 1963；山口 1976b]。

　1934年夏の指導者レームの粛清を契機としてヒトラーの指導に逆らう突撃隊に代わり，親衛隊が影響力を増大させ，強制収容所の管理体制を確立した[コーゴン 2001；ヘーネ 1981；矢野 1994；Herbert et al.（Hg.）1998]。突撃隊の排除とヒンデンブルク大統領の死去によってヒトラーは国防軍の最高指揮権を手中におさめ，ナチ体制が確立した。

　経済面をみると，政権獲得後にヒトラーがとった雇用創出策が当初から再軍備を主目標にしていたかどうかについて，研究史上で論争がある。ナチの再軍備・アウタルキー政策は，IGファルベンなどの軍需産業との密接な関係のうえに立てられ，同時に東南欧に対する経済的支配・広域経済計画とも絡み合っていた[大島 1996；大野 1982；後藤 1982・83；塚本 1964；東京大学社会科学研究所編 1979；西牟田 1999；W・フィッシャー 1982；柳澤 2013]。

　こうした軍需優先の政策の反面で，ナチ党が約束していた中間層や農業界への政策は不十分で効果をあげず，ナチ党の「健全な」中間層育成策，「血と土」のイデオロギーと齟齬する面があった。ナチ期の農業に関しては，「農村の社会編成」「穀物調達」「有機農業」などの観点から新しい研

究が出されており，注目される［足立 1997；古内 2003；藤原 2005］。

「民族共同体」――統合と排除

　第二次世界大戦後のドイツでは，ナチズムとは異なる「もうひとつのドイツ」の証として，抵抗運動の研究が重要な意義を有し，東西で対照的な研究がおこなわれた。西ドイツでは，「白バラ」抵抗運動や1944年7月20日のヒトラー暗殺未遂事件，キリスト教会による抵抗運動に対する関心が先行し，社会民主党の抵抗・亡命活動についての研究がそれに続いた。東ドイツでは，共産党の抵抗運動から強制収容所の解放，そして社会主義国家の建設までを一筋の流れとしてとらえる研究に重点がおかれた［雨宮栄一 1980；河島 1993；對馬 2006；ポイカート 2004；山下 1988；山下 1997；Schmädeke/Steinbach (Hg.) 1985；Steinbach/Tuchel (Hg.) 1994］。

　社会主義者の抵抗についていえば，亡命した社会民主党指導部が，本国での抵抗活動よりも組織ネットワークの保持に力を入れたのに対し，共産党は，国内で活発な抵抗闘争を展開したため，ゲシュタポによる弾圧で壊滅的な打撃を受け，「統一戦線」の呼びかけも効を奏さなかった［相馬 2007b；ドゥーンケ 1974・75；Schneider 1999］。

　個人や組織を中心とした抵抗運動研究に対し，イギリス社会史の流れを引くメイスンは，怠業や職場移動などの「労働者階級」の日常的抵抗に焦点を合わせ，労働力不足からくる「内政的危機」によってドイツの戦争政策が重大な制約を受けるまでになったと論じた。このテーゼはさまざまな批判にさらされ，メイスン自身もその後，体制による抑圧と譲歩，労働者階級の分裂と統合によって労働者の「飼慣らし」がおこなわれたと自説を修正した［Sachse et al. 1982］。彼の研究は，シェーンボウムのテーゼとあいまって地域や経営を対象とする事例研究に道を開くとともに，労働者の「抵抗」と「統合」をめぐる社会史・日常史研究に大きな刺激を与えた［Yano 1986］。

　ナチの労働者政策については，労働戦線の設立とともにナチ経営細胞組織も排除され，組織・教育面での統合が重視された。しかし，労働戦線は「疑似労組」的機能により労働者の不満の緩衝装置となり，「歓喜力行団」

などをとおして労働者の余暇や文化的・社会的な活動を組織化することによって，労働者の統合に一定の役割をはたした[井上 1988；原田一美 1979]。また，労働戦線の「労働科学研究所」は，多くの知識人をスタッフにかかえ，最新の成果を取り入れた労働科学・社会政策を立案した[Roth 1993]。

1970年代末から80年代初め，普通の人たちの日常的行動がゲシュタポ史料やオーラル・ヒストリーの方法を用いて解明されるようになると，ナチ支配下の「民情」を知るための史料集の復刊・刊行もあいつぎ，地域についての事例研究も進められた[Boberach (Hg.) 1984－85；Deutschland-Berichte 1980；Mallmann/Paul 1991；村瀬 1983；山本秀行 1995]。

ナチ体制への統合は「共同体異分子」の排除のメカニズムと一体であった。ナチの福祉政策，とくに人口政策と家族・女性政策は，「健全な」ドイツ人の保護・育成を志向する一方で，「障害者」や「非アーリア人」を差別・迫害し，抹殺した。この関連でナチ時代以前からの優生学・人種衛生学の動向に関心が集まり，「遺伝病子孫予防法」から「T4作戦」として知られる「障害者」の「安楽死」殺人までの経過が明らかにされた[井上 1992・94；木畑和子 1992；クーンズ 1990；田村雲供 2000；ブライデンソールほか編 1992；Schmuhl 1987]。

ナチの反ユダヤ政策は，1933年4月のユダヤ人商店ボイコットから35年9月のニュルンベルク法による「ユダヤ人」の定義づけをへて，38年11月のポグロムへとエスカレートし，その過程でユダヤ人の経済的・社会的排除，「アーリア化」と追放，強制収容がおこなわれた。だが，一般のドイツ人はこの日常的であからさまな暴力に対して見て見ぬふりをしたばかりでなく，密告によってゲシュタポの取締りに協力した[アリー 2012；ダビドビッチ 1978・79；長田 2011；山本達夫 2005；Adam 1972；Benz (Hg.) 1988；Friedländer 1997・2007；Gellately 1990；Wildt 2007]。

「民族共同体」への統合の装置として重要な役割をはたしたのは，宣伝相ゲッベルスによるナチの文化・宣伝政策であり，「ヒトラー神話」の演出であった[平井 1995；Welch 2002[2]]。ナチズムの「美学」と「魅惑」は，その芸術・文化政策だけでなく，スポーツ，都市・住宅・道路網の設計と

景観，工業デザイン，消費物資，さらに言語や思想，青少年政策，日常生活などにいたるまで多様な側面から注目されているが，それがナチの人種迫害・東方侵略政策と同時並行していたことを見落とすべきではない[小野 2013；神奈川県立近代美術館ほか編 1995；クレムペラー 1974；芝 2000；田野 2007；田野 2012；原田一美 1999；藤原 2012；宮田・柳父編 2002；望田・田村 1990；八束・小山 1991；Reichel 1993]。

「絶滅戦争」としての第二次世界大戦

　第二次世界大戦にいたる1930年代ヨーロッパの国際政治に関する研究では，ファシズム対民主主義の関係が焦点になってきた[河野編 1980；斉藤孝 1990；綱川 1997]。ヒトラーの戦争目的が「反ユダヤ主義」と「東方生存圏」，将来の「世界帝国」にあったことから，ドイツ外交についての研究は「ヒトラー中心主義」に傾きがちであった[三宅正樹 1974；Hildebrand 1969；Hildebrand 1980^4；Jacobsen 1968；Rich 1973・74]。しかし，ナチ外交には外相のノイラート，リッベントロップやナチ党の外交政策機関，そして軍指導者などもかかわっており，彼らの構想と相互の競合関係が「多頭制」の観点から注目された[田嶋 1981；Recker 2010^2；Weinberg 2010]。ヨーロッパとアジアの国際政治を背景に，三国同盟を結んだ日独伊の関係については，日本の研究に詳しい[工藤・田嶋編 2008；田嶋 1992；田嶋 1997；田嶋 2013；三宅正樹 1975]。

　1938年の独墺「合邦」に関しては，オーストリアで研究が進んでおり，それに先立つオーストロ・ファシズム，当時の国際関係との関連にも注意する必要がある[タロシュ／ノイゲバウアー編 1996；村松 2006；Botz 1972；Arnberger et al. (Hg.) 1988]。また，戦後のオーストリアを展望するうえで，ナチ統治下のオーストリア，「南ティロール問題」，抵抗運動の動向が重要である[Bukey 2000；Tálos et al. (Hg.) 2001；Steininger 1997；Luza 1984]。

　第二次世界大戦は，文字通りの「世界戦争」になり，国家の総力をあげる「総力戦」として一般市民を広範に巻き込むだけでなく，彼らを大量に抹殺する「絶滅戦争」という新しい次元を付け加えた[Bartov 1985；Dear et al. (eds.) 1995；Hartmann et al. 2009；Weinberg 2005[2]］。「ふつうのドイツ兵」の視点からその「主体性」を問うた小野寺拓也の研究は，最近の動向を反映している［小野寺 2012］。

ナチによるホロコーストは，人類史上それまでに例をみない残虐性によって際立っている［ヴィストリヒ 2006；ギルバート 1995；シェーンベルナー編 2004；芝 2008b；ストーン 2012；ベーレンバウム 1996；ベンツ 2004；マラス 1996］。それがヒトラーとナチ党指導者の極端な反ユダヤ主義に由来することは疑いないが，ユダヤ人の差別と排除から国外移住政策をへて，大戦勃発後におこなわれた強制移住とゲットーへの集中，保安警察・親衛隊保安部の「行動部隊」による前線の背後での大量射殺，そして東部絶滅収容所における大量殺戮にいたる道筋には，さまざまな政策構想が競合し，絡み合っていたことが明らかにされている［大野 1988；大野 2001；芝 1995；芝 2008a；ラカー編 2003；Friedländer 1997・2007；Longerich 2010b］。

ところで，ホロコーストに関する本格的な研究の端緒は，アメリカの歴史家ヒルバーグの『ヨーロッパ・ユダヤ人の絶滅』（初版1961年）である。ユダヤ人迫害史の伝統に立ち，ヒトラーの反ユダヤ主義を強調する研究に対し，彼は膨大な史料を駆使してホロコーストを「行政的過程の産物」として描いた［ヒルバーグ 1997］。ヒトラーの絶滅命令は存在したのか，あったとすればそれはいつか，というホロコーストの決定過程については，西ドイツでは，アウシュヴィッツ裁判の鑑定書を基にした『親衛隊国家の解剖学』ですでに問題になっていた［Buchheim et al. 1967］。日本では，政治委員射殺命令と食糧政策の相乗として1941年8月前半に決定がくだされたという栗原と，ナチの「戦争政策の展開の固有の論理」を重視し，占領地における個別の具体的な抹殺命令の積重ねのうえに絶滅が実行されたという永岑三千輝の論争がある［栗原 1997；永岑 1994；永岑 2001；永岑 2003］。

再統一後，ドイツではホロコースト研究が飛躍的な展開を遂げる。アリーは『最終解決』のなかで，「民族ドイツ人」の移住計画がつくりだした状況がヨーロッパ・ユダヤ人の東方への追放と絶滅に帰着したと論じた［アリー 1998］。クレーの研究は，「T4作戦」の名で知られるヒトラーの障害者「安楽死」政策の医師や技術者がのちに東部の絶滅収容所における

殺害にかかわっていたことを明らかにし，戦後に彼らが処罰されずに普通の市民生活を送ったことを告発した［小俣 1995；カウル 1993；クレー 1999；ミッチャーリッヒ／ミールケ編 2001］。さらに，ユダヤ人虐殺の陰に隠れて知られていなかった「反社会分子」，シンティ・ロマや同性愛者，「エホバの証人」についても，戦後の補償問題に関連してホロコーストに巻き込まれたことが明らかにされるようになった［金子編 1998；ケンリック／パックソン 1984；ヘーガー 1997；星 乃 2006；Ayaß 1995；Hesse, H. (Hg.) 1998；Jellonnek 1990；Scherer 1990；Zimmermann 1996］。

ホロコーストの重要な要因である「東部生存圏」政策については，東方に「ゲルマン大帝国」を建設するというヒムラーを中心とした「東部総合計画」の立案と試行，それに関連した人種の選別と淘汰の実態に光が当てられている［Heinemann 2003；Longerich 2010a；Mazower 2008；Rössler/Schleiermacher (Hg.) 1993］。計画の立案に民俗学，地理学，歴史学などの多くの学者がかかわっていたことが解明され，話題になった［シェットラー編 2001；Aly/Heim 1993］。占領地におけるナチの政策は，東ドイツ時代に始まった「ナチ支配下のヨーロッパ」シリーズに重要史料がおさめられたが，最近の研究を反映した包括的なホロコースト史料集が現在刊行中である［Schumann et al. (Hg.) 1988-94；Die Verfolgung 2008-］。とくにソ連・東欧の文書館史料が利用できるようになってから，ホロコースト研究は中心での決定よりも占領地域におけるナチの具体的な政策と絶滅過程を明らかにすることに焦点が移りつつある［Chiari 1998；Dieckmann 2011；Gerlach 1999；Pohl 1996；Pohl 2008；Sandkühler 1996］。

ソ連戦争捕虜やユダヤ人をはじめとする強制収容所の囚人たちは，死にいたるまで強制労働を課せられたが，1942年春のナチ軍需政策の転換によって取替え可能な重要な労働力としても位置づけられた。ナチ強制労働の政策と実態の解明は，ヘルベルトの研究に始まり，ドイツ各地における強制労働の地道な掘起しに繋がった［長谷川 1996；矢野 2004；リュビー 1998；Dahlmann/Hirschfeld (Hg.) 1999；Herbert 1985；Herbert (Hg.) 1991；Werner 1983］。また，国防軍の政策によって膨大な人数のソ連戦争捕虜が死亡したことは，シュトライトの先駆的な研究によって筋道をつけられた

[Streit 1978]。

　ドイツ本国における生活は，スターリングラードの戦いを境に，連合国の戦略爆撃の影響もあって大きく変貌し，戦後に繋がる民衆意識が形成されたことが指摘されている[フリードリヒ 2011；Broszat et al. (Hg.) 1988]。連合国による戦後ドイツ構想には，無条件降伏と占領政策だけでなく，戦後の領土変更とドイツ系マイノリティ追放の計画も含まれていたことに注意を要する[Brandes 2005^2]。

　最後に，明治時代から深められた日独関係についてみると，第一次世界大戦後のこの時期は，政治的・経済的な関係がいっそう強まるとともに，知識人をはじめとする文化交流も盛んであり，中国など東アジアにも視野を広げて相互のネットワークを解明する時期がきているといえよう[加藤哲郎 2008；工藤 1992；工藤・田嶋編 2008；中村綾乃 2010；柳澤 2008；和田博文ほか 2006]。

相馬保夫

第6章 現代のドイツ

1 │ 時代の特徴

　最初に，第二次世界大戦の終結から占領と分断をへてドイツ統一(1990年)へいたるこの時代の特徴をいくつかあげてみよう。

　第一は，この時期のドイツの発展が外的要素，とくにアメリカ，イギリス，フランス，ソ連の戦勝4カ国の動向に左右されたことである。これはドイツがたんに戦争に敗れたためだけでなく，4カ国の対独戦後処理の不一致と米ソ対立のもとで国家的分裂が生じ，西側占領地区に成立したドイツ連邦共和国 BRD = Bundesrepublik Deutschland (西ドイツ)が西側陣営に，ソ連占領地区に誕生したドイツ民主共和国 DDR = Deutsche Demokratische Republik (東ドイツ)が東側陣営に組み込まれたこと，そして分裂の結果としてドイツと戦勝国とのあいだでついに講和条約が結ばれなかったことに起因している。

　対独講和条約の不締結は主権をめぐる状況を複雑にした。というのも，ベルリン宣言(1945年6月)で主権を連合国に剥奪されたドイツは，連邦共和国の建国と同時に米・英・仏とのあいだで取り交わされた新占領規約と，その修正を定めたペータースベルク協定(49年11月)で主権の大半を取り戻すが，外交・防衛といった国家の基本政策の決定権を回復するのは，この国が北大西洋条約機構(NATO)に組み込まれる1955年のことである。それでもベルリンの地位保全や「ドイツ再統一」に関する権限は4カ国に握られたままであった。民主共和国の場合，これがワルシャワ条約機構に加盟する1955年にソ連から「完全な主権」を取り戻すが，実際は，のちのブレジネフ・ドクトリンが示すようにソ連に主権を制限される状態が続いた。こうしたいわば2つの準主権国家が完全な主権国家となるのは，ドイツ統

一を目前に控えた1990年9月，東西ドイツと戦勝4カ国とのあいだで結ばれた「ドイツに関する最終規定条約」によってである［Haftendorn 2006; Katzenstein 1987; Weidenfeld 1998］。

　第二は，対称的であるとともに非対称的でもあった2つのドイツの存在と，相互に反発しながらも影響し合う両国の複雑で変化に満ちた関係がドイツの歴史的な発展を規定したことである。そもそも東西ドイツは，ナチ体制とともに瓦解したドイツ帝国を母胎とする双生児である。両者は否応なく共通の歴史的経験を引きずりながら，西は多元的な議会制民主主義・市場経済・連邦制によって特徴づけられる自由民主主義体制を，東はドイツ社会主義統一党(SED)による独裁体制のもとで計画経済と集権制を柱とする社会主義体制を発展させた。そして，いずれもそれぞれ異なる政治経済体制のもとで「社会国家」としての特性を発揮し，社会保障制度の整った，比較的安定した国民生活を実現した［川越・辻編 2008; コッカ 2011; Hockerts 2011］。だがこうした対称性にもかかわらず，両者の関係は不均等であった。それは国土の面積，人口，経済力の格差に端的にあらわれている。前二者の東西比はおよそ1対2.3と1対3.9，人口1人当りの名目GDPでは東は西の43％(統一時)にすぎない。双子の兄弟とはいえ，西があまりに大きな存在であった。

　2つのドイツはいずれも自国が本来のドイツであると主張していた。だが自由選挙がおこなわれず，人口の流出を壁によって食い止める東の体制はつねにその正当性が疑問視され，命懸けで西へ渡ろうとする人びとの存在は西の自由と豊かさが放つ吸引力の強さを印象づけていた。東は，1960年代に西ヨーロッパ随一の経済大国となった西にとってしだいに存在感のない競合相手となったのに対し，西は東の人びとが──政治指導者はいうまでもなく──最後まで意識せざるをえない比較参照国でありつづけた［Kleßmann/Wagner (Hg.) 1993］。その意味で，壁の開放をもたらした東ドイツ「平和革命」(1989年11月)ののち，東の人びとの多くが西との一体化を求めたのは自然の流れであった。

　第三は，社会構造が激変したことである。なかでも帝政期以来の4つのミリュー，すなわちドイツ社会を分断し，それぞれ独自の文化的・政治的

規範をともなう生活空間を形づくってきた保守的ミリュー，市民的ミリュー，労働者ミリュー，カトリックミリューが，東西いずれにおいても1970年代初頭までにその明確な輪郭を失い解体した。この背景には，敗戦にともなうドイツ東部領の喪失で伝統的支配層の社会的基盤が消滅し，富裕市民層を含む東部領の住民が「被追放民」となって西方への移住を強いられたあげく，社会的没落にみまわれたこと，カトリックに対するプロテスタントの政治的優位を保障したプロイセンが解体(1947年)されたことがあった。

さらに東では，ソ連占領下でおこなわれた大企業の公有化やファシスト・資本家の追放，「ユンカーの土地を農民の手へ！」をかけ声に進められた土地改革，東ドイツ建国後の大規模な農業集団化が社会のあり方を一変させた。西では，1950年代の「経済の奇跡」と本格的な大衆消費社会の到来，教育機会の増大がミリュー間の障壁を破り，労働者層の有産化傾向ともあいまって「中間層への平準化」(シェルスキー)が進んだ。たしかに1950年代には帝政期に通じるような伝統的な市民的価値観が一時的に復活するが，それも体制批判的な若者世代，「68年世代」の登場とともに後景に退き，代わりに自由と平等の原理のもとでの自己決定と多様性を尊重する新たな市民性(ツィヴィリテート)の実現を求める気運が高まった。さらに1950年代半ばから73年まで続いた外国人労働者受入れ政策は，西の社会を多様なエスニシティで構成される「多文化社会」へと変容させた[矢野 2010；Hettling/Ulrich (Hg.) 2005；Schäfer 2009]。

第四は，ナチ独裁に起因する負の遺産が占領期から現在まで深い影を落としてきたことである。それは「過去の克服」，すなわちナチ体制崩壊後のドイツがその直近の過去ゆえに直面した困難な問題との取組を意味する。元ナチ党員の処遇はいうまでもなく，ホロコースト(ユダヤ人虐殺)に代表される国家的メガ犯罪の責任をいかに追及し，その甚大な被害をいかに償うか，そしてナチズムを撲滅して民主主義をどのように定着させるかという問いは，ナチズムの否定を出発点に掲げて成立した東西ドイツにとって避けがたい課題となった[石田 2002；ライヒェル 2006]。

たしかにその取組は首尾一貫したものではなく，連邦補償法や連邦返済

法を制定して補償政策をおこなった西でも，ナチ犯罪者を裁く国内裁判は1950年代前半にすでに収束傾向を示していた。負の遺産との取組が広く政治的・社会的な関心を集めるようになるのは，戦前・戦中世代が現役を退く1960年代以降のことで，その背景には過去と曖昧な決着をつけた親の世代に対する若者世代の反発と人権意識の高まりがあった。東では，当初の厳しい非ナチ化政策がSEDに有利な人事の刷新をもたらしたのち，1980年代末まで積極的な「過去の克服」政策はおこなわれなかった。だが統一後，西で積み重ねられてきた取組がドイツ全体に引き継がれている［アスマン 2007；川喜田 2005；佐藤健生／フライ編 2011；リュールップ 2009；François/Schulze (Hg.) 2009］。

　第五は，ヨーロッパと一体化する動きが不可逆的に進んだことである。かつてドイツは，ヨーロッパのなかの自国の立ち位置と役割をめぐって試行錯誤を繰り返したすえにヨーロッパを「ゲルマン化」しようとして破滅した。その苦い経験から戦後のドイツ，とくに西は自由・平等・人権という西欧的理念を基本法＝憲法の精神に取り入れ，それを政治，社会，文化の各分野に浸透・定着させてきた。「ドイツの西欧化」（ドェリンク＝マントイフェル）とも呼ばれるこの過程で，社会の「根本的な自由化」（ヘルベルト）が進展した［Herbert (Hg.) 2002；Schildt 1999］。これと並行して，欧州石炭鉄鋼共同体（ECSC）から欧州共同体（EC）をへて欧州連合（EU）にいたるまで，戦後の西ドイツは西欧・近隣諸国と主権共有を推進し，ヨーロッパの地域統合を先導してきた。ドイツ統一後も，自ら全欧州統合の原動力となってこれを加速させる姿勢を示している。ヨーロッパは，いまやドイツにとって自国の利害を代表するとともに，そのアイデンティティの核を形成するにいたったのである［ヴィンクラー 2008；坂井・保坂編 1996；森井 2008］。

2 │ 占領から東西ドイツの成立

政治史から社会史・日常史へ

　戦後初期とも呼ばれるこの時期を対象とする歴史研究は，1970年代から，おもに連邦共和国の成立前史として，基本法の制定過程や，社会民主党，

キリスト教民主・社会同盟など主要政党の再建・創設過程を中心に始まった。連邦文書館とミュンヘン現代史研究所の共編による浩瀚な史料集の刊行が嚆矢となって，1980年代には今では西ドイツ政治史の古典といわれる『ドイツ連邦共和国史』(全6巻)の刊行が始まり，その第1巻が占領下の政治的展開過程を取り上げた[Bundesarchiv et al.(Hg.) 1976-83；Eschenburg 1983]。これと並行して，社会史・日常史研究も登場し，敗戦と東西ドイツの成立という政治的な切れ目を越えて，ナチ時代から1950年代へ続く社会的変化の諸相に注目が集まった。なかでもルール地方の労働者生活の長期的な変化を経験史の観点から論じたニートハマーらの研究，スターリングラードの戦いで敗れ，敗戦が濃厚となる戦争末期から通貨改革で戦後の混乱が一段落するまでを「社会的転換期」ととらえたブロシャートらの研究は，ナチズム研究で培われた社会史・日常史研究の視座を戦後史に適用したといえよう[Niethammer(Hg.) 1983；Broszat(Hg.) 1990]。

　一方，社会史に軸足をおきつつ政治史・文化史との融合をめざす立場から戦後史研究の新境地を拓いたクレスマンは，占領下の非ナチ化政策などさまざまな改革とその挫折を占領軍の一方的な押しつけではなく，占領者と被占領者の相互作用の過程ととらえ，戦後の再建がまったくの「復古」でも，「零からの出発」でもなかったことを明らかにした。そして，西ドイツ史をもって戦後ドイツ史とする，1990年代初頭に広くみられた歴史記述の傾向に警鐘を鳴らし，東西双方を視野に入れた多面的なドイツ史像の重要性を主張して，その後の研究に方向性を示した[クレスマン 1995]。

占領軍の動きとドイツ人の政治的意思
　ドイツの発展が外的要素に左右された占領期，ドイツ人の政治的意思はどのようにあらわされたのだろうか。
　ドイツ分裂の最大の要因が冷戦の深化に求められることは論を待たない。だが米・ソが当初から分裂を想定していたわけではなかった。分水嶺は1947年である。米英合同占領地区の発足で幕を開けたこの年，3月にトルーマン・ドクトリン，6月にマーシャル・プランというように，アメリカの対ソ封じ込め戦略が矢継ぎ早に発表される。12月にロンドン外相会議が

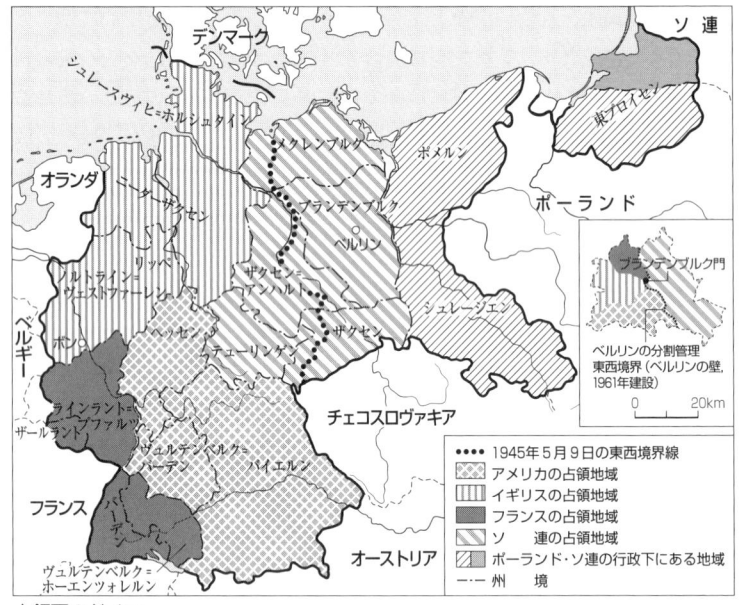

占領下のドイツ

決裂すると，西側3カ国は対ソ交渉を打ち切り，西側だけで分離国家＝新ドイツ設立の意思を固めた。そして1948年2月，ソ連の代わりにベネルクス3国(オランダ，ベルギー，ルクセンブルク)を招いてロンドン6カ国会談を開き，仏占領地区の米英合同占領地区への統合，西側での憲法制定会議の招集とドイツ政府設立を決めた。ソ連はこの会議をポツダム協定違反とみなし，すでに形骸化していた連合国管理理事会から離脱した。ここに4カ国による対独共同占領体制は完全に崩壊したのである[Mai 1995]。

連邦制を民主主義の要とみる米軍政府は1945年9月，自らの占領地区に3つの州を設置しドイツ人を首班とする州政府を任用するとともに，ドイツ人の立法機関として州評議会を設けた。そしてこれらを監視しながら，円滑な占領統治のためにドイツ人政治指導者の協力を求めた。社会民主党やキリスト教民主同盟(バイエルン州ではキリスト教社会同盟)など政党が再建・創設された。ヘッセン州では1946年12月，戦後初の州議会選挙が実施

され，両党連立政権のもとで州憲法が発効した。こうして米占領地区では連邦共和国の成立に先駆けて，州レベルで議会制民主主義が再開したのである [Benz 1999]。

　ソ連軍政府も自らの占領地区に州を設置し，将来の統一政府への布石としてドイツ中央行政機構を創設した。政党も早々に再建・新設されたが，ソ連軍政府の強い意向を受けたドイツ共産党が社会民主党と合同してドイツ社会主義統一党(SED)を成立(1946年4月)させたことが，その後のソ連占領地区と民主共和国の発展に決定的な影響をおよぼした。ソ連の支援を受けたSEDは州議会選挙(1946年10月)で第一党を確保したが，単独で過半数を制した州はなく，同時におこなわれた大ベルリン市選挙(西側地区を含む)では社会民主党とキリスト教民主同盟に敗れて第三党(得票率19.5%)にあまんじた。この敗北はSEDに衝撃を与え，SEDが自由選挙を忌避する原因となった [Broszat/Weber (Hg.) 1993]。

　ウルブリヒトなどモスクワ帰りの元共産党幹部にSEDの創設を指示したソ連軍政府の意図は，ドイツに強力な共産主義政党をつくり，それを梃子に(当初は議会制民主主義の手続きをとおして)ドイツ全体を親ソ的な国につくり変えることにあった。西側3国が恐れたのは，まさにそのことであり，共産主義の影響がソ連占領地区を越えて全ドイツに広がることを阻止すべく，西側地区でのSEDの活動を禁じた。

　戦争の惨禍を前に資本主義の信頼が大きく揺らいだこの時期，マルクス主義は人びとを少なからず惹きつけていた。しかしソ連軍政府の占領政策は抑圧的で，社会主義の理想から程遠いものであった。近年の研究は，ソ連軍政府がナチ時代の強制収容所を再利用して「特別収容所」を設置し，元ナチ勢力だけでなく，刃向かう可能性のあるドイツ人を容赦なく弾圧，住民の強い反発を引き起こしていたことを明らかにしている。女性への暴力や掠奪行為を繰り返すソ連兵の狼藉ぶりに文句一つ言わず，その手足となって占領体制を支えるSEDに住民の不信が募った。キリスト教民主同盟はSEDに厳しい態度で臨むが，ソ連軍政府の不興をかい，指導者は西側占領地区への移住をよぎなくされた。こうしてSEDは，住民の信頼を獲得できないまま，競合する他党の追落しに成功し，ソ連軍の威を借りて

影響力を拡大させていくのである［Naimark 1995；Reif-Spirek/Ritscher（Hg.）1999］。

ベルリン封鎖と二重の憲法制定過程

　新国家設立に向けて動き出した西側占領地区では，米軍政府の主導で通貨改革(1948年6月)が実施された。ソ連はこれを阻止すべく，ベルリン西側地区を実力で封鎖し，ベルリンに駐留する西側軍の撤退を要求した。西側はこれに応じず，西ベルリン市民の救援物資を「空の架け橋」作戦で空輸した。一触即発のベルリン封鎖(「第一次ベルリン危機」ともいわれる)は翌年5月まで続き，ドイツの分裂は既成事実となった。この間，西側3国は西側占領地区の州首相に憲法制定会議を招集する権限を与えた。州首相は，州議会から選出される議員で構成される議会評議会を招集し，議長にアデナウアー(キリスト教民主同盟)を選出した。議会評議会は「全ドイツ国民が自由な自己決定に基づいてドイツの統一と自由を完成させる」までの暫定憲法として基本法を採択した。これが1949年5月23日に発効し，ドイツ連邦共和国が成立した［Benz 1999］。

　西の憲法制定作業が自由選挙で選ばれた州議会に根拠をもつ議会評議会で進められたのに対して，東ではSED主導で進められた。憲法制定を目的に招集された人民評議会は，SEDがソ連軍政府とともに作成した単一名簿方式で選ばれた「人民大会」を根拠としていた。憲法草案もSEDが作成し，それを人民評議会が承認した。その発効の日は，西側の動きを見極めようとするスターリンの意向で引き延ばされ，ようやく1949年10月7日，人民評議会が臨時人民議会と改称し，憲法の発効を宣言する。臨時人民議会はグローテヴォールを首相に，ピークを大統領に選出した。こうしてドイツ民主共和国も最初の一歩を踏み出した［Benz 2009；Wolle 2004］。

3｜東西ドイツの基盤づくり　1950年代〜60年代初頭

冷戦下の東西ドイツ

　1950年代から60年代初頭にかけて，冷戦の最前線におかれた2つのドイ

ツは，自由民主主義と社会主義という相対立するイデオロギーを掲げて新国家の建設に従事した。西では，アデナウアー政権のもとで「経済の奇跡」に恵まれ，1950年代後半には「ボンはヴァイマルではない」(アレマン)といわれるほどの安定性を示すようになった。東では，1950年代初頭までにSED中央委員会総書記(のちに第一書記)ウルブリヒトのもとで国家権力のSEDへの集中が進み，ソ連を範とする社会主義経済の実現を急いだ。だが，それをきらって西へ越境する人びとの動きはやまず，「ベルリンの壁」の建設(1961年8月)という「最後の手段」(フルブルック)をとおしてようやく体制の安定をみた。

　この時期の西ドイツについて，「宰相民主主義」と揶揄されたアデナウアーの政治スタイルと指導者としての役割をめぐって早くから議論がおこなわれている。発端をつくったのは「はじめにアデナウアーありき」と述べて，その老獪な政治手腕を称えた外交史家バーリングである[Baring 1969]。ハフテンドルンが，首相個人の資質よりも彼を取り囲む国際環境，とりわけ西側連合国の動向を重視する立場からこれに異論を唱えているが[Haftendorn 1983；Haftendorn 2006]，ラインラントのカトリック教徒，市民層出身，反共主義者，ケルン市長時代から反プロイセン的・親仏的として知られたアデナウアーが，西側分断国家の舵取りを任されるにふさわしい人物であったことは明らかである。

　アデナウアーの外交上の主眼は，建国後も制限された連邦共和国の主権を早急に回復することにあった。そのためにはドイツの信用を取り戻すことが肝要であり，この国がナチズムを克服した民主主義国家として蘇ったことを示しながら，この国がいかなる意味でも脅威とならず，西側陣営にとって有用で不可欠な存在となったことを印象づける必要があった。アデナウアー政権がナチ不法犠牲者に対する補償政策を実行し，イスラエルとのあいだでルクセンブルク協定を締結した背景には，ドイツにつきまとうナチズムのイメージを払拭する狙いがあった。そして，朝鮮戦争が勃発してヨーロッパでソ連の軍事的脅威が高まると，アデナウアーは自国の軍事貢献＝再軍備を国内世論の反対を抑えつつ西側に申し出て実現させたのである[Geppert 2002]。

1950年にフランスの主導で欧州石炭鉄鋼共同体設立計画（シューマン・プラン）と欧州防衛共同体（EDC）設立構想（プレヴァン・プラン）が発表されると，アデナウアーは参加の意思を示した。旧敵との主権共有への不安，ドイツ統一を阻害するのではとの声をよそに，首相は西側統合政策を積極的に推進する。アデナウアーが，世論の動向に照らして不思議なほどドイツ統一問題に熱心でなかったのは，どんな条件であれフランスがドイツ統一に反対することを理解していたからであろう。ではドイツ統一をいかにして実現するつもりであったのか。アデナウアーは，東ドイツと国交を結ぶ第三国と西ドイツは国交を結ばないとする「ハルシュタイン原則」を掲げて東ドイツを孤立させようとしたように，これをソ連陣営から解放して自国に吸収する「力による統一」を構想していた。そのためにも，自国が自由主義陣営の一員であることを旗幟鮮明にする必要があった。この点で，社会民主党党首シューマッハーと対照的である。シューマッハーも首相同様，東ドイツをソ連の傀儡国とみなしたが，ナショナリストとしてドイツ統一を執拗に追求し，分断の固定化に繋がりかねないアデナウアーの西側統合政策を厳しく批判した［Herbst 1989；Schöllgen 2004］。

　アデナウアー政権を支えるキリスト教民主・社会同盟はこの時期，右翼諸政党を吸収して支持基盤を広げ，1957年の連邦議会選挙でついに単独で過半数を制する大勝利をおさめた。政権に人気が集まった理由は「経済の奇跡」と，年金改革に代表される社会保障政策の成果に求められる。アデナウアー政権下で年平均8％もの経済成長が10年近く続いた要因をめぐって当時からマーシャル・プラン，通貨改革，「社会的市場経済」の効果が指摘されてきたが，経済史家アーベルスハウザーは，ナチ時代から引き継いだ高度な生産設備と資本ストック，優れた労働力を提供したドイツ東部領からの被追放民と東ドイツから流入する熟練労働者の役割，戦後復興にともなう集合住宅建設など新たな需要の大きさを強調する。勤労者の賃金はこの時期，持続的に上昇し，鉱山部門で始まった共同決定が労使関係を安定化させた。この恵まれた条件のもとで，アデナウアーは連邦共和国の社会国家としての基盤づくりに成果をあげたのである［アーベルスハウザー 1994］。

「正常性」への回帰

　アデナウアー時代,「正常性」への回帰を求める願望が人びとのあいだで強まったといわれる。ナチズムは「異常」「伝統からの逸脱」「衆愚政治の産物」としてかたづけられ,代わりにかつての教養市民層の理想像が復活した。そこでは家族の役割が再評価され,男女の役割分担,厳格な性道徳が尊ばれる一方で,コカコーラやジーンズなどアメリカ発の生活文化をきらう傾向が生じた。こうした復古的な風潮は1960年代になって大きな変化を遂げるが,ナチズムに熱狂した直近の過去から目をそらし,過去の責任を曖昧にしてきた社会のあり方と関係していた[Schäfer 2009]。

　アデナウアー政権下の外務省や司法省には元ナチ高官が多数職務に就いており,政府にも,首相府長官グロプケなどホロコーストに関与したと目される大臣が複数任用されていた。当時この問題は,「反ファシズム国家」を標榜する東ドイツが「ファシストの残党国家」西ドイツを攻撃するプロパガンダの格好の材料となっていたが,1990年代になるとアデナウアー時代の負の側面に光をあてる実証研究が数多く登場する。歴史家フライは,旧ナチ・エリートの復権を進めたアデナウアーの人事政策には,過去の責任を追及するよりも国民融和を優先しようとする政権の意図があったことを明らかにした。社会学者ベルクマンは,ナチズム後のドイツで「ナチズムにも良い面があった」としてこれを部分的に肯定する風潮が続いたこと,直接的な暴力事件は減退したものの,反ユダヤ主義は形態を変えて存続したことを究明した。ナチ不法犠牲者に対する補償政策については,西では属地主義と反共主義の原則が補償対象者の枠を狭め,東では共産主義者を頂点とする被害集団の序列化のためにユダヤ人に十分な補償が与えられなかったことが指摘されている[Frei 1996;Bergmann 1997;Timm 1997;Goschler 2005]。

東ドイツの六月蜂起

　ここで東の動きをみてみよう。1953年の「6月17日事件」(今日では六月蜂起とも呼ばれる)は,この時期の東ドイツを考えるうえでもっとも重要なできごとである。西ドイツで6月17日が「ドイツ統一の日」に定められた

ように，西ではこれを東側におかれたドイツ国民による分断克服の試みとみなす傾向が強く，「西に操られたファシストによる体制転覆の企て」とする東の公式見解と真っ向から対立していた。六月蜂起から50周年の2003年には，統一後の新史料や当事者のインタビューを踏まえた新たな研究が多数刊行された。それらの研究をもとにソ連東欧圏で初の民衆蜂起を簡単に再構成してみよう。

　このできごとの背景には，ウルブリヒトによる「社会主義に向けた計画的建設」(1952年)の大号令のもと，農業生産組合による農業集団化の実施，州を廃止して県をおく集権体制の導入，重工業重視の第1次五カ年計画の実行，教会への介入をとおした社会主義イデオロギーの徹底など，東に住む人びとの意思を無視して強行された上からの改革に対する不満と反発の広がりがあった。そこにスターリンの死を受けて，ソ連新指導部が東ドイツの人口流出に歯止めをかけられないウルブリヒトの責任を追及して，これまでの強硬路線の転換を迫った。ウルブリヒトは「過誤」を認め，路線修正すなわち「新コース」を発表するが，労働者ノルマの引上げ(10%)を撤回しなかったために，これに反発した東ベルリンの建設労働者がストライキを敢行した。西ベルリンの放送局RIASがスト指導者のメッセージを伝えると，それが引き金となって東ドイツ全土約250カ所に民衆蜂起の波が広がった。その要求はさまざまであったが，核心はウルブリヒトの退陣と自由選挙の実施である。SEDは自力で対応できず，ソ連軍の出動を要請して事態を掌握した。少なくとも55名以上が命を落とし，約1万3000人が逮捕された［星乃 1994；Hoshino 2002；Kowalczuk 2003］。

　この民衆蜂起を，実際にSED体制を転覆させた36年後の「平和革命」(1989年11月)と比べてみると，民衆が権力を奪取することよりも，政権打倒と自由選挙の実施を求めたこと，西側とくに西ドイツの反応に事態好転の糸口を見出そうと期待したことの2点で共通している。そして両者を分ける違いは1989年秋，SEDがもはやソ連の後ろ盾を得られなくなっていたことである［Ihme-Tuchel 2002］。

　ウルブリヒトの地位は，この民衆蜂起でもフルシチョフによるスターリン批判(1956年)でも揺るがず，逆に政敵を排除して権力基盤の強化に成功

した。1960年にピークが死去すると大統領職が廃止され，代わりに立法と行政の機能をもつ国家評議会（集合元首制）が設置された。ウルブリヒトはその議長に就いて国家と党の全権を掌握した。そして「経済の奇跡」に沸く西ドイツ経済に「追いつき追い越す」ために「七カ年計画」を発表する。1960年には農業集団化を終えるが，フルシチョフの「西ベルリン自由都市化提案」に端を発する「第２次ベルリン危機」の影響もあって人口流出の波を抑えることはできなかった。民主共和国の建国時から数えて約280万人が東を去った。とくに熟練労働力の喪失は経済に致命的な打撃を与えていた。ウルブリヒトはこれ以上の人口流出を阻むため1961年８月13日，東西ドイツ間の往来を「ベルリンの壁」を設置して遮断した［Henke（Hg.）2011；Kosthorst 2012；Steininger 2001］。

4 ｜ 二つのドイツの発展期　長い60年代

東西ドイツの変容

　1960年代，東西２つのドイツはそれぞれの国家と社会の内実をつくり変えていく。東では，ウルブリヒト体制のもとで壁に護られながら独自の経済改革すなわち「新経済制度」を実施し，コメコン（ソ連圏の経済相互援助会議）内でソ連につぐ第二の工業国となった。西では，アデナウアー，エアハルト，キージンガー，ブラントと首相が４人も交替したが，1966年にキージンガー大連合政権が成立すると，若者世代による広範な抗議運動（68年にピークに達したことから68年運動とも呼ばれる）が高揚し，69年の政権交替＝ブラント政権の成立とあいまって「第二の建国」とも呼ばれる本格的な改革期へ移行する［安野 2008］。

　この時期の西について，社会史研究の分野では「長い60年代」といわれることが多い。それはアデナウアー政権下で年金改革が実施された1957年頃から，60年代半ばの一時的な景気後退をはさんで，73年のオイルショックまで，物質的な豊かさのなかで進んだ長期的な変化のトレンドを意味する。この背景には，戦争直後のベビーブームがもたらした社会の若返り＝若年人口の急増，ミリューの解体にみられる社会構造上の変化のほかに，

テレビや電話といった新しいマスメディア・コミュニケーション手段の発達，自動車社会の到来など社会の急速な「近代化」（シルト）があった。ヘルベルトは，この時期に社会の「根本的な自由化」が進んだとするが，その要因となったおもな事象をあげれば，ナチズムの過去が提起する問題との批判的な取組，シュピーゲル事件，68年運動の台頭，そしてブラント政権の誕生となろう［Schildt et. al.（Hg.）2000；Herbert（Hg.）2002］。

「長い60年代」は，ソ連の人工衛星スプートニクの打上げ成功（1957年）で幕が開いたといえるかもしれない。世界戦争の危険がつねに意識されながらも，科学・技術の進歩と経済の発展が人類の未来を切り拓くというある種の進歩主義・近代主義が政策決定や社会の制度設計に影響をおよぼした。それは西も東も同じである。ただ西では，経済的な繁栄にもかかわらず，社会諸制度が旧態依然として，急激な社会構造の変化とそれにともなう価値観の多様化に対応できずにいた。大学は急増する学生を，その旺盛な知的関心ともども受け止めることができず，学生の不満は募っていた。

68年運動

68年運動が高揚するきっかけは，キージンガーがキリスト教民主・社会同盟と社会民主党との大連合政権を率いて非常事態法制定に向けて動き出したことである。議員の約9割が与党勢力となり，実質的に反対派不在となったボンの政治に民主主義の破綻をみた若者たちは，自らを「議会外反対派」（APO）と位置づけ，非常事態法成立阻止に向けてデモ隊を編成して街頭へ出た。多くが市民層出身の彼らのなかには，古い市民道徳や現実の管理社会を否定し，西ベルリンの「コミューン1」のように，空き家を占拠して男女が自由な共同生活を営むというまったく新しい生活実践を試みる者もあらわれた［井関 2005］。

こうした若者の抗議運動は，米・仏・日など当時の西側先進国で同時多発的にみられた現象である。共通項としてベトナム戦争への反対があったが，背景はそれぞれ異なっている［油井 2012］。フライは，西ドイツの運動の底流にナチ時代に由来する深刻な問題があったことを指摘している。彼らが大人へ成長する1950年代末から60年代前半にかけて，西ドイツでの

反ユダヤ主義事件の頻発(59年)，イスラエルのアイヒマン裁判，フランクフルト・アム・マインのアウシュヴィッツ裁判(63〜65年)，連邦議会でのナチ犯罪(謀殺罪)をめぐる時効論争(65年，69年)など，ナチ時代の過去が投げかける問題をマスメディアが大きく取り上げていた。これに関連して東ドイツが「西ドイツに居座る元ナチ高官」の過去をあばくキャンペーンを展開したこともあって，過去と曖昧な決着をつけた既成政治を世論もしだいに批判的にとらえるようになった。若者たちは刺激され，親や教師の過去を問い詰めるようになる[石田 2002；フライ 2012]。

　マスメディアが批判的な報道をおこなうようになったのは，アデナウアー政権末期のシュピーゲル事件(1962年)がきっかけである。週刊誌『シュピーゲル』に掲載された，ドイツ連邦軍に関する記事が国家機密漏洩(ろうえい)にあたるとして，国防相シュトラウス(キリスト教社会同盟)が雑誌発行人アウクシュタインらを不当に逮捕させたこの事件は，政府に言論統制の意図があったことをうかがわせるもので，アデナウアーに致命的打撃を加えると同時に，政治権力から自立した「第四の権力」の重要性を広く印象づけた。ハーバーマスがいう「批判的な公共圏」が生まれる契機となったのである。

　では68年運動にはどのような歴史的な意義があるのだろうか。「長い60年代」において，68年運動は長期的な変化を促した一要因でしかないが，そこで提起された問題のいくつかが，「もっと民主主義を！」をスローガンに掲げるブラントの内政改革に一定の方向性を与えたことは確かである。教育の機会均等を促し，権威主義的な学校運営の見直しに繋がった連邦教育促進法の制定はいうまでもなく，市民生活の自由化をもたらした刑法・家族法の改正，司法制度の民主化は，68年運動なしに実現しなかったであろう。クレスマンはここに，1970年代以降の西ドイツ各地に成立する「新しい社会運動」の起源を見出している[Kleßmann 1988]。政党や労働組合に組織された従来の政治運動とは異なり，人権侵害・差別・環境破壊など個別具体的な問題に自発的に参加し，取り組むことで成り立つ「新しい社会運動」は，68年世代の「異議申し立て文化」を継承し，社会の多元化に貢献した。

ブラント外交

　ブラントの外交を象徴する用語に「接近による変化」がある［妹尾 2011］。これはのちにブラント首相の補佐官となるバールの演説（1963年）に由来する概念だが、「ベルリンの壁」の出現でアデナウアー流の「力による統一」が破綻し、国際社会で東ドイツが認められるようになるなか、手詰まり状態に陥った東側陣営との関係を改善しようとした社会民主党の対外戦略の核心をあらわしている。ブラントは首相就任演説で東側に関係改善を呼びかけ、オーデル（オーダー）＝ナイセ線以東のドイツ東部領の放棄を示唆した。これは東側陣営を動かし、ソ連とのあいだに武力不行使と国境不可侵を約したモスクワ条約が、ポーランドとのあいだに武力不行使とオーデル＝ナイセ線をポーランドの西部国境とするワルシャワ条約が締結された。ベルリンの地位保全に関しては、西ドイツと西ベルリン間の通行の自由、東西ベルリンの往来の保障などを決めたベルリン四国協定が成立した。東ドイツとは1972年に基本条約を結んで互いの「主権的平等」を認め、翌年には２つのドイツがそろって国際連合に加入した。近年ブラント伝の決定版を著したメルゼブルガーはブラントを「夢想家であり現実主義者である」と表現し、ハフテンドルンは「プラグマティックな理想主義者」と呼んでいる。壁の存在を認めたうえで、対話と信頼醸成によって壁に風穴を開けたのがブラントであったといえよう［Merseburger 2002］。

　こうしたブラントの東方外交は、東部領に固執する被追放民団体やキリスト教民主・社会同盟の強い反発を引き起こした。東ドイツとの基本条約の締結も、ドイツ統一を唱える基本法の精神に反するという厳しい批判にさらされた。ブラントは自らが出した信任案を与党に否決させて連邦議会を解散するという奇策にでて国民に信を問うが、その選挙で社会民主党はキリスト教民主・社会同盟を抜いて第一党に躍進した。

　ブラントは終戦25周年の記念式典（1970年５月８日）で、ナチ時代の過去を振り返りながら「民族は自らの歴史を冷静に見つめる用意がなければなりません。なぜなら、過去に何があったかを思い起こせない人は、今日何が起きているかを認識できないし、明日何が起きるかを見通すことができないからです。……前世代から引き継いだ歴史からわれわれだれひとりと

して自由ではないのです」と述べた。過去に起因するドイツの責任を率直に認めたブラントは，ワルシャワ条約を締結した日，ワルシャワ・ゲットー跡地に立つユダヤ人犠牲者追悼碑の前で跪いて謝罪の意を表明したのである[石田 2002]。

東ドイツの経済改革とその挫折

東では，「ベルリンの壁」の建設(1961年)が時代の切れ目となった。それまで SED を悩ませてきた人口流出がとまり，体制に折合いをつける者が増えるなかで東ドイツの「上からの改革」が進んだ。徴兵制が西より 6 年遅れて導入され(1962年)，教育面では科学教育に重きをおくソ連型の学制改革が実施された。家族法の改正(1965年)によって男女の完全な平等と嫡子と非嫡子の差別の撤廃など，西を先取りするような改革がおこなわれた。

一連の改革のなかで前述の「新経済制度」はとくに重要である。これは正式には「指導と計画の新経済制度」と称し，従来の中央集権的な計画経済の弊害を改め，より分権的に，つまり個々の人民所有企業に自律性と利潤追求の誘因を与えることで生産性の向上をめざした。効果はただちにあらわれ，開始 1 年後に生産性が 7 ％も上昇した。この改革を支えたのがウルブリヒトである。筋金入りのスターリン主義者として知られるウルブリヒトがこの時期，多様な経済形態の混在を認める改革主義者として立ちあらわれたことに近年の研究は注目している。歴史家カイザーは，ウルブリヒトからホーネッカーへの権力交替が(1971年)，この時期に生まれた改革派と守旧派(その中心がホーネッカーであった)の党内論議と表裏一体で進んだことを明らかにしている。ウルブリヒトには，徹底した合理主義と積極的な科学・技術振興によって民主共和国は発展し，やがてソ連東欧圏だけでなく西ドイツにとっても模範国になるとの思いがあった。だがそれは SED 幹部が共有するものではなかった。むしろ意思決定の分散化が，自由化を求める民衆の要求と呼応して SED の権力機構を脅かすのではないかという不安が，六月蜂起のトラウマとかさなって改革にブレーキをかけた。フルシチョフ失脚後に権力を握ったブレジネフ・ソ連共産党第一書記

も，ソ連からの自立化傾向をみせるウルブリヒトを疎んじ，改革を阻害した。1967年，新経済制度は修正を加えられ骨抜きにされていく[Kaiser 1997]。

壁の建設から数年間，文化面にも自由化の動きがみられた。だが西の若者のあいだで広がったサブカルチャーが東にも浸透し始めると，当局はこれへの警戒感を強めた。ライプツィヒでビート音楽ファンのデモ（1965年10月）が起きると，SEDはこれを弾圧して，自由化路線を公式に否定した[Neubert 1998]。

改革の気運が後退するなか，民主共和国は新憲法を制定して（1968年），この国がマルクス・レーニン主義政党SEDの指導下にあることを明記した。その数カ月後，チェコスロヴァキアの民主化運動「プラハの春」をワルシャワ条約機構軍が武力で粉砕した。ウルブリヒトはソ連の介入を支持したが，自らが進めようとした改革の可能性は失われた。ブラントの接近策にいかに対処するべきかという問題で，米ソ緊張緩和(デタント)に傾斜するソ連はこれを受け入れるが，ウルブリヒトは西への過度の接近に警戒感をあらわにする。1971年，ウルブリヒトはソ連の圧力で失脚し，ホーネッカーがその後をおそった。

5 | 不透明な時代 1970年代半ば〜80年代末

東西ドイツの共存

第1次オイルショック（1973年）で経済成長がとまり，冷戦が70年代末に再び緊張の度を深めるなか，2つのドイツは将来の展望を見通せないまま共存の道を歩む。西では，急増する失業者と膨らむ財政赤字がシュミット政権を揺るがす1970年代後半，68年運動の末裔(まつえい)というべき左翼テロリズムが横行して社会を不安に陥れ，その反動から保守的な傾向が強まった。だが同時に68年運動の批判的な対抗文化を継承するさまざまな「新しい社会運動」が台頭して，多様な価値観を受容する社会が形成されていった。東では，ホーネッカーのもとで自国のアイデンティティづくりと徹底した社会保障政策によって体制の安定をはかるが，人びとの多様な，とくに物的

な欲求を充足することができなかった。東の国際的地位はたしかに上昇したが、それにふさわしい改革すなわち民主化を進める意思が指導部にみられなかったことが、反対派を生み出す大きな原因となったといえるだろう［フルブルック 2009；Jarausch 2008；Kleßmann/Wagner (Hg.) 1993］。

　西では、ブラント首相の後継者となったシュミット（社会民主党）が全欧安全保障協力会議(CSCE)でソ連を含むヨーロッパ33カ国とともに主権尊重、武力不行使、国境不可侵、人権と自由の尊重などを謳うヘルシンキ宣言(1975年)に調印した。そしてNATOの「二重決議」——ヨーロッパの核戦力を均衡させるために対ソ核軍縮交渉を進める一方で、中距離核ミサイルを西ヨーロッパに配備する決定——を支持して対米協調を訴えるが、党内の反発に直面する。経済面でも前政権の財政赤字の負担から逃れられず、インフレと不況が同時進行した。1979年には第2次オイルショックにみまわれ、構造不況のなかで個人消費が再び減少し、82年には失業者が200万人を越えた。連立与党の自由民主党との関係が悪化し、同党のゲンシャー外相がコール（キリスト教民主同盟）とともに建設的不信任案を議会に提出した。自由民主党の鞍替えはキリスト教民主・社会同盟の政権復帰をもたらし、シュミットに代わってコール首相が誕生した。

　コールは、国家支出の削減と市場原理の活性化に取り組んだ。規制緩和と民間活力の導入を促し、労働組合にはスト権の制限で攻勢をかけた。外交的には、対米協調を進めつつ、欧州統合で積極的な牽引車の役割をはたした。だが景気は回復せず、失業者は増えつづけた。首相の人気の低落を反映して、キリスト教民主・社会同盟は州選挙で後退を続け、1987年の連邦議会選挙では過去30年で最悪の成績となった。

　この時期、西には「緑の人びと」（緑の党）と呼ばれる新しい政治運動が育っていた。これは1970年代の「新しい社会運動」が合流して誕生(80年1月)したものである。既成政党にあきたらない多くの市民がこれに加わった。1983年の連邦議会選挙で5％条項をクリアして議会に進出し、チェルノブイリ原発事故後の選挙では8.6％を得た。

東ドイツ――ホーネッカーの時代

　1970年代の東は「現存社会主義国の優等国」といわれた。だが社会主義の理想を振りかざして体制づくりに励んだ戦後初期と比べて，社会変革のダイナミズムは失われ，イデオロギーによる大衆動員力に翳りがみられるようになった。建国世代が現役を退くこの時期に，その理想と成果をいかに引き継ぐかがホーネッカーの課題となる。

　ホーネッカーは，日常生活の安定が体制維持に繋がると考え，社会保障と住宅供給に力を入れた。必要な財源を確保するために西側諸国の借款を積極的に受け入れた。1970年の20億マルクが，80年に300億マルク，89年には490億マルクまで膨れ上がった。慢性的な外貨不足のために国民の所得が増えても購入したい品物がない，ほしい物を手に入れるには何年も待たねばならないという状態が続いた。人びとを体制に惹きつけることに自信をもてないホーネッカーが本格化させたのが，シュタージ（国家保安省）による巧妙な住民監視システムの構築である。1950年代のような露骨な政治弾圧は影を潜めたが，IMと呼ばれたシュタージの非公式協力者は18万人を数えるまでになった［Gieseke/Wentker (Hg.) 2011］。

　イデオロギー面では，1970年代前半にみられた柔軟さが後半には失われた。ヘルシンキ宣言の人権保護規定を拠り所とする反体制運動が生じ，シンガーソングライターとして人気のあった反対派のビアマンが国外追放処分を受けると，運動はさらに広がった。1970年代末から80年代前半にかけて学校で軍事教育が実施され，女子徴兵制が決まるなど社会の軍事化が進むと，これに反対する平和運動「剣を鋤へ」が生まれた。環境保護を訴える運動も出現した。それらはいずれも小規模ながら，当局の権力がおよびにくい福音教会の庇護のもとに集まった。1986年には，のちの「平和革命」をリードする市民グループの1つ「平和と人権のイニシアティヴ」が誕生し，東欧諸国の反対派との連携が始まった［Veen et al. (Hg.) 2000］。

6 | 平和革命と統一後のドイツ 1989年以降

民主化運動からドイツ統一へ

　ソ連共産党書記長ゴルバチョフの改革路線は東欧諸国に民主化・自由化を求める大波を引き起こす一方で，ソ連からの自立化をも促した。当初改革路線の登場を歓迎したホーネッカーは，改革が予想を越えるスピードで展開し，自国の民主化を求めるようになると，これに拒絶的な姿勢をとった。1989年5月，ハンガリーがオーストリアとの国境を開放すると，硬直したSED体制に愛想をつかした東ドイツの市民が大挙して西側へ逃れ出し，ブダペスト，プラハの西ドイツ大使館は出国を求める人びとであふれかえった。国内にとどまる人びとのなかから「新フォーラム」などの市民グループが生まれ，思想・言論・旅行の自由などの民主化要求を掲げて抗議運動をリードした。当局との武力衝突の噂が飛び交うなか7万人の民衆が参加して平和裡に完遂されたライプツィヒでのデモ(10月9日)をきっかけに抗議運動は東ドイツ全土に広がった。すでにソ連の後ろ盾を失っていたホーネッカーは退陣をよぎなくされ，クレンツが後を継いだ。それでも運動はおさまらず，11月4日には「われわれこそが人民(主権者)だ！」を叫ぶ数十万の市民が東ベルリンに集結した。対応を迫られたSED指導部は11月9日，ついに旅行の自由を認め，「ベルリンの壁」の開放に踏み切った。その後，党改革派のモドロウが新首相となり，人民議会は憲法からSEDによる国政指導を定めた条項を削除した。こうしてSED体制の崩壊＝「平和革命」が現実のものとなった[Hertle(Hg.) 1997;Kowalczuk 2009]。

　東西ドイツの往来が自由になると，東の人びとの関心は一挙に統一へと移行した。12月半ばには「われわれこそが人民だ！」に代わり，「われわれは1つの民族だ！」が新たなスローガンとなった。統一への道筋には2つの方式があった。1つは基本法146条に基づいて新ドイツ憲法を採択し，東西が対等な立場で統一を実現する方式であり，いまひとつは同23条に基づいて東ドイツが基本法適用領域に加入する方式である。コールやキリスト教民主同盟は23条方式を，社会民主党や市民グループは146条方式を支

持した。1990年3月の人民議会選挙ではそれが争点となったが、コールの支援を受けた「ドイツのための連合」が大勝し、キリスト教民主同盟を中心とする大連合政権が発足する。最後の東ドイツ首相となったデ・メジエールはコールとともに統一へ邁進した。5月には通貨・経済・社会同盟創設に向けた国家条約が東西ドイツ政府間で締結され、ドイツ・マルクが東の人の手に渡った。8月には、10月3日を期して復活する新5州が基本法適用領域へ加入する決議を人民議会がおこない、東ドイツの資産を統一ドイツすなわちドイツ連邦共和国が引き継ぐことを定めた統一国家条約が東西ドイツ政府間で締結された[グレースナー 1993;高橋 1999;ノイベルト 2010]。

統一後のドイツ

　1990年12月、統一ドイツ初の連邦議会選挙が実施された。「統一宰相」と称えられたコールの人気は高く、キリスト教民主・社会同盟が大勝した。第3次コール政権の直面した最大の課題は統一ドイツの社会統合である。その成否は旧東ドイツの経済再建にかかっていた。だが計画経済と集権体制のもとにあった東の経済は、高度に発展した西の市場経済に組み込まれたことでいわばショック死状態に陥った。西には復興需要が生じたが、新5州はどこも生産設備の老朽化、交通・通信網の未整備といった喫緊の課題に加え、労働規範の違いや土地建物の所有権に関する厄介な問題が山積し、西の企業に投資を促す条件は整っていなかった。東の人民所有企業はすべて信託庁のもとで清算・民営化の対象となり、倒産をまぬがれたものは皆無である。これまで失業者ゼロとされてきた旧東ドイツで失業者が急増し、職を求めて西へ転居する者が後を絶たなかった。当初、再建に楽観的な見通しを示したコールも危機感を強め、1991年に統一経費の捻出を趣旨とする連帯賦課税を導入、93年には新5州への財政支援を意味する財政均衡制度の運用を始めた。ほかにも種々の増税と東への財政移転が実施され、国の財政負担は鰻登りに上昇した。統一の喜びにひたったのも束の間、異なる体制のもとで独自の発展を遂げてきた2つのドイツの統一が生み出す心理的な負担も重くなった。とくに東には、西に吸収されたことでこれ

までの人生が否定されたと受け止める者が多く，「二級市民」扱いされていると感じる者が増えた［近藤　2004；Laabs　2012］。

　1994年の連邦議会選挙では，直前の景気回復を追い風に政権与党が辛勝した。第4次コール政権は，西で9％，東で16％と高止まりする失業率の低減に取り組んだが成果はあがらなかった。ドイツ産業の国際競争力の低下を食い止めるために社会保障政策の見直しが議論されたが，労使の合意が得られず改革は行き詰まる。長期にわたる低成長と膨大な財政赤字，深刻な失業問題に悩まされたコールは1998年の連邦議会選挙で敗れ，16年続いたコール政権に終止符が打たれた。

　68年世代に属するシュレーダー（社会民主党）を首相，フィッシャー（緑の党）を外相とする新政権に閉塞状況打開の期待が集まった。シュレーダーは懸案の失業問題を労使協調で克服しようとする一方，脱原発法の制定，環境税の導入，国籍法の改正，ナチ時代の強制労働に対する補償基金の設置など新しい政策を矢継ぎ早に打ち出して「赤緑政権」の特色を押し出した。だが肝心の失業対策と社会経済改革は成果があがらず，州議会選挙では社会民主党の敗北が続き，連邦参議院で与野党が逆転して苦しい政権運営を強いられた。

　2002年の連邦議会選挙でアメリカ合衆国が求めたイラク派兵を拒否して辛勝したシュレーダー政権はこれまでの路線を転換して，新自由主義的な立場から労働市場の規制緩和と社会保障改革を一体化させた包括的な社会経済改革「アジェンダ2010」を打ち出す。それには解雇規制の緩和化による雇用機会の創出や失業保険の給付期間の削減が含まれており，弱者切捨て，社会国家の後退として世論の反発を招いた。左派を中心に党員離れが進む社会民主党は，2005年の連邦議会選挙でキリスト教民主・社会同盟に僅差で敗れた。さまざまな政党連合の可能性が取り沙汰されたすえ，二大政党の連立政権が誕生し，キリスト教民主同盟のメルケルがドイツ史上初の女性首相に就任した［Görtemaker 2009］。

東ドイツの独裁体制をどうみるか

　東西の「内的統一」の困難さが語られるなか，シュタージ文書の関係者

への開示が進み，「ベルリンの壁」際で越境しようとする者を射殺した国境警備隊員とそれを命じた SED 幹部の責任が追及されるようになると，東ドイツをいかに理解すべきであるかという問いが，統一ドイツ全体の問題として浮上した。1992年に連邦議会に設置された「ドイツにおける SED 独裁の歴史と帰結を解明するための調査委員会」は政治主導でこの問題に答えようとする試みである。この委員会は44回におよぶ公聴会を各地で開催し，そこにはコッカ，クレスマンら著名な歴史家を含む多くの専門家と証人が招かれ，意見を述べた。こうした動きと並行して，東ドイツの党と大衆組織の史料，シュタージ文書が公文書館におさめられ，それらに基づく東ドイツ史研究が本格化した［足立 2011；石井 2010；河合 2011；近藤 2010；Eppelmann et al. (Hg.) 2003；Gieseke 2011］。

　東ドイツが SED の独裁国家であったことは明らかである。だがそれはどのような独裁であったのか。この問いに答えるべく，統一後しばらくのあいだ，SED 体制をナチ体制と同じ枠組でとらえようとする全体主義論に注目が集まった。たしかに事実上の一党支配のもとで排他的な支配イデオロギーを掲げた東ドイツとナチ時代のドイツに類似点があることはいなめない。だが全体主義論が喚起する一枚岩的・静態的なイメージは，東ドイツの複雑な社会の実態を腑分けし，変化に富むこの国の歴史を精確に理解するために有益といえるだろうか［福永 1999；Bauerkämper 2005］。

　SED 体制をナチ体制とともに「近代的な独裁」（コッカ）と呼ぶのは，両者に共通点があることを認めたうえで，前者にはホロコースト・侵略戦争の過去がなかったことを明白な違いとして示すためである。コッカは東の社会を「支配の貫徹した社会」と表現している。社会はたしかに東にも存在した。その社会の隅々にまでおよぶ SED の支配要求が，実際は東ドイツ固有の産業構造や歴史的諸条件によって阻まれていたことが「独裁の限界」（イェッセン）として指摘されている。決して盤石でなかった SED 体制は上からの強要だけでなく，住民との合意のうえに成り立つ「合意独裁」（ザブロウ）であった。その合意がそこなわれたとき，崩壊が始まった［コッカ 2011；Bessel/Jessen (Hg.) 1996；Sabrow 2001］。

　一方，体制下の人びとの日常生活では党の要求を住民自身が都合よく読

み替える「自己本位」(リンデンベルガー)のメカニズムが機能していた。そして家族や趣味の世界といった非政治的な領域では一定の私的自由があり，人びとはそこに——壁龕(ガウス)とも呼ばれる——逃げ込むことができた。党はこれらを黙認することで体制の安定を確保していたのである[Pollack/Rink (Hg.) 1997；Lindenberger (Hg.) 1999]。

　最後に，東ドイツを「福祉独裁」と呼ぶヤラウシュの興味深い議論を紹介しておこう。ここでいう福祉には，制度としての社会保障だけでなく個人に対する種々の公的サービス・支援活動が含まれる。東では，これらはつねに社会主義の理想つまりSEDの名においておこなわれていた。そこには理想に向けた人びとの連帯意識を育む要素があったが，反面で党への忠誠が疑われれば当局に通報され，大きな不利益をこうむる危険性もあった。たしかに生存に必要な最低限の条件が整い，表面上は失業リスクのない平等社会が実現した。だが個人の日常にかかわる福祉の決定権を党が一元的に掌握したため，個人のレベルでは，党＝国家への忠誠と引き替えに党から保護・監督される関係が生じた。ホーネッカー時代に顕著にみられたこの関係は，体制安定の要となったが，同時に個人に対して抑圧的に作用したのである[Jarausch 1998]。

石田勇治

テーマ編

第Ⅱ部

第1章 自然と環境

1｜環境史の課題

環境史の魅力

　歴史は、人間だけによってつくられてきたのか。

　こういう根源的な問いを歴史学に突きつけたのが、環境史という新しい歴史学の分野である。土壌、大気、気候、河川、海、湖、植物、動物など、自然の要素は、歴史の舞台のなかでそれなりに重要な位置にあったはずなのだが、これまではむしろ「書き割り」の役割をはたすにすぎなかった。添え物だった自然や環境を、環境史は表舞台に引っ張り出す。環境史は、歴史学の新しい一分野であるとともに、歴史学が扱う対象の拡大、さらには歴史の見方の転換でもあった。環境史は、人間を社会的人間や経済的人間としてのみならず一生物として扱う。人間観の転換さえ迫る環境史は、「自然と人間との相互行為」と「人間社会の相互行為」の関係性を探る極めて野心的な分野なのである。

　もちろん、これまでの歴史研究が自然と環境の問題をないがしろにしてきたわけではない。エジプト文明とナイル川、ローマ帝国の衰亡と土壌劣化の関係、中国各王朝における治水・灌漑事業、帝国主義の拡大においてヨーロッパの動植物がはたした役割、コレラ菌の発見と都市衛生事業の展開、ニューディール政策期の土壌荒廃抑制政策などの例にみられるように、人間以外の要素を完全に無視して歴史を描くことは、むしろ不可能だったといってもよい。しかしながら、環境史の試みがこれまでの歴史学と異なるのは、こうした諸要素を意識的かつ積極的に取り上げ、それらと人間との相互関係の変遷を注意深く観察する点にある。複数の人間や、複数の人間以外の生物が単数の地球の表面に張りめぐらせた網の目、つまり「環

境」を総合的に考察することが環境史の課題である。

環境史が挑戦するもの
　自然と環境を歴史の主役として，少なくとも主要なアクターとして描くことには，当然ながら危険をともなう。歴史家は動物や植物にはなれないからである。だが，この不可能性を意識しつづけることで環境史は可能性を開いていく。では，環境史は何に挑戦するのか。
　第一に，一国史観である。環境の歴史を「ドイツ」という枠で囲うことは先行環境史研究もこれまでやってきたことだが，原理的には大きな矛盾をはらんでいる。環境保護運動が，国を超えたネットワークを築き上げてきたのは，大気，放射能，河川，海流などの「自然」や「環境」が国境をまたいで存在しているからである。例えば，北西ドイツが面する北海は，イギリス，ノルウェー，フランス，オランダ，ベルギー，デンマークがそれぞれ接し，ドイツ語で東海と呼ばれるバルト海は，スウェーデン，デンマーク，ポーランド，ロシア，リトアニア，ラトヴィア，エストニア，フィンランドの海岸によって囲まれている（北海環境史は［Pott 2003］，バルト海環境史は［Küster 2002］参照）。北部の低地は，南西フランスからポーランドにかけて形成される北ドイツ平原の一部にすぎず，中部の小さな山地群は，西はベルギーやルクセンブルク，東はチェコと接している。ドイツの最高峰ツークシュピッツェ（標高2962メートル）を含む南部の急峻な山々はスイス，オーストリア，フランス，イタリアにまたがるアルプス山脈の北面の，しかも一部でしかない（アルプスの環境史は［Mathieu 2001］参照）。中部と南部を隔てるドナウ川は，たしかにシュヴァルツヴァルト（黒い森）を源泉とするが，途中で多くの中小河川を集め，ウィーン，ブダペスト，ベオグラードなどの大都市を通り抜けて，最終的にはルーマニアで黒海にそそがれる。スイス，フランス，オランダを通るライン川の治水や汚染，チェコとポーランドの国境にあるクルコノシェ山脈に源を発するエルベ川の2002年の洪水，世界各地で放射能が観測された1986年のチェルノブイリ原発事故をドイツの国境に閉じ込めて論じることは，ほとんど意味がない［若尾・本田編 2012］。また，「父なるライン，母なるモーゼル」「ドイツ

人の原風景，シュヴァルツヴァルト」というような言葉を鵜呑みにし，ドイツ人が自然を愛する心性を所与のものとしてとらえてはならない。ドイツ以外の国を対象としている環境史の成果を吸収しながら，既成の「ドイツ史」の枠組を果敢に突き崩す勇気が，この分野の初学者にはまず求められる。

　第二に，人間中心史観である。歴史学の対象は，社会史の登場で為政者から民衆へと移行してきたとはいえ，いずれにしても人間であることには変わりなかった。その代わりに，河川や土壌，昆虫や細菌を歴史のアクターにすえてみるとどうか。もちろん，文字資料は人間によって書かれたものであるから，人間の目をとおしてしかみることができない。地層や年輪から歴史を説き起こすことも不可能ではないが，これだけでは歴史とはいいがたい。歴史を書くのは人間である。このあたりまえの事実を絶えず意識しながら歴史を書く。これが自然・環境を歴史対象として扱う者の基本的な態度である。19世紀末から20世紀前半に活躍したドイツの生物学者ユクスキュルは，人間も含む生物はおのおの自然界をその生存条件と結びついた知覚によって加工してとらえているといういわばポリフォニー的な環境世界論を唱えたが，歴史学の方法論および対象としても，もっと論じられてよい人物であろう［ユクスキュル／クリサート　1995］。歴史学の試みとしては，直接ドイツを扱ったものではないが，例えば，『生態学的帝国主義』［クロスビー　1998］，『緑の世界史』［ポンティング　1994］，『自然の問題』［アーノルド　1999］，『銃・病原菌・鉄』［ダイアモンド　2000］や『土』［モントゴメリー　2010］は，どれも刺激的だが，とりわけ，ドイツの環境史家ラートカウが描いた『自然と権力』［ラートカウ　2012b］は必読であろう。

　第三に，自然＝敗北者史観である。環境史が環境保護の動きに刺激されるかたちでスタートしたことは，環境史の魅力であるとともに弱点である。ドイツ環境史のフロントランナーであるユーケッターの言葉を借りれば，環境史の今後の課題の1つは，工業化によって破壊された自然，保護されるべき自然というような自然の被害者扱い，つまり敗北者史観を克服することである［ユーケッター　2014］。これまでの環境史は環境保護史である

ことが多かった。自然が人間におよぼした負の側面，さらには人間と自然の相互関係までも包括するダイナミックな視点をもつことが，今後の環境史研究に求められている。

初学者のための基本文献

　ちなみに，ユーケッターは，ナチの自然保護から，大気汚染，農学の歴史までさまざまなテーマの著作を執筆している。それゆえ，詳細な文献紹介がついているユーケッターのドイツ環境史概説［ユーケッター 2014］を読むのが，研究のスタートとしては一番の近道であろう。同様に，フライターク［Freytag 2006］やヴィニヴァルター［Winiwarter/Knoll 2007］も優れた概説である。また，英語でドイツ環境史のトピックにふれたい場合は，ドイツ環境史を長くリードしてきたアメリカの研究者たちによる論文集『ドイツの自然』［Lekan/Zeller 2005］が，ドイツ語の場合は，ジーマン編の『環境史』［Siemann (Hg.) 2003］が有用である。古代から現代までの自然・環境を扱ったドイツ語の史料集［Bayerl et al. 1998］，世界環境史の百科事典［Krech et al. (eds.) 2004］も欠かせない。ドイツ環境史の研究動向は，上記のユーケッターの概説書がもっとも網羅的であるが，日本では，森涼子の論文が，近年ではもっとも包括的かつ詳細である［森 2011］。なお，もっとも早いドイツ環境史の紹介者である田北廣道［田北 2000］，近年の環境政策史に関しては，喜多川進も参考になる［喜多川 2006］。また，環境保護の歴史については，18世紀から1935年の帝国自然保護法にいたる法律を中心に描いた通史が便利である［北山 1990］。

　つぎに，ドイツの環境史の時代区分を試みてみたい。

2 | ドイツ史のなかの自然と環境

時代区分

　自然・環境を歴史学的に扱うときに困難なのは地理的区分ばかりではない。時代区分もじつは難しい。土壌，大気，森林などの変化は，基本的には，人間社会の活動よりゆるやかだからである。古代，中世から近現代に

いたるまでの長い時代，あるいはその一時期を対象とした森林史や民俗学の先駆的な研究が明らかにしているとおり，森林の変化の速さは時代によって異なる。それは人びとの生活を支え，物質的および精神的な影響を与えてきた[石井 2008；石井 2009；影山 1972；神沼 2012；田北 2003b；森 2012；Hasel 1985；Hermand (Hg.) 1993；Lehmann 1999；Radkau/Schäfer 1987]。

また，中世および近世の環境史もすでにかなりの蓄積がみられることは特記すべきだろう（中世史の動向は[Schenk 2008]，近世史の動向は[Reith 2011]を参照）。だが，残念ながら，まだ先行研究の扱う時代は19世紀から20世紀に偏っている。エネルギーが木材から化石燃料，少し遅れてガスや電気に移行し，工業化が進展した近現代が環境史研究に格好の題材を提示するからである。ここでは，ドイツおよびその周辺の生態的に類似している地域の時代区分を，近現代を中心に試みてみたい。すなわち，①18世紀中頃から19世紀末，②19～20世紀転換期からナチの登場，③1933年から45年のナチ時代，④1945年から80年代の急激な経済成長の時代，⑤1980年代以降のエコロジーの時代。以上の5区分である。①から⑤までのドイツの環境史を一言でまとめるなら，「自然を征服する」時代から「自然を保護する」時代への長くゆるやかでありながらダイナミックな転換期である。

東部開発と工業化の始まり——18世紀中頃～19世紀末

この時代で環境史として重要なのは，プロイセン王国のフリードリヒ2世の東部開拓と農民移住政策，木材危機，そして，農村美化運動である。

啓蒙専制君主フリードリヒ2世は，当時最先端の水利・測量技術を導入し，北ドイツ平原の湿地帯を農地に変え，農民を移住させ，国力の増強をはかった。人口増強と食糧増産である。この「自然の征服」は，まず湖沼地帯に棲む動植物たちの環境を変化させ，そしてそれに依存して生きてきた漁民の生活をドラスティックに変えた[Blackbourn 2007]。啓蒙君主の開発事業は，「自然に支配されてきた時代」が，いよいよ「自然を征服する時代」に移行するファンファーレであったといってもよいだろう。

その一方で，同時期に問題化し，18・19世紀転換期に頂点に達した「木

材危機」は，これまで農村共同体によって管理されてきた共有地がしだいに「資源」あるいは「商品」としてみられるようになるという，社会観および自然観の転換を意味しているとともに，木材から化石燃料へのエネルギー転換の象徴でもある［田北 2003b；Radkau/Schäfer 1987］。これは，森林管理の学としての林学の誕生のきっかけにもなった。

また，19世紀初頭に始まる農村美化の提唱も，世紀転換期から盛んになる郷土保護運動の前史として重要である［赤坂 1990］。ここでは，イギリスから「装飾された農場」(ornamented farm)を創出する造園学的運動がドイツに流入し，例えば，キール大学の美学・哲学の教授ヒルシュフェルト，バイエルン国王が雇ったフォアヘアのような造園技師や，各地の知識人階層を中心に，農村を庭園の延長として，つまり，1つの美的対象としてとらえる見方がでてきた。ベルリンのティーアガルテンやミュンヘンのイギリス庭園は，この時期にできている。こうした流れは，ナポレオン戦争が惹起したナショナリズムの勃興のなかで，各都市に設立された美化協会を中心にドイツ全体の美化運動へと繋がっていくが，工業化が農村景観を急速に変化させていくなかで衰退する。

この時代の景観保護の萌芽としては，プロイセン国王フリードリヒ・ヴィルヘルム3世によるジーベンゲビルゲのドラッヒェンフェルス（竜の岩）という山（標高324メートル）の買上げがある［Lekan 2004］。ライン川沿いに古城とともに聳えるこの山は，景勝地で国民国家形成のシンボルでもあったがゆえに，ケルン大聖堂の建設のための採石が中止させられた。しかし，それ以外のジーベンゲビルゲの山々は，その岩の建築用石としての価値の高さからつぎつぎに採石されていく。石工組合とジーベンゲビルゲの愛好家はその後も衝突を繰り返す。愛好家たちは，1886年に「ジーベンゲビルゲ救出協会」に結集する。結局，1899年の国王の勅令により，ジーベンゲビルゲは国立公園に指定された。

世紀転換期からヴァイマル共和国まで——19世紀末〜1933年
　19〜20世紀転換期は，急速な工業化・都市化，一方で古来の文化や景観の喪失が進んだ時代であるとともに，それへの集団的不安感が蓄積され，

噴出し始めた時代である。19世紀のロマン主義，とくに思想家のリールをはじめとする農村保護，民俗文化の保護の伝統を受け継ぐ郷土保護運動は，その結晶である。「ドイツの歴史上，最初の環境保護運動」という評価もあるほど，ドイツ環境史のもっとも重要なテーマの1つである[ヘルマント 1999]。研究の蓄積は日本でも厚い[赤坂 1992；北山 1990；高橋真樹 2004；古澤 2002]。この運動は，従来，反近代的かつ民族主義的であり，ナチズムへ連続するという「ドイツ特有の道」論との関わりで論じられてきた。だが，実際，この運動は多種多様な価値観の集合体であって，地域差もあり，近代批判というよりも，近代との共存をはかるものである以上，その歴史的位置づけは慎重を要する[Oberkrome 2004；Schmoll 2004]。

　1880年代頃から世紀転換期にかけて，ドイツ各地で郷土保護運動が同時展開する。1904年3月30日には，ベルリン音楽大学教授のピアニスト，ルードルフの尽力によりドレスデンで郷土保護運動の全国組織「ドイツ郷土保護同盟」が結成され，初代会長に建築家で芸術評論家のシュルツェ＝ナウムブルクが選ばれた。「ドイツの郷土を自然な，歴史的に成立した特性において保護すること」が目的である。ルードルフは，19世紀半ば以降農村で進行する耕地整理を，農業合理化のため分散した土地を統合し経済的効果をもたらすことを認める一方で，伝統的な景観を破壊することに憂慮を示す。景観の破壊は精神の破壊をもたらす，とさえ主張した。こうした景観保全の運動のみならず，動植物保護や民俗文化（祭り，民話，方言，民家など）の保護も同盟の活動であった。

　この流れに，1800年頃からドイツ各地で登場した鳥類保護運動が合流する。この運動の目的は，農業や林業の害虫駆除から鳥を守ることであった。1899年2月，シュトゥットガルトで全国組織の「鳥類保護連盟」が設立される。また，オーストリアでは，1895年に社会民主党によって「自然の友」協会が設立される。登山やハイキングを通じて労働者の心身増強・健康維持をはかる旅行協会である。1910年頃から，博物学に根ざした積極的な自然保護を協会員に訴えるようになる[古川 2002；古川 2008]。1905年には，これをモデルにしたドイツ初の「自然の友」協会がミュンヘンではじめて設立された。

ところで，これまで述べてきたような諸運動は国家の自然保護の法整備を促進する［北山 1990］。1888年には，すでに帝国鳥類保護法が制定され，鳥の卵や巣の破壊が禁じられている。1902年の「優れた景観地域の醜悪化を防止する法律」(07年に改正)はプロイセン邦における最初の景観保全法であった。コンヴェンツの指導のもと天然記念物運動が起こり，1909年にはプロイセン邦文部省に「天然記念物」自然保護公園協会が設立された。第一次世界大戦をはさんで，1921年にはリューネベルガー・ハイデの234平方キロが自然保護区域化された。この荒野はニーダーザクセンの北東部に広がる。もともとは家畜の森林内放牧と森林の過剰伐採による荒廃が生んだものだが，これによってドイツ有数の景勝地としての地位を不動のものにしていく。

また，この時代に盛んになる運動として生改革運動を見逃すことはできない。これは，「堕落した」都市生活から「健康な」生活への転換をめざすもので，自然農法，菜食主義，裸体主義など現在も存在する都市生活の改革運動であり，世紀転換期の都市住民の自然・環境観に影響を与えた［竹中 2004；Buchholz et al. (Hg.) 2001；Krebs 1998］。ワンダーフォーゲルや入植運動などの青年運動もこの時期から盛んになり，都市から離れ自然のなかで共同生活を送るこれらの運動も，やはりこの時代の急激な工業化・都市化への反応であった［ラカー 1985］。こうした運動のヴァイマル共和国時代への接続，あるいはトルストイ主義者やアナーキズムとの関係についてはリンゼの研究に詳しい［リンゼ 1990］。

以上のさまざまな運動は，第一次世界大戦後，少しずつ変質を遂げていく。科学に基づいた自然保護の思想が導入され，郷土保護同盟も，人間の自然への管理を強調しつつ，郷土の保護から郷土の育成へとその重点を移していく。

第三帝国の時代——1933～45年

ナチ時代は先行研究がもっとも充実している時代である。「私益よりも公益」というナチの原則が自然と人間の関係を考えなおす絶好の機会を用意したことは否定できないだろう。

まず，イギリスのブラムウェルの諸研究は，食糧・農業大臣ダレーの有機農業へのシンパシーや戦後の土壌協会（イヴ・バルフォアが創設したイギリスの土壌保全団体）との関係を明らかにした［ブラムウェル 1992］。エコロジーをドイツ的現象と断じ，環境保護運動家のナチへの関与を強調し，緑の党の先駆としてのナチ党を描き出したブラムウェルはドイツで大きな反響を引き起こし，批判を噴出させた。論文集『ナチスはどれほど緑なのか？』［Brüggemeier et al. (eds.) 2005］とユーケッターの『緑と褐色』［Uekoetter 2006］は，その批判の集大成とみてよい。彼は郷土保護運動などで活躍した自然保護運動家たち（緑）はナチ（褐色）時代を自らのチャンスとして利用した局面を描いた。これは，ブラムウェルへの根本的な批判であり，学界では定説となったとみてよい。ただ，有機農業（とくに1924年にブレスラウでシュタイナーが唱えたバイオダイナミック農法［シュタイナー 2000］）への関心は，ダレーを中心に論じられてきたが［Gerhard 2005］，ダレーの部下たちや，ヒムラーら親衛隊員にもみられ［Jacobeit/Kopke 1999］，戦時中の東部総合計画（後述）を作成したコンラート・マイヤーの生命法則的農法の支持まで考えると，まだ議論の余地は残っているという主張もある［藤原 2005］。このあたりの議論は，岡内一樹のユーケッターの『緑と褐色』の書評が整理を試みている［岡内 2009］。

そして，1935年6月26日に発布された帝国自然保護法は，自然を，最貧のドイツの同胞でも享受できる国民の保養の場であるとし，経済至上主義を批判したもので，これまでの自然保護運動家たちの集大成として位置づけられる［西村 2006］。自然保護法にいたる詳細な歴史の法学的分析とその邦訳は，その全文を北山雅昭の論文で読むことができる［北山 1990］。また，1934年11月24日発布の動物保護法は，動物に麻酔なしで身体的苦痛をともなうような手術や生きているカエルの腿を引きちぎることの禁止などを定め，そのために刑罰規定（「2年以下の軽懲役および罰金，または，そのいずれか」）を設けた。また，1933年4月21日にはすでに「動物の屠殺に関する法律」が制定されていたが，この第1条第1文「温血動物の屠殺の際には，血を抜き取る前に気絶させねばならない」は，明らかにユダヤ教の屠殺文化への攻撃であった。ナチのグロテスクな動物愛は，やはり検討

に値する。以上の問題は，サックスが文化史的見地から，藤井康博が法学的見地からそれぞれ詳細に議論している［サックス 2002；藤井 2009・10a；藤井 2010b］。なお，藤井は「動物保護法」を全文邦訳している［藤井 2010a］。

戦後から経済復興まで──1945〜80年代

　第二次世界大戦後から緑の党が活躍し始める1980年までは，経済成長の時代である。だが，つぎの2点の意味で，エコロジーの時代への助走期間でもあった。

　第一に，ナチ時代との環境保護の法的な連続性である。1945年9月に，連合国管理委員会の規定によりナチの法律はいったん失効したが，動物保護法は48年に東側および西側の占領区で復活する。1972年には，連邦法レベルで動物関連保護法を統合した法である「動物保護法」が制定され，幾度の改正をへて，現在にいたる［藤井 2010b］。また，ナチ時代の自然保護法も1976年の連邦自然保護法の公布まで存続していた。つまり，ナチ時代に結晶化したこれまでの自然保護思想は敗戦以後もとだえていないのである。

　第二に，環境保護意識の目覚めである。戦後の混乱，東西ドイツの分断から「経済の奇跡」にいたる時代は，一方で環境破壊が進み，水質や大気の汚染が各地で深刻化した時代でもあった。こうした生活環境の汚染は市民の不安を高めた。英語 environment の訳語として環境 Umwelt というドイツ語が用いられるのは，まさにこの1970年代からである。

　西田慎は，「68年運動」から緑の党の結成にいたる道筋をとくに政治運動史の視点から追っている［西田 2006］。また，ユーケッターも1945年から80年代にいたる環境保護運動の「暗黒時代」を，80年代以降の「黄金時代」の萌芽として，ノルトライン＝ヴェストファーレン地方のそれにしぼって論じている［Uekötter 2004］。この時代は，自然保護への警鐘が鳴らされた時代でもあった。アメリカの生物学者レイチェル・カーソンの『沈黙の春』［カーソン 1974］は西ドイツでも反響を呼び起こし，ローマクラブの『成長の限界』［メドウズ 2005］が予測した暗い未来は，西ドイツの住民た

ちにも危機感をもたせた。この危機感は，1973年から74年にかけてのオイルショックのあと経済成長への疑問が呈されたことでさらに深まり，環境問題の方向性を決定づけた。とはいえ，この時代は「環境先進国」と呼べるような段階にはいたっていない。日本の公害対策やアメリカの環境保護政策のほうが先進的であり，ドイツは多くの部門で遅れをとっていた［坪郷 1989］。

エコロジーの時代──1980年代以降

　西ドイツが本格的に環境政策の先進国へと変身を遂げていくのは1980年代である。とりわけ，1980年代から叫ばれ始める「森の死」と，86年4月26日に起こったチェルノブイリ原発事故は，反原発を掲げる緑の党の躍進に大きな役割をはたした（原発問題については［青木 2013；ラートカウ 2012a；若尾・本田編 2012；Radkau 1983］など）。統一後，動きは加速する。1992年6月にリオ・デ・ジャネイロで開催された「環境と開発」の地球サミット「アジェンダ21」は，「持続的開発」という概念を普及させ，ドイツの環境政策の転換をも促した。1994年には憲法20a条が改正され，新しい国家目標に「自然的生活基盤の保護」が加えられる［西村 2007］。自然保護か経済成長かという旧来の図式ではなく，その両者とも追求する「エコロジー的近代化」路線へとシフトし，従来の産業の環境イノベーションと，新規環境関連産業の躍進が新たな雇用創出を生み，社会の安定をもたらすという「包括的な政策」へと転換を遂げつつある。

　エコロジー・ブームは東ドイツも例外ではなかった。すでに1954年に自然保護法を制定していた東ドイツは，80年に「ドイツ民主共和国文化同盟自然環境協会」を設立し，環境保護制度を整えていた。とはいえ，褐炭をエネルギー源とする重化学工業によって支えられた経済との齟齬は，環境保護の障害ともなった［Dix/Gudermann 2006；ユーケッター 2014］。

　この時代に関する日本語研究文献は比較的多い（東ドイツに関してはほとんど存在しない）。政治学者の坪郷實の「緑の党」の研究や環境政策の変遷の日独比較は，運動から政治へ，経済成長とエコロジーの対立から共存へ，というドイツ環境政策史の道筋を整理している［坪郷 1989；坪郷 2009］。

最近，日本でもドイツの環境政策の政策決定過程を文書館の史料を用いて検証する動きもでてきている［喜多川 2010ab］。また，歴史研究ではないが，現在ドイツの最先端の環境政策については，カールスルーエのエコ住宅や屋上緑化政策などを扱った松田雅央のルポルタージュが読みやすい［松田 2004］。

3 | 環境史の隣接諸領域との交流

歴史学のエコロジー化

　環境史は，科学史や技術史をベースとしながら，林業史，農業史，漁業史，医学史，工学史，建築史，美術史など，さまざまな分野の歴史学者が参入するというかたちで生成・発展を遂げてきたともいえる。環境史と比較的相性のよい法学史や社会史も，環境史の成立より先んじて自然環境の問題を扱ってきた。

　このように，環境史は1つの体系的な歴史学というよりも諸学問の交流・反発・協働の場という側面が強い。環境史は，いわば歴史諸分野の「生態学」ともいえよう。個々の動物や植物ではなく，生態学のように個々の諸関係に重点をおき，人間を含む自然要素をチェーンで繋いでいく。このように視野を広げていくことが，環境史が環境保護史としてとどまらないためにも必要である。ただ，こうした歴史の見方は，一方で，「土壌が崩壊すると文明が崩壊する」とか「森林をおろそかにするとドイツ精神が破壊される」などの環境決定論，あるいは「遺伝の管理こそが歴史発展の軸である」というような遺伝子決定論に陥り，結局，「歴史学のエコロジー化」どころか視野狭窄になってしまう恐れがある。ナチの生命観が遺伝決定論であったことをここで強調しておきたい［米本 1989］。

　このような決定論に陥らないためにも，以下に，環境史の隣接諸領域が蓄積してきたテーマのうち，林業，農業，医学，都市という4領域を取り上げることで，環境史の今後の可能性と課題について考えてみたい。

森林史

　ユーケッターが述べているように，森林史は環境史のモチーフとかさなるところが多く，環境史の先駆的な役割をはたしている。森林史は，農業のように1年サイクルで育成するのではなく，世代を超える長いタイムスパンの思考を必要とするからである。従来の環境史的な森林史のお手本はハーゼルの『森林史』であろう。古代から現代にいたるドイツの森と人間の関係史を描いた本書は，豚の飼育に用いられたドングリの経済的意義や19世紀末に起こった国有林とその管理行政の廃止運動，さらには森林をめぐる学知の教育制度化にいたるまで，網羅的かつ挑発的である［ハーゼル 1996］。

　林学思想は，人間が森をどのようにとらえてきたかを知る指標になる。ヴァイマル時代にメーラーによって唱えられた恒続林思想は，市場の要請のままに森の木々を伐採していくこと，とくに皆伐を批判し，森林は小動物や植物を含んだ1つの有機体であることを意識したうえで，その有機的連関を保全しつつ木を計画的に伐採していく，というものであった。とはいえ，できるだけ価値の高い木材を持続的に生産していくというメーラーの思想は，領土を縮小され自国の森林を最大限使用していくために必要な，合理的なものでもあった。こうした科学とエコロジカルな思想の結びつきは，すでに述べたように，ヴァイマル時代の自然観の特徴である。

　そして重要なことに，1934年7月3日に帝国林務局を設立し，森林荒廃防止法を成立させたゲーリングは，この恒続林思想をナチ林学の根本思想にすえた［シャーマ 2005；Imort 2005］。ただ，ゲーリングの森林保護は彼の狩猟好きからくるもので，軍需工業が活発化すると木材の需要が急速に高まり，恒続林思想も形骸化していく。

農業史

　林業史家に比べれば，農業史家は環境史の導入にそれほど積極的ではなかった。水や土壌，作物や家畜を社会経済史的に論じてきた伝統が長いからである。そもそも経済史的要素の強かった農業史は，土地が，無数の微生物や細菌によって構成される生態系であることを軽視してきた。ヴァイ

マル時代に生まれた有機農業と，第二次世界大戦後，広く知られるようになった農業の環境破壊的性格とが，農業が人間と自然のもっとも交渉頻度の高い接点であることを人びとに再確認させた以上，農業史をもっと生態学的にみる努力が中世史家からも求められている［レーゼナー 1995］。

　農業技術史は，自然や環境と人間の交流の史的痕跡の宝庫である。ドイツの土壌は全体としてみれば決して肥沃ではない［青山 1940］。とくに，フランス南西部からベネルクス諸国をへてポーランドにいたる北ドイツ平地は，氷河で削られた岩や砂がゆるやかな丘をつくっている。こうした土壌の貧弱さが，ペルーからグアノ（鳥糞石），チリから硝石を輸入するという貿易航路を生み出し，リービッヒを先駆とする農芸化学の発達を促進する前提となった［リービヒ 2007］。だが，実験室中心で組み立てられる農学は現場との齟齬をきたす。ベルリンの農科大学やブレスラウ大学の農業研究所は理論優先であった一方で，シュトゥットガルト近郊のホーエンハイム農業アカデミー（ヴュルテンベルク公国の教育省直轄）やミュンヘン郊外のヴァイエンシュテファン農業アカデミー（バイエルン王国の教育省直轄）は実践優先であったことは，ハーウッドの『テクノロジーのジレンマ』に詳しい［Harwood 2005］。ホーエンハイムとヴァイエンシュテファンは小農地帯であり，大学と現場のギャップが比較的小さかった。なお，英・米では農業の近代化において私企業がはたした役割が大きいが，ドイツや日本では国家機関の存在感が大きい。とりわけ，単収の上昇が必須であった両国では品種改良事業が盛んであった。ドイツの品種改良事業は20世紀後半の「緑の革命」に喩えうるような機能と問題をはらんでいた［Harwood 2012］。1900年のメンデルの法則の再発見ののち，育種目標に準じた計画的な交配技術が確立され，第一次世界大戦期のイギリスの海上封鎖の苦い経験から食糧自給を唱えたナチも，育種事業を積極的に推進した［Harwood 2012］。

　一方で，こうした農業諸科学の発展の裏で，化学肥料の多投がもたらす健康および自然破壊への不安が近代農学への批判，とりわけ有機農業（ドイツではエコロジー的農業と呼ぶ）を生み出した。その誕生は1920年代半ばである。すでにふれたバイオダイナミック農法のほかにも，生改革運動の

一環として唱えられたケーネマンの東洋的な自然農法や，イギリスから紹介されたインドール農法など，農場を経営体ではなく生態系として，農民を経営者ではなく生態系の一員としてみる有機農法は，ドイツのみならず，スイスやオーストリアなどのドイツ語圏も含め，すでに豊穣な歴史を有している［Vogt 2000］。

なお，以上のような，ドイツ近代農業環境史の全体の流れを知るには，ユーケッターの浩瀚（こうかん）な著作が最良だろう［Uekoetter 2010］。

医学史

医学も，自然環境の歴史のテーマとして重要である。近代細菌学の祖と呼ばれるコッホの炭疽菌（1876年），結核菌（82年），コレラ菌（83年）の発見がたんに医学のみならず，公衆衛生の改善や人間の自然観の転換においても大きな役割をはたしたように，医学の発展は個人の健康問題にとどまらない影響を社会におよぼす。細菌学の歴史については，クライフの『微生物の狩人』および田中祐理子の『科学と表象』を読めば，パストゥールとコッホの比較もできてよいだろう［クライフ 1980；田中 2013］。

感染症の原因として人間の肉眼では見えない菌が発見されたことで，河川，池，土壌などから立ちのぼるミアスマ（瘴気（しょうき））が病気をもたらすという古代以来の俗説が否定されたように，医学史・医療史とは人間と自然との対決の歴史でもある。古くから民間に伝わる自然療法や，18世紀にザクセン出身の医学博士ハーネマンによって提唱されたホメオパシーが今なおすたれないのも，近代的な医療行為でさえ，個人個人の人間観や自然観を無視できないことの証左である［服部 1997；Jütte 1986］。農業史と有機農業史の関係と同様，オルタナティヴ医療の歴史は，近代医学の成立を客観的にみることを可能にする。また，為政者よりも自然に近いところに存在してきた民衆たちの，反支配者的行動として，民間医療や有機農業をみていくこと，あるいは，科学的観察対象としての人体でもあり，細菌の生態系でもあり，社会的存在でもある患者に着目することは，環境史と社会史の結合点を探る試みとして有効であろう。

都市史

　世紀転換期の急激な都市化によって都市環境は大きく変化した。住民たちは，心身のリフレッシュのため，郊外にクラインガルテンと呼ばれる小菜園を所有し，そこで野菜やハーブを育てながら自然とふれあう機会を意識的に確保した。これはシュレーバーが発案したもので，2度の大戦では都市住民の食糧の不足を部分的ではあれ補った［穂鷹 2004］。同時期に，ダマシュケの住宅改善運動もみられた。大都市の人口急増による住環境の悪化に対する運動である。イギリスで提唱された田園都市構想がドイツでも普及し，移住政策が推進された［辻 2008］。都市のゴミ問題も避けてはならないテーマである［Bergmeier 2003］。ナチ時代に関してはフーフトゥングや藤原辰史などが論じている［Huchtung 1981；藤原 2012］。

　しかし，都市環境でもっとも深刻だったのは，1960年代から70年代にかけての経済成長期の大気汚染である（［Uekoetter 2009］）。とりわけ，ルール工業地帯では煤煙による呼吸器系の被害が増えた［岡内 2011；Brüggemeier/Rommelspacher 1992］。1961年に，社会民主党の連邦首相候補だったブラントが選挙運動で訴えた「ルールに青空を」という言葉は有名である。

4 │「血と土」を超えて

　自然を愛する精神は，しかし，必ずしも人間を愛する精神とは繋がらない。

　ドイツ郷土保護同盟初代会長のシュルツェ＝ナウムブルクは，ナチ時代，表現主義やキュビスムなどの「退廃芸術」を不健康で不調和だと攻撃し，均整のとれた「血と土の芸術」をそれに対置させた［藤原 2009］。ヴァイマル時代に郷土保護同盟で活躍したザイフェルトは，ナチ時代にはアウトバーン（自動車専用道路）を景観と調和させる「景観弁護人」を務めた［小野 2013］。「土壌・植物・動物・人間の生物学的共生」をモットーとした農村計画学者のマイヤーは，東方占領地の現地住民を数千万の規模で追放し，そこに「ドイツ的景観」を創造すべく，「民族ドイツ人」と呼ばれた在外

ドイツ人を移住させるプラン「東部総合計画」を作成した［藤原 2005］。小説『園長の妻』には，動物や昆虫を偏愛する実在のナチが登場する［アッカーマン 2009］。

　これらの事例はスキャンダルなのか。自然保護運動家たちはナチ時代をチャンスとして利用したという論点がいま主流であることはすでに述べた。しかしながら，これで思考をとめるならばたんなる環境保護史にすぎない。いま一度，「自然のなかの人間をとらえる」という環境史の原点に戻り，こうした現象を違う角度から論じなければならない。このとき役立つのが文化史的アプローチである。

　そもそも，ナチの重要なスローガンに，「血と土」と「生命空間」(生存圏とも訳される)があった。「血と土」は人種主義と郷土保護，「生命空間」は植民地主義と景観保全を結びつける。つまり，ユダヤ人の排除と東欧の軍事的占領という2つの暴力の発現を，ドイツ的景観の創出によって正当化しようとしたのである。大規模な暴力を動揺なく発動させるほど徹底したナチの人間観の転換，空間と生命を人間の上位におくという認識の転換は，従来の自然保護や郷土保護がめざしてきた価値の転換とは異なる。しかし，世紀転換期以降の農村から都市への急速な人口移動，工業化による資源の枯渇，第一次世界大戦がもたらした古典的な人間観の崩壊を体験した人びとは，新しい価値観に飢えていた。すでに崩壊を遂げつつあった自然やそれを基盤に成り立っていたコミュニティは，モノのように死体が積まれていった大戦や，伝統的世界が市場と直結するなかで価値を喪失した人間を，そのまま映し出す鏡である一方で，じつは人間がモノではなく人間であることを再確認する貴重な手がかりでもあった。このような自然と社会の関係史を基礎にすえたとき，「血と土」や「生命空間」という言葉の出現には環境史的にそれなりの根拠があったといえよう。

　言語をたんに社会の反映としてみるのではなく言語の能動的な現実構築機能を重視する文化史的アプローチも，自然の諸要素の相互関係史である環境史のなかでさらに深めることができよう。想像力こそが，歴史のなかの自然と環境を研究する者の生命だからである。

藤原辰史

第2章 教育と科学技術

1│近代ドイツ教育史への問題関心の系譜

日本におけるドイツ受容

　昨今，日本においても「大学の国際化」が叫ばれ，大学の国際ランキングが一般紙を賑わすほどである。他方で，日本人学生は外国留学に消極的であり，その「内向き」が問題だと主張する論者もいる。

　アメリカの政治学者ジョゼフ・ナイは，国際関係において軍事力や経済力に代表される国力は「ハードパワー」であり，それに対して，文化や価値観，社会の諸制度などが他者に影響を与える無形の力を「ソフトパワー」と定義した[ナイ 2004]。近代ドイツは教育制度や科学技術の面で著しい進歩を遂げ，その「ソフトパワー」は遅れて近代化の道を歩もうとした当時の日本をも十二分に魅了した。明治初期の日本には，フランスやドイツ，アメリカなどその模範とすべきさまざまな選択肢があり，当時，どのモデルが日本の近代化にもっともふさわしいのかという激しい論議も起こったが[天野郁夫 2009]，ドイツが有力な模範となったことは否定のしようがない。教育に関する「ドイツ・ソフトパワー」は，数多くの日本人留学生をドイツへと，とりわけ「学都」ベルリンへと引きつけた[和田ほか 2006]（なお，ベルリン大学へ留学した日本人留学生のデータについては[Hartmann 1997；Hartmann 2003]参照）。

　また，科学・技術の領域においても「ドイツ・ソフトパワー」は強力だった（ここでは，科学や技術の経済的な影響ではなく，それに憧れ，学ぼうとした当時の日本人が感じた魅力のことを指す）。教育制度の整備にともなうように科学技術も発展し，19世紀初頭に「粗悪品」の代名詞だった「メード・イン・ジャーマニー」という言葉は，その100年後には「高級品」を指す

ようになり，急激に発展するドイツ技術(およびその国力)に対するヨーロッパ諸国の警戒心をあらわすものとなっていた[Radkau 2008]。1901年にははじめてのノーベル賞が授与されたが，レントゲン(物理学賞)，ベーリング(医学・生理学賞)の2人はドイツ人，オランダ人のファントホフ(化学賞)もベルリン大学の教授であった。その後，第一次世界大戦終結までに限定しても，コッホ，オストヴァルト，プランク，ハーバーなどドイツ人受賞者は枚挙にいとまがなく，1930年頃まで，ノーベル賞受賞者の約3分の1がドイツ人であった。19世紀末には大学からは独立した，国家の支援による巨大な研究機関(カイザー・ヴィルヘルム協会)が設立され[リッター1992;Johnson 1990]，これは日本の理化学研究所のモデルとなった。

このように，優れた制度に憧れ，それを模範とし，その実情を明らかにしたいという意識から，ドイツは長いあいだにわたってわれわれの心をとらえつづけてきた。ただし，情報は，日本とドイツの距離に応じて，タイムラグをともないながらやってきた。時間差は時代をへるとともに縮小し，グローバリゼーションとインターネットなどの情報革命をへた現在，ドイツの事情はほぼ瞬時に把握でき，ある程度ならコンピュータが翻訳さえしてくれる。かつて日本の近代学術が担っていた大きな課題とは，西欧の優れた文物を翻訳し，紹介することであった。「洋行帰り」がもてはやされ，外国をモデルに「まねぶ」という姿勢はいまだ根強く残っているが，ここにきて若者の目が外国へ向かなくなってきたのは，日本と外国の関係が根本的に変化しつつあるからだろうか。であるなら，今後日本のドイツ史研究には何が求められ，どこへ向かうべきであるのか。このことも念頭におきつつ先に進もう。

教育史研究への姿勢と研究手法

ある学生が歴史を研究しようとする。それにあたって，時代と対象，そして分野(ディシプリン)を決定するが，教育史研究においては最後の「分野」が一番の問題である。教育史には，教育学の枠組で教育の歴史を研究する者がおり，西洋史研究で同じ問題に携わる研究者がいる。社会学には教育社会学や社会学史の専門家が，また理学部に「理学教育」の研究者が

いたり，医学部に「医学教育」の研究者がいたりする。これらの研究者は研究対象として教育を選んではいるが，おそらくその観点はまったく異なっている。教育史(とりわけ大学史)の取組の根幹には，このようなさまざまな学問分野の相互作用・対抗関係があったといっても過言ではない(戦後日本における大学史研究の黎明期については［天野郁夫ほか 2004］)。

　このような事情に加え，研究者を取り巻く社会の状況も，研究方向に大きな影響を与えてきたと思われる。かつて教育史とはあくまでも「教育の歴史」，すなわち教育の理念や制度の歴史を検討することがその中心的課題とされてきた。しかし，1970年代初頭より，旧西ドイツで新しい研究の方向性がみられた。それは学校と社会の関係に焦点をあてる教育社会史である。後述するように，この研究成果は日本の研究者にも多大な影響を与えた。しかし，なぜこの時代の旧西ドイツで研究の方向転換がみられたかについては，あまり指摘されていないように思う。考えられうる理由の1つとしては，西ドイツ建国以来与党の座にあったキリスト教民主同盟が1969年にはじめて野党へ転落したことがあげられよう。このとき連邦首相となったブラント(社会民主党)は「もっと民主主義を！」という政治スローガンのもとで，社会における不平等の解消や，不平等の大きな原因だと考えられた教育の機会均等の実現に乗り出したのである(生活困窮学生を対象とした返還不要の奨学金制度〈Bafög〉はブラント政権下で制定された連邦奨学金法〈1971年〉に基づく)。そして，もうひとつの要因は，1973年のオイルショックであろう。戦後ドイツ史を時代区分するにあたり，これまでは学生運動をめぐる1968年頃が大きな転換点だと認識されてきたが，最新の研究ではオイルショックとその後の不景気を重視する傾向がみられる［Doering-Manteuffel/Raphael 2010[2]］。教育史の脈絡でいえば，この景気後退に学校教育改革による人材教育をもって対応しようという動きがあったのである［望田 1998］。こう考えると，1970年代初期がドイツ社会の大きな転換点であり，教育史研究もその影響を受けているということは，否定しがたいのではないだろうか。

　いずれにせよ，理念史や制度史と並行して，教育社会史という新しい流れが生まれたことは間違いない。ここにいたって学校は，理想の教育がお

こなわれるべき場所と解釈されるにとどまらなくなる。例えばルントグレーンは，学校とは，①国家・政治，②経済，③社会構造，社会層，④文化，価値体系という4つに区分される社会的行為の領域からさまざまな要求が寄せられる地点に立つものである，と解釈した［ルントグレーン 1995］。このルントグレーンの学校理解を念頭におけば，教育社会史とはさまざまな研究領域の成果を総合的に活用しなければならない分野であることがわかる。そのなかでも社会学が与えた影響は大きい。とくにフランスの社会学者ブルデューとパスロンが提示した「文化資本」や「再生産」の議論は［ブルデュー／パスロン 1991；ブルデュー／パスロン 1997］，教育の機会均等や社会移動に関心をもっていた教育社会史研究に大きな刺激を与えた。とはいえ，これらの研究がフランスで発表されたのは1965年前後のことであり，日本で注目を集めるまで約四半世紀程のタイムラグがあった（日本においての，ブルデューに関する本格的な研究は1986年の福井憲彦・山本哲士によるものが最初と思われる）。ドイツの教育社会史もほぼ同じだけのタイムラグをへて日本の研究へ影響していた。このことをどう考えるべきか。興味深い点である。

　もうひとつ，機会均等と階層移動に関心を向けた研究に大きなインパクトを与えたのは，史料の数量化である。それはドイツ研究協会（DFG）による「教育制度における資格付与の危機と構造変動」プロジェクトから生み出された。このプロジェクト（1977〜82年）は，数多くの歴史資料から中等・高等教育における学生の社会的出自，宗教，年齢などを数値化し，その研究成果を『ドイツ教育史データブック *Datenhandbuch der deutschen Bildungsgeschichte*』として公刊した［Müller/Zymek 1987；Titze 1987；Titze 1995］（なお，このプロジェクトの直接の成果ではないが，ドイツ教育史データブックはその後も発行されつづけた［Herrmann/Müller 2003；Lundgreen 2008；Müller-Benedict 2008；Lundgreen 2009］。プロジェクトはその後「大学の教育能力」〈1982〜87年〉，「選抜の正統性」〈1996〜98年〉，「ドイツ初等教育ハンドブック1800〜1945年」〈1999〜2003年〉と続いた）。第一プロジェクトで中心的な役割をはたした1人であるデートレフ・K・ミュラーは，その試みに先行して，1970年代の大卒資格が労働市場においてどのような意味をもっていた

かを検討している。これには「資格付与の危機と学校改革」という題目が与えられ、ドイツ研究協会の支援によるゲッティンゲン大学とボーフム大学の合同研究グループ(「プロイセン教育制度の資格付与の危機と構造変動1867〜1945年」)が立ち上げられた。ここにルントグレーンやハイネマンら歴史研究者が合流したのである。この一連の流れから、当時のドイツ現代社会に対する問題意識を基にプロジェクトが立ち上げられ、専門分野横断的な研究が進められたことがわかる。すなわち、上述した教育史がもつ、特色の1つが典型的にあらわれている例ということができよう。

それではつぎに、各教育段階別に、19世紀を対象とした教育史研究の動向を概観してみよう。

2 │ 19世紀の初等・中等・高等教育

初等教育──教育政策のなかの民衆学校、国家と初等教育

　機会均等や階層移動を主たるテーマとした教育社会史の視点には、初等教育への視座が欠けるきらいがある。その理由としては、まず第一にヨーロッパの初等教育は中世以来教会の施設であったことがあげられよう。第二には、中等・高等教育の課題が教養層であるエリートの教育であったのに対し、初等教育は基本的な読み書きや計算をその任務としていたことがある。例えば、プロイセンではようやく18世紀終り頃にツェドリッツの「学制プラン」(1787年)やプロイセン一般ラント法(94年)で授業への参加義務(Unterrichtspflicht)について言及されたが、すべての児童を対象とする就学義務(Schulpflicht)は実現されなかった。初等学校教師も19世紀初頭にようやく独立した職業となったものの、大学での教育を要求されていなかった[ベリング 1987]。そのため、初等教育の歴史とは、近代国家の成立にともなって、教会と国家のあいだでの学校の管理をめぐる争いの考察をその嚆矢として[谷口 2012]、あくまでも国家と学校の関係性に関心が集中している(18世紀の国家と初等教育の関係については[増井 1996]、19世紀中葉については[対馬 1984]、第二帝政期については[遠藤 1996])。なお、学校の管理が国家の手に移行したのちも、聖職者は民衆学校に対する監督権を

保持し，地域の視学官として定期的に学校を視察した。彼らは学校を監督する官庁への報告書提出を義務づけられ，教師の監督や就学義務の履行を監督した(プロイセンでは，ようやく1872年の学校監督法により，都市学校への聖職者監督権が廃止された)。民衆学校を題材とした数少ない社会史研究には，学校の読本をもとに18世紀末から19世紀初めの民衆の意識を解明しようとした寺田光雄の著作がある[寺田光雄 1996]。

　なお，19世紀にエリート教育の初等段階を担った予備学校(予備学級。3年制の私立学校で，ギムナジウムに接続した)は初等教育のカテゴリーで語ることはできない。一般民衆を対象とした民衆学校は上述のように義務教育への途半ばであったのに対し，同時期に設立された私立の予備学校(5歳あるいは6歳で入学する)はギムナジウム(古典語教育)準備段階としての性格を有していた。この学校のエリート性については，1832年のベルリン市で就学義務のある児童のうち，予備学校へ通学していたのはわずか3％であったという数字を示すだけで十分であろう[Müller 1977]。この学校はその排他性が問題視され，ヴァイマル共和国成立時に憲法第147条で廃止が規定され，それに関する「基礎学校および予備学校の廃止に関する法」が1920年に制定された。その時点でついに，予備学校は廃止されることとなったのである。ちなみに，1816年の時点で約60％の児童が初等学校へ通学しており，70年頃は約90％，80年代にほぼ100％となった。

中等教育──ギムナジウム体制の確立

　前述したように，19世紀ドイツにおいて，初等教育と中等教育には接続の関係がなかった。すなわち，中等教育は一般民衆以外のエリートを養成するものであったといえる。ただし，近代社会の構成原則が血統原理から資格原理へとゆっくりと転換していったため(第3節参照)，ひとくちに中等教育を「エリート」養成だといったところで，それが確固たる制度化を終えるまでに，長い時間を要したのである。

　例えば，18世紀末から19世紀初頭にかけてのプロイセンには種々雑多な学校群が存在した。これがしだいに整備され，全国的に画一化された制度へと転換していったが，そのなかにエリート，サブエリート，一般民衆と

いう分節化をともなうのが、19世紀の特色であるとこれまでの研究で指摘されている[望田 1998]。

そのなかでトップエリートの養成校として特権的地位が与えられることになったのが、ギムナジウムという学校形態である。これは19世紀初頭に優勢だった新人文主義の思想のもとで、古典語（ギリシア語・ラテン語）を中心とした「全人教育」の理想に基づくエリート養成をおこなう学校となった。1812年にこの学校類型はアビトゥーア（修了資格）規程を与えられ、34年にはアビトゥーアの独占権を得たのである。これはギムナジウム修了生が、大学入学資格を独占することを意味した（もっとも、それ以前に各大学で実施されていた入学試験が消滅するまでは、しばらく時間を要した。また、化学専攻のように薬剤師を養成する課程にはアビトゥーアなしの進学を認めるという例外措置もあった）。

ここで、「ドイツ・ギムナジウム体制」と呼ばれているものが出現するのであるが、これには多少の留保が必要である。というのも、これまでの研究のほとんどはプロイセン邦を対象としたものであり、ドイツというよりは「プロイセン」ギムナジウム体制と呼ばざるをえないからである。1871年のドイツ帝国創建までは、ドイツ語圏とひとくちにいってもオーストリアがあり、バイエルンがあり、その他多数の中小邦があるという地域的多様性がみられる。そのため、19世紀前半の時代を「ドイツ」と一般化して語ることには危険がつきまとうであろう。しかしながら、中等教育に限定しても、他邦に関する邦語研究の蓄積はほとんどなく、バイエルンについて谷口健治の研究がみられる程度である[谷口 2012]。とりわけバイエルンはウィーン体制以後、オーストリア・プロイセンの対抗関係のなかで「第三のドイツ」と呼ばれる一群の領邦の代表格であり、教育史の脈絡でも、19世紀中葉まで「バイエルン特有の道」を歩んだとされる。

また、ギムナジウム体制がドイツ全土で確立した19世紀後半においても、学校をめぐる環境には大きな地域差があった。ギムナジウムには近隣に別種の中等学校（群）がある都市型のギムナジウム、さまざまな学校類型をギムナジウムがかねる「複線同居型」学校、学校所在地以外の遠隔地から生徒を集めるいわゆる「寄宿制進学校」型学校などさまざまな形態があった。

既存の研究で「ドイツ・ギムナジウム」と語られていたものは，じつは「プロイセン・ギムナジウム」であったことはすでに指摘したが，ドイツ帝国はプロイセンという圧倒的優位にある邦を中心に構成されていた一方で，あくまでも連邦制を基本としていたことを念頭におくべきである。さらにはプロイセンという広大な邦のなかでも，農村部と都会における学校環境はまったく異なっていた。1900年の時点ですら，プロイセン120都市のうち，ギムナジウム，実科ギムナジウム，高等実科学校の中等学校三系列すべてを備えたところはわずか25%であり［進藤 2001a］，いわゆるドイツの「ギムナジウム体制」も地域性を加味した再検討が必要とされている。

ベルリン大学の創設と「新しい」教育スタイル

　「はじめにナポレオンありき」(ニッパーダイ)という言葉は，そのまま19世紀初頭のドイツの大学にもあてはまる。1792年頃，ドイツ地域(神聖ローマ帝国の領域)には45もの大学が存在したが，まもなくその多くが閉鎖され，そのなかにはケルンやマインツなどの有名大学も存在した。ナポレオンの支配が確立したのち，ケルン大学は1919年，マインツ大学は46年まで長い休眠期間にはいったのである。1820年時点で，のちのドイツ帝国の領土となる地域にはベルリン，ケーニヒスベルク，ミュンヘンなどわずか19大学が存在するのみであった（その後1843年にミュンスター王立アカデミーがプロイセン邦立大学へ昇格し，普仏戦争の結果71年にフランスより割譲され帝国直轄領となったアルザス〈エルザス〉にあるストラスブール〈シュトラースブルク〉大学が新たにドイツの大学となっただけである）。

　このような状況のもと，ドイツでは大学改革が起こりつつあった。それは当時一世を風靡した新人文主義に基づく「全き人間の教育」観念に基づいておこなわれたのである。この考えをもとに，近代ドイツの大学では「研究と教育の統合」および「研究の自由」(実用的な学問「パンのための学問」の否定)，そして「教授・学習の自由」という理念の成立をみた，というのが既存の教科書的理解である。

　この新しい理念を具現する大学として，1810年にベルリン大学が設立された。その特色とは，①それまでの邦立大学とは異なった，「ドイツ国民」

のための大学として設立されたこと，②国家の関与のもとで，各分野の最優秀の研究者を獲得する「優等原則」に基づいていた，③学術研究や学問の教授において，「教育と研究の統合」に基づいた完全な新形態を求め，「学生もまた研究する」ことを実現しようとすることであった[Kraus 2003]。この「フンボルト型大学」の特徴については，潮木守一が簡潔かつ要領よくまとめており，プラールはそれを詳細に論じている[潮木 2008；プラール 1988]。

　ドイツの近代的大学の特徴はさらに，ゼミナール(文化系)，研究所・実験室(理科系)，大学附属病院(医学系)の出現によって特徴づけられる。ゼミナールがはじめて設置されたのは1812年，ベルリン大学の古典学と神学のゼミナールである。実験室は1826年にドイツ中部のギーセン大学に設立された。これは有機化学の父リービッヒの実験室といったほうが通りがよいであろう。これらの施設が備わったことにより，ドイツの大学は「研究大学」への道を歩み始めた，とされる。

フンボルト・テーゼの過去と現在

　このように，ベルリン大学設立に大きな影響を与え，その思想が19世紀のドイツの大学，ひいてはドイツの学術研究を世界のトップへ押し上げた立役者が，ヴィルヘルム・フォン・フンボルトとその理念だという思想は，多くの研究者に共有されてきた。大学史家モーラフは，大学の発展を三段階に区分し(中世～1800年頃＝前古典期，1800～1960/70年＝古典期，1970年代以後＝後古典期)，この区分法は多くの研究者に受け入れられたが，ここでもベルリン大学が登場した1800年前後が大きな分水嶺とされていることに注目したい。

　しかし，2001年にドイツの歴史家パレチェクは，フンボルト理念とは後世の人間につくりだされた「神話」であり，その実態はなく，この神話はベルリン大学創設の100年後に教育学者シュプランガーによってつくられたものだという仮説を提示した[潮木 2008]。パレチェクはさらに，同時代のドイツの大学にとってベルリン大学＝フンボルト型大学はモデルですらなく，それが普及しているということもなかったと指摘した[Paletschek

2001b]。ここで,これまでのフンボルト型大学＝成功のモデル,という構図には疑念が呈されることとなった。

　もっとも,ドイツの学会でパレチェクの論が完全に受け入れられたわけではない。これまでフンボルト型モデルは,ドイツの大学制度や学術発展と密接に結びつけられたかたちで説明されていた。パレチェクが示した仮説は,ドイツ大学のモデルがフンボルトの理念やベルリン大学ではなかった,ということ(いわゆる「フンボルトの神話」の否定)を示すのみであり,では,なぜドイツの近代大学があのような形態をとり,学術を発展させることができたのか,ということへの解答を与えていないためである。ここにさらなる研究の余地がある。

3 │ 学校と大学の社会史

ギムナジウム学生と大学生の社会史

　ここまでみてきたように,ドイツ教育社会史は,ドイツでのめざましい研究成果を受け,日本においても大きく発展した。もちろん,そのなかでもカバーされていない領域は多い。外国での教育社会史批判には,数量史的研究に重心をおきすぎているために日常史が欠如していることを指摘しているものもある[Jarausch 1986](その紹介については[津田 2003])。その1つがギムナジウムの社会史である。繰り返し述べているように,ドイツ教育社会史は階層移動と教育の機会均等に重点をおいているため,社会史を標榜しているわりには意外に学校における生徒の実情や学校生活などに目を向けていない。これを知ろうとすれば,ケストナーの『飛ぶ教室』など文学作品に頼らざるをえないのである。研究書のなかでも,ごく一部がふれているにすぎない[進藤 2001b;望田 2003b]。19世紀より現代まで連綿と続くドイツ・エリートの生活世界は,9年制のギムナジウムと,そしてそれに続く大学の世界で涵養され,十数年におよぶその体験は,エリートの人生に大きな影響を残しているはずである。にもかかわらずこの「隠されたカリキュラム」の9年間に関する研究が,じつはドイツにおいてもほとんどみられないということは,ギムナジウムとはエリートの「自明」

の世界である，ということだろうか。ただし，世紀末のワンダーフォーゲルや青年運動は，例外的に研究が豊富である［田村 1996；望田・田村 1990；ラカー 1985］。また，ギムナジウム学生の社会史を考える際に，ケストナー『飛ぶ教室』にも登場する寄宿舎制度の実態はどうであったのか，あるいはギムナジウムの給費生制度が，エリート教育にどれほどの意義をもっていたのかなど，実証的な研究が待たれるテーマは多いのである。

　ギムナジウム生徒の社会史が手薄であるのに対して，ドイツの大学生の社会史は，日本でのものを含め数多くの研究がある［潮木 1986；潮木 1992］。潮木は19世紀学生の日常生活をさまざまな視点から描き，当時の学生世界をいきいきと再現している。それ以外に大学生のエートスをドイツ特有の決闘に探るものや［進藤 2001b］，帝政期ドイツの大学生の政治性を問う研究もある［Jarausch 1982］。決闘については，ドイツにおける「男らしさ」の観点から検討したキューネの研究があり［キューネ 1997］，これも男性だけの世界であった当時のドイツ大学生の世界を解き明かす手がかりを与えるだろう。

　また，世紀末ドイツで教育行政に絶大な権限をふるった文部官僚アルトホフについては潮木の著作がある。これは当時「アルトホフ体制」とすら呼ばれた時代を，教育行政の点よりも，社会史的な観点に力点をおいて描いている［潮木 1993］。潮木のパイオニア的研究により，日本の研究者のなかでは「アルトホフ」とその「体制」は大変認識度の高いものとなった。プロイセン枢密文書館の一次史料を用い，アルトホフの政策を1900年の学校会議から明らかにしようとする研究もある［安藤 2007］。

統計からみる学校・大学の実態

　数量史研究がドイツの学校の新しい一面を照射したことはすでに述べたが，それを受け教育機会の拡大と社会の流動化の実際についてもかなりのことが判明している。例えば，プロイセン大学生の社会的出自（1890～1930年）をみてみると，中下級官吏家庭の子弟が漸増し，それに反比例して商工業者家庭の子弟が漸減，企業被傭者の子弟が20世紀にはいって増える，という点を除けば，比較的安定していることがわかる［進藤 2001a］

(リンガーが『読書人の没落』で指摘しているものとは異なる傾向を示している)。他方では，学部や大学によって社会への開放性に大きな違いがあることも明白である［進藤 2001a］。ギムナジウム研究における地域間格差の問題はすでに指摘したが，それと同じく，連邦的伝統の強いドイツでは，地域性にさらに着目した大学史研究が必要とされるであろう。ドイツでの研究では，大学別の専攻別学生数，各専攻における男女学生比率，外国人留学生率が明らかにされているが［Titze 1995］，さらに大学別の学生の出自などを解明しようとすれば，大学文書館に所蔵されている学籍簿などドイツ語一次史料の利用に頼らざるをえない(ただし，一部の大学では学籍簿を公刊したり，オンラインで閲覧が可能な大学もある)。

血統原理から資格原理へ

　教育史では，機会均等や階層移動という観点から生徒・学生の出自に大きな注意がはらわれてきたことはここまでみてきたとおりである。しかしながら，教育を受けた者がどう社会に出ていくのかについて考察をしなければ，ドイツ社会の全体的把握には到底いたらないであろう。そこで，学校で付与される「教育資格」と就職の際の「国家試験」，その結果得られた「職業資格」という要素から構成される「資格制度」について目を向ける動きがでてきた。それは，前近代社会から近代社会への移行が「血統」をもとに構成された原理から学校教育と職業資格試験による「資格社会」への転換であるという認識に基づいている。また，この資格社会論が提出されてきた背景には，すでにふれた教養市民層研究がある。これら一連の研究で，高度な教養(古典語教養)に裏打ちされた「教養市民」という特殊近代ドイツ的な社会層の姿が浮彫りにされたわけであるが，この概念は国際比較の装置としては問題があった。しかし専門職(Profession)という概念はこの問題を克服できると考えられたのである［望田編 1995a］。こうしてドイツ資格社会研究への取組がスタートしたわけであるが，初期段階にはその分析ツールとして職業社会学の研究成果を用いたマクレラントなどに負うところが大きい［マクレラント 1993］。日本においては望田幸男のグループがまず高等教育を受けた職業集団を公職・非公職に二分し分析をお

こなったものがある[望田編 1995a]。この共同研究が提出された時点で，社会のなかのごく少数のエリートに着目した「市民層研究」はドイツ社会全体を把握するという点では極めて限定的なツールであり，非大卒の社会をもはかることのできる物差しを用いてこそはじめて，「ドイツ」社会を論じることができるとも指摘されるようになった。そこで引き続き下級職（郵便[進藤 2003]，工場労働者[田中 2003]，女性職員[吉岡いずみ 2003]，ホテル・飲食業[南 2003]）を対象とし，資格社会の視座を下方展開した共同研究がおこなわれた[望田編 2003a]。

こうして，近代ドイツにおいて「学校教育＋職業試験＝資格原理」が成立し，このネットワークが社会をくまなく網羅している，という資格社会論はいちおうの完成をみた。しかし，太田和宏が指摘しているように，近代社会は能力原理一辺倒の資格社会へ転換し，伝統社会との断絶であったのか否か，あるいは前近代の対概念がはたして「資格社会」であるのか否かという重要な問題は未解決のままである[太田 2004]。前者の問いに対しては丸畠宏太が答え，後者の問いについては不十分ながらも進藤修一が問題提起をしてはいる[丸畠 2003；進藤 2003]。また，こうして得られた「資格」＝学歴が，その後の職業生活においてどう作用したのかということもまだ明らかにされていない。資格社会論はこれら未解決の問題も積み残したままなのである。

4｜科学技術の発展と教育改革

実業高等教育機関の発展——実科学校，工科大学・商科大学

ドイツの教育を考察するにあたり，まず科学と工学はまったく別の存在であることを指摘しなければならない。数学などの自然科学は伝統的な教育機関においても確固たる地位を得ていたが，実業教育については，古典語を中心とする教育体系からは基本的に排除されていたのである。本節では，19世紀後半に拡充・発展が始まった実業教育機関を概観することとする。

19世紀になると中等教育段階で「ギムナジウム体制」が構築されたが，

ギムナジウムに認定されないラテン語学校や諸学校も存在した。1832年に公布された高等市民学校・実科学校規則は，これらの学校にラテン語を課さなかったが，あえて古典語をカリキュラムに取り入れることで，自校とギムナジウムとの格差を縮めようとした学校があった。この，ラテン語を導入した学校は，1859年以後第一種実科学校（9年制）となり，82年以後は実科ギムナジウムという名称になった。ラテン語の導入をはたさなかった学校群のうち，第二種とされた中等学校にもさまざまなものが混在したが，1820年代に公立の州産業学校として設立された諸学校が，78年に9年制の中等学校に改組し，これが高等実科学校となった。こうして中等学校三系列と呼ばれる学校類型が整備されたのであるが，総合大学へ接続するのはあくまでもギムナジウムであり，実科ギムナジウムや高等実科学校はそれとは別の任務を担うものとされたのである（これらの学校では古典語よりも近代語や自然科学科目が重視された）。

　高等教育機関において，日本やアメリカのような「後発型」大学は工学部をそのなかに含むかたちで発展したが，実学に対して拒否感の強いドイツは，「純粋な学問研究」を対象としない分野を独自の機関として発展させたのである。これらの高等教育機関と対比する意味で，Universität を「総合大学」，あるいはすでにみたように，「古典的大学」（モーラフ）と称したりもする。大学以外の機関はこの Universität という名称を使用することは許されず，Hochschule と称することとなった。

　実科系高等教育機関をみると，早い時期に生まれたのが鉱山アカデミー（Bergakademie）と工業系学校である。鉱山アカデミーは18世紀中にフライベルク（1765年），ベルリン（70年，フリードリヒ大王が設立），クラウスタール（75年）の3校が設立されていた（もっとも，これら鉱山アカデミーの重要性に反して，これについての邦語研究は極端に少なく，簡潔な紹介がある程度である［木本 2008］）。翻って工業系学校の設立といえば，1794年にフランスで設立されたエコール・ポリテクニークをモデルとした工業専門学校群（Polytechnische Schule）がある（しかし，これは一説であり，エコール・ポリテクニークをあくまでも前工業時代の伝統に位置づけ，19世紀ドイツの技術教育はそれとは異なる文脈でとらえるべきだ，という見解もある［ルントグレーン

1995])。工業専門学校系の教育機関は，プロイセンでは建築アカデミー，鉱山アカデミー，工業インスティテュートの三区分が堅持された（19世紀初期のプロイセン工科系諸学校と工業振興政策の中心人物ボイトについては[高橋 1986；宮下 2008]）。しかし他の邦では「高等工業学校」(höhere Gewerbeschule)として工業・実業系の科目を統合した学校が生まれた（シュトゥットガルト〈1819年〉，カールスルーエ〈25年〉，ミュンヘン〈27年，33年にミュンヘン，アウクスブルク，ニュルンベルクの高等工業学校へ分離〉，ドレスデン〈28年〉，ハノーファー〈31年〉，ダルムシュタット〈36年〉）。こうした教育機関の整備とともに，工業知識の「学術化」がはかられることとなった。

この「学術化」を受け，これらの工科系学校は1870年代以後「工科大学」(Technische Hochschule)として発展する[加来 1986]。この躍進を特徴づけるのは，1870年にアーヘンに新設された総合技術学校(Polytechnische Schule, 80年以後は工科大学)である。この学校はプロイセン政府の基本資金と，ライン地方の経済層からの私的資金を投入して建設され，「工学知」を涵養する高等教育機関の整備・発展を象徴する存在となったのである（後述するように，19世紀後半，工科大学は総合大学との同格化運動を開始するが，その成果は期待していたほどのものではなかった。第二次世界大戦後，多くの工科大学はその歴史的経緯からHochschuleの名称をきらいTechnische Universitätへと改称する。だが，アーヘンだけは工学知の殿堂としての自負から，現在でもTechnische Hochschuleを使用しつづけている）。

工科系学校よりかなり遅い時期に成立したが，同様に総合大学の埒外におかれたのが，商科大学(Handelshochschule)である。これらの学校は1898年に設立されたライプツィヒ商科大学を皮切りにその後約20年間に9大学が設立された。この大学の歴史および卒業者の職業資格（商学士＝ディプローム・カオフマン）については，邦語文献では早島瑛の一連の研究が参考になる[早島 1995；早島 2003 など]。

工業化と教育

18世紀にイギリスで産業革命が進行したのに比べ，ドイツ地域の経済発展は，19世紀前半まではゆるやかな上昇にとどまった。とりわけ，1834年

のドイツ関税同盟をどう解釈するかが，最近の議論である。統一された市場の欠如を問題視した関税同盟の推進者フリードリヒ・リストの思想に再検討を促しているのがキーゼヴェターの研究である［キーゼヴェター 2006］。キーゼヴェターは19世紀前半の政治的未統一のドイツに地域間競争が存在し，それがドイツ経済の成長の原動力となったと指摘している（ドイツ〈語圏〉の工業化を概観しようとすれば［奥西ほか 2010］，より専門的なドイツ工業化論の系譜を知ろうとすれば［鳩沢 2006］を参照のこと。また，この鳩沢歩の著作は，国民的な経済統合と地域間競争という一見矛盾した考えを鉄道史の観点から架橋しようとする意欲的な論考である）。

　このようなドイツの工業発展は19世紀末に1つの頂点に達し，これは「第二次経済革命」（ノース）と評されてきた。その特徴は団体調整的市場経済であり，この制度的枠組のなかで重視されているのが，大学での研究環境である。ドイツの経済史家アーベルスハウザーは，この第二次経済革命時に構築されたドイツ独自の社会生産システムが，第二次世界大戦後の西ドイツの「経済の奇跡」（経済復興）を支えた要因である，というテーゼを提出した［アーベルスハウザー 2009］。アーベルスハウザーはグローバル化の進行にともない出現した，ネオリベラル的で大量生産型のアメリカ的資本経済が唯一の「資本経済」であるかのような言説に対して，それ以外にもさまざまな資本主義のかたちがあり，そのなかの（非常に優れた）1つが団体調整と高品位小生産システムをもつドイツ型資本主義だと主張する。なぜ教育を扱った本章においてアーベルスハウザー論を紹介するかといえば，彼は19世紀末ドイツに出現した学術と工業の結合を重視しているためである。つまり経済史の観点からは，19世紀後半のドイツ工業の躍進は，その背景に優れた教育体制があってこそ，という理解なのである。

古典語教育体制のゆらぎ──工業化の進展と実科系学校の同格化問題

　しかしながら，このような華々しい発展とは裏腹に，技術者はドイツ社会において周辺エリートにとどまりつづけた。ギムナジウム・総合大学で古典語教養を背景にした教育を授けられ，生み出されたエリートを，リンガーは「読書人」（German Mandarin）と呼んだ［リンガー 1991］。これはその

後の研究で「教養市民層」(Bildungsbürgertum)と称され，市民層研究は1980年代半ば以後，ドイツで精力的に取り組まれたテーマとなった［Conze/Kocka 1992；Engelhardt 1986；Kocka（Hg.）1989；Koselleck（Hg.）1990；Lepsius（Hg.）1992］（市民層研究の系譜については［森田 2001］）。もっともリンガーの視点は，工業国として勃興するドイツのなかで，19世紀末にその没落を恐れる読書人の動きを追っている。

このリンガーが指摘した「読書人の没落」の現象は，教育の世界では中等教育における三系列同格化運動，高等教育における工科大学と総合大学の同格化運動にみてとれる。ドイツにおいて工業化の中核を担ったのは化学工業などであり，ここで工学分野における学術研究と工業が連携をみせ始めていたのである（前項のアーベルスハウザー理論参照）。

このような社会背景をもとに，中等教育では「人文＝実科論争」と呼ばれる紛争が起こり，1870年代の後半以後，人文主義教育と実科主義教育関係者のあいだでは対立関係が激化したのである［進藤 2001a；リンガー 1991］。

こうした騒動を受け，1890年には学校会議が開催される。その2年後に出された教科課程で，ギムナジウムの古典語授業時間が大幅に削減された。しかし，実業教育の必要性はさらに増し，1900年には再び学校会議が開かれた。これで，三系列の中等学校すべてが同格だとされ，どの学校類型の卒業生にも総合大学の進学が認められたのである。

この動きのなかで，工科大学の悲願は総合大学との同格化，具体的には博士号授与権の獲得であった。そのために，工科大学は総合大学と同じように研究・教育の統合と学術化をめざした。すなわち，「技術知」を確立する方向で，工科大学は総合大学との同格化の突破口を探ろうとしたのである。こうした運動が実り，1899年にはプロイセンの3工科大学に博士号授与権が認められた。しかし，この博士号はドイツ語で標記され，ラテン語を使用した総合大学の博士号とは相変わらず差別化がはかられたのである。この技術者の苦闘についてはギスペンの著作が参考になる［Gispen 2002］。社会における技師に対する偏見は，ナチ期に技術的合理性思考と政治的非合理性をあわせもつ技師が出現したことの根源的問題を生み出し

たのかもしれない[小野 1996]。

5 | ドイツ教育社会史の空白と今後の展望

ドイツ教育社会史の空白

　ここまでみてきてわかるとおり，日本におけるドイツ教育社会史は近代，とりわけ19世紀の中等・高等教育にその関心を集中させている。前近代は研究の性格上対象とはならないが，ヴァイマル期，ナチ期，現代については本章でも概観するにとどまった。近代から現代までを対象にしたルントグレーン『ドイツ学校社会史概観』は，その原著が1980年に発行されているため，現時点からすでに30年以上の空白がある[ルントグレーン 1995]。国際比較のなかでドイツを対象とし，1860年から1930年までとやや広い時代を扱ったものもあるが[ヤーラオシュ編 2000]，やはり19世紀に比べ手薄感はいなめない。これは，学校システムがいちおうの完成をみた19世紀末までが，研究対象として関心を惹きつけるという事情もあるかと思われる。

戦後を対象とした研究

　時代が現在に近づくにつれ，いったいどこまでが「歴史研究」の対象となるのかについては，意見が分かれるところではある。しかし，基本的に戦後については歴史研究者はこれを対象とせず，もっぱら教育学者が制度分析を中心に研究を進めてきた。1960年から93年までの『日本教育年鑑』から西ドイツに関する記事をまとめた天野正治は，戦後ドイツ教育を考える際の資料を提供している[天野正治編 1995]。教育全体を概観しようとするものには『ドイツの教育』[天野正治ほか編 1998]があるが，マックス・プランク研究所の研究者グループによる概説書が全体的に統一性があり，参考になる[マックス・プランク教育研究所研究者グループ 2006]。1989年にベルリンの壁が崩壊して20年以上が経過したが，旧東ドイツに関する研究はようやく蓄積されつつある，という段階である。それは教育史についても同様で，上記の2冊でも旧東ドイツや統一後の新連邦州につい

ての記述があるが，今後さらなる研究が待たれる。

なお，ドイツの教育に関する最新動向を知るには2006年以後2年ごとに発行されている報告書［Konsortium Bildungsberichterstattung (Hg.) 2006；Autorengruppe Bildungsberichterstattung (Hg.) 2008・10・12］が非常に有用である。これは常設各州文部大臣会議と連邦教育研究省が協力しておこなっている調査の報告書である。2012年版は300ページにもおよぶが，過去に発行されたすべての報告書がオンラインで利用可能である。各報告書には30ページ程度の英文要約（オンライン版）もある。

教育の「脱国民国家」化――「移民国ドイツ」と EU 統合

教育史の研究は，多くの分野にまたがる協同作業であることはこれまでみてきたとおりである。しかし，現代の教育問題は歴史家の守備範囲外となる（もちろん，どの時代までが歴史研究の対象となるのか，というのはつねにある議論ではあるが）。ここでは，研究対象としての現代ドイツ社会ではなく，今後，研究の問題設定に重要な影響を与えるであろう，現代ドイツの事情を概観したい。

グローバリゼーションにともなう現代社会の急激な変化は，ドイツやドイツ人研究者自身を試練にさらすこととなるだろう。2011年は旧西ドイツがトルコとのあいだで外国人労働者の募集協定を締結した1961年からちょうど50年にあたった。この50年間，1973年のオイルショックにともなう外国人労働者の受入停止とそれにともなう定住化の開始，76年の政府宣言（「ドイツは移民国ではない」），90年の外国人法改正，2000年の国籍法改正，04年の移民法制定，06年の政府主催による外国系住民を対象とした「統合サミット」，およびイスラーム教徒との対話を求めた「ドイツ・イスラーム会議」の開催と，ドイツは明らかに多民族国家の道を歩んできた。連邦統計局の2008年の資料をみれば，ドイツの住民の約20％が移民に関する出自をもつ者（「移民の背景を有する」）となっている［Statistisches Bundesamt 2008］。移民の背景を有する住民は大都市へ集中する傾向が強く，外国人および移民の背景を有する住民が35％を超えるフランクフルト・アム・マインのような都市もある（2010年のデータ）。このような住民構造の劇的な

変化は，ドイツの教育政策（とりわけ初等教育政策）に大きな影を落としている［木戸 2012；近藤 2007］。

翻って現代ドイツの高等教育に目を向けると，欧州連合(EU)統合の加速にともない，国家の枠を超えて教育の再編が進んでいることがわかる。ヨーロッパ各国の学生や教員交換を目的としたエラスムス・プログラム(1987年～)，ヨーロッパの大学の国際競争力を向上させ，大学での履修の共通化をはかるために定められた「ボローニャ・プロセス」(99年～)などが着々と進行している［木戸 2012］。このように大学の国際化（ヨーロッパ化）が進み，ドイツの大学はその「ドイツらしさ」を失いつつあるともいえる。

以上みてきたように，各教育段階で脱国民国家化が進みつつある。現時点ですでに30％程の国民が，「過去のドイツ」とはなんの関わりももたない人びとである。「歴史学は過去と対話をし，現在の自分を見つめる」ものだとすれば，まもなく「ドイツ史」は成立すらしなくなる恐れがある。それは教育社会史においても同様であろう。そのとき，外国におけるドイツ史研究もまた，壁に突きあたるのではないだろうか。

進藤修一

第3章 民族的少数派と国境地域

1 | ドイツ史における「境界」と「少数派」

国境・少数派研究

　「ドイツ史」は「境界」の重層性と流動性によって特徴づけられる。もちろん，このことはドイツ史に限られたことではなく，あらゆる国民国家に多かれ少なかれあてはまる。しかし，とくにドイツ史を考える場合，このことを十分に認識しておく必要がある。例えば，中世以降の植民活動によってドイツ人は東ヨーロッパにも散在することになったが，その一方で神聖ローマ帝国内部には，フラマン人，ワロン人，イタリア人，チェコ人，スロヴェニア人など多くの非ドイツ系住民が居住し，またイギリス，スウェーデン，デンマークなど外国の国王は帝国内に領土をもつ諸侯でもあった。他方，19世紀にはいっても，ゆるやかな国家連合であるドイツ連邦の両極をなすオーストリアとプロイセンは，それぞれ東部に連邦に属さない領土を有していた[松本・立石編 2005；Sheehan 1989]。このように国制と民族の入り組んだ複雑で重層的な構造が，ドイツ国民国家の形成，そしてそれとともに生み出される「少数派」「国境地域」に独特の前提を与えることになる。

　そして，「国境」そのものについても，ドイツの近現代史家ランゲヴィーシェが「挫折の社会」と表現するように，19世紀後半から20世紀前半のドイツ史は，強力な中央政府を打ち立てようとする試みの一方で，領域的には縮小を続けることになった[Langewiesche 2008]。第一の試みであるビスマルクの「小ドイツ的」ドイツ帝国の建設は，オーストリアを排除する文字通りの縮小であり，第二の試みであるヒトラーの「大ドイツ」建設の夢想も，第二次世界大戦での敗北の結果，さらなる縮小のみならず東西

への分裂をももたらすことになった。こうしたことから，とりわけドイツ史を理解するためには，変動する国民国家の境界のなかに視点を限定してはならないのである[Sheehan 1981]。

　こうした問題を考えるうえで，国境地域や，多くの場合そこに居住する民族的少数派は，重要な事例となる。むろん，こうした地域への歴史的関心は近年になって始まったものではない。むしろ，これらの地域の多くがその帰属をめぐって激しく争われてきただけに，長らく各国の歴史学では自国の領土主張に学問的根拠を与える研究がおこなわれてきた[Fischer, C. 2010；Hackmann 2011；Østergård 2011]。ドイツにおける代表的な例が，ポーランド人地域を中心とする東ヨーロッパであり，とりわけ「少数派」が制度化される戦間期になると，民族的な学際研究である「東方研究」（Ostforschung）のフィールドとなった[シェットラー 2001；Burleigh 1988，「西方研究」については Dietz et al. (Hg.) 2003；Freund 2006；Müller, T. 2009]。この地域研究のなかで，「民族史」（Volksgeschichte）は，社会史的・文化史的要素の重視という点で学問上の革新としての性格をもっていたものの，「民族」概念の政治性のため，ナチ期にはヨーロッパの人種的・民族的・空間的再編を正当化する学問となった。

　これに対し，近年の国境地域，少数派に関する研究は，むしろこうしたナショナリズムに連動し，それを支えてきた歴史学の言説そのものを批判的にとらえなおそうとするものである。こうしたアプローチの端緒となったのが，フランスとスペインの国境地域における国民形成に関するサーリンズの研究である[Sahlins 1986]。このようなアプローチを促した背景には，アンダーソンやホブズボームら，国民の近代性を強調する構築主義的潮流があった。しかし，この新しい国境地域，少数派研究はまた，近代化論が前提とする「中央」から「周縁」への変化の一方的ベクトルそのものにも疑問を呈している[西山 2010；Laven/Baycroft 2008]。そこでは「民族」を単位として地域住民を分類し，そこから導かれるあるべき国民意識の基準から彼らの政治的行動を「睡眠」「覚醒」あるいは「裏切り」と段階づけたり，評価するのではなく，むしろ境界地域の住民たちの主体性と「国民意識」の可変性が強調されている。

ドイツ近現代史における国境・少数派研究

　ドイツ史研究の文脈でいえば，戦前のナショナリスト史学に対する批判のなかから成立したヴェーラーら西ドイツの「社会構造史派」にしても，それを批判するニッパーダイにしても，彼らの語りはあくまで国民国家を単位とするものである。国境地域が取り上げられる場合も，それはもっぱら国民国家の統合力の問題の事例としてであり，地域社会の構造や変容，主体性について十分に問われることなく，ドイツ国民国家からの離脱とともに姿を消すことになる［Nipperdey 1992；Wehler 1995］（ただし，ヴェーラーは，初期の研究において帝政期の少数派・国境地域について包括的な考察をおこなっているが［Wehler 1970］，『ドイツ社会〈構造〉史』での言及はわずかである［Wehler 1995］）。むろん，この批判は中央の国家，国民国家の影響力を否定するものではない。問題となるのは，そうした影響力とそれに対する受容，利用，拒絶といった反応は，まさに地域社会を舞台として展開されるということである［ジマー 2009；Applegate 1999；Weichlein 2004］。

　このようなアプローチから，近年の学際的な国境研究［導入としてDonnan/Wilson 1999］に棹差すかたちで，ドイツ史に関してもさまざまな個別研究が生み出されてきた［Berdahl 1999；Duhamelle et al.（Hg.）2007；François et al.（Hg.）2007；Müller, M. G./Petri（Hg.）2002；Murdock 2010］。しかし，これらを網羅的に扱うことは，本章の紙幅と能力を大きく越えるものであり（少数派について，移民を含めた概観として［Panayi 2000；Bade（Hg.）1992］，概念的・言語学的観点から［木村 2007］），ここではドイツの東西，すなわちプロイセン領ポーランドとアルザス・ロレーヌ（エルザス・ロートリンゲン）に例を絞って述べていくことにしたい。

2 │ ドイツとその東　ポーランド人地域

ドイツ・ポーランド国民史学の狭間

　『クオ・ヴァディス』の著者，シェンキェヴィチの作品に，『十字軍の騎士たち』（1900年）という作品がある。この騎士とは「北方十字軍」として北東欧のキリスト教圏拡大のために招聘され，領主化したドイツ騎士修道

会のことであり [山内 1997]，物語のクライマックスは，騎士修道会がポーランド＝リトアニア連合王国軍に惨敗する1410年のタンネンベルク（グルンヴァルト）の戦いであった。のちに分割支配されるポーランド人にとって，この勝利はドイツに対する勝利という国民的栄光であり，この作品で略奪暴虐をほしいままにする悪逆非道の徒として描かれるドイツ騎士団は，まさにシェンキェヴィチが生きた19世紀末のポーランド・ナショナリズムを構成する「敵」イメージとしてのドイツであった [Surynt/Zybura (Hg.) 2010]。他方，ドイツ・ナショナリズムにとって，この敗北はいずれそがれるべき「国民的屈辱」であり，第一次世界大戦冒頭における同地近郊でのドイツ軍のロシア軍に対する勝利は，まさにその実現とみなされ，司令官ヒンデンブルクは英雄となるのである。

　ドイツ，ポーランドの国民史学にとって，ドイツ騎士修道会とともに中世史の争点となったのがいわゆる「東方植民」の解釈である [千葉 2003]。ドイツ側の理解によれば，この断続的なドイツ系住民の移住こそが，「未開の地」である東ヨーロッパ地域に「文化」をもたらしたのであり，それは19世紀以降もドイツ版「マニフェスト・デスティニー」として，東ヨーロッパにおけるドイツ「民族性」の強化と領有を正当化する歴史的根拠として援用されることになる [Liulevicius 2009]。

「プロイセン」の変容

　このような見方において，重要な役割をはたすのが19世紀後半，ドイツ国民国家建設の中核となったプロイセンである。実際，「プロイセン」の名はバルト海沿岸の非キリスト教徒の先住民（プルス人）に由来し，ドイツ騎士修道会が征服し，支配下においた地域を指していた。タンネンベルクの戦いに敗れたのち，東部に縮小された騎士団領（東プロイセン）がプロテスタントに改宗して世俗化したプロイセン公国となり（1525年），さらに1618年にはホーエンツォレルン家のブランデンブルク辺境伯領と同君連合（ブランデンブルク＝プロイセン）を形成し，1701年には王国に昇格した。その一方で残る旧騎士団領は，18世紀後半のポーランド分割にいたるまで，ポーランド国王直属の領土（王領プロイセン）として存在した。後者のプロ

ドイツ帝国時代のプロイセン東部地域

- ケーニヒスベルク
- ダンツィヒ
- 東プロイセン
- 西プロイセン
- プロイセン
- ベルリン
- ポーゼン
- ポーゼン
- ロシア帝国
- ブレスラウ
- シュレージエン
- オーバーシュレージエン
- オーストリア=ハンガリー帝国

イセンについては，従来のプロイセン・ドイツ史観では都市に居住するドイツ系住民の民族意識が強調されていたが，近年ではむしろ，ポーランド王国における身分制議会主義，自治の伝統に基づく，政治的「国民」意識としての「プロイセン・アイデンティティ」の存在を指摘する研究もある[Friedrich 2000]。また，ブランデンブルク゠プロイセンとポーランドの境界地方であるドラーハイム郡(Starostei Draheim)に関するミクロ・ヒストリー研究では，ポーランド国王からブランデンブルク゠プロイセンに「抵当領」として「貸与」されたという政治的状況を背景に，この2つの権力中枢を含め教会などさまざまな上位機関の思惑を巧妙に利用しつつ，社会内部の利害調整をはかる地域社会のしたたかな姿が描かれている。そこでは，上述のサーリンズのピレネーに関する研究と同様，国家中央権力の限界が示されるとともに，近世における「境界」が国境線としてではなく，

多様かつ重層的なアイデンティティをもった住民たちが居住する陰影をもった地帯であったことが明らかにされている[Motsch 2001]。

18世紀半ばから19世紀初めにかけてのプロイセンは，その版図が激しく変動した国家であった。オーストリア継承戦争によってシュレージエンの大部分を獲得し，七年戦争によってその領有を確定したのち，国王フリードリヒ2世はポーランド分割に参画した[Bömelburg 2011]。3回の分割によってポーランド=リトアニア連合王国が消滅する一方，プロイセンとブランデンブルクは地続きになり，多くのポーランド人をかかえることになった。しかし，ナポレオンに敗北すると分割で手に入れた領土のほとんどを失い，勝者として臨んだ1815年のウィーン会議でも，むしろラインラントなど西方への勢力伸長をはかり，プロイセン全体におけるポーランド人が占める割合は前世紀末に比べ低下することになった。とはいえ，住民の半分以上がポーランド語を母語としていたポーゼン州をはじめ，東部の諸州には1831年の時点で約200万人，1910年で約400万人のポーランド系住民が居住していた（プロイセンの言語統計は，各地域単位ですでに1817年から始まっていた。詳細な言語統計については[Belzyt 1998]。ただし，統計は，まさに当時の国民国家形成の産物であり，その利用には慎重さが必要である）。

民族間の連帯と競合

18世紀の啓蒙主義者たちが「進んだ西欧」と「遅れた東欧」という，ヨーロッパの新たなメンタル・マップを生み出すのと並行して[Wolff 2003; その批判として Struck 2006]，ドイツとポーランドをその前線，縮図とみなす考え方も登場した。無秩序・放漫を意味する「ポーランド式経営」(Polnische Wirtschaft)というネガティブなステレオタイプがドイツ語にあらわれるのも，この頃である[Orłowski 1996]。これに対し，啓蒙主義との格闘のなかで，東プロイセン出身のロマン主義思想家ヘルダーは民族に独自の使命を認めつつ，各民族間の対等関係と平和的共存を強調したが，ほかのロマン主義者にはシュレーゲルのように，スラヴ民族の劣等性を強調し，自力発展の可能性を否定する者もいた。

こうした思想潮流を背景としつつ，プロイセン，そしてドイツにおける

ナショナリズムが政治の領域において本格的にその影響力を発揮するのは、19世紀にはいってからのことである（概観として[伊藤 2002 ; Broszat 1972]）。ウィーン会議後の「三月前期」においては、1830年のロシア領ポーランドにおけるポーランド人蜂起に対し、メッテルニヒ体制のもとで厳しい言論統制を受けていたドイツの自由主義者・民主主義者たちが共感を示す「ポーランド熱」のような現象もあった。また、1832年のドイツ南西部のハンバハ祭では、ポーランド独立運動家たちが招待され、彼らとの連帯が高らかに宣言された。しかし、その一方で、1830年代に東部ポーゼン州の知事フロットヴェルは、ドイツ語のみを公用語化し、ポーランド人所有地の買収とドイツ人農民の入植、またポーランド・ナショナリズムの担い手とされる貴族やカトリック聖職者の抑圧といった政策を展開した[Hagen 1980]。これは彼の失脚とともに破棄されたものの、のちのビスマルクの政策の先取りともいえるものであった。さらに、工業化の波のなかで台頭する経済的ナショナリズムの文脈では、保護貿易論者であるリストが、ドイツ「国民経済」の圏域として東ヨーロッパの確保を力説していた[伊藤 2002 ; Liulevicius 2009]。この時期のドイツ・ナショナリズムは、のちの時代との比較において「リベラル」「開放的」とみなされることが多いが、むしろそのような傾向と「排除」「支配」が並存していたのである。

1848年革命においてドイツ国民国家の建設が夢想から実現可能の地平に移ると、その領域を枠づけするポーランド人の問題は、その独立運動にも直面し、それまでのドイツ・ナショナリズム内部の異なる方向性の対立を鋭くえぐり出す役割をはたした。その中核にあったのがポーゼン州の帰属の問題であり[割田 2012]、フランクフルト国民議会における方向性を規定したヨルダンの「健全な民族エゴイズム」の議論は、「強者の論理」をむき出しにしたものであった[伊藤 2002 ; 割田 2012]。ただし、フランクフルト国民議会はその憲法案において、たしかにドイツ語以外の言語の公的使用を原則として認めていたが、それはあくまでも個々の地域に限定されたものであり、国会においてはドイツ語のみが使用されるべきとされた[Vick 2003]。

革命の挫折後、ドイツ、ポーランド、それぞれのナショナリズムの協調

関係の余地はいっそう狭まり，プロイセン州では，1858～59年のイタリア統一戦争以降，63年ロシア領ワルシャワでのポーランド人蜂起をへて，両者の関係は競合・対立が前提となっていった。その背景には，社会の近代化のなかでの協会組織のネットワークの広がり，新聞メディアなどの普及があるが，地名表記のドイツ語化が政府ではなく，社会的運動としてのドイツ・ナショナリズムのイニシアティヴで進められるなど，「下から」のベクトルが働いている点もみすごせない[Pletzing 2003]。

ドイツ帝国とポーランド人

プロイセン首相ビスマルクによる「上からの統一」のなかで，1866年の普墺戦争後成立した北ドイツ連邦には，それまでドイツ連邦の域外であったポーゼン，プロイセンの両州が含まれることとなったが，この北ドイツ連邦の議会はReichstag（この名称はナチ時代まで政体の変化にかかわりなく続く）を名乗り，ドイツ国民国家への下準備としての性格をもっていた。事実上南西諸邦の北ドイツ連邦への吸収であった帝国建設後，「国民的少数派」となったポーランド人は，ビスマルクの「負の統合」の第一の標的（「帝国の敵」）となり，それは彼を失脚させたヴィルヘルム2世の時代にも，短期間の「宥和政策」を除き，継続・強化されることになる。この帝政期のポーランド人問題については，ドイツ・ポーランドの民族的対立の決定的局面となったこともあり，従来から多くの研究が蓄積されている（概説として[伊藤 2002]，社会学者ヴェーバーについて[今野 2004]）。

「ゲルマン（ドイツ）化」と称されるプロイセンのポーランド人政策は，「教育政策」と「土地政策」の2つの柱によって構成されていたが，1870年代の文化闘争期は前者が中心であり，72年の学校監督法，翌年の「五月諸法」などによって，ポーランド・ナショナリズムの中核と目されるカトリック教会・聖職者の影響力を削ぐとともに，宗教教育を除く学校教育からポーランド語を排除することに力がそそがれた[Lamberti 1989]。こうした言語政策は，公用語法によりさらに社会全体へと広げられ[Blanke 1981；Trzeciakowski 1990]，1880年代にはいると，ロシアからのユダヤ移民の問題をきっかけに東部国境の「民族的防衛」が叫ばれるようになる。

1885年にはロシア領ポーランド人の追放が布告され，翌年にはポーゼン，西プロイセンの両州におけるポーランド人地主からの農地買上げとドイツ人農民への払い下げを目的とする植民法が成立した。

　こうした「同化」と「植民」は，ビューローが帝国宰相兼プロイセン首相となる1900年以降，再び推進されることとなる。彼は着任早々，学校教育におけるポーランド語の最後の砦であった宗教授業のドイツ語化をめざすとともに，1908年の帝国結社法ではポーランド語の使用を制限した。また植民政策についても，1908年に土地収用法（「ドイツ民族強化措置法」）が制定された[加藤 1990]。ただし，ビスマルク時代との相違は，政治の大衆化とともに，ナショナリズムも大衆化し，全ドイツ連盟をはじめとする全国的な右翼団体が結成された点である。反ポーランド的政策の場合，その主導的役割は「オストマルク（東部辺境）協会」が担い，彼らはときに政府を後押しし，ときにその弱腰を批判した[Grabowski 1998]。また，ドイツ世論におけるポーランド人イメージの形成という観点からは，フライタークの『貸方と借方』(1855年)や[伊藤 2002；Surynt 2004]，フィービヒの『眠れる軍隊』(1904年)など[Kopp 2012]，同時代のベストセラーが興味深い題材を提供している。

　では，実際にポーランド人政策はその目的を達成したのであろうか。たしかに学校教育におけるドイツ語の独占的地位は，若いポーランド人世代のドイツ語能力を高めたことは間違いない。しかし，そのことと自らを「ドイツ人」と同一化することは別であり，露骨な反ポーランド政策は，むしろポーランド・ナショナリズムの防衛的結集・組織化を促すことになった。すでに19世紀半ばから始まっていた，武力蜂起ではなく啓蒙的活動によってポーランド人の文化的水準の向上と民族意識の定着をはかる「有機的労働」はいっそうの広がりをみせ，20世紀初頭の大規模な学校ストライキや[伊藤 1989；Kulczycki 1981]，貯蓄銀行設立によって土地の「ゲルマン化」を阻止する運動は，ポーランド・ナショナリズムもまた，大衆化が進んでいたことを示している。ただし，大衆化とともに従来のカトリック聖職者や貴族の指導的地位も動揺することになり，強硬派と穏健派の路線対立も生じることになった[Grabowski 1998]。

このようなナショナリズム陣営内部の錯綜する利害関係は，現場である地域を文化的にどのように定義づけるのか，言い換えれば，地域の歴史をどのように解釈するのかをめぐる文化的権力の問題においても確認することができる。ただし，ポーゼン州に関する最近の研究では，地域の歴史協会，記念碑，祭典文化などを取り上げつつ，同州を「ドイツの郷土」として定式化する試みの一方で，ナショナリズムの対立に完全に吸収されない，中立的な「地域」の存在の余地もまた指摘されている[Dyroff 2007; Serrier 2005]。

オーバーシュレージエンにおけるナショナリズム

ここまで取り上げたのは，2つのナショナリズムの衝突の主戦場になったポーゼンや西プロイセン州が中心であったが，それ以外の主要なポーランド人居住地域であったシュレージエン州，とくにその東南部のオーバーシュレージエン（上シュレージエン）は，ナショナリズムの貫徹力を相対化する事例として近年注目されている[伊藤 2008; Alexander 2004; Struve/Ther (Hg.) 2002; Ther 2001]。シュレージエンの場合，ポーゼンなどとは異なり，ポーランド分割の結果プロイセン領となったわけではなく，ポーランド独立運動が18世紀のポーランド王国の再興をめざすものである限り，シュレージエンがその版図にはいるわけではなかった。また，シュレージエンの州都ブレスラウを中心とするニーダーシュレージエン（下シュレージエン）では，ドイツ系住民が圧倒的多数派を占めていた。オーバーシュレージエンは，ほかのポーランド人地域よりも工業化が早くから進み，ルール地方につぐドイツ有数の鉱工業地域に発展するが，ポーランド・ナショナリズム自体は，19世紀後半になって外（ポーゼン州，あるいは労働力を供給するロシア，オーストリア領ポーランド）から持ち込まれたものであった[Kamusella 2007]。

実際，19世紀末になると，民族問題と社会問題が交差するなかでオーバーシュレージエンにもポーランド・ナショナリズムが進出し，1903年の帝国議会選挙にはそれまでポーランド人の利害代弁者であったカトリック中央党と一線を画したコルファンティがポーランド党議員として選出される

一方，同年ドイツ・オストマルク協会のシュレージエン支部もブレスラウに設置されている。しかし，ポーゼン州の学校ストライキのオーバーシュレージエンへの影響は限定的であった。ポーランド系のカトリック住民がポーランド語の使用領域を確保しつつも功利的にドイツ語を受け入れていくという（「ナショナリズムへの無関心」ともいいうる）態度を自ら選びとっていく過程もあり[Bjork 2008]，そこにドイツ，ポーランドどちらのナショナリズムにも吸収されない地域意識をみることができる。また複雑なアイデンティティの背景には，カトリックとプロテスタントの宗派関係やカトリック教会の司教座の境界と政治的境界のずれも影響していた。

　文化的「混合性」を前提とし，宗派意識とも結びついた地域意識が政治運動として展開されることになるのが，第一次世界大戦後，ヴェルサイユ条約によってオーバーシュレージエンの帰属が住民投票によると規定されてからである。1921年の投票までのドイツ，ポーランド双方の宣伝活動，3度にわたる武力衝突，そして分離主義運動については，これまでも多くの研究が存在するが[Grosch 2002；Tooley 1997；Wilson 2010]，この分離運動はまさに「混合性」にネーションとしての根拠を求めようとするものであった。運動そのものは，関係諸国の拒否や戦勝国の思惑もあって挫折をよぎなくされ，住民たちは二者択一を迫られることになる。結局，住民投票は約60％がドイツ残留，残り40％がポーランドへの移行を支持したが（言語統計上はドイツ系約35％，ポーランド系約65％），ドイツの弱体化を求めるフランスの意向もあり，東部工業地帯はポーランド領に，西部農村地域はドイツ領に分割されることになった。その後，両国では，ラジオなど新しいメディアも動員し，お互いを意識しつつ自国の主張を正当化する「オーバーシュレージエン神話」が形成されていくことになる一方[Haubold-Stolle 2008]，オーバーシュレージエンにおいても，移住などによる一定の同質化が進み，住民たちは同化圧力を強めるそれぞれの国民国家と折合いをつけつつも，彼らの「混合性」は消えたわけではなかった[Michalczyk 2010；Struve (Hg.) 2003；Ther 2001]。

　1939年にポーランドを占領し，住民投票後にポーランドに割譲された地域を併合したナチス・ドイツは，「ドイツ民族リスト」によって住民を分

類・序列化し，戦後はその反作用としてポーランド政府による「ドイツ分子」の追放，粛清がおこなわれることになる[Bahlcke 1996]。このようななかで，強制，あるいは「自発的」移住による同質化はたしかに加速することになるが，住民たちのアイデンティティはそれによって一義的にポーランド国民となったわけではなく，むしろ政府のポーランド化政策や他地域からのポーランド人の流入に対する防衛的な反応として，「オーバーシュレージエン人」，さらには「ドイツ少数派」としての意識が(再)構築されることになる[Ther 2001]。

このようなアイデンティティの流動性，あるいは言語と国民意識の不一致については，ほかにも東プロイセン州南部に居住し，言語的にはポーランド系であるが宗教的にはプロテスタントであったマズール人の事例など[Blanke 2001; Kossert 2001b]，興味深い事例が存在する。

3｜ドイツとその西 アルザス＝ロレーヌ

独仏国民理念とアルザス＝ロレーヌ

目を西に転じよう。ここで取り上げる「アルザス＝ロレーヌ」は，普仏戦争(ドイツ・フランス戦争)によってはじめて登場した概念である。すなわち，それは戦後にフランスからドイツに割譲されたアルザスの大部分と，ロレーヌの北東部を指すものである。フランスへの帰属は異なる道程をたどった両地方のあいだに，それ以前から一体的な意識があったわけではなく，現在でも歴史的概念以外に用いられることはほとんどない[Roth 2010]。普仏戦争に敗れたフランスの「敗戦克服文学」の一作品であり，日本でもよく知られた『最後の授業』がもつ「虚構性」，すなわちこの地域ではもっぱらドイツ語(の地域語)が話されていたという現実との乖離(かいり)については，言語学者田中克彦によって30年前に指摘されており[田中 1981]，また最近では中本真生子が，その続編である『新しい先生』との比較をとおして，第三共和政期のフランス国民国家にとって望ましいアルザス・イメージに適合するこの短編の性格を論じている[中本 2008]。

さらにルナンとシュトラウスなど，普仏戦争の際の独・仏の知識人たち

のあいだで起こったアルザス゠ロレーヌ併合をめぐる公開論争，そしてその発展としてのルナンの1882年ソルボンヌでの講演『国民とは何か』は，言語や歴史に基準をおく「ドイツ的」国民理解と，住民の政治的帰属意識に重点をおく「フランス的」なそれのあいだの対峙として，アルザスの中心都市ストラスブール（シュトラースブルク）の大学で教鞭をとった歴史家マイネッケによって，それぞれ「文化国民」と「国家国民」と定式化された［マイネッケ 1968；ルナン 1997；Bronner 1970］。この二分法は，アメリカの歴史社会学者ブルーベーカーによる両国の国籍法の歴史においても，それぞれ「民族的」「公民的」ナショナリズムとして確認されている［ブルーベーカー 2005］。もちろん，現実の国民国家としてのドイツとフランスをそのように単純に区別することはできないし，このことは国民国家のどの側面に焦点を合わせるかによっても変わってくる。そもそもルナン自身，講演において2つの類型を必ずしも相互排他的なものとして議論しているわけではなく，「言語」や「歴史」など，「客観的」とみなされる条件自体もまた，つまるところ「主観的」意思によって選択され，定義づけられていくのである。

普仏戦争までのアルザス゠ロレーヌ

　約700年にわたり，神聖ローマ帝国領であったアルザスがフランス領となったのは，17世紀のことである。ただし，ここでのちに「アルザス」と称される地域が一括して併合されたわけではない。1648年のヴェストファーレン条約では，おもにハプスブルク領であった南部が割譲され，その後フランスの圧力が強まるなか，世紀後半になるとストラスブール（1681年）をはじめとする帝国自由都市もルイ14世の軍門にくだることになった［内田 2009；Vogler 1995］。しかし，その一方で，南部の都市ミュールーズ（ミュールハウゼン）は正式にスイスの一部となり（フランス領となるのは革命期の1798年），またフランスの支配下にはいった帝国諸侯の領地にも，領内における彼らの権限の多くが依然として認められていた。ストラスブールの場合も，フランスではナントの王令の廃止によって禁じられたプロテスタントの信仰が容認され，また関税も免除されるなど，フランスへの帰属

がただちに大きな社会的・経済的変化をもたらしたわけではなく，ライン川対岸や下流域の帝国地域とのネットワークも温存された。さらに，フランス王国への帰属によって政治的にも多数派となったカトリックについても，ストラスブール司教座以外に，北部はシュパイアー，南部はバーゼルという領外の司教座の管轄下にあった。言語的にも，都市ブルジョワジーのあいだでフランス語が日常語化する傾向はみられたが，大多数のアルザスの住民にとって，それは自分たちの生活には関係のない，遠い「国王の言葉」にすぎなかった［フィリップス 1994；Lévy 1929］。ただし，その一方で，それまで聖俗諸侯領や都市のモザイクにすぎなかったアルザスが，しだいに行政的・政治的単位としてまとめられ，革命前夜の1787年には，ほかの地域と同様，地方としてアルザスに身分制議会が開かれたことは重要である。

　フランス革命は，こうした制度面での国家統合の進展であると同時に，文化的一体化という新たな課題をアルザスに突きつけることになった。封建的特権の廃止とともに，アルザス地方がもっていた関税免除の特権も否定され，ライン上流圏は経済的な開放性を失うことになる［Vogler/Hau 1997］。一方，フランス語以外の地域語を専制主義による支配の道具とみなし，フランス国民国家はフランス語を話し，地域文化の「因習」を捨てた人間によって構成される，という考え方が登場したが，アルザスの場合，その言語がたんなる地域語ではなく，「敵の言葉」でもあるということが，問題をいっそう深刻なものとした。

　政治統合が文化統合を促すというこの時期のフランスのナショナリズムが，逆の方向でドイツのナショナリズムを刺激するとともに，相互の敵視が国民意識を形成していったことは，近年の研究で強調されている［ヤイスマン 2007］。しかし，その狭間にあるアルザスの住民たちは，どちらかに与するよりも，むしろ政治的統合と文化的相違が両立し，フランスへの政治的帰属を前提としつつも，独・仏間の架橋的役割をはたす使命があるという立場をとった。この見解は革命前後以降，独・仏間の緊張が高まるライン危機（1840年）や1848年革命の際にも，繰り返し表明されている［Bell 1988；McCoy 1998；Nowak 2010］。

ドイツ帝国時代のアルザス゠ロレーヌ

ルクセンブルク
プロイセン領ラインラント
バイエルン領プファルツ
メッス
ドイツ領ロレーヌ
下アルザス
ナンシー
ストラスブール
ヴュルテンベルク
フランス領ロレーヌ
アルザス゠ロレーヌ（エルザス゠ロートリンゲン）
コルマール
上アルザス
バーデン
フランス
ベルフォール
1871年までアルザスの一部
スイス

　フランスへの文化統合は，一方で公教育制度の拡充，教員養成制度の整備など，国家の政策として推進されていったものでもあるが[Harp 1998]，同時に住民自身によっても選択されるプロセスでもあった。その意味で，革命によって市民的権利を獲得したアルザスのユダヤ人（フランス全体の60％を占めていた）が積極的にフランス文化を受け入れていったことは，容易に想像できよう。ただし，その一方でユダヤ教の伝統的習慣，生活様式へのこだわりも存在し，彼らの文化統合も数世代をかけた複雑なプロセスであった[川崎 2006；Gerson 2006；Hyman 1991]。また，フランス語が十分に浸透していないにもかかわらず，識字率は全国でも極めて高い水準にあるというアルザスの状況は，パリからみれば矛盾にみえるが，実際カトリック・プロテスタント両教会とも，ドイツ語圏においてはもっぱらドイツ語によって宗教教育をおこなっており，その活動は宗派混在地域であるだ

けにいっそう活発であったという背景がある[François 1989]。普仏戦争前夜において，たしかにフランス語は民衆レベルにも一定の浸透をみせたが，地理的・階層的・世代的になお限定されていた[フィリップス 1994;Harp 1998;Harvey 1999;Lévy 1929]。

ドイツ帝国への併合──「帝国直轄領エルザス＝ロートリンゲン」

普仏戦争では，世論において早くからアルザス＝ロレーヌの併合が要求されたが，ビスマルク自身もまた，成立するはずのドイツ統一国家の安全保障の観点から，開戦早々併合の決意を固めていた[西山 1991/92・93;Kolb 1991]。権威主義国家と国民自由主義の非対称的な連携のなかで成立したドイツ帝国の性格は，併合されたアルザス＝ロレーヌを「帝国直轄領」(Reichsland)として，帝国を構成する領邦の共有物とする国制にもあらわれていた。この枠組そのものは1918年まで続くことになるが，その間いくつかの改革もおこなわれている。1879年には，行政の中心がベルリンの帝国宰相府から新たに創設されたストラスブールの総督政府に移され，1911年には「州憲法」が制定され，上下両院からなる州議会が設置された。ただし，それはほかの領邦と同じ自治権をもったものではなく，憲法そのものは帝国法であるため，その変更の権限は州議会ではなく，帝国政府，議会，連邦参議院の手中にあった[加来 1989・90;Huber 1963;Mayeur 1970]。

このような不完全な自治への遅々とした歩みの背景になっていたのは，軍部や保守派，ナショナリストたちのアルザス＝ロレーヌに対する不信感であった。併合から1880年代末にかけて帝国議会選挙レベルでは，あくまで併合を無効とし，ドイツ政府との協力を拒否する「抗議派」が中心であったのに対し，ブーランジェ危機をへた90年代以降になると，ドイツへの帰属を受け入れつつ自治を要求する運動が強まる一方，大衆政治の発展とともに社会民主党など全国政党も進出するようになり，世紀転換期以降の地域政治は，カトリック中央党，社会民主党，自由主義政党によって構成され，ドイツ本土と似通ったものであった[Baechler 1982;Hiery 1986;Igersheim 1980;Kurlander 2006](ただしロレーヌにおいては状況は異なる

[Roth 2011])。しかし，その政治的な自治運動は，同時に独仏国境地域としての文化的独自性(その象徴としてのドイツ語圏民衆学校におけるフランス語授業の再導入[西山 2000；Rimmele 1996])の主張(「二重文化」)をともなっており，アルザス゠ロレーヌをフランスに対する防壁という観点からみる軍にとっては，自治運動自体もまた危険なものとして映ったのである。この不信感と，軍に対する文民統制の不在という帝政の構造的問題がかさなって生じたのが，1913年のツァーベルン事件であった[飯田 1999；滝田 2006；Schoenbaum 1982；Silverman 1972]。

　ただし，こうした複数の地域政治勢力の存在が示唆するように，自治の中身について共通の見解があったわけではない。宗派間や労使間の対立・競合関係が，「地域」としてのアルザス゠ロレーヌのあり方にも影響を与えていたのである[Caron 1988；Fischer, C. 2010；Harvey 1999；Steinhoff 2008；Vlossak 2010；Wahl 1980]。この点で重要なことは，当時のドイツとフランスが異なるモデルを提示していたことである。宗教については，フランスは政教分離であったのに対し，ドイツでは，国家の優位を主張しつつも政教関係そのものは堅持され[Mitchell 1984；Mitchell 1991]，アルザス゠ロレーヌにおけるドイツの学術的橋頭堡であったストラスブール大学には，1900年，カトリック神学部が設置されている[Craig 1984；Weber, C. 1980]。また，1880年代のビスマルクによる社会政策は，アルザス゠ロレーヌにおいて，フランス時代の企業家の慈善的福祉事業からの転換を意味していた[Kaelble 1991；Kott 1995；Vogler/Hau 1997；Wahl/Richez 1993]。同様に，ストラスブールではドイツ式の都市自治の推進により，都市計画，救貧，住宅政策などにおいて先進的な試みがおこなわれた[フーデマン 2010；Cornelißen et al. 1997；Jonas et al. 1995；Zimmermann 1994]。こうしたフランスとは異なる，あるいは先取りした近代化は，ドイツの制度・ネットワークのなかで推進されたものであり，第一次世界大戦後フランスにおいて自治運動が要求する「既得権」の柱にもなった。

　一方，第一次世界大戦前のフランスでは，学校教育のメディアをとおして「失われた地方」の住民たちの変わらぬフランス愛国心が神話化され[マユール 2003]，またその神話は多くの小説家(バレスなど)や画家たちの

作品によっても補強された[Schroda 2008；Turetti 2008]。ただし，近年の研究では，対独復讐のフランス世論における影響力の相対化とともに，「アルザス゠ロレーヌ神話」も批判的に検討されている。たしかに併合直後の国籍選択(1871～72年)により，全体の10分の1にあたる約16万人のフランス国籍申請者のうち5万人が実際に移住し，その後もドイツの兵役を逃れる若者たちが故郷を去った[Wahl 1974](フランスによる「新天地」アルジェリアへの移民政策とその挫折については[Fischer, F. 1998])。しかし20世紀初頭にはその数は大きく減少しており，フランス外国人連隊におけるアルザス゠ロレーヌ出身兵の割合についても同様である[Michels 2006]。また，地元出身者とドイツ本土出身者のあいだの「通婚」も増加し，世紀転換期以降のストラスブールでは，婚姻数全体の40％強を占めていたという[Uberfill 2001]。このことも，地域意識としてのアルザス゠ロレーヌのアイデンティティの多元性と複合性の一因であった。「ドイツ」の位置づけも，併合後の物質的近代化の象徴とみなす解釈と，神聖ローマ帝国時代の文化遺産に力点をおく解釈が対峙し，その間にさまざまな選択肢も提示された。その意味でアルザス゠ロレーヌの地域意識は「伝統の選択」としての性格を有しており[Fisch 1998]，その選択肢のあいだの協調の可能性と限界については，政治祭典や演劇などに関する文化史研究が重要な成果を提示している[Hülsen 2003；Raphaël/Herberich-Marx 1991；Riederer 2004]。

　1914年，第一次世界大戦勃発時の「8月の熱狂」は，ほかの国境地域と同様，アルザス゠ロレーヌにおいても極めて弱いものであった[Raithel 1996；Verhey 2000]。この地域からは22万人がドイツ軍に動員されたが，1万人余りの同郷人がフランス軍に身を投じたこともあり，彼らはドイツ軍から不信の目で見られ，それは翻って兵士たちの軍に対する不満も喚起した[Jahr 1998；Kramer 1987；Ziemann 1996；異論として Nachtigal 2006；従軍兵士の証言として Richert 1989]。このような相互不信は銃後の社会についてもいえ，戒厳令下，ドイツでは例外的に一部戦場にもなったこともあり，軍民間でさまざまなトラブルが発生し，40年余りの統合への歩みが4年間の大戦のなかで大きくそこなわれることになった[Rossé et al. Bd.1 1936]。

2つの世界大戦とアルザス゠ロレーヌ

1918年11月，ドイツの降伏で休戦が実現すると，アルザス゠ロレーヌからドイツ軍が撤退し，一時的に権力の真空状態が生じた。一部の都市では労兵評議会が結成された。一方帝国議会・州議会の議員たちは「アルザス゠ロレーヌ国民評議会」を組織してドイツ時代の既得権の承認をめぐるフランスとの交渉役を自任したが，フランス政府はこれを黙殺した。アルザス゠ロレーヌの奪回を戦争目的としていたフランスにとって，住民投票による帰属決定は容認しえないものであった[唐渡 2003]。さらに，ドイツ政府・軍関係者が追放されるとともに，アルザス゠ロレーヌの住民を両親の国籍によって分類する制度，そして戦前・戦時中の親独分子のパージを目的とした査問委員会の活動は，戦勝国フランスの国民観念が決して純粋に主観的な政治的意思によるものではないことを示している[西山 2010；Boswell 2000；Harvey 2001；Zahra 2008]。

こうした政策に加え，政教関係や言語政策をめぐる1920年代半ばの集権的同化政策は，地元住民の反発を惹起した。その結果，1925年には「アルザス゠ロレーヌ郷土同盟」が結成され，自治運動が本格化し，28年のコルマール裁判では，自治派の領袖たちが分離主義の策動の疑いで裁かれることになった[Bankwitz 1978；Rothenberger 1976]。他方，「単一にして不可分」のフランスの国是に抵触する自治主義は，地域の既存政党内部にも亀裂をもたらし，カトリック政党や共産党に分裂が生じる一方，自治運動から距離をとる社会党は影響力を失うことになった[Baechler 1982；Carrol 2010；Livet/Grass(eds.) 1977]。しかし，世界恐慌をへて，ドイツでナチ政権が成立する1930年代には，フランス政府の一定の妥協もあり，自治運動は退潮することになるが，その一方で，運動としてのナチズムを範とし，フランスからの分離も辞さない急進的な極右グループも台頭した。

第二次世界大戦の勃発とともに，アルザス゠ロレーヌでは国境線近くの住民約60万人が南西フランスへと疎開したが[Boswell 2000；Torrie 2010]，しばらくは独仏両軍がにらみ合う「奇妙な戦争」が続いた。1940年春，ドイツ軍の急進にフランス軍が崩壊し，パリが陥落すると，両国間で休戦協定が結ばれた。その結果，フランスは南北に分割され，北はドイツ軍の占

領下におかれるものとされたが，アルザス゠ロレーヌはその後ドイツの一方的な通告により，ドイツ領に併合された。しかし，帝政期とは異なり，アルザスとロレーヌがそれぞれ別々の大管区に編入されたことは，中央集権的なナチス・ドイツが，フランス期の自治主義者たちを利用はしても，彼らの主張を尊重する意思はなかったことを示している。かつてのドイツ領を早急に「ゲルマン化」することを自らの使命とするナチの現地当局は，ユダヤ人をはじめとする「非ドイツ分子」の追放，地名のドイツ語化とフランス語使用の禁止など，私的領域にも踏み込むさまざまな「非フランス化」政策とともに，労働奉仕，ヒトラー・ユーゲントなどのドイツ本土の制度も導入した。さらに戦局が緊迫する1942年夏以降になると，国防軍，さらに武装親衛隊にも強制召集がおこなわれるようになり，全体で約13万人が動員され，うち4万人は故郷に戻ることはなかった［リグロ 1999；ロレーヌ 1989；Kettenacker 1973］。たんなる占領ではなく，併合されたうえでの「対独協力」のあり方は，ここにおいてもっとも明瞭であり，フランスのほかの地域との相違は1944年6月，フランス南西部において親衛隊部隊が起こした「オラドゥール事件」を扱う53年のボルドー裁判の被告席に，虐殺に参加した14名のアルザス兵がすわることで，政治問題となるのである［末次 2005；Farmer 1999］。

　戦間期の困難なフランス国民国家への統合の障害は，皮肉なことに4年間のナチス・ドイツ支配の経験と記憶によって除去されることになった。ただし，そこで「完全なる統合」を安易に語るよりも，むしろ戦後「完全なフランス人」になろうとするアルザス人たちの屈折したメンタリティにも目を向ける必要がある［オッフェ 1986；フィリップス 2007］。また，ここまでで明らかなように，アルザス゠ロレーヌにおける独仏両国のナショナリズム，国民統合の歴史は，決して相対立する観念に基づいたものではなく，通時的に急進化するプロセスでもあった点を，あらためて確認しておきたい。

4 | 東と西の比較と展望

国境地域・少数派間の比較

　このように，東のポーランド人地域，西のアルザス゠ロレーヌは，18世紀末以降台頭するドイツ・ナショナリズムのなかで，「自他認識」のまさに境界として触媒的な役割をはたすようになり，とくに20世紀になると，たびかさなる国境線の変化とともに，帰属国家による統合，同化，排除の対象となった。

　こうした国境，少数派地域としての共通点の一方で，相違点も存在する。例えば，帝政期の言語・土地政策を比較すれば，ポーランド人地域のほうが強圧的であったことは否定できない。この背景としては，当然ながらアルザス゠ロレーヌの住民が「ドイツ系」であったことがあげられるが，同時に東西ヨーロッパに対するドイツ人の優劣意識もまた，少なからぬ影響を与えていた。ナチによりドイツ領に編入されたアルザス゠ロレーヌと東部ポーランド地域において，体制に反抗的だが「同化可能」とされた者の「再教育」において，前者の待遇のほうが相対的によかったことは否定できない［ロート゠ツィマーマン 2004；Heinemann 2003］。ただし，たんなる優越感，劣等感だけではなく，ポーランド人の多くが帝政期に労働者としてベルリンやルール地方などに移住する一方［伊藤 1987；Kleßmann 1978；Kulczycki 1994；Kulczycki 1997］，アルザス゠ロレーヌからの移住先はもっぱらフランスやアメリカであり，ドイツ本土への移住はわずかであったことも，ナショナリストたちの警戒感の温度差に繋がるものであった。他方，「民族浄化」としての強制移住という点でも，その規模は明らかにポーランド人地域のほうが（ポーランド，ドイツともに）大きかった。

　ただし，「ポーランド人地域」をより細かく考察すると，再び共通点が浮かび上がってくる。前述のコルファンティは「オーバーシュレージエンは東欧のアルザスである」という比喩を用いている。たしかに，言語状況における相違の一方で，ナショナリズムによって「神話化」された国境地域であること，地域アイデンティティにおける宗教（カトリック教会）の重要性，「混合文化」（オーバーシュレージエン）と「二重文化」（アルザス），そ

して何よりネーション化しなかった(挫折した)ことにおいて，両地域のあいだには一定の類似点が存在する[Kaczmarek 2001]。

「地域」への視点の重要性

　いずれにしても，それぞれが特殊な苦難の歴史として，閉鎖的に考察されがちな国境地域を比較考察することが，今後さらに重要となる[そのような試みとして Ara/Kolb 1998；Kaczmarek 2001 など]。それをとおして，ポスト国民国家のキーワードとしてときに無批判に使われる「混合性」の言説が，実際どのような権力関係のなかで構築されるのか，より厳密に分析することが可能になるであろう。

　ヨーロッパ統合のもと，その象徴的地域となったアルザス，1989年社会主義体制崩壊，2004年ポーランドの欧州連合(EU)加盟以降の独ポ国境地域，あるいは1955年のボン・コペンハーゲン宣言で少数派の権利が相互承認されたシュレースヴィヒなど，かつての国境地域は，もはや政治紛争の原因ではなく，むしろ「領域性」喪失の先進地域であるようにみえる。しかし，国民国家は消滅したわけではなく，人びとのアイデンティティの拠り所として依然強い求心力を有しており，ヨーロッパ統合と主権国家のせめぎ合いは，国境地域においても確認される[手塚・呉羽編 2008；Schwell 2008；Traband 2008]。このことは，国民国家形成における国家と国境，少数派地域の関係との歴史的類似性を示唆している。ヨーロッパ統合についても，地域に視点を定めた研究が求められるゆえんである[Applegate 1999]。

西山暁義

第4章 ユダヤ人と反ユダヤ主義

　個々の具体的な問題を検討する前に，ドイツ史の枠内ではとてもおさまりきらない事柄ではあるが，まず一度は「ユダヤ人」という存在をどのようにとらえるかという大問題について考えておく必要がある。

　ユダヤ人は，ユダヤ教となんらかのかたちで結びついている，ドイツ（ないしヨーロッパ・キリスト教社会）内の異質な人間集団として認識され，多くの場合主流集団から抑圧されてきたマイノリティである。しかし，その異質さの内容は時代状況によって異なっている。一般論として考えるならば，近代以前では主として宗教による違いが問題とされており，身体形質的に識別できる特徴が存在しないからこそ，もっぱら衣服などによる可視的な差異化が強要されてきたのである。例えば1215年の第4回ラテラーノ公会議では，ユダヤ人に特別な記章を強制することが決定されている。

　他方，事例自体は少なかったものの，キリスト教に改宗しさえすればその時点で差別もおおむね解消された。したがって18世紀後半までのユダヤ人は，概してユダヤ教徒と考えて差し支えないが，基本的にはキリスト教社会の秩序外に位置づけられていたのである。その後，国家内への統合が構想され，政治的解放の気運が高まってくるなかで，また一方では「同化」圧力も強まり，少なからぬ数のキリスト教への改宗者がでてきた。そうした非ユダヤ教徒としての存在をも，（しばしばのちの時点から振り返って）「ユダヤ人」とみなす傾向すらのちにはでてくる。この点に関しては，イベリア半島で早くに進行していた事態に留意しておく必要がある。15世紀末以来ユダヤ教徒が追放されていたイベリア半島では，キリスト教への改宗者は「マラーノ」（豚の意）あるいは「新キリスト教徒」と呼ばれて特別視（差別視）される一方，キリスト教徒のあいだでは「血の純潔」が問題とされていた。つまり，表面上は同じキリスト教徒であっても，さらに質

的な差異をその内部に見出そうとする動きがあったのである。それでも，改宗者はキリスト教徒であり，少なくともユダヤ人とはみなされなかった。しかし19世紀になると，宗教の問題だけではすまなくなってくる。

　19世紀はまた科学の時代であった。科学は本質的に分類を志向し，その分類を整序する基準や意味づけを求めようとする。そして，しばしば科学の名のもとで古くからの偏見が合理化されることもあった。植民地などでの体験からしだいに民族学が生まれ（19世紀後半以降のアメリカではもっぱら文化人類学という呼称が用いられた），19世紀後半に社会ダーウィニズムが盛行するにおよんで，宗教以外の要因でユダヤ人との差異を見出そうとする動きがでてくる。しかも，ユダヤ教徒はキリスト教徒の下位集団として位置づけられねばならない，という根強い考え方もあった。極めて例外的であるにしても，企業家として成功したり，あるいはデパートなどの新しい業態を切り開いて，「目立つ」ユダヤ人がでてきたことも事実であり，そうした人たちに対する違和感や反感も芽生えていた。そして19世紀後半のドイツで，ユダヤ人を「セム人種」と規定する考え方が出現し，ユダヤ人差別を「反セム主義」と命名する用語法ができあがってくる。要するに，当事者がユダヤ教を信じていようがいまいが，血の問題として，つまりは出自や系統によって決定され，「遺伝する」異質性をもっぱら問題にしようとするのである（こうした議論の延長上に，ユダヤ人には特有の身体形質や疾患があり，例えば偏平足はユダヤ人に特徴的であるというような「学説」すら登場し，その限りで大真面目に論議されもした。ユダヤ人に関する身体論については，［ギルマン 1997］を参照）。マジョリティとしてのドイツ社会の側がユダヤ人に対して向けていた眼差しにも，かつての宗教的な偏見や憎悪とは異なる，新たな要素が加わってくるのであるが，こうした点についてはロウの著作が示唆に富む［Low 1979］。

　ここで，「反セム主義」という用語についても簡単にふれておきたい。わが国では，ユダヤ人に対する差別ないし攻撃などの現象をあらわす場合，時代を問わず「反ユダヤ主義」という日本語表現を用いることが多い。しかしヨーロッパ諸語にあっては，「セム人種」なる概念が出現して以後（「セム」という呼称自体はヘブライ語聖書，あるいはキリスト教の立場からいうとこ

ろの旧約聖書に，ノアの長男として登場する人物名に由来する），そこから派生した「反セム主義」（例えばドイツ語ではAntisemitismus）という表現が用語として定着し，現在では，とくに19世紀半ば以降の現象を問題にする場合はこの用語法が一般的である。この点については，必読の古典ともいえるアーレントの著作を参照されたい［アーレント 1972］。宗教上の差別という面に力点をおいた場合にはAntijudaismusやJudenhaßという表現を用いる例もあるが，前近代であってもantisemitismを用いるケースも珍しくはない［Gay 1992］。

　ところで，19世紀末以降のドイツにおけるユダヤ人の多くは，自らをドイツ人でもあると自覚することに何の違和感も覚えなかった。ユダヤ教信仰になんらかの意味で立ちつつ，またドイツ文化をも受け入れて日々を過ごす市民である，とする自己理解に矛盾はなかったのである。第一次世界大戦に「愛国者」として参戦し，「祖国」のために倒れていったユダヤ人は，決して少なくない［大川 1996；長田 2011］。その一方で，19世紀末にはシオニズムも成立する。シオニズムにはさまざまな潮流があって，全体を一義的に説明するのは困難であるが，概してユダヤ人をほかとは異質で独自な「民族」として主張したのである。

　このように，「ユダヤ人」についての理解ないし捉え方に関してごく簡単に問題にしただけでも，そこにはじつにさまざまなバリエーションが発生しうるのである。したがって，「ユダヤ人」とはいかなる存在なのか，という問題を考えてみる必要がある。そうした作業のために有効な文献としては，さしあたって市川裕や早尾貴紀のものがあるが［市川ほか編 2008；早尾 2008］，サンドが非常に興味深い視点を与えてくれるし，ラブキンも注目に値する［サンド 2010；ラブキン 2012］。さらに，人種論や優生学の問題についても考えてみる必要があろう［アダムズ 1998；岡田 2006；竹沢編 2005；フレドリクソン 2009；ポリアコフ 1985；弓削 2009］。ドイツのユダヤ人については長沼宗昭の論文も参考になろう［長沼 2005a］。またユダヤ教では，ユダヤ人とは，「ユダヤ人の母親から生まれた者，あるいはユダヤ教に改宗した者」と定義しているが，ユダヤ教についても最低限の知識を得ておくべきである［市川 2009；コーン゠シャーボク 2005；

ラーンジュ 2002］。

　つまり,「ユダヤ人」をどのようにとらえるべきかということ自体が大問題になるのであり，さまざまな捉え方がありうることに注意を向けなければならない。ユダヤ人の世界でも，早くから系譜論的な分類がなされてきた。中世以来のドイツ語圏にルーツが求められるユダヤ人はアシュケナジームと呼ばれてきたが，イベリア半島に由来し，15世紀末以降に同地を追われたセファルディームと呼ばれたユダヤ人とのあいだには区別があった。ハンブルクには（より正確にいえば，ハンブルク市内には居住できず，隣接するアルトナなどに住んでいた時期もあるが），セファルディームのコミュニティもあったが，アシュケナジーム・コミュニティとの交流は大変乏しかった。また現代イスラエルのメディアでは，ユダヤ人を正統派，現代正統派，保守派，リベラル派，改革派，世俗派といった，主として宗教上の基準で定義づける例もみられるのである（*The Jerusalem Post* 紙が2010年10月におこなった購読者アンケートでの事例)。さらにこれとは別に，中東地域出身の「東洋(方)ユダヤ人」が問題にされる場合もあるが，60年余りの現代イスラエルの歴史のなかでは，こうした「東洋ユダヤ人」は概してブルーカラー的存在として遇され，ユダヤ人社会内で被差別者的感情を蓄積してきたようである［臼杵 1998］。ともかく，いかなる時代や環境にあっても，「ユダヤ人」を類型的に一枚岩のような存在として理解・把握することは慎まねばならない。

　なお本章では，紙幅の制約から近代に重点をおいた。したがって，中世やホロコースト(ユダヤ人大虐殺)にかかわる問題については第Ⅰ部の該当する章を参照されたい。

1 ｜ 簡略な研究動向

日本の場合

　わが国にあっては，ドイツにおけるユダヤ人史ないし反ユダヤ主義についての本格的な研究はまだ緒についたばかりである。

　すでに明治初期から,『ヴェニスの商人』などの翻案や各種の英和・独

和辞典類に記された語釈・説明などを通じて，近代ヨーロッパに蓄積されてきたユダヤ人観がそのまま導入されていたが(例えば明治6年刊の『官許独和辞典』では，Judenの項目に「吝嗇人(りんしょく)」という語釈を与えている〈『復刻明治期独逸語辞典』三修社，1981年〉)，まだそれほどの関心を呼ぶこともなかった。ところがシベリア出兵を経験したのち，陸軍参謀本部やその周辺から，北上梅石(樋口艶之助のペンネーム)にみられるような反ユダヤ主義的な言説が登場してくる［北上 1923］。その延長上に，第二次世界大戦前のわが国における反ユダヤ主義陣営の中心としての四王天延孝が位置するし［四王天 1941］，チェンバレンやローゼンベルグなどの翻訳もなされていた［チェンバレン 1942；ローゼンベルグ 1943］。一方，こうした流れとは一線を画するものとして，菅原憲や南満洲鉄道株式会社調査部に代表される翻訳活動があった［菅原 1941；南満洲鉄道株式会社調査部編 1941］。また有賀鐵太郎によるベックの注目すべき翻訳も［ベック 1946］，元来は満鉄調査部の依頼によるもので，すでに抄訳が第二次世界大戦中に印刷されている。しかしこれらも，なおオリジナルな研究とはいいがたいものであった。

　第二次世界大戦後になると，ホロコーストや，イスラエル建国にともなって中東問題に対する関心は高まってきたものの，ナチ期以前のドイツ史のなかでユダヤ人のあり方を学問的に問うような研究はなかなか生まれなかった。しかしようやく1970年代にはいって，法思想史［上山 1971］，歴史学［下村 1972］や，さらにドイツ文学［山下 1975］などでの本格的な研究が立ちあらわれてきた。その後，社会思想史学会が1984年の第9回大会で，「ユダヤ人問題」をシンポジウムに取り上げ，ドイツ史から阿部謹也，長沼宗昭，下村由一，ポーランド史から中山昭吉が報告したことは画期的なことで，その内容は翌年の学会誌に掲載された［社会思想史学会編 1985］。このシンポジウムのコーディネーターは，早くからユダヤ人の存在に関心を寄せていた徳永恂と良知力であったが，そのあとにまとめられた彼らの作品はわれわれにとっても極めて重要であるし［徳永 1997；良知・廣松編 1986］，徳永による翻訳も貴重である［ホルクハイマー／アドルノ 1990］。しかし全体としてみれば，まだまだ散発的な研究状況にとどまっている。

ドイツ語圏の場合

　ドイツ語圏の場合，それなりの根拠と論理をもち，ユダヤ教批判のカテキスムとまで謳われたアイゼンメンガーの『暴かれたユダヤ教』が1700年にフランクフルト・アム・マインで刊行されて以来(この2巻本の大著はその後20世紀にいたるまで何度も再刊された)，ユダヤ教・ユダヤ人攻撃の文献は膨大に存在する。その出版史を検討すること自体，非常に意味のある研究となろう。またユダヤ人は，原理的には，それぞれの領邦の支配者によって恣意的に存在を許容されてきたので，領邦ごとのあり方が大きく異なっていた。そうした状況を歴史的に説明した文献も18世紀以来存在する。

　しかし，キリスト教世界でのさまざまな分野における学問的発展に刺激され，ユダヤ人自身によるユダヤ教学(Wissenschaft des Judentums)が，ベルリンを中心に1820年代以降発展していく。その成果を受けながら，ユダヤ人史に関しても学問的な方法に依拠した研究の必要が意識されるようになった。そうした流れのなかから，モーゼス・メンデルスゾーンの全集が編纂され，またグレーツが，20年以上の歳月をかけて1人でユダヤ人世界全体を見渡した浩瀚な歴史を書き上げることになったのである[Graetz, H. 1853-76]。その後1885年には，ドイツ・ユダヤ人史協会(Historische Kommission für Geschichte der Juden in Deutschland)が結成され，史料の収集・整理が組織的に進められていった。さらに1920年代になると，ベラルーシ出身で当時ベルリン在住であったドゥブノフが，「ユダヤ教学」以来の蓄積を摂取し，またグレーツをも批判的に受け継ぎながら，より社会経済史的視点を盛り込んだ10巻本を単独で刊行し，大きな影響を与えた[Dubnow 1925-29]。そして1930年代に，ユダヤ人の歴史や文化についての研究も頂点を迎える。そのことを象徴するのが，ヒトラーの権力掌握の直前に開館したベルリンのユダヤ博物館(世界有数の規模を誇る，現在のベルリン・ユダヤ博物館の前身)であり，後述の百科事典や人名辞典であった。

　ホロコーストはドイツ・ユダヤ人史研究に対しても壊滅的な打撃を与えたが，第二次世界大戦終結10年後の1955年には，ロンドン，ニューヨーク，エルサレムの3カ所に拠点をおくかたちでレオ・ベック研究所(Leo Baeck Institute)が発足し，ただちにドイツ・ユダヤ人史研究のもっとも重要な機

関となった。ドイツ国内では，まず1959年にゲルマニア・ユダイカ(Germania Judaica)が市民の運動によってケルンに設立され，現在ではケルン市立図書館の一部をなし，ドイツ・ユダヤ人史に関する専門図書館としてはヨーロッパ最大級のものとなっている。第二次世界大戦後のドイツで，この分野で最初に発足した研究機関は1966年設立のハンブルクのドイツ・ユダヤ人史研究所(Institut für die Geschichte der Deutschen Juden)であったが，その後82年には，ベルリン工科大学に反セム主義研究センター(Zentrum für Antisemitismusforschung)が設置され，精力的な活動を続けている。

多様なテーマ

内容の面では，ドイツ全体を論ずるようなタイトルの場合にも，プロイセンなどのおもな領邦を軸にして，それに各地の状況を付け加えるか，「ユダヤ人解放」などのエポック・メーキングなテーマに集中するケースが多い。また，ユダヤ人が多分に都市生活者としての性格を色濃く有したので(農村地域のユダヤ人が決して少なかったわけではないことについては論文集[Richarz/Rürup (Hg.) 1997]参照)，コミュニティがおかれた各都市でのありように特化した研究も多くみられるが，やはりベルリンに関するものが質量ともにほかを圧倒している。それは，ユダヤ教改革派の成立にみられるように，近代におけるユダヤ人の世界全体の動向に影響を与えた最大の震源地がベルリンにほかならなかったからである。

研究上の視点や手法の面でみられる新しい流れとして，ジェンダー論や文化変容(acculturation)論が注目されるべきであろう。ジェンダー論に関してはハーツやカプランなどが注目されているが[Hertz 1988; Hertz 2007; Kaplan 1979; Kaplan 1982]，ハインゾーンの論文集をみると，現在この分野で積極的に発言している主要な研究者たちをかなり把握することができる[Heinsohn/Schüler-Springorum 2006]。わが国ではこの分野はほとんど未開拓であるが，日暮美奈子がユダヤ人女性と移民史の問題をかさねて発言している[日暮 2002]。また文化変容論は，かつて消極的にとらえられる傾向が強かった「同化」現象を，ユダヤ人のより主体的な選択として積極

的にとらえなおそうとするもので，数多くの研究者が論じている［*LBIYB*〈→328頁〉2000；Liedtke/Rechter 2003］。具体的な事例としては，例えば19世紀後半になるとクリスマス・ツリーを飾る習慣がユダヤ人家庭にも広まっていくが，リヒャルツはその意味を検討している［Richarz 1999］。邦語論文にも言及がある［長沼 2005b］。「同化」ととらえるか否かを問わず，重要な意味をもっているのが異宗婚あるいは異教徒間結婚(Mischehe)の問題である。少数ではあっても，ユダヤ教信仰を保ったままの女性がキリスト教徒男性との結婚を要求する例が実際に出現してくることに注意しなければならない。個としての女性と信教の自由，という2つの主張を両立させようという試みが，しだいに数を増してくるのである（キリスト教内の異宗派間でも，全ドイツ的には1875年に強制民事婚が成立するまで，異教徒間結婚は実際には困難であった）。この問題についての具体的な研究はドイツなどでもまだ蓄積は厚くないが，マイリンクが目を引くし［Meiring 1998］，長沼も扱っている［長沼 2013］。また別に，ブリストウが比較的早い段階で性的搾取の問題を，従事させられたユダヤ人女性の側からだけでなく，その構造を支えたユダヤ人男性の側もあわせて取り上げており［Bristow 1983］，こうした研究も注目に値する。

2｜18世紀以前

反ユダヤ主義とゲットー

19世紀に「ユダヤ人解放」，つまり市民権の授与，あるいはキリスト教徒との同権化が実現する以前は，ユダヤ人の状況は，わずかな例外を除いて中世以来大きくは変わっていない。シャーは具体的な素材こそドイツではないものの，本質的に共通する特徴を鮮やかに描いており，非常に参考になる［シャー 2007］。シャーは，いわゆる「儀礼殺人」，つまり儀式の必要によってキリスト教徒の幼児ないしは少年の血を求めるユダヤ人が殺人を犯すとする，ときには前近代において猛威をふるった迷信について扱っており，宗教的偏見の実相が浮かび上がってくる［Hsia 1988］。反ユダヤ主義の根底に宗教的偏見があることはあらためて指摘する必要のないこと

であるが，宗教改革者ルターが，とりわけ晩年にユダヤ人・ユダヤ教を激しく攻撃したことも知っておかねばならない［羽田 1993；深井 1996］。この問題を，今日，とくにプロテスタントの視点からどう考えるべきかということについてはシュタッファを読むべきであろう［Staffa（Hg.）1993］。また，ユダヤ人側からのルター観を啓蒙期(けいもう)からホロコーストの時期までにわたって考察した論文も興味深い［Wiese 2009］。

　フランクフルトでは，15世紀半ばにいわゆるゲットーが建設されている。このゲットー（Getto, ghetto）という表現は，一般には，ヴェネツィアでのユダヤ人居住区域を指す表現として，とくに16世紀初頭に，同区域が門や壁，あるいは橋などによって切り離された島状の閉鎖空間になった頃から用いられるようになった，と考えられている。その後イタリア語圏以外でも広く使われるようになった。またドイツ語のJudengasseが，こうしたゲットーの意味で使われることもあるが，必ずしもそこがつねに門などで出入りを制限された強制居住区域であったわけではない。ただしフランクフルトのゲットーは，出入り口に門が設けられ，夜間の通行は禁止されていた。かなり狭い範囲内での居住が強制されたので住環境は劣悪化していったが，建物を横に拡幅することができないので，結果的に「高層化」することもあった。そして17世紀初めに，フェットミルヒに率いられた暴徒がこのゲットーを襲撃したため，ユダヤ人は一時一掃されてしまう。ところが注目すべきことに，時の神聖ローマ皇帝マティアスはこのユダヤ人迫害を糾(きゅう)弾(だん)し，事件の首謀者たちを処刑した。さらに皇帝は，同市周辺に難を逃れていたユダヤ人を護衛し，帰還させたのであった。この経過のなかに，ユダヤ人が君主の一種の「所有物」として庇護される，ある面からみれば「特権的」な存在であったことも示されている。ただしその「特権」は，あくまで君主の恣意に支えられたものでしかなく，君主の代替わりによってユダヤ人が追放される例も決して珍しくはない（フランクフルトでのゲットー設置や，フェットミルヒ暴動については，［小倉 2007］参照）。中・近世の都市史研究にとっても，ユダヤ人と都市参事会や，さまざまなツンフトとの関係は重要なテーマになりうるのである。なお，このようなゲットーの存在は必ずしもドイツ都市の標準的な姿ではなく，例えばベルリンには

ゲットーといえるような状況はなかった。さらにユダヤ人の居住の問題について簡単にふれておくと、近代以前のユダヤ人の居住区域はほとんどの場合密集しているが、すべて強制の結果生じたわけではない、ということにも留意しておきたい。宗教上の要請や、ときには自衛のためにむしろ自発的に集住している、とみることもできる。安息日（金曜日の日没から土曜日の日没まで）に、ユダヤ人にとっての祈りや学びの場であるシナゴーグに出かける場合、戒律上移動が許される距離が定まっているので、その一定の距離を半径とする円内におのずと集住することになる、といった事情も働いていたのである。

宮廷ユダヤ人とハスカラー運動

　また17・18世紀には、いわゆる「宮廷ユダヤ人」の存在が一部では目立ってくる。極めて少数の例外的なユダヤ人が、君主個人に仕えて宮廷に出入りし、培ってきた物資調達能力や資力を駆使して御用商人や御用金融業者として活躍していた。彼らは、キリスト教徒市民と変わらないどころか、一見非常に華やかな境遇を享受し、未解放の大多数のユダヤ人とはかけ離れた存在であった。しかし彼らといえども、あくまで君主個人の庇護下でのみ「特権」を享受・行使しえたのであって、ときには一転して悲惨な最期を遂げることすらあった。今日にいたるまでしばしば差別的呼称で呼ばれ、差別構造を象徴する役割を担わされつづけてきた「猶太公ジュース」(Jud Süß)も、こうした「宮廷ユダヤ人」の典型であった［ハージス 2006；Baumgart 1988］。同時に、「宮廷ユダヤ人」の存在が、その後のハスカラー運動やサロン文化に繋がっていく側面も無視できない［Carsten 1958；Ries／Battenberg (Hg.) 2002］。

　18世紀のベルリンでは哲学者メンデルスゾーンがユダヤ人内の啓蒙活動を開始し、その後継者たちによってハスカラー(Haskala〈h〉)運動が推進されていった。これらの運動が、世俗教育を重視し、その流れのなかからやがてユダヤ教改革派を生み出すことになったことを考えるとメンデルスゾーンやハスカラー運動の位置づけは非常に重要になる。しかしわが国では、メンデルスゾーン研究はおもに思想史・哲学史の分野でおこなわれてき

おり[山下 1975;大内 2003]，ハスカラー運動まで含めてドイツ・ユダヤ人史の枠内でとらえていこうとする試みは少ない。ただしドイツなどでは分厚い研究の蓄積があり，例えばハスカラー運動研究の動向を知るうえでは，雑誌 *Trumah* の第16巻特集号がある[*Trumah*〈→328頁〉2007]。またプロイセン国家とユダヤ人との関係については，大選帝侯フリードリヒ・ヴィルヘルム期からフリードリヒ2世(大王)期まで，膨大な資料を採録しながら詳細に跡づけた研究がある[Stern, S. 1962-71]。ただ，この大作と格闘する前に，シュテルンの基本的な考え方が述べられている論文を読んでおいたほうがよい[Stern-Taeubler 1956]。邦語文献では柳川平太郎の研究がある[柳川 2004;柳川 2005a;柳川 2005b]。

　すでに18世紀後半に「ユダヤ人解放」を論じた開明官僚ドームについては，例えば弓削尚子やメラーの研究があり[弓削 1998;Möller 1980]，また長沼は17世紀後半における近代ベルリン・コミュニティの発足について語っている[長沼 1993]。18世紀後半から19世紀前半にかけてのベルリン・コミュニティの変遷についての研究も非常に重要である[Lowenstein 1994]。ソーキンは，同じような問題を，ドイツ全体をカバーするかたちでやや時期をずらして論じている[Sorkin 1987]。ほぼ同時期のユダヤ系知識人や，若いユダヤ人女性がおもに主催したサロン，キリスト教徒との通婚，さらには改宗，といったテーマについても多くの研究があるが[ヴィルヘルミー゠ドリンガー 2003;Hertz 1988]，18世紀啓蒙の時代の全体像のなかでユダヤ人をどのように位置づけて考えるべきかという点については，ベルクハーンが興味深い論点を提供している[Berghahn 2000]。

3 | 19世紀以降

ユダヤ人の解放と「ユダヤ人問題」

　まずナポレオン戦争期の状況については飯森伸哉の論考がある[飯森 2000]。プロイセンにおける1812年の「解放勅令」発布は画期的なできごとであったが，この問題については西南ドイツ諸邦の動向も踏まえたリュールップの著作が古典としての位置を占めている[Rürup 1975](そのほか

[Schmidt 1956；Strauss 1966；Rürup 1986]なども参照)。勅令の条文を検討している研究もある[長沼 1982]。しかし，19世紀初頭から1920年代までのおよそ100年間にわたってなされたドイツ・ユダヤ人の「解放」とはそもそも何であったのか，という問題をより大局的に考察することも重要である[Hamburger 1969；Pulzer 1996；Richarz 1975；Rürup 2006]。また，当時はユダヤ人を「解放」するにあたって兵役につけるか否か，軍隊とユダヤ人の関係をどのようにつくりあげていくか，といった論議もなされた[Fischer 1968]。さらに，19世紀後半から第一次世界大戦前にかけての時期には，プロイセン陸軍にあってはユダヤ人がどのように処遇されていったかというテーマもある[Angress 1972]。あるいはまた，解放運動に邁進したユダヤ人リーサーを扱った研究も参考になる[Rinott 1962]。

　18世紀末の「ポーランド分割」とその後のナポレオン戦争期の再編をへて，あらためて1815年にプロイセン領となったポーゼンには，もっとも多くのユダヤ人が居住していたにもかかわらず，1812年勅令は適用されなかった。ポーゼンのユダヤ人は，「三月前期」にはプロイセン国内他地域のユダヤ人とも一線を画されていたが，経済的チャンスを求めてしだいにベルリンなどに移住するようになり，これが主たる要因となって首都におけるユダヤ人人口の増加をもたらしていった[長沼 2008；割田 2010；Bartyś 1972]。旧ポーランド領からのユダヤ人やポーランド人(とくにライン地方の炭鉱労働者)の西部移住は，19世紀後半から20世紀初めにかけても続くが，そこからさまざまな問題が生じてくる[伊藤 2002；Heid 1985]。またドイツ語圏では，「ユダヤ人問題」(Judenfrage)という用語自体が1830年代に定着し，キーワードとなって論争を巻き起こしていった[植村 1993；下村ほか編 1996；良知・廣松編 1986；Toury 1966]。さらに1848年革命とユダヤ人の関係については，論文集[Mosse, W. E. et al.(eds.) 1981]をはじめ，少なからぬ研究があるが[Moldenhauer 1971；Riff 1976]，わが国では増谷英樹が目につくくらいで，ほとんど取り組まれていない[増谷 2008]。

　19世紀のドイツは，ユダヤ教史という観点からも重要な位置を占めている。概して18世紀以前のユダヤ教は，カライ派やハシディズムなどの多少の例外を除けば，今日のような宗派的な分裂はみられず，一般に「ラビの

ユダヤ教」としてとらえられている。しかし，ハスカラー運動を引き継いでしだいに現在の改革派が形成されていくなかで，逆に伝統的な立場を守ろうとする意識が正統派を育み[Lowenstein 1991]，さらにその両派とも同調できない人びとが中間派として残り，やがて保守派と呼ばれていくことになる。つまり19世紀ドイツ，とりわけベルリンという環境が，今日のユダヤ教にみられる宗派的分裂を生み出したのである。改革派が支配的になっていったベルリンで[Galliner 2004]，むしろ少数派となった正統派が排除され，やがて独自のユダヤ人コミュニティをつくっていく[Offenberg (Hg.) 1986]。

反セム主義と反ユダヤ主義

　1867年に北ドイツ連邦が成立し，さらにそれを引き継いだかたちで71年にドイツ帝国が成立すると，それぞれの憲法においてユダヤ人の公民権は認められ，法的なレベルでの「ユダヤ人解放」は完成されていく。ユダヤ人のなかから権力中枢に密着し，叙爵される者もでてくる。ブライヒレーダーの存在を無視してビスマルクについて語ることは許されないであろう[Stern, F. 1977]。しかしまさにその時期に，少なくとも18世紀以前の宗教的な理解とは異なった，人種論的な考え方に立つ反ユダヤ主義が形成されて，「反セム主義」という観念が案出され，普及していった。こうした転換の時期を正確に定めることは困難であるが，1870年代から80年代にかけて，シュテッカー，マル，トライチュケなどのイデオローグが展開した活動から目をそらすわけにはいかない。この新しいタイプの反ユダヤ主義，つまり反セム主義を把握し，整理していくために，まずニッパーダイの著作が有用である[Nipperdey/Rürup 1972]。また実際の状況については，多くの研究があり[大内 1981；近藤 1982・83；齋藤 2009；高井 2007；竹中 2004；Meyer 1966]，トライチュケ自身の主張も伝わってくる[下村 1972]。フェルキッシュ思想についても見落としてはならない[モッセ 1998]。

　また，「同化」という問題を軸にすえ，さらにドイツ愛国者としてのユダヤ人という姿を浮彫りにしていった長田浩彰の一連の研究が重要であるが，初出論文のほとんどが最近一書にまとめられている[長田 2011]。膨

大な数にのぼる欧文文献のなかでは、歴史学のみならず、社会学や心理学などの幅広い領域からのアプローチを含めて、さらにはドイツ以外のヨーロッパ各国の問題もカバーした論文集成がある[Strauss et al. (eds.) 1987-93]。過去の重要な論文や著作からの抜粋が連ねられていて、非常に役に立つ。すでに古典としての評価を得ているパルツァーの著作もいまだに重要であろう[Pulzer 1964]。また近代の反ユダヤ主義は、社会的な統合、あるいは「同化」が進化したことから生じた逆説的現象としてとらえることもできようが、そうした統合という視点からおこなわれたシンポジウムの記録は大変興味深い[Grab/Schoeps (Hg.) 1983]。このほかにも多くの著作がある[Benz 2005^2; Bergmann 2002; Gräfe 2010^2; Katz 1980; Reinharz 1987; Volkov 2000^2]。またシュテアリンクの研究は、近代的反ユダヤ主義の前史としての19世紀前半の状況を検討したものとして定評がある[Sterling 1969]。必ずしも反ユダヤ主義の問題を中心的なテーマとしているわけではないが、タールは、第二帝政期におけるユダヤ人のあり方について考える際の重要な示唆を与えてくれる[Tal 1975]。また19世紀後半になると、企業経営者としてのユダヤ人の意味合いがいっそう大きくなってくるが[Grunwald 1967; Grunwald 1977]、ウォーバーグ商会はマーチャントバンカーの代表格であった[Rosenbaum 1962](その後身企業は現在も存続しており、また学際的なイコノロジー研究を創唱したA・ヴァールブルクもこの家の出身である)。来日して、わが国の地方行政制度を立案したA・モッセは、数少ないユダヤ人(ユダヤ教徒)裁判官であった[Mosse, W. E. 1983]。第二帝政期のユダヤ人に対しては、少なくとも法制上の差別は解消されたはずであったが、心理的差別以外に、一部には職業上の差別も現実に残っており、弁護士にはなれても裁判官にはなかなかなれなかった[Jarausch 1991]。

シオニズムと「東方ユダヤ人」

ユダヤ人を排斥しようとする反ユダヤ主義キャンペーンが強まってくると、逆にユダヤ人の民族的独自性を主張するシオニズムも生まれ、やがてさまざまな潮流が形づくられていくが、その思想的先駆者で社会主義的傾

向も備えていたヘスの代表的著作を読むことができる［ヘス 1986］。ただ，管見の限りでは，ドイツ・ユダヤ人史やシオニズムの視角からヘスを論じた重要な作品は，まだわが国では生み出されていないように思える。シオニズムが実際の政治運動として発動していく出発点はヘルツルに求められる［ヘルツル 1991］。しかし，シオニズムを主張した個々の論者たちの広がりは多様で，こうしたヘルツルだけではとらえきれない複雑な姿を学ぶこともできる［ラカー 1987］。と同時に，アンティセミティズムとシオニズムの同質性の指摘にも耳を傾けないわけにはいかない［下村 1975］。ほかにも参考になる著作がある［大川 1996；大川 2003；長沼 1995］。ドイツ以外の地域の問題も含めて，シオニズムに関する重要な論文の多くがラインハルツ編の論集におさめられている［Reinharz/Shapira (eds.) 1995］。ドイツに限定すればエローニやラインハルツが有用で［Eloni 1987；Reinharz (Hg.) 1981］，やや古いがリヒトハイムも参考になる［Lichtheim 1954］。ただ，ドイツでのシオニズム運動というものを考えた場合，あまり過大に評価することは慎まねばならない。思想の問題としては無視することはできないし，ベルリンが運動の重要な拠点になったことも確かであるが，両大戦間期までのユダヤ人社会における実際の影響力は決して大きくはなかった。ドイツ市民として定着しえたことを確信していた大半のドイツ・ユダヤ人にあっては，ことさらにユダヤ人の独自性を強調することはむしろユダヤ人の存在を危うくするものであるととらえられ，シオニズムを危険視する傾向すらみられたのである。ヘルツルらは第1回シオニスト大会をバーゼルで開催したが，それは，当初ミュンヘンでの開催を企図していたにもかかわらず，著名なラビたちを含む強力な反対に遭遇して断念した結果であったことを思い起こす必要がある。

このほかに，19世紀末からヴァイマル期にかけて「東方ユダヤ人」の流入・存在が意識され，問題視されるようになる［野村 1989；野村 1990；Adler-Rudel 1959；Aschheim 1982；Maurer 1986］。ドイツの文化状況におけるユダヤ人の関わりについては，まずゲイやカツネルゾンなどが手がかりになるし［ゲイ 1987a；ゲイ 1987b；Kaznelson (Hg.) 1962³］，フックスの視点も重要である［フックス 1993］。社会主義との関連では，さしあたって

の探究の端緒としてカールバークとジェイコブズをあげておく[Carlebach 1978；Jacobs 1992]。また、ウィーンでのユダヤ人の状況については、そのほとんどが19世紀末以降を扱っている[ノイグレッシェル 1997；野村 1999；ベラー 2008；増谷 1993；村田 1995]。

「東方ユダヤ人」の流入は、直接的には1880年代以降にウクライナやロシアで頻発したポグロムに由来する(ポグロムという表現自体は元来ロシア語であるが、今日、ドイツ史の文脈でも一般にユダヤ人迫害の意味で使われる)。こうしたポグロムは、1881年にロシア皇帝アレクサンドル2世が暗殺されてのち、当時のロシア政府やロシア正教会によって推進・扇動されたものであったが、その一方で民衆のあいだに根強く残っていた宗教的偏見・迷信が威力を発揮したことも否定できない。「儀礼殺人」のかどでユダヤ人が告発され、それを契機にポグロムが発生するという過程は、ロシアからバルカンにかけての広い地域で20世紀にはいってもなおみられることであった。しかし、19世紀末におけるドイツのユダヤ人のほとんどは、これらのできごとに心を痛めこそすれ、自分たちの問題とはとらえていなかった。ユダヤ教徒としての自覚にも、各人によって相当な深浅の幅があったが、ともかくドイツ市民であるという自己認識に不安を覚えることはなかった。ドイツ社会の合理的な発展は、やがては「ユダヤ人問題」をも理性的に解決する、と考えていたのである。したがって「東方ユダヤ人」に対しても、共感よりも、むしろ違和感を感じることのほうが強かった[Wertheimer 1987]。

ところが、1900年に西プロイセン州の小都市コニツ(現ポーランド領ホイニツェ)で起こった事件によって、一気に冷水をあびせかけられることになった。「儀礼殺人」のために「ドイツ人」少年を殺害したとして、ユダヤ人の肉屋が攻撃されたのである。この事件は、「儀礼殺人」という観念をたんに前近代の迷信として片づけてしまうことのできなかった現実や、流言が発揮した効果について考えさせる[Nonn 2002；Smith 2002]。「儀礼殺人」のような観念とホロコーストの問題とをどのように関連づけて考えることができるかという点については多くの議論が必要であるが、第二次世界大戦後のフランスにおいてもなお、ユダヤ人のブティック経営者によ

って若い女性が誘拐されるという噂が出現し，問題とせざるをえなかった状況があるように［モラン 1980］，必ずしも忘れ去られてよいテーマではない。

なお，歴史学やドイツ史といった枠組以外の領域で積み重ねられている成果にも，極力注意をはらっておきたい。例えば，わが国の少なからぬドイツ文学研究者がユダヤ人のありようについて論じており［木庭 1981］，また，「さまよえるユダヤ人」という，中世以来のヨーロッパの民衆世界に広く語り継がれてきた伝承についても考える必要があろう［キネ 2005］。あるいは，近代フランスのユダヤ人史を扱った有田英也の著作は出色の成果であるが，ドイツ・ユダヤ人史の観点からも学ぶべき対象である［有田 2000］。

さらに写真集の類も，しばしば有益な情報源となることを付け加えておきたい［Rebiger 2008］。なお，本文中で言及できなかった文献も文献案内には若干採録しておいた。

長沼宗昭

第 5 章

ドイツにおける近代歴史学の成立と展開

1 │ ドイツ史学史の意義と課題

　近代歴史学の基本的枠組は，19世紀前半から半ばにかけて，ドイツにおいて成立した。それがその後，欧米諸国，日本などで受容されていったのである。したがって，ドイツ史学史の課題は，まず，近代歴史学がなぜドイツで成立したのか，近代歴史学の史料批判の方法論，歴史記述の内容と形式，さらに大学を中心とした研究者養成システムなどが，それぞれどのような特徴をもっているか，近代歴史学形成過程がドイツの国家統一過程と並行し，それと交差しながら進行したことが，近代歴史学にどのような刻印を与えたか，を理解することにある。同時に，ドイツ歴史学が20世紀にはいってその先導的地位を失った理由や，第二次世界大戦以降ドイツの歴史学界が国際的な歴史学界に復帰した軌跡を批判的に検討することも，ドイツ史学史の重要なテーマである。つまり，近代歴史学を受容した各国の歴史学が，それぞれの課題にそくしてそれをどのように変容させ，あるいはそこから脱却して，どのように独自の歴史学の方向を切り開いたか，を考える際の不可欠の参照系なのである。とくに日本では，ドイツから近代歴史学を学んだのみならず，マルクス主義やヴェーバーの社会学など，近代歴史学のありように批判的な歴史研究の方法論もまたドイツから学んできた経緯があり，両国の近現代の歴史過程にも多くの類似性をもつことからも，日本との対比という視点を絶えず意識しておく必要がある［望田 2009］。

　ドイツ史学史を全体として概観した文献は少ない［岸田 1976；Beiser 2011；Faulenbach (Hg.) 1974；Iggers 1997］。一般に史学史は，それぞれの

時代の注目すべき歴史家やその著作・方法論を検討したり，歴史認識論を時代的に追う，あるいは主要な歴史論争を取り上げる，という形式の研究がほとんどなので，取組にあたっては，あらかじめ自己の関心にそった時期や対象などをある程度絞っておくことが望ましい。

啓蒙主義的歴史学から近代歴史学へ

　ドイツ近代歴史学も，それに先行する歴史研究，とりわけ18世紀のドイツの歴史研究からの成果やさまざまな技法を批判的に引き継いで成立したので，19世紀までのドイツの前近代史学の状況の理解も前提として必要である。

　18世紀には，ドイツで伝統的なキリスト教的歴史像を批判して，啓蒙（けいもう）主義を基礎にした啓蒙主義的歴史学が登場した。その場となったのは，領邦君主の実践的要請に応えるために設立されたハレ大学（1693年創立）やゲッティンゲン大学（1737年創立）などの新設大学であった。これらの大学では，伝統的にほかの学問分野の上位にあると考えられてきたキリスト教神学や，カトリック教会の宗教的規制・干渉から比較的自由であり，なかでも，ハノーファー選帝侯によって創設されたゲッティンゲン大学は，選帝侯がイギリス国王でもあったことから，イギリス啓蒙主義の影響を受け，ガッテラーなど新鋭の歴史家を集めて，歴史学を独立した学問分野として認め，ゲッティンゲン学派と呼ばれる啓蒙主義歴史学の中心となった。普遍史や世界史を唱える啓蒙主義歴史学の流れは，19世紀の主流となったドイツの歴史主義からは批判されたが，大学を歴史研究の中心的場と位置づけて，歴史学の専門化を推進し，また図書館など研究を支える諸施設を整備するなど，近代歴史学の基盤構築を促した点でも重要な役割をはたしている［岡崎 2000；戸叶 2001］。

　啓蒙主義的歴史学の系譜とは別に，18世紀後半には，歴史的に形成されてきた地域の個性や，それまで無視されてきた民衆に目を向ける歴史家があらわれた。自らの郷土オスナブリュックの歴史を研究したメーザー［坂井 2004］や，ヘルダー［バーリン 1981］などは，いずれも大学を場とする歴史家ではなかったが，フランス革命の普遍主義的理念に批判的な立場を

とって，ドイツ歴史主義の思想的基礎を築き，近代歴史学の形成に貢献している[Jaeger/Rüsen (Hg.) 1992]。

フランス革命の影響とナポレオンによるドイツ支配，神聖ローマ帝国の消滅，さらにドイツの有力領邦による聖俗中小所領の陪臣化と統合は，領邦の政治的・社会的近代化を促し，大学人・知識人など教養市民層のあいだでドイツ人意識(アイデンティティ)や歴史的ドイツへの関心を強め，それは文化面でのロマン主義の登場によっても後押しされた。プロイセン改革の指導者シュタインの提唱を受けて着手され，現在もなお継続刊行中の画期的中世史料集『モヌメンタ・ゲルマニアエ・ヒストリカ Monumenta Germaniae Historica』(MGH〈→316頁〉)の編纂(初巻は1826年刊)は，こうした潮流から生まれたものである。刊行目的として当初掲げられたモットー「神聖な祖国愛は正しい精神を与える」のなかに，初期のロマン主義的ナショナリズムの影響が明瞭にうかがわれるが，それはドイツ近代歴史学が，「国民」形成の正当性，国民的アイデンティティの歴史的根拠を探る，という問題意識に支えられて形成されたことをよく示している。

ランケと近代歴史学の形成

史料批判など歴史研究上の方法論，後継研究者(歴史研究専門家集団)育成システムの導入と確立，歴史学研究誌の発行による研究者の相互批判と，業績の蓄積・共有化の場としての「学界」形成の基盤など，それまでの研究・教育・学術環境の次元でのさまざまな成果を近代歴史学としてまとめ，専門分野としての近代歴史学を確立したのがランケであった。彼は，ニーブールなどの古代史研究から引き継いだ厳密な史料批判による史実の確定，それに基づく「それぞれの時代に内在する個性」を考察する客観主義的歴史叙述をめざした。これは当然外在的価値観(特定の政治思想やイデオロギーなど)によって過去を整序する方法や，現在を進歩の最高到達点とみて，過去をそれへの過程として序列化する進歩史観を否定することを意味した。また専門研究者の養成法として，古典文献学の教授法としてすでに確立していたゼミナール制を歴史研究でも取り入れた。教授の指導のもとに，参加者が同じ史料を検討・解読し，相互討論を通じて，史料批判の方法を学

び，専門家としての能力を身につけさせるゼミナール制は，その後世界各地の歴史専門家養成法として広まった。さらに制度としての近代歴史学は，歴史学専門誌の刊行によっても支えられた。ランケが編集に携わった『歴史政治雑誌』は，政治評論も扱ったので純然たる学術誌とはいえないが，のちの専門学術誌の先駆となる役割をはたした。

ランケは，ドイツのみならずウィーン，ローマまで足を伸ばして公的図書館や文書館で一次史料を調査し，1825年近代大学のモデルとなる新設のベルリン大学教授という恵まれた地位に招かれてからは，刊行史料，文献資料にとどまらず，それまで歴史家がほとんど利用できなかった一次史料も探索した。1858年にはバイエルン王国の王立科学アカデミー歴史学委員会委員長の地位にも就任して，歴史史料の刊行に努めたのもその一環である［ヴェーラー 1977；佐藤 2009；林 1953；ランケ 1966；Mommsen (Hg.) 1988］。

必ずしも最初から意図したわけではなかったにせよ，こうした歴史学の研究基盤と再生産システムを築いた功績は大きい。ランケといえば，その客観主義や歴史の主体としての強国（列強）の重視，公文書史料偏重がもたらす国家史・外交史への傾斜，現状肯定的な保守志向など，方法論や歴史叙述に焦点を合わせた批判がその後の史学史的評価の中心を占めるが，近代歴史学研究の枠組や基盤整備など歴史学の専門化ではたした役割も見逃してはならない。

近代大学制度を先導したドイツは，同時に学問分野の専門分化を促進した国でもあった。歴史主義の流れは，ザヴィーニーらの歴史法学派や歴史経済学派などの法制史・経済史における有力な研究分野を生み出したが，それは結果として歴史学からこうした領域を分離させることに繋がり，それがドイツの歴史学研究を国家史・政治思想史へのさらなる集中を促し，歴史学の対象領域を狭めさせることにもなった。やがてそれはドイツの歴史研究の特徴ともなっていく［Maurer (Hg.) 2002］。

プロイセン学派と新ランケ派
　プロイセン主導の統一ドイツへの動きを視野に「政治の時代」にはいっ

た1850年代になると，ランケの客観主義的歴史研究への批判や反発があらわれてきた。ランケ派の史実確定重視や客観主義的記述は，時代や社会の要請や関心に応えていないとする一群の歴史家がそれである。その代表的歴史家であるドロイゼン，ジーベルは，ともにプロテスタントで，自由主義者であり，また実際自由主義派の議員となって政治家としても活躍した。彼らは，歴史の変動期にいるという認識，プロイセンによる，つまりビスマルクの指導によるドイツ統一とドイツ帝国成立を積極的に肯定し，それを正当化する立場から，ドイツ史をとらえなおし，著作や講義を通じて公衆に働きかけることにも努めた。彼らがプロイセン学派あるいは小ドイツ学派と呼ばれるのはそのためである。プロイセン学派が示した，ルター・フリードリヒ大王・ビスマルクの線で近代ドイツ成立の政治史的展開を説明する見方は，その後もドイツ史理解に長く影響を与えつづけた。

　なお，ドロイゼンは自然科学の目的は「説明」にあり，それに対して歴史学のそれを「理解」にあるとして，自然科学と歴史学との区分を提唱し，歴史認識における「理論」適用を批判した。自然科学・社会科学と歴史学との違いを強調する姿勢は，その後のドイツ歴史学界に広く浸透していく。

　これらプロイセン学派によって推進された19世紀後半のドイツ歴史学が，国際的に近代歴史学のモデルとなった。それは基本的には，国民国家確立という時代傾向を背景に，その達成過程とその結果成立した国家を正当化する立場から，自国民（自民族）の歴史的根源・形成過程を探り，現在にいたる過程を説明することを主要課題としている。19世紀後半は主要な欧米諸国や日本は，近代国家形成，ないしそのための国内再編成過程にあり，ドイツ近代歴史学はまさにそれに応えるものであったのである。

　ランケの後継者の1人ジーベルは，現在もドイツの主要な総合歴史学術誌の位置にある『史学雑誌 *Historische Zeitschrift*』(*HZ*〈→308頁〉)を創刊した(1859年)［岸田 1976；Schulze 2003］。この歴史専門誌創刊も，フランス，イギリス，アメリカで採用された(それぞれ *Revue Historique*〈1876年〉，*English Historical Review*〈86年〉，*American Historical Review*〈95年〉)。日本でも，ランケの弟子のリースが東京帝国大学に招かれて，その助言・指導のもとに史料批判などの近代歴史学の方法論が導入され，最初の歴史学術誌『史

学雑誌』(1889年)が創刊された[西川 2003]。

　スイスで独自の文化史を追求したブルクハルト，イギリスのアクトン，のちにフランスの社会史を提唱することになるマルク・ブロックなど独創的な方法や叙述を開拓したり，それぞれの国の歴史研究の基礎を築いた歴史家たちが，ドイツの大学で歴史学を学んだ経験をもっていたことは，近代歴史学を先導するドイツの位置を明瞭に示している。もっとも，それは必ずしもドイツの歴史研究や叙述方法を肯定したことを意味するものでなく，むしろそれを反面教師として，新しい歴史研究の追求へと向かわせることが多かった。

　ドイツ史学史を考える際には，ドイツで学びながらその方法論や問題意識に批判的になっていったこれら非ドイツ系の同時代歴史家の存在にも目を配る必要がある。また，ドイツ歴史学におけるプロイセン学派の優位は，カトリック系歴史家の周縁化，マルクス主義系の歴史研究の無視ないし排除をともなったことも忘れてはならない。

　ドイツ帝国成立後，それを前提とする新しい世代の歴史家は，政治的メッセージを強く打ち出すプロイセン学派の姿勢に距離をおき始めた。その結果，ランケの「客観主義的」な叙述，政治的には現状肯定的で穏健な姿勢が再評価され，ランケへの回帰が唱えられるようになる。新ランケ派あるいはランケ・ルネサンスともいわれるこの動きは，その名称が思わせるようなランケの歴史認識や主張をそのまま受け入れたわけではなかった。そもそもランケの歴史研究は，明快なテーゼとして提示できるような性格のものではなかった。ただ一国史的ドイツ史研究にとどまらず，列強体制のなかでドイツをみるというランケの視座に立ち返った点では(「外政の優位」)，たしかにランケに繋がるものがあった。とはいえ，これを歴史研究の脱イデオロギー化とみることは正しくない。なぜなら，彼らの「客観主義」は，ドイツ帝国(第二帝政)を肯定するという保守的態度が前提にあり，あえて政治的メッセージを明確に打ち出す必要を認めなかったにすぎないからである。

国家史・外交史優位への批判と歴史主義の危機

しかし，ドイツ歴史研究の国家史・政治史集中は，やがて批判を招くことになった。1880年代末のゴートハイン゠シェーファー論争はその先駆けである。「政治史こそ歴史学の本来の研究分野」「国家と教会が人間生活を覆う唯一の勢力」とするシェーファーに対し，ゴートハインはブルクハルトを引き継いで，「もっぱら国家活動の形成のみを扱う政治史の必要と価値」を認めたものの，それは高次の総合史の一部としての文化史のなかに位置づけられるべきだと主張した。

この論争は，その直後に起こったつぎの大きな論争，すなわちランプレヒト論争(方法論争)に吸収されて，ドイツ歴史学界を揺るがすことになる。ゴートハインが，歴史研究の目的として現在なら全体史とでもいうべき文化史を提案したのに対し，ランプレヒトは具体的なかたちで『ドイツ史』(第1巻は1891年刊)を刊行したからである。経済史研究から出発したランプレヒトは，これまでの歴史研究が自然科学ではすでに乗り越えられた個性的・記述的方法で，しかも政治史に限定して時代の理念を明らかにしようとしていることを批判した。ランケを時代遅れと退け，社会集団を軸に発展段階論的にドイツ史を説明しようとした『ドイツ史』は，当時の歴史学界の批判にさらされた。しかも，マルクス主義者のメーリングが当時の反体制政党である社会民主党の理論誌『ノイエ・ツァイト』上でこの本を賞賛したことが，ますます正統派歴史家の目にはランプレヒトの試みへの疑惑を強めた。ランプレヒトが在野の研究者ではなく，学界のなかからあらわれたことが，歴史学界主流派の強い懸念と反発を招いたのである[Chickering 1993]。1890年代を通じて続いた論争は，形式的にはランプレヒトの敗退に終わったが，結果としてはドイツ歴史学界の社会科学的理論への警戒心を強め，保守的性格をさらに濃厚にさせた。

なお，この頃からマルクス主義に依拠したベルンシュタインやメーリングらの歴史研究，社会主義運動・労働運動史研究も進展し，カウツキ，ヒルファディング，ローザ・ルクセンブルクら資本主義の分析論もあらわれる。ドイツ歴史学界ではそれらの反体制派の研究や理論の成果は無視されつづけたが，日本では比較的早くに経済史・歴史学のなかで紹介されてい

る。

ナショナリズムへの傾斜

　第一次世界大戦の開戦当初におけるドイツの大学人の多数派の熱狂は，彼らがドイツ帝国の経済発展や文化・科学の成果の優越性にいかに強い自信をもっているかを示した。彼らは，ドイツ文化こそが将来を担うべき使命をもつと主張し，イギリスの大学人とも激しい論戦を展開したばかりか，政府の戦争政策支持を訴えて，世論への働きかけにも積極的に協力した。それだけに，ドイツの敗北と革命による第二帝政の崩壊は，歴史学界に大きな衝撃を与えた。とりわけヴェルサイユ条約による第一次世界大戦のドイツ単独責任論は，高額な賠償支払いの根拠でもあり，激しい反発を呼び起こした。ヴェルサイユ条約のさまざまな規定，なかでもドイツの単独戦争責任条項の修正，あるいはその撤回をめざすことは国家的要請となった。ドイツ歴史学界はこの要請に全面的に応え，第二帝政がいかに平和の維持に努力したかを示す大部の外交史料集の編集事業をはじめ，ドイツ側の単独責任を否定する立場からの大戦原因研究に取り組み，英・仏の研究者とのあいだで「戦争責任論争」を引き起こした。ドイツ歴史学界の多数派は，第二帝政を理想的国家とみなしていたから，敗戦と革命から生まれたヴァイマル共和国への反感を広く共有していた。

　なお，第一次世界大戦勃発後，参戦各国政府は，自国に開戦責任がないことを国際世論と国民に訴えるために，それまで秘密とされてきた外交文書を公開し始め，さらに，ロシア革命政府による秘密条約の公表がそれを促進した。こうした史料を利用した大戦原因論研究は本格的な「現代史」研究を推進するきっかけとなったが，それは政治的要請が動機になったもので，依然として「外交の優位」の枠内でなされたのである。

　ヴァイマル共和国期では，一方でドイツ史の民主的伝統に注目する研究や，第二帝政やビスマルク外交を批判的に検討するツィークルシュ，「外政の優位」に対して「内政の優位」を唱えたケーア，大戦前のドイツ帝国主義の社会学的基盤を実証的に検証したハルガルテンのような研究者もあらわれてきた。しかし，彼らの多くは既存の大学でのポストは得られず，

在野か傍系としての地位に追いやられ、さらにユダヤ系研究者であれば、ほとんどがナチ期には亡命をよぎなくされた[ハルガルテン 1985;リンガー 1991]。

　ナチス・ドイツ下でも、ドイツ歴史学界の動向は共和国下でのそれと大きな断絶はなかった。積極的にナチズムに基づく研究を発表した歴史家は少なかったが、多くは時代に合わせた講演や評論を発表して保身をはかる一方、ユダヤ系の同僚歴史家の追放には沈黙を守った。マイネッケのように、自由主義的傾向を忌避されて、『史学雑誌』編集者の地位を辞することをよぎなくされた歴史家はいたが、ナチスの政策に公然と反対して大学から追われた歴史家はほとんどいなかった。

　ナチスは近世以降のフリードリヒ大王やビスマルクなどの卓越した政治指導者を賞賛し、その系譜に連なるものとしてヒトラーの独裁を正当化したが、第二帝政など近代ドイツの政治・社会には批判的であり、むしろ中世の神聖ローマ帝国期を歴史的原点とみなしていたので、19世紀以降のドイツ史研究は停滞した。さらに若い研究者のなかには、ナチ期に新設された大学のポストを視野に、中世の東方植民運動や中東欧でのドイツ人の文化的優位という視点から、ナチス・ドイツの侵略や占領支配を正当化し、それに協力する研究に従事する者もいた。全体として、ドイツ歴史学界の保守的体質とその歴史主義は、ナチ体制への消極的追随者となっていたのである[シェットラー編 2001]。

　共和国期、ナチス・ドイツ期を通じて、ドイツ歴史学は歴史学と現実政治との関係を問われることになった。その意味からも、この時期のドイツ史学史は多くの問題群を内包している。この間、イギリスやアメリカ合衆国に亡命した歴史家のなかから、新しい政治学や社会学の研究や方法論からの刺激を受けながら、第二帝政やビスマルクなどについて従来の評価を修正する研究が生まれ、第二次世界大戦後の研究の新しい出発点を形成したことが注目される[Lehmann/Sheehan (eds.) 1991;ハルガルテン 1985]。

第二次世界大戦後のドイツ歴史学

　戦後、ドイツは東西に分断され、伝統的な歴史主義に基づく歴史研究の

破綻という認識，一国史的観点への反省とヨーロッパ史への視野の拡大の必要，政治学・経済学・社会学など隣接科学での理論や方法の参照の必要などを共通の前提として，歴史学の再建が進められた。しかし，そこからどのような方向や新しいパラダイムをめざすかは，東西それぞれで大きく異なっていた[Berger 1997]。

　東ドイツ

　東ドイツでは，ソ連の公式マルクス主義を指針として再建が進められ，クチンスキなど亡命先から帰国したマルクス主義経済史家の指導を受けて，ナチズムを生み出した前提としてのドイツ資本主義研究や，非民主的政治・社会体制に対抗する思想家や労働者運動など民主的・革命的伝統の発掘に力がそそがれた。農民戦争・1848年革命・ドイツの社会主義運動や労働運動などに関する研究や史料集の系列がそれである。その後1950年代後半から60年代に東ドイツの大学で教育を受けた若い世代の研究者があらわれるが，社会主義統一党による公式労働運動史が編纂されると，それが歴史研究の強固な枠組となって，自由な研究は制約を受けた。さらに，社会主義建設が進むにつれて，1945年以前のドイツを東独とは別の資本主義的ドイツとみる解釈が押し出され，70年代以降は歴史研究の重点は戦後の社会主義社会建設史に移った。ナチズム研究があまり進展しなかったのも，それは東独ではすでに克服された過去という認識があったからである。1980年代以降，歴史的アイデンティティを立てなおすため，プロイセンやザクセンといった東独地域の前史にも留意されるようになったが，それも具体的な歴史研究の進展には繋がらなかった[Iggers et al. (Hg.) 1998]。

　なお，東ドイツのポツダムには旧ドイツ中央文書館があり，19世紀以来のドイツ政府・プロイセン政府関係の公文書の多くが保管されていたが，その利用には西ドイツを含め西側世界の研究者には厳しい制限があった。この結果，西側の研究者の多くはおもに西ドイツや米・英にある残留・押収史料に依拠して，ドイツ近代史の研究に取り組まざるをえなかった。こうした史料的制約は，西ドイツでプロイセン史の本格的研究が少ないといったことにもあらわれており，また，米・英などの連合国側は押収史料を西ドイツに返還したので，逆に東ドイツではそれを十分に利用できず(利

用制限のためというより，東ドイツでは研究者の西側への出国に厳しい制約があったことがおもな原因であるが），両ドイツの研究はそれぞれ特有の偏差を帯びることにもなった。

　西ドイツ

　一方，西ドイツでは，ニュルンベルク国際軍事法廷でナチズムの蛮行が明らかにされ，そのナチズムを歴史的に説明できない伝統史学の破綻はもはや覆いがたいものがあった。ドイツの正統歴史学の長老マイネッケが戦争直後に著した近代ドイツ史の回顧『ドイツの悲劇』は，彼の真摯な姿勢を伝えるが，同時に歴史主義が袋小路状況に陥っていることも明らかにした［マイネッケ 1974］。代表的なナチ系歴史学者は大学を追われたが，それだけに1933年以前との歴史学界の継続性は，担い手の面だけでなく，研究の枠組や視点の点でもなお強かった［Lehmann/Melton (eds.) 2003；Schulze 1997］。マイネッケの死後，同じ戦前からの歴史家であったがマイネッケより一世代若く，政治的啓蒙に積極的であったリッターなどの歴史家が指導的地位に就いた。彼らは，ナチズム下の保守派や軍部の反ヒトラー抵抗運動を取り上げて，ドイツ史のなかでの非ナチあるいは反ナチ的な系譜を強調して，ドイツの歴史過程をナチズムに収斂させることに反論し，むしろナチズムをドイツ史の例外としたり，大衆社会という時代状況を強調して，ドイツ史の救済をめざそうとした。

　戦後，中世史・国制史研究の再出発をリードしたブルンナー，社会構造史を提唱したシーダーやコンツェは，国際的な次元でも研究を飛躍させたが，その基本的テーゼの多くはナチ期での成果を修正のうえ引き継いでいたものであったことがのちに明らかにされている。ここにもナチ期との継続があった。

　一方，新しい研究領域として注目されたのは，ドイツの最初の民主主義の試みとしてのヴァイマル共和国とナチズム研究を軸とする現代史研究であった。ミュンヘンに設立された現代史研究所とそこで発行される『季刊現代史』がその中心の推進役となった。これと関連して，戦後のドイツ歴史学，とりわけ近現代史研究がもつそれまでともっとも異なる重要な特徴として，国際化をあげなければならない。それには第一に，20世紀前半ド

イツが2度の大戦で中心的役割をはたし，とくにナチズムがもたらした蛮行によって，国際的にドイツ近現代史研究への関心が高まったこと，さらにドイツの政府機関などの膨大な公文書がニュルンベルク国際法廷の証拠資料として連合国側に押収され，マイクロフィルム化されて広く歴史研究に提供され，史料面ではドイツ国外にいてもドイツ人研究者と同じ次元で研究できるという有利な研究状況が出現したこと，などによっている。

そのためドイツ近現代史研究は，多かれ少なかれ米・英などの歴史家も加わる国際的プロジェクトの性格を強くもつようになった。ドイツ近現代史での論争が，国際的な論争に発展したり，あるいはドイツ以外の研究から起こったことが少なくないのも，このためである。また若い研究者のなかには，ヴァイマル共和国の崩壊期を新しい政治学の手法で解明した大著で現代史研究の出発点を築いたブラッハー，のちに社会科学的歴史学を唱えて歴史学の刷新をもたらしたヴェーラーのように，アメリカなど国外の留学経験から新しい研究方法や視角を学ぶようになり，ドイツ内部からの歴史研究の国際化の動きを支えた[Pfeil (Hg.) 2008]。

しかし，戦前世代の歴史家の優位を最終的に覆したのは，むしろ伝統的歴史家の流れに近かったフィッシャーの研究がもたらした衝撃であった。1961年に発表されたフィッシャーの『世界強国への道』は，第一次世界大戦開戦にあたってのドイツの積極的関与を主張して，リッターらから激しい反論を招き，また国際的にも大きな反響を呼んだ（フィッシャー論争）。フィッシャーのドイツの近現代史の連続性のテーゼは，ナチズムはドイツ史の例外とする見方に根拠がないことを証明したのである。その詳細は第2節に記すが，彼の主張は国際的にも，西ドイツの歴史学界でも若手の研究者から支持され，1960年代後半にはほぼ定説として受け入れられた。

こうして戦前世代の歴史家の影響力は低下し，フィッシャーのテーゼを受けて，1970年代には，近代化論やヴェーバーの理論をもとにした，前述のヴェーラーらの社会科学的歴史学（ヴェーラーを含め，この新潮流の支持者は，新設のビーレフェルト大学を拠点としていたことから，ビーレフェルト派とも総称される）に引き継がれた［ヴェーラー 1977；Hitzer/Welskopp (Hg.) 2010］。社会科学的歴史学は，1970年代には独自の学術雑誌をもつ，一大

流派に成長し，大きな影響力をもった。しかし，1980年代にはいるとナチズムまでのドイツ近現代史の過程を，西欧近代の「正常な」発展からの逸脱とみる説明は，イギリスの若手研究者から「ドイツ特有の道論」と呼ばれて厳しい批判の的となって論争を呼び，その勢いを失ったが，なお有力な傾向としての地位をもっている。

　ともあれ，研究のパラダイム転換といわれるような大きな断絶をともなったり，近現代といった枠組そのものをめぐるような論争は，これ以降姿を消すことになる。

　1970年代後半からは，新しい社会史（ドイツでは日常史と呼ばれることが多い），ジェンダー史，マイノリティ研究，記憶・アイデンティティ研究，植民地史などが，フランス・イギリスなど国際的な歴史研究の潮流の影響を受けながら，ドイツの歴史研究にも浸透してきた。業績を通じての交流だけでなく，ドイツの中堅研究者がアメリカやイギリスの大学のポストに招かれ，直接対話や議論をおこなうことも多くなった。外国の注目すべきドイツ史研究がドイツで翻訳されることももはや珍しくなくなった。

　1991年の東ドイツの崩壊と西ドイツへの統合，東欧社会主義圏の消滅は，西ドイツの歴史学界にも衝撃や戸惑いを与えた。西ドイツ国民，また歴史家の多くは，1980年代には東西ドイツ併存状況を受け入れ，領邦など独自制をもつ地域の連合体が長く続いていたドイツ史のなかでみれば，1871～1945年のドイツ統一国家はむしろ特異な時期とする見方すらあったから，なおさらである。再統一国家の出現によって，例えば最初の統一国家を生み出した19世紀史が再び研究の主要な見直しの対象になり，また，市民社会の存在を東南欧とは違う西欧近代の特質とみて，ドイツの市民社会の展開を追うといった新しい研究主題もあらわれた。

　しかし，統一ドイツが新たな一国的なドイツ史研究への傾斜をもたらすのではないかという懸念は，いまのところ杞憂に終わっている。ドイツの歴史家の多くは，ヨーロッパのなかのドイツという枠組，トランスナショナルな視点への関心を重視していて，ドイツ史を一国史的枠組に後退させないように努めているからである［Berger 2005］。1990年代以降，比較史や国際的共同研究が著しく目につくようになったのもその現れである。近

年では政治史や社会史を問わず,身分・階級・民衆といった集合概念ではなく,顔の見える対象としての伝記研究が復活し,「普通の人びと」に焦点を合わせる方向が増えており,ナチズム研究においても,指導者ではなく,一般国民や兵士の動向や心性に注目する研究が多い。現在では,ドイツ歴史学で特定の学派の優位という状況はなくなり,さまざまな方法や枠組が共存し,同時に競合する多様化の時代に移行している。こうした傾向はドイツのみではなく,ドイツ以外の欧米諸国の歴史研究でも共通してみられることで,その意味では,「ドイツの」歴史学を語ること自体の適否も再考すべきときがきているのかもしれない[イッガース 1996 ; Stambolis 2010]。

　ドイツの近代歴史学を史学史的に眺めてみると,あらためて,国家史・政治史の優位が長かったことが確認できる。ほかの西欧諸国の歴史研究が,ここ半世紀(20世紀後半から21世紀にかけて),社会史や民衆史など新領域を開拓し,国際的な歴史研究を先導してきたのに対し,ドイツ歴史学界は立ち遅れ,後衛の位置にあるようにみえる。しかし,歴史研究もまたその多くが,それぞれの社会や国家が直面する問題関心によって研究主題を規定され,研究者の意欲を支えていることを忘れてはならないだろう。19世紀初頭から現在まで,神聖ローマ帝国の消滅ののち,ドイツ連邦,第二帝政,ヴァイマル共和国,ナチス・ドイツ,東・西ドイツそして新統一ドイツと変遷をかさね,しかもそのつど国境線もまた変更されてきたことを想起すれば,国家や政治への関心がドイツ近代歴史学のなかで大きな位置を占めたことも不思議ではない。歴史研究もまた歴史に規定されることを,ドイツ近代歴史学ほど明らかにしている例は少ない。

2｜ドイツ歴史学界での主要な論争

　ドイツの歴史研究やドイツ歴史学界の特徴・性格を考察するには,主要な歴史研究上の論争を具体的に取り上げるのがもっともわかりやすい。そこで以下では,第1節でも言及した,第二次世界大戦後の西ドイツの歴史学界で,ドイツの歴史研究の転換や方法論の転機をもたらし,国際的にも

注目された2つの論争をやや詳しく取り上げて，検討することにしたい［Kracht 2005］。

フィッシャー論争

1959年，『史学雑誌』(*HZ*)にハンブルク大学教授フィッシャーの「ドイツの戦争目的——1914～1918年の東部における革命化と単独講和」と題する論文が発表された。表題は伝統的な外交史を連想させ，実際，新史料に基づいているものの，分析手法も伝統的なそれであった。しかし，ドイツの戦争目的の一貫性を主張する論文は，すぐに学界長老のヘルツフェルトの批判を招き，それにフィッシャーがドイツ指導者の「誤謬の連続」と反論して，1961年に論文を拡大して『世界強国への道』の大著にまとめて刊行すると，歴史学界主流派は激しいフィッシャー批判を展開した。1964年のドイツ歴史家会議ベルリン大会ではフィッシャーはほとんど孤立して，リッターらの集中攻撃にさらされた。

それまでドイツの歴史学界の保守的主流派は，第一次世界大戦は「諸列強が戦争に引きずり込まれた」結果起こったと主張してきた。つまり，特定の参戦国に戦争責任を負わせることはできず，あるとしても責任は参戦列強すべてが負うべきだと説明してきた。ヴェルサイユ条約のドイツ単独責任論は，1930年代にはナチス・ドイツの出現もあって，国際的にもドイツに不当な，ゆきすぎた主張であったとの合意ができていただけに，ドイツの歴史家のなかからそれを再度否定する研究が発表されたことが，ドイツ歴史学界長老たちの怒りをかき立てたのである。リッターらは，ドイツにもし開戦を推進した勢力があったとしても，それは軍部と一部の急進的なナショナリストであり，文民政府をはじめドイツ指導層の多数派は，戦争阻止に努めたと反論した。しかし，フィッシャーは，軍部・ナショナリストのみならず，文民政府や経済界も，つまりドイツの指導層全体が大陸の覇権とイギリスと同格の世界帝国の確立という目的を共有していたと主張した。この指摘には，第一次世界大戦とナチス・ドイツが引き起こした第二次世界大戦とのあいだの連続性も示唆されている。第二次世界大戦の開戦責任がドイツにあることは明白で，保守的歴史家も認めざるをえなか

った。だからこそ、ナチズムと第二次世界大戦をドイツ史の例外時代として、ドイツ史の流れの外におこうとしてきたのであった。フィッシャーの主張はそれも覆すことに繋がった。

しかし、フィッシャーのテーゼは、日本を含めた欧米の研究者からは高く評価され、受け入れられた。またドイツの若い世代の研究者のあいだにも支持者が増えていった。こうして1960年代後半には、ほぼ彼の解釈は歴史学界に定着した［フィッシャー 1972・83；Moses 1975；Jäger 1984］。フィッシャーの功績は、たんに決着がついていたと思われていた第一次世界大戦問題の見直しを提起したことにあっただけでなく、何よりもナチズムをドイツ近現代史の中心的問題として歴史研究のなかに引き戻し、第二帝政から第三帝国の連続面を指摘して、ドイツ近現代史全体の再考の必要を主張したことにあった。そして事実、この論争ののち、ドイツ近現代史研究は新しい段階にはいったのである。

「特有の道」論争

フィッシャーが指摘した近現代ドイツの連続面は、帝国主義的対外政策とそれを担う指導層に限定され、それを可能にした社会・経済・政治構造の説明はなかった。この点をマルクス主義を含め、さまざまな社会科学理論、とくに近代化論を援用して、明快に説明したのがヴェーラーであった。

彼のテーゼは、要約すれば、ドイツの近現代における経済の先進性と政治・社会の後進性の矛盾、換言すれば近代的経済と前近代的政治・社会の矛盾が、この連続性を支える基盤であったということにある。彼によれば、この矛盾は、イギリス、フランスなど西欧諸国と異なって、ドイツではブルジョワ革命が成功しなかったため、市民層がヘゲモニーを掌握できず、貴族層などの前近代的勢力とその価値体系の持続を許したこと、つまりドイツにおける西欧的近代の不足・不十分性に帰因するのである。ドイツ資本主義は19世紀中にはイギリスに追いつくような急速な発展を遂げたものの、政治・社会では前近代的な体制・心情が強力に残存して影響力をふるうことになり、工業化の進展とともに拡大する労働者運動などの民主化・自由化要求などの攻勢をそらすために、伝統的な支配層は帝国主義的政策

をとって，支配体制を維持しようとした(社会帝国主義)というのである。

この説明は，ドイツ社会の近代化・民主化をいっそう進めるべきだというメッセージを含むものであったから，1960年代末の学生運動の主張ともかさなる部分があり，若い研究者や学生からも歓迎された。第1節で述べたように，彼が拠点としたビーレフェルト大学は新しい社会科学的歴史学のメッカとなった。

1980年，このテーゼへの厳しい批判が，イギリスの若手ドイツ史研究者から発せられた。この2人，ブラックボーンとイリーは，ともにドイツ第二帝政後期の政治社会史を研究していたが，ヴェーラーが1848年のブルジョワ革命の失敗から，その後のドイツにおいて市民層が政治的主導権を握ることに失敗したとする点を批判し，ブルジョワ革命の目的は資本主義社会への道を整備することにあり，市民層の政治指導権がなくてもドイツでは19世紀後半にそれがはたされていること，ヴェーラーがモデルとしているイギリスでも19世紀を通じて地主貴族層出身者が議会を支配しており，伝統的支配層が政治の主導権を握っているのはドイツだけでないことを指摘した。要するに，資本主義社会を基盤とする近代社会成立への道は多様であり，ドイツが西欧型の「正常な」発展から逸脱してドイツ「特有の道」(Sonderweg)を歩んだという説明は誤っているということであった［ブラックボーン／イリー 1983；ブラックボーンほか 1992；望田 2009；Grebing 1986；Jefferies 2008］。

イリーらの批判は理論的にはニューレフトのマルクス主義を基礎にしており，ヴェーラーの近代化論の理解が図式的すぎることを問題にしたのである。しかし，ヴェーラーもイリーらも社会科学的歴史学という点では共通していて，また，イリーらの議論が彼らの専門分野である第二帝政期の構造を対象にしていたことから，十分にかみ合った論争にはならず，また国際的論争とはいいながら，広がりは意外に限定的で，ヴェーラーも彼の基本的な考えを変えず，その後もヴェーラーの長老的地位は動かなかった。しかし，これ以後，ヴェーラーらの社会科学的歴史学がその先導的地位から後退したことは確かであった。もっとも，それはイリーらの批判だけでなく，この段階での西ドイツがほぼ近代社会を実現してしまったという状

況も大きかった。社会科学的歴史学は批判的歴史学とも呼ばれ，ドイツ社会にドイツの近現代史の問題点を考えさせるという「啓蒙的」機能をはたすことに研究の意義をおいていたから，すでに現状肯定的な世論が優位になった1980年代にはその批判の鋭さは失われていたからである。

　論争がもたらした影響の1つに，論争後まもなく起こった東独の崩壊にともなうマルクス主義への失望も加わって，ドイツ歴史研究の社会科学離れ，さらに理論一般への不信を強めたことが指摘できる。一時使われていたドイツ・ファシズムという用語は姿を消し，もっぱらナチズムという概念が使われるようになったことにもその傾向がみられる。アメリカやイギリスで大きな波紋を投げかけた言語論的転回への関心や反応が，ドイツ歴史学界ではあまり強くないのもそうしたことの延長にあると思われる。

木村靖二

文献案内

　第Ⅲ部は3章構成となっている。第1章では，時代を超えてドイツ史に共通する参考文献を案内しつつ，文献検索の一般的な手順・方法を説明している。第2章では，ドイツ史を中世・近世・近現代の3つに時代区分し，時代ごとに参考文献について案内している。第3章は，第Ⅰ部・第Ⅱ部の各章で言及されている文献を中心とする章別研究文献リストである。

凡　例
　本文中の文献表記法は，［編著者名＋刊行年］（例：［Fried 1998］）となっている。第3章の章別研究文献リストは，これに対応して，「編著者名・刊行年・書名(論文名)・出版社名(収録雑誌名)」の配列になっている。編著者名は「姓，名」の順であるが，著者が複数いる場合は，2人目以降は「名・姓」の順となっている。同一著者が同一年に2点以上の文献を公刊している場合には，刊行年のあとに a, b…の記号を付して区別してある。
　参考文献を扱う第1章・第2章では，書名情報がもっとも重要であると考え，「書名・編著者名・出版社名・刊行年」の順に配列してある。
　第3章の研究文献リストでは，初学者にとってもっとも重要となる基本文献にはアステリスク(＊)を2つ付し，重要文献には1つ付してある。
　GEB[10] などの右肩の数字，文献の刊行年の右肩にある数字(2012[3])は，文献の「版」(Aufl.)を示している。
　ウェブサイトなどオンラインで提供されている書誌情報については，URL などの変更がありうるので注意する必要がある。
　雑誌名の略語については第1章・第2章の「4　専門誌」を，出版社名の略語については331頁の略語表を参照してほしい。

第Ⅲ部

第1章 ドイツ史共通文献

ここでは，卒業論文を準備する学部生から，修士論文の執筆を進める大学院生を対象として想定しつつ，基本的な文献検索の方法を説明する。文献は，入門的なものから専門的なものまでリストアップされているので，各自の必要に応じて情報を取捨選択してほしい。

1 │ 歴史の流れを理解する 通史・概説書

ドイツ史を研究するにあたって最初に必要となるのは，歴史の基本的な流れと論点を押さえることである。そこで役立つものが，通史・概説書である。通史・概説書は，研究の進展に応じて新たに書き直されていくので，基本的には新しいものがよいが，書き手の歴史観や力量が反映されやすいこともあるため，複数の書物にあたるのが望ましい。

邦語の通史では，コンパクトな『新版世界各国史』，テーマ別の『世界史リブレット』，詳細な『世界歴史大系』などがある。英語で書かれたドイツ史も，近年増えてきている。ドイツ語では，伝統ある『ゲープハルト・ドイツ史概説』（第10版が最新版：GEB^{10}）のほか，時代・テーマ別のUrban叢書など，入門者向けの叢書が数多く出版されている。歴史の流れを理解しつつ研究上の論点を把握するには，叢書『ドイツ史百科事典』(EdG)，叢書『オルデンブルク歴史の基礎』(OGG)〈→303頁〉中の各巻が，もっとも有益である。

邦語
『新版世界各国史13　ドイツ史』木村靖二編，山川出版社 2001
『世界歴史大系　ドイツ史1-3』成瀬治ほか編，山川出版社 1996-97
『新版世界各国史14　スイス・ベネルクス史』森田安一編，山川出版社 1998
『新版世界各国史19　ドナウ・ヨーロッパ史』南塚信吾編，山川出版社 1999
『ハプスブルク史研究入門——歴史のラビリンスへの招待』大津留厚ほか編，昭和堂 2013
『世界史リブレット』山川出版社，No.1-128
『岩波講座 世界歴史』岩波書店 1997-2000（新講座）
『岩波講座 世界歴史』岩波書店 1969-1974（旧講座）

英語
A Concise History of Germany. M. Fulbrook. CUP, 2004. ドイツ通史
Blackwell CHE = Blackwell Classic Histories of Europe. Blackwell. 叢書，ヨーロッパ史
SEH = Studies in European History. Palgrave Macmillan. 叢書，ヨーロッパ史
nSEH = New Studies in European History. CUP. 叢書，ヨーロッパ史

ドイツ語

ドイツ通史

GEB[10] = *Gebhardt: Handbuch der deutschen Geschichte*. 24 Bde., Klett-Cotta, 2001[10]‒ .

Urban Taschenbuch. Kohlhammer. 新書叢書，詳細

Wissen. Beck. 新書叢書，ハンディ

Reclam DGQD = Reclam Deutsche Geschichte in Quellen und Darstellungen. 11 Bde., Reclam, 1995‒2012.

Reclam Sachbuch Deutsche Geschichte. Reclam, 2013. ドイツ史を1冊で叙述

NDG = Neue Deutsche Geschichte. 10 Bde., Beck, 1985‒ .

Propyläen Geschichte Deutschlands. 9 Bde., Propyläen, 1983‒95.

Siedler Deutsche Geschichte. Siedler.
　1: *Die Deutschen und ihre Nation*. 7 Bde., 1982‒2000; 2: *Das Reich und die Deutschen*. 6 Bde., 1988‒93; 3: *Die Deutschen und das europäische Mittelalter*. 4 Bde., 2002‒04.

入門書叢書(ドイツ史・ヨーロッパ史)

Fischer Kompakt. Fischer.

Grundkurs Geschichte. Kohlhammer.

Oldenbourg Geschichte Lehrbuch. Oldenbourg.

UTB basics, Geschichte. UTB.

UTB Seminarbuch, Geschichte. UTB Schöningh.

WBG Einführungen; Geschichte Kompakt; Kontroversen um die Geschichte. WBG.

スイス・オーストリア通史ほか

GSS = Geschichte der Schweiz und der Schweizer. Schwabe, 2006. スイス通史

HSG = Handbuch der Schweizer Geschichte. 2 Bde., Berichthaus, 1972‒77. スイス通史

ÖG = Österreichische Geschichte. 10 Bde., Ueberreuter, 1994‒2006. オーストリア通史

NFW = Neue Fischer Weltgeschichte. 21 Bde., Fischer, 2012‒ . 世界史

HGE = Handbuch der Geschichte Europas. UTB, 2003‒ . ヨーロッパ通史

2 │ 文献を検索し，入手する 文献目録・文献検索サイト

　ドイツ史の流れと論点が把握できたら，自分が関心のあるテーマについて，どのような先行研究(研究文献)があるかを調べる。

　研究文献には，大きく分けて，(A)単著，(B)論文集，(C)論文，がある。単著も論文集も書籍であるが，単著が1人の著者が1つの研究テーマについて執筆した研究書であるのに対し，論文集は複数の著者が1つのテーマのもとにそれぞれ論文を寄稿した研究書である。(C)の論文には，専門誌に掲載される雑誌論文と，(B)の論文集に収録されている論文集論文とがある。

　自分の研究テーマに関する研究文献を見つけるには，キーワード(時代：16世紀，場所：ミュンスター，概念：再洗礼派，など)を用いて，以下の方法で検索する。

＊博士論文(Dissertation, Diss.)のなかには，未刊行のものもある。

＊論文集には，あるテーマについての共同研究やシンポジウムの成果，研究者・教授の慶事を記念する記念論文集(Festschrift)，1人の研究者の既発表論文を一書にまとめた論文集などがある。

1 邦語文献を検索する

邦語文献は，書籍(単著・論文集)の場合は，所蔵検索も含めて CiNii Books で，雑誌論文の場合は CiNii Articles で検索できる(雑誌タイトルの所蔵状況は，CiNii Books で検索可能)。論文集論文については，現時点で有効なオンライン検索の手段はない。国立国会図書館の NDL-OPAC, CiNii Books で検索できるものもあるが，下記の邦語文献目録(紙媒体)や Google Scholar, Google Books などを組み合わせて検索する必要がある。

また，『史学雑誌』の巻末文献目録(西洋史：1・5・9号)には，論文集論文や単著を含め，その年度に刊行されたすべての研究文献の書誌情報が掲載される。さらに，毎年5号は「回顧と展望」号で，前年度に刊行されたおもな研究文献の内容が簡潔に紹介されており，学会動向を押さえるのに役立つ。

邦語文献検索――オンライン

CiNii Books   http://ci.nii.ac.jp/books/   書籍
CiNii Articles   http://ci.nii.ac.jp/ja   雑誌論文
Google Scholar   http://scholar.google.co.jp/   学術論文・書籍・記事の検索が可能
NDL-OPAC   http://opac.ndl.go.jp/   国立国会図書館蔵書検索システム

邦語文献目録――書籍・紙媒体

『史学雑誌』文献目録(西洋史：毎年1号・5号・9号)：5号「回顧と展望」
『西洋中世史研究入門〈増補改訂版〉』佐藤彰一ほか編，名古屋大学出版会 2005
『西洋近現代史研究入門〈第3版〉』望田幸男ほか編，名古屋大学出版会 2006
『スイス史研究の新地平』踊共二・岩井隆夫編，昭和堂 2011，第1部
『ドイツ史研究入門』西川正雄編，東京大学出版会 1984

2 欧語文献を検索する

欧語文献(ドイツ語・英語ほか)の多くは現在，オンラインカタログで検索できる。JdGO, HBO では，キーワードや著者名などから，ドイツ(ドイツ語圏)史の書籍・論文を検索することができる。オーストリア史では ÖHB，スイス史では BSchG がある(検索対象は書籍のみ)。中世史では，書籍・論文(論文集論文を含む)のどちらも検索可能な RI-OPAC がある。

欧語文献検索――オンライン

JdGO = Jahresberichte für deutsche Geschichte Online ドイツ史(書籍・論文：1974-)
　　http://jdgdb.bbaw.de /cgi-bin/jdg?lang=de
HBO = Historische Bibliographie Online ドイツ史(書籍・論文：1990-)
　　http://www.oldenbourg.de/verlag/ahf/
ÖHB = Österreichische Historische Bibliographie オーストリア史(書籍：1945-)
　　http://wwwg.uni-klu.ac.at/oehb/

BSchG = Bibliographie der Schweizergeschichte スイス史（書籍：1975- ）http://opac.admin.ch/
RI-OPAC = Regesta imperii-OPAC ドイツ・ヨーロッパ中世史（書籍・論文・辞典項目）
　　http://opac.regesta-imperii.de/
ZDB = Zeitschriftendatenbank 雑誌タイトルの所蔵検索 http://dispatch.opac.d-nb.de/
KVK = Karlsruher Virtueller Katalog ドイツ語圏の主要な図書館の全蔵書を検索可能（書籍）
　　http://www.ubka.uni-karlsruhe.de/kvk.html
UMI Dissertation Express 博士論文（要登録・有料）http://disexpress.umi.com/
Dissonline 博士論文（ドイツ）http://www.dissonline.de/

　欧語文献目録——書籍・紙媒体
　紙媒体（書籍・雑誌）の文献目録は極めて数・種類が多いので，詳細は *BVdG* を見ていただきたい。*JdG, HB* は，その年度に公刊された文献をテーマ・時代別に網羅するタイプの文献目録である。一方で，「中世の都市」といった個別のテーマについて，刊行年度にかかわらず，どのような文献があるかを調べるには，叢書「ドイツ史百科事典」(EdG)，叢書「オルデンブルク歴史の基礎」(OGG)中の各巻が有益である。EdG，OGG は全巻，（Ⅰ）歴史の流れ，（Ⅱ）研究史・論点紹介，（Ⅲ）文献目録，という3部構成になっている。刊行巻数が多いため，各巻のタイトルについては，オルデンブルク社のサイト（http://www.oldenbourg-verlag.de/）を参照してほしい。

BVdG[17] = *Bücherverzeichnis zur deutschen Geschichte. Hilfsmittel, Handbücher, Quellen*. W. Baumgart（Hg.），F. Steiner, 2010[17]．ドイツ史研究の基本となる参考文献・刊行史料の情報がすべて収録された1巻本

EdG = Enzyklopädie deutscher Geschichte. Bd. 1-90+, Oldenbourg, 1988-2012+.

OGG = Oldenbourg Grundriß der Geschichte. Bd. 1-38+, Oldenbourg, 1979-2012+. 最新版を入手することが重要

JdG = *Jahresberichte für deutsche Geschichte*. Neue Folge, Berlin, 1952-2012+．ドイツ史の年度別文献目録。オンライン版あり

HB = *Historische Bibliographie*. Oldenbourg, 1987-2009+．ドイツ史を中心とする歴史研究文献の年度別目録。オンライン版あり

BdLG = *Blätter für deutsche Landesgeschichte*．ドイツ地域史の年度別文献目録。オンライン版あり

Dahlmann-Waitz[10] = *Quellenkunde der deutschen Geschichte. Bibliographie der Quellen und der Literatur zur deutschen Geschichte*. 11 Bde., Hiersemann, 1969-98[10]+．もっとも包括的なドイツ史の史料・文献目録

3　文献の所蔵を確認し，入手する

　必要な研究文献のタイトルが判明したら，つぎに，その文献の所蔵先を確認し，実際に入手する方法が問題となる。所属する大学図書館などにある場合や，アマゾンなどで新刊あるいは古書で購入できるケースは省いて，所蔵の確認と文献の入手法を説明する。
　邦語文献については，CiNii Articles で検索した論文がインターネット上で PDF などの電子媒体で入手できる場合は，検索結果画面に記号で表示される（機関リポジトリ）。それ

以外の雑誌や図書については，所蔵図書館を CiNii Books で確認し，その図書館に直接赴く（原則として所属図書館発行の紹介状が必要）か，所属図書館をとおしてコピーを取り寄せることができる。

　欧語文献の場合も，国内の図書館に所蔵されている場合には，上と同じ方法で入手できる。国内にない場合は，雑誌論文であれば，下記のオンラインジャーナル・ポータルサイトからダウンロードできる（ただし，所属図書館との契約がある雑誌タイトルのみ）。また，国内に所蔵されていない書籍・雑誌論文は，subito を使ってコピーを入手することができる。さらに，所属の大学図書館経由（所定の手続きが必要）でドイツの連邦図書館から現物を借りたり（書籍），コピーを取り寄せてもらう（書籍の一部・論文）こともできるが，1カ月近い時間がかかることがある。

　オンラインジャーナル・ポータルサイト

　サイトごとに収録雑誌タイトルが異なる。自分が探している雑誌がどのサイトにあるかは，サイト上の収録雑誌リストで調べる。

JSTOR　要登録・有料　http://www.jstor.org/
Oxford Journals Online　要登録・有料　http://www.oxfordjournals.org/
Cambridge Journals Online　要登録・有料　http://journals.cambridge.org/action/login

　文献送付サービス

　ドイツの図書館に所蔵されている雑誌や書籍（の一部）のコピーを有料で送付するサービス（要登録）。注文可能なのは，subito 内の検索エンジンでヒットした雑誌・書籍である。注文したコピーは，Eメールや郵便で受け取ることができる。

subito. Dokumente aus Bibliotheken e.V.　http://www.subito-doc.de/

3│専門用語を調べる 参考図書

　入手した研究論文の記述を正しく理解するには，専門用語（テクニカルターム）に関する知識が不可欠となる。その際に役立つものが，各種の参考図書（辞典・事典類）である。専門性が高くなると，調べるべき参考図書はドイツ語のものとなるが，日本語の参考図書は，その概念が日本語では通例どのように訳出されるか（定訳）を知るうえで重要となる。

　ドイツ史関連の参考図書は膨大な数にのぼり，ここにあげている文献はその一部にすぎない。詳しくは，*BVdG*〈→303頁〉などの文献目録を参照されたい。

　歴史学事典（専門用語・概念）

　これらは総合事典であり，次項以下の人名・地名・キリスト教・法制史などの用語も含まれる。

『世界史小辞典 〈改訂新版〉』山川出版社　2004
『世界史辞典』角川書店　2001
『歴史学事典』全15巻・別巻1，弘文堂　1994-2008
『事典 現代のドイツ』加藤雅彦ほか編，大修館　1998
dtv-Wörterbuch zur Geschichte. 2 Bde., dtv, 2002[13].
LexMA = Lexikon des Mittelalters. 9 Bde., Metzler, 1980-99. CD-ROM 版・新書版（dtv）あり

EdN = Enzyklopädie der Neuzeit. 16 Bde., Metzler, 2005-12. *LexMA* の近代史版(1450-1850)

Geschichtliche Grundbegriffe. Historisches Lexikon zur politisch-sozialen Sprache in Deutschland. 7 Bde., Klett-Cotta, 1972-97. 大項目主義の極めて学術的な概念史事典

HfH = Hilfswörterbuch für Historiker, Mittelalter und Neuzeit. 2 Bde., UTB, 2001[9]. ヨーロッパ中世・近世史の専門用語・史料用語(ラテン語を含む)の事典。とくに法制史分野が詳しい。

人名事典・人物誌(伝記)

　人名については，時代別の事典類のほか，以下の人名事典で調べることができる。なお，ADB, NDB は，Deutsche Biographie のサイトでオンライン検索ができる。

『岩波世界人名大辞典』岩波書店 2013

『岩波西洋人名事典〈増補版〉』岩波書店 1991

ADB = Allgemeine Deutsche Biographie. 56 Bde., D&H, 1875-1912.

NDB = Neue Deutsche Biographie. Bd. 1-24 [-Stader]+, D&H, 1953-2010+.

Deutsche Biographie　*ADB*, *NDB* のオンライン版 http://www.deutsche-biographie.de/

DBE = Deutsche Biographische Enzyklopädie. 12 Bde., K. G. Sauer, 2005-08[2]. 新書版(dtv)あり

HLS = Historisches Lexikon der Schweiz. Schwabe, 1988-2014. スイスの人名事典，フランス語版・イタリア語版あり。オンライン版 e-HLS:http://www.hls-dhs-dss.ch/

ÖBL = Österreichisches Biographisches Lexikon 1815-1950. Bd. 1-10 [-Stratil], Verlag der ÖAdW, 1957-2009+. オーストリアの人名事典，オンライン版(一部有料) e-ÖBL:http://www.biographien.ac.at/oebl

歴史地図・地名辞典

　歴史地図では定番の *Putzger* などがあるが，各地域の詳細な歴史地図は，地域史の研究書の付録となっていることが多い。また現代地図(道路地図・地形図など)も，立地や地形を確認するために必要となる。

　歴史上の地名を確認するには，歴史地図に加え，地名辞典で調べる必要がある。HHSD, HHS はドイツと歴史的ドイツ(オーストリア・スイスなど)の都市・村落を収録する叢書であり，各巻は州別構成で，都市・村落の地理情報に加え，歴史や呼称についての解説を含む。

『プッツガー歴史地図 日本語版』帝国書院 2013

Times/Hammond Atlas of World History. Hammond World Atlas, 1999[5]. 英語版歴史地図(世界)

Putzger = Putzger Historischer Weltatlas. Kartenausgabe. Cornelsen, 2011[104]. 歴史地図(世界)

GHW = Großer Historischer Weltatlas. 4 Bde., Bayerische Schulbuch, 1957-96. 歴史地図(世界)

Westermanns Großer Atlas zur Weltgeschichte. Westermann Schulbuch, 1997. 歴史地図(世界)

dtv-Atlas Weltgeschichte. 2 Bde., dtv, 2006[3]. 解説付歴史地図(世界)

Der Grosse Ploetz Atlas zur Weltgeschichte, V&R, 2009[35]. 歴史地図(世界)

Historischer Atlas Österreich. M. Scheuch, Brandstätter, 2007. オーストリア歴史地図

Historischer Atlas der Schweiz. H. Ammann et al.(Hg.), Sauerländer, 1951. スイス歴史地図

ADAC; FALK; RAVENSTEIN: Stadtplan, Landkarte, Atlas. 現代地図を出版している主要な出版社

『世界地名大辞典――ヨーロッパ・ロシアⅠ-Ⅲ』朝倉書店 2014-

HHSD = Handbuch der historischen Stätten Deutschlands. 12 Bde., Kröner, 1958-2006+. ドイツの都市・領邦・農村の地名事典。記述が詳しく，地図もある

HHS = Handbuch der historischen Stätten. Kröner, 1966-2003+.「歴史的ドイツ」・ドイツ周辺地域の都市・領邦・農村の地名事典

Schlesien; Ost- und Westpreußen; Böhmen und Mähren; Siebenbürgen; Österreich (1: *Donauländer und Burgenland*, 2: *Alpenländer mit Südtirol*)*; Schweiz und Liechtenstein; Dänemark*.

Historisches Lexikon der deutschen Länder. Beck, 2007[7]. 領邦国家や都市の歴史を調べる事典。参考図書もあげられている

Orbis Latinus. Lexikon lateinischer geographischer Namen des Mittelalters und der Neuzeit. 3 Bde., Klinkhardt & Biermann, 1972. ラテン語地名辞典。ハンディな1巻本もある。オンライン版 http://www.columbia.edu/acis/ets/Graesse/contents.html

　キリスト教(神学・聖書)・宗教

『新カトリック大事典』研究社 1996-2010　全5巻のもっとも詳細なキリスト教事典

『岩波キリスト教辞典』岩波書店 2002　全1巻のハンディだが学術的な辞典

『新約聖書』新約聖書翻訳委員会，岩波書店 2004　学術訳聖書

『旧約聖書I-IV』旧約聖書翻訳委員会，岩波書店 2005　学術訳聖書

『キリスト教史』(全11巻) 平凡社 1996-97　詳細なキリスト教通史(翻訳)，文庫版(平凡社ライブラリー)あり

Atlas zur Kirchengeschichte. Herder, 2004. キリスト教歴史地図

ODCC = *The Oxford Dictionary of the Christian Church*. OUP, 2005[3]. キリスト教教会事典

NCE = *The New Catholic Encyclopedia*. 15 vols., Gale, 2002[2].

LThK = *Lexikon für Theologie und Kirche*. 10 Bde., Herder, 1993-2001[3]. 神学・教会史事典，最新は第3版

RGG = *Religion in Geschichte und Gegenwart*. 8 Bde., Mohr Siebeck, 1998-2005[4].

Die Geschichte des Christentums. Religion-Politik-Kultur. 9 Bde., Herder, 2010. キリスト教史通史，多言語での国際的出版企画

　法制史・社会経済史

『ドイツ法制史概説〈改訂版〉』H・ミッタイス／H・リーベリッヒ，創文社 1971

『ドイツ国制史』F・ハルトゥング，岩波書店 1980

HRG = *Handwörterbuch zur deutschen Rechtsgeschichte*. Bd. 1-, E. Schmidt, 2004-12[2]+. 定評ある詳細な法制史事典の第2版

DRW = *Deutsches Rechtswörterbuch*. オンライン版のみ http://drw-www.adw.uni-heidelberg.de/drw/

HWSD = *Handbuch der Wirtschafts- und Sozialgeschichte Deutschlands*. 3 Bde., F.-W. Henning, Schöningh, 1991-2010+. 社会経済史の概説・文献案内

　美術史・図像学・建築史

『キリスト教美術図典』柳宗玄ほか編，吉川弘文館 1990

『西洋美術研究』三元社（年1冊）No. 1-, 1999-

The Grove Dictionary of Art. 34 vols., OUP, 2003.

RDK = Reallexikon zur deutschen Kunstgeschichte. Bd. 1–10+〔-Fries〕, Beck, 1937–2012+. ドイツ美術史事典(刊行中), オンライン版 http://rdk.zikg.net/

LCI = Lexikon der christlichen Ikonographie. W. Braunfels (Hg.), WBG, 1968–90. キリスト教図像学事典

Marburger-Index = Bildindex der Kunst und Architektur. Deutsches Dokumentationszentrum für Kunstgeschichte - Bildarchiv Foto Marburg. 作品(ドイツ)画像のオンライン検索 http://www.bildindex.de/

『図説 西洋建築史』陣内秀信ほか, 彰国社 2005

『建築史学』建築史学会(年2冊), 1巻-, 1983-

Kröner Bildwörterbuch der Architektur. Mit englischem, französischem, italienischem und spanischem Fachglossar. Hans Koepf et al., Kröner, 2005.

音楽史

『ニューグローヴ世界音楽大事典』(全21巻), 講談社 1996

『新訂標準音楽辞典 第2版』(全2巻), 音楽之友社 2008

Einführung in die historische Musikwissenschaft. B. Meischein, Dohr, 2011.

MGG = Die Musik in Geschichte und Gegenwart. Allgemeine Enzyklopädie der Musik. 20 Bde., Metzler, 1994^2– . 代表的な音楽辞典の第2版。第1版には新書版(dtv)あり。
https://www.baerenreiter.com/en/search/ kombinierte-suche/

度量衡・紋章・暦法・系図など

Handbuch der Maße, Zahlen, Gewichte und der Zeitrechnung. W. Trapp, Reclam, 2012^6. 度量衡・貨幣・暦法小事典

Wörterbuch der Münzkunde. F. von Schrötter (Hg.), WdG, 1970^2. 古銭学事典, リプリント版あり

Lexikon der Heraldik. Von Apfelkreuz bis Zwillingsbalken. Battenberg Gietl, 2011^3. 紋章学事典

Grotefend = Zeitrechnung des deutschen Mittelalters und der Neuzeit. 2 Bde., H. Grotefend, Hahnsche Buchhandlung, 1891–98〔ND1997〕. 暦学事典。ハンディな Taschenbuch もある

Handbuch der deutschen Dynastien. J. E. Morby, Artemis & Winkler, 2006. ドイツ史上の王朝・有力貴族についての事典

Europäische Stammtafeln. Stammtafeln zur Geschichte der europäischen Staaten. Neue Folge. 27 Bde., Vittorio Klostermann, 1978–2010. ヨーロッパ王侯貴族の詳細な系図集

歴史学ポータルサイト

以下のポータルサイトには, 初学者向けのアドバイス, 研究領域の紹介, データベースや研究機関などへのリンク集, 検索サイトなど, 有益な情報が多数掲載されている。

Clio http://www.clio-online.de/ 初学者向け

historicum.net http://www.historicum.net/de/home/ 初学者から研究者まで

4｜研究動向を把握する 専門誌・書評

専門誌

専門誌(学術雑誌)には，学術論文のほか，史料紹介・書評・文献目録・学会動向など，研究上有益な情報が数多く収録されている。ゆえに，自分のテーマに近い専門誌については，最新号を毎回チェックすることが重要である(刊行頻度は年刊・季刊・月刊など)。ここではドイツ史全般を扱う専門誌(一部)のみをあげ，時代別・テーマ別の専門誌については第2章を参照のこと。

邦語

『史学雑誌』（月刊）歴史学　　　　　　『歴史学研究』（月刊＋大会号）歴史学
『西洋史学』（季刊）西洋史　　　　　　『史林』（隔月刊）歴史学
『法制史研究』（年刊）法制史　　　　　『思想』（月刊）思想史
『社会経済史学』（季刊）社会経済史

ドイツ語

AKG = Archiv für Kulturgeschichte. Bd. 1 (1903)− . 文化史

AÖG = Archiv für österreichische Geschichte. Bd. 1 (1848)− . オーストリア史

BdLG = Blätter für deutsche Landesgeschichte. Bd. 1 (1853)− . ドイツ地域史

Bohemia. Zeitschrift für Geschichte und Kunst der böhmischen Länder. Bd. 1 (1960)− . ボヘミア史

Francia. Forschungen zur westeuropäischen Geschichte. Bd. 1 (1973)− . 独仏関係史，西欧史

German History = The Journal of the German History Society. Vol. 1 (1984)− .

GG = Geschichte und Gesellschaft. Zeitschrift für Historische Sozialwissenschaft. Bd. 1 (1975)− .

GWU = Geschichte in Wissenschaft und Unterricht. Bd. 1 (1950)− .

HJb = Historisches Jahrbuch. Bd. 1 (1880)− .

HZ = Historische Zeitschrift. Bd. 1 (1859)− .

MIÖG = Mitteilungen des Instituts für österreichische Geschichtsforschung. 1880− . オーストリア史

SchZG = Schweizerische Zeitschrift für Geschichte. Bd. 1 (1951)− . スイス史

VSWG = Vierteljahrschrift für Sozial- und Wirtschaftsgeschichte. Bd. 1 (1903)− . 社会経済史

ZAA = Zeitschrift für Agrargeschichte und Agrarsoziologie 農業史

ZfG = Zeitschrift für Geschichtswissenschaft. Bd. 1 (1953)− .

ZHF = Zeitschrift für historische Forschung. Vierteljahrsschrift zur Erforschung des Spätmittelalters und der frühen Neuzeit. Bd. 1 (1985)− . 後期中世・近世史，オンライン版あり

ZK = Zeitschrift für Kunstgeschichte. Bd. 1 (1932)− . 美術史

ZRG = Zeitschrift der Savigny-Stiftung für Rechtsgeschichte. Bd. 1 (1880)− .
　　GA = Germanistische Abteilung, *KA = Kanonistische Abteilung*, *RA = Romanistische Abteilung*. 法制史(ゲルマン法・カノン法・ローマ法の3つの篇がある)

書評サイト

上記の専門誌の各号には，必ず書評が収録されている。書評は，研究書・論文が学界でいかに評価されているか，つまり研究史上の位置づけを知るうえで重要である。一方で，書評は，研究書・論文の概要を手っ取り早く知る手立てにもなる。書評はオンラインでも検索・入手することができ，その際に役に立つのが，以下の書評サイトである。

sehepunkt　http://www.sehepunkte.de/
H-Soz-u-Kult　http://hsozkult.geschichte.hu-berlin.de/
Perlentaucher　http://www.perlentaucher.de/　　recensio.net　http://www.recensio.net/

5｜史料にアクセスする 刊行史料・史料翻訳

歴史学は史料を生命としている。刊行史料・未刊行史料の利用は，大学院生以上に求められることであるが，英語や現代ドイツ語に翻訳された史料もあるので，できるだけ活用してほしい。ここでは，ドイツ史全般にかかわるものだけをあげ，詳細は第2章を参照してほしい。

史料案内

Dahlmann-Waitz〈→303頁〉　ドイツ史全般

史料翻訳

『世界史史料』（全12巻）歴史学研究会編，岩波書店　2006-
『西洋法制史料選Ⅰ-Ⅲ』創文社　1978-81
『西洋史料集成』平凡社　1985［1956］
FSGA = Freiherr-vom-Stein-Gedächtnisausgabe. WBG. 現代ドイツ語訳。時代・テーマ別にA〜Dの4つのカテゴリーがある。http://www.wbg-wissenverbindet.de/

画像史料・写真・映像データベース（オンライン）

The Digital Picture Archives of the Federal Archives 写真　http://www.bild.bundesarchiv.de/
Plakatarchiv Austria オーストリア史，パンフレット　http://plakatarchivaustria.onb.ac.at/
Ullsteinbild 写真（要登録・有料）　https://www.ullsteinbild.de/
Moving Image Archive 映像（動画）http://archive.org/details/movies

国内大学図書館の個人文庫

日本におけるドイツ史史料の所在については，CiNiiや各機関図書館OPACによって確認できるが，リストとして集約され，各資料について簡単な解説が付されている例として，「ドイツ政治史料——ロシア革命／ドイツ革命期と所蔵機関」(http://ilpdc.law.kyoto-u.ac.jp/germanyWW1.htm)がある。また，一部の図書館には，個人文庫などのかたちでドイツ史関係の史料が重点的に所蔵されているケースがある。以下，若干の例をあげておく。
北海道大学図書館：モーラー文庫

法政大学大原社会問題研究所：1848年ドイツ革命期の壁新聞
一橋大学図書館：ギールケ文庫(法制史)
立教大学図書館：マシュケ文庫(南西ドイツ社会経済史)
明治大学図書館：ボーズル文庫(ドイツ史，バイエルン史など)
名古屋大学図書館：フバッチュ文庫

博物館展示カタログ
　多くの歴史博物館では，常設展示以外にも定期的に興味深い特別展示がおこなわれている。通常，こうした展示の際には展示カタログ(図録)が刊行され，展示品の図版と詳しい解説が掲載されている。こうしたカタログもまた，貴重な史料集といえる。大半はインターネットで購入できる。
ドイツ歴史博物館(ベルリン)　連邦共和国史博物館(ボン)

6 │ 学会に参加する，現地の図書館・文書館を利用する

歴史学会・研究機関
　学会では，論文として公表される前の最新の研究報告を聞くことができる。また，ドイツ史を研究する研究機関(ドイツ)には，大学のほか，大学附置研究所，非大学系研究所，学士院，歴史協会，歴史委員会，研究集会などがある。これらの機関は，研究活動のほか，研究集会・シンポジウムの開催，専門誌の刊行，史料の編纂などをおこなっている。歴史学分野の研究者名・研究機関は，Vademecum に網羅されている。

日本西洋史学会　　　　毎年5月に大会を開催
史学会　　　　　　　　『史学雑誌』を刊行し，毎年11月に大会(東京大学)を開催
歴史学研究会　　　　　『歴史学研究』を刊行し，毎年6月に大会を開催
現代史学会　　　　　　『現代史研究』を刊行し，総会・例会を開催
ドイツ現代史研究会　　『ゲシヒテ』を刊行し，毎年9月にドイツ現代史学会を開催
西洋中世学会　　　　　『西洋中世研究』を刊行し，毎年6月に大会を開催
法制史学会　　　　　　『法制史研究』を刊行し，毎年6月に大会を開催
ドイツ歴史家大会　Deutscher Historikertag　ドイツ最大の歴史研究集会。共通テーマを掲げる大会を隔年で開催 http://www.historikertag.de/
Vademecum der Geschichtswissenschaften 2010/2011. F. Stiener Verlag, 2010^9. ドイツにおける歴史学研究者・機関の一覧
マックス・プランク歴史学研究所(ゲッティンゲン)　Max-Planck-Institut für Geschichte [MPIG]
ドイツ歴史学研究所(パリ)　Deutsches Historisches Institut [DHIP]　独仏関係史
ドイツ歴史学研究所(ローマ)　Deutsches Historisches Institut [DHIR]　独伊関係史(中世史が主体)
ヘルダー東部中欧研究所(マールブルク)　Das Herder-Institut für historische Ostmitteleuropa-forschung　東部中欧・東欧史研究

学術図書館

　図書館には，一般市民向けの図書館とは別に，学術専門研究を主目的とする州立・国立図書館，大学図書館，研究機関附属図書館がある。これらの学術図書館は，ドイツ語で書かれた研究文献を網羅的に蔵書するだけでなく，中世以降の手稿本や稀覯本，書簡など，史料的価値の高い書籍を所蔵している。

バイエルン州立図書館(ミュンヘン)　Bayerische Staatsbibliothek
　　http://www.bsb-muenchen.de/
ベルリン州立図書館　Staatsbibliothek zu Berlin Preußischer Kulturbesitz
　　http://staatsbibliothek-berlin.de/
チューリヒ中央図書館　Zentralbibliothek Zürich　http://www.zb.uzh.ch/

文書館(アーカイヴ)

　文書館は，地域や組織の公文書を集め，保管し，利用に供するための機関である。文書館には，国立文書館，州立文書館，市立文書館，司教座文書館などさまざまなカテゴリーがある。文書の取扱いに関する学問は，文書館学(Archivkunde)と呼ばれる。文書館で目当ての文書を探す際には，文書館員の手助けを乞うことになる。

Einführung in die Archivkunde. E. G. Franz, WBG, 2007[7]. 文書館学入門
ドイツ連邦文書館　Das Bundesarchiv　http://www.bundesarchiv.de/bundesarchiv/index.html.de
プロイセン文化財団中央文書館(ベルリン)　Geheimes Staatsarchiv Preußischer Kulturbesitz
　　http://www.gsta.spk-berlin.de/

千葉敏之

＊近現代については小野寺拓也氏，西山暁義氏の協力を得た。

第2章 時代別参考文献

本章の説明は，第1章（ドイツ史共通文献）の記述を踏まえ，それを補足するものである。第1章の説明とあわせて読んでほしい。

1 | 中世 500〜1495年（第Ⅰ部第1・2章）

1 通史・概説

ドイツ中世の歴史の流れを押さえるには第1章の邦語文献に加え，GEB^{10}の該当する巻，Urban叢書が有益である。中世史の場合，ヨーロッパ全体の歴史の動向を理解しておくことが重要となるが，この点では nCMH が手始めとなる。古代から中世への転換に関しては CAH^2 を，同時代の東ローマ・ビザンツ帝国については CHBE が参考となる。中世史研究の入門書としては，UTB Proseminar がもっとも詳細で本格的である。

ドイツ通史（中世）

GEB^{10}〈→301頁〉: Bd. 1–Bd. 8

Urban Taschenbuch: *Die Staufer*. O. Engels, 1998[7], etc.

入門叢書（中世）

UTB basics: *Mittelalterliche Geschichte studieren*. M. Hartmann, 2007[3], etc.

UTB Proseminar: *Proseminar Geschichte. Mittelalter*. H.-W. Goetz, UTB, 2006[3].

WBG Kompakt: *Ottonen und Salier*. L. Körntgen, 2002, etc.

スイス，オーストリア，ヨーロッパ中世史

ÖG〈→301頁〉: Bd. 1–Bd. 5

HGE〈→301頁〉: Bd. 1–Bd. 4

nCMH: *The New Cambridge Medieval History*. 7 vols., CUP, 1995–2005. 新版ケンブリッジ中世史

CHBE: *The Cambridge History of the Byzantine Empire c. 500–1492*. CUP, 2009. ビザンツ史

CAH^2: *The Cambridge Ancient History*. 14 vols., 1970–2005[2]. ケンブリッジ古代史

2 文献目録

ヨーロッパ中世に関する邦語文献の検索法に関しては，第1章の文献目録〈→302頁〉を参照されたい。欧語文献の検索には，単著・論文のすべてを検索できるRI-OPACがもっとも重要となる。テーマ別に文献を検索する場合は，歴史の概要と詳細な研究史を含むEdG，OGG叢書〈→303頁〉中の中世史の諸巻にあたるのがよい（第Ⅰ部第1・2章の本文中に巻数の指示がある）。

邦語文献検索(書籍)

『文献解題 ヨーロッパの成立と発展』南窓社 1997

欧語文献検索(オンライン)

RI-OPAC http://opac.regesta-imperii.de/

欧語文献検索(書籍)

dtvBGM = Bibliographie zur Geschichte des Mittelalters. dtv, 1997.

MEL = Medioevo latino. Bollettino bibliografico della cultura europea da Boezio a Erasmo (secoli VI–XV). Vol. 1– . SISMEL, 1980– . ヨーロッパ中世に関するもっとも詳細な文献目録 (年1冊), CD-ROM 版あり

3 参考図書

中世史の専門用語を調べるのに役立つ参考図書について，第1章であげた文献に加え，ここでは中世史プロパーの文献をあげておきたい．なかでも，*LexMA* は，もっとも信頼できる万能な中世史事典である．

歴史学事典(中世)

LexMA = Lexikon des Mittelalters. Metzler, 1980–98. 新書版・CD-ROM 版・オンライン版あり

The Oxford Dictionary of the Middle Ages. 4 vols., R. E. Bjork (ed.), OUP, 2010.

STRAYER = Dictionary of the Middle Ages. 13 vols., C. Scribner's Sons, 1982–89.

Medieval Germany. Routledge, 2001. ルートレッジ中世百科事典シリーズ中の1冊

Sachwörterbuch der Mediävistik. P. Dinzelbacher (Hg.), Kröner, 1992.

RGA = Reallexikon der germanischen Altertumskunde. 35+2 Bde., J. Hoops (Bgr.), WdG, 1968–2008. 古ゲルマン時代から初期中世を対象とするもっとも包括的な事典

人名事典

C.A.L.M.A. = Compendium Auctorum Latinorum Medii Aevi. Vol. 1.–4.2. [-Gerhardus Chanadensis], SISMEL, 2000–12+. 中世ラテン作者目録(刊行中)

Die Bischöfe des Heiligen Römischen Reiches. Ein biographisches Lexikon. 1: *1198–1448*; 2: *1448–1648*; 3: *1648–1803*. D&H, 1990–2001. 神聖ローマ帝国司教リスト

歴史地図

GHW〈→305頁〉Bd. 2: *Mittelalter. Atlas.* 1979²; *Erläuterungen.* 1983.

dtv-Atlas〈→305頁〉Bd. 1: *Von den Anfängen bis zur Französischen Revolution.* 2007³⁹.

キリスト教

RAC = Reallexikon für Antike und Christentum. Sachwörterbuch zur Auseinandersetzung des Christentums mit der antiken Welt. Bd. 1–23+., F. J. Dölger et al. (Bgr.), Hiersemann, 1950–2009+. 初期キリスト教と古代世界を対象とする包括的な事典

法制史・社会経済史

HWSD〈→306頁〉Bd. 1: *Deutsche Wirtschafts- und Sozialgeschichte im Mittelalter und in der frühen Neuzeit.* 1991.

中世美術史

『中世絵画を読む』辻佐保子，岩波書店 1987

『ヨーロッパ中世美術講義』越宏一，岩波書店 2001

Gesta. International Center of Medieval Art. Vol. 1- , Chicago UP, 1963- . 西欧中世美術の専門誌

言語辞典(中世ラテン語)

『新版中世ラテン語入門』國原吉之助，大学書林 2007

Medieval Latin. An Introduction and Bibliographical Guide. F. A. Mantello et al.（ed.），Catholic Univ. of Amer Press, 1996. 中世ラテン語に関する優れた入門書・文献目録

Niermeyer = Mediae Latinitatis Lexicon Minus. 2 Bde., Brill, 2002². 英独仏語訳，CD-ROM 版あり

Wordlist = Revised Medieval Latin Word-List from British and Irish Sources. OUP, 1965².

Kirchenlatein = Kirchenlateinisches Wörterbuch. Georg Olms, 1990.

MLW = Mittellateinisches Wörterbuch bis zum ausgehenden 13. Jahrhundert. Beck, 1959-2012 [-hebdomadarius]+. もっとも詳細で信頼できる中世ラテン語辞典(刊行中)

Mittellateinisches Glossar. UTB, 1989². ハンディでありながら有益な羅独辞典

Der Neue Georges = Ausführliches Handwörterbuch. Lateinisch-Deutsch. 2 Bde., WBG, 2013. 定番の古典ラテン語辞典の全面改訂版

言語辞典(中世ドイツ語)

『新訂・中高ドイツ語小辞典』伊東泰治ほか編，同学社 2001

『中高ドイツ語辞典』古賀允洋，大学書林 2011

Hennings = Einführung in das Mittelhochdeutsche. WdG, 2003². 中高ドイツ語入門書

Lexer = Mittelhochdeutsches Taschenwörterbuch. Hirzel, 1999³⁸. 中高ドイツ語辞典の定番，ハンディ

4　専門誌

ドイツ中世に関する主要な専門誌は，下記のとおりである。ただし，ドイツ中世を主題とする研究論文は，歴史一般を扱う専門誌(*HZ*〈→308頁〉など)，地域史の専門誌，書籍として刊行される論文集のほか，ヨーロッパのほかの国々で刊行される専門誌にも掲載されることがある。

『西洋中世研究』(年1冊) 西洋中世学会，2009-

『中世思想研究』(年1冊) 中世哲学会，1958-

AfD = Archiv für Diplomatik. Schriftgeschichte, Siegel- und Wappenkunde. 1955- . 古文書学を中心とする歴史基礎学の専門誌，年1冊

Crusades. 2002- . 十字軍史，年1冊

DA = Deutsches Archiv für Erforschung des Mittelalters. 1937- . ドイツ中世・史料研究，年2冊。MGH〈→316頁〉の編纂・出版状況に関する年次報告が掲載される

EME = Early Medieval Europe. 1992- . 英語，初期中世史，年3冊

FMSt = Frühmittelalterliche Studien. Jahrbuch des Instituts für Frühmittelalterforschung der

Universität Münster. 1967– ．初期中世史，年1冊

Hansische Geschichtsblätter. 1872– ．ハンザ史，年1冊

Medieval Prosopography. History and Collective Biography. 1980– ．個人誌(プロソポグラフィ)，年1冊

Mediaevistik. Internationale Zeitschrift für interdisziplinäre Mittelalterforschung. 1988– ．中世研究，学際的，年1冊

Das Mittelalter. Perspektiven mediävistischer Forschung. Zeitschrift des Mediävistenverbandes. 1996– ．中世研究，学際的，年2冊

Speculum. A Journal of Medieval Studies. 1926– ．ヨーロッパ中世文化，年4冊

Viator. Medieval and Renaissance Studies. 1970– ．中世・ルネサンス，年1冊

ZAM = Zeitschrift für Archäologie des Mittelalters. 1973– ．中世考古学，年1冊

5 刊行史料・史料翻訳

　歴史社会を復元する手がかりとなる史料には，さまざまな類型が存在する。これら史料類型について学ぶにはまず『西洋中世学入門』の第2部，『歴史学の伝統と革新』が有益である。より詳しく知るには *Caenegem* が，さらに徹底して学ぶには，1つの史料類型に1分冊をあてる「西洋中世史料類型」叢書 TYP が優れている。ドイツ中世に関する史料総覧としては，伝統ある *Wattenbach* があるが，それに取って代わる *Repfont*(書籍版)は2007年に完結し，現在はオンラインで提供されている。

史料案内

『西洋中世学入門』東京大学出版会 2005

『歴史学の伝統と革新――ベルギー中世史学による寄与』九州大学出版会 1996

Wattenbach = Deutschlands Geschichtsquellen im Mittelalter. Hertz, 1893–1991.

QdGS = Quellenkunde zur deutschen Geschichte im Spätmittelalter (1350–1500). WBG, 1996.

Repfont = Repertorium fontium historiae medii aevi. Istituto storico italiano per il Medio Evo. 1962–2007.

digRepfont(GQdMA) オンライン版 http://www.geschichtsquellen.de/

Caenegem = Guide to the Sources of Medieval History. 1978; *Manuel des études médiévales. Typologie des sources.* Nouvelle édition, Brepols, 1997. 史料案内，英語・ドイツ語・フランス語

TYP = *Typologie des Sources du Moyen Âge Occidental.* Vol. 1–86+, L. Genicot (éd.), Brepols, 1972–2003+．西洋中世史料類型。使用言語は，フランス語・英語・ドイツ語・イタリア語など

歴史基礎学

　史料の校訂作業に必要な技術，史料の外観的特徴に関する学問は，歴史基礎学(歴史補助学)と呼ばれる。これには，古書体学，証書学(文書形式学)，書冊学，暦学，碑文学，古銭学，印璽学，紋章学，羊皮紙学，パピルス学などが含まれる。手始めには『西洋中世学入門』の第1部が，ドイツ語では新書版の *Werkzeug*，刊行中の叢書 HHH がよい。

　これらの学問は，史料の校訂に不可欠な伝統ある学問分野であるとともに，近年では，

社会における史料の機能を論じる史料コミュニケーション論の高まりによって，新しい歴史解釈の可能性を開きつつある分野でもある。

Werkzeug des Historikers. Eine Einführung in die Historischen Hilfswissenschaften. Urban, 2007[16].
歴史基礎学入門

HHH = Hahnsche Historische Hilfswissenschaften, Bd. 1-5+, 2004- . 歴史基礎学に関するコンパクトな入門シリーズ

Bischoff = Paläographie des römischen Altertums und des abendländischen Mittelalters. Schmidt, 2009[4]. 古書体学入門書の決定版

Bresslau = Handbuch der Urkundenlehre für Deutschland und Italien. 2 Bde., Veit, 1969[4]. 証書学総説の決定版

Cappelli = Lexicon abbreviaturarum. Dizionario di abbreviature latine ed italiane. Hoepli, 1979[6]. ラテン語略語辞典の決定版

Einführung in die Epigraphik des Mittelalters und der frühen Neuzeit. WBG, 1992[2]. 碑文学入門書

Frenz = Papsturkunden des Mittelalters und der Neuzeit. F. Steiner, 2000[2]. 教皇証書入門書

Grotefend = Taschenbuch der Zeitrechnung des deutschen Mittelalters und der Neuzeit. Hahnsche Buchhandlung, 2007[14]. 暦学入門書，2巻本〈→307頁〉。オンライン版 http://www.manuscripta-mediaevalia.de/gaeste/grotefend/grotefend.htm.

史料翻訳

卒論で一次史料を用いたい場合には，現代語訳（邦語・ドイツ語・英語など）が役に立つ。ただし，オンラインで入手した現代語訳については，訳文の信頼性をしっかりと確認する必要がある。また，史料の邦訳は，下記の書籍のほか，上記の専門誌に掲載されることもある。

『世界史史料5　ヨーロッパ世界の成立と膨張——17世紀まで』岩波書店 2007

『西洋法制史料選Ⅱ　中世』創文社 1988

『西洋中世史料集』東京大学出版会 2000

『中世思想原典集成』（全20巻+別巻）平凡社 1992-2002

FSGA〈→309頁〉，A: QMA = Quellenwerke, Mittelalter. 史料翻訳叢書。ラテン語・ドイツ語対訳，各巻の情報についてはサイトを参照 http://www.wbg-wissenverbindet.de/

Fontes Christiani. WBG. 史料翻訳叢書。ドイツ語訳，キリスト教中世

Oxford Medieval Texts. OUP. 史料翻訳叢書。英語対訳，ヨーロッパ中世・叙述史料

Internet Medieval Sourcebook　http://www.fordham.edu/Halsall/sbook.asp. 史料テクスト・翻訳

刊行史料

史料原本は文書館に保管されているが，1300年以前の史料の多く，1300年以後の史料の一部は，校訂された史料刊本として出版されている。ドイツ中世では，「ドイツ中世史料集成」（MGH）がもっとも重要な史料刊本叢書である。

MGH = Monumenta Germaniae Historica「ドイツ中世史料集成」（エム・ゲー・ハー，モヌメンタ）。叢書名であるとともに，研究機関名でもある。叢書には，書籍版とオンライン版がある。史料の刊行区分・略語についてはサイトを参照 http://www.mgh.de/publikationen/

-digital-MGH　http://www.dmgh.de/
- CC = Corpus Christianorum. Brepols. 以下の２つのシリーズがある
    - CCSL = Series Latina. 初期キリスト教（8世紀まで）のラテン・キリスト教作家の著作の刊行史料叢書
    - CCCM = Continuatio mediaevalis. 中世キリスト教（カロリング朝から中世末期）
- DI = Die deutschen Inschriften. Bd. 1–83+, Wiley-VCH, 1942–2012+. 書籍版
- DIO = Deutsche Inschriften Online. DIO 1–3+, 2011–12+. http://www.inschriften.net/ 中世・近世（-1650年）のドイツ・オーストリア・南ティロールにあるすべてのラテン語・ドイツ語碑文を画像として収集し，校訂をして出版
- Migne MPSL = Migne Patrologia cursus completus, Series Latina. 221 vols., 1844–64.
    ミーニュ。CCの元となるラテン・キリスト教作家著作叢書。CCで未刊行の作品については，依然としてミーニュを参照しなければならない。オンライン版（有料）http://pld.chadwyck.co.uk/
- RI = Regesta imperii. J. Böhmer (Bgr.), Böhlau, 1841–2012+. レゲスタ・インペリイ（国王＝皇帝事績録）。カロリング朝以降の全王朝・全国王＝皇帝の事績を年代順に目録化したもの。書籍版で出版されているが，オンライン版ですべて利用できる。書籍版スキャンデータとデジタルデータが表示でき，さまざまな検索が可能。http://www.regesta-imperii.de/

ファクシミリ版（証書・公文書など）

　証書・公文書の原本を写真複製したファクシミリ版（原本複製，写真版）は，文書館で史料原本を読む技術を学ぶための教材となると同時に，史料原本の外観（書体・書写材料・印璽・認証記号など）の分析に役立つ。上記の歴史基礎学の入門書とあわせて用いるのがよい。*Steffens* は，中世の全時代をカバーする，古書体学の伝統ある学習教材（オンライン版あり）。

- *Steffens = Lateinische Paläographie*. F. Steffens, WdG, 1929². http://www.paleography.unifr.ch/schrifttafeln.htm.
- ChLA = Chartae Latinae Antiquiores. Urs Graf, 1954– ．http://www.urs-graf-verlag.com　900年以前のラテン語文書原本のファクシミリ叢書。オンラインで，書写材料・文書の種類・日付などの条件で検索可能
- DIGUB = Digitale Urkundenbilder aus dem Marburger Lichtbildarchiv älterer Originalurkunden. Eudora, 2006– ．マールブルク大学附設「証書原本写真版アルヒーフ」（LBA）が所蔵する写真版のファクシミリ叢書。オンライン版あり　http://lba.hist.uni-marburg.de
- MPMA = Monumenta Palaeographica Medii Aevi. Brepols, 1997– ．ヨーロッパ中世のすべての文書遺産を原本サイズでファクシミリ化し，翻字と解説を付すことを目的とする叢書。国（エリア）別に編集

ファクシミリ版（手稿本・写本）

　学術図書館は近年，収蔵する中世手稿本（写本）コレクションのデジタル化とオンラインでの公開を進めている。以下のサイトでは，ドイツの学術図書館を中心としたデジタル・コレクションをクロス検索し，画像を閲覧・ダウンロードすることができる。写本挿絵・

写本装飾の研究に役立つだけでなく，書物の外観・綴じ方を研究する書冊学の研究にも有益である。

Manuscripta Mediaevalia. Handschriftenkataloge online. http://www.manuscripta-mediaevalia.de/
　デジタル化された約75000点の中世手稿本の画像をオンラインで提供

2 | 近世 1495～1806年（第Ⅰ部第3章）

1　通史・概説

　ドイツ近世はいまだ時代区分として十分に定着してはおらず，概説も中世に比べれば少ないが，学術的研究は活発であり，独特の性格をもった時代として認識されつつある。

　通史的な知識を得るには，『世界歴史大系』『新版世界各国史』のドイツ近世史部分が必読であり，『岩波講座世界歴史』第16巻所収の近世ヨーロッパの概観も参照すべきである〈→300頁〉。

　ドイツ語で書かれたものでは，ヨーロッパ的視野をもつ概説である OGG, HGE, NFW, KGG, 時代区分論や各種の研究分野の総合的案内で構成された OGL, 通史と研究案内をかねた GEB, ドイツ近世史の専門家たちが個別テーマの概観と研究史の整理をおこなっている EdG が役に立つ。なお，EdG 各巻のタイトル（近世関係で約30点）については，オルデンブルク社のサイトで確かめてほしい。

　入門者にはまず，Wissen, 2462, UTB basics, 2709を勧めたい。とくに後者は，近世史の予備知識のない学生のために書かれている。Reclam DGQD, WBG Kompakt, ÖG の諸巻も概説として定評がある。CHE, CSEMH は英語で読める近世ドイツ史関係の専門書・概説・研究案内を含んだ叢書である。ドイツ近世史に関する個別的研究をおこなう場合には，複数の通史や概説に目をとおして当該の問題がどう扱われているかを確かめたい。

『ドイツ文化史入門——16世紀から現代まで』若尾祐司・井上茂子編，昭和堂 2011

UTB basics, 2709: *Geschichte der Frühen Neuzeit studieren.* B. Emich, 2006.

WBG Kompakt: *Habsburgs europäische Herrschaft. Von Karl V. bis zum Ende des 16. Jh.* E.-B. Körber, 2002; *Das Alte Reich 1495–1806.* A. Gotthard, 2006³; *Der Adel in der Frühen Neuzeit.* M. Sikora, 2009; *Hexen und Hexenverfolgung in der Frühen Neuzeit.* W. Rummel et al., 2012²; *Klimageschichte der Neuzeit 1500–1900.* F. Mauelshagen, 2009, etc.

NFW〈→301頁〉, Bd. 5: *Europa in der Frühen Neuzeit.* R. Friedeburg, 2012.

Reclam DGQD〈→301頁〉, Bd. 3–Bd. 6.

Wissen, 2462: *Deutsche Geschichte in der Frühen Neuzeit.* J. Burkhardt, 2009, etc.

*GEB*¹⁰〈→301頁〉, Bd. 9–Bd. 12.

HGE〈→301頁〉, Bd. 5–Bd. 6.

ÖG〈→301頁〉: *Vom Spätmittelater bis zum Beginn des 19. Jahrhunderts.* H. Wolfram, 2004.

KGG = Kohlhammer Grundkurs Geschichte: *Die frühe Neuzeit.* M. Erbe, 2007.

OGL = Oldenbourg Geschichte Lehrbuch: *Frühe Neuzeit.* A. Völker-Rasor（Hg.）, 2009³.

CHE = Cambridge History of Europe. CUP: *Early Modern Europe 1450–1789.* M. E. Wiesner-Hanks, 2006.

CSEMH = Cambridge Studies in Early Modern History. CUP: *Religious Toleration and Social Change in Hamburg, 1529-1819*, etc.

Sixteenth Century Essays & Studies. Truman State UP: *Reformation and Early Modern Europe. A Guide to Research*. D. M. Whitford, 2008, etc.

2 文献目録

基本文献は，OGG, *EdG*, *HGE*, *GEB*[10] にあげられている。最新の文献を探す場合には専門誌の文献目録や書評が便利であり，第1章4や第2章2-4に示した雑誌や，以下の *ARG Literaturbericht* が参考になる。また *BDZGZ*, *QdGN* を使えば，古い文献や史料について知ることができる。*BVdG*[17]〈→303頁〉は近世部分も詳しく，各種の歴史的事象や人物についての史料・研究文献・個別テーマに関する文献目録などが網羅されている。

文献目録（書籍）

『文献解題 西洋近現代史1 近世ヨーロッパの拡大』中野隆生・中嶋毅編，南窓社 2012
GEB[10] Bd. 9-12.

ARG Literaturbericht = *Archiv für Reformationsgeschichte, Beiheft: Literaturbericht*. Gütersloher, 1972+.

BDGZG = *Bibliographie zur Deutschen Geschichte im Zeitalter der Glaubensspaltung 1517-1585*. 7 Bde., Karl Schottenloher (Hg.), Anton Hiersemann, 1956-66².

QdGN = *Quellenkunde zur deutschen Geschichte der Neuzeit von 1500 bis zur Gegenwart*. 7 Bde., Winfried Baumgart (Hg.), WBG, 1977-2003. 書籍版・CD-ROM版

3 参考図書

基本的な参考図書は第1章3にあげられており，中世と共通するものも多いので，ここにはとくに近世史研究に役立つものだけを掲載する。なお近世史の多くの分野について個別のハンドブックや歴史地図が出版されており，ここに記すものは代表例にとどまる。各自が第1章2-2に紹介されているツールを使い，Handbuch, Lexikon, Wörterbuch, Einführung, Atlas などのキーワードと専門領域（例えば Mediengeschichte, Klima, Gender）を組み合わせて必要なものを探してほしい。

歴史学事典

Europe 1450 to 1789. Encyclopedia of the Early Modern World. 6 vols., J. Dewald (ed.), C. Scribners & Sons, 2003. ドイツを含むヨーロッパ近世の諸事象を1000項目以上にわたって解説

地図・地名辞典

歴史地図は研究対象（地域）の把握に不可欠であり，さまざまな編集方針のものが刊行されている。以下に，視野を広くとったものと微視的なものの例をあげておく。

Großer Historischer Weltatlas. Teil 3: *Neuzeit*. 近世・近代世界史地図

Kleiner Atlas zur deutschen Territorialgeschichte. B. Jähnig et al. (Hg.), Kulturstiftung der Deutschen Vertriebenen, 1991². ドイツ領邦史地図

Historischer Atlas von Bayerisch-Schwaben. W. Zorn et al. (Hg.), Schwäbische Forschungsgemeinschaft, 1982². バイエルン・シュヴァーベン歴史地図

Ein historischer Atlas der Region Basel. Die Geschichte der Grenzen. A. Salvisberg (Hg.), Christoph Merian, 2010. バーゼル周辺歴史地図

キリスト教

Lutherlexikon. K. Aland (Hg.), V&R, 1988⁴. ルター

Reformatorenlexikon. R. Stupperich, Guetersloher Verlagshaus, 1988. 宗教改革

A Companion to Anabaptism and Spiritualism, 1521-1700. J. D. Roth (ed.), Brill, 2006. 宗教改革急進派

A Companion to Multiconfessionalism in the Early Modern World. Th. M. Safley (ed.), Brill, 2011. 宗派分裂

Lexikon der Begegnung. Judentum - Christentum - Islam. C. Thoma et al. (Hg.), Herder, 2009. 諸宗教の関係

法制史・社会経済史

HWSD〈→306頁〉Bd. 1: *Deutsche Wirtschaftsgeschichte und Sozialgeschichte im Mittelalter und in der frühen Neuzeit*. 1991.

言語事典(初期新高ドイツ語)

近世の史料を読むのに必要な初期新高ドイツ語辞典の決定版は *FWB* であり，完結間近である。*FG, KFW* は小型で使用しやすい。

FWB = Frühneuhochdeutsches Wörterbuch. O. Reichmann et al. (Hg.), WdG, 1986+.

FG = Frühneuhochdeutsches Glossar. A. Götze (Hg.), WdG, 1971⁷.

KFW = Kleines Frühneuhochdeutsches Wörterbuch. Ch. Baufeld (Hg.), Niemeyer, 1996.

Frühneuhochdeutsch. Eine Einführung in die deutsche Sprache des Spätmittelalters und der frühen Neuzeit. F. Hartweg et al. (Hg.), Niemeyer, 2005². 初期新高ドイツ語の入門書

Deutsches Wörterbuch von Jacob und Wilhelm Grimm. 33 Bde., NA. dtv, 1999. 時代ごとの用例が詳細であり，近世史研究にも役立つ

政治・社会・思想

Lexikon der Aufklärung. Deutschland und Europa. W. Schneiders (Hg.), Beck, 2001. 啓蒙主義

Lexikon zum Aufgeklärten Absolutismus in Europa. Herrscher-Denker-Sachbegriffe. H. Reinalter (Hg.), UTB Böhlau, 2006. 啓蒙絶対君主

Handbuch zur preußischen Militärgeschichte 1688-1786. M. Guddat, Mittler, ES, 2011. 軍事

4 専門誌

ドイツ近世史だけを扱う専門誌は少ないので，歴史学一般や中世，近現代を扱う専門誌に目を配る必要がある。以下それらとの重複を避け，近世史の論文が比較的多く掲載される雑誌をあげておく。*ZGO* などの地方史の専門誌も例示した。こうした雑誌は特定地域に関する調査を掘り下げておこなう場合に欠かせないので，自ら調べて発見する必要がある。

Frühneuzeit-Info 近世専門誌，書評記事はウェブ公開されている

ZNR = Zeitschrift für Neuere Rechtsgeschichte 近世・近代法制史

ARG = Archiv für Reformationsgeschichte 宗教改革・人文主義・カトリシズム・科学史などのテーマを含む

ZKG = Zeitschrift für Kirchengeschichte 教会史

SCJ = Sixteenth Century Journal 16世紀・人文主義・宗教改革,オンライン版あり

18Jh = Das Achtzehnte Jahrhundert 18世紀・啓蒙主義研究

ZGO = Zeitschrift für die Geschichte des Oberrheins オーバーライン史

ZBLG = Zeitschrift für bayerische Landesgeschichte バイエルン史,オンライン版あり

ZWLG = Zeitschrift für Württembergische Landesgeschichte ヴュルテンベルク史

ZSHG = Zeitschrift der Gesellschaft für Schleswig-Holsteinische Geschichte シュレースヴィヒ゠ホルシュタイン史

Der Geschichtsfreund 中央スイス史,オンライン版あり

5 刊行史料・史料翻訳

歴史補助学・史料論について全般的には第2章 1-5〈→p.315〉にあげられた参考図書を参照。ここではとくに近世研究に有益なものをあげる。史料翻訳・現代語訳については,全般的なもののほかに,第Ⅰ部に関係する翻訳史料集を紹介する。近年においては英語訳史料集が充実しており,初学者もそれらを手がかりにすればわが国では研究の手薄な事象についても深く知ることができる。

史料案内

QdGN〈→319頁〉

Geschichte schreiben. Ein Quellen- und Studienhandbuch zur Historiografie (ca. 1350-1750). S. Benz, Oldenbourg, 2010. 史料解釈

歴史基礎学

Schrifttafeln zur deutschen Paläographie des 16.-20. Jahrhunderts. 2 Bde., K. Dülfer et al., Archivschule Marburg, 1982⁵. 古書体学

Leseschule der deutschen Schrift. Handschriften aus vier Jahrhunderten mit Übertragung in Druckschrift. H. Blohm, Bund für deutsche Schrift und Sprache, 2011. 古書体学

Arbeiten im Archiv. M. Burkhardt, UTB Schöningh, 2006. 近世史研究にも役立つ文書館学入門

史料翻訳(現代語訳)

『世界史史料5 ヨーロッパ世界の成立と膨張——17世紀まで』岩波書店 2007

『西洋法制史料選Ⅲ 近世・近代』創文社 2005

『宗教改革著作集』(全15巻)教文館 1983-2003

『キリスト教神秘主義著作集』(全17巻)教文館 1989-

FSGA〈→309頁〉, B(QNZ)= Ausgewählte Quellen zur Deutschen Geschichte der Neuzeit. 近世・近代史料集成(シリーズ)

Geschichte in Quellen. Renaissance, Glaubenskämpfe, Absolutismus. W. Lautemann (Hg.), Bayerischer Schulbuch Verlag, 1982. 現代ドイツ語訳,近世全般

The European Reformations Sourcebook. C. Lindberg (ed.), Wiley-Blackwell, 2000. 英訳,宗教改革

The German Peasants' War. A History in Documents, Atlantic Highlands. T. Scott et al.（eds.）,
　London, 1991. 英訳，農民戦争
The Thirty Years War. A Sourcebook. P. H. Wilson（ed.）, Palgrave Macmillan, 2010. 英訳，三十年
　戦争
The Witchcraft Sourcebook. B. P. Levack（ed.）, Routledge, 2003. 英訳，魔女迫害
The Enlightenment. A Brief History with Documents. M. C. Jacob（ed.）, Bedford, 2001. 英訳，啓
　蒙主義

刊行史料

　近世関係の史料は膨大であり，ここで紹介できるのはごく一部なので，319ページにあ
げたツールを用い，各人の研究関心に従って調べてほしい。以下に，いくつかの重要なシ
リーズをあげておく。なお，今日では相当数の刊行史料の CD-ROM 版やオンライン版の
発行が進んでいる。

*Deutsche Reichstagsakten. Ältere Reihe, Mittlere Reihe, Jüngere Reihe, Reichsversammlungen
　1556-1662.* 1867+. 帝国議会議事録
Acta Pacis Westfalicae. M. Braubach et al.（Hg.）, Aschendorff, 1962+. ヴェストファーレン条約
Die „gute" Policey im Reichskreis. 4 Bde., W. Wüst（Hg.）, Akademie, 2001-08. ポリツァイ条令
　集
Corpus Reformatorum. Schwetzke & Sohn, 1834+. 宗教改革著作集成。メランヒトン，カルヴ
　ァン，ツヴィングリの全集を収録
D. Martin Luthers Werke. Kritische Gesamtausgabe. 120 Bde., Hermann Böhlaus Nachfolger, 1883
　-1929. ルター全集（Weimarer Ausgabe）
Corpus Catholicorum. Werke katholischer Schriftsteller im Zeitalter der Glaubensspaltung.
　Aschendorff, 1919+. 近世カトリック著作集成
*Flugschriftensammlung Gustav Freytag. Vollständige Wiedergabe der 6265 Flugschriften aus dem
　15.-17. Jahrhundert sowie des Katalogs von Paul Hohenemser auf Mikrofiche.* WdG Saur,
　1980-81. 近世パンフレット・ビラ史料集成。活版印刷のパンフレット類は近世以降の
　時代に特有の情報メディアで，史料価値が大きい
Deutsche illustrierte Flugblätter des 16. und 17. Jahrhunderts. W. Harms（Hg.）, 7 Bde., Niemeyer,
　1980-2005.
German Political Broadsheet 1600-1700. J. R. Paas（ed.）, Harrasowitz, 1985+.

　ファクシミリ（デジタル版の活版印刷物・未刊行史料）

　近世の印刷物や未刊行史料（手稿）は現地の文書館で閲覧するのが原則であり，読解には
時代ごとの古書体やドイツ文字（Fraktur）の知識が必要であるが，近年ではオンラインで目
録を公開し，史料もデジタル化して掲載する文書館もある。入門者には難しいが，近世史
の研究に用いる一次史料はどのようなものかがわかるように例をあげておく。アドレスは
変更されることが多いので，文書館サイトのトップページから入って調べてほしい。

　手稿：ルターの署名入り書簡 Herzog August Bibliothek Wolfenbüttel
　　http://dbs.hab.de/mss/?list=ms&id=252-1-helmst
　活版印刷物（証書）：皇帝カール5世による再洗礼派への死刑適用令（1529年）

Universitätsbibliothek Heidelberg　http://digi.ub.uni-heidelberg.de/diglit/lehm36
手稿：マインツ選帝侯領の魔女裁判記録(17世紀前半)　Stadtarchiv Mainz
　　http://www.hexenprozesse-kurmainz.de/quellen/stadtarchiv-mainz.html
活版印刷物(新聞)：アウクスブルク郵便新聞(18世紀後半)　Universitätsbibliothek Augsburg
　　http://www.bibliothek.uni-augsburg.de/dda/dr/ztg/ordpost/

3 ｜ 近現代　1806年以降 (第Ⅰ部第4～6章)

1　通史・概説

　ドイツ近現代史についても，まずは『世界歴史大系』『新版世界各国史』，邦語による通史概説を読み，基礎知識を身につけることが望まれる。テーマ別では，『世界史リブレット』に関連する巻があれば，必ず読んでおきたい。

　そのうえで，ドイツ語の文献をあげるならば，通史については *Reclam DGQD* がコンパクトであり，また史料も付属している。むろん，2度の統一，2つの世界大戦を経験するドイツ近現代をコンパクトにまとめることには無理がともなうことも否定できない。目配りの利いた概説という点では，*GEB*[10] が新しく有益ではあるが，予備知識がないとやや難しい。英語文献では，Blackwell CHE の英米の代表的なドイツ史家の筆によるものが読みごたえがある。これらをヴェーラー，ニッパーダイといった，ドイツ近現代史の代表的叙述と比べてみると，それぞれの力点の置き方の特徴，相違がうかがえて興味深い。その一方で，最新のドイツ近現代史ハンドブックである *Oxford HMGH* は，おもに英・米・独の歴史家たちによって共同で執筆されており，近年のドイツ史研究が急速に「ヨーロッパ化」「グローバル化」している証左といえる。個別の研究テーマについては，EdG, Wissen, WBG Kompakt, WBG Kontroversen, Campus などで重点的に扱われている。

『ドイツの歴史──新ヨーロッパ中心国の軌跡』木村靖二編，有斐閣　2000
『近代ドイツの歴史──18世紀から現代まで』若尾祐司・井上茂子編，ミネルヴァ書房　2005
『図説ドイツの歴史』石田勇治編，河出書房新社　2007
『ドイツ近現代ジェンダー史入門』姫岡とし子・川越修編，青木書店　2009
『ドイツと戦争──「軍事史」と「戦争史」』三宅正樹ほか，彩流社　2011
Blackwell CHE〈→300頁〉: *History of Germany, 1780-1918. The Long Nineteenth Century*. D. Blackbourn, 2002; *A History of Germany 1918-2008. The Divided Nation*. M. Fulbrook, 2008.
Campus Historische Einführungen: *Mediengeschichte*. F. Bösch, etc.
Deutsch-Französische Geschichte. 11 Bde., W. Paravicini/M. Werner (Hg.), 2005- . 独仏関係史
Deutsche Geschichte im Osten Europas. 10 Bde., H. Bookmann et al. (Hg.), Siedler, 1992-99. ドイツ東部
EdG 個々のタイトルはオルデンブルク社のサイトを参照
Fischer Kompakt: *Deutsches Kaiserreich*. V. Ulrich; *Kolonialismus*. A. Eckert; *Der Kalte Krieg*. R. Steininger.
GEB[10], Bd. 13-Bd. 23. 未刊の Bd. 24 は1990年以降のドイツ，全巻索引，図表

Grundkurs deutsche Militärgeschichte. 4 Bde., Oldenbourg, 2009.

Grundkurs Neue Geschichte: *Geschichte des Nationalsozialismus*. M. Wildt, UTB:V&R, 2008.

HGE〈→301頁〉, Bd. 7‒Bd. 9.

Huber = Deutsche Verfassungsgeschichte seit 1789. 8 Bde., E. R. Huber, Kohlhammer, 1957‒91.

MDG = Moderne Deutsche Geschichte, Neue Historische Bibliothek. Suhrkamp: Die deutsche Revolution von 1848/49. W. Siemann, etc.

NDG〈→301頁〉, Bd. 7: *Vom Staatenbund zum Nationalstaat*. W. Siemann.

Nipperdey = Deutsche Geschichte 1800‒1918. 3 Bde., Th. Nipperdey, Beck, 1983‒92.

ÖG〈→301頁〉, Bd. 10‒Bd. 11.

Oxford HMGH = The Oxford Handbook of Modern German History. H. W. Smith（ed.）, OUP, 2011.

Reclam DGQD〈→301頁〉, Bd. 6‒Bd. 11.

SEH〈→300頁〉: *The Formation of the First German Nation-State, 1800‒1871*. J. Breuilly; *Germany in the Age of Kaiser Wilhelm II*. J. Retallack; *The Two Germanies 1945‒1990*. M. Fulbrook〔『二つのドイツ　1945‒1990』M・フルブロック（芝健介訳），岩波書店 2009〕; *The German Democratic Republic*. P. Grieder.

Short Oxford History of Germany. OUP: *Germany, 1800‒1870*. J. Sperber（ed.）, etc.

UTB Schöningh: *Restauration und Vormärz 1815‒1847*. A. Geisthövel; *Die Revolution von 1848/49*. F. Engehausen; *Gründerzeit und Nationsbildung 1849‒1871*. Ch. Jansen.

Wissen: *Deutsche Geschichte im 20. Jahrhundert*. A. Wirsching; *Geschichte Preußens*. M. Wienfort. ほかのタイトルについては，出版社サイトを参照

WBG Kompakt: *Die Revolution von 1848/49*. F. L. Müller; *Krieg und Frieden vom Westfälischen Frieden bis zum Zweiten Weltkrieg*. E. Wolfrum, etc. 出版社サイトを参照

WBG Kontroversen um die Geschichte: *Krieg und Frieden vom Westfälischen Frieden bis zum Zweiten Weltkrieg*. E. Wolfrum, etc.

Wehler = Deutsche Gesellschaftsgeschichte. 5 Bde., H.-U. Wehler, Beck, 1987‒2008.

2　文献目録

　基本となる文献は，日本語のものは『西洋近現代史研究入門』以下の文献に，欧文のものは EdG, OGG, *HGE* の文献リストにあげられているが，刊行（執筆）時から現在までの時差と評価の定着にかかる時間のため，当然のことながら，最新の文献については *BzZ*,『史学雑誌』「回顧と展望」号やオンライン検索などによって更新しなければならない。逆にいえば，紙媒体の文献目録によって，研究テーマに関する定評ある文献や，研究の累積のなかで見落とされている文献を確認することもできる。

『西洋近現代史研究入門』望田幸男ほか編，名古屋大学出版会　2006

『文献解説西洋近現代史 2　近代世界の確立と展開』中野隆生・中嶋毅編，南窓社　2011

『文献解説西洋近現代史 3　現代の欧米世界』中野隆生・中嶋毅編，南窓社　2011

EdG, OGG 個々のタイトルはオルデンブルク社のサイトを参照〈→303頁〉

BzZ = Bibliographie zur Zeitgeschichte.

3 参考図書

概念史の記念碑的事典である *Geschichtliche Grundbegriffe*〈→305頁〉は，ある言葉がいかなる歴史的状況のなかで，どのような意味をもつものとして用いられ，それがなぜ，いかにして変化し，あるいはほかの言葉に置き換えられていくのか，という言葉の政治史の事典である。現代史研究については，*Docupedia* がインターネットの新たなプラットフォームを用い，概念史や方法論についてのダイナミックな事典・フォーラムとして機能を開始している。*Europe 1789 to 1914* は19世紀ヨーロッパ史，*Modern Germany* はドイツ近現代史についての英語の事典である。史料論については古典的な *Qullenkunde* に加え，*Reading Primary Sources* が19〜20世紀に特化しつつ，手紙，法廷記録，世論調査，日記，自伝，新聞，演説など，多様な「史料」の特徴について論じている。また，近年，さまざまな「〜論的転回」が語られ，新たなアプローチが模索されているが，これについては *Cultural Turns*，文化史については，その主唱者が執筆した *Kompemdium* を読むのが有益である。

歴史学事典

『ホロコースト大事典』W・ラカー（井上茂子ほか訳），柏書房 2003

Docupedia-Zeitgeschichte. Begriffe, Methoden und Debatten der zeithistorischen Forschung. http://docupedia.de/zg/Hauptseite

Europe 1789 to 1914. Encyclopedia of the Age of Industry and Empire. 5 vols., Scribner Library of Modern Europe. J. Merriman et al. (ed.), Charles Scribners & Sons, 2006.

Modern Germany. An Encyclopedia of History, People, and Culture, 1871-1990. 2 vols., D. Buse et al. (eds.), Garland, 1998.

Qullenkunde zur deutschen Geschichte der Neuzeit von 1500 bis zur Gegenwart. Winfried Baumgart (Hg.), 2005.

Reading Primary Sources. The Interpretation of Texts from Nineteenth- and Twentieth-Century History. M. Dobson, B. Ziemann (eds.), 2009.

Cultural Turns. Neuorientierungen in den Kulturwissenschaften. D. Bachmann-Medick, Reinbek, 2009³.

Kompemdium Kulturgeschichte. Theorien, Praxis, Schlüsselwörter. U. Daniel, Suhrkamp, 2001.

地図・地名辞典

dtv-Atlas, Bd. 2: *Von der Französischen Revolution bis zur Gegenwart*. H. Bukor et al., NA, 2009.

『ヒトラーと第三帝国』R・オウヴァリー（永井清彦ほか訳），河出書房新社 2000

法制史・社会経済史

Deutsche Verfassungsgeschichte seit 1789. 8 Bde., E. R. Huber, Kohlhammer, 1969. ドイツ国制史。巻によっては第2版・第3版が出ている

HWSD〈→306頁〉, Bd. 2: *19. Jh.*; Bd. 3/I: *1914-1932*; Bd. 3/II: *1933-1945*. 1991-2003.

Die Konsumgesellschaft in Deutschland 1890-1990. Ein Handbuch. H.-G. Haupt et al. (Hg.), Campus, 2009.

社会・思想・政治ほか

Biographisches Handbuch für das preussische Abgeordnetenhaus 1867-1918. B. Mann et al. (Hg.), Droste, 1988. プロイセン下院議員

Biographisches Lexikon zur Geschichte der deutschen Sozialpolitik 1871 bis 1945. Bd. 1‒, E. Hansen et al.（Hg.）, Kassel UP, 2010‒. 社会政策に関する人名事典

Datenbank der deutschen Parlamentsabgeordneten 1867‒1938. 国会議員データ。オンライン http://www.reichstag-abgeordnetendatenbank.de/

Deutsche Parteiengeschichte. H. Fenske. UTB, 1994.

Grundriss zur deutschen Verwaltungsgeschichte 1815‒1945. 22 Bde., Herder Institut, 1975‒83+.

Handbuch des Antisemitismus. Judenfeindschaft in Geschichte und Gegenwart. 4 Bde., W. Benz et al., K. G. Sauer, 2008‒11.

Handbuch zur Geschichte der deutschen Arbeiterbewegung 1869 bis 1917 in zwei Bänden. D. Fricke, 1987.

Handbuch der deutschen Bildungsgeschichte. 6 Bde., Beck, 1987‒2005. 教育史
 Bd. 3: *1800‒1870*; Bd. 4: *1870‒1918*; Bd. 5: *1918‒1945*; Bd. 6/I: *1945 bis zur Gegenwart. BRD*; Bd. 6/II: *1945 bis zur Gegenwart. DDR und neue Bundesländer*.

Handbuch der deutschen Reformbewegungen 1880 bis 1933. D. Kerbs et al.（Hg.）, Hammer, 1998.

Handbuch zur ‚Völkischen Bewegung' 1871‒1918. U. Puschner et al.（Hg.）, K. G. Sauer, 1996.

Handbuch der Wahlen zum Preussischen Abgeordnetenhaus 1867‒1914. Wahlergebnisse, Lexikon zur Parteiengeschichte. 1789‒1945. Die bürgerlichen und kleinbürgerlichen Parteien in Deutschland. 4 Bde., D. Fricke, VEB Bibliographisches Institut, 1983.

Nouveau dictionnaire de biographie alsacienne（NDBA）. Jean-Pierre Kintz（ed.）, Fédération des Sociétés d'Histoire et d'Archéologie d'Alsace, 1982‒2006. アルザス人名事典

Sozialgeschichtliches Arbeitsbuch. 5 Bde., G. Hohorst et al.（Hg.）, Beck, 1978‒94.

Wahlgeschichtliches Arbeitsbuch 1871‒1918. G. A. Ritter et al.（Hg.）, Beck, 1998.

Wahlbündnisse und Wahlkandidaten. Th. Kühne, Droste, 1994. プロイセン下院選挙

 ユダヤ人史

Encyclopaedia Judaica. 22 vols. Fred Skolnik（ed.）, Macmillan Reference USA, 2007². 総合事典

Grosse Jüdische National-Biographie. Ein Nachschlagewerk für das jüdische Volk und dessen Freunde. S. Wininger, Krausreprint, 1979 [1925‒36]. 人名事典

Handbuch zur Geschichte der Juden in Europa. 2 Bde., Elke-Vera Kotokowski et al.（Hg.）, Primus, 2001. ヨーロッパのユダヤ人

Jüdisches Lexikon. Ein enzyklopädisches Handbuch des jüdischen Wissens in vier Bänden. G. Herlitz/B. Kirschner（Begr.）, Jüdischer Verlag bei Athenäum, 1987² [1927‒30].

The Universal Jewish Encyclopedia. Isaak Landman（Hg.）, Varda Books, DVD, 2009 [1939‒43].
 第二次世界大戦以前に刊行された総合事典の PDF 版

 新聞メディア

Deutsche Presse. Biobibliographische Handbücher zur Geschichte der deutschsprachigen.

Deutsche Pressegeschichte. Von den Anfängen bis zur Gegenwart. R. Stöber, UTB, 2005².

Deutsche Presse im 19. Jahrhundert. K. Koszyk, Colloquium, 1966.

Deutsche Presse 1914‒1945. K. Koszyk, Colloquium, 1972.

Grundzüge der Medien- und Kommunikationsgeschichte. J. Wilke, UTB, 2008.

Presse von den Anfängen bis 1815. Bd. 1-, frommann-holzboog, 1996-. 全40巻の予定

同時代の百科事典類・記録

概念史において重要な史料となるのが，啓蒙時代の産物である百科事典である。それは，ある時代の「定説」「常識」とみなしうるだけに，時代とともに項目の記載内容に変化があれば，それは認識や関心の変化を意味していることになる。またこれら同時代の事典には，現代の歴史事典には掲載されていない用語・人物について説明が与えられていることもある。当時のできごとの日付について確認する場合には，*Zeno.org* が有益である。

Zeno.org. Lexika: *Conversations-Lexikon 1809-1811*; *Brockhaus Kleines Konversations- Lexikon 1911*; *Meyers Großes Konversationslexikon 1905-1909*. 百科事典データベース

Schulthess' Europäischer Geschichtskalender 1860-1942. クロニクル，Google ブックス

4　専門誌

ドイツ近現代を重点的に扱う主要な専門誌は，下記のとおりである。ただし，この時代に関する研究論文は *HZ*, *GWU*〈→308頁〉や *American Historical Review*, *Past & Present* など，時代横断型の総合的学術雑誌や他言語の雑誌においても掲載されるので，これらの雑誌にも目を配る必要がある。また，各専門分野，地域に関してもそれぞれ多くの学術雑誌が存在するが，H-Soz-u-Kult〈→309頁〉の Zeitschriften の項目などで確認すること。

AfS = Archiv für Sozialgeschichte　社会史
APu = Aus Politik und Zeitgeschichte　現代史，オンライン版あり
CEH = Central European History　中欧史
CoEH = Contemporary European History　現代史
Comparativ. Zeitschrift für Globalgeschichte und Vergleichende Gsellschaftsforschung　グローバル，比較史
DeutA = Deutschland Archiv　戦後史
EHQ = European History Quarterly　近現代史全般
GSR = German Studies Review　地域研究
HA = Historische Anthropologie　歴史人類学
HM = Historische Mitteilungen der Ranke-Gesellschaft　近現代史全般
L'Homme. Europäische Zeitschrift für Feministische Geschichtswissenschaft　女性史
JCH = Journal of Contemporary History　現代史
JMEH = Journal of Modern European History　近現代史全般
JMH = Journal of Modern History　近現代史全般
KZ = Kirchliche Zeitgeschichte　教会史
NPL = Neue Politische Literatur　書評誌
TAJDG = Tel Aviver Jahrbuch für deutsche Geschichte　近現代史全般
VfZ = Vierteljahrshefte für Zeitgeschichte　現代史
Werkstatt Geschichte　近現代史全般
ZF = Zeithistorische Forschungen　現代史，オンライン版あり
Zg = Zeitgeschichte　現代史

ZNR = Zeitschrift für Neuere Rechtsgeschichte　近代法制史

　教育と科学技術(第Ⅱ部第2章)

Bildung und Erziehung　教育全般

ISBF = Internationale Schulbuchforschung　教科書研究

JHB = Jahrbuch für Historische Bildungsforschung　歴史的教育研究

Sudhoffs Archiv　自然科学史

JbfU = Jahrbuch für Universitätsgeschichte　大学史

ZfPäd = Zeitschrift für Pädagogik　教育全般

　民族と境界(第Ⅱ部第3章)

Annales de l'Est　ロレーヌ

Borussia. Kultura-Historia-Literatura　ドイツ・ポーランド関係，プロイセン史

Confinium. Materiały do historii Górnego Śląska. Beiträge zur oberschlesischen Geschichte　オーバーシュレージエン

GRSR = Geschichte und Region/Storia e regione　ティロール地方

Inter Finitimos. Wissenschaftlicher Informationsdienst Deutsch-Polnische Beziehungen　ドイツ・ポーランド関係史

JBS = Journal of Borderlands Studies　国境・境界研究

Lětopis. Zeitschrift für sorbische Sprache, Geschichte und Kultur　ソルブ人地域

Revue d'Alsace　アルザス

ZFO = Zeitschrift für Ostmitteleuropa-Forschung　中東欧全域

ZGO = Zeitschrift für die Geschichte des Oberrheins　ドイツ，フランス，スイス，ライン川上流地域

　ユダヤ人史(第Ⅱ部第4章)

JBDI = Jahrbuch des Simon-Dubnow-Instituts

JbfA = Jahrbuch für Antisemitismusforschung

LBIYB = Leo Baeck Institute Year Book

Menora. Jahrbuch für deutsch-jüdische Geschichte

Quest. Issues in Contemporary Jewish History　http://www.quest-cdecjournal.it

Trumah. Zeitschrift der Hochschule für jüdische Studien Heidelberg

5　刊行史料・史料翻訳

　日本の国立国会図書館の「近代デジタルライブラリー」と同様，ドイツにおいても近現代史の同時代史料が続々とデジタル化され，公開されており，日本から，自宅からでもアクセス可能になっている。

　政治史の史料としては，北ドイツ連邦からナチ時代までの国会(Reichstag)の議事録・資料はすでにデジタル化されており，領邦・州レベルでも，プロイセンやバイエルンの議会史料の公開はまだ不十分・未完であるが，ザクセン王国(州)議会については，懇切丁寧な関連情報が付されたサイトにおいて閲覧することができる。政府系刊行史料以外にも，例えば『ジンプリツィシムス』をはじめとする代表的な風刺雑誌はすべてオンライン上で公

開されている。また19世紀後半～20世紀前半の国民的家庭雑誌であった *Die Gartenlaube* (*1853-1938/44*) については，1853-99年分については，Wikisource 上で表紙と目次を確認することができる。

　ほかにも，Google Books やさまざまな大学・図書館・財団の「デジタル（ヴァーチャル）図書館」には，多くの史料が PDF や JPEG ファイルで提供されている。一例をあげると，社会民主党系の F・エーベルト財団のサイトでは，1890～1959年の党大会の議事録や，帝政期～ヴァイマール期の社会民主党の理論的機関誌であった *Sozialistische Monatshefte* などを閲覧することができる。雑誌については，ベルリン州立図書館の *ZEFYS* やミュンヘン州立図書館の *MDZ* などを参照のこと。

　史料案内

QdGN〈→319頁〉

Reading Primary Sources. The Interpretation of Texts from Nineteenth- and Twentieth-Century History. M. Dobson et al.（ed.），Routledge, 2009.

　史料翻訳

『世界史史料』〈→309頁〉第6～10巻

『図表と地図で知るヒトラー政権下のドイツ』C・マグナブ（松尾恭子訳），原書房 2011

FSGA〈→309頁〉，C（QPD）: *Quellen zum politischen Denken der Deutschen im 19. und 20. Jahrhundert*.

FSGA〈→309頁〉，D（QNB）: *Quellen zu den Beziehungen Deutschlands zu seinen Nachbarn im 19. und 20. Jahrhundert*.

　刊行史料（オンライン）

Historische Protokolle des Sächsischen Landtages（*1833-1933, 1946-1952*）議会史料
　　http://landtagsprotokolle.sachsendigital.de/protokolle/　ザクセン邦(州)議会議事録

Internetarchiv jüdischer Periodika　ユダヤ人関係の雑誌 http://www.compactmemory.de/

Verhandlungen des Deutschen Reichstags und seiner Vorläufer　議会史料
　　http://www.reichstagsprotokolle.de/index.html　北ドイツ連邦，ドイツ帝国議会，国会議事録（1867-1942年）

Sozialdemokratische Parteitage 1890-1959　政党史料 http://library.fes.de/parteitage/

Sozialistische Monatshefte 1897-1933　雑誌史料 http://library.fes.de/sozmon/index.html

Simplicissimus　風刺雑誌 http://www.simplicissimus.info/

Der Wahre Jakob　風刺雑誌 http://diglit.ub.uni-heidelberg.de/diglit/wj

Kladderadatsch　風刺雑誌 http://www.ub.uni-heidelberg.de/helios/digi/kladderadatsch.html

DigiZeitschriften　http://www.digizeitschriften.de/openaccess/　雑誌。原則として契約図書館をとおしてのみ閲覧可だが，著作権の切れた雑誌に関しては，外部からも閲覧可
　　（*Statistisches Jahrbuch für das Deutsche Reich, Statistisches Jahrbuch für die Bundesrepublik Deutschland* など）

MDZ = Münchener Digitalisierungszentrum, Bayerische Staatsbibliothek. Zeitschriften　雑誌・新聞 http://daten.digitale-sammlungen.de/　Digitale Sammlungen 内の Zeitschriften の項目

ZEFYS = Zeitungsinformationssystem, Staatsbibliothek zu Berlin　新聞

http://zefys.staatsbibliothek-berlin.de/

刊行史料（書籍・紙媒体）

DDR-Geschichte in Dokumenten. Beschlüsse, Berichte, interne Materialien und Alltagszeugnisse. Links, 1998.

Deutsche Geschichte. Dokumente zur Innen- und Außenpolitik. Vol. 1: *1918-1933*; Vol. 2: *1933-1945*, W. Michalka/G. Neidhart（Hg.）, Fischer, 2002.

Deutsche Geschichte. Darstellung und Dokumente in vier Bänden. R. Steininger（Hg.）, Fischer, 2002.

Deutsche Geschichte seit 1815. Daten, Fakten, Dokumente. U. Sautter（Hg.）, UTB, 2004.

Documents de l'histoire de l'Alsace. Philippe Dollinger（ed.）, Edouard Privat Editeur, 1972. アルザス史

DzD = Dokumente zur Deutschlandpolitik. Reihe I–VI. Oldenbourg, 1961-2007+. 対象時期（1939–）ごとに6つの系（Reihe）があり，系ごとに複数の巻（Bd.）が刊行されている

Dokumente zur deutschen Verfassungsgeschichte. 5 Bde., E. R. Huber（Hg.）, Kohlhammer, 1978-97.

GHDI = German History in Documents and Images オンライン版。近世から現代にかけての文書図像資料，各資料には詳しい解説が付されている。英独両語を選択できる
http://germanhistorydocs.ghi-dc.org/

Germany 1945-1949. A Sourcebook. M. Malzahn（Hg.）, Routledge, 1991.

Juden und Judentum in Deutschen Briefen aus drei Jahrhunderten. Franz Kobler（Hg.）, Jüdischer Verlag bei Athenäum, 1984. ドイツ・ユダヤ人史，書簡

Jüdisches Leben in Deutschland. Selbstzeugnisse zur Sozialgeschichte, 1780-1871. 3 Bde., Monika Richarz（Hg.）, Deutsche Verlags-Anstalt, 1976-82. ドイツ・ユダヤ人史，社会史

The Nazi Germany Sourcebook. R. Stackelberg（ed.）, Routledge, 2002.

Nationalismus. Dokumente zur Geschichte und Gegenwart eines Phänomens. P. Alter（Hg.）, Piper, 1994.

Nazism 1919-1945. A Documentary Reader. 3 vols., J. Noakes/G. Pridham（eds.）, Exeter UP, 1998-2001.

Quellen zur europäischen Verfassungsgeschichte im 19. Jahrhundert. Teil 1-4, Dietz, 2004-10. CD-ROM

Quellen zur Geschichte des Deutschen Bundes. Abteilung I–III, Oldenbourg, 1996– .

Quellen zur Geschichte des Parlamentarismus und der politischen Parteien. Reihe 1-4, Droste, 1959– .

Die Verfolgung und Ermordung der europäischen Juden durch das nationalsozialistische Deutschland 1933-1945. Oldenbourg, 2008– .

The Weimar Republic Sourcebook. A. Kaes et al.（eds.）, California UP, 1995.

千葉敏之（中世）・踊　共二（近世）・西山暁義（近現代）

第3章 章別研究文献

略語(一般)
id. = idem(同一著者)
FS = Festschrift
UP = University Press

略語(出版社名)
ADV = Akademische Druck- und Verlagsanstalt
CUP = Cambridge University Press
dtv = Deutscher Taschenbuch Verlag
D&H = Duncker & Humblot
GMrhKG = Gesellschaft für mittelrheinische Kirchengeschichte
ÖAW = Österreichische Akademie der Wissenschaften
OUP = Oxford University Press
UPP = University of Pennsylvania Press
V&R = Vandenhoeck & Ruprecht
WdG = Walter de Gruyter
WBG = Wissenschaftliche Buchgesellschaft
WV = Westdeutscher Verlag

略語(雑誌名)
AfS = Archiv für Sozialgeschichte
ARG = Archiv für Reformationsgeschichte
BdLG = Blätter für deutsche Landesgeschichte
DA = Deutsches Archiv für Erforschung des Mittelalters
FMSt = Frühmittelalterliche Studien
HZ = Historische Zeitschrift
ZBLG = Zeitschrift für bayerische Landesgeschichte
ZHF = Zeitschrift für historische Forschung

総 説

石田勇治 2002.『過去の克服——ヒトラー後のドイツ』白水社
板橋拓己 2010.『「中欧」の模索——ドイツ・ナショナリズムの一系譜』創文社
岩村正史 2005.『戦前日本人の対ドイツ意識』慶應義塾大学出版会
ヴィンクラー，ハインリッヒ・アウグスト（後藤俊明ほか訳）2008.『自由と統一への長

い道──ドイツ近現代史 1789-1990年』上・下，昭和堂
加藤哲郎 2008.『ワイマール期ベルリンの日本人──洋行知識人の反帝ネットワーク』岩波書店
工藤章・田嶋信雄編 2008.『日独交流史 1890-1945』全3巻，東京大学出版会
ケルブレ，ハルトムート（永峯三千輝監訳）2010.『ヨーロッパ社会史──1945年から現在まで』日本経済評論社
佐藤健生／ノルベルト・フライ編 2011.『過ぎ去らぬ過去との取り組み──日本とドイツ』岩波書店
ニッパーダイ，トーマス（坂井榮八郎訳）2008.『ドイツ史を考える』山川出版社
姫岡とし子・川越修編 2009.『ドイツ近現代ジェンダー史入門』青木書店
三宅正樹ほか編 2011.『ドイツ史と戦争──「軍事史」と「戦争史」』彩流社
望田幸男 2007.『近代日本とドイツ──比較と関係の歴史学』ミネルヴァ書房
ライヒェル，ペーター（小川保博・芝野由和訳）2006.『ドイツ 過去の克服──ナチ独裁に対する1945年以降の政治的・法的取り組み』八朔社
ラートカウ，ヨアーヒム（海老根剛・森田直子訳）2012.『ドイツ反原発運動小史──原子力産業・核エネルギー・公共性』みすず書房
若尾祐司・井上茂子編 2011.『ドイツ文化史入門──16世紀から現代まで』昭和堂
Conrad, Sebastian 1999. *Auf der Suche nach der verlorenen Nation. Geschichtsschreibung in Westdeutschland und Japan, 1945‐1960*. V&R.
François, Etienne/Hagen Schulze (Hg.), *Deutsche Erinnerungsorte*. 3 Bde., Beck.
Hartmann, Rudolf 2010. Lexikon Japans Studierende. Japanische Studierende in Deutschland 1868‐1914, in: http://crossasia.org/digital/japans-studierende/
Jureit, Ulrike 2012. *Das Ordnen von Räumen. Territorium und Lebensraum im 19. und 20. Jahrhundert*. Hamburger Edition.
Langewiesche, Dieter 2008. *Reich, Nation, Föderation. Deutschland und Europa*. Beck.
Smith, Helmut Walser (ed.) 2011. *The Oxford Handbook of Modern German History*. OUP.
Ther, Philipp 2004. Deutsche Geschichte als imperiale Geschichte. Polen, slawophone Minderheiten und das Kaiserreich als kontinentales Empire, in: Jürgen Osterhammel/Sebasitan Conrad (Hg.), *Das Kaiserreich transnational. Deutschland in der Welt 1871‐1914*. V&R.
Umbach, Maiken (ed.) 2002. *German Federalism. Past, Present, Future*. Palgrave Macmillan.
Zantop, Susan 1997. *Colonial Fantasies. Conquest, Family, and Nation in Precolonial Germany, 1770‐1870*. Duke UP.
Zimmerer, Jürgen/Joachim Zeller (Hg.) 2003. *Völkermord in Deutsch-Südwestafrika. Der Kolonialkrieg in Namibia und seine Folgen*. Ch. Links.

第Ⅰ部　通史編
第1章　ドイツ・ライヒの成立
古ゲルマン時代・フランク王国
五十嵐修 2010.『王国・教会・帝国──カール大帝期の王権と国家』知泉書館

石川操 1998.『西洋初期中世貴族の社会経済的基礎』勁草書房
岩野英夫 1985.『成立期中世の自由と支配——西欧封建社会成立期の研究・序説』敬文堂
岩村清太 2007.『ヨーロッパ中世の自由学芸と教育』知泉書館
梅津教孝 1983.「メッス司教クロデガングによる司教座聖堂参事会会則——Regula Canonicorum 試訳」『史学雑誌』92-10
加納修 2002.「プラキタと7-9世紀フランク王国の文書制度」『史林』85-1
菊地重仁 2012.「テクストとしてのカロリング期カピトゥラリア フランク王国の統治におけるテクストの意義について——シャルルマーニュ治世を中心に」加納修編『歴史におけるテクスト布置』名古屋大学大学院文学研究科
木下憲治 2009.「カロリング期におけるエリートと武器授与の儀礼」『西洋史学』235
酒井能成 1989.「カロリング朝末期のバイエルンにおける辺境伯ルイポルトとフランク王権」『史観』121
佐藤彰一 1997.『修道院と農民——会計文書から見た中世形成期ロワール地方』名古屋大学出版会
佐藤彰一 2004.『中世初期フランス地域史の研究』岩波書店
佐藤彰一・中野隆生編 2011.『フランス史研究入門』山川出版社
柴田三千雄ほか編 1995.『世界歴史大系フランス史 1』山川出版社
多田哲 1995.「カロリング王権と民衆教化——『一般訓令』789年の成立事情を手掛かりに」『西洋史学』178
丹下栄 2002.『中世初期の所領経済と市場』創文社
津田拓郎 2010.「カロリング朝フランク王国における王国集会・教会会議——ピピン期・シャルルマーニュ期を中心に」『ヨーロッパ文化史研究』11
橋本龍幸 2008.『聖ラディグンディスとポスト・ローマ世界』南窓社
日置雅子 1979・80.「ルードヴィヒ敬虔帝の『帝国整備令817年』」1・2.『愛知県立大学文学部論集・一般教育編』29・30
フォルツ, ロベール（大島誠訳）1986.『シャルルマーニュの戴冠』白水社
藤田裕邦 1991.「西欧中世初期の修道院における所領と市場——コルヴァイ修道院の事例から」『社会経済史学』57-4
ブラウン, ピーター（戸田聡訳）2012.『貧者を愛する者——古代末期におけるキリスト教的慈善の誕生』慶應義塾大学出版会
ミュソ゠グラール, ルネ（加納修訳）2000.『クローヴィス』白水社
森義信 1988.『西欧中世軍制史論——封建制成立期の軍制と国制』原書房
山田欣吾 1992.『教会から国家へ——古相のヨーロッパ』創文社
*Angenendt, Arnold 2001[3]. *Das Frühmittelalter. Die abendländische Christenheit von 400 bis 900.* Kohlhammer.
*Booker, Courtney M. 2009. *Past Convictions. The Penance of Louis the Pious and the Decline of the Carolingians.* UPP.
*Boshof, Egon 1996. *Ludwig der Fromme.* WBG.
Bowlus, Charles R. 1995. *Franks, Moravians, and Magyars. The Struggle for the Middle Danube,*

788-907. UPP.

Brandes, Wolfram 1997. *Tempora periculosa sunt. Eschatologisches im Vorfeld der Kaiserkrönung Karls des Grossen*, in: Rainer Berndt (Hg.), Das Frankfurter Konzil von 794. Kristallisationspunkt Karolingischer Kultur, GMrhKG.

Braunfels, Wolfgang (Hg.) 1965-68. *Karl der Große. Lebenswerk und Nachleben.* 5 Bde., Schwann.

Busch, Jörg W. 1996. Vom Attentat zur Haft. Die Behandlung der Konkurrenten und Opponenten der frühen Karolinger, in: *HZ* 263.

Classen, Peter 1988². *Karl der Große, das Papsttum und Byzanz. Die Begründung des karolingischen Kaisertums*. Thorbecke.

Contreni, John J. 1992. *Carolingian Learning, Masters and Manuscripts*. Ashgate.

Dorothee, Ade et al. (Hg.) 2008. *Alamannen zwischen Schwarzwald, Neckar und Donau*. Theiss.

Dutton, Paul Edward 1994. *The Politics of Dreaming in the Carolingian Empire*. Nebraska UP.

Edelstein, Wolfgang 1965. *Eruditio und sapientia. Weltbild und Erziehung in der Karolingerzeit*. Rombach.

Ewig, Eugen 1981. Überlegungen zu den merowingischen und karolingischen Teilungen, in: CISAM (ed.), *Nascita dell'Europa ed Europa Carolingia*. Tl. 2, Presso la sede del Centro.

Ewig, Eugen 2001⁴. *Die Merowinger und das Frankenreich*. Kohlhammer.

Felten, F. J. (Hg.) 2007. *Bonifatius. Leben und Nachwirken. Die Gestaltung des christlichen Europa im Frühmittelalter*. GMrhKG.

Fouracre, Paul 1984. Observations on the Outgrowth of Pippinid Influence in the "Regnum Francorum" after the Battle of Tertry (687-715), in: *Medieval Prosopography* 5/6.

*Fouracre, Paul 2000. *The Age of Charles Martel*. Longman.

Franzius, Georgia (Hg.) 1995. *Aspekte römisch-germanischer Beziehungen in der frühen Kaiserzeit*. Leidorf.

Fried, Johannes 1983. König Ludwig der Jüngere in seiner Zeit, in: *Geschichtsblätter für den Kreis Bergstraße* 16.

Fried, Johannes 2001a. Papst Leo III. besucht Karl den Großen in Paderborn oder Einhards Schweigen, in: *HZ* 272.

Fuchs, Franz et al. (Hg.) 2002. *Kaiser Arnolf. Das ostfränkische Reich am Ende des 9. Jahrhunderts*. Regensburger Kolloquium 9.-11.12.1999, Beck.

Gauert, Adolf 1984. Noch einmal Einhard und die letzten Merowinger, in: Josef Fleckenstein et al. (Hg.), *Institution, Kultur und Gesellschaft im Mittelalter*. Thorbecke.

Geuenich, Dieter 2004. Karl der Große, Ludwig „der Deutsche" und die Entstehung eines „deutschen" Gemeinschaftsbewußtseins, in: Heinrich Beck (Hg.), *Zur Geschichte der Gleichung „germanisch-deutsch"*. WdG.

Geuenich, Dieter et al. (Hg.) 1985. *Die Bayern und ihre Nachbarn*. Tl. 1, Verlag der ÖAW.

Geuenich, Dieter et al. (Hg.) 1997. *Nomen et gens. Zur historischen Aussagekraft frühmittelalterlicher Personennamen*. WdG.

Goetz, Hans-Werner 1999. *Moderne Mediävistik. Stand und Perspektiven der Mittelalterforschung.* WBG.

Goetz, Hans-Werner et al. (Hg.) 2006. *Konrad I. auf dem Weg zum „Deutschen Reich"?* Winkler.

Hack, Achim Thomas 1999. Zur Herkunft der karolingischen Königssalbung, in: *Zeitschrift für Kirchengeschichte* 110.

Hammer, Carl I. 2007. *From Ducatus to Regnum. Ruling Bavaria under the Merovingians and Early Carolingians.* Brepols.

Hartmann, Wilfried 2002. *Ludwig der Deutsche.* WBG.

Hartmann, Wilfried (Hg.) 2004. *Ludwig der Deutsche und seine Zeit.* WBG.

Hartmann, Wilfried 2010. *Karl der Große.* Kohlhammer.

Hauptfeld, Georg 1985. Die Gentes im Vorfeld von Ostgoten und Franken im 6. Jahrhundert, in: Herwig Wolfram et al. (Hg.), *Die Bayern und ihre Nachbarn.* Bd. 1, ÖAW.

Hiestand, Rudolf 1994. Preßburg 907. Eine Wende in der Geschichte des ostfränkischen Reiches? in: *ZBLG* 57.

Hildebrandt, M. M. 1992. *The External School in Carolingian Society.* Brill.

Jackman, Donald C. 1990. *The Konradiner. A Study in Genealogical Methodology.* Klostermann.

Jarnut, Jörg et al. (Hg.) 1994. *Karl Martell in seiner Zeit.* Thorbecke.

*Jong, Mayke De 2010. *The Penitential State. Authority and Atonement in the Age of Louis the Pious, 814-840.* CUP.

Kerner, Max (Hg.) 2001. *Eine Welt, eine Geschichte? 43. Deutscher Historikertag in Aachen, 26. bis 29. September 2000.* Oldenbourg.

Kikuchi, Shigeto 2013. *Untersuchungen zu den Missi dominici. Herrschaft und Delegation in der Karolingerzeit.* Universität München [Diss].

Kocher, Gernot 1976. *Das Pariser Edikt von 614 und die merowingische Rechtspflege aus der Sicht der deutschen Rechtsgeschichte.* Universität. Graz.

Löwe, Heinz (Hg.) 1982. *Die Iren und Europa im früheren Mittelalter.* 2 Bde., Klett-Cotta.

McKitterick, Rosamond 2008. *Charlemagne. The Formation of a European Identity.* CUP.

McLean, Simon 2003. *Kingship and Politics in the Late Ninth Century. Charles the Fat and the End of the Carolingian Empire.* CUP.

Marenbon, John 1981. *From the Circle of Alcuin to the School of Auxerre.* CUP.

Mersiowsky, Mark 2013. *Die Urkunde in der Karolingerzeit. Originale, Urkundenpraxis und politische Kommunikation.* Hahn.

Mordek, Hubert 2000. *Studien zur fränkischen Herrschergesetzgebung. Aufsätze über Kapitularien und Kapitulariensammlungen ausgewählt zum 60. Geburtstag.* Peter Lang.

Nationes 1978- . *Historische und philologische Untersuchungen zur Entstehung der europäischen Nationen im Mittelalter.* Thorbecke.

Nelson, Janet 1996. The Search for Peace in a Time of War. The Carolingian Brüderkrieg, 840-843, in: Johannes Fried (Hg.), *Träger und Instrumentarien des Friedens im hohen und späten Mittelalter.* Thorbecke.

Nelson, Janet 2005. Warum es so viele Versionen von der Kaiserkrönung Karls des Großen gibt, um 801, in: Bernhard Jussen（Hg.）, *Die Macht des Königs. Herrschaft in Europa vom Frühmittelalter bis in die Neuzeit*. Beck.

Noble, Thomas F. X. 1984. *The Republic of St. Peter. The Birth of the Papal State, 680−825*. UPP.

Nonn, Ulrich 1998. Zwischen König, Hausmeier und Aristokratie. Die Bischofserhebung im spätmerowingisch-frühkarolingischen Frankenreich, in: Franz-Reiner Erkens（Hg.）, *Die früh- und hochmittelalterliche Bischofserhebung im europäischen Vergleich*. Böhlau.

Offergeld, Thilo 2001. *Reges pueri. Das Königtum Minderjähriger im frühen Mittelalter*. Hahn.

Padberg, Lutz E. von 1995. *Mission und Christianisierung. Formen und Folgen bei Angelsachsen und Franken im 7. und 8. Jahrhundert*. F. Steiner.

Paxton, Frederick S. 1990. *Christianizing Death. The Creation of a Ritual Process in Early Medieval Europe*. Cornell UP.

Pohl, Walther M. et al.（Hg.）2009. *Der frühmittelalterliche Staat. Europäische Perspektiven*. Verlag der ÖAW.

Richter, Michael 1998. Die „lange Machtergreifung" der Karolinger. Der Staatsreich gegen die Merowinger in den Jahren 747−771, in: Uwe Schultz（Hg.）, *Große Verschwörungen. Staatsreich und Tyrannensturz von der Antike bis zur Gegenwart*. Beck.

Ruche, M.（éd.）1997. *Clovis. Histoire et mémoire*. 2 vols., Presses de l'Université de Paris-Sorbonne.

Schieffer, Rudolf（Hg.）1996. *Schriftkultur und Reichsverwaltung unter den Karolingern*. Schöningh.

*Schieffer, Rudolf 2006[4]. *Die Karolinger*. Kohlhammer.

Semmler, Josef 2003. *Der Dynastiewechsel von 751 und die fränkische Königssalbung*. Droste.

Sénac, Philippe 1980. *Musulmans et Sarrasins dans le sud de la Gaule du VIIIe au XIe siècle*. Sycomore.

Staubach, Nikolaus 1992−93, 2012. *Rex christianus. Hofkultur und Herrschaftspropaganda im Reich Karls des Kahlen*. 2 Bde., Böhlau.

Steinen, Wolfram von den 1963. *Chlodwigs Übergang zum Christentum. Eine quellenkritische Studie*. WBG.

Stiegemann, Christoph et al.（Hg.）1999. *799. Kunst und Kultur der Karolingerzeit. Karl der Große und Papst Leo III. in Paderborn*. 3 Bde., Zabern.

Strothmann, Jürgen 2008. Das Königtum Pippins als Königtum der Familie und die Bedeutung der Clausula de unctione Pippini, in: *Zeitschrift der Savingny-Stiftung für Rechtsgeschichte, Germanistische Abteilung* 125.

Timpe, Dieter 1995. *Romano-Germanica. Gesammelte Studien zur Germania des Tacitus*. WdG.

Weiss, Rolf 1971. *Chlodwigs Taufe. Reims 508*. Peter Lang.

Wiegels, Rainer et al.（Hg.）2003[3]. *Arminius und die Varusschlacht. Geschichte-Mythos-Literatur*. Schöningh.

Zettel, Horst 1977. *Das Bild der Normannen und der Normanneneinfälle in westfränkischen*, *ostfränkischen und angelsächsischen Quellen des 8. bis 11. Jahrhunderts*. W. Fink.

初期中世(オットー朝・ザーリア朝)

大貫俊夫 2006.「オットー朝期の帝国司教とロタリンギエン——オットー1世期ヴェルダン司教座の分析を通して」『史学雑誌』115-12

岡地稔 1981.「ハインリヒ1世の Hausordnung について」『西洋史学』121

北島寛之 2011.「マインツ大司教の首座主張」『キリスト教文化研究所年報』33

小山寛之 2009.「マインツ大司教ハインリヒの廃位——12世紀教会政治史の転換点」『史観』161

関口武彦 2013.『教皇改革の研究』南窓社

千葉敏之 2005.「鏡像としての円——皇妃テオファヌ婚姻証書の世界」『立正史学』97

千葉敏之 2006.「不寛容なる王,寛容なる皇帝——オットー朝伝道空間における宗教的寛容」深沢克己・高山博編『信仰と他者——寛容と不寛容のヨーロッパ宗教社会史』東京大学出版会

千葉敏之 2008.「準えられる王——初期中世ヨーロッパの政治社会」近藤和彦編『歴史的ヨーロッパの政治社会』山川出版社

千葉敏之 2010.「秘義・啓示・革新——ジェルベール・ドリャクとオットー3世の紀元千年」深沢克己・桜井万里子編『友愛と秘密のヨーロッパ社会文化史——古代秘儀宗教からフリーメイソン団まで』東京大学出版会

トーマス,ハインツ(三佐川亮宏・山田欣吾訳)2005.『中世の「ドイツ」』創文社

服部良久編訳 2006.『紛争のなかのヨーロッパ中世』京都大学学術出版会

早川良弥 1986.「ヨーロッパ中世前期における祈禱兄弟盟約」『梅花女子大学文学部紀要(人文・社会・自然科学編)』21

船木順一 2004.「東フランク王国における国王即位儀礼書の起草」『歴史学研究』793

前山総一郎 1990.「叙任権闘争期におけるレガリア——レガリア概念の皇帝統治理念における位置付け Tractatus de investitura episcoporum の分析を通して」『山形大学史学論集』10

三佐川亮宏 2013.『ドイツ史の始まり——中世ローマ帝国とドイツ人のエトノス生成』創文社

山田欣吾 1992.『国家そして社会——地域史の視点』創文社

渡辺治雄 1977.「ザクセン朝の教会支配体制に関する一考察——マグデブルクの位置をめぐって」服藤弘司・小山貞夫編『法と権力の史的考察』上,創文社

Althoff, Gerd 1992. *Amicitiae und Pacta. Bündnis, Einigung, Politik und Gebetsgedenken im beginnenden 10. Jahrhundert*. Hahn.

Althoff, Gerd (Hg.) 2001. *Formen und Funktionen öffentlicher Kommunikation im Mittelalter*. Thorbecke.

Althoff, Gerd 2006. *Heinrich IV*. WBG.

*Althoff, Gerd 2012³. *Die Ottonen. Königsherrschaft ohne Staat*. Kohlhammer.

Althoff, Gerd et al. (Hg.) 1998. *Herrschaftsrepräsentation im ottonischen Sachsen*. Thorbecke.

Alvermann, Dirk 1998. *Königsherrschaft und Reichsintegration. Eine Untersuchung zur politischen*

Struktur von regna und imperium zur Zeit Kaiser Ottos II.（967）973-983. D&H.

Benz, Karl Josef 1975. *Untersuchungen zur politischen Bedeutung der Kirchweihe unter Teilnahme der deutschen Herrscher im hohen Mittelalter*. Lassleben.

Bihrer, Andreas 2007. Verwobene Konstellationen, verknüpfte Erfahrungen. England und das Reich in der Ottonen- und Salierzeit. Thietmar von Merseburg und die Angelsachsen, in: Christoph Dartmann/Carla Meyer（Hg.）, *Identität und Krise? Zur Deutung vormoderner Selbst-, Welt- und Fremderfahrungen*. Rhema.

Borgolte, Michael 1991. Über Typologie und Chronologie des Königskanonikats im europäischen Mittelalter, in: *DA* 47.

Borgolte, Michael（Hg.）2002. *Polen und Deutschland vor 1000 Jahren. Die Berliner Tagung über den „Akt von Gnesen"*. Akademie.

Bornscheuer, Lothar 1968. *Miseriae Regnum. Untersuchungen zum Krisen- und Todesgedanken in den herrschaftstheologischen Vorstellungen der ottonisch-salischen Zeit*. WdG.

*Boshof, Egon 2008[5]. *Die Salier*. Kohlhammer.

Brandt, Michael et al.（Hg.）1993. *Bernward von Hildesheim und das Zeitalter der Ottonen*. Katalog der Ausstellung Hildesheim 1993. 2 Bde., Zabern.

Brühl, Carlrichard 1962. Fränkischer Krönungsbrauch und das Problem „Festkrönungen", in: *HZ* 194.

Brühl, Carlrichard 1998［1979］. *Das Tafelgüterverzeichnis des römischen Königs*. Böhlau.

Classen, Peter 1983. Zur Geschichte der Frühscholastik in Österreich und Bayern, in: id., *Ausgewählte Aufsätze*. Thorbecke.

Corbet, Patrick 1986. *Les saints Ottoniens. Sainteté dynastique, sainteté royale et sainteté féminine autour de l'an mil*. Thorbecke.

Corsepius, Katharina 2005. Der Aachener „Karlsthron" zwischen Zeremoniell und Herrschermemoria, in: Marion Steinicke et al.（Hg.）, *Investitur- und Krönungsrituale. Herrschaftseinsetzungen im kulturellen Vergleich*. Böhlau.

Deutsche Königspfalzen 1963- . *Beiträge zu ihrer historischen und archäologischen Erforschung*. Bd. 1- , V&R.

Dölken, Clemens（Hg.）2010. *Norbert von Xanten und der Orden der Prämonstratenser*. Norbertus.

Engelbert, Pius 1999. Heinrich III. und die Synoden von Sutri und Rom im Dezember 1046, in: *Römische Quartalschrift für christliche Altertumskunde und Kirchengeschichte* 94.

Engels, Odilo et al.（Hg.）1993. *Die Begegnung des Westens mit dem Osten*. Thorbecke.

Epp, Verena 1999. *Amicitia. Zur Geschichte personaler, sozialer, politischer und geistlicher Beziehungen im frühen Mittelalter*. Hiersemann.

Erdmann, Carl 1968. *Ottonische Studien*. WBG.

Erkens, Franz-Reiner 1993. „...more Grecorum conregnantem instituere vultis?" Zur Legitimation der Regentschaft Heinrichs des Zänkers im Thronstreit von 984, in: *FMSt* 27.

*Erkens, Franz-Reiner 1998. *Konrad II.（um 990-1039）. Herrschaft und Reich des ersten Salierkaisers*. Pustet.

Erkens, Franz-Reiner 2004. Consortium regni - consecratio - sanctitas. Aspekte des Königinnentums im ottonisch-salischen Reich, in: Stefanie Dick et al. (Hg.), *Kunigunde - consors regni, Vortragsreihe zum tausendjährigen Jubiläum der Krönung Kunigundes in Paderborn (1002-2002)*. W. Fink.

Erkens, Franz-Reiner 2006. *Herrschersakralität im Mittelalter. Von den Anfängen bis zum Investiturstreit*. Kohlhammer.

Euw, Anton von et al. (Hg.) 1991. *Kaiserin Theophanu. Begegnung des Ostens und Westens um die Wende des ersten Jahrtausends*. 2 Bde., Schnütgen-Museum.

Fillitz, Hermann 2006. Die Reichskleinodien. Ein Versuch zur Erklärung ihrer Entstehung und Entwicklung, in: Bernd Schneidmüller et al. (Hg.), *Heilig - Römisch - Deutsch. Das Reich im mittelalterlichen Europa*. Sandstein.

Fößel, Amalie 2011. Ottonische Äbtissinnen im Spiegel der Urkunden. Einflussmöglichkeiten der Sophia von Gandersheim und Essen auf die Politik Ottos III., in: Thomas Schilp (Hg.), *Frauen bauen Europa. Internationale Verflechtungen des Frauenstifts Essen*. Klartext.

Fried, Johannes 2001b[2]. *Otto III. und Boleslaw Chrobry. Das Widmungsbild des Aachener Evangeliars, der „Akt von Gnesen" und das frühe polnische und ungarische Königtum*. F. Steiner.

Fuhrmann, Horst 1972-74. *Einfluß und Verbreitung der pseudoisidorischen Fälschungen. Von ihrem Auftauchen bis in die neuere Zeit*. 3 Bde., Hiersemann.

Geary, Patrick J. 1996. *Phantoms of Remembrance. Memory and Oblivion at the End of the First Millennium*. Princeton UP.

Germania Sacra 1929- . Historisch-statistische Darstellung der deutschen Bistümer, Domkapitel, Kollegiat- und Pfarrkirchen, Klöster und sonstigen kirchlichen Institute, Berlin [Neue Folge, 1962-].

Giese, Wolfgang 2008. *Heinrich I. Begründer der ottonischen Herrschaft*. Primus.

Glocker, Winfrid 1989. *Die Verwandten der Ottonen und ihre Bedeutung in der Politik. Studien zur Familienpolitik und zur Genealogie des sächsischen Kaiserhauses*. Böhlau.

Goez, Werner 1987. Zur Entstehung des Thronsiegels, in: Ulrich Schneider (Hg.), *FS Gerhard Bott zum 60. Geburtstag*. Germanisches Nationalmuseum.

Göldel, Caroline 1997. *Servitium regis und Tafelgüterverzeichnis. Untersuchung zur Wirtschafts- und Verfassungsgeschichte des deutschen Königtums im 12. Jahrhundert*. Thorbecke.

Görich, Knut 2001[2]. *Otto III. Romanus Saxonicus et Italicus. Kaiserliche Rompolitik und sächsische Historiographie*. Thorbecke.

Guth, Klaus 2006. Kaiser Heinrich II. (1002-1024). Wirklichkeit, Legende, Kanonisation, in: Ludwig Mödl et al. (Hg.), *Global Player der Kirche? Heilige und Heiligsprechung im universalen Verkündigungsauftrag der Kirche*. Echter.

Guyotjeannin, Olivier et al. (Hg.) 1996. *Autour de Gerbert d'Aurillac, le pape de l'an mil. Album de documents commentés*. École des Chartes.

Hartmann, Wilfried 1975. Beziehungen des Normannischen Anonymus zu frühscholastischen

Bildungszentren, in: *DA* 31.

Heeg, Laura (Hg.) 2011. *Die Salier. Macht im Wandel*. 2 Bde., Minerva.

Hoffmann, Hartmut 1993. *Mönchskönig und rex idiota. Studien zur Kirchenpolitik Heinrichs II. und Konrads II*. Hahn.

Huschner, Wolfgang 2003a. *Transalpine Kommunikation im Mittelalter. Diplomatische, kulturelle und politische Wechselwirkungen zwischen Italien und dem nordalpinen Reich (9-11. Jh)*. 3 Bde., Hahn.

Huschner, Wolfgang 2003b. Aachen, Goslar, Speyer. Politische Vororte des mittelalterlichen Reiches in der Regierungszeit Heinrichs III. (1039-1056), in: Hansgeorg Engelke (Hg.), *Goslar im Mittelalter*. Verlag für Regionalgeschichte.

Iwanami, Atsuko 2004. *Memoria et oblivio. Die Entwicklung des Begriffs memoria in Bischofs- und Herrscherurkunden des Hochmittelalters*. D&H.

Johanek, Peter/Angelika Lampen (Hg.) 2008. *Adventus. Studien zum herrscherlichen Einzug in die Stadt*. Böhlau.

Kamp, Hermann 2001. *Friedensstifter und Vermittler im Mittelalter*. WBG.

Kantorowicz, Ernst H. 1946. *Laudes Regiae. A Study in Liturgical Acclamations and Medieval Ruler Worship*. California UP.

Keller, Hagen 2002. *Ottonische Königsherrschaft. Organisation und Legitimation königlicher Macht*. WBG.

Klewitz, Hans-Walter 1939. Die Festkrönungen der deutschen Könige, in: *Zeitschrift der Savigny-Stiftung für Rechtsgeschichte, Kanonistische Abteilung* 28.

Kottje, Raimund 1977. Zum Anteil Kölns an den geistigen Auseinandersetzungen in der Zeit des Investiturstreits und der Gregorianischen Kirchenreform, in: *Die Rheinischen Vierteljahrsblätter* 41.

Laudage, Johannes 1995. Heinrich III. (1017-1056) - ein Lebensbild, in: Johannes Rathofer (Hg.), *Das salische Kaiser-Evangeliar. Codex Aureus Excorialensis*. Bibliotheca Rara.

*Leyser, Karl J. 1994. *Communications and Power in the Middle Ages*. 2 vols., Hambledon.

Ludwig, Friedrich 1897. *Untersuchungen über die Reise- und Marschgeschwindigkeit im 12. und 13. Jh.* Mittler & Sohn.

Mai, Paul (Hg.) 1999. *Die Augustinerchorherren in Bayern. Zum 25-jährigen Wiedererstehen des Ordens*. Schnell & Steiner.

MMS 1970- . *Münstersche Mittelalter-Schriften*. Bd.1-81+, W. Fink.

Mordek, Hubert 1985. Kanonistik und gregorianische Reform. Marginalien zu einem nichtmarginalen Thema, in: Gerd Tellenbach et al. (Hg.), *Reich und Kirche vor dem Investiturstreit*. Thorbecke.

Müller-Mertens, Eckhard 1980. *Die Reichsstruktur im Spiegel der Herrschaftspraxis Ottos des Großen*. Akademie.

Oexle, Otto-Gerhard (Hg.) 1995. *Memoria als Kultur*. V&R.

Opfermann, Bernhard 1953. *Die liturgischen Herrscherakklamationen im Sacrum Imperium des*

Mittelalters. Böhlau.

Pixton, Paul Brewer 1998. The Misfiring of German Cultural Leadership in the Twelfth Century. The Evidence from the Cathedral Schools, in: *Paedagogica historica* 34.

Puhle, Matthias（Hg.）2001. *Otto der Große. Magdeburg und Europa.* 2 Bde., Zabern.

Repertorium 1988−. *Die deutschen Königspfalzen. Repertorium der Pfalzen, Königshöfe und übrigen Aufenthaltsorte der Könige im deutschen Reich des Mittelalters.* Bd. 1−, V&R.

Reuter, Timothy 2006. Contextualising Canossa. Excommunication, penance, surrender, reconciliation, in: id., *Medieval polities and modern mentalities.* CUP.

Robinson, Ian Stuart 1978. *Authority and Resistance in the Investiture Contest. The Polemical Literature of the Late 11th Century.* Holmes & Meier.

Schilling, Beate 2002. Ist das Wormser Konkordat überhaupt nicht geschlossen worden? Ein Beitrag zur hochmittelalterlichen Vertragstechnik, in: *DA* 58.

Schmid, Karl et al.（Hg.）1984. *Memoria. Der geschichtliche Zeugniswert des liturgischen Gedenkens im Mittelalter.* W. Fink.

Schneidmüller, Bernd（Hg.）1997. *Otto III. - Heinrich II. Eine Wende?* Thorbecke.

Schneidmüller, Bernd 2000. Konsensuale Herrschaft. Ein Essay über Formen und Konzepte politischer Ordnung im Mittelalter, in: Paul-Joachim Heinig et al.（Hg.）, *Reich, Regionen und Europa in Mittelalter und Neuzeit.* D&H.

Schramm, Percy Ernst 1954−78. *Herrschaftszeichen und Staatssymbolik. Beiträge zu ihrer Geschichte vom 3. bis zum 16. Jahrhundert.* 3 Bde., Hiersemann.

Schramm, Percy Ernst 1969. Der Ablauf der deutschen Königsweihe nach dem „Mainzer Ordo"（um 960）, in: id., *Kaiser, Könige und Päpste.* Bd. 3, Hiersemann.

Schubert, Ernst 2005. *Königsabsetzung im deutschen Mittelalter. Eine Studie zum Werden der Reichsverfassung.* V&R.

Schulze, Hans K. 2007. *Die Heiratsurkunde der Kaiserin Theophanu. Die griechische Kaiserin und das römisch-deutsche Reich 972−991.* Hahn.

Seibert, Hubertus 2001. Eines großen Vaters glückloser Sohn? Die neue Politik Ottos II., in: Bernd Schneidmüller et al.（Hg.）, *Ottonische Neuanfänge.* Zabern.

Seibert, Hubertus 2004. Bavarica regna gubernans. Heinrich der Zänker und das Herzogtum Bayern（955−995）, in: id./Gertrud Thoma（Hg.）, *Von Sachsen bis Jerusalem. Menschen und Institutionen im Wandel der Zeit. FS Wolfgang Giese.* Herbert UTZ.

Sonntag, Jörg 2008. *Klosterleben im Spiegel des Zeichenhaften.* LIT.

Stiegemann, Christoph（Hg.）2006. *Canossa 1077 - Erschütterung der Welt.* 2 Bde., Hirmer.

Struve, Tilman 1999. *Die Salier und das römische Recht. Ansätze zur Entwicklung einer säkularen Herrschaftstheorie in der Zeit des Investiturstreites.* F. Steiner.

Struve, Tilman（Hg.）2008. *Die Salier, das Reich und der Niederrhein.* Böhlau.

Thimme, Hans 1909. Forestis. Königsgut und Königsrecht nach den Forsturkunden vom 6. bis 12. Jh., in: *Archiv für Urkundenforschung* 2.

Warner, David A. 2001. *Ottonian Germany. The Chronicon of Thietmar of Merseburg.* Manchester

UP.
Weiner, Andreas et al.（Hg.）1993. *Egbert Erzbischof von Trier 977–993. Gedenkschrift der Diözese Trier zum 1000. Todestag*. 2 Bde., Rheinisches Landesmuseum Trier.
Weinfurter, Stefan 1992. Reformidee und Königtum im spätsalischen Reich. Überlegungen zu einer Neubewertung Kaiser Heinrichs V., in: id.（Hg.）, *Reformidee und Reformpolitik im spätsalisch-frühstaufischen Reich*. GMrhKG.
*Weinfurter, Stefan 2002[3]. *Heinrich II. Herrscher am Ende der Zeiten*. Pustet.
Weinfurter, Stefan 2007[3]. *Canossa. Die Entzauberung der Welt*. Beck.
*Wolfram, Herwig 2000. *Konrad II. 990–1039. Kaiser dreier Reiche*. Beck.
Worm, Peter 2000. Die Heilige Lanze. Bedeutungswandel und Verehrung eines Herrschaftszeichens, in: Peter Rück（Hg.）, *Arbeiten aus dem Marburger Hilfswissenschaftlichen Institut*. Institut für Historische Hilfswissenschaften.
Zimmermann, Harald 1962. Ottonische Studien. 2: Das Privilegium Ottonianum von 962 und seine Problemgeschichte, in: *Mitteilungen des Instituts für österreichische Geschichtsforschung, Ergänzungsband* 20–1.
Zimmermann, Harald 1971. *Das dunkle Jahrhundert. Ein historisches Porträt*. Styria.
Zimmermann, Harald 1975. *Der Canossagang von 1077. Wirkungen und Wirklichkeit*. F. Steiner.

第2章　ドイツ・ライヒの展開と神聖ローマ帝国
中世盛期（シュタウフェン朝）
URL-1：ザクセンシュピーゲル写本画像 http://digital.lb-oldenburg.de/
URL-2：日本ハンザ史研究会 http://hansegroup.blogspot.jp/
URL-3：ハンザ史協会 Hansischer Geschichtsverein: http://www.hansischergeschichtsverein.de/
阿部謹也 2002［1974］.『ドイツ中世後期の世界——ドイツ騎士修道会史の研究』未來社
有信真美菜 2009.「トマスィン・フォン・ツィルクレーレの『イタリア人客』における「歴史叙述」」『比較文学・文化論集』26
イグネ，シャルル（宮島直機訳）1997.『ドイツ植民と東欧世界の形成』彩流社
池谷文夫 2000.『ドイツ中世後期の政治と政治思想——大空位時代から『金印勅書』の制定まで』刀水書房
石川武 2001-05.「ザクセンシュピーゲル・レーン法邦訳 1-19——アウクトル・ヴェートゥスとの比較・対照をも兼ねて」『北大法学論集』51-5〜55-5
伊東俊太郎 2008-10.『伊東俊太郎著作集』麗澤大学出版会
江川由布子 2002.「都市防衛とゲマインデ——13世紀前半シュトラースブルクにおける市壁建設から」『国際基督教大学学報 III-A アジア文化研究別冊』11
小川知幸 1997.「13世紀北部テューリンゲンにおける帝国ミニステリアーレン——帝国領国とシトー派修道院の関係をめぐって」『西洋史研究』26
河原温 2009.『都市の創造力』岩波書店
カントーロヴィチ，エルンスト・H（小林公訳）2011.『皇帝フリードリヒ2世』中央公論新社

北嶋繁雄 2001.『中世盛期ドイツの政治と思想——初期シュタウファー朝時代の研究』梓出版社
倉田有里 2010.「13世紀中葉ドイツ東南部パッサウ司教区における「異端」問題——聖職者の「堕落」の問題をめぐって」『文化史学』66
桑野聡 1995.「ザクセンにおけるヴェルフェンの家系意識の形成——家系記述と政治状況の関連性に関する一考察」『西洋史学』179
ゲルウァシウス，ティルベリの（池上俊一訳）2008.『西洋中世奇譚集成 皇帝の閑暇』講談社
児玉善仁 2007.『イタリアの中世大学——その成立と変容』名古屋大学出版会
榊原康文 1993.「ビトントの説教壇レリーフとフリードリヒ2世の皇帝理念」『北大史学』33
斯波照雄 1997.『中世ハンザ都市の研究——ドイツ中世都市の社会経済構造と商業』勁草書房
高橋理 1999.「13世紀のハンザ都市リューベックと教皇庁との関係」『立正史学』86
高山博 1993.『中世地中海世界とシチリア王国』東京大学出版会
田口正樹 1994-96.「13世紀後半ドイツの帝国国制1-4——ルードルフ1世の帝国領回収政策を中心に」『國家學會雑誌』107-7/8～108-12
千葉敏之 2003.「閉じられた辺境——中世東方植民史研究の歴史と現在」『現代史研究』49
千葉敏之 2009.「都市を見立てる——擬聖墳墓にみるヨーロッパの都市観」高橋慎一朗・千葉敏之編『中世の都市——史料の魅力，日本とヨーロッパ』東京大学出版会
デュビー，ジョルジュ（松村剛訳）1992.『ブーヴィーヌの戦い——中世フランスの事件と伝説』平凡社
豊本理恵 2004.「バルバロッサ治世下のシュタウファーとヴェルフェン——ローテンブルク公とヴェルフ6世の事例」『紀要（青山学院大学文学部）』46
西川洋一 1981-82.「12世紀ドイツ帝国国制に関する一試論——フリードリヒ1世・バルバロッサの政策を中心として1～4」『國家學會雑誌』94-5/6～95-11/12
西川洋一 1999.「13世紀の君主立法権概念に関するノート1-3——教皇権を素材として」『國家學會雑誌』112-1/2～7/8
服部良久 1998.『ドイツ中世の領邦と貴族』創文社
バートレット，ロバート（伊藤誓・磯山甚一訳）2003.『ヨーロッパの形成』法政大学出版局
宮本陽子 1989.「中世ヨーロッパにおける終末論的イスラム解釈の形成と発展」『史学』58-3/4
山田欣吾 1992.『国家そして社会——地域史の視点』創文社
山本伸二 2000.「コンラート3世の国王選出(1138年)」『天理大学学報』51-2
山本伸二 2007.「ロータル3世の国王選出(1125年)」『天理大学学報』58-2
ヨルダン，カール（瀬原義生訳）2004.『ザクセン大公ハインリヒ獅子公』ミネルヴァ書房

ランシマン，スティーブン（榊原勝・藤澤房俊訳）2002.『シチリアの晩禱——13世紀後半の地中海世界の歴史』太陽出版

リーヴス，マージョリ（大橋喜之訳）2006.『中世の預言とその影響——ヨアキム主義の研究』八坂書房

ル・ゴフ，ジャック（加納修訳）2006.『もうひとつの中世のために——西洋における時間，労働，そして文化』白水社

ルーベンスタイン，リチャード・E（小沢千重子訳）2008.『中世の覚醒——アリストテレス再発見から知の革命へ』紀伊國屋書店

*Abulafia, David 1988. *Frederick II. A Medieval Emperor*. OUP.

*Abulafia, David 1997. *The Western Mediterranean Kingdoms 1200-1500. The Struggle for Dominion*. Addison Wesley.

Ammann, Hektor 1956. Wie groß war die mittelalterliche Stadt? in: *Studium generale* 9.

Angermeier, Heinz 1974. Landfriedenspolitik und Landfriedensgesetzgebung unter den Staufern, in: Josef Fleckenstein（Hg.）.

Angermeier, Heinz 1981. König und Staat im deutschen Mittelalter, in: *BdLG* 117.

Arena, Maria Paola（ed.）2005-08. *Federico II. Enciclopedia Fridericiana*. 3 vols., Istituto della Enciclopedia Italiana.

Battenberg, Friedrich 1987. Wege zu mehr Rationalität im Verfahren der obersten königlichen Gerichte im 14. und 15. Jahrhundert, in: Dieter Simon（Hg.）, *Akten des 26. Deutschen Rechtshistorikertages*. Klostermann.

Bering, Kunibert 1986. *Kunst und Staatsmetaphysik des Hochmittelalters in Italien. Zentren der Bau- und Bildpropaganda in der Zeit Friedrichs II*. Blaue Eule.

Bertelsmeier-Kierst, Christa et al.（Hg.）2008. *Elisabeth von Thüringen und die neue Frömmigkeit in Europa*. Peter Lang.

*Borgolte, Michael 2002. *Europa entdeckt seine Vielfalt 1050-1250*. UTB: Ulmer.

Boshof, Egon 1986. Reichsfürstenstand und Reichsreform in der Politik Friedrichs II., in: *BdLG* 122.

Bracker, Jörgen（Hg.）2006⁴. *Die Hanse. Lebenswirklichkeit und Mythos*. Schmidt-Römhild.

Budde, Rainer（Hg.）1982. *Die Heiligen Drei Könige. Darstellung und Verehrung*. Wallraf-Richartz-Museum.

Calò Mariani, Maria Stella et al.（eds.）1995. *Federico II. Immagine e potere*. Marsilio.

Castorph, Bernward 1978. *Die Ausbildung des römischen Königswahlrechtes. Studien zur Wirkungsgeschichte des Dekretale „Venerabilem"*. Musterschmidt.

Clarke, Peter D. et al.（eds.）2012. *Pope Alexander III（1159-81）. The Art of Survival*. Ashgate.

Debus, Friedhelm（Hg.）2000. *Stadtbücher als namenkundliche Quelle*. F. Steiner.

Dendorfer, Jürgen et al.（Hg.）2011. *Konrad III.（1138-1152）. Herrscher und Reich*. Gesellschaft für staufische Geschichte.

Dilcher, Gerhard 2010. Verhältnis von Autonomie, Schriftlichkeit und Ausbildung der Verwaltung in der mittelalterlichen Stadt, in: Helmut Neuhaus（Hg.）, *Selbstverwaltung in der Geschichte*

Europas in Mittelalter und Neuzeit. D&H.

Dinzelbacher, Peter 2012². *Bernhard von Clairvaux. Leben und Werk des berühmtesten Zisterziensers.* WBG.

Engels, Odilo 1987. Zum Konstanzer Vertrag von 1153, in: Ernst-Dieter Hehl et al. (Hg.), *Deus qui mutat tempora. Menschen und Institutionen im Wandel des Mittelalters. FS Alfons Becker.* Thorbecke.

Engels, Odilo 2010⁹. Die Staufer. Kohlhammer.

Erlen, Peter 1992. *Europäischer Landesausbau und mittelalterliche deutsche Ostsiedlung. Ein struktureller Vergleich zwischen Südwestfrankreich, den Niederlanden und dem Ordensland Preußen.* Herder-Institut.

Esch, Arnold et al. (Hg.) 1996. *Friedrich II. Tagung des Deutschen Historischen Instituts in Rom im Gedenkjahr 1994.* Niemeyer.

Fansa, Mamoun et al. (Hg.) 2008. *Kaiser Friedrich II. 1194–1250. Welt und Kultur des Mittelmeerraums.* Zabern.

Fleckenstein, Josef (Hg.) 1974. *Probleme um Friedrich II.* Thorbecke.

Fried, Johannes et al. (Hg.) 2003. *Heinrich der Löwe. Herrschaft und Repräsentation.* Thorbecke.

Fuhrmann, Horst 1973. Das Reformpapsttum und die Rechtswissenschaft, in: Josef Fleckenstein (Hg.), *Investiturstreit und Reichsverfassung.* Thorbecke.

Ganzer, Klaus 1968. *Papsttum und Bistumsbesetzungen in der Zeit von Gregor IX. bis Bonifaz VIII. Ein Beitrag zur Geschichte der päpstlichen Reservationen.* Böhlau.

Gerlich, Alois 2002. König Adolf von Nassau im Bund mit Eduard I. von England. Könige, Adelsrevolten, Kurfürstenopposition, 1294–1298, in: *Nassauische Annalen* 113.

Goez, Elke 2009. Bernhard von Clairvaux und Konrad III., in: Franz J. Felten et al. (Hg.), *Institution und Charisma. FS Gert Melville.* Böhlau.

*Görich, Knut 2011. *Friedrich Barbarossa. Eine Biographie.* Beck.

Harrer, Rudolf 1992. *Der kirchliche Zehnt im Gebiet des Hochstifts Würzburg im späten Mittelalter.* Echter.

Haussherr, Reiner (Hg.) 1977–79. *Die Zeit der Staufer. Geschichte, Kunst, Kultur.* 5 Bde., Württembergisches Landesmuseum.

Haverkamp, Alfred 1987. „Heilige Städte" im hohen Mittelalter, in: František Graus (Hg.), *Mentalitäten im Mittelalter.* Thorbecke.

Haverkamp, Alfred (Hg.) 1992. *Friedrich Barbarossa. Handlungsspielräume und Wirkungsweisen des staufischen Kaisers.* Thorbecke.

Haverkamp, Alfred 1997. Der Konstanzer Friede zwischen Kaiser und Lombardenbund (1183), in: id., *Verfassung, Kultur, Lebensform. Beiträge zur italienischen, deutschen und jüdischen Geschichte im europäischen Mittelalter.* Zabern.

Haverkamp, Alfred et al. (Hg.) 1998. *Information, Kommunikation und Selbstdarstellung in mittelalterlichen Gemeinden.* Oldenbourg.

Hechelhammer, Bodo 2004. *Kreuzzug und Herrschaft unter Friedrich II.* Thorbecke.

Henkel, Nikolaus 1976. *Studien zum Physiologus im Mittelalter*. Niemeyer.

Herde, Peter 2008. Friedrich II. und das Papsttum. Politik und Rhetorik, in: Mamoun Fansa et al. (Hg.).

Horst, Halard 2002. *Weltamt und Weltende bei Alexander von Roes. Die Schriften des Kölner Kanonikers als Kontrapunkt zu mittelalterlichen Endzeiterwartungen*. Erzbischöfliche Diözesan- und Dombibliothek.

**Houben, Hubert 2008. *Kaiser Friedrich II. 1194−1250. Herrscher, Mensch und Mythos*. Kohlhammer.

Hübner, Klara 2010. *Im Dienste ihrer Stadt. Boten- und Nachrichtenorganisationen in den schweizerisch-oberdeutschen Städten des späten Mittelalers*. Thorbecke.

Hucker, Bernd U. 1990. *Kaiser Otto IV*. Hahn.

Hucker, Bernd U. et al. (Hg.) 2009. *Otto IV. Traum vom welfischen Kaisertum*. Imhof.

Irsigler, Franz 1996. Jahrmärkte und Messesysteme im westlichen Reichsgebiet bis ca. 1250, in: Perter Johanek/Heinz Stoob (Hg.), *Europäische Messen und Märktesysteme in Mittelalter und Neuzeit*. Böhlau.

Isenmann, Eberhard 1980. Reichsfinanzen und Reichssteuern im 15. Jahrhundert, in: *ZHF* 7.

Jericke, Hartmut 1997. *Imperator Romanorum et Rex Siciliae. Kaiser Heinrich VI. und sein Ringen um das normannisch-sizilische Königreich*. Peter Lang.

Johanek, Peter 1978. *Synodalia. Untersuchungen zur Statutengesetzgebung in den Kirchenprovinzen Mainz und Salzburg während des Spätmittelalters*. Universität Würzburg [Hab.].

Jörn, Nils et al. (Hg.) 1999. *Genossenschaftliche Strukturen in der Hanse*. Böhlau.

Kahl, Hans-Dietrich 2008. *Heidenfrage und Slawenfrage im deutschen Mittelalter. Ausgewählte Studien 1953−2008*. Brill.

Kaufhold, Martin 2000. *Deutsches Interregnum und europäische Politik. Konfliktlösungen und Entscheidungsstrukturen 1230−1280*. Hahn.

Kießling, Rolf 1989. *Die Stadt und ihr Land. Umlandpolitik, Bürgerbesitz und Wirtschaftsgefüge in Ostschwaben vom 14. bis ins 16. Jh.* Böhlau.

Knittler, Herbert (Hg.) 2006. *Minderstädte, Kümmerformen, gefreite Dörfer. Stufen zur Urbanität und das Märkteproblem*. Österreichischer Arbeitskreis für Stadtgeschichtsforschung.

Körmendy, Adrienne 1995. *Melioratio terrae. Vergleichende Untersuchungen über die Siedlungsbewegung im östlichen Mitteleuropa im 13.−14. Jh*. Poznańskie Towarzystwo Przyjaciół Nauk.

Krause, Hermann 1952. *Kaiserrecht und Rezeption*. Winter.

Krause, Hans-Georg 1970. Pfandschaften als verfassungsgeschichtliches Problem, in: *Der Staat* 9.

Krieger, Karl-Friedrich 1987. Rechtliche Grundlagen und Möglichkeiten römisch-deutscher Königsherrschaft im Spätmittelalter, in: Reinhard Schneider (Hg.), *Das spätmittelalterliche Königtum im europäischen Vergleich*. Thorbecke.

Kuthan, Jiří 1996. *Přemysl Ottokar II. König, Bauherr und Mäzen. Höfische Kunst um die Mitte des 13. Jhs*. Böhlau.

Löther, Andrea 1999. *Prozessionen in spätmittelalterlichen Städten. Politische Partizipation, obrigkeitliche Inszenierung, städtische Eintracht*. Böhlau.

Loud, Graham A.（trl.）2010. *The Crusade of Frederick Barbarossa. The History of the Expedition of the Emperor Frederick and Related Texts*. Ashgate.

McGinn, Bernard, 1979. *Visions of the End. Apocalyptic Traditions in the Middle Ages*. Columbia UP.

Maschke, Erich 1979 [1933]. *Der Peterspfennig in Polen und dem deutschen Osten*. Thorbecke.

Meyer, Rudolf J. 2000. *Königs- und Kaiserbegräbnisse im Spätmittelalter. Von Rudolf von Habsburg bis zu Friedrich III*. Böhlau.

Miethke, Jürgen 1983. Kaiser und Papst im Spätmittelalter. Zu den Ausgleichsbemühungen zwischen Ludwig dem Bayern und der Kurie von Avignon, in: *ZHF* 10.

Militzer, Klaus 1989. Schreinseintragungen und Notariatsinstrumente in Köln, in: Jose Trenchs Odena（ed.）, *Notariado público y documento privado*. Vol. 2, Commission Internationale de Diplomatique.

*Militzer, Klaus 2012². *Die Geschichte des Deutschen Ordens*. Kohlhammer.

Mitterauer, Michael 1980. *Markt und Stadt im Mittelalter. Beiträge zur historischen Zentralitätsforschung*. Hiersemann.

Moraw, Peter, 1980. Über Typologie, Chronologie und Geographie der Stiftskirche im deutschen Mittelalter, in: MPIG（Hg.）, *Untersuchungen zu Kloster und Stift*. V&R.

Moraw, Peter 2003. Stiftskirchen im deutschen Sprachraum. Forschungsstand und Forschungshoffnungen, in: Sönke Lorenz et al.（Hg.）, *Die Stiftskirche in Südwestdeutschland*. DRW.

Mötsch, Johannes et al.（Hg.）1986. *Propter culturam pacis ... um des Friedens willen. Der Rheinische Städtebund von 1254/56*. Landeshauptarchiv.

Oberste, Jörg（Hg.）2012. *Metropolität in der Vormoderne. Konstruktionen urbaner Zentralität im Wandel*. Schnell & Steiner.

Ogris, Werner 2003. King for Sale. Der Würzburger Vertrag zwischen Herzog Leopold V. und Kaiser Heinrich VI. über die Auslieferung König Richard I. vom 14. Februar 1193, in: id., *Elemente europäischer Rechtskultur*. Böhlau.

Paravicini, Werner（Hg.）1992–2001. *Hansekaufleute in Brügge*. 6 Bde., Peter Lang.

Pasnau, Robert（ed.）2010. *The Cambridge History of Medieval Philosophy*. 2 vols., CUP.

Pötzl, Walter 2003. Der Landesausbau des frühen und hohen Mittelalters, in: id.（Hg.）, *Herrschaft und Politik*. Landratsamt Augsburg.

Puhle, Matthias et al.（Hg.）2006. *Heiliges Römisches Reich Deutscher Nation 962 bis 1806. Von Otto dem Großen bis zum Ausgang des Mittelalters*. 2 Bde., Sandstein.

Reinle, Christine 2003. Albrecht I.（1298–1308）, in: Bernd Schneidmüller et al.（Hg.）, *Die deutschen Herrscher des Mittelalters*. Beck.

Röder, Bernd 1999. Romnachfolge und der Streit der drei rheinischen Erzbischöfe um den Primat. Zur Ikonographie und zur Entstehung des ersten Großen Siegels der Stadt Trier, in: *Jahrbuch für westdeutsche Landesgeschichte* 25.

Rzihacek, Andrea et al.（Hg.）2010. *Philipp von Schwaben. Beiträge der internationalen Tagung anlässlich seines 800. Todestages*. Verlag der ÖAW.

Saurma-Jeltsch, Lieselotte E. 2010. Aachen und Rom in der staufischen Reichsimagination, in: Bernd Schneidmüller et al. (Hg.), *Verwandlungen des Stauferreichs*. Theiss.

Schieffer, Rudolf 1976. *Die Entstehung von Domkapiteln in Deutschland*. Röhrscheid.

Schlesinger, Walter (Hg.) 1975. *Die deutsche Ostsiedlung des Mittelalters als Problem der europäischen Geschichte*. Thorbecke.

Schmidt, Hans Joachim 1986. *Bettelorden in Trier. Wirksamkeit und Umfeld im hohen und späten Mittelalter*. Verlag Trierer Historische Forschungen.

Schmidt-Wiegand, Ruth et al. (Hg.) 2006. *Der Oldenburger Sachsenspiegel*. ADV.

Schneider, Reinhard et al. (Hg.) 1990. *Wahlen und Wählen im Mittelalter*. Thorbecke.

Schubert, Ernst 1979. *König und Reich. Studien zur spätmittelalterlichen deutschen Verfassungsgeschichte*. V&R.

Schubert, Ernst 1993. Die Quaternionen. Entstehung, Sinngehalt und Folgen einer spätmittelalterlichen Deutung der Reichsverfassung, in: *ZHF* 20.

Schulz, Knut 2009. Stadtgemeinde, Rat und Rheinischer Städtebund. Das vorläufige Ergebnis des Prozesses der Kommunalisierung und Urbanisierung um 1250, in: Peter Johanek (Hg.), *Bünde - Städte - Gemeinden. Bilanz und Perspektiven der vergeichenden Landes- und Stadtgeschichte*. Böhlau.

Schwineköper, Berent (Hg.) 1985. *Gilden und Zünfte. Kaufmännische und gewerbliche Genossenschaften im frühen und hohen Mittelalter*. Thorbecke.

Sprandel, Rolf 1968. *Das Eisengewerbe im Mittelalter*. Hiersemann.

Stoob, Heinz 1977. Gedanken zur Ostseepolitik Lothars III., in: Herwig Ebner (Hg.), *FS Friedrich Hausmann*. ADV.

*Stürner, Wolfgang 2009³. *Friedrich II.* 2 Bde., Primus.

Stürner, Wolfgang 2012. *Staufisches Mittelalter. Ausgewählte Aufsätze zur Herrschaftspraxis und Persönlichkeit Friedrichs II.* Böhlau.

Struve, Tilman 1978. *Die Entwicklung der organologischen Staatsauffassung im Mittelalter*. Hiersemann.

Takayama, Hiroshi 1993. *The Administration of the Norman Kingdom of Sicily*. Brill.

Vollrath, Hanna 2001. Die „Renaissance" des 12. Jahrhunderts, in: Dirk Ansorge et al. (Hg.), *Wegmarken europäischer Zivilisation*. Wallstein.

Wagenbreth, Otfried et al. (Hg.) 1990. *Bergbau im Erzgebirge. Technische Denkmale und Geschichte*. Springer.

Weinfurter, Stefan (Hg.) 2002. *Stauferreich im Wandel. Ordnungsvorstellungen und Politik in der Zeit Friedrich Barbarossas*. Thorbecke.

Wendehorst, Alfred et al. (Hg.) 1994. Verzeichnis der Säkularkanonikerstifte der Reichskirche, in: *Jahrbuch für fränkische Landesforschung* 54.

Werle, Hans 1956. *Titelherzogtum und Herzogsherrschaft. Verfassungsgeschichtliche Untersuchungen über die Frühformen des Territorialstaates*. Universität Mainz [Diss.].

Widmann, Werner A. 1988. *Die Bodenseehanse. Aus der Geschichte der Großen Ravensburger*

Handelsgesellschaft. Bayerische Vereinsbank.
Wieczorek, Alfried et al.（Hg.）2010. *Die Staufer und Italien*. 2 Bde., WBG.
Wolf, Beat 2010. *Jerusalem und Rom. Mitte, Nabel - Zentrum, Haupt*. Peter Lang.
中世後期
相澤隆 1988.「奢侈条令と中世都市社会の変容――南ドイツ帝国都市の場合」『史学雑誌』97-6
秋山聰 2009.『聖遺物崇敬の心性史――西洋中世の聖性と造形』講談社
浅野啓子 2000.「草創期プラハ大学の性格」『東欧史研究』22
池田利昭 2010.『中世後期ドイツの犯罪と刑罰――ニュルンベルクの暴力紛争を中心に』北海道大学出版会
池谷文夫 2000.『ドイツ中世後期の政治と政治思想――大空位時代から『金印勅書』の制定まで』刀水書房
稲本格 2007.「中世都市リューベックに参審人はいなかったのか」『大阪市立大學法學雑誌』54-1
大黒俊二 2010.『声と文字』岩波書店
小倉欣一 2007.『ドイツ中世都市の自由と平和――フランクフルトの歴史から』勁草書房
小野善彦 1980.「1311年のオットーの特権付与状について――ラント・下バイエルンの身分制的国制の発展における意義」『史学雑誌』89-11
柏倉知秀 2009.「14世紀後半リューベック商人のネットワーク」『立正史学』105
カントーロヴィチ，エルンスト・H（小林公訳）2003［1992］.『王の二つの身体――中世政治神学研究』筑摩書房
香田芳樹 2011.『マイスター・エックハルト――生涯と著作』創文社
桜井利夫 2000.『中世ドイツの領邦国家と城塞』創文社
薩摩秀登 1998.『プラハの異端者たち――中世チェコのフス派にみる宗教改革』現代書館
シッパーゲス，ハインリヒ（大橋博司・浜中淑彦訳）1988.『中世の医学――治療と養生の文化史』人文書院
シャルティエ，ロジェ／グリエルモ・カヴァッロ編（田村毅ほか訳）2000.『読むことの歴史――ヨーロッパ読書史』大修館書店
シュルツェ，ハンス・K（五十嵐修ほか訳）2005.『西欧中世史事典2――皇帝と帝国』ミネルヴァ書房
瀬原義生 2009.『スイス独立史研究』ミネルヴァ書房
瀬原義生 2011.『ドイツ中世後期の歴史像』文理閣
田口正樹 2008.「中世後期の神聖ローマ帝国ドイツにおける諸侯間紛争と王権」『西洋史研究』37
田中峰雄 1995.『知の運動――12世紀ルネサンスから大学へ』ミネルヴァ書房
千葉徳夫 1976.「中東ドイツのラントディング――ヴェッティーン家領邦国家の形成に関する一考察」『法制史研究』26
名城邦夫 2000.『中世ドイツ・バムベルク司教領の研究――貨幣経済化と地代』ミネルヴァ書房

成瀬治 1988.『絶対主義国家と身分制社会』山川出版社
服部良久編訳 2006.『紛争のなかのヨーロッパ中世』京都大学学術出版会
パノフスキー，エルンスト（若桑みどりほか訳）1996.『墓の彫刻——死にたち向かった精神の様態』哲学書房
原田晶子 2012.「中世末期ドイツ都市における聖母マリア賛歌「サルヴェ・レジーナ」寄進の社会的意義——帝国都市ニュルンベルクを例に」『比較都市史研究』31-2
藤井真生 2007.「カレル4世時代の年代記にみる「チェコ人」意識——チェコの「ドイツ人」との対比から」『西洋史学』227
宮坂康寿 2002.「14世紀ケルン大司教領におけるアムトの質入れと領域政策」『史林』85-4
横川大輔 2008.「15世紀前半神聖ローマ帝国におけるゲマイナー・タークの出現と選定侯団の誕生」『史学雑誌』117-9
ル・ゴッフ，ジャック（渡辺香根夫・内田洋訳）1988.『煉獄の誕生』法政大学出版局
若曽根健治 2010.「都市とラント平和裁判——14世紀後期の事例から」『熊本法学』119
渡邉裕一 2011.「中近世アウクスブルクの木材供給——都市の森林所有とレヒ川の木材流送」『西洋史学』241

Abe, Hiromi 2010, Gesandtschaften der Reichsstadt Nürnberg im Spätmittelalter. Zur Außenpolitik einer deutschen Stadt im 15. Jahrhundert, in: *Jahresblätter für japanische und deutsche Forschung in Japan* 5.

Angenendt, Arnold 2010². *Geschichte der Religiosität im Mittelalter*. WBG.

Annas, Gabriele 2004. *Hoftag - Gemeiner Tag - Reichstag. Studien zur strukturellen Entwicklung deutscher Reichsversammlungen des späten Mittelalters（1349-1471）*. 2 Bde., V&R.

Babendererde, Cornell 2006. *Sterben, Tod, Begräbnis und liturgisches Gedächtnis bei weltlichen Reichsfürsten des Spätmittelalters*. Thorbecke.

Birkhofer, Peter 2008. *Ars moriendi - Kunst der Gelassenheit. Mittelalterliche Mystik von Heinrich Seuse und Johannes Charlier Gerson als Anregung für einen neuen Umgang mit dem Sterben*. LIT.

Borgolte, Michael 1988. Die Stiftungen des Mittelalters in rechts- und sozialhistorischer Sicht, in: *Zeitschrift der Savigny-Stiftung für Rechtsgeschichte, Kanonistische Abteilung* 74.

Bünz, Enno 2011. Die Universität zwischen Residenzstadt und Hof im späten Mittelalter. Wechselwirkung und Distanz, Integration und Konkurrenz, in: Werner Paravicini et al.（Hg.）, *Städtisches Bürgertum und Hofgesellschaft*. Thorbecke.

Buttaroni, Susanna（Hg.）2003. *Ritualmord. Legenden in der europäischen Geschichte*. Böhlau.

Delbrück, Hans 1990. *Medieval Warfare. History of the Art of War*. Vol. 3, Nebraska UP.

Dendorfer, Jürgen et al.（Hg.）2008. *Nach dem Basler Konzil. Die Neuordnung der Kirche zwischen Konziliarismus und monarchischem Papat（ca. 1450-1475）*. LIT.

Engen, John H. van 2008. *Sisters and Brothers of the Common Life. The Devotio Moderna and the World of the Later Middle Ages*. UPP.

Fajt, Jiří（Hg.）2006. *Karl IV. Kaiser von Gottes Gnaden. Kunst und Repräsentation des Hauses*

Luxemburg 1347-1437. Deutscher Kunstverlag.

Fudge, Thomas A. 2010. *Jan Hus. Religious Reform and Social Revolution in Bohemia*. I. B. Tauris.

Haverkamp, Alfred (Hg.) 1981. *Zur Geschichte der Juden in Deutschland des späten Mittelalters und der frühen Neuzeit*. Hiersemann.

*Hoensch, Jörg K. 2000. *Die Luxemburger. Eine spätmittelalterliche Dynastie gesamteuropäischer Bedeutung. 1308-1437*. Kohlhammer.

Honemann, Volker 2008. Die Sternberger Hostienschändung und ihre Quellen, in: id., *Literaturlandschaften. Schriften zur deutschsprachigen Literatur im Osten des Reiches*. Peter Lang.

Inoue, Shuhei 2011. Heilkundige in der Handwerkszunft. Die Kölner Barbierzunft und ihr organisatorischer Wandel im Spätmittelalter und der Frühen Neuzeit, in: Dominik Groß et al. (Hg.), *Medizingeschichte in Schlaglichtern. Beiträge des „Rheinischen Kreises der Medizinhistoriker"*. Kassel UP.

Jericke, Hartmut 2006. *Begraben und vergessen? Bd. 2: Tod und Grablege der deutschen Kaiser und Könige*. DRW.

Jetzler, Peter (Hg.) 1994. *Himmel, Hölle, Fegefeuer. Das Jenseits im Mittelalter*. Neue Zürcher Zeitung.

Jucker, Michael 2011. Pragmatische Schriftlichkeit und Macht. Methodische und inhaltliche Annäherungen an Herstellung und Gebrauch von Protokollen auf politischen Treffen im Spätmittelalter, in: Christoph Dartmann et al. (Hg.), *Zwischen Pragmatik und Performanz. Dimensionen mittelalterlicher Schriftkultur*. Brepols.

Kaindel, Christoph et al. (Hg.) 2010. *Krieg im mittelalterlichen Abendland*. Mandelbaum.

Koller, Heinrich 2005. *Kaiser Friedrich III*. WBG.

*Krieger, Karl-Friedrich 2004[2]. *Die Habsburger im Mittelalter*. Kohlhammer.

Lambertini, Roberto 2011. Political Theory in the Making. Theology, Philosophy and Politics at the Court of Lewis the Bavarian, in: Kent Emery Jr. et al. (eds.), *Philosophy and Theology in the 'Studia' of the Religious Orders and at Papal and Royal Courts*. Brepols.

Macek, Josef et al. (Hg.) 1994. *Sigismund von Luxemburg. Kaiser und König in Mitteleuropa 1387-1437*. Fahlbusch.

McGinn, Bernard 2010. *Die Mystik im Abendland*. 4 Bde., Herder.

McLelland, Nicola et al. (Hg.) 2008. *Humanismus in der deutschen Literatur des Mittelalters und der frühen Neuzeit*. Niemeyer.

Marosi, Ernö 2006. Reformatio Sigismundi - Künstlerische und politische Repräsentation am Hof Sigismunds von Luxemburg, in: Imre Takács (Hg.), *Sigismundus Rex et Imperator. Kunst und Kultur zur Zeit Sigismunds von Luxemburg*. Zabern.

Mazal, Otto (Hg.) 1999-2007. *Geschichte der Buchkultur*. 9 Bde., ADV.

Moraw, Peter 1985. *Von offener Verfassung zu gestalteter Verdichtung. Das Reich im späten Mittelalter. 1250-1490*. Propyläen.

Müller, Heribert et al. (Hg.) 2007. *Die Konzilien von Pisa, Konstanz und Basel. Institution und Personen*. Thorbecke.

Nehlsen, Hermann et al.（Hg.）2002. *Kaiser Ludwig der Bayer. Konflikte, Weichenstellungen und Wahrnehmung seiner Herrschaft*. Schöningh.

Patschovsky, Alexander 2001. *Ketzer, Juden, Antichrist. Gesammelte Aufsätze zum 60. Geburtstag*. Niedersächsische Staats- und Universitätsbibliothek.

Schneider, Helmut 1981. Schutzjuden und Judenschutz, in: Heinz Duchhardt（Hg.）, *Beiträge zur Geschichte der Mainzer Juden in der Frühneuzeit*. Kirchheim.

Schreiner, Klaus（Hg.）2002. *Frömmigkeit im Mittelalter. Politisch-soziale Kontexte, visuelle Praxis, körperliche Ausdrucksformen*. W. Fink.

*Schubert, Ernst 1998². *Einführung in die deutsche Geschichte im Spätmittelalter*. WBG.

*Seibt, Ferdinand 2003. *Karl IV. Ein Kaiser in Europa, 1346–1378*. Fischer.

Silagi, Gabriel（Hg.）1984. *Landesherrliche Kanzleien im Spätmittelalter. Referate zum VI. Internationalen Kongreß für Diplomatik*. 2 Bde., Arbeo-Gesellschaft.

Šmahel, František 2002. *Die Hussitische Revolution*. 3 Bde., Hahn.

Šmahel, František 2007. *Die Prager Universität im Mittelalter. Gesammelte Aufsätze*. Brill.

第3章　近世の神聖ローマ帝国と領邦国家

青山四郎　1984．『ルカス・クラナッハとルター』グロリヤ出版
赤木善光　2005．『宗教改革者の聖餐論』教文館
明石欽司　2009．『ウェストファリア条約――その実像と神話』慶應義塾大学出版会
浅野啓子・佐久間弘展編　2006．『教育の社会史――ヨーロッパ中・近世』知泉書館
アッポルド，K・G（徳善義和訳）2012．『宗教改革小史』教文館
新井皓士　1994．『近世ドイツ言語文化史論――祖国と母語が意識されゆくころ』近代文藝社
荒井真　1996．「啓蒙期ドイツにおける大学改革の目的とその成果――ゲッティンゲン大学を中心として」1〜5『法律時報』68-3, 4, 7/9
有賀弘　1966．『宗教改革とドイツ政治思想』東京大学出版会
アーレント＝シュルテ，イングリット（野口芳子ほか訳）2003．『魔女にされた女性たち――近世初期ドイツにおける魔女裁判』勁草書房
飯田恭　2006．「ドイツ・東エルベの農民1648〜1806――「ミクロの社会史」による多面的で多様な実像への接近」『三田学会雑誌』99-3
池田利昭　2010．『中世後期ドイツの犯罪と刑罰――ニュルンベルクの暴力紛争を中心に』北海道大学出版会
石居正巳　2009．『ルターと死の問題――死への備えと新しいいのち』リトン
市川裕　2009．『ユダヤ教の歴史』（宗教の世界史7）山川出版社
伊藤宏二　2006．『ヴェストファーレン条約と神聖ローマ帝国――ドイツ帝国諸侯としてのスウェーデン』九州大学出版会
伊藤宏二　2008．「ヴェストファーレン条約をつくった人たち」『ヨーロッパ文化史研究』9
伊藤利男　2006．『ツィンツェンドルフ――ヘルンフート同胞教団を創った夫妻の物語』鳥影社

岩倉依子 2011.「マルティン・ブツァーと福音派教会統合」『キリスト教史学』65
ヴァイグル，エンゲルハルト（三島憲一・宮田敦子訳）1997.『啓蒙の都市周遊』岩波書店
ヴァイス，エーベルハルト（和田卓郎訳）1998-2000.「近世社会の諸構造と発展」『法学雑誌』44-4, 45-1, 2, 46-1, 2, 3, 47-1
ヴァールブルク，アビ（伊藤博明監訳）2006.『ルターの時代の言葉と図像における異教的・古代的予言』ありな書房
ヴァルマン，ヨハネス（梅田與四男訳）2012.『ドイツ敬虔主義——宗教改革の再生を求めた人々』日本基督教団出版局
ヴァルンケ，マルティン（岡部由紀子訳）1993.『クラーナハ〈ルター〉——イメージの模索』三元社
ウィートクロフツ，アンドリュー（瀬原義生訳）2009.『ハプスブルク家の皇帝たち——帝国の体現者』文理閣
ウィルスン，ピーター・H（山本文彦訳）2005.『神聖ローマ帝国 1495-1806』岩波書店
植田兼義ほか編 1989-2001.『キリスト教神秘主義著作集』全17巻，教文館
ウェッジウッド，C・ヴェロニカ（瀬原義生訳）2003.『ドイツ三十年戦争』刀水書房
ウェーバー，マックス（梶山力訳・安藤英治編）1994.『プロテスタンティズムの倫理と資本主義の《精神》』未來社
内海松壽 1996.『美と宗教——宗教改革と5人の芸術家』里文出版
梅津順一・諸田実編 1996.『近代西欧の宗教と経済——歴史的研究』同文舘出版
海野文雄 1981.『宗教改革とドイツ農民戦争』槇書房
エヴァンズ，R・J・W（中野春夫訳）1988.『魔術の帝国——ルドルフ2世とその世界』平凡社
エストライヒ，ゲルハルト（阪口修平ほか訳）1993.『近代国家の覚醒——新ストア主義・身分制・ポリツァイ』創文社
海老原明夫 1981-82.「カメラールヴィッセンシャフトにおける「家」——J・H・G・フォン・ユスティの思想を中心として」1〜4,『国家学会雑誌』94-7/8・9/10, 95-7/8・11/12
江村洋 1987.『中世最後の騎士——皇帝マクシミリアン1世伝』中央公論社
江村洋 1992.『カール5世——中世ヨーロッパ最後の栄光』東京書籍
エラスムス，デシデリウス（山内宣訳）1974.『評論 自由意志』聖文舎
エラスムス，デシデリウス（渡辺一夫・二宮敬訳）2006.『痴愚神礼讚』中央公論新社
大友展也 2004.『新着雑報1650年——世界最古の日刊新聞』三元社
岡崎勝世 2000.『キリスト教的世界史から科学的世界史——ドイツ啓蒙主義歴史学研究』岩波書店
オズメント，スティーブン（庄司宏子訳）2001.『市長の娘——中世ドイツの一都市に起きた醜聞』白水社
踊共二 2003.『改宗と亡命の社会史——近世スイスにおける国家・共同体・個人』創文社
踊共二 2011.「宗派化論——ヨーロッパ近世史のキーコンセプト」『武蔵大学人文学会雑

誌』42-3/4

踊共二 2013.「近世ヨーロッパの宗教と政治——宗派分裂の作用と反作用」『西洋史学』248

小野善彦 2008.「宗派形成初期バイエルンの農村司祭」阪本浩ほか編『ソシアビリテの歴史的諸相——古典古代と前近代ヨーロッパ』南窓社

海津忠雄 1984.『中世人の知恵——バーゼルの美術から』新教出版社

カウフマン，トーマス（宮谷尚実訳）2010.『ルター——異端から改革者へ』教文館

勝田有恒 1972.「帝室裁判所規則(1495年)の成立」『一橋論叢』68-4

勝田有恒・山内進編 2008.『近世・近代ヨーロッパの法学者たち——グラーティアヌスからカール・シュミットまで』ミネルヴァ書房

金子晴勇 2007.『エラスムスとルター——16世紀宗教改革の二つの道』聖学院大学出版会

金子晴勇 2009.『ルターの霊性思想』教文館

川又祐 2006.「ヨハン・ハインリヒ・ゴットロープ・フォン・ユスティ」『政経研究』42-3

菊池良生 2008.『ハプスブルク帝国の情報メディア革命——近代郵便制度の誕生』集英社新書

菊盛英夫 1977.『ルターとドイツ精神史』岩波書店

木塚隆志 2001.『トーマス・ミュンツァーと黙示録的終末観』未來社

木ノ脇悦郎 2004.『エラスムスの思想的境地』関西学院大学出版会

木部尚志 2000.『ルターの政治思想——その生成と構造』早稲田大学出版部

久保清治 1998.『ドイツ財政史研究』有斐閣

クラークソン，L・A（鈴木健夫訳）1993.『プロト工業化——工業化の第一局面？』早稲田大学出版部

倉塚平ほか編訳 1972.『宗教改革急進派——ラディカル・リフォメーションの思想と行動』ヨルダン社

倉松功 1979.『ルター，ミュンツァー，カールシュタット——その生涯と神学思想の比較』聖文舎

クーリッシェル，ヨーゼフ（松田智雄監修）1982・83.『ヨーロッパ近世経済史』1・2，東洋経済新報社

グリンメルスハウゼン（望月市恵訳）1953・54.『阿呆物語』全3巻，岩波書店

グレシュベック，ハインリヒ（倉塚平訳）2002.『千年王国の惨劇——ミュンスター再洗礼派王国目撃録』平凡社

ケストラー，アーサー（小尾信彌・木村博訳）2008.『ヨハネス・ケプラー——近代宇宙観の夜明け』筑摩書房

ゲルツ，H=J（田中真造・藤井潤訳）1995.『トーマス・ミュンツァー——神秘主義者・黙示録的終末預言者・革命家』教文館

河野淳 2010.『ハプスブルクとオスマン帝国——歴史を変えた〈政治〉の発明』講談社

コゼレック，ラインハルト（村上隆夫訳）1989.『批判と危機——市民的世界の病因論』未來社

ゴルトアンマー，K（柴田健策・榎木信吉訳）1986.『パラケルスス——自然と啓示』みすず書房
コンゼンツィウス，エルンスト（佐藤正樹訳）2001.『大選帝侯軍医にして王室理髪師ヨーハン・ディーツ親方自伝』白水社
斉藤恵太 2011.「歴史のなかの三十年戦争」『史学雑誌』120-6
坂井榮八郎 1996.『ゲーテとその時代』（朝日選書）朝日新聞社
坂井榮八郎 1998.『ドイツ近代史研究——啓蒙絶対主義から近代的官僚国家へ』山川出版社
酒井潔 2008.『ライプニッツ』清水書院
坂井信生 1977.『アーミシュ研究』教文館
榊原巖 1967.『殉教と亡命』平凡社
阪口修平 1988.『プロイセン絶対王政の研究』中央大学出版部
阪口修平 2001.「近世ドイツ軍事史研究の現況」『史学雑誌』110-6
阪口修平編 2010.『歴史と軍隊——軍事史の新しい地平』創元社
阪口修平・丸畠宏太編 2009.『近代ヨーロッパの探求12 軍隊』ミネルヴァ書房
佐久間弘展 1999.『ドイツ手工業・同職組合の研究——14〜17世紀ニュルンベルクを中心に』創文社
佐久間弘展 2006.「ドイツ中近世史におけるポリツァイ研究の新動向」『比較都市史研究』25-1
佐久間弘展 2007.『若者職人の社会と文化——14〜17世紀ドイツ』青木書店
薩摩秀登 1998.『プラハの異端者たち——中世チェコのフス派にみる宗教改革』現代書館
澤田昭夫 2001.『ルターはマリアを崇敬していたか？』教文館
沢田善太郎 1997.『組織の社会学——官僚制・アソシエーション・合議制』ミネルヴァ書房
塩谷饒 1975.『ルター聖書のドイツ語』クロノス
渋谷聡 2000.『近世ドイツ帝国国制史研究——等族制集会と帝国クライス』ミネルヴァ書房
渋谷聡 2001.「広域情報伝達システムの展開とトゥルン・ウント・タクシス家——16・17世紀における帝国駅逓の拡充を中心に」前川和也編『コミュニケーションの社会史』ミネルヴァ書房
渋谷聡 2006.「近世神聖ローマ帝国をめぐる研究動向——近年のドイツにおける「国家・国民」意識によせて」『史林』89-1
下田淳 2001.『ドイツ近世の聖性と権力』青木書店
下田淳 2009.『ドイツの民衆文化』昭和堂
シュタットミュラー，ゲオルク（丹後杏一訳）1989.『ハプスブルク帝国史——中世から1918年まで』刀水書房
シュトゥッペリヒ，R（倉塚平訳）1971.『メランヒトン——宗教改革とフマニスムス』聖文舎
シュトゥッペリヒ，R（森田安一訳）1984.『ドイツ宗教改革史研究』ヨルダン社

シュトライス，ミヒャエル（海老原明夫訳）1991.「ウェストファリア条約から18世紀半ばに至る帝国国法論」『日独法学』15
シュトライス，ミヒャエル編（佐々木有司・柳原正治訳）1995.『17・18世紀の国家思想家たち——帝国公(国)法論・政治学・自然法論』木鐸社
シュトラスナー，エーリヒ（大友展也訳）2002.『ドイツ新聞学事始——新聞ジャーナリズムの歴史と課題』三元社
シュペネマン，クラウス（今関嗣生訳）1995.「聖職者の養成と専門教育」望田幸男編『近代ドイツ＝「資格社会」の制度と機能』名古屋大学出版会
シュミット，フランツ（藤代幸一訳）2001.『ある首斬り役人の日記』白水社
シュミット，マルティン（小林謙一訳）1992.『ドイツ敬虔主義』教文館
シュメルツァー，ヒルデ（進藤美智訳）1997.『ウィーン・ペスト年代記』白水社
俊野文雄 1998.「邦語文献」『宗教改革著作集15 教会規定・年表・地図・参考文献目録』教文館
ショーレム，ゲルショム（石丸昭二訳）2009.『サバタイ・ツヴィ伝——神秘のメシア』法政大学出版局
甚野尚志・踊共二編 2014.『ヨーロッパ中近世の宗教と社会——キリスト教世界の統一性と多元性』ミネルヴァ書房
神寶秀夫 1994.『近世ドイツ絶対主義の構造』創文社
神寶秀夫 2010.『中・近世ドイツ都市の統治構造と変質——帝国自由都市から領邦都市へ』創文社
菅利恵 2009.『ドイツ市民悲劇とジェンダー——啓蒙時代の「自己形成」』彩流社
スキナー，クエンティン（門間都喜郎訳）2009.『近代政治思想の基礎——ルネッサンス，宗教改革の時代』春風社
スクリブナー，R・W／C・スコット・ディクソン（森田安一訳）2009.『ドイツ宗教改革』岩波書店
鈴木直志 1999.「近世ドイツにおける軍隊と社会——「軍隊の社会史」研究によせて」『桐蔭法学』6-1
ゼラート，ヴォルフガング（和田卓郎訳）2000.「帝国宮廷顧問会と帝国カンマー裁判所——その意義と研究」『大阪市立大学法学雑誌』46-4
高澤紀恵 1997.『主権国家体制の成立』（世界史リブレット29）山川出版社
高橋理 1980.『ハンザ同盟——中世都市と商人たち』教育社
高橋理 2013.『「ハンザ同盟」の歴史——中世ヨーロッパの都市と商業』創元社
高柳俊一・松本宣郎編 2009.『キリスト教の歴史2——宗教改革以降』山川出版社
田中真造 1983.『トーマス・ミュンツァー——革命の神学とその周辺』ミネルヴァ書房
谷口健治 1995.『ハノーファー——近世都市の文化誌』晃洋書房
玉木俊明 2009.『近代ヨーロッパの誕生——オランダからイギリスへ』講談社
田村一郎 1994.『18世紀ドイツ思想と「秘儀結社」——「自律」への不安』上，多賀出版
丹後杏一 1997.『ハプスブルク帝国の近代化とヨーゼフ主義』多賀出版
千葉徳夫 1991.「17世紀ゴータ侯国のお上(Obrigkeit)と教育——絶対主義時代におけるド

イツ小領邦の一断面」『法律論叢』63-4/5

千葉徳夫 1993.「ドイツ近世国制史に関する最新研究——H・ドライツェルの二つの著作に接して」『法律論叢』66-1/2

蝶野立彦 2014.『16世紀ドイツにおける宗教紛争と言論統制——神学者たちの言論活動と皇帝・諸侯・都市』彩流社

ツェルナー, エーリヒ（リンツビヒラ裕美訳）2000.『オーストリア史』彩流社

ディーステルカンプ（村上裕ほか訳）1991.「成立期から18世紀までのドイツ国民の神聖ローマ帝国における最高裁判権」『関東学院法学』1-2

テシィケ, ベンノ（君塚直隆訳）2008.『近代国家体系の形成——ウェストファリアの神話』桜井書店

デッカー, ライナー（佐藤正樹・佐々木れい訳）2007.『教皇と魔女——宗教裁判の機密文書より』法政大学出版局

出村彰 1970.『再洗礼派』日本基督教団出版局

出村彰 2009.『カルヴァン——霊も魂も体も』（出村彰宗教改革論集1）新教出版社

出村彰 2011.『ツヴィングリ——改革派教会の遺産と負債』（出村彰宗教改革論集2）新教出版社

テュヒレ, ヘルマンほか（上智大学中世思想研究所訳）1997a.『キリスト教史5 信仰分裂の時代』平凡社

テュヒレ, ヘルマンほか（上智大学中世思想研究所訳）1997b.『キリスト教史6 バロック時代のキリスト教』平凡社

デュルメン, リヒャルト・ファン（佐藤正樹訳）1993・95・98.『近世の文化と日常生活』全3巻, 鳥影社

寺田光雄 1996.『民衆啓蒙の世界像——ドイツ民衆学校読本の展開』ミネルヴァ書房

徳善義和 2012.『マルチン・ルター——ことばに生きた改革者』岩波書店

徳善義和ほか 1998.「欧文文献」『宗教改革著作集15 教会規定・年表・地図・参考文献目録』教文館

戸波勝徳 2005.「近世・近代ザクセンにおける絶対主義化の歩み——ポーランド国王アウグスト2世のザクセン選帝侯としての国家政策」『史学研究』248

トーマス, ハインツ（三佐川亮宏・山田欣吾編訳）2005.『中世の「ドイツ」——カール大帝からルターまで』創文社

富本健輔 1987.『宗教改革におけるツヴィングリ主義』風間書房

トレルチ, エルンスト（堀孝彦訳）1984.『トレルチ著作集8 プロテスタンティズムと近代世界』ヨルダン社

仲内英三 1999.「18世紀プロイセン絶対王政の中央・州官僚制」『早稲田政治経済雑誌』340

仲内英三 2000a.「18世紀プロイセン絶対王政の王権と官僚制——絶対主義王権と官僚制の権力関係」『早稲田政治経済雑誌』341

仲内英三 2000b・01.「18世紀プロイセン絶対王政と軍隊」1・2『早稲田政治経済雑誌』342・345

永田諒一 2000.『ドイツ近世の社会と教会——宗教改革と信仰派対立の時代』ミネルヴァ書房
永田諒一 2004.『宗教改革の真実——カトリックとプロテスタントの社会史』講談社
中村賢二郎 1976.『宗教改革と国家』ミネルヴァ書房
中村賢二郎ほか編訳 1976.『原典宗教改革史』ヨルダン社
中村賢二郎・倉塚平編 1983.『宗教改革と都市』刀水書房
成瀬治 1988a.『伝統と啓蒙——近世ドイツの思想と宗教』法政大学出版局
成瀬治 1988b.『絶対主義国家と身分制社会』山川出版社
成瀬駒男 1991.『ルネサンスの謝肉祭——ジャック・カロ』小沢書店
西川杉子 2002.『ヴァルド派の谷へ——近代ヨーロッパを生きぬいた異端者たち』山川出版社
日本ルター学会編訳 2011.『宗教改革者の群像』知泉書館
日本ルーテル神学大学・ルター研究所編 1995.『ルターと宗教改革事典』教文館
ハインペル, ヘルマン（阿部謹也訳）1991.『人間とその現在——ヨーロッパの歴史意識』（新装版）未來社
バウマン, ラインハルト（菊池良生訳）2002.『ドイツ傭兵（ランツクネヒト）の文化史——中世末期のサブカルチャー／非国家組織の生態誌』新評論
ハージス, ヘルムート・G（木庭宏訳）2006.『消せない烙印——ユート・ジュースことヨーゼフ・ジュース・オッペンハイマーの生涯』松籟社
服部良久 2009.『アルプスの農民紛争——中・近世の地域公共性と国家』京都大学学術出版会
塙浩 1968.「カルル5世刑事裁判令（カロリナ）」『神戸法学雑誌』18-2
馬場哲 1993.『ドイツ農村工業史——プロト工業化・地域・世界市場』東京大学出版会
ハーバーマス, ユルゲン（細谷貞雄・山田正行訳）1994.『公共性の構造転換——市民社会の一カテゴリーについての探究』未來社
ハフナー, セバスチャン（川口由紀子訳）2000.『プロイセンの歴史——伝説からの解放』東洋書林
林毅 2007.『ドイツ中・近世都市と都市法』敬文堂
パラケルスス（大槻真一郎・澤元亙訳）2004.『奇蹟の医の糧——医学の四つの基礎「哲学・天文学・錬金術・医師倫理」の構想』工作舎
ビュッサー, フリッツ（森田安一訳）1980.『ツヴィングリの人と神学』新教出版社
平井進 2007.『近代ドイツの農村社会と下層民』日本経済評論社
ビルクナー, S編（佐藤正樹訳）1990.『ある子殺しの女の記録——18世紀ドイツの裁判記録から』人文書院
ヒンツェ, オットー（成瀬治訳）1982.「18世紀におけるプロイセン軍事＝官僚国家」F・ハルトゥングほか（成瀬治編訳）『伝統社会と近代国家』岩波書店
深井智朗・大角欣矢 2009.『憶えよ，汝死すべきを——ドイツ・プロテスタンティズムと音楽の歴史』日本基督教団出版局
藤枝静正 1976.『ドイツ語学校の研究』風間書房

藤代幸一 2002.『死の舞踏への旅』八坂書房
藤代幸一 2006.『ヴィッテンベルクの小夜啼鳥――ザックス，デューラーと歩く宗教改革』八坂書房
藤田幸一郎 1994.『手工業の名誉と遍歴職人――近代ドイツの職人世界』未來社
ブーバー，マルティン（平石善司訳）1997.『ハシディズム』みすず書房
ブラウン，デイル（梅田与四男訳）2006.『敬虔主義――そのルーツからの新しい発見』キリスト新聞社
フラーケ，オットー（榎木真吉訳）1990.『フッテン――ドイツのフマニスト』みすず書房
フランツ，ギュンター（寺尾誠ほか訳）1989.『ドイツ農民戦争』未來社
ブラント，ゼバスティアン（尾崎盛景訳）1962.『阿呆船』上・下，現代思潮新社
ブリックレ，ペーター（前間良爾訳）1988.『1525年の革命――ドイツ農民戦争の社会構造史的研究』刀水書房
ブリックレ，ペーター（服部良久訳）1990.『ドイツの臣民――平民・共同体・国家1300-1800年』ミネルヴァ書房
ブリックレ，ペーター（田中真造・増本浩子訳）1991.『ドイツの宗教改革』教文館
ブルクハルト，ヨハネス（鈴木直志訳）2002・06.「平和なき近世（上）（下）――ヨーロッパの恒常的戦争状態に関する試論」『桐蔭法学』8-2・13-1
ブルクハルト，ヨハネス（鈴木直志訳）2009.「近世ヨーロッパにおける戦争と平和」『桐蔭法学』15-2
ブールダッハ，K（坂口昂吉訳）1974.『宗教改革・ルネサンス・人文主義』創文社
ブルンナー，オットー（石井紫郎ほか訳）1974.『ヨーロッパ――その歴史と精神』岩波書店
ブルンナー，オットー（山本文彦訳）2013.『中世ヨーロッパ社会の内部構造』知泉書館
ブレーカー，ウルリヒ（阪口修平・鈴木直志訳）2000.『スイス傭兵ブレーカーの自伝』刀水書房
ベイントン，ローランド（青山一浪・岸千年訳）1954.『我ここに立つ――マルティン・ルターの生涯』聖文舎
別府昭郎 1998.『ドイツにおける大学教授の誕生――職階制の成立を中心に』創文社
ヘニング，フリードリヒ゠ヴィルヘルム（柴田英樹訳）1998.『ドイツ社会経済史――工業化前のドイツ800-1800』学文社
ベルリヒンゲン，ゲッツ・フォン（藤川芳郎訳）2008.『鉄腕ゲッツ行状記――ある盗賊騎士の回想録』白水社
ベーン，マックス・フォン（飯塚信雄ほか訳）2001.『ドイツ十八世紀の文化と社会』三修社
前田俊文 2004.『プーフェンドルフの政治思想――比較思想史的研究』成文堂
前間良爾 1998.『ドイツ農民戦争史研究』九州大学出版会
マクグラス，アリスター・E（高柳俊一訳）2000.『宗教改革の思想』教文館
松浦純 1994.『十字架と薔薇――知られざるルター』岩波書店

松元忠士 1998.『ドイツにおける学問の自由と大学自治――その歴史的生成と展開』敬文堂
松本尚子 2004-05.「ホイマン『ドイツ・ポリツァイ法学事始』と近世末期の諸国家学1-4――ドイツ近代行政法学史への序論として」『上智法学論集』47-3・4, 48-2, 49-2
松本尚子 2012.「近世ドイツの治安イメージとポリツァイ――廷吏から治安部隊へ」村田敏子・村岡健次編『近代ヨーロッパの探究13 警察』ミネルヴァ書房
マン, ジョン（田村勝省訳）2006.『グーテンベルクの時代――印刷術が変えた世界』原書房
三成美保 2005.『ジェンダーの法史学――近代ドイツの家族とセクシュアリティ』勁草書房
皆川卓 2004.「神聖ローマ帝国を統合する二つの道――ヴュルテンベルク公クリストフの「帝国執行令」構想」小倉欣一編『ヨーロッパの分化と統合――国家・民族・社会の史的考察』太陽出版
皆川卓 2005.『等族制国家から国家連合へ――近世ドイツ国家の設計図「シュヴァーベン同盟」』創文社
三輪貴美枝 2007.『ヴュルテンベルク敬虔主義の人間形成論――F. Ch. エーティンガーの思想世界』知泉書館
牟田和男 2000.『魔女裁判――魔術と民衆のドイツ史』吉川弘文館
棟居洋 1992.『ドイツ都市宗教改革の比較史的考察――リューベックとハンブルクを中心として』国際基督教大学比較文化研究会
村山聡 1995.『近世ヨーロッパ地域史論――経済・社会・文化』法律文化社
メラー, ベルント（森田安一ほか訳）1990.『帝国都市と宗教改革』教文館
メンデルス, フランクリンほか（篠塚信義ほか訳）1991.『西欧近代と農村工業』北海道大学図書刊行会
モッセ, ジョージ・L（三宅昭良訳）1996.『ユダヤ人の「ドイツ」――宗教と民族をこえて』講談社
求馬久美子 1998.「1681/82年「帝国軍制」について――17世紀後半のドイツにおける帝国防衛体制」『西洋史論集』1
森田安一 1983.「宗教改革時代」西川正雄編『ドイツ史研究入門』東京大学出版会
森田安一 1991.『スイス中世都市史研究』山川出版社
森田安一 2009.「日本語文献案内スクリブナーほか」『ドイツ宗教改革』岩波書店
森田安一 2013.『木版画を読む――占星術・「死の舞踏」そして宗教改革』山川出版社
森涼子 2006.『敬虔者たちと〈自意識〉の覚醒――近世ドイツ宗教運動のミクロ・ヒストリア』現代書館
モルザイ, ルードルフ（成瀬治訳）1982.「ドイツにおける聖界領接収の経済的社会的影響」F. ハルトゥングほか（成瀬治編訳）『伝統社会と近代国家』岩波書店
諸田實 1989.『フッガー家の遺産』有斐閣
諸田實 1998.『フッガー家の時代』有斐閣

文字浩 1998.「旧帝国における帝国最上級裁判所について」『南山法学』21-4
モーンハウプト，ハインツ（松本尚子訳）1989.「17〜19世紀ドイツにおける法源体系内の法律，特権，判決，国制」『法制史研究』48
屋敷二郎 1999.『紀律と啓蒙――フリードリヒ大王の啓蒙絶対主義』ミネルヴァ書房
山内進 1985.『新ストア主義の国家哲学――ユストゥス・リプシウスと初期近代ヨーロッパ』千倉書房
山崎彰 2005.『ドイツ近世権力と土地貴族』未來社
山本文彦 1995.『近世ドイツ国制史研究――皇帝・帝国クライス・諸侯』北海道大学図書刊行会
山本文彦 2000.「12〜15世紀ドイツにおける司教選出の諸問題――近世ドイツにおける聖界諸侯の予備的考察」『西洋史論集』3
山本文彦 2002.「近世ドイツにおける帝国裁判所――帝国最高法院に関する近年の研究紹介」『九州国大大学社会文化研究所紀要』50
山本文彦 2008.「時間意識と空間意識――近世ドイツにおける「コミュニケーション革命」」阪本浩ほか編『ソシアビリテの歴史的諸相――古典古代と前近代ヨーロッパ』南窓社
ヨルゲンセン，クリステル（淺野明監修）2010.『戦闘技術の歴史3　近世編』創元社
ランケ，レオポルト・フォン（村岡哲訳）1998.『世界史の流れ――ヨーロッパの近・現代を考える』筑摩書房
ルター，マルティン（ルター著作集委員会・ルーテル学院大学・ルター研究所訳）1964-.『ルター著作集』（第1集全10巻・第2集刊行中）聖文舎／リトン
ルター，マルティン（植田兼義訳）2003.『卓上語録』教文館
ルター，マルティン（ルーテル学院大学・日本ルーテル神学校・ルター研究所訳）2012.『ルター著作選集』教文館
ル＝ロワ＝ラデュリ，エマニュエル（稲垣文雄訳）2000.『気候の歴史』藤原書店
レック，ベルント（中谷博幸・山中淑江訳）2001.『歴史のアウトサイダー』昭和堂
ロッスム，ゲルハルト・ドールン＝ファン（藤田幸一郎ほか訳）1999.『時間の歴史――近代の時間秩序の誕生』大月書店
若曽根健治 2009.『ウァフェーデの研究――ドイツ刑事法史考』多賀出版
若尾祐司 1986.『ドイツ奉公人の社会史』ミネルヴァ書房
和田光司 2009.「カルヴァン派の展開」森田安一編『ヨーロッパ宗教改革の連携と断絶』教文館
渡邊伸 2001.『宗教改革と社会』京都大学学術出版会
Althoff, Gerd et al. (Hg.) 2009. *Spektakel der Macht. Rituale im Alten Europa 800-1800*. WBG.
Angermeier, Heinz 1970. Die Reichsregimenter und ihre Staatsidee, in: *HZ* 211.
Angermeier, Heinz 1984. *Die Reichsreform 1410-1555. Die Staatsproblematik in Deutschland zwischen Mittelalter und Gegenwart*. Beck.
Angermeier, Heinz 1995. Der Wormser Reichstag 1495. Ein europäisches Ereignis, in: *HZ* 261.
Aretin, Karl O. Frhr. von 2005 [1993/1997]. *Das Alte Reich 1648-1806*. 3 Bde., Klett-Cotta.

ARG Literaturbericht 1972+. *Archiv für Reformationsgeschichte. Beiheft. Literaturbericht.* Gütersloher.

Asch, Ronald G. 1997. *The Thirty Years War. The Holy Roman Empire and Europe 1618−48.* Palgrave Macmillan.

Aulinger, Rosemarie 1980. *Das Bild des Reichstages im 16. Jahrhundert. Beiträge zu einer typologischen Analyse schriftlicher und bildlicher Quellen.* V&R.

Baumann, Anette 2001. *Die Gesellschaft der Frühen Neuzeit im Spiegel der Reichskammergericht. Eine sozialgeschichtliche Untersuchung zum 17. und 18. Jahrhundert.* Böhlau.

Behringer, Wolfgang 1990. *Thurn und Taxis. Die Geschichte ihrer Post und ihrer Unternehmen.* Piper.

Behringer, Wolfgang 2003. *Im Zeichen des Merkur. Reichspost und Kommunikationsrevolution in der Frühen Neuzeit.* V&R.

Behringer, Wolfgang et al.（Hg.）2005. *Kulturelle Konsequenzen der ‚Kleinen Eiszeit'.* V&R.

Bierbrauer, Peter 1993. *Die unterdrückte Reformation. Der Kampf der Tiroler um eine neue Kirche 1521−1527.* Chronos.

Blickle, Peter（Hg.）1987. *Zugänge zur bäuerlichen Reformation.* Chronos.

Blickle, Peter 2000a. *Kommunalismus. Skizzen einer gesellschaftlichen Organisationsform.* 2 Bde., Oldenbourg.

Blickle, Peter 2000b［1982］. *Die Reformation im Reich.* Ulmer. 翻訳『ドイツの宗教改革』にはない論点を含む新版（第3版）

Blickle, Peter 2008. *Das Alte Europa. Vom Hochmittelalter bis zur Moderne.* Beck.

Blickle, Peter, et al.（Hg.）2002. *Macht und Ohnmacht der Bilder. Reformatorischer Bildersturm und Ohnmacht der Bilder.* Oldenbourg.

Brady, Thomas A., Jr. 1978. *Ruling Class, Regime and Reformation at Strassbourg 1520−1550.* Brill.

Brady, Thomas A., Jr. 1985. *Turning Swiss. Cities and Empire 1450−1550.* CUP.

Brady, Thomas A., Jr. 2009. *German Histories in the Age of Reformations 1400−1650.* CUP.

Braun, Bettina et al.（Hg.）2003. *Geistliche Staaten im Nordwesten des Alten Reiches. Forschungen zum Problem frühmoderner Staatlichkeit.* SH-Verlag.

Burgdorf, Wolfgang 2008［2006］. *Ein Weltbild verliert seine Welt. Der Untergang des Alten Reiches und die Generation 1806.* Oldenbourg.

Burkhardt, Johannes 1992. *Der Dreißigjährige Krieg.* Insel.

Burkhardt, Johannes 2006. *Vollendung und Neuorientierung des frühmodernen Reichs 1648−1763* ［*GEB*[10] 11］. Klett-Cotta.

Burkhardt, Johannes 2009. *Deutsche Geschichte in der Frühen Neuzeit.* Beck.

Burkhardt, Johannes/Christine Werkstetter（Hg.）2005. Kommunikation und Medien in der Frühen Neuzeit, in: *HZ* Beiheft 41.

Caspary, Hermann 1976. *Staat, Finanzen, Wirtschaft und Heerwesen im Hochstift Bamberg（1672−1693）.* Historischer Verein Bamberg.

Christ, Günter 1975. *Presentia Regis. Beiträge zur Geschichte der Reichskirche in der Neuzeit*. F. Steiner.

Christ, Günter 1989. *Studien zur Reichskirche der Frühneuzeit. Festgabe zum Sechzigsten*. F. Steiner.

Close, Christopher W. 2009. *The Negotiated Reformation. Imperial Cities and the Politics of Urban Reform, 1525‒1550*. CUP.

Conrad, Franziska 1984. *Reformation in der bäuerlichen Gesellschaft. Zur Rezeption reformatorischer Theologie im Elsass*. F. Steiner.

Dipper, Christof et al. (Hg.) 2006. *Kartenwelten. Der Raum und seine Repräsentation in der Neuzeit*. Primus.

Dixon, Scott C. 2002. *The Reformation in Germany*. Wiley-Blackwell.

Dollinger, Philippe 2012 [1966]. *Die Hanse*. Kroener.

Dotzauer, Winfried 1998. *Die deutschen Reichskreise (1383‒1806). Geschichte und Aktenedition*. F. Steiner.

Durchhardt, Heinz (Hg.) 1998. *Der Westfälische Friede. Diplomatie-politische Zäsur-kulturelles Umfeld- Rezeptionsgeschichte*. Oldenbourg.

Dwyer, Philip G. (ed.) 2000. *The Rise of Prussia. Rethinking Prussian History, 1710‒1830*. Longman.

Edwards, Mark U., Jr. 2004 [1994]. *Printing, Propaganda and Martin Luther*. Augsburg Fortress.

Enderle, Wilfried 1990. *Konfessionsbildung und Ratsregiment in der katholischen Reichsstadt Überlingen 1500‒ 1618*. Kohlhammer.

Evans, Robert John Weston 1979. *The Making of the Habsburg Monarchy 1550‒1700*. OUP.

Feine, Hans Erich Alfred 2012 [1905]. *Die Besetzung der Reichsbistümer vom Westfälischen Frieden bis zur Säkularisation 1648‒1803*. Lightning Source UK.

Fichtner, Paula Sutter 2003. *The Habsburg Monarchy, 1490‒1848*. Palgrave Macmillan.

Forrest, Alan/Peter H. Wilson (eds.) 2009. *The Bee and the Eagle. Napoleonic France and the End of the Holy Roman Empire, 1806. War, Culture and Society, 1750‒1850*. Palgrave Macmillan.

Friedeburg, Robert von (Hg.) 2001. *Widerstandsrecht in der frühen Neuzeit. Erträge und Perspektiven der Forschung im deutsch-britischen Vergleich*. D&H.

Friedrich, Susanne 2007. *Drescheibe Regensburg. Das Informationas- und Kommunikationssystem des Immerwährenden Reichstag um 1700*. Oldenbourg.

Gatz, Erwin (Hg.) 1990. *Die Bischöfe des Heiligen Römischen Reiches 1648 bis 1803. Ein biographisches Lexikon*. D&H.

Gerhard, Dietrich 1981. *Old Europe. A Study of Continuity, 1000‒1800*. Academic Press.

Goertz, Hans-Jürgen 1994 [1987]. *Pfaffenhaß und groß Geschrei. Die reformatorischen Bewegungen in Deutschland 1517‒1529*. Beck.

Gotthard, Axel 1999. *Säulen des Reiches. Die Kurfürsten im frühneuzeitlichen Reichsverband*. Matthiesen.

Gotthard, Axel 2007. *In der Ferne. Die Wahrnehmung des Raums in der Vormoderne*. Campus.

Grell, Ole P./Andrew Cunningham (eds.) 1993. *Medicine and the Reformation*. Routledge.

Greyerz, Kaspar von 2007. *Selbstzeugnisse in der Frühen Neuzeit*. Oldenbourg.

Greyerz, Kaspar. von et al. (Hg.) 2003. *Interkonfessionalität, Transkonfessionalität, binnenkonfessionelle Pluralität. Neue Forschungen zur Konfessionalisierungsthese*. Gütersloher.

Greyerz, Kaspar von et al. (Hg.) 2010. *Religion und Naturwissenschaften im 16. und 17. Jahrhundert*. Gütersloher.

Gschliesser, Oswald von 1942. *Der Reichshofrat. Bedeutung und Verfassung. Schicksal und Besetzung einer obersten Reichsbehörde von 1559−1806*. A. Holzhausen.

Hagen, William W. 2002. *Ordinary Prussians. Brandenburg Junkers and Villages*. CUP.

Ham, Berndt 1993. Von der spätmittelalterlichen reformatio zur Reformation. Der Prozeß normativer Zentrierung von Religion und Gesellschaft in Deutschland, in: *ARG* 84.

Ham, Berndt/Michael Welker 2008. *Die Reformation. Potentiale der Freiheit*. Mohr Siebeck.

Hartmann, Peter Claus 2001. *Kulturgeschichte des Heiligen Römischen Reiches 1648 bis 1806. Verfassung-Religion-Kultur*. Böhlau.

Hartmann, Peter Claus/Florian Schuller (Hg.) 2006. *Das Heilige Römische Reich und sein Ende 1806. Zäsur in der deutschen und europäischen Geschichte*. Pustet.

Hartmann, Peter Claus/Florian Schuller (Hg.) 2010. *Der Dreißigjährige Krieg. Facetten einer folgenreichen Epoche*. Pustet.

Haug-Moritz, Gabriele 1992. *Württenbergischer Ständekonnflikt und deutscher Dualismus. Ein Beitrag zur Geschichte des Reichsverbands in der Mitte des 18. Jahrhunderts*. Kohlhammer.

Haug-Moritz, Gabriele 2002. *Der Schmalkaldische Bund 1530−1541/42*. Thorbecke.

Hauser, Oswald (Hg.) 1987. *Preußen, Europa und das Reich*. Böhlau.

Helfferich, Tryntje (ed.) 2009. *The Thirty Years War. A Documentary History*. Hackett.

Hippenmeyer, Immacolata S. 1997. *Nachbarschaft, Pfarrei und Gemeinde in Graubünden 1400−1600*. 2 Bde., Desertina.

Hufeld, Ulrich (Hg.) 2003. *Der Reichsdeputationshauptschluss von 1803. Eine Dokumentation zum Untergang des Alten Reiches*. Böhlau.

Hughes, Michael 1988. *Law and Politics in 18th-Century Germany. The Imperial Aulic Council in the Reign of Charles VI*. Royal Historical Society.

Ikari, Yuki 2009. *Wallfahrtswesen in Köln vom Spätmittelalter bis zur Aufklärung*. SH-Verlag.

Ingrao, Charles W. 2000 [1994]. *The Habsburg Monarchy 1618−1815*. CUP.

Jung, Martin H. 2012. *Reformation und Konfessionelles Zeitalter 1517−1648*. UTB: V&R.

Jussen, Bernhard/Craig Koslofsky (Hg.) 1999. *Kulturelle Reformation. Sinnformationen im Umbruch 1400−1600*. V&R.

Kaplan, Benjamin 2010 [2007]. *Divided By Faith. Religious Conflict and the Practice of Toleration in Early Modern Europe*. Harvard UP.

Kappelhoff, Bernd 1982. *Absolutische Regiment oder Ständeherrschaft? Landesherr und Landstände in Ostfriesland im ersten Drittel des 18. Jahrhunderts*. Lax.

Kaufmann, Thomas 2009. *Geschichte der Reformation*. Insel.

Köbler, Gerhard 2007 [1988]. *Historisches Lexikon der deutschen Länder. Die deutschen Territorien vom Mittelalter bis zur Gegenwart*. Beck.

Koerner, Joseph Leo 2008 [2004]. *The Reformation of the Image*. Chicago UP.

Köhler, Hans-Joachim (Hg.) 1981. *Flugschriften als Massenmedium der Reformationszeit*. Klett-Cotta.

Kremer, Stephan 1992. *Herkunft und Werdegang geistlicher Führungsschichten in den Reichsbistümern zwischen Westfälischem Frieden und Säkularisation*. Herder.

Krischer, André 2006. *Reichsstädte in der Fürstengesellschaft. Politischer Zeichengebrauch in der Frühen Neuzeit*. WBG.

Lanzinner, Maximilian 1993. *Friedenssicherung und politische Einheit des Reiches unter Kaiser Maximilian II. (1564-1576)*. V&R.

Lanzinner, Maximilian et al. 2004. *Konfessionelles Zeitalter 1555-1618. Dreißigjähriger Krieg 1618-1648* [GEB[10] 10]. Klett-Cotta.

Lehmann, Hartmut 2012. *Luthergedächtniss 1817 bis 2017*. Refo 500 Academic Studies 8, V&R.

Leibetseder, Mathis 2004. *Die Kavalierstour. Adlige Erziehungsreisen in 17. und 18. Jahrhundert*. Böhlau.

Leu, Urs B./Christian Scheidegger (Hg.) 2007. *Die Zürcher Täufer 1525-1700*. Theologischer Verlag.

Litt, Stefan 2009. *Geschichte der Juden Mitteleuropas 1500-1800*. WBG.

Lortz, Joseph 1992[6] [1939/40]. *Die Reformation in Deutschland*. 2 Bde., Herder.

Lotz-Heumann, Ute et al. (Hg.) 2007. *Konversion und Konfession in der Frühen Neuzeit*. Gütersloher.

Luttenberger, Albrecht P. 1994. *Kurfürst, Kaiser und Reich. Politische Führung und Friedenssicherung unter Ferdinand I. und Maximilian II*. Zabern.

Luttenberger, Albrecht P. (Hg.) 2006. *Katholische Reform und Konfessionalisierung*. WBG.

McKay, Derek 2001. *The Great Elector. Frederick William of Brandenburg-Prussia*. Longman.

Marshall, Peter 2009. *The Reformation. A very short Introduction*. OUP.

Maurer, Michael 1998. *Kirche, Staat und Gesellschaft im 17. und 18. Jahrhundert* [EdG 51]. Oldenbourg.

Meller, Harald (Hg.) 2008. *Fundsache Luther. Archäologen auf den Spuren des Reformators*. Theiss.

Mörke, Olaf 2011 [2005]. *Die Reformation. Voraussetzungen und Durchsetzgun* [EdG 74]. Oldenbourg.

Müller, Andreas 1992. *Der Regensburger Reichstag von 1653/54. Eine Studie zur Entwicklung des Alten Reiches nach dem Westfälischen Frieden*. Peter Lang.

Müller, Klaus 1976. *Das kaiserliche Gesandtschaftswesen im Jahrhundert nach dem Westfälischen Frieden (1648-1740)*. Ludwig Röhrscheid.

Neuhaus, Helmut 1982. *Reichsständische Repräsentationsformen im 16. Jahrhundert: Reichstag-Reichskreistag-Reichsdeputationstag*. D&H.

North, Michael（Hg.）2001［1995］. *Kommunikationsrevolution. Die neuen Medien des 16. und 19. Jahrhundert*. Böhlau.

Oberman, Heiko A. 1992［1986］. *The Dawn of the Reformation. Essays in Late Medieval and Early Reformation Thought*. Eerdmans Paperback.

Oettinger, Rebecca W. 2001. *Music as Propaganda in the German Reformation*. Ashgate.

Opitz, Peter（ed.）2013. *The Myth of the Reformation*. Refo 500 Academic Studies 9, V&R.

Oschmann, Antje S. 1991. *Der Nürnberger Exekutionstag 1649−1650. Das Ende des Dreißigjährigen Krieges in Deutschland*. Aschendorff.

Ott, Joachim/Martin Treu（Hg.）2008. *Luthers Thesenanschlag. Faktum oder Fiktion*. Evangelische Verlagsanstalt.

Ozment, Steven E. 1980［1975］. *The Reformation in the Cities. The Appeal of Protestantism to Sixteenth-Century Germany and Switzerland*. Yale UP.

Peper, Ines 2010. *Konversionen im Umkreis des Wiener Hofes um 1700*. Oldenbourg.

Pettegree, Andrew 2005. *Reformation and the Culture of Persuation*. CUP.

Press, Volker 1989. Die kaiserliche Stellung im Reich zwischen 1648 und 1740. Versuch einer Neubewertung, in: Georg Schmidt（Hg.）, *Stände und Gesellschaft im Alten Reich*. Zabern.

Press, Volker 1991. The Imperial Court of the Habsburgs. From Maximilian I to Ferdinand III, 1493−1657, in: R. G. Asch（ed.）, *Princes, Patronage and the Nobility. The Court at the Biginning the Modern Age, c.1450−1650*. OUP.

Press, Volker（Hg.）1995. *Alternativen zur Reichsverfassung in der Frühen Neuzeit?* Oldenbourg.

Press, Volker 1998. *Adel im Alten Reich. Gesammelte Vorträge und Aufsätze*. Bibliotheca academica.

Ranieri, Filippo 1996［1985］. *Recht und Gesellschaft im Zeitalter der Rezeption*. Böhlau.

Rauscher, Peter（Hg.）2010. *Kriegsführung und Staatsfinanze. Die Habsburgermonarichie und das Heilige Römische Reich vom Dreissijährigen Krieg bis zum Ende des habsburgischen Kaisertum 1740*. Aschendorff.

Reinhard, Wolfgang 2003［1999］. *Geschichte der Staatsgewalt. Eine vergleichende Verfassungsgeschchite Europas von den Anfänagen bis zur Gegenwart*. Beck.

Reinhard, Wolfgang 2004. *Probleme deutscher Geschichte 1495−1806. Reichsreform und Reformation 1495−1555*［GEB^{10} 9］. Klett-Cotta.

Repgen, Konrad（Hg.）1988. *Krieg und Politik 1618−1648*. Oldenbourg.

Roll, Christine 1996. *Das zweite Reichsrgiment 1521−1530*. Böhlau.

Roth, John D./James M. Stayer（eds.）2011［2006］. *A Companion to Anabapism and Spiritualism, 1521−1700*. Brill.

Rowan, Steven W. 1977. The Common Penny（1495−99）as a Source of German Social and Demographic History, in: *Central European History* 10.

Rublack, Hans-Christoph 1978. *Gescheiterte Reformation. Frühreformatorische und protestantische Bewegungen in süd- und westdeutschen geistlichen Residenzen*. Klett-Cotta.

Schilling, Heinz 1979. Die politische Elite nordwestdeutscher Städte in den religiösen Auseinandersetzungen des 16. Jahrhunderts, in: Mommsen, W. J.（Hg.）, *Stadtbürgertum und Adel in der*

Reformation. Studien zur Sozialgeschichte der Reformation in England und Deutschland. Klett-Cotta.

Schilling, Heinz 1986. *Die reformierte Konfessionalisierung in Deutschlannd. Das Problem der „Zweiten Reformation".* Gütersloher.

Schilling, Heinz 1987. Die deutsche Gemeindereformation. Ein oberdeutsch-zwinglianisches Ereignis vor der „reformatorischen Wende" des Jahres 1525? in: *ZHF* 14.

Schilling, Heinz 1995. Konfessionalisierung von Kirche, Staat und Gesellschaft. Profil, Leistung, Defizite und Perspektiven eines geschichtswissenschaftlichen Paradigmas, in: Wolfgang Reinhard/id.（Hg.）, *Die katholische Konfessionalisierung in Europa.* Gütersloher.

Schilling, Heinz 2001. Reichsstaat und frühneuzeitliche Nation der Deutschen oder teilmodernisiertes Reichssystem. Überlegungen zu Charakter und Aktualität des Alten Reiches, in: *HZ* 272.

Schindling, Anton 1991. *Die Anfänge des Immerwährenden Reichstags zu Regensburg.* Zabern.

Schindling, Anton 1995. Der erste Rheinbund und das Reich, in: Volker Press（Hg.）, *Alternativen zur Reichesverfassung in der Frühen Neuzeit?* Oldenbourg.

Schindling, Anton/Walter Ziegler（Hg.）1989-97. *Die Territorien des Reichs im Zeitalter der Reformation und Konfessionalisierung. Land und Konfession 1500-1600.* 7 Bde., Aschendorff.

Schindling, Anton/Walter Ziegler（Hg.）1990. *Die Kaiser der Neuzeit 1519-1918. Heiliges Römisches Reich, Österreich, Deutschland.* Beck.

Schmid, Peter 1989. *Der Gemeine Pfennig von 1495.* V&R.

Schmidinger, Heinrich（Hg.）2002. *Wege zur Tolelanz. Geschichte einer europäischen Ideen in Quellen.* WBG.

Schmidt, Georg 1996. Deutschland am Beginn der Neuzeit. Reichs-Staat und Kulturnation? in: Christine Roll（Hg.）, *Recht und Reich im Zeitalter der Reformation.* Peter Lang.

Schmidt, Georg 1999. *Geschichte des alten Reiches. Staat und Nation in der Frühen Neuzeit 1495-1806.* Beck.

Schmidt, Georg 2001. Das frühennzeitliche Reich-komplementärer Staat und föderative Nation, in: *HZ* 273.

Schmidt, Georg 2009 [2002]. Das frühennzeitliche Reich. Sonderweg und Modell für Europa oder Staat der Deutschen Nation? in: Matthias Schnettger（Hg.）, *Imperium Romanum - Irregulare Corpus - Teutscher Reichs-Staat. Das Alte Reich im Verständnis der Zeitgenossen und der Historiographie.* V&R.

Schmidt, Georg 2010 [1995]. *Der Dreißigjährige Krieg.* Beck.

Schmidt, Heinrich Richard 1995. *Dorf und Religion. Reformierte Sittenzucht in Berner Landgemeinden der frühen Neuzeit.* Fischer.

Schnettger, Matthias 1996. *Der Reichsdeputationstag 1655-1663. Kaiser und Stände zwischen Westfälischen Frieden und Immerwährenden Reichstag.* Aschendorff.

Schnur, Roman 1955. *Der Rheinbund von 1658 in der deutschen Verfassungsgeschichte.* Röhrscheid.

Schnurr, Eva-Maria 2009. *Religionskonflikt und Öffentlichkeit. Eine Mediengeschichte des Kölner Krieges（1582 bis 1590）.* Böhlau.

Schnyder, Caroline 2008. *Reformation*. UTB: Ulmer.
Schnyder, Caroline 2009. *Reformation und Demokratie im Wallis 1524−1613*. V&R [Zabern 2002].
Schorn-Schütte, Luise 2006 [1996]. *Die Reformation. Vorgeschichte-Verlauf- Wirkung*. Beck.
Schorn-Schütte, Luise 2009. *Geschichte Europas in der Frühen Neuzeit. Studienhandbuch 1500−1789*. Schöningh.
Schubert, Anselm et al. (Hg.) 2009. *Grenzen des Täufertums/Boudaries of Anabaptism. Neue Forschungen*. Gütersloher.
Schulze, Winfried 1978. *Reich und Türkengefahr im späten 16. Jahrhundert. Studien zu den politischen und gesellschaftlichen Auswirkungen einer äußeren Bedrohung*. Beck.
Schutte, Anne Jacobson et al. (Hg.) 2009. *Reformationsforschung in Europa und Nordamerika. Eine historiographische Bilanz anlässlich des 100. Bandes des ARG*. Gütersloher.
Scott, Tom 2013. *The Early Reformation in Germany. Between Secular Impact and Radical Vision*. Ashgate.
Scribner, Robert R. 1975. Civic Unity and the Reformation in Erfurt, in: *Past & Present* 66.
Sellert, Wolfgang (Hg.) 1999. *Reichshofrat und Reichskammergericht. Ein Konkurrenzverhältnis*. Böhlau.
Spielman, John P. 1977 [1973]. *Leopold I of Austria*. Thames and Hudson.
Stollberg-Rilinger, Barbara 2009 [2006]. *Das heilige römische Reich deutscher Nation. Vom Ende des Mittelalters bis 1806*. Beck.
Strauss, Gerald 1978. *Luther's House of Learning. Indoctrination of the Young in the German Reformation*. Johns Hopkins UP.
Szabó, Thomas (Hg.) 2009. *Die Welt der europäischen Strassen. Von der Antike bis in die Frühe Neuzeit*. Böhlau.
Trossbach, Werner 1986. Fürstenabsetzungen im 18. Jahrhundert, in: *ZHF* 13.
Vötsch, Jochen 2003. *Kursachsen,das Reich und der mitteldeutsche Raum zu Beginn des 18. Jahrhunderts*. Peter Lang.
Wallace, Peter G. 2012 [2004]. *The Long European Reformation*. Palgrave Macmillan.
Whaley, Joachim 2012. *Germany and the Holy Roman Empire*. 2 vols., OUP.
Wiesner-Hanks, Merry E. 2006. *Early Modern Europe, 1450−1789*. CUP.
Wilson, Peter H. 1995. *War, State and Society in Württemberg 1677−1793*. CUP.
Wilson, Peter H. 1998. *German Amies. War and German Politics 1648−1806*, Routledge.
Wilson, Peter H. 2004. *From Reich to Revolution. German History, 1558−1806*. Palgrave Macmillan.
Wilson, Peter H. 2009. *Europe's Tragedy. A History of the Thirty Years War*. Penguin.
Wolffe, John (ed.) 2013. *Protestant-Catholic Conflict from the Reformation to the 21st Century. The Dynamics of Religious Difference*. Palgrave Macmillan.
Wüst, Wolfgang (Hg.) 2000. *Reichskreis und Territorium. Die Herrschaft über Herrschaft? Superterritoriale Tendenzen in Politik, Kultur, Wirtschaft und Gesellschaft*. Thorbecke.

Wüst, Wolfgang (Hg.) 2003. *Geistliche Staaten in Oberdeutschland im Rahmen der Reichsverfassung. Kultur-Verfassung-Wirtschaft-Gesellschaft. Ansätze zur einer Neubewertung*. Bibliotheca academica.

Zeeden, Ernst W. 1965. *Die Entstehung der Konfessionen. Grundlagen und Formen der Konfessionsbildung im Zeitalter der Glaubenskämpfe*. Oldenbourg.

第4章 「長い19世紀」

*アイク，エーリッヒ（救仁郷繁ほか訳）1993-99.『ビスマルク伝』全8巻，ぺりかん社

浅田進史 2011.『ドイツ統治下の青島——経済的自由主義と植民地社会秩序』東京大学出版会

足立芳宏 1997.『近代ドイツの農村社会と農業労働者——「土着」と「他所者」のあいだ』京都大学学術出版会

雨宮昭彦 2000.『帝政期ドイツの新中間層——資本主義と階層形成』東京大学出版会

飯田収治ほか 1966.『ドイツ現代政治史——名望家政治から大衆民主主義へ』ミネルヴァ書房

飯田洋介 2010.『ビスマルクと大英帝国——伝統的外交手法の可能性と限界』勁草書房

飯田芳弘 1999.『指導者なきドイツ帝国——ヴィルヘルム期ライヒ政治の変容と隘路』東京大学出版会

飯田芳弘 2013.『想像のドイツ帝国——統一の時代における国民形成と連邦国家建設』東京大学出版会

**伊坂青司・原田哲史編 2007.『ドイツ・ロマン主義研究』御茶の水書房

石川澄雄 1972.『シュタインと市民社会——プロイセン改革小史』御茶の水書房

石塚正英 1983.『三月前期の急進主義——青年ヘーゲル派と義人同盟に関する社会思想史的研究』長崎出版

石塚正英 1998.『アソシアシオンのヴァイトリング』世界書院

*石部雅亮編 1999.『ドイツ民法典の編纂と法学』九州大学出版会

板橋拓己 2010.『中欧の模索——ドイツ・ナショナリズムの一系譜』創文社

伊藤定良 1987.『異郷と故郷——ドイツ帝国主義とルール・ポーランド人』東京大学出版会

**伊藤定良 2002.『ドイツの長い一九世紀——ドイツ人・ポーランド人・ユダヤ人』青木書店

ヴィンクラー，ハインリヒ・アウグスト（保住敏彦ほか訳）1989.『組織された資本主義』名古屋大学出版会

*ヴィンクラー，ハインリヒ・アウグスト（後藤俊明ほか訳）2008.『自由と統一への長い道1——ドイツ近現代史 1789-1933年』昭和堂

*上杉愼吉 1910.『婦人問題』三書樓

**ヴェーバー，マックス（中村貞二ほか訳）1982.『政治論集』1・2，みすず書房

**上山安敏 1964.『ドイツ官僚制成立論——主としてプロイセン絶対制国家を中心として』有斐閣

上山安敏 1966.『法社会史』みすず書房
上山安敏 1984.『神話と科学——ヨーロッパ知識社会 世紀末〜20世紀』岩波書店
**ヴェーラー，ハンス＝ウルリヒ（大野英二・肥前栄一訳）1983.『ドイツ帝国1871〜1918年』未來社
エヴァンズ，R・J編（望田幸男・若原憲和訳）1988.『ヴィルヘルム時代のドイツ——「下から」の社会史』晃洋書房
**エーマー，ヨーゼフ（若尾祐司・魚住明代訳）2008.『近代ドイツ人口史——人口学研究の傾向と基本問題』昭和堂
エンゲルベルク，エルンスト（野村美紀子訳）1996.『ビスマルク——生粋のプロイセン人・帝国創建の父』海鳴社
太田和宏 2001.『オフサイドの自由主義——ドイツ労働組合の初めての闘い』ミネルヴァ書房
大津留厚 2007.『ハプスブルクの実験——多文化共存を目指して』（増補改訂）春風社
大西健夫 1978.『ハルデンベルク租税改革とプロイセン国家財政再建』早稲田大学出版部
**大野英二 1956.『ドイツ金融資本成立史論』有斐閣
大原俊一郎 2013.『ドイツ正統史学の国際政治思想——見失われた欧州国際秩序論の本流』ミネルヴァ書房
*小野塚喜平次 1908.『歐洲現代立憲政況一斑』博文館
*小原淳 2011.『フォルクと帝国創設——19世紀ドイツにおけるトゥルネン運動の史的考察』彩流社
*神川彦松 1940.『世界大戰原因論』岩波書店
亀嶋庸一 1995.『ベルンシュタイン——亡命と世紀末の思想』みすず書房
**ガル，ロタール（大内宏一訳）1988.『ビスマルク——白色革命家』創文社
**川越修 1988.『ベルリン王都の近代——初期工業化・1848年革命』ミネルヴァ書房
**川越修 1995a.「1848年革命像の再検討」歴史学研究会編『講座世界史３ 民族と国家』東京大学出版会
川越修 1995b.『性に病む社会——ドイツある近代の軌跡』山川出版社
**川越修ほか編 1990.『近代を生きる女たち——一九世紀ドイツ社会史を読む』未來社
**川本和良 1971.『ドイツ産業資本成立史論』未來社
川本和良 1997・99.『ドイツ社会政策・中間層政策史論』１・２，未來社
キーゼヴェター，フーベルト（高橋秀行・桜井健吾訳）2006.『ドイツ産業革命——成長原動力としての地域』晃洋書房
北住炯一 1990.『近代ドイツ官僚国家と自治——社会国家への道』成文堂
**木谷勤 1977.『ドイツ第二帝制史研究——「上からの革命」から帝国主義へ』青木書店
北村昌史 2007.『ドイツ住宅改革運動——19世紀の都市化と市民社会』京都大学学術出版会
工藤章・田嶋信雄編 2008.『日独関係史——一八九〇〜一九四五』全３巻，東京大学出版会
グラーフ，フリードリッヒ・ヴィルヘルム（深井智朗・安酸敏眞編訳）2001.『トレルチ

とドイツ文化プロテスタンティズム』聖学院大学出版会
栗城寿夫 1965.『ドイツ初期立憲主義の研究――バーデンにおける憲法生活を中心として』有斐閣
ゲルマン，アルカージー・A／イーゴリ・R・プレーヴェ（鈴木健夫・半谷史郎訳）2008.『ヴォルガ・ドイツ人――知られざるロシアの歴史』彩流社
** コゼレック，ラインハルト（成瀬治訳）1982.「プロイセンにおける国家と社会一八一五年～一八四八年」F・ハルトゥングほか（成瀬治編訳）『伝統社会と近代国家』岩波書店
コッカ，ユルゲン（加来祥男訳）1992.『工業化・組織化・官僚制――近代ドイツの企業と社会』名古屋大学出版会
** コッカ，ユルゲン編（望田幸男監訳）2000.『国際比較・近代ドイツの市民――心性・文化・政治』ミネルヴァ書房（部分訳）
* 小林昇 1978-79.『フリードリヒ・リスト研究』全3冊（小林昇経済学史著作集第6～8巻）未來社
今野元 2003.『マックス・ヴェーバーとポーランド問題――ヴィルヘルム期ドイツ・ナショナリズム研究序説』東京大学出版会
今野元 2007.『マックス・ヴェーバー――ある西欧派ドイツ・ナショナリストの生涯』東京大学出版会
今野元 2009.『多民族国家プロイセンの夢――「青の国際派」とヨーロッパ秩序』名古屋大学出版会
* 坂井榮八郎 1998.『ドイツ近代史研究――啓蒙絶対主義から近代的官僚国家へ』山川出版社
* 桜井健吾 2001.『近代ドイツの人口と経済――1800-1914年』ミネルヴァ書房
佐野誠 1993.『ヴェーバーとナチズムの間――近代ドイツの法・国家・宗教』名古屋大学出版会
* シヴェルブシュ，ヴォルフガング（加藤二郎訳）1992.『鉄道旅行の歴史――19世紀における空間と時間の工業化』法政大学出版局
** シーダー，Th（岡部健彦訳）1983.『転換期の国家と社会――19・20世紀史研究』創文社
* 篠原一 1956.『ドイツ革命史序説――革命におけるエリートと大衆』岩波書店
* 下田淳 2001.『ドイツ近世の聖性と権力――民衆・巡礼・宗教運動』青木書店
** シュターデルマン（大内宏一訳）1978.『1848年ドイツ革命史』創文社
シルファート，ゲルハルト（上杉重二郎・伊東勉訳）1956.『ドイツ三月革命の研究――民主的選挙権闘争の勝利と敗北』日本評論新社
末川清 1996.『近代ドイツの形成――「特有の道」の起点』晃洋書房
鈴木楠緒子 2012.『ドイツ帝国の成立と東アジア――遅れてきたプロイセンによる「開国」』ミネルヴァ書房
スタインバーグ，ジョナサン（小原淳訳）2013.『ビスマルク』上・下，白水社
スターン，フリッツ（中道寿一訳）1988.『文化的絶望の政治――ゲルマン的イデオロギ

ーの台頭に関する研究』三嶺書房
曽田長人 2005.『人文主義と国民形成——19世紀ドイツの古典教養』知泉書館
高橋秀行 1986.『近代ドイツ工業政策史——19世紀プロイセン工業育成振興政策とP.C.W. ボイト』神戸大学研究双書刊行会
田熊文雄 2006.『近代ドイツの国制と市民——地域・コルポラツィオンと集権国家』（増補版）御茶の水書房
竹中亨 2004.『帰依する世紀末——ドイツ近代の原理主義者群像』ミネルヴァ書房
田中洋子 1998.「「手工業職人」と「プロレタリアート」の間で——ドイツ社会民主主義の歴史的アイデンティティ」増谷英樹・伊藤定良編『越境する文化と国民統合』東京大学出版会
** 田中洋子 2001.『ドイツ企業社会の形成と変容——クルップ社における労働・生活・統治』ミネルヴァ書房
** 谷口健治 2001.『ドイツ手工業の構造転換——〈古き手工業から三月前期へ〉』昭和堂
谷口健治 2003.『バイエルン王国の誕生——ドイツにおける近代国家の形成』山川出版社
** 玉井克哉 1990-91.「ドイツ法治国思想の歴史的構造」1～5『国家学会雑誌』103-9/10・11/12, 104-1/2・5/6・7/8
* 田村雲供 1998.『近代ドイツ女性史——市民社会・女性・ナショナリズム』阿吽社
田村信一 1993.『グスタフ・シュモラー研究』御茶の水書房
** ダン，オットー（末川清ほか訳）1999.『ドイツ国民とナショナリズム1770-1990』名古屋大学出版会
戸原四郎 1960.『ドイツ金融資本の成立過程』東京大学出版会
鍋谷郁太郎 2003.『ドイツ社会民主党と地方の論理——バイエルン社会民主党1890～1906』東海大学出版会
** 成瀬治 1988.「「三月前期」における代議制の性格」同『絶対主義国家と身分制社会』山川出版社
* 西川正雄 1989.『第一次世界大戦と社会主義者たち』岩波書店
** ニッパーダイ，トーマス（坂井榮八郎訳）2008.『ドイツ史を考える』山川出版社
野崎敏郎 2011.『大学人ヴェーバーの軌跡——闘う社会科学者』晃陽書房
** 野田宣雄 1997.『ドイツ教養市民層の歴史』講談社
乗杉澄夫 1997.『ヴィルヘルム帝政期ドイツの労働争議と労使関係』ミネルヴァ書房
林健太郎 1952.『近代ドイツの政治と社會——プロイセン改革に關する一研究』弘文堂
林健太郎 1977.『プロイセン・ドイツ史研究』東京大学出版会
* 鳩澤歩 2006.『ドイツ工業化における鉄道業』有斐閣
* 肥前栄一 1973.『ドイツ経済政策史序説——プロイセン的進化の史的構造』未來社
* ヒトラー，アドルフ（平野一郎ほか訳）1973.『わが闘争：完訳』上・下，角川書店
姫岡とし子 1993.『近代ドイツの母性主義フェミニズム』勁草書房
姫岡とし子 2004.『ジェンダー化する社会——労働とアイディンティティの日独比較史』岩波書店
* 平井進 2007.『近代ドイツの農村社会と下層民』日本経済評論社

ファークツ，アルフレート（望田幸男訳）1994.『ミリタリズムの歴史——文民と軍人』福村書店

** フィッシャー，フリッツ（村瀬興雄監訳）1972・83.『世界強国への道——ドイツの挑戦1914-1918年』1・2. 岩波書店

深井智朗 2009.『十九世紀のドイツ・プロテスタンティズム——ヴィルヘルム帝政期における神学の社会的機能についての研究』教文館

福岡万里子 2013.『プロイセン東アジア遠征と幕末外交』東京大学出版会

** 藤瀬浩司 1967.『近代ドイツ農業の形成——いわゆる「プロシャ型」進化の歴史的検証』御茶の水書房

** 藤田幸一郎 1984.『近代ドイツ農村社会経済史』未來社

** 藤田幸一郎 1988.『都市と市民社会——近代ドイツ都市史』青木書店

藤本建夫 1984.『ドイツ帝国財政の社会史』時潮社

ブラジウス，ディルク（矢野久・矢野裕美訳）1990.『歴史のなかの犯罪——日常からのドイツ社会史』同文舘出版

* ブラックボーン，デーヴィド／ジェフ・イリー（望田幸男訳）1983.『現代歴史叙述の神話——ドイツとイギリス』晃洋書房

ブラックボーン，Dほか（望田幸男ほか訳）1992.『イギリス社会史派のドイツ史論』晃洋書房

プレーヴェ，ラルフ（丸畠宏太・鈴木直志訳）2010.『19世紀ドイツの軍隊・国家・社会』創元社

ヘニング，F＝W（林達・柴田英樹訳）1997.『ドイツの工業化1800-1914』学文社

ヘルツィヒ，アルノ（矢野久・矢野裕美訳）1933.『パンなき民と「血の法廷」——ドイツの社会的抗議1790～1870年』同文舘出版

* 北條功 2001.『プロシャ型近代化の研究——プロシャ農民解放期よりドイツ産業革命まで』御茶の水書房

星乃治彦 2006.『男たちの帝国——ヴィルヘルム2世からナチズムへ』岩波書店

穂鷹知美 2004.『都市と緑——近代ドイツの緑化文化』山川出版社

* ホフマン，シュテファン＝ルートヴィヒ（山本秀行訳）2009.『ヨーロッパ史入門市民結社と民主主義1750-1914』岩波書店

ボルヒャルト，クヌート（酒井昌美訳）1988.『ドイツ経済史入門——前工業社会から転換期の1973年まで』中央大学出版部

* マイネッケ，フリードリヒ（林健太郎責任編集）1969.『世界の名著54　マイネッケ』中央公論社

牧野雅彦 2008.『国家学の再建——イェリネクとウェーバー』名古屋大学出版会

マクレラン，D（杉原四郎ほか訳）1976.『マルクス伝』ミネルヴァ書房

* 増谷英樹 1987.『ビラの中の革命——ウィーン・1848年』東京大学出版会

** 松田智雄 1978.『新編「近代」の史的構造論——近代社会と近代精神，近代資本主義の「プロシャ型」』ぺりかん社

** 松本彰 1985.「「ドイツの特殊な道」論争と比較史の方法」『歴史学研究』543

松本彰 2008.「19世紀ドイツにおける男声合唱運動——ドイツ合唱同盟成立(1861年)の過程を中心に」姫岡とし子ほか『近代ヨーロッパの探究11　ジェンダー』ミネルヴァ書房
* 的場昭弘 1986.『トリーアの社会史——カール・マルクスとその背景』未來社
的場昭弘 1995.『フランスの中のドイツ人——1848年革命前後の移民，亡命者，遍歴職人と社会主義運動』御茶の水書房
丸畠宏太 2011.「ドイツ陸軍——ドイツにおける「武装せる国民」の形成」三宅正樹ほか編『ドイツ史と戦争——「軍事史」と「戦争史」』彩流社
丸山敬一編 1997.『民族問題——現代のアポリア』ナカニシヤ出版
* 三成賢次 1997.『法・地域・都市——近代ドイツ地方自治の歴史的展開』敬文堂
** 三成美保 2005.『ジェンダーの法史学——近代ドイツの家族とセクシュアリティ』勁草書房
** 村上淳一 1985.『ドイツ市民法史』東京大学出版会
村上宏昭 2012.『世代の歴史社会学——近代ドイツの教養・福祉・戦争』昭和堂
* 村瀬興雄 1954.『ドイツ現代史』東京大学出版会
** メーリング，フランツ（足利末男ほか訳）1968・69.『ドイツ社会民主主義史』上・下，ミネルヴァ書房
** 望田幸男 1972.『近代ドイツの政治構造——プロイセン憲法紛争史研究』ミネルヴァ書房
望田幸男 1979.『ドイツ統一戦争——ビスマルクとモルトケ』教育社
望田幸男編 1995.『近代ドイツ＝「資格社会」の制度と機能』名古屋大学出版会
望田幸男 1996.「第二帝政の国家と社会」「ビスマルクの時代」成瀬治ほか編『世界歴史大系　ドイツ史2』山川出版社
望田幸男 1997.「ヴィルヘルム時代」成瀬治ほか編『世界歴史大系　ドイツ史3』山川出版社
* 望田幸男 1998.『ドイツ・エリート養成の社会史——ギムナジウムとアビトゥーアの世界』ミネルヴァ書房
モテック，ハンス（大島隆雄訳）1980.『ドイツ経済史1789〜1871年』大月書店
** モムゼン，ヴォルフガング・J（安世舟ほか訳）1993・94.『マックス・ヴェーバーとドイツ政治1890〜1920』1・2，未来社
森田直子 2001.「近代ドイツの市民層と市民社会最近の研究動向」『史学雑誌』110-1
諸田實 1974.『ドイツ関税同盟の成立』有斐閣
ヤイスマン，ミヒャエル（木村靖二編）2007.『国民とその敵』山川出版社
安世舟 1973.『ドイツ社会民主党史序説——創立からワイマール共和国成立期まで』御茶の水書房
矢田俊隆 1977.『ハプスブルク帝国史研究——中欧多民族帝国の解体過程』岩波書店
** 柳澤治 1974.『ドイツ三月革命の研究』岩波書店
* 矢野久 2012.「プロイセン警察からナチ警察へ——〈現代化〉の先取り？」林田敏子・大日方純夫編『近代ヨーロッパの探究13　警察』ミネルヴァ書房

** 山井敏章 1993.『ドイツ初期労働者運動史研究――協同組合の時代』未來社
山井敏章 2000.「1848/49年のドイツ革命と比較近代史研究の展開」『立命館経済学』49-3
** 山田徹雄 2001.『ドイツ資本主義と鉄道』日本経済評論社
山根徹也 2003.『パンと民衆――19世紀プロイセンにおけるモラル・エコノミー』山川出版社
* 吉野作造 1915.『欧洲動乱史論』警醒社
** 良知力編 1979.『1848年革命――共同研究』大月書店
** 良知力 1993.『青きドナウの乱痴気――ウィーン1848年』平凡社
良知力 2001.『ヘーゲル左派と初期マルクス』岩波書店
* リュールプ，R（近藤潤三訳）1983.「市民社会の「ユダヤ人問題」と近代反ユダヤ主義の成立」『社会科学論集』（愛知教育大学）23
* ローゼンベルク，ハンス（大野英二ほか訳）1978.『ドイツ社会史の諸問題』未來社
** 若尾祐司 1986.『ドイツ奉公人の社会史――近代家族の成立』ミネルヴァ書房
** 若尾祐司 1996.『近代ドイツの結婚と家族』名古屋大学出版会
若尾祐司 2005.「三月革命期ドイツの女性運動」若尾祐二ほか編『革命と性文化』山川出版社
* 若原憲和 1984.「西独における社会的抗議研究の問題点」『立命館文学』466・467・468
** 渡辺尚 1987.『ラインの産業革命――原経済圏の形成過程』東洋経済新報社
割田聖史 2012.『プロイセンの国家・国民・地域――19世紀前半のポーゼン州・ドイツ・ポーランド』有志舎
**Abel, Wilhelm 1986^3. *Massenarmut und Hungerkrisen im vorindustriellen Deutschland*. V&R.
Aldenhoff-Hübinger, Rita 2002. *Agrarpolitik und Protektionismus. Deutschland und Frankreich im Vergleich, 1879-1914*. V&R.
Alexander, Matthias 2000. *Die Freikonservative Partei 1890-1918. Gemäßigter Konservatismus in der konstitutionellen Monarchie*. Droste.
Althammer, Beate 2009. *Das Bismarckreich 1871-1890*. Schöningh.
Anderson, Eugene N. 1968. *The Social and Political Conflict in Prussia, 1858-1864*. Octagon Books.
Anderson, Margaret Lavinia 1981. *Windthorst. A Political Biography*. Clarendon.
Aretin, Karl Otmar Freiherr von 1993^2. *Vom Deutschen Reich zum Deutschen Bund*. V&R.
Aschoff, Hans-Georg 1987. *Welfische Bewegung und politischer Katholizismus 1866-1918. Die Deutschhannoversche Partei und das Zentrum in der Provinz Hannover während des Kaiserreiches*. Droste.
*Auswärtiges Amt（Auftraggeber）1922-27. *Die Große Politik der Europäischen Kabinette 1870-1914*. 40 Bde., Deutsche Verlagsgesellschaft für Politik und Geschichte.
*Bachem, Karl 1927-32. *Vorgeschichte, Geschichte und Politik der Deutschen Zentrumspartei. Zugleich ein Beitrag zur Geschichte der Katholischen Bewegung, sowie zur allgemeinen Geschichte des neueren und neuesten Deutschland, 1815-1914*. 9. Bde., J. P. Bachem.
Backes, Uwe 2000. *Liberalismus und Demokratie - Antinomie und Synthese. Zum Wechselverhältnis*

zweier politischer Strömungen im Vormärz. Droste.

Bade, Klaus J.（Hg.）1982. *Imperialismus und Kolonialmission. Kaiserliches Deutschland und koloniales Imperium*. F. Steiner.

Balser, Frolinde 1965². *Sozial-Demokratie 1848/49−1863. Die erste deutsche Arbeiterorganisation „Allgemeine Arbeiterverbrüderung" nach der Revolution*. Ernst Klett.

**Baumgart, Winfried 1977. *Quellenkunde zur deutschen Geschichte der Neuzeit von 1500 bis zur Gegenwart*. Bd. 5: *Das Zeitalter des Imperialismus und des Ersten Weltkrieges（1871−1918）*. 2 Bde., WBG.

Becker, Winfried（Hg.）1986. *Die Minderheit als Mitte. Die deutsche Zentrumspartei in der Innenpolitik des Reiches 1871−1933*. Schöningh.

*Berghahn, Volker 2003. *Das Kaiserreich 1871/1914. Industriegesellschaft, bürgerliche Kultur und autoritärer Staat*. Klett-Cotta.

Bergmann, Jürgen 1973. *Das Berliner Handwerk in den Frühphasen der Industrialisierung*. Colloquium.

**Bergmann, Jürgen/Heinrich Volkmann（Hg.）1984. *Sozialer Protest. Studien zu traditioneller Resistenz und kollektiver Gewalt in Deutschland vom Vomärz bis zur Reichsgründung*. WV.

Best, Heinrich 1990. *Die Männer von Besitz und Bildung. Struktur und Handeln parlamentarischer Führungsgruppen in Deutschland und Frankreich 1848/49*. Droste.

Bethmann Hollweg, Theobald von 1919・21. *Betrachtungen zum Weltkriege*. 2 Bde., R. Hobbing.

Biefang, Andreas 1994. *Politisches Bürgertum in Deutschland 1857−1868. Nationale Organisationen und Eliten*. Droste.

Biefang, Andreas et. al.（Hg.）2008. *Das politische Zeremoniell im Deutschen Kaiserreich 1871−1918*. Droste.

**Bismarck, Otto Fürst von 1998. *Gedanken und Erinnerungen. Mit einem Essay von Lothar Gall*. Propyläen.

Blackbourn, David 1980. *Class, Religion, and Local Politics in Wilhelmine Germany. The Centre Party in Württemberg before 1914*. F. Steiner.

Blackbourn, David 1993. *Marpingen. Apparitons of the Virgin Mary in Bismarckian Germany*. Clarendon.

Blackbourn, David 2002²［1997］. *The Long Nineteenth Century. Fontana History of Germany 1780−1918*. Fontana Press.

**Böhme, Helmut 1966. *Deutschlands Weg zur Großmacht. Studien zum Verhältnis von Wirtschaft und Staat während der Reichsgründungszeit 1848−1881*. Kiepenheuer & Witsch.

Bollenbeck, Georg 1996. *Bildung und Kultur. Glanz und Elend eines deutschen Deutungsmusters*. Suhrkamp.

Booms, Hans 1954. *Die deutschkonservative Partei. Preußischer Charakter, Reichsauffassung, Nationalbegriff*. Droste.

Borutta, Manuel 2010. *Antikatholizismus. Deutschland und Italien im Zeitalter der europäischen Kulturkämpfe*. V&R.

Botzenhart, Manfred 1985. *Reform, Restauration, Krise. Deutsche Geschichte 1789-1847.* Suhrkamp.

Botzenhart, Manfred 1998. *1848/49. Europa im Umbruch.* Schöningh.

Brandt, Harm-Hinrich 1999. *Deutsche Geschichte 1850-1870. Entscheidung über die Nation.* Kohlhammer.

Brophy, James M. 1998. *Capitalism, Politics, and Railroads in Prussia, 1830-1870.* Ohio State UP.

*Bruch, Rüdiger vom 1980. *Wissenschaft, Politik und öffentliche Meinung. Gelehrtenpolitik im Wilhelminischen Deutschland (1890-1914).* Matthiesen.

Bruch, Rüdiger vom et al. (Hg.) 2000. *Deutsche Geschichte in Quellen und Darstellung*, Bd. 8: *Kaiserreich und Erster Weltkrieg 1871-1918.* Philipp Reclam jun.

*Brüggemeier, Franz-Josef 1996. *Das unendliche Meer der Lüfte. Luftverschmutzung, Industrialisierung und Risikodebatten im 19. Jahrhundert.* Klartext.

Budde, Gunilla 2009. *Blütezeit des Bürgertums. Bürgerlichkeit im 19. Jahrhundert.* WBG.

Bülow, Bernhard Fürst von 1930-31. *Denkwürdigkeiten.* 4 Bde., Ullstein.

Burg, Peter 1984. *Der Wiener Kongreß. Der Deutsche Bund im europäischen Staatensystem.* dtv.

**Carr, William 1991. *The Origins of the War of German Unifications.* Longman.

*Carsten, Francis L. 1988. *Geschichte der preußischen Junker.* Suhrkamp.

Chickering, Roger 1984. *We Men Who Feel Most German. A Cultural Study of the Pan-German League, 1886-1914.* Allen & Unwin.

Coetzee, Marilyn Shevin 1990. *The German Army League. Popular Nationalism in Wilhelmine Germany.* OUP.

Conrad, Sebastian 2006. *Globalisierung und Nation im deutschen Kaiserreich.* Beck.

Conrad, Sebastian 2008. *Deutsche Kolonialgeschichte.* Beck.

*Conrad, Sebastian/Jürgen Osterhammel (Hg.) 2004. *Das Kaiserreich transnational. Deutschland in der Welt 1871-1914.* V&R.

**Conze, Werner 1966. Vom „Pöbel" zum „Proletariat". Sozialgeschichtliche Voraussetzungen für den Sozialismus in Deutschland in: Hans-Ulrich. Wehler (Hg.), *Moderne deutsche Sozialgeschichte.* Kiepenheuer & Witsch.

Conze, Werner (Begründer) 1992-99. *Deutsche Geschichte im Osten Europas.* 13 Bde., Siedler.

Daniel, Ute 1995. *Hoftheater. Zur Geschichte des Theaters und der Höfe im 18. und 19. Jahrhundert.* Klett-Cotta.

**Dann, Otto 1984. *Vereinswesen und bürgerliche Gesellschaft in Deutschland.* Oldenbourg.

Daum, Andreas W. 2004. Wissenschaft and Knowledge, in: Jonathan Sperber (ed.), *Germany 1800-1870.* OUP.

Demel, Walter 2010. *Vom aufgeklärten Reformstaat zum bürokratischen Staatsabsolutismus* [EdG 23]. Oldenbourg.

*Dipper, Christof/Ulrich Speck (Hg.) 1998. *1848. Revolution in Deutschland.* Insel.

Doering-Manteuffel, Anselm 1993. *Die deutsche Frage und das europäische Staatensystem 1815-1871* [EdG 15]. Oldenbourg.

**Dowe, Dieter et. al.（Hg.）1998. *Europa 1848. Revolution und Reform*. Dietz.

Duchhardt, Heinz 2010. *Stein. Eine Biographie*. Aschendorff.

**Düding, Dieter 1984. *Organisierter gesellschaftlicher Nationalismus in Deutschland（1808－1847). Bedeutung und Funktion der Turner- und Sängervereine für die deutsche Nationalbewegung*. Oldenbourg.

Echternkamp, Jörg 1998. *Der Aufstieg des deutschen Nationalismus（1770－1840)*. Campus.

Ehmer, Josef 1994. *Soziale Traditionen in Zeiten des Wandels. Arbeiter und Handwerker im 19. Jahrhundert*. Campus.

**Eley, Geoff 1980. *Reshaping the German Right. Radical Nationalism and Political Change after Bismarck*. Yale UP.

Engelberg, Ernst 1990. *Bismarck. Das Reich in der Mitte Europas*. Siedler.

Erbe, Michael 2002. *Revolutionäre Erschütterung und erneuertes Gleichgewicht. Internationale Beziehungen 1785－1830*. Schöningh.

*Evans, Richard 1996. *Rituals of Retribution. Capital Punishment in Germany 1600－1987*. OUP.

Evans, Richard J.（Hg.）1989. *Kneipengespräche im Kaiserreich. Stimmungsberichte der Hamburger Politischen Polizei 1892－1914*. Rowohlt.

Fehrenbach, Elisabeth 1969. *Wandlungen des deutschen Kaisergedankens, 1871－1918*. Oldenbourg.

Fehrenbach, Elisabeth 2007. *Verfassungsstaat und Nationsbildung, 1815－1871* [EdG 22]. Oldenbourg.

Fehrenbach, Elisabeth 2008. *Vom Ancien Régime zum Wiener Kongreß* [OGG 12]. Oldenbourg.

**Fischer, Fritz 1969. *Krieg der Illusionen. Die deutsche Politik von 1911 bis 1914*. Droste.

Fleck, Hans-Georg 1994. *Sozialliberalismus und Gewerkschaftsbewegung. Die Hirsch- Dunckerschen Gewerkvereine 1868－1914*. Bund.

Flemming, Jens et al. 1997. *Quellen zur Alltagsgeschichte der Deutschen 1871－1914*. WBG.

*Fremdling, Rainer 1985. *Eisenbahnen und deutsches Wirtschaftswachstum 1840－1879. Ein Beitrag zur Entwicklungstheorie und zur Theorie der Infrastruktur*. Gesellschaft für Westfälische Wirtschaftsgeschichte.

*Frevert, Ute 1991. *Ehrenmänner. Das Duell in der bürgerlichen Gesellschaft*. Beck.

**Frevert, Ute 1995. *„Mann und Weib, und Weib und Mann" Geschlechter-Differenzen in der Moderne*. Beck.

*Frevert, Ute 2001. *Die kasernierte Nation. Militärdienst und Zivilgesellschaft in Deutschland*. Beck.

Frey, Manuel 1997. *Der reinliche Bürger. Entstehung und Verbreitung bürgerlicher Tugenden in Deutschland, 1760－1860*. V&R.

*Fricke, Dieter（Hg.）1983－86. *Lexikon zur Parteiengeschichte. Die bürgerlichen und kleinbürgerlichen Parteien und Verbände in Deutschland（1789－1945)*. 4 Bde., Bibliographisches Institut.

*Frie, Ewald 2004. *Das deutsche Kaiserreich*. WBG.

Fröhlich, Michael 1994. *Imperialismus. Deutsche Kolonial- und Weltpolitik 1880－1914*. dtv.

Funk, Albrecht 1986. *Polizei und Rechtsstaat. Die Entwicklung des staatlischen Gewaltmonopols in Preußen*. Campus.

**Gailus, Manfred 1990. *Straße und Brot. Sozialer Protest in den deutschen Staaten unter besonderer Berücksichtigung Preußens. 1847–1849*. V&R.

Gall, Lothar 1984. *Europa auf dem Weg in die Moderne 1850–1890* [OGG 14]. Oldenbourg.

Gall, Lothar 1989. *Bürgertum in Deutschland*. Siedler.

Gall, Lothar 1996a. *Bürgertum, liberale Bewegung und Nation. Ausgewählte Aufsätze*. Oldenbourg.

Gall, Lothar 1996b. Liberalismus und „bürgerliche Gesellschaft". Zu Charakter und Entwicklung der liberalen Bewegung in Deutschland, in: id., 1996a.

Gall, Lothar 2012^2 [1993]. *Von der ständischen zur bürgerlichen Gesellschaft* [EdG 25]. Oldenbourg.

*Galos, Adam et al. 1966. *Die Hakatisten. Der deutsche Ostmarkenverein (1894–1934). Ein Beitrag zur Geschichte der Ostpolitik des deutschen Imperialismus*. Deutscher Verlag der Wissenschaften.

Geiss, Imanuel 1960. *Die polnische Grenzstreifen 1914–1918. Ein Beitrag zur deutschen Kriegszielpolitik im Ersten Weltkrieg*. Matthiesen.

Geisthövel, Alexa 2008. *Restauration und Vormärz 1815–1847*. Schöningh.

Gestrich, Andreas 2010. *Geschichte der Familie im 19. und 20. Jahrhundert* [EdG 50]. Oldenbourg.

Grabowski, Sabine 1998. *Deutscher und polnischer Nationalismus. Der Deutsche Ostmarken-Verein und die polnische Straż 1894–1914*. Herder-Institut.

Grimm, Dieter 1988. *Deutsche Verfassungsgeschichte 1776–1866. Vom Beginn des modernen Verfassungsstaats bis zur Auflösung des Deutschen Bundes*. Suhrkamp.

Groh, Dieter/Peter Braudt 1992. *Vaterlandslose Gesellen. Sozialdemokratie und Nation 1860–1990*. Beck.

Gründer, Horst 1982. *Christliche Mission und deutscher Imperialismus. Eine politische Geschichte ihrer Beziehungen während der deutschen Kolonialzeit (1884–1914) unter besonderer Berücksichtigung Afrikas und Chinas*. Schöningh.

Hachtmann, Rüdiger 1997. *Berlin 1848. Eine Politik- und Gesellschaftsgeschichte der Revolution*. Dietz.

**Hachtmann, Rüdiger 2002. *Epochenschwelle zur Moderne. Einführung in die Revolution von 1848/49*. edition dikord.

Hahn, Hans-Werner 2006. Der Deutsche Bund. Zukunftslose Vorstufe des kleindeutschen Nationalstaats oder entwicklungsfähige föderative Alternative? in: Hans-Jürgen Becker (Hg.), *Zusammengesetzte Staatlichkeit in der Europäischen Verfassungsgeschichte*. D&H.

Hahn, Hans-Werner 2011. *Die industrielle Revolution in Deutschland* [EdG 49]. Oldenbourg.

Hahn, Hans-Werner/Berding, Helmut 2010. *Reformen, Restauration und Revolution 1806/1848/49* [GEB^{10} 14]. Klett-Cotta.

*Halder, Winfrid 2011. *Innenpolitik im Kaiserreich 1871–1914*. WBG.

Hallgarten, George W. F. 1951. *Imperialismus vor 1914. Theoretisches, soziologische Skizzen der außenpolitischen Entwicklung in England und Frankreich, soziologische Darstellung der deutschen Aussenpolitik bis zum Ersten Weltkrieg.* 2 Bde., Beck.

*Hamerow, Theodore S. 1958. *Restoration, Revolution, Reaction. Economics and Politics in Germany, 1815-1871.* Princeton UP.

Hardtwig, Wolfgang 1994. *Nationalismus und Bürgerkultur in Deutschland 1500-1914. Ausgewählte Aufsätze.* V&R

Hardtwig, Wolfgang 1998[4] [1985]. *Vormärz. Der monarchische Staat und das Bürgertum.* dtv.

*Harnisch, Hartmut 1984. *Kapitalistische Agrarreform und industrielle Revolution. Agrarhistorische Untersuchungen über das ostelbische Preußen zwischen Spätfeudalismus und bürgerlich-demokratischer Revolution von 1848/49, unter besonderer Berücksichtigung der Provinz Brandenburg.* Böhlau.

Haunfelder, Bernd 1999. *Reichstagsabgeordnete der Deutschen Zentrumspartei 1871-1933. Biographisches Handbuch und historische Photographien.* Droste.

Haunfelder, Bernd 2004. *Die liberalen Abgeordneten des Deutschen Reichstags 1871-1918. Ein Biographisches Handbuch.* Aschendorff.

Haunfelder, Bernd 2010. *Die konservativen Abgeordneten des Deutschen Reichstages 1871-1918. Ein Biographisches Handbuch.* Aschendorff.

**Hausen, Karin 1976. Die Polarisierung der „Geschlechtscharaktere". Eine Spiegelung der Dissoziation von Erwerbs- und Familienleben, in: Werner Conze (Hg.), *Sozialgeschichte der Familie in der Neuzeit Europas. Neue Forschungen.* Ernst Klett.

Häusler, Wolfgang 1979. *Von der Massenarmut zur Arbeiterbewegung. Demokratie und soziale Frage in der Wiener Revolution von 1848.* Jugend & Volk.

Hayashima, Akira 1982. *Die Illusion des Sonderfriedens. Deutsche Verständigungspolitik mit Japan im ersten Weltkrieg.* Oldenbourg.

*Heffter, Heinrich 1969. *Die deutsche Selbstverwaltung im 19. Jahrhundert.* Koehler.

Heidenreich, Bernd/Sönke Neitzel (Hg.) 2011. *Das Deutsche Kaiserreich 1890-1914.* Schöningh.

*Henderson, William O. 1984. *The Zollverein.* Cass.

Hertling, Georg Graf von 1919. *Erinnerungen aus meinem Leben.* 2 Bde., J. Kösel.

Heß, Klaus 1990. *Junker und bürgerliche Großgrundbesitzer im Kaiserreich. Landwirtschaftlicher Großbetrieb, Großgrundbesitz und Familienfideikommiß in Preußen (1867/71-1914).* F. Steiner.

Hettling, Manfred/Paul Nolte 1993. *Bürgerliche Feste. Symbolische Formen politischen Handelns im 19. Jahrhundert.* V&R.

Hettling, Manfred/Stefan-Ludwig Hoffmann (Hg.) 2000. *Der bürgerliche Wertehimmel. Innenansichten des 19. Jahrhunderts.* V&R.

Hildebrand, Klaus 1989. *Deutsche Außenpolitik 1871-1918.* Oldenbourg.

*Hildebrand, Klaus 1995. *Das vergangene Reich. Deutsche Außenpolitik von Bismarck bis Hitler 1871-1918.* Deutsche Verlags-Anstalt.

Hillgruber, Andreas 1980. *Die gescheiterte Großmacht. Eine Skizze des Deutschen Reiches 1871-*

1945. Droste.

Hodenberg, Christina von 1996. *Die Partei der Unparteiischen. Der Liberalismus der preußischen Richterschaft, 1815-1848/49.* V&R.

Hodenberg, Christina von 1997. *Aufstand der Weber. Die Revolte von 1844 und ihr Aufstieg zum Mythos.* Dietz.

Hohenlohe-Schillingsfürst, Chlodwig Fürst zu 1967. *Denkwürdigkeiten der Reichskanzlerzeit.* Neudruck, Biblio.

Hohorst, Gerd et al. (Hg.) 1975. *Sozialgeschichtliches Arbeitsbuch,* Bd. 2: *Materialien zur Statistik des Kaiserreichs 1870-1914.* Beck.

*Hubatsch, Walther (Hg.) 1975-83. *Grundriß zur deutschen Verwaltungsgeschichte 1815-1945.* 20 Bde., Herder-Institut.

**Huber, Ernst Rudolf 1969. *Deutsche Verfassungsgeschichte seit 1789,* Bd. 4: *Struktur und Krisen des Kaiserreichs.* Kohlhammer.

**Huber, Ernst Rudolf 1978a. *Deutsche Verfassungsgeschichte,* Bd. 5: *Weltkrieg, Revolution und Reichserneuerung 1914-1919.* Kohlhammer.

Huber, Ernst Rudolf 1978b[3] [1961]. *Dokumente zur Verfassungsgeschichte,* Bd.1: *Deutsche Verfassungsdokumente 1803-1850.* Kohlhammer.

*Huber, Ernst Rudolf 1986[3] [1964]. *Dokumente zur Verfassungsgeschichte,* Bd. 2: *Deutsche Verfassungsdokumente 1851-1900.* Kohlhammer.

**Huber, Ernst Rudolf 1988a. *Deutsche Verfassungsgeschichte seit 1789,* Bd. 2: *Der Kampf um Einheit und Freiheit 1830 bis 1850.* Kohlhammer.

**Huber, Ernst Rudolf 1988b [1963]. *Deutsche Verfassungsgeschichte seit 1789,* Bd. 3: *Bismarck und das Reich.* Kohlhammer.

**Huber, Ernst Rudolf 1995. *Deutsche Verfassungsgeschichte seit 1789,* Bd. 1: *Reform und Restauration 1789 bis 1830.* Kohlhammer.

Hübinger, Gangolf 1994. *Kulturprotestantismus und Politik. Zum Verhältnis von Liberalismus und Protestantismus im wilhelminischen Deutschland.* Mohr.

Hutten-Czapski, Bogdan Graf von 1936. *Sechzig Jahre Politik und Gesellschaft.* 2 Bde., E. S. Mittler & Sohn.

*Institut für Zeitgeschichte (Hg.) 1982. *Deutscher Sonderweg. Mythos oder Realität?* Oldenbourg.

Jansen, Christian 2011. *Gründerzeit und Nationsbildung 1849-1871* [Seminarbuch Geschichte]. Schöningh.

Jansen, Christian/Henning Borggräfe 2007. *Nation - Nationalität - Nationalismus.* Campus.

Jones, Larry Eugene/Wolfram Pyta (Hg.) 2006. *„Ich bin der letzte Preuße". Der politische Lebensweg des konservativen Politikers Kuno Graf von Westarp (1864-1945).* Böhlau.

Kaelble, Hartmut 1972. *Die Berliner Unternehmer während der frühen Industrialisierung. Herkunft, sozialer Status und politischer Einfluß.* WdG.

Kaschuba, Wolfgang 1990. *Lebenswelt und Kultur der unterbürgerlichen Schichten im 19. und 20. Jahrhundert* [EdG 5]. Oldenbourg.

*Kaschuba, Wolfgang/Carola Lipp 1982. *Zur Geschichte materieller sozialer Reproduktion ländlicher Gesellschaft im 19. und frühen 20. Jahrhundert*. Tübinger Vereinigung für Volkskunde.

*Kehr, Eckart 1965. *Der Primat der Innenpolitik. Gesammelte Aufsätze zur preussisch-deutschen Sozialgeschichte im 19. und 20. Jahrhundert*. Herausgegeben und eingeleitet von Hans-Ulrich Wehler, WdG.

Klein, Gotthard 1996. *Der Volksverein für das katholische Deutschland 1890−1933. Geschichte, Bedeutung, Untergang*. Schöningh.

Kleßmann, Christoph 1978. *Polnische Bergarbeiter im Ruhrgebiet, 1870−1945. Soziale Integration und nationale Subkultur einer Minderheit in der deutschen Industriegesellschaft*. V&R.

**Kocka, Jürgen（Hg.）1988. *Bürgertum im 19. Jahrhundert. Deutschland im europäischen Vergleich*. 3 Bde., V&R.

*Kocka, Jürgen 1990. *Arbeitsverhältnisse und Arbeiterexistenzen. Grundlagen der Klassenbildung im 19. Jahrhundert*. Dietz.

Kocka, Jürgen 2001. *Das lange 19. Jahrhundert. Arbeit, Nation und bürgerliche Gesellschaft* [GEB^{10} 13]. Klett-Cotta.

*Kolb, Eberhard（Hg.）1987. *Europa vor dem Krieg von 1870. Mächtekonstellation - Konfliktfelder - Kriegsausbruch*. Oldenbourg.

**Koselleck, Reinhart 1972. Einleitung, in: id. et al.（Hg.）, *Geschichtliche Grundbegriffe. Historisches Lexikon zur politisch-sozialen Sprache in Deutschland*. Bd. 1, Klett-Cotta.

**Koselleck, Reinhart 1989. *Preußen zwischen Reform und Revolution. Allgemeines Landrecht, Verwaltung und soziale Bewegung von 1791 bis 1848*. Klett-Cotta.

Kotowski, Albert S. 2007. *Zwischen Staatsräson und Vaterlandsliebe. Die Polnische Fraktion im Deutschen Reichstag 1871−1918*. Droste.

*Kraus, Hans-Christof 1994. *Ernst Ludwig von Gerlach. Politisches Denken und Handeln eines preussischen Altkonservativen*. 2 Bde., V&R.

Kraus, Hans-Christof 2008. *Kultur, Bildung und Wissenschaft im 19. Jahrhundert* [EdG 82]. Oldenbourg.

Kuhlemann, Frank-Michael 1992. *Modernisierung und Disziplinierung. Sozialgeschichte des preußischen Volksschulwesens 1794−1872*. V&R.

Langewiesche, Dieter 1985. *Europa zwischen Restauration und Revolution 1815−1849* [OGG 14]. Oldenbourg.

**Langewiesche, Dieter 1988. *Liberalismus in Deutschland*. Suhrkamp.

Langewiesche, Dieter（Hg.）1988. *Liberalismus im 19. Jahrhundert. Deutschland im europäischen Vergleich*. V&R.

**Langewiesche, Dieter 2000. *Nation, Nationalismus, Nationalstaat in Deutschland und Europa*. Beck.

*Lenger, Friedrich 1988. *Sozialgeschichte der deutschenn Handwerker seit 1800*. Suhrkamp.

Lenger, Friedrich 2003. *Industrielle Revolution und Nationalstaatsgründung（1849−1870er Jahre）*[GEB^{10} 15]. Klett-Cotta.

Lepp, Claudia 1996. *Protestantisch-liberaler Aufbruch in die Moderne. Der deutsche Protestantenverein in der Zeit der Reichsgründung und des Kulturkampfes*. Chr. Kaiser.

Lepsius, Mario Rainer 1993. Parteiensystem und Sozialstruktur. Zum Problem der Demokratisierung der deutschen Gesellschaft, in: id., *Demokratie in Deutschland. Soziologisch-historische Konstellationsanalysen. Ausgewählte Aufsätze*. V&R.

**Lipp, Carola (Hg.) 1986. *Schimpfende Weiber und patriotische Jungfrauen. Frauen im Vormärz und in der Revolution 1848/49*. Elster.

Lönne, Karl-Egon 1986. *Politischer Katholizismus im 19. und 20. Jahrhundert*. Suhrkamp.

Loth, Wilfried 1984. *Katholiken im Kaiserreich. Der politische Katholizismus in der Krise des wilhelminischen Deutschlands*. Droste.

Loth, Wilfried 1996. *Das Kaiserreich. Obrigkeitsstaat und politische Mobilisierung*. dtv.

**Lüdtke, Alf 1982. *»Gemeinwohl«, Polizei und »Festungspraxis«. Staatliche Gewaltsamkeit und innere Verwaltung in Preußen, 1815–1850*. V&R.

Mai, Joachim 1962. *Die preußisch-deutsche Polenpolitik, 1885/87. Eine Studie zur Herausbildung des Imperialismus in Deutschland*. Rütten & Loening.

**Mayer, Gustav 1969. Die Trennung der proletarischen von der bürgerlichen Demokratie in Deutschland 1863–1870, in: Hans Ulrich Wehler (Hg.), *Radikalismus, Sozialismus, Demokratie*. Suhrkamp.

*Medick, Hans 2001². *Weben und Überleben in Laichingen 1650–1900. Lokalgeschichte als allgemeine Geschichte*. V&R.

Mehnert, Ute 1995. *Deutschland, Amerika und die „Gelbe Gefahr". Zur Karriere eines Schlagworts in der Großen Politik, 1905–1917*. F. Steiner.

Militärgeschichtliches Forschungsamt (Hg.) 1983a. *Deutsche Militärgeschichte in sechs Bänden 1648–1939, Bd. 2: Militärgeschichte im 19. Jahrhundert, 1814–1890*. Pawlak.

Militärgeschichtliches Forschungsamt (Hg.) 1983b. *Deutsche Militärgeschichte in sechs Bänden 1648–1939, Bd. 3: Von der Entlassung Bismarcks bis zum Ende des Ersten Weltkrieges, 1890–1918. Reichswehr und Republik, 1918–1933*. Pawlak.

Militärgeschichtliches Forschungsamt (Hg.) 1983c. *Deutsche Militärgeschichte in sechs Bänden 1648–1939, Bd. 5: Deutsche Marinegeschichte der Neuzeit*. Pawlak.

Molik, Witold 1999. *Życie codzienne ziemiaństwa w Wielkopolsce w XIX i na początku XX wieku. Kultura materialna*. Wydawnictwo Poznańskie.

Molik, Witold 2009. *Inteligencja polska w Poznańskiem w XIX i początkach XX wieku*. Wydawnictwo Poznańskie.

Mommsen, Wolfgang J. 1993. *Das Ringen um den nationalen Staat. Die Gründung und der innere Ausbau des Deutschen Reiches unter Otto von Bismarck 1850 bis 1890*. Propyläen.

Mommsen, Wolfgang J. 1995. *Bürgerstolz und Weltmachtstreben. Deutschland unter Wilhelm II. 1890 bis 1918*. Propyläen.

Mommsen, Wolfgang J. 2002. *War der Kaiser an allem schuld? Wilhelm II. und die preußisch-deutschen Machteliten*. Propyläen.

Müller, Frank-Lorenz 2002. *Die Revolution von 1848/49*. WBG.

Müller, Jürgen 2006. *Der Deutsche Bund 1815–1866* [EdG 78]. Oldenbourg.

Müller, Sven Oliver/Cornelius Torp (Hg.) 2009. *Das deutsche Kaiserreich in der Kontroverse*. V&R.

**Na'aman, Shlomo 1975. *Die Konstituierung der deutschen Arbeiterbewegung 1862/63. Darstellung und Dokumentation*. Van Gorcum.

Neitzel, Sönke 2000. *Weltmacht oder Untergang. Die Weltreichslehre im Zeitalter des Imperialismus*. Schöningh.

Nipperdey, Thomas 1961. *Die Organisation der deutschen Parteien vor 1918*. Droste.

**Nipperdey, Thomas 1983. *Deutsche Geschichte 1800–1866. Bürgerwelt und starker Staat*. Beck.

**Nipperdey, Thomas 1990. *Deutsche Geschichte 1866–1918. Arbeitswelt und Bürgergeist*. Beck.

**Nipperdey, Thomas 1992. *Deutsche Geschichte 1866–1918. Machtstaat vor der Demokratie*. Beck.

*Nolte, Paul 1990. *Staatsbildung als Gesellschaftsreform. Politische Reformen in Preußen und den süddeutschen Staaten 1800–1820*. V&R.

Nonn, Christoph 2002. *Eine Stadt sucht einen Mörder. Gerücht, Gewalt und Antisemitismus im Kaiserreich*. V&R.

Nottmeier, Christian 2004. *Adolf von Harnack und die deutsche Politik, 1890–1930. Eine biographische Studie zum Verhältnis von Protestantismus, Wissenschaft und Politik*. Mohr.

*Obermann, Karl 1983. *Deutschland von 1815 bis 1849. Von der Gründung des Deutschen Bundes bis zur bürgerlich-demokratischen Revolution*. Deutscher Verlag der Wissenschaften.

**Offermann, Toni 1979. *Arbeiterbewegung und liberales Bürgertum in Deutschland 1850–1863*. Verlag Neue Gesellschaft.

Oltmer, Jochen 2010. *Migration im 19. und 20. Jahrhundert* [EdG 86]. Oldenbourg.

**Pflanze, Otto 1990. *Bismarck and the Development of Germany. The Period of Unification, 1815–1871*. Princeton UP.

Pierenkemper, Toni 2007. *Gewerbe und Industrie im 19. und 20. Jahrhundert* [EdG 29]. Oldenbourg.

*Planert, Ute (Hg.) 2000. *Nation, Politik und Geschlecht*. Campus.

Puhle, Hans-Jürgen 1967. *Agrarische Interessenpolitik und preußischer Konservatismus im wilhelminischen Reich (1893–1914). Ein Beitrag zur Analyse des Nationalismus in Deutschland am Beispiel des Bundes der Landwirte und der Deutsch-Konservativen Partei*. Verlag für Literatur & Zeitgeschehen.

Puschner, Uwe et al. (Hg.) 1996. *Handbuch zur „Völkischen Bewegung" 1871–1918*. K. G. Saur.

Radkau, Joachim 1998. *Das Zeitalter der Nervosität. Deutschland zwischen Bismarck und Hitler*. C. Hanser.

Reif, Heinz 1999. *Adel im 19. und 20. Jahrhundert* [EdG 55]. Oldenbourg.

Retallack, James N. 1988. *Notables of the Right. The Conservative Party and Political Mobilization in Germany, 1876–1918*. Unwin Hyman.

Retallack, James N. 2006. *The German Right, 1860–1920. Political Limits of the Authoritarian Imagination*. Toronto UP.

*Retallack, James N. (ed.) 2008. *Imperial Germany 1871-1918*. OUP.

Reulecke, Jürgen 1983. *Sozialer Frieden durch soziale Reform. Der Centralverein für das Wohl der arbeitenden Klassen in der Frühindustrialisierung*. P. Hammer.

Riebel, Carl-Wilhelm (Bearbeiter) 2007. *Handbuch der Reichstagswahlen 1890-1918. Bündnisse, Ergebnisse, Kandidaten*. 2 Bde., Droste.

**Ritter, Gerhard 1954-68. *Staatskunst und Kriegshandwerk. Das Problem des Militarismus in Deutschland*. 4 Bde., Oldenbourg.

Ritter, Gerhard 1958. *Stein. Eine politische Biographie*. Deutsche Verlags-Anstalt.

**Ritter, Gerhard A. 1985. *Die deutschen Parteien 1830-1914. Parteien und Gesellschaft im konstitutionellen Regierungssystem*. V&R.

Ritter, Gerhard A./Klaus Tenfelde (Hg.) 1992. *Arbeiter im deutschen Kaiserreich, 1871 bis 1914*. Dietz.

Röhl, John C. G. 1987. *Kaiser, Hof und Staat. Wilhelm II. und die deutsche Politik*. Beck.

*Röhl, John C. G. 1993-2008. *Wilhelm II*. 3 Bde., Beck.

Rürup, Reinhard 1984. *Deutschland im 19. Jahrhundert. 1815-1871*. V&R.

*Sachße, Christoph/Florian Tennstedt 1998. *Geschichte der Armenfürsorge in Deutschland*, Bd. 1: *Vom Spätmittelalter bis zum 1. Weltkrieg*. Kohlhammer.

Schäfer, Michael 2009. *Geschichte des Bürgertums. Eine Einführung*. Böhlau UTB.

Schieder, Theodor 1961. *Das deutsche Kaiserreich von 1871 als Nationalstaat*. WV.

Schieder, Theodor (Hg.) 1984. *Ploetz Das deutsche Kaiserreich 1867/71 bis 1918. Bilanz einer Epoche*. Ploetz.

**Schieder, Wolfgang (Hg.) 1983. *Liberalismus in der Gesellschaft des deutschen Vormärz*. V&R.

Schissler, Hanna 1978. *Preußische Agrargesellschaft im Wandel. Wietschaftliche, gesellschaftliche und politische Transformationsprozesse von 1763-1847*. V&R.

Schöllgen, Gregor 1984. *Imperialismus und Gleichgewicht. Deutschland, England und die orientalische Frage 1871-1914*. Oldenbourg.

Schöllgen, Gregor 1986. *Das Zeitalter des Imperialismus* [OGG 15]. Oldenbourg.

Schröder, Wilhelm Heinz 1995. *Sozialdemokratische Parlamentarier in den Deutschen Reichs- und Landtagen 1867-1933. Biographien, Chronik, Wahldokumentation*. Droste.

Schulz, Andreas 2005. *Lebenswelt und Kultur des Bürgertums im 19. und 20. Jahrhundert* [EdG 75]. Oldenbourg.

Schulz, Matthias 2009. *Normen und Praxis. Das Europäische Konzert der Großmächte als Sicherheitsrat, 1815-1860*. Oldenbourg.

*Schwarz, Max 1965. *MdR. Biographisches Handbuch der Reichstage*. Verlag für Literatur und Zeitgeschehen.

**Sheehan, James J. 1978. *German Liberalism in the Nineteenth Century*. Chicago UP.

**Sheehan, James J. 1989. *German History, 1770-1866*. OUP.

**Siemann, Wolfram 1985. *Die deutsche Revolution von 1848/49*. Suhrkamp.

**Siemann, Wolfram 1990. *Gesellschaft im Aufbruch. Deutschland 1849-1871*, Suhrkamp.

Smith, Helmut Walser 2002. *The Butcher's Tale. Murder and Anti-Semitism in a German Town*. W. W. Norton.

Sombart, Nicolaus 1996. *Wilhelm II. Sündenbock und Herr der Mitte*. Verlag Volk & Welt.

*Sösemann, Bernd (Hg.) 1993. *Gemeingeist und Bürgersinn. Die preußischen Reformen*. D&H.

*Spenkuch, Hartwin 1998. *Das Preußische Herrenhaus. Adel und Bürgertum in der Ersten Kammer des Landtages 1854−1918*. Droste.

Sperber, Jonathan 1991. *Rhineland Radicals. The Democratic Movement and the Revolution of 1848−1849*. Princeton UP.

Sperber, Jonathan (ed.) 2004. *Germany 1800−1870*. OUP.

**Sperber, Jonathan 2005. *The European Revolutions, 1848−1851*. CUP.

Srbik, H von 1954−57. *Metternich. Der Staatsmann und der Mensch*. 3 Bde., Bruckmann.

Stalmann, Volker 2000. *Die Partei Bismarcks. Die Deutsche Reichs- und Freikonservative Partei 1866−1890*. Droste.

Stegmann, Dirk 1970. *Die Erben Bismarcks. Parteien und Verbände in der Spätphase des Wilhelminischen Deutschlands. Die Sammlungspolitik 1897−1918*. Kiepenheuer & Witsch.

Stern, Fritz 1977. *Gold and Iron. Bismarck, Bleichröder, and the Building of the German Empire*. Allen & Unwin.

Stolberg-Wernigerode, Otto Graf zu 1968. *Die unentschiedene Generation. Deutschlands konservative Führungsschichten am Vorabend des Ersten Weltkrieges*. Oldenbourg.

Stürmer, Michael 1983. *Das ruhelose Reich. Deutschland 1866−1918*. Severin & Siedler.

Szöllösi-Janze, Margit 1998. *Fritz Haber 1868−1934. Eine Biographie*. Beck.

Tenfelde, Klaus 1987. Die Entstehung der deutschen Gewerkschaftsbewegung. Vom Vormärz bis zum Ende des Sozialistengesetzes, in: id. et al., *Geschichte der deutschen Gewerkschaften von den Anfängen bis 1945*. Dietz.

Theiner, Peter 1983. *Sozialer Liberalismus und deutsche Weltpolitik. Friedrich Naumann im Wilhelminischen Deutschland (1860−1919)*. Nomos.

Tilly, Richard H. 1966. *Financial Institutions and Industrialization in the Rhineland, 1815−1870*. Wisconsin UP.

Tilly, Richard H. 1990. *Vom Zollverein zum Industriestaat. Die wirtschaftlich-soziale Entwicklung Deutschlands 1834 bis 1914*. dtv.

Torp, Cornelius 2005. *Die Herausforderung der Globalisierung. Wirtschaft und Politik in Deutschland 1860−1914*. V&R.

Ueköetter, Frank 2007. *Umweltgeschichte im 19. und 20. Jahrhundert* [EdG 81]. Oldenbourg.

Ullmann, Hans-Peter 1997. *Das Deutsche Kaiserreich, 1871−1918*. WBG.

Ullrich, Volker 1997. *Die nervöse Großmacht. Aufstieg und Untergang des deutschen Kaiserreichs 1871−1918*. Fischer.

**Valentin, Veit 1998. *Geschichte der deutschen Revolution von 1848/49*. 2 Bde., Beltz Quadriga.

**Vogel, Barbara (Hg.) 1980. *Preußische Reformen 1807−1820*. Verlagsgruppe Athenäum, Hain, Scriptor, Hanstein.

*Vogel, Barbara 1983. *Allgemeine Gewerbefreiheit. Die Reformpolitik des preußischen Staatskanzlers Hardenberg (1810-1820)*. V&R.

Voigt, Gerd 1978. *Otto Hoetzsch, 1876-1946. Wissenschaft und Politik im Leben eines deutschen Historikers*. Akademie.

Volkov, Shulamit 1994. *Die Juden in Deutschland 1780-1918* [EdG 16]. Oldenbourg.

Wagner, Patrick 2005. *Bauern, Junker und Beamte. Lokale Herrschaft und Partizipation im Ostelbien des 19. Jahrhunderts*. Wallstein.

Wehler, Hans-Ulrich 1969. *Bismarck und der Imperialismus*. Kiepenheuer & Witsch.

*Wehler, Hans-Ulrich 1970. *Krisenherde des Kaiserreichs 1871-1918. Studien zur deutschen Sozial- und Verfassungsgeschichte*. V&R.

**Wehler, Hans-Ulrich 1987a. *Deutsche Gesellschaftsgeschichte, München*, Bd. 1: *Vom Feudalismus des alten Reiches bis zur defensiven Modernisierung der Reformära, 1700-1815*. Beck.

**Wehler, Hans-Ulrich 1987b. *Deutsche Gesellschaftsgeschichte, München*, Bd. 2: *Von der Reformära bis zur industriellen und politischen „Deutschen Doppelrevolution" 1815-1845/49*. Beck.

**Wehler, Hans-Ulrich 1995. *Deutsche Gesellschaftsgeschichte, München*, Bd. 3: *Von der „Deutschen Doppelrevolution" bis zum Beginn des Ersten Weltkrieges, 1849-1914*. Beck.

Weichlein, Siegfried 2004. *Nation und Region. Integrationsprozesse im Bismarckreich*. Droste.

*Weiss, Eberhard. (Hg.) 1984. *Reformen im rheinbündischen Deutschland*. Oldenbourg.

**Welskopp, Thomas 2000. *Das Banner der Brüderlichkeit. Die deutsche Sozialdemokratie vom Vormärz bis zum Sozialistengesetz*. Dietz.

Wende, Peter 1975. *Radikalismus im Vormärz. Untersuchungen zur politischen Theorie der frühen deutschen Demokratie*. F. Steiner.

Werner, Eva Maria 2009. *Kleine Geschichte der deutschen Revoluttion von 1848/49*. UTB: Böhlau.

Wilhelm II., Deutscher Kaiser und König von Preußen 1922. *Ereignisse und Gestalten aus den Jahren 1878 bis 1918*. K. F. Koehler.

Willms, Johannes 1997. *Bismarck. Dämon der Deutschen. Anmerkungen zu einer Legende*. Kindler.

Winkler, Heinrich August 1964. *Preußischer Liberalismus und deutscher Nationalstaat. Studien zur Geschichte der deutschen Fortschritsparitei 1861-1866*. Mohr.

**Winkler, Heinrich August 1979. *Liberalismus und Antiliberalismus. Studie zur politischen Sozialgeschichte des 19. und 20. Jahrhunderts*. V&R.

Wissenschaftliches Institut der Elsaß-Lothringer im Reich an der Universität Frankfurt 1936. *Das Reichsland Elsaß-Lothringen 1871-1918*. 2 Bde., Verlag für Sozialpolitik, Wirtschaft und Statistik.

Witt, Peter-Christian 1970. *Die Finanzpolitik des Deutschen Reiches von 1903 bis 1913. Eine Studie zur Innenpolitik des Wilhelminischen Deutschland*. Matthiesen.

Zimmerer, Jürgen/Joachim Zeller (Hg.) 2003. *Völkermord in Deutsch-Südwestafrika. Der Kolonialkrieg (1904-1908) in Namibia und seine Folgen*. Links.

Zunkel, Friedrich 1962. *Der Rheinisch-Westfälische Unternehmer 1834-1879. Ein Beitrag zur Geschichte des deutschen Bürgertums im 19 Jahrhurdert*. WV.

Zwahr, Hartmut 1978. *Zur Konstituierung des Prolatariats als Klasse. Strukturuntersuchung über das Leipziger Proletariat während der industriellen Revolution*. Akademie.

第5章　二つの世界大戦

アイク, E（救仁郷繁訳）1983-89.『ワイマル共和国史』全4巻, ぺりかん社

*足立芳宏 1997.『近代ドイツの農村社会と農業労働者──〈土着〉と〈他所者〉のあいだ』京都大学学術出版会

雨宮昭彦 2005.『競争秩序のポリティクス──ドイツ経済政策思想の源流』東京大学出版会

雨宮栄一 1980.『ドイツ教会闘争の展開』日本基督教団出版局

荒井信一 1973.『第二次世界大戦──戦後世界史の起点』東京大学出版会

アリー, G（山本尤・三島憲一訳）1998.『最終解決──民族移動とヨーロッパのユダヤ人殺害』法政大学出版局

アリー, G（芝健介訳）2012.『ヒトラーの国民国家──強奪・人種戦争・国民的社会主義』岩波書店

アレン, W・Sh（西義之訳）1968.『ヒトラーが町にやってきた』番町書房

アーレント, H（大久保和郎ほか訳）1972-74.『全体主義の起源』全3巻, みすず書房

イエッケル, E（滝田毅訳）1991.『ヒトラーの世界観──支配の構想』南窓社

石田勇治 1986.「ヴァイマル末期の青年保守派──その思想と行動をめぐって」『西洋史学』141

石田勇治 1991.「ヴァイマル初期の戦争責任問題──ドイツ外務省の対応を中心に」『国際政治』96

石田勇治 2006.「ジェノサイドと戦争」倉沢愛子ほか編『岩波講座アジア・太平洋戦争8』岩波書店

*石田勇治・武内進一編 2011.『ジェノサイドと現代世界』勉誠出版

伊集院立 1989.「ヴァルター・ダレーとヴィルヘルム・ケプラー──1932年ナチ党内における農業派と工業派の角逐」『史学雑誌』98-3

板橋拓己 2010.『中欧の模索──ドイツ・ナショナリズムの一系譜』創文社

井上茂子 1986.「西ドイツにおけるナチ時代の日常史研究──背景・有効性・問題点」『東京大学・教養学科紀要』19

井上茂子 1988.「ナチス・ドイツの民衆統轄──ドイツ労働戦線を事例として」『歴史学研究』58

井上茂子 1992・94.「ナチズム研究における女性史──その成果と課題」上・下,『姫路獨協大学外国語学部紀要』5・7

**井上茂子ほか 1989.『1939──ドイツ第三帝国と第二次世界大戦』同文舘出版

岩崎好成 1981.「ワイマール共和国における準軍隊的組織の変遷」『広島大学・史学研究』153

ヴィストリヒ，R・S（大山晶訳）2006.『ヒトラーとホロコースト』ランダムハウス講談社
ヴィッパーマン，W（増谷英樹ほか訳）2002.『ドイツ戦争責任論争――ドイツ「再」統一とナチズムの「過去」』未來社
ヴィッパーマン，W（林功三・柴田敬二訳）2005.『議論された過去――ナチズムに関する事実と論争』未來社
ウィーラー＝ベネット，J（山口定訳）1961.『国防軍とヒトラー 1918〜1945』1・2（1984に『権力のネメシス』として再刊），みすず書房
ヴィンクラー，H・A編（保住敏彦ほか訳）1989.『組織された資本主義』名古屋大学出版会
ヴィンクラー，H・A（後藤俊明ほか訳）2008.『自由と統一への長い道――ドイツ近現代史 1789-1990年』1・2，昭和堂
ウェイト，R・G・L（山下貞雄訳）2007.『ナチズムの前衛』新生出版
ウェバー，E（平井友義・富岡宣之訳）1979.『ファシズムの思想と行動』福村出版
植村和秀 1998.「ドイツ東方をめぐるネイション意識と「学問」」野田宣雄編『よみがえる帝国――ドイツ史とポスト国民国家』ミネルヴァ書房
ヴェーラー，H＝U（大野英二・肥前栄一訳）1983.『ドイツ帝国 1871-1918年』未來社
鵜飼哲・高橋哲哉編 1995.『「ショアー」の衝撃』未來社
ウルフ，S・J編（斉藤孝監訳）1974.『ヨーロッパのファシズム』上・下，福村出版
エクスタインズ，M（金利光訳）1991.『春の祭典――第一次世界大戦とモダン・エイジの誕生』TBSブリタニカ
江口朴郎 1975.『帝国主義時代の研究』岩波書店
オウヴァリー，R（永井清彦監訳）2000.『地図で読む世界の歴史 ヒトラーと第三帝国』河出書房新社
大島通義 1996.『総力戦時代のドイツ再軍備――軍事財政の制度論的考察』同文舘出版
大津留厚 2007.『青野原俘虜収容所の世界――第一次世界大戦とオーストリア捕虜兵』山川出版社
大津留厚 2013.『捕虜が働くとき――第一次世界大戦・総力戦の狭間で』人文書院
大野英二 1982.『現代ドイツ社会史研究序説』岩波書店
大野英二 1988.『ナチズムと「ユダヤ人問題」』リブロポート
大野英二 2001.『ナチ親衛隊知識人の肖像』未來社
小沢弘明 1995a.「ウィーン労働者の住体験と労働者文化――「最暗黒」のウィーンから「赤いウィーン」へ」小沢弘明ほか 1995b
小沢弘明ほか 1995b.『労働者文化と労働運動――ヨーロッパの歴史的経験』木鐸社
小野清美 1996.『テクノクラートの世界とナチズム――「近代超克」のユートピア』ミネルヴァ書房
小野清美 2004.『保守革命とナチズム――E.J.ユングの思想とワイマル末期の政治』名古屋大学出版会
小野清美 2013.『アウトバーンとナチズム――景観エコロジーの誕生』ミネルヴァ書房

小野寺拓也 2012.『野戦郵便から読み解く「ふつうのドイツ兵」――第二次世界大戦末期におけるイデオロギーと「主体性」』山川出版社
小俣和一郎 1995.『ナチスもう一つの大罪――「安楽死」とドイツ精神医学』人文書院
カー，E・H（衛藤瀋吉・斉藤孝訳）1968.『両大戦間における国際関係史』清水弘文堂
カー，E・H（富永幸生訳）1972.『独ソ関係史――世界革命とファシズム』サイマル出版会
ガイス，I（鹿毛達雄訳）1966.「第一次世界大戦におけるドイツの戦争目的――「フィッシャー論争」と西ドイツの歴史学界」上・下，『思想』503・504
カウル，F・K（日野秀逸訳）1993.『アウシュヴィッツの医師たち――ナチズムと医学』三省堂
鹿毛達雄 1965.「独ソ軍事協力関係(1919-1933)――第一次大戦後のドイツ秘密再軍備の一側面」『史学雑誌』74-6
蔭山宏 1986.『ワイマール文化とファシズム』みすず書房
カーショー，I（石田勇治訳）1999.『ヒトラー 権力の本質』白水社
＊加藤栄一 1973.『ワイマル体制の経済構造』東京大学出版会
加藤哲郎 2008.『ワイマール期ベルリンの日本人――洋行知識人の反帝ネットワーク』岩波書店
神奈川県立近代美術館ほか編 1995.『芸術の危機――ヒトラーと「退廃美術」』アイメックス・ファインアート
金子マーティン編 1998.『「ジプシー収容所」の記憶――ロマ民族とホロコースト』岩波書店
＊川越修 2004.『社会国家の生成――20世紀社会とナチズム』岩波書店
＊＊川越修・矢野久編 2002.『ナチズムのなかの20世紀』柏書房
川越修・辻英史編 2008.『社会国家を生きる――20世紀ドイツにおける国家・共同性・個人』法政大学出版局
河島幸夫 1993.『戦争・ナチズム・教会――現代ドイツ福音主義教会史論』新教出版社
川手圭一 1994.「ヴァイマル共和国における「青少年問題」――ハンブルクの青少年保護をめぐって」『現代史研究』40
河野健二編 1980.『ヨーロッパ――1930年代』岩波書店
北村厚 2003.「1931年の独墺関税同盟計画――「パン・ヨーロッパ」と「アンシュルス」の間で」『九州大学・政治研究』50
木畑和子 1992.「第三帝国の「健康」政策」『歴史学研究』640
＊＊木畑洋一 2001.『第二次世界大戦――現代世界への転換点』吉川弘文館
木村靖二 1975.「ヴァイマル共和国におけるドイツ保守派の解体」『社会科学研究』27-2
＊木村靖二 1988.『兵士の革命――1918年ドイツ』東京大学出版会
木村靖二 1999.「公共圏の変容と転換――第一次世界大戦下のドイツを例に」『岩波講座 世界歴史 23』岩波書店
ギルバート，M（滝川義人訳）1995.『ホロコースト歴史地図 1918-1948』原書房
工藤章 1992.『イー・ゲー・ファルベンの対日戦略――戦間期日独企業関係史』東京大学

出版会

工藤章 1999.『20世紀ドイツ資本主義——国際定位と大企業体制』東京大学出版会

工藤章・田嶋信雄編 2008.『日独関係史 1890-1945』全3巻，東京大学出版会

熊野直樹 1996.『ナチス一党支配体制成立史序説——フーゲンベルクの入閣とその失脚をめぐって』法律文化社

熊野直樹 2007.「共和国救済の最後の選択肢？——シュライヒャー内閣の国家非常事態計画再考」田村栄子・星乃治彦編 2007

クラカウアー，S（丸尾定訳）1970.『カリガリからヒトラーへ——ドイツ映画 1918-33における集団心理の構造分析』みすず書房

栗原優 1974.「ナチ党綱領の歴史」上・下，『西洋史学』93・94

栗原優 1981.『ナチズム体制の成立——ワイマル共和国の崩壊と経済界』ミネルヴァ書房

* 栗原優 1994.『第二次世界大戦の勃発——ヒトラーとドイツ帝国主義』名古屋大学出版会

** 栗原優 1997.『ナチズムとユダヤ人絶滅政策——ホロコーストの起源と実態』ミネルヴァ書房

クレー，E（松下正明監訳）1999.『第三帝国と安楽死——生きるに値しない生命の抹殺』批評社

クレムペラー，V（羽田洋ほか訳）1974.『第三帝国の言語「LTI」——ある言語学者のノート』法政大学出版局

クロル，F=L（小野清美・原田一美訳）2006.『ナチズムの歴史思想——現代政治の理念と実践』柏書房

クーンズ，C（翻訳工房「とも」訳）1990.『父の国の母たち——女を軸にナチズムを読む』上・下，時事通信社

ゲイ，P（亀嶋庸一訳）1987.『ワイマール文化』みすず書房

ケルショー，I（柴田敬二訳）1993.『ヒトラー神話——第三帝国の虚像と実像』刀水書房

ケンリック，D／G・パックソン（小川悟監訳）1984.『ナチス時代の「ジプシー」』明石書店

古内博行 2003.『ナチス期の農業政策研究 1934-36——穀物調達措置の導入と食糧危機の発生』東京大学出版会

コーゴン，E（林功三訳）2001.『SS国家——ドイツ強制収容所のシステム』ミネルヴァ書房

ゴスヴァイラー，K（川鍋正敏ほか訳）1979.『大銀行 工業 独占国家——ヴァイマル期ドイツ国家独占資本主義史論』中央大学出版部

後藤俊明 1982・83.「ナチ・レジーム初期の雇用創出政策——ラインハルト計画を中心に」上・下，『京都大学・経済論叢』130-5/6・131-3

後藤俊明 1999.『ドイツ住宅問題の政治社会史——ヴァイマル社会国家と中間層』未來社

ゴールドハーゲン，D・J（望田幸男監訳）2007.『普通のドイツ人とホロコースト——ヒトラーの自発的死刑執行人たち』ミネルヴァ書房

コルプ，E（柴田敬二訳）1987.『ワイマル共和国史——研究の現状』刀水書房

斎藤哲 2007.『消費生活と女性――ドイツ社会史(1920～70年)の一側面』日本経済評論社
斉藤孝 1965.『第二次世界大戦前史研究』東京大学出版会
** 斉藤孝 1978.『戦間期国際政治史』岩波書店
* 斉藤孝 1990.『ヨーロッパの1930年代』岩波書店
* 佐藤卓己 1992.『大衆宣伝の神話――マルクスからヒトラーへのメディア史』弘文堂
佐藤健生 1987.「ナチズムの特異性と比較可能性――西ドイツの「歴史家論争」」『思想』758
佐藤健生 1997.「ホロコーストと「普通の」ドイツ人――「ゴールドハーゲン論争」をめぐって」『思想』877
ジェイ, M（荒川幾男訳）1975.『弁証法的想像力――フランクフルト学派と社会研究所の歴史 1923-1950』みすず書房
シェットラー, P編（木谷勤ほか訳）2001.『ナチズムと歴史家たち』名古屋大学出版会
ジェラテリー, R（根岸隆夫訳）2008.『ヒトラーを支持したドイツ国民』みすず書房
シェーンベルナー, G編（土屋洋二ほか訳）2004.『黄色い星――ヨーロッパのユダヤ人迫害 1933-1945』(新版) 松柏社
シェーンボウム, D（大島通義・大島かおり訳）1978.『ヒットラーの社会革命――1933～39年のナチ・ドイツにおける階級とステイタス』而立書房
篠塚敏生 2008.『ヴァイマル共和国初期のドイツ共産党――中部ドイツでの1921年「３月行動」の研究』多賀出版
篠原一 1956.『ドイツ革命史序説――革命におけるエリートと大衆』岩波書店
芝健介 1995.『武装SS――ナチスもう一つの暴力装置』講談社
芝健介 2000.『ヒトラーのニュルンベルク――第三帝国の光と闇』吉川弘文館
芝健介 2008a.『武装親衛隊とジェノサイド――暴力装置のメタモルフォーゼ』有志舎
** 芝健介 2008b.『ホロコースト――ナチスによるユダヤ人大量殺戮の全貌』中央公論新社
清水正義 1984.「ラパッロ条約成立の一断面――独ソ交渉の展開を中心に」『現代史研究』31
シャイラー, W・L（松浦伶訳）2008-09.『第三帝国の興亡』全５巻, 東京創元社
ストーン, D（武井彩佳訳）2012.『ホロコースト・スタディーズ――最新研究への手引き』白水社
相馬保夫 1980.「第一次世界大戦期のドイツ自由労働組合」『歴史学研究』487
相馬保夫 1987.「「労働協同体体制」の成立――ドイツ革命からインフレーションへ」『史学雑誌』96-11
相馬保夫 1993.『ヴァイマル期ドイツにおける産業合理化と労働者文化』科学研究費補助金研究成果報告書
相馬保夫 1995.「ヴァイマル期ベルリンにおける都市計画・住宅建設と労働者文化」小沢弘明ほか 1995b
相馬保夫 1998.『ナチスの労働者統合政策――労働組合から労働戦線へ』科学研究費補助金研究成果報告書

相馬保夫 2007a.「民族自決とマイノリティ——戦間期中欧民族問題の原点」田村栄子・星乃治彦編 2007

相馬保夫 2007b.「ヴァイマルの残照——反ナチ抵抗運動の戦後ドイツ・ヨーロッパ構想」田村栄子・星乃治彦編 2007

相馬保夫 2009.「シティズンシップとマイノリティ——戦間期ドイツ・中欧問題の枠組み」立石博高・篠原琢編『国民国家と市民——包摂と排除の諸相』山川出版社

ゾントハイマー，K（河島幸夫・脇圭平訳）1976.『ワイマール共和国の政治思想——ドイツ・ナショナリズムの反民主主義思想』ミネルヴァ書房

*髙橋進 1983.『ドイツ賠償問題の史的展開——国際紛争および連繋政治の視角から』岩波書店

武田昌之 1986.「ヴァイマル期における平和主義」『歴史学研究』550

竹本真希子 2004.「カール・フォン・オシエツキーの平和主義」『歴史学研究』786

田嶋信雄 1981.「ドイツ外交政策とスペイン内戦 1936年——「ナチズム多頭制」の視角から」(1)(2)『北大法学論集』32-1・2

田嶋信雄 1992.『ナチズム外交と「満洲国」』千倉書房

田嶋信雄 1997.『ナチズム極東戦略——日独防共協定を巡る諜報戦』講談社

田嶋信雄 2013.『ナチス・ドイツと中国国民政府 1933-1937』東京大学出版会

谷喬夫 2012.『ナチ・イデオロギーの系譜——ヒトラー東方帝国の起源』新評論

田野大輔 2007.『魅惑する帝国——政治の美学化とナチズム』名古屋大学出版会

田野大輔 2012.『愛と欲望のナチズム』講談社

ダビドビッチ，L・S（大谷堅志郎訳）1978・79.『ユダヤ人はなぜ殺されたか』1・2, サイマル出版会

田村雲供 2000.「女性とナチズム——もうひとつの「歴史家論争」」『同志社大学・社会科学』64

*田村栄子 1996.『若き教養市民層とナチズム——ドイツ青年・学生運動の思想の社会史』名古屋大学出版会

田村栄子 2007.「「医の既存世界」に対抗する社会主義医師協会——「全保険制度の社会化」と反ナチズム」田村栄子・星乃治彦編 2007

**田村栄子・星乃治彦編 2007.『ヴァイマル共和国の光芒——ナチズムと近代の相克』昭和堂

垂水節子 2002.『ドイツ・ラディカリズムの諸潮流——革命期の民衆 1916〜21年』ミネルヴァ書房

タロシュ，E／W・ノイゲバウアー編（田中浩・村松恵二訳）1996.『オーストリア・ファシズム——1934年から1938年までの支配体制』未來社

チブラ，G（三宅正樹訳）1989.『世界経済と世界政治 1922-1931——再建と崩壊』みすず書房

塚本健 1964.『ナチス経済——成立の歴史と論理』東京大学出版会

對馬達雄 2006.『ナチズム・抵抗運動・戦後教育——「過去の克服」の原風景』昭和堂

綱川政則 1997.『ヨーロッパ第二次大戦前史の研究——イギリス・ドイツ関係を中心に』

刀水書房

テイラー，A・J・P（吉田輝夫訳）1977.『第二次世界大戦の起源』中央公論社（講談社 2011）

* 東京大学社会科学研究所編 1979.『ファシズム期の国家と社会3 ナチス経済とニューディール』東京大学出版会

ドゥーンケ，H（救仁郷繁訳）1974・75.『ドイツ共産党 1933-45年』上・下，ぺりかん社

富永幸生 1979.『独ソ関係の史的分析 1917-1925』岩波書店

* 富永幸生ほか 1978.『ファシズムとコミンテルン』東京大学出版会

豊永泰子 1994.『ドイツ農村におけるナチズムへの道』ミネルヴァ書房

中田潤 2001.「国防軍の犯罪と戦後ドイツの歴史認識」『茨城大学人文学部紀要・社会科学論集』35

* 長田浩彰 2011.『われらユダヤ系ドイツ人──マイノリティから見たドイツ現代史 1893-1951』広島大学出版会

** 永岑三千輝 1994.『ドイツ第三帝国のソ連占領政策と民衆 1941-1942』同文舘出版

永岑三千輝 2001.『独ソ戦とホロコースト』日本経済評論社

永岑三千輝 2003.『ホロコーストの力学──独ソ戦・世界大戦・総力戦の弁証法』青木書店

中村綾乃 2010.『東京のハーケンクロイツ──東アジアに生きたドイツ人の軌跡』白水社

中村幹雄 1990.『ナチ党の思想と運動』名古屋大学出版会

西川正雄 1960.「ローザ・ルクセンブルクとドイツの政治」『史学雑誌』69-2

西川正雄 1963.「ドイツ現代史史料概観──いわゆる押収ドイツ文書を中心に」(1)・(2)『史学雑誌』72-4・6

** 西川正雄 1967.「ヒトラーの政権掌握──ファシズム成立に関する一考察」『思想』512

西川正雄 1989.『第一次世界大戦と社会主義者たち』岩波書店

西川正雄 1997.『現代史の読みかた』平凡社

* 西川正雄 2007.『社会主義インターナショナルの群像 1914-1923』岩波書店

西牟田祐二 1999.『ナチズムとドイツ自動車工業』有斐閣

ノイマン，F（岡本友孝ほか訳）1963.『ビヒモス──ナチズムの構造と実際』みすず書房

ノイマン，S（岩永健吉郎ほか訳）1998［1960］.『大衆国家と独裁──恒久の革命』みすず書房

野田宣雄 1988.『教養市民層からファシズムへ──比較宗教社会史のこころみ』名古屋大学出版会

野村正實 1980.『ドイツ労資関係史論──ルール炭鉱業における国家・資本家・労働者』御茶の水書房

ノルテ，E（ドイツ現代史研究会訳）1972.『ファシズムの時代──ヨーロッパ諸国のファシズム運動 1919-1945』上・下，福村出版

長谷川公昭 1996.『ナチ強制収容所──その誕生から解放まで』草思社

馬場優 2006.『オーストリア＝ハンガリーとバルカン戦争──第一次世界大戦への道』法政大学出版局

ハーバーマス，J ほか（徳永恂ほか訳）1995.『過ぎ去ろうとしない過去——ナチズムとドイツ歴史家論争』（部分訳）人文書院
ハーフ，J（中村幹雄ほか訳）1991.『保守革命とモダニズム——ワイマール・第三帝国のテクノロジー・文化・政治』岩波書店
** 林健太郎 1963.『ワイマル共和国——ヒトラーを出現させたもの』中央公論社
林忠行 1993.『中欧の分裂と統合——マサリクとチェコスロヴァキア建国』中央公論社
原田一美 1979.「「ナチス労働組合」の行方——ヒトラーの政権掌握からDAFの組織改造に至るまで」『西洋史学』115
原田一美 1999.『ナチ独裁下の子どもたち——ヒトラー・ユーゲント体制』講談社
原田昌博 2004.『ナチズムと労働者——ワイマル共和国時代のナチス経営細胞組織』勁草書房
バーリー，M／W・ヴィッパーマン（柴田敬二訳）2001.『人種主義国家ドイツ 1933-45』刀水書房
ハルガルテン，G・W・F（富永幸生訳）1969.『ヒトラー・国防軍・産業界——1918〜1933年のドイツ史に関する覚書』未来社
* 姫岡とし子 1993.『近代ドイツの母性主義フェミニズム』勁草書房
平井正 1995.『20世紀の権力とメディア——ナチ・統制・プロパガンダ』雄山閣
平井正ほか 1987.『ワイマール文化——早熟な《大衆文化》のゆくえ』有斐閣
* 平島健司 1991.『ワイマール共和国の崩壊』東京大学出版会
ヒルデブラント，K（中井晶夫・義井博訳）1987.『ヒトラーと第三帝国』南窓社
ヒルバーグ，R（望田幸男ほか訳）1997.『ヨーロッパ・ユダヤ人の絶滅』上・下，柏書房
フィッシャー，F（村瀬興雄監訳）1972・83.『世界強国への道——ドイツの挑戦，1914-1918年』1・2（縮刷版訳），岩波書店
フィッシャー，W（加藤栄一訳）1982.『ヴァイマルからナチズムへ——ドイツの経済と政治 1918-1945』みすず書房
フェスト，J・C（赤羽龍夫ほか訳）1975.『ヒトラー』上・下，河出書房新社
深井智朗 2012.『ヴァイマールの聖なる政治的精神——ドイツ・ナショナリズムとプロテスタンティズム』岩波書店
藤原辰史 2005.『ナチス・ドイツの有機農業——〈自然との共生〉が生んだ〈民族の絶滅〉』柏書房
藤原辰史 2011.『カブラの冬——第一次世界大戦期ドイツの飢饉と民衆』人文書院
藤原辰史 2012.『ナチスのキッチン——「食べること」の環境史』水声社
フライ，B・B（関口宏道訳）1987.『ヴァイマール共和国における自由民主主義者の群像——ドイツ民主党／ドイツ国家党の歴史』太陽出版
フライ，N（芝健介訳）1994.『総統国家——ナチスの支配 1933-1945年』岩波書店
ブライデンソール，R ほか編（近藤和子訳）1992.『生物学が運命を決めたとき——ワイマールとナチスドイツの女たち』社会評論社
ブラウニング，Ch（谷喬夫訳）1997.『普通の人びと——ホロコーストと第101警察予備大隊』筑摩書房

ブラッハー，K・D（山口定・高橋進訳）1975.『ドイツの独裁——ナチズムの生成・構造・帰結』1・2，岩波書店
ブリダム，G（垂水節子・豊永泰子訳）1975.『ヒトラー権力への道——ナチズムとバイエルン 1923-1933年』時事通信社
フリードランダー，F編（上村忠男ほか訳）1994.『アウシュヴィッツと表象の限界』（抄訳）未來社
フリードリヒ，J（香月恵里訳）2011.『ドイツを焼いた戦略爆撃 1940-1945』みすず書房
古田善文 1988.「オーストリア護国団運動の運動主体——1920年代後半の台頭期を中心に」『歴史学研究』578
フレヒトハイム，O・K（足利末男訳）1971.『ヴァイマル共和国時代のドイツ共産党』東邦出版
フレンケル，E（中道寿一訳）1994.『二重国家』ミネルヴァ書房
フロム，E（日高六郎訳）1951.『自由からの逃走』創元社
ヘーガー，H（伊藤明子訳）1997.『ピンク・トライアングルの男たち——ナチ強制収容所を生き残ったあるゲイの記録 1939-1945』現代書館
ベッケール，J=J／G・クルマイヒ（剣持久木・西山暁義訳）2012.『仏独共同通史 第一次世界大戦』上・下，岩波書店
ヘーネ，H（森亮一訳）1981.『髑髏の結社＝SSの歴史』フジ出版社
ヘベルレ，R（中道寿一訳）1980.『民主主義からナチズムへ——ナチズムの地域研究』御茶の水書房
ベーレンバウム，M（芝健介監修）1996.『ホロコースト全史』創元社
ベンツ，W（中村浩平・中村仁訳）2004.『ホロコーストを学びたい人のために』柏書房
ポイカート，D（木村靖二・山本秀行訳）1991.『ナチス・ドイツ——ある近代の社会史』三元社
ポイカート，D（小野清美ほか訳）1993.『ワイマル共和国——古典的近代の危機』名古屋大学出版会
ポイカート，D（伊藤富雄訳）2004.『エーデルワイス海賊団——ナチスと闘った青少年労働者』晃洋書房
星乃治彦 2006.『男たちの帝国——ヴィルヘルム2世からナチスへ』岩波書店
星乃治彦 2007.『ナチス前夜における「抵抗」の歴史』ミネルヴァ書房
細井保 2001.『オーストリア政治危機の構造——第一共和国国民議会の経験と理論』法政大学出版局
穂鷹知美 2004.『都市と緑——近代ドイツの緑化文化』山川出版社
ホーファー，W（救仁郷繁訳）1982.『ナチス・ドキュメント——1933-1945』ぺりかん社
ホブズボーム，E・J（野口建彦ほか訳）1993・98.『帝国の時代 1875-1914』1・2，みすず書房
ホブズボーム，E（河合秀和訳）1996.『20世紀の歴史——極端な時代』上・下，三省堂
マイネッケ，F（矢田俊隆訳）1951.『ドイツの悲劇』弘文堂
マクミラン，M（稲村美貴子訳）2007.『ピースメイカーズ——1919年パリ講和会議の群

像』上・下，芙蓉書房出版
* 松村高夫・矢野久編 2007.『大量虐殺の社会史——戦慄の20世紀』ミネルヴァ書房
マティアス，E（安世舟・山田徹訳）1984.『なぜヒトラーを阻止できなかったか——社会民主党の政治行動とイデオロギー』（抄訳を含む）岩波書店
マラス，M・R（長田浩彰訳）1996.『ホロコースト——歴史的考察』時事通信社
ミッチャーリッヒ，A／F・ミールケ編・解説（金森誠也・安藤勉訳）2001.『人間性なき医学——ナチスと人体実験』星雲社
三宅正樹 1974.『ヒトラー——ナチス・ドイツと第二次世界大戦』清水書院
* 三宅正樹 1975.『日独伊三国同盟の研究』南窓社
三宅立 1995.「第一次世界大戦の構造と性格」歴史学研究会編『講座世界史5』東京大学出版会
* 三宅立 2001.『ドイツ海軍の熱い夏——水兵たちと海軍将校団 1917年』山川出版社
宮田光雄編 1988.『ヴァイマル共和国の政治思想』創文社
宮田光雄・柳父圀近編 2002.『ナチ・ドイツの政治思想』創文社
宮本光雄 1979.「ドイツ共産党の創立——「独自の党」結成をめぐって」『現代史研究』29
ムーア，B（宮崎隆次ほか訳）1986・87.『独裁と民主政治の社会的起源——近代世界形成過程における領主と農民』1・2，岩波書店
村上宏昭 2012.『世代の歴史社会学——近代ドイツの教養・福祉・戦争』昭和堂
村瀬興雄 1968.『ナチズム——ドイツ保守主義の一系譜』中央公論社
村瀬興雄 1983.『ナチス統治下の民衆生活——その建前と現実』東京大学出版会
村松恵二 2006.『カトリック政治思想とファシズム』創文社
メイア，A・J（斉藤孝・木畑洋一訳）1983.『ウィルソン対レーニン——新外交の政治的起源 1917-1918年』1・2，岩波書店
望田幸男・田村栄子 1990.『ハーケンクロイツに生きる若きエリートたち——青年・学校・ナチズム』有斐閣
モッセ，G・L（佐藤卓己・佐藤八寿子訳）1994.『大衆の国民化——ナチズムに至る政治シンボルと大衆文化』柏書房
モッセ，G・L（植村和秀ほか訳）1998.『フェルキッシュ革命——ドイツ民族主義から反ユダヤ主義へ』柏書房
モッセ，G・L（宮武実知子訳）2002.『英霊——創られた世界大戦の記憶』柏書房
モムゼン，H（関口宏道訳）2001.『ヴァイマール共和国史——民主主義の崩壊とナチスの台頭』水声社
森宜人 2009.『ドイツ近代都市社会経済史』日本経済評論社
矢田俊隆 1977.『ハプスブルク帝国史研究——中欧多民族国家の解体過程』岩波書店
八束はじめ・小山明 1991.『未完の帝国——ナチス・ドイツの建築と都市』福武書店
* 柳澤治 1989.『ドイツ中小ブルジョアジーの史的分析——三月革命からナチズムへ』岩波書店
柳澤治 2008.『戦前・戦時日本の経済思想とナチズム』岩波書店

柳澤治 2013.『ナチス・ドイツと資本主義――日本のモデルへ』日本経済評論社
矢野久 1994.「ナチス強制収容所の史的展開――その成立から1941年まで」『大原社会問題研究所雑誌』423
＊矢野久 2004.『ナチス・ドイツの外国人――強制労働の社会史』現代書館
山口定 1976a.『現代ファシズム論の諸潮流』有斐閣
山口定 1976b.『ナチ・エリート――第三帝国の権力構造』中央公論社
＊＊山口定 1979.『ファシズム――その比較研究のために』有斐閣
＊＊山口定 1991.『ヒトラーの抬頭――ワイマール・デモクラシーの悲劇』朝日新聞社
山下公子 1988.『ミュンヒェンの白いばら――ヒトラーに抗した若者たち』筑摩書房
山下公子 1997.『ヒトラー暗殺計画と抵抗運動』講談社
山田徹 1997.『ヴァイマル共和国初期のドイツ共産党』御茶の水書房
山名淳 2006.『夢幻のドイツ田園都市――教育共同体へレラウの挑戦』ミネルヴァ書房
山之内靖ほか編 1995.『総力戦と現代化』柏書房
山室信一 2011.『複合戦争と総力戦の断層――日本にとっての第一次世界大戦』人文書院
山本達夫 2005.「第三帝国の社会史と「経済の脱ユダヤ化」」『東亜大学紀要』5
＊山本秀行 1995.『ナチズムの記憶――日常生活からみた第三帝国』山川出版社
鎗田英三 1990.『ドイツ手工業者とナチズム』九州大学出版会
ラカー，W（脇圭平ほか訳）1980.『ワイマル文化を生きた人びと』ミネルヴァ書房
ラカー，W編（井上茂子ほか訳）2003.『ホロコースト大事典』柏書房
リッター，G・A（木谷勤ほか訳）1993.『社会国家――その成立と発展』晃洋書房
リュビー，M（菅野賢治訳）1998.『ナチ強制・絶滅収容所――18施設内の生と死』筑摩書房
リンガー，F・K（西村稔訳）1991.『読書人の没落――世紀末から第三帝国までのドイツ知識人』名古屋大学出版会
リンゼ，U（奥田隆男ほか訳）1989.『ワイマル共和国の予言者たち――ヒトラーへの伏流』ミネルヴァ書房
レーデラー，E（青井和夫・岩城完之訳）1961.『大衆の国家――階級なき社会の脅威』東京創元社
ローゼンベルク，A（吉田輝夫訳）1964.『ヴァイマル共和国史』思想社
和田春樹 1992.『歴史としての社会主義』岩波書店
和田博文ほか 2006.『言語都市・ベルリン 1861-1945』藤原書店
Abelshauser, Werner (Hg.) 1987. *Die Weimarer Republik als Wohlfahrtsstaat. Zum Verhältnis von Wirtschafts- und Sozialpolitik in der Industriegesellschaft*. F. Steiner.
Adam, Uwe Dietrich 1972. *Judenpolitik im Dritten Reich*. Droste.
Aly, Götz/Susanne Heim 1993. *Vordenker der Vernichtung. Auschwitz und die deutschen Pläne für eine neue europäische Ordnung*. Fischer.
Angress, Werner T. 1972. *Stillborn Revolution. The Communist Bid for Power in Germany, 1921-1923*. 2 vols., Kennikat Press.
Arnberger, Heinz et al. (Hg.) 1988. *„Anschluß" 1938. Eine Dokumentation*. Österreichischer

Bundesverlag.

Ayaß, Wolfgang 1995. *„Asoziale" im Nationalsozialismus*. Klett-Cotta.

Bahne, Siegfried 1976. *Die KPD und das Ende von Weimar. Das Scheitern einer Politik 1932‒1935*. Campus.

Balderston, Theo 2002. *Economics and Politics in the Weimar Republic*. CUP.

Bartov, Omer 1985. *The Eastern Front, 1941‒45. German Troops and the Barbarisation of Warfare*. Palgrave Macmillan.

Benz, Wolfgang (Hg.) 1988. *Die Juden in Deutschland, 1933‒1945. Leben unter nationalsozialistischer Herrschaft*. Beck.

*Benz, Wolfgang et al. (Hg.) 1997. *Enzyklopädie des Nationalsozialismus*. Klett-Cotta.

Boberach, Heinz (Hg.) 1984‒85. *Meldungen aus dem Reich 1938‒1945. Die geheimen Lageberichte des Sicherheitsdienstes der SS*. 17 Bde., Pawlak.

Boll, Friedhelm (Hg.) 1986. *Arbeiterkulturen zwischen Alltag und Politik. Beiträge zum europäischen Vergleich in der Zwischenkriegszeit*. Europa-Verlag.

Borchardt, Knut 1982. *Wachstum, Krisen, Handlungsspielräume der Wirtschaftspolitik. Studien zur Wirtschaftsgeschichte des 19. und 20. Jahrhunderts*. V&R.

Botz, Gerhard 1972. *Die Eingliederung Österreichs in das Deutsche Reich. Planung und Verwirklichung des politisch-administrativen Anschlusses (1938‒1940)*. Europa-Verlag.

Botz, Gerhard 1976. *Gewalt in der Politik. Attentate, Zusammenstöße, Putschversuche, Unruhen in Österreich 1918 bis 1934*. W. Fink.

*Bracher, Karl Dietrch 1971[5]. *Die Auflösung der Weimarer Republik. Eine Studie zum Problem des Machtverfalls in der Demokratie*. Ring.

Bracher, Karl Dietrich 1982. *Zeit der Ideologien. Eine Geschichte politischen Denkens im 20. Jahrhundert*. Deutsche Verlags-Anstalt.

*Bracher, Karl Dietrch et al. 1960. *Die nationalsozialistische Machtergreifung. Studien zur Errichtung des totalitären Herrschaftssystems in Deutschland 1933/34*. WV.

Bracher, Karl Dietrich et al. (Hg.) 1983. *Nationalsozialistische Diktatur 1933‒1945. Eine Bilanz*. Droste.

Bracher, Karl Dietrich et al. (Hg.) 1987. *Die Weimarer Republik 1918‒1933. Politik, Wirtschaft, Gesellschaft*. Droste.

Brandes, Detlef 2005[2]. *Der Weg zur Vertreibung 1938‒1945. Pläne und Entscheidungen zum „Transfer" der Deutschen aus der Tschechoslowakei und aus Polen*. Oldenbourg.

**Broszat, Martin 1974. *Der Staat Hitlers. Grundlegung und Entwicklung seiner inneren Verfassung*. dtv.

*Broszat, Martin 1977. Hitler und die Genesis der ‚Endlösung'. Aus Anlaß der Thesen von David Irving, in: *Vierteljahrshefte für Zeitgeschichte* 25.; auch in: id., *Nach Hitler. Der schwierige Umgang mit unserer Geschichte*. dtv, 1988.

Broszat, Martin et al. (Hg.) 1977‒83. *Bayern in der NS-Zeit*. 6 Bde., Oldenbourg.

Broszat, Martin et al. (Hg.) 1988. *Von Stalingrad zur Währungsreform. Zur Sozialgeschichte des*

Umbruchs in Deutschland. Oldenbourg.

*Buchheim, Hans et al. 1967. *Anatomie des SS-Staates*. 2 Bde., dtv.

Bukey, Evan Burr 2000. *Hitler's Austria. Popular Sentiment in the Nazi Era, 1938−1945*. North Carolina UP.

*Burleigh, Michael 1988. *Germany Turns Eastwards. A Study of Ostforschung in the Third Reich*. CUP.

Büttner, Ursula 2008. *Weimar. Die überforderte Republik 1918−1933*. Klett-Cotta.

*Caplan, Jane（ed.）2008. *Nazi Germany*［Short Oxford History of Germany］. OUP.

Carsten, Francis L. 1972. *Revolution in Central Europe, 1918−1919*. M. Temple Smith.

Chiari, Bernhard 1998. *Alltag hinter der Front. Besatzung, Kollaboration und Widerstand in Weißrußland 1941−1944*. Droste.

Chickering, Roger 1998. *Imperial Germany and the Great War, 1914−1918*. CUP.

Conze, Werner 1964. Brünings Politik unter dem Druck der großen Krise, in: *HZ* 199.

Crew, David F.（ed.）1994. *Nazism and German Society, 1933−1945*. Routledge.

Dahlmann, Dittmar/Gerhard Hirschfeld（Hg.）1999. *Lager, Zwangsarbeit, Vertreibung und Deportation. Dimensionen der Massenverbrechen in der Sowjetunion und in Deutschland 1933 bis 1945*. Klartext.

Davis, Belinda J. 2000. *Home Fires Burning. Food, Politics, and Every Day Life in World War I Berlin*. North Carolina UP.

Dear, Ian et al.（eds.）1995. *The Oxford Companion to the Second World War*. OUP.

Deutschland-Berichte 1980. *Deutschland-Berichte der Sozialdemokratischen Partei Deutschlands（Sopade）1934−1940*. 7 Bde., Petra Nettelbeck.

Dieckmann, Christoph 2011. *Deutsche Besatzungspolitik in Litauen 1941−1944*. 2 Bde., Wallstein.

Die Verfolgung 2008− . *Die Verfolgung und Ermordung der europäischen Juden durch das nationalsozialistische Deutschland 1933−1945*. 16 Bde., Oldenbourg.

Domarus, Max 1988[4]. *Hitler. Reden und Proklamationen 1932−1945*. 4 Bde., Pamminger & Partner.

Eichholtz, Dietrich/Kurt Gossweiler（Hg.）1980[2]. *Faschismus-Forschung. Positionen, Probleme, Polemik*. Akademie.

Evans, Richard J. 2004−08. *The Coming of the Third Reich; The Third Reich in Power, 1933−1939; The Third Reich at War, 1939−1945*. Penguin.

Evans, Richard J./Dick Geary（eds.）1987. *The German Unemployed. Experiences and Consequences of Mass Unemployment from the Weimar Republic to the Third Reich*. Croom Helm.

Falter, Jürgen W. 1991. *Hitlers Wähler*. Beck.

*Feldman, Gerald D. 1966. *Army, Industry, and Labor in Germany, 1914−1918*. Princeton UP.

Feldman, Gerald D. 1977. *Iron and Steel in the German Inflation, 1916−1923*. Princeton UP.

Feldman, Gerald D. 1993. *The Great Disorder. Politics, Economics, and Society in the German Inflation, 1914−1924*. OUP.

Fischer, Conan 1983. *Stormtroopers. A Social, Economic, and Ideological Analysis, 1929−35*.

Allen & Unwin.

Fischer, Conan (ed.) 1996. *The Rise of National Socialism and the Working Classes in Weimar Germany*. Berghahn Books.

Freeman, Michael 1995². *Atlas of Nazi Germany. A Political, Economic and Social Anatomy of the Third Reich*. Longman.

Friedländer, Saul 1997・2007. *Nazi Germany and the Jews,* Vol. 1: *The Years of Persecution, 1933–1939,* Vol. 2: *The Years of Extermination, 1939–1945*. Harper Perennial, Harper Collins.

Gellately, Robert 1990. *The Gestapo and German Society. Enforcing Racial Policy 1933–1945*. Clarendon.

Gerlach, Christian 1999. *Kalkulierte Morde. Die deutsche Wirtschafts- und Vernichtungspolitik in Weißrußland 1941 bis 1944*. Hamburger Institute für Sozialforschung.

Goldinger, Walter/Dieter A. Binder 1992. *Geschichte der Republik Österreich 1918–1938*. Oldenbourg.

*Gregor, Neil (ed.) 2000. *Nazism* [Oxford Readers]. OUP.

Hagemann, Karen 1990. *Frauenalltag und Männerpolitik. Alltagsleben und gesellschaftliches Handeln von Arbeiterfrauen in der Weimarer Republik*. J. H. W. Dietz Nachf.

Hagemann, Karen/Stefanie Schüler-Springorum (Hg.) 2002. *Heimat-Front. Militär und Geschlechterverhältnisse im Zeitalter der Weltkriege*. Campus.

Hamburger Institut für Sozialforschung (Hg.) 2002². *Verbrechen der Wehrmacht. Dimenstionen des Vernichtungskrieges 1941–1944. Ausstellungskatalog*. Hamburger Editon.

Hamilton, Richard F. 1982. *Who voted for Hitler?* Princeton UP.

Hardtwig, Wolfgang (Hg.) 2005. *Politische Kulturgeschichte der Zwischenkriegszeit 1918–1939*. V&R.

Hartmann, Christian et al. 2009. *Der deutsche Krieg im Osten 1941–1944. Facetten einer Grenzüberschreitung*. Oldenbourg.

Heinemann, Isabel 2003. *„Rasse, Siedlung, deutsches Blut". Das Rasse- und Siedlungshauptamt der SS und die rassenpolitische Neuordnung Europas*. Wallstein.

*Herbert, Ulrich 1985. *Fremdarbeiter. Politik und Praxis des „Ausländer-Einsatzes" in der Kriegswirtschaft des Dritten Reiches*. J. H. W. Dietz Nachf.

Herbert, Ulrich (Hg.) 1991. *Europa und der „Reichseinsatz". Ausländische Zivilarbeiter, Kriegsgefangene und KZ-Häftlinge in Deutschland 1938–1945*. Klartext.

Herbert, Ulrich et al. (Hg.) 1998. *Die nationalsozialistische Konzentrationslager. Entwicklung und Struktur*. 2 Bde., Wallstein.

Hesse, Hans (Hg.) 1998. *„Am mutigsten waren immer wieder die Zeugen Jehovas". Verfolgung und Widerstand der Zeugen Jehovas im Nationalsozialismus*. Edition Temmen.

*Hesse, Klaus/Philipp Springer 2002. *Vor aller Augen. Fotodokumente des nationalsozialistischen Terrors in der Provinz*. Klartext.

Hilberg, Raul 1992. *Perpetrators, Victims, Bystanders. The Jewish Catastrophe, 1933–1945*. Aaron Asher Books.

Hildebrand, Klaus 1969. *Vom Reich zum Weltreich. Hitler, NSDAP und koloniale Frage 1919–1945*. W. Fink.

Hildebrand, Klaus 1980⁴. *Deutsche Außenpolitik, 1933–1945. Kalkül oder Dogma?* Kohlhammer.

Hirschfeld, Gerhard/Gerd Krumeich 1996. *„Keiner fühlt sich hier mehr als Mensch …" Erlebnis und Wirkung des Ersten Weltkriegs*. Fischer.

*Hirschfeld, Gerhard et al. (Hg.) 2008. *Enzyklopädie Erster Weltkrieg*. UTB.

Holtfrerich, Carl-Ludwig 1980. *Die deutsche Inflation 1914–1923. Ursachen und Folgen in internationaler Perspektive*. WdG.

Holtfrerich, Carl-Ludwig 1982. Alternativen zur Brünings Wirtschaftspolitik in der Weltwirtschaftskrise? in: *HZ* 235.

Hong, Young-Sun 1998. *Welfare, Modernity, and the Weimar State, 1919–1933*. Princeton UP.

Ishida, Yuji 1988. *Jungkonservative in der Weimarer Republik. Der Ring-Kreis 1928–1933*. Peter Lang.

Jäckel, Eberhard 1999. *Das deutsche Jahrhundert. Eine historische Bilanz*. Deutsche Verlags-Anstalt.

Jacobsen, Hans-Adolf 1968. *Nationalsozialistische Außenpolitik 1933–1938*. Alfred Metzner.

Jahn, Peter (Bearb.) 1988. *Die Gewerkschaften in der Endphase der Republik 1930–1933*. Bund.

Jellonnek, Burkhard 1990. *Homosexuelle unter dem Hakenkreuz. Die Vefolgung von Homosexuellen im Dritten Reich*. Schöningh.

Kaes, Anton et al. (eds.) 1994. *The Weimar Republic Sourcebook*. California UP.

Kater, Michael H. 1983. *The Nazi Party. A Social Profile of Members and Leaders, 1919–1945*. Harvard UP.

*Kershaw, Ian 1998・2000. *Hitler*. 2 vols., Allen Lane.

Kocka, Jürgen 1973. *Klassengesellschaft im Krieg. Deutsche Sozialgeschichte, 1914–1918*. V&R.

Kolb, Eberhard 1962. *Die Arbeiterräte in der deutschen Innenpolitik 1918–1919*. Droste.

**Konrad, Helmut/Wolfgang Maderthaner (Hg.) 2008. *… der Rest ist Österreich. Das Werden der Ersten Republik*. 2 Bde., Carl Gerold's Sohn.

Kramer, Alan 2007. *Dynamics of Destruction. Culture and Mass Killing in the First World War*. OUP.

Leser, Norbert 1968. *Zwischen Reformismus und Bolschewismus. Der Austromarxismus als Theorie und Praxis*. Europa-Verlag.

*Liulevicius, Vejas Gabriel 2000. *War Land on the Eastern Front. Culture, National Identity and German Occupation in World War I*. CUP.

Liulevicius, Vejas Gabriel 2009. *The German Myth of the East. 1800 to the Present*. OUP.

Longerich, Peter 2010a. *Heinrich Himmler. Biographie*. Siedler.

*Longerich, Peter 2010b. *Holocaust. The Nazi Persecution and Murder of the Jews*. OUP.

Low, Alfred D. 1974. *The Anschluss Movement in Austria and Germany, 1918–1919, and the Paris Peace Conference*. American Philosophical Society.

Lucas, Erhard 1973–83. *Märzrevolution 1920*. 4 Bde., Roter Stern.

*Lüdtke, Alf（Hg.）1989. *Alltagsgeschichte. Zur Rekonstruktion historischer Erfahrungen und Lebensweisen*. Campus.

Luza, Radomir V. 1984. *The Resistance in Austria, 1938-1945*. Minnesota UP.

*McElligott, Anthony（ed.）2009. *Weimar Germany* ［Short Oxford History of Germany］. OUP.

*Maier, Charles S. 1975. *Recasting Bourgeois Europe. Stabilization in France, Germany, and Italy in the Decade after World War I*. Princeton UP.

Mallmann, Klaus-Michael 1996. *Kommunisten in der Weimarer Republik. Sozialgeschichte einer revolutionären Bewegung*. WBG.

Mallmann, Klaus-Michael/Gerhard Paul 1991. *Herrschaft und Alltag. Ein Industrierevier im Dritten Reich*. J. H. W. Dietz Nachf.

*Mason, Timothy W. 1977. *Sozialpolitik im Dritten Reich. Arbeiterklasse und Volksgemeinschaft*. WV.

*Matthias, Erich/Rudolf Morsey（Hg.）1960. *Das Ende der Parteien 1933*. Droste.

Mayer, Arno J. 1967. *Politics and Diplomacy of Peacemaking. Containment and Counterrevolution at Versailles, 1918-1919*. A. A. Knopf.

*Mazower, Mark 1998. *Dark Continent. Europe's Twentieth Century*. Penguin.

*Mazower, Mark 2008. *Hitler's Empire. Nazi Rule in Occupied Europe*. Allen Lane.

Mergel, Thomas 2005. *Parlamentarische Kultur in der Weimarer Republik. Politische Kommunikation, symbolische Politik und Öffentlichkeit im Reichstag*. Droste.

Michalka, Wolfgang（Hg.）1994. *Der Erste Weltkrieg. Wirkung, Wahrnehmung, Analyse*. Piper.

**Michalka, Wolfgang/Gottfried Niedhart（Hg.）1999. *Deutsche Geschichte 1918-1933. Dokumente zur Innen- und Außenpolitik*. Fischer.

**Michalka, Wolfgang/Gottfried Niedhart（Hg.）2002. *Deutsche Geschichte 1933-1945. Dokumente zur Innen- und Außenpolitik*. Fischer.

Miller, Susanne 1974. *Burgfrieden und Klassenkampf. Die deutsche Sozialdemokratie im Ersten Weltkrieg*. Droste.

Miller, Susanne 1978. *Die Bürde der Macht. Die deutsche Sozialdemokratie 1918-1920*. Droste.

*Mommsen, Hans 1983. Die Realisierung der Utopischen. Die ‚Endlösung der Judenfrage' im ‚Dritten Reich', in: *Geschichte und Gesellschaft* 9; auch in: id., *Der Nationalsozialismus und die deutsche Gesellschaft. Ausgewählte Aufsätze*. Rowohlt, 1991.

Mommsen, Hans et al.（Hg.）. 1974. *Industrielles System und politische Entwicklung in der Weimarer Republik*. Droste.

Mommsen, Wolfgang J. 2004. *Der Erste Weltkrieg. Anfang vom Ende des bürgerlichen Zeitalters*. Fischer.

Nakata, Jun 2002. *Der Grenz- und Landesschutz in der Weimarer Republik 1918 bis 1933. Die geheime Aufrüstung und die deutsche Gesellschaft*. Rombach.

Niedhart, Gottfried 2006^2. *Die Außenpolitik der Weimarer Republik*. Oldenbourg.

Niethammer, Lutz（Hg.）1983-85. *Lebensgeschichte und Sozialkultur im Ruhrgebiet 1930 bis 1960*. 3 Bde., J. H. W. Dietz Nachf.

**Noakes, Jeremy/Geoffrey Pridham (eds.) 1998-2001. *Nazism 1919-1945. A Documentary Reader*. 4 vols., Exter UP.

Nolan, Mary 1994. *Visions of Modernity. American Business and the Modernization of Germany*. OUP.

Oertzen, Peter von 1963. *Betriebsräte in der Novemberrevolution. Eine politikwissenschaftliche Untersuchung über Ideengehalt und Struktur der betrieblichen und wirtschaftlichen Arbeiterräte in der deutschen Revolution 1918/19*. Droste.

Oltmer, Jochen 2005. *Migration und Politik in der Weimarer Republik*. V&R.

Orlow, Dietrich 2008. *The Nazi Party 1919-1945. A Complete History*. Enigma Books.

Paul, Gerhard 1990. *Aufstand der Bilder. Die NS-Propaganda vor 1933*. J. H. W. Dietz Nachf.

Petzina, Dietmar et al. 1978. *Sozialgeschichtliches Arbeitsbuch III. Materialien zur Statistik des Deutschen Reiches 1914-1945*. Beck.

Peukert, Detlev J. K. 1986. *Grenzen der Sozialdisziplinierung. Aufstieg und Krise der deutschen Jugendfürsorge von 1878 bis 1932*. Bund.

Peukert, Detlev J. K. 1987. *Jugend zwischen Krieg und Krise. Lebenswelten von Arbeiterjungen in der Weimarer Republik*. Bund.

Pohl, Dieter 1996. *Nationalsozialistische Judenverfolgung in Ostgalizien 1941-1944. Organisation und Durchführung eines staatlichen Massenverbrechens*. Oldenbourg.

Pohl, Dieter 2008. *Die Herrschaft der Wehrmacht. Deutsche Militärbesatzung und einheimische Bevölkerung in der Sowjetunion 1941-1944*. Oldenbourg.

Potthoff, Heinrich 1979. *Gewerkschaften und Politik zwischen Revolution und Inflation*. Droste.

Potthoff, Heinrich 1987. *Freie Gewerkschaften, 1918-1933. Der Allgemeine Deutsche Gewerkschaftsbund in der Weimarer Republik*. Droste.

Prinz, Michael/Rainer Zitelmann (Hg.) 1991. *Nationalsozialismus und Modernisierung*. WBG.

Rabinbach, Anson (ed.) 1985. *The Austrian Socialist Experiment. Social Democracy and Austromarxism, 1918-1934*. Westview Press.

Recker, Marie-Luise 2010^2. *Die Außenpolitik des Dritten Reiches*. Oldenbourg.

*Reichel, Peter 1993. *Der schöne Schein des Dritten Reiches. Faszination und Gewalt des Faschismus*. Fischer.

Rich, Norman 1973・74. *Hitler's War Aims*. 2 vols., Norton.

Rosenhaft, Eve 1983. *Beating the Fascists? The German Communists and Political Violence 1929-1933*. CUP.

Rössler, Mechtild/Sabine Schleiermacher (Hg.) 1993. *Der „Generalplan Ost". Hauptlinien der nationalsozialistischen Planungs- und Vernichtungspolitik*. Akademie.

Roth, Karl H. 1993. *Intelligenz und Sozialpolitik im „Dritten Reich". Eine methodisch-historische Studie am Beispiel des Arbeitswissenschaftlichen Instituts der Deutschen Arbeitsfront*. K. G. Saur.

**Ruck, Michael 2000^2. *Bibliographie zum Nationalsozialismus*. 2 Bde.+CD-ROM, WBG.

Sachse, Carola et al. 1982. *Angst, Belohnung, Zucht und Ordnung. Herrschaftsmechanismen im*

Nationalsozialismus. WV.

Sandkühler, Thomas 1996. *„Endlösung" in Galizien. Der Judenmord in Ostpolen und die Rettungsinitiativen von Berthold Beitz, 1941–1944.* J. H. W. Dietz Nachf.

Scherer, Klaus 1990. *„Asozial" im Dritten Reich. Die vergessenen Verfolgten.* Votum.

Schmädeke, Jürgen/Peter Steinbach (Hg.) 1985. *Der Widerstand gegen den Nationalsozialismus. Die deutsche Gesellschaft und der Widerstand gegen Hitler.* Piper.

Schmuhl, Hans-Walter 1987. *Rassenhygiene, Nationalsozialismus, Euthanasie. Von der Verhütung zur Vernichtung „lebensunwelten Lebens", 1890–1945.* V&R.

*Schneider, Michael 1999. *Geschichte der Arbeiter und der Arbeiterbewegung in Deutschland seit dem Ende des 18. Jahrhunderts.* Bd. 12, J. H. W. Dietz Nachf.

Schot, Bastiaan 1988. *Nation oder Staat? Deutschland und der Minderheitenschutz. Zur Völkerbundspolitik der Stresemann-Ära.* Herder-Institut.

Schumann, Wolfgang et al. (Hg.) 1988–94. *Europa unterm Hakenkreuz. Die Okkupationspolitik des deutschen Faschismus (1938–1945).* 8 Bde., VEB Deutscher Verlag der Wissenschaften.

Stegmann, Dirk 1973. Zum Verhältnis von Großindustrie und Nationalsozialismus 1930–1933, in: *AfS* 13.

Steinbach, Peter/Johannes Tuchel (Hg.) 1994. *Widerstand gegen den Nationalsozialismus.* Akademie.

Steininger, Rolf 1997. *Südtirol im 20. Jahrhundert. Vom Leben und Überleben einer Minderheit.* Studien.

*Steininger, Rolf et al. (eds.) 2002. *Austria in the Twentieth Century.* Transaction Publishers.

*Strachan, Hew 2003. *The First World War. A New Illustrated History.* Simon & Schuster.

Streit, Christian 1978. *Keine Kameraden. Die Wehrmacht und die sowjetischen Kriegsgefangenen 1941–1945.* Deutsche Verlags-Anstalt.

**Tálos, Emmerich et al. (Hg.) 2001. *NS-Herrschaft in Österreich. Ein Handbuch.* öbv & hpt.

Turner, Henry Ashby Jr. 1963. *Stresemann and the Politics of the Weimar Republic.* Princeton UP.

Turner, Henry Ashby 1972. *Faschismus und Kapitalismus in Deutschland. Studien zum Verhältnis zwischen Nationalsozialismus und Wirtschaft.* V&R.

Ullrich, Sebastian 2009. *Der Weimar-Komplex. Das Scheitern der ersten deutschen Demokratie und die politische Kultur der frühen Bundesrepublik 1945–1959.* Wallstein.

Verhey, Jeffrey 2000. *The Spirit of 1914. Militarism, Myth, and Mobilization in Germany.* CUP.

Walter, Dirk 1999. *Antisemitische Kriminalität und Gewalt. Judenfeindschaft in der Weimarer Republik.* J. H. W. Dietz Nachf.

Weber, Hermann 1969. *Die Wandlung des deutschen Kommunismus. Die Stalinisierung der KPD in der Weimarer Republik.* 2 Bde., Europäische Verlagsanstalt.

*Wehler, Hans-Ulrich 2008. *Deutsche Gesellschaftsgeschichte,* Bd. 4: *Vom Beginn des Ersten Weltkriegs bis zur Gründung der beiden deutschen Staaten 1914–1949.* Beck.

Weidenholzer, Josef 1981. *Auf dem Weg zum „neuen Menschen". Bildungs- und Kulturarbeit der österreichischen Sozialdemokratie in der Ersten Republik.* Europa-Verlag.

Weinberg, Gerhard L. 2005². *A World at Arms. A Global History of World War II*. CUP.
*Weinberg, Gerhard L. 2010. *Hitler's Foreign Policy 1933−1939. The Road to World War II*. Enigma Books.
Weisbrod, Bernd 1978. *Schwerindustrie in der Weimarer Republik. Interessenpolitik zwischen Stabilisierung und Krise*. P. Hammer.
Welch, David 2002². *The Third Reich. Politics and Propaganda*. Routledge.
Werner, Wolfgang Franz 1983. *"Bleib übrig!". Deutsche Arbeiter in der nationalsozialistischen Kriegswirtschaft*. Schwann.
Wheeler, Robert F. 1975. *USPD und Internationale. Sozialistischer Internationalismus in der Zeit der Revolution*. Ullstein.
*Wildt, Michael 2007. *Volksgemeinschaft als Selbstermächtigung. Gewalt gegen Juden in der deutschen Provinz 1919 bis 1939*. Hamburger Edition.
Winkler, Heinrich August 1972. *Mittelstand, Demokratie und Nationalsozialismus. Die politische Entwicklung von Handwerk und Kleinhandel in der Weimarer Republik*. Kiepenheuer & Witsch.
Winkler, Heinrich August 1984−87. *Geschichte der Arbeiter und der Arbeiterbewegung in Deutschland seit dem Ende des 18. Jahrhunderts*. Bd. 9−11, J. H. W. Dietz Nachf.
Wright, Jonathan 2004. *Gustav Stresemann. Weimar's Greatest Statesman*. OUP.
Yano, Hisashi 1986. *Hüttenarbeiter im Dritten Reich. Die Betriebsverhältnisse und soziale Lage bei der Gutehoffnungshütte Aktienverein und der Fried. Krupp AG 1936 bis 1939*. F. Steiner.
Zimmermann, Michael 1996. *Rassenutopie und Genozid. Die nationalsozialistische "Lösung der Zigeunerfrage"*. Christians.

第6章　現代のドイツ

アスマン，アライダ（安川晴基訳）2007.『想起の空間――文化的記憶の形態と変遷』水声社
足立芳宏 2011.『東ドイツ農村の社会史――「社会主義」経験の歴史化のために』京都大学学術出版会
アーベルスハウザー，ヴェルナー（酒井昌美訳）1994.『現代ドイツ経済論――1945-80年代にいたる経済史的構造分析』朝日出版社
＊粟屋憲太郎ほか 1994.『戦争責任・戦後責任――日本とドイツはどう違うか』朝日新聞社
石井聡 2010.『もう一つの経済システム――東ドイツ計画経済下の企業と労働者』北海道大学出版会
＊石田勇治 2002.『過去の克服――ヒトラー後のドイツ』白水社
石田勇治 2005.『20世紀ドイツ史』白水社
＊井関正久 2005.『ドイツを変えた68年運動』白水社
ヴィンクラー，ハインリヒ・アウグスト（後藤俊明ほか訳）2008.『自由と統一への長い道2　ドイツ近現代史 1933-1990年』昭和堂

ヴェーバー,ヘルマン(斎藤哲・星乃治彦訳)1991.『ドイツ民主共和国史――「社会主義」ドイツの興亡』日本経済評論社
ヴォルフルム,エドガー(飯田収治ほか訳)2013.『ベルリンの壁――ドイツ分断の歴史』洛北出版
エングラー,ヴォルフガング(岩崎稔・山本裕子訳)2010.『東ドイツのひとびと――失われた国の地誌学』未来社
小野一 2012.『現代ドイツ政党政治の変容――社会民主党,緑の党,左翼党の挑戦』吉田書店
河合信晴 2011.「ドイツ民主共和国における個人的余暇の前提」『ドイツ研究』45
*川喜田敦子 2005.『ドイツの歴史教育』白水社
川越修・辻英史編 2008.『社会国家を生きる――20世紀ドイツにおける国家・共同性・個人』法政大学出版局
グレースナー,G=J(中村登志哉・中村ゆか訳)1993.『ドイツ統一過程の研究』青木書店
*クレスマン,クリストフ(石田勇治・木戸衛一訳)1995.『戦後ドイツ史1945-1955――二重の建国』未来社
*コッカ,ユルゲン(松葉正文・山井敏章訳)2011.『市民社会と独裁制』岩波書店
近藤潤三 2004.『統一ドイツの政治的展開』木鐸社
近藤潤三 2010.『東ドイツ(DDR)の実像――独裁と抵抗』木鐸社
*坂井榮八郎・保坂一夫編 1996.『ヨーロッパ=ドイツへの道――統一ドイツの現状と課題』東京大学出版会
斎藤哲 2007.『消費生活と女性――ドイツ社会史(1920〜70年)の一側面』日本経済評論社
佐瀬昌盛 1973.『西ドイツの東方政策』日本国際問題研究所
佐藤成基 2008.『ナショナル・アイデンティティと領土――戦後ドイツの東方国境をめぐる論争』新曜社
*佐藤健生／ノルベルト・フライ編 2011.『過ぎ去らぬ過去との取り組み――日本とドイツ』岩波書店
ジョルダーノ,ラルフ(永井清彦ほか訳)2005.『第二の罪――ドイツ人であることの重荷』白水社
妹尾哲志 2011.『戦後西ドイツ外交の分水嶺――東方政策と分断克服の戦略1963〜1975年』晃洋書房
*高橋進 1999.『歴史としてのドイツ統一――指導者たちはどう動いたか』岩波書店
高橋秀寿 1997.『再帰化する近代――ドイツ現代史試論 市民社会・家族・階級・ネイション』国際書院
*武井彩佳 2005.『戦後ドイツのユダヤ人』白水社
武井彩佳 2008.『ユダヤ人財産はだれのものか――ホロコーストからパレスチナ問題へ』白水社
為政雅代 2009.「連邦大統領テオドーア・ホイスと国歌論争」『現代史研究』55
対馬達雄 2011.『ドイツ 過去の克服と人間形成』昭和堂

坪郷實 1991.『統一ドイツのゆくえ』岩波書店
テルチク，ホルスト（三輪晴啓・宗宮好和監訳）1992.『歴史を変えた329日——ドイツ統一の舞台裏』日本放送出版協会
永井清彦 1991.『ヴァイツゼッカー演説の精神——過去を心に刻む』岩波書店
中田潤 2009.「自由主義的市民社会への道——ドイツ連邦共和国史から」『歴史評論』716
中村登志哉 2006.『ドイツの安全保障政策——平和主義と武力行使』一藝社
西田慎 2009.『ドイツ・エコロジー政党の誕生——「六八年運動」から緑の党へ』昭和堂
ノイベルト，エールハルト（山本一之訳）2010.『われらが革命 1989年から90年——ライプチッヒ，ベルリン，そしてドイツの統一』彩流社
野田昌吾 1998.『ドイツ戦後政治経済秩序の形成』有斐閣
東ドイツの民主化を記録する会編 1990.『ベルリン1989』大月書店
＊平島健司 1994.『ドイツ現代政治』東京大学出版会
広渡清吾 1996.『統一ドイツの法変動——統一の一つの決算』有信堂高文社
福永美和子 1999.「「ベルリン共和国」の歴史的自己認識——東ドイツ史研究動向より」『現代史研究』45
フライ，ノルベルト（下村由一訳）2012.『1968年——反乱のグローバリズム』みすず書房
＊フルブルック，メアリー（芝健介訳）2009.『二つのドイツ1945-1990』岩波書店
ブルマ，イアン（石井信平訳）1994.『戦争の記憶——日本人とドイツ人』TBSブリタニカ
星乃治彦 1991.『東ドイツの興亡』青木書店
＊星乃治彦 1994.『社会主義国における民衆の歴史——1953年６月17日東ドイツの情景』法律文化社
三島憲一 1991.『戦後ドイツ——その知的歴史』岩波書店
三島憲一 2006.『現代ドイツ——統一後の知的軌跡』岩波書店
ミッチャーリッヒ，A／M・ミッチャーリッヒ（林峻一郎・馬場謙一訳）1984.『喪われた悲哀——ファシズムの精神構造』河出書房新社
望田幸男 1990.『ナチス追及——ドイツの戦後』講談社
＊望田幸男 2009.『二つの戦後・二つの近代——日本とドイツ』ミネルヴァ書房
＊森井裕一 2008.『現代ドイツの外交と政治』信山社出版
安野正明 2004.『戦後ドイツ社会民主党研究序説——組織改革とゴーデスベルク綱領への道』ミネルヴァ書房
安野正明 2008.「ドイツ連邦共和国「第二の建国期」と「1968年運動」に関する若干の考察」『欧米文化研究』15
安野正明 2010.「ヴィリ・ブラント首相候補の誕生」『ゲシヒテ』3
＊矢野久 2010.『労働移民の社会史——戦後ドイツの経験』現代書館
山田徹 1994.『東ドイツ・体制崩壊の政治過程』日本評論社
油井大三郎編 2012.『越境する一九六〇年代——米国・日本・西欧の国際比較』彩流社
ライヒェル，ペーター（小川保博・芝野由和訳）2006.『ドイツ過去の克服——ナチ独裁

に対する1945年以降の政治的・法的取り組み』八朔社
リュールップ，ライハンルト（西山暁義訳）2009.「ナチズムの長い影——1945年以降のドイツにおける過去をめぐる政治と記憶」『ヨーロッパ研究』8
ルップ，ハンス・カール（深谷満雄・山本淳訳）2002.『現代ドイツ政治史——ドイツ連邦共和国の成立と発展』（増補改訂版）彩流社
Adenauer, Konrad 1976-83. *Erinnerungen*. Deutsche Verlags-Anstalt.
Adenauer, Konrad 1983-2009. *Röhndorfer Ausgabe*. Schöningh; Siedler.
Baring, Arnuf 1969. *Außenpolitik in Adenauers Kanzlerdemokratie. Bonns Beitrag zur Europäischen Verteidigungsgemeinschaft*. Oldenbourg.
**Bauerkämper, Arnd 2005. *Die Sozialgeschichte der DDR*. Oldenburg.
Becker, Josef et al.（Hg.）1979. *Vorgeschichte der Bundesrepublik Deutschland: zwischen Kapitulation und Grundgesetz*. UTB.
Benz, Wolfgang 1990. *Deutschland seit 1945. Entwicklungen in der Bundesrepublik und in der DDR, Chronik, Dokumente, Bilder*. Moos & Partner.
*Benz, Wolfgang（Hg.）1995. *Antisemitismus in Deutschland, Zur Aktualität eines Vorurteils*. dtv.
*Benz, Wolfgang 1999. *Die Gründung der Bundesrepublik Deutschland. Von der Bizone zum souveränen Staat*. dtv.
*Benz, Wolfgang 2009. *Auftrag Demokratie. Die Gründungsgeschichte der Bundesrepublik und die Entstehung der DDR 1945-1949*. Metropol.
*Bergmann, Werner 1997. *Antisemitismus in öffentlichen Konflikten. Kollektives Lernen in der politischen Kultur der Bundesrepublik 1949-1989*. Campus.
*Bessel, Richard/Ralph Jessen（Hg.）1996. *Die Grenzen der Diktatur. Staat und Gesellschaft in der DDR*. V&R.
Brandt, Willy 2000-06. *Berliner Ausgabe*. Dietz.
*Brenner, Michael 1995. *Nach dem Holocaust. Juden in Deutschland 1945-1950*. Beck.
Broszat, Martin（Hg.）1990. *Essays zur Periodisierung der deutschen Nachkriegsgeschichte*. Oldenbourg.
Broszat, Martin 1991. *Zäsuren nach 1945. Essays zur Periodisierung der deutschen Nachkriegsgeschichte*. Oldenbourg.
Broszat, Martin et al.（Hg.）1988. *Von Stalingrad zur Währungsreform. Zur Sozialgeschichte des Umbruchs in Deutschland*. Oldenbourg.
*Broszat, Martin/Herman Weber（Hg.）1993. *SBZ-Handbuch. Staatliche Verwaltungen, Parteien, gesellschaftliche Organisationen und ihre Führungskräfte in der Sowjetischen Besatzungszone*. Oldenbourg.
Brunner, Detlev/Mario Niemann（Hg.）2011. *Die DDR - eine deutsche Geschichte. Wirkung und Wahrnehmung*. Schöningh.
Budde, Gunilla et al.（Hg.）2010. *Bürgertum nach dem bürgerlichen Zeitalter. Leitbilder und Praxis seit 1945*. V&R.
Bundesarchiv et al.（Hg.）1976-83. *Akten zur Vorgeschichte der Bundesrepublik Deutschland*,

1945-1949. 5 Bde., Oldenbourg.

Burrichter, Clemens et al.（Hg.）2006. *Deutsche Zeitgeschichte von 1945 bis 2000. Gesellschaft-Staat-Politik. Ein Handbuch*. Dietz.

Dahrendorf, Ralf 1965. *Gesellschaft und Demokratie in Deutschland*. Piper.

Deutscher Bundestag（Hg.）1995. *Materialien der Enquete-Kommission „Aufarbeitung von Geschichte und Folgen der SED-Diktatur in Deutschland"*.（12. Wahlperiode des Deutschen Bundestages）Neun Bände in 18 Teilbänden, Nomos.

Eppelmann, Rainer et al.（Hg.）2003. *Bilanz und Perspektiven der DDR-Forschung*. Schöningh.

Eschenburg, Theodor 1983. *Jahre der Besatzung 1945-1945*. Deutsche Verlags-Anstalt.

Feinstein, Margarete Myers 2010. *Holocaust Survivors in Postwar Germany, 1945-1957*. CUP.

Feldkamp, Michael F. 1999. *Der Parlamentarische Rat 1948-1949. Die Entstehung des Grundgesetzes*. V&R.

Fischer, Torben（Hg.）2007. *Lexikon der „Vergangenheitsbewältigung" in Deutschland. Debatten- und Diskursgeschichte des Nationalsozialismus nach 1945*. Transcript.

Foitzik, Jan（Hg.）2008. *SMAD-Handbuch. Die Sowjetische Militäradministration in Deutschland 1945-1949*. Oldenbourg.

François, Etienne/Hagen Schulze（Hg.）2009. *Deutsche Erinnerungsorte*. 3 Bde., Beck.

*Frei, Norbert 1996. *Vergangenheitspolitik. Die Anfänge der Bundesrepublik und die NS-Vergangenheit*. Beck.

*Frei, Norbert 2009. *1945 und Wir. Das Dritte Reich im Bewußtsein der Deutschen*. dtv.

*Frese, Matthias（Hg.）2005. *Demokratisierung und gesellschaftlicher Aufbruch. Die sechziger Jahre als Wendezeit der Bundesrepublik*. Schöningh.

Fricke, Karl Wilhelm et al.（Hg.）2002. *Opposition und Widerstand in der DDR. Politische Lebensbilder*. Beck.

*Fulbrook, Mary 1999. *German National Identity after the Holocaust*. Polity Press.

Geller, Jay Howard 2004. *Jews in Post-Holocaust Germany 1945-1953*. CUP.

*Geppert, Dominik 2002. *Die Ära Adenauer*. WBG.

Gieseke, Jens（Hg.）2007. *Staatssicherheit und Gesellschaft. Studien zum Herrschaftsalltag in der DDR*. V&R.

*Gieseke, Jens 2011. *Die Stasi. 1945-1990*. Pantheon.

Gieseke, Jens/Herman Wentker（Hg.）2011. *Die Geschichte der SED. Eine Bestandsaufnahme*. Metropol.

Glaser, Hermann 2007. *Kleine deutsche Kulturgeschichte von 1945 bis heute*. Fischer.

*Görtemaker, Manfred 1999. *Geschichte der Bundesrepublik Deutschland. Von der Gründung bis zur Gegenwart*. Beck.

*Görtemaker, Manfred 2009. *Die Berliner Republik. Wiedervereinigung und Neuorientierung*. be.bra verlag.

*Goschler, Constantin 2005. *Schuld und Schulden. Die Politik der Wiedergutmachung für NS-Verfolgte seit 1945*. Wallstein.

Hacke, Christian 1989. *Weltmacht wider Willen. Die Außenpolitik der Bundesrepublik Deutschland.* Klett-Cotta.

Haftendorn, Helga 1983. *Sicherheit und Entspannung. Zur Aussenpolitik der Bundesrepublik Deutschland 1955−1982.* Nomos.

Haftendorn, Helga 2006. *Coming of Age. German Foreign Policy since 1945*, Rowman & Littlefield.

Hartenstein, Michael A. 2007. *Die Geschichte der Oder-Neiße-Linie.* Olzog.

*Henke, Klaus-Dietmar (Hg.) 2011. *Die Mauer. Errichtung, Überwindung, Erinnerung.* dtv.

Henke, Klaus-Dietmar et al. (Hg.) 1998. *Politische Säuberung in Europa.* dtv.

*Herbert, Ulrich (Hg.) 2002. *Wandlungsprozesse in Westdeutschland: Belastung, Integration, Liberalisierung 1945−1980.* Wallstein.

Herbst, Ludolf 1989. *Option für den Westen. Vom Marschallplan zum deutsch-französischen Vertrag.* dtv.

*Herf, Jeffrey 1997. *Divided memory. The Nazi Past in the Two Germanys.* Harvard UP.

Hertfelder, Thomas/Andreas Rödder (Hg.) 2007. *Modell Deutschland. Erfolgsgeschichte oder Illusion?* V&R.

Hertle, Hans-Hermann (Hg.) 1997. *Das Ende der SED. Die letzten Tage des Zentralkomitees.* Ch. Links.

Hettling, Manfred/Bernd Ulrich (Hg.) 2005. *Bürgertum nach 1945.* Hamburger Edition.

Heuss, Theodor 2007-12. *Stuttgarter Ausgabe, Sauer.* WdG.

Hockerts, Günther/Christiane Kuller (Hg.) 2003. *Nach der Verfolgung. Wiedergutmachung nationalsozialistischen Unrechts in Deutschland.* Wallstein.

Hockerts, Hans Günter (Hg.) 2006. *Grenzen der Wiedergutmachung. Die Entschädigung für NS-Verfolgte in West- und Osteuropa 1945−2000.* Wallstein.

Hockerts, Hans Günter 2011. *Der deutsche Sozialstaat. Entfaltung und Gefährdung seit 1945.* V&R.

Hoshino, Haruhiko 2002. *Macht und Bürger. Der 17. Juli 1953.* Peter Lang.

Ihme-Tuchel, Beate 2002. *Die DDR.* WBG.

*Jarausch, Konrad H. 1998. Realer Sozialismus als Fürsorgediktatur. Zur begrifflichen Einrodnung der DDR, in: *Aus Politik und Zeitgeschichte* 20.

*Jarausch, Konrad H. 2006. *After Hitler. Recivilizing Germans, 1945−1995.* OUP.

*Jarausch, Konrad H. 2008. *Das Ende der Zuversicht? Die siebziger Jahre als Geschichte.* V&R.

Jarausch, Konrad H./Martin Sabrow (Hg.) 1999. *Weg in den Untergang.* V&R.

Jelinek, Yeshayahu 2003. *Deutschland und Israel 1945−1965. Ein neurotisches Verhältnis.* Oldenbourg.

Kaiser, Monika 1997. *Machtwechsel von Ulbricht zu Honecker. Funktionsmechanismen der SED-Diktatur in Konfliktsituationen 1962 bis 1972.* Akademie.

Katzenstein, Peter J. 1987. *Policy and Politics in West Germany. The Growth of a Semisovereign State.* Temple UP.

Kauders, Anthony 2004. *Democratization and the Jews.* Nebraska UP.

Kersting, Franz-Werner et al. (Hg.) 2009. *Die zweite Gründung der Bundesrepublik. Genera-*

tionswechsel und intellektuelle Wortergreifungen 1955–1975. Steiner.

*Kleßmann, Christoph 1988. *Zwei Staaten, eine Nation. Deutsche Geschichte 1955–1970*. V&R.

Kleßmann, Christoph/Georg Wagner（Hg.）1993. *Das gespaltene Land. Leben in Deutschland 1945–1990. Texte und Dokumente zur Sozialgeschichte*. Beck.

Klimke, Martin/Joachim Scharloth（Hg.）2007. *1968. Handbuch zur Kultur- und Mediengeschichte der Studentenbewegung*. J. B. Metzler.

Knigge, Volkhard/Norbert Frei（Hg.）2002. *Verbrechen erinnern. Die Auseinandersetzung mit Holocaust und Völkermord*. Beck.

Kocka, Jürgen（Hg.）1993. *Historische DDR-Forschung, Aufsätze und Studien*. Akademie.

Kosthorst, Daniel 2012. Fluchtbewegung und Mauerbau, in: *Stiftung Haus der Geschichte der Bundesrepublik Deutschland*.

Kowalczuk, Ilko-Sascha 2003. *17. Juni 1953: Volksaufstand in der DDR. Ursachen, Abläufe, Folgen*. Edition Temmen.

*Kowalczuk, Ilko-Sascha 2009. *Endspiel. Die Revolution von 1989 in der DDR*. Beck.

Laabs, Dirks 2012. *Der deutsche Goldrausch. Die wahre Geschichte der Treuhand*. Pantheon.

Lemke, Michael（Hg.）1999. *Sowjetisierung und Eigenständigkeit in der SBZ/DDR（1949–1953）*. Böhlau.

Leonhard, Wolfgang 2008. *Meine Geschichte der DDR*. Rowohlt Taschenbuch.

Lindenberger, Thomas（Hg.）1999. *Herrschaft und Eigen-Sinn in der Diktatur*. Böhlau.

Mählert, Ulrich 1996. *Blaue Hemden - rote Fahnen. Die Geschichte der Freien Deutschen Jugend*. Leske + Budrich.

Mählert, Ulrich 1998. *Kleine Geschichte der DDR*. Beck.

Mai, Gunther 1995. *Der Alliierte Kontrollrat in Deutschland 1945–1948. Alliierte Einheit - deutsche Teilung?* Oldenbourg.

*Maier, Charles S. 1999. *Dissolution. The Crisis of Communism and the End of East Germany*. Princeton UP.

*Malycha, Andreas/Peter Jochen Winters 2011. *Die SED: Geschichte einer deutschen Partei*. Beck.

Malzahn, Manfred 1991. *Germany, 1945–1949. A sourcebook*. Routledge.

Merritt, Anna J./Richard Merritt（ed.）1970. *Public opinion in occupied Germany. The OMGUS surveys, 1945–1949*. Illinois UP.

*Merseburger, Peter 2002. *Willy Brandt. 1913–1992. Visonär und Realist*. Deutsche Verlags-Anstalt.

*Naimark, Norman 1995. *The Russians in Germany. A History of the Soviet Zone of Occupation 1945–1949*. Harvard UP.

Neubert, Ehrhart 1998. *Geschichte der Opposition in der DDR 1949–1989, 2.*, durchgesehene und erweiterte Auflage, Links.

Niethammer, Lutz（Hg.）1983. *„Die Jahre weiss man nicht, wo man die heute hinsetzen soll". Faschismuserfahrungen im Ruhrgebiet*. Dietz.

Pearce, Caroline 2008. *Contemporary Germany and the Nazi Legacy. Remembrance, Politics and*

the Dialectic of Normality. Palgrave Macmillan.
Plato, Alexander von (Hg.) 1997. *"Ein unglaublicher Frühling" Erfahrene Geschichte im Nachkriegsdeutschland 1945–1948*. Bundeszentrale für politische Bildung.
Pollack, Dieter/Dieter Rink (Hg) 1997. *Zwischen Verweigerung und Opposition. Politischer Protest in der DDR 1970–1989*. Campus.
*Pulzer, Peter 1996. *German Politics 1945–1995*. OUP.
Recker, Marie-Luise 2009. *Geschichte der Bundesrepublik*. Beck.
Reif-Spirek, Peter/Bodo Ritscher (Hg) 1999. *Speziallager in der SBZ. Gedenkstätten mit „doppelter Vergangenheit"*. Ch. Links.
Requate, Jörg 2008. *Der Kampf um die Demokratisierung der Justiz. Richter, Politik und Öffentlichkeit in der Bundesrepublik*. Campus.
Rödder, Andreas 2009. *Deutschland einig Vaterland. Die Geschichte der Wiedervereinigung*. Beck.
*Rother, Bernd (Hg.) 2011. *Willy Brandt. Neue Fragen, neue Erkenntnisse*. Dietz.
Ruhl, Klaus-Jörg (Hg.) 1982. *Neubeginn und Restauration. Dokumente zur Vorgeschichte der Bundesrepublik Deutschland 1945–1949*. dtv.
Sabrow, Martin 2001. *Das Diktat des Konsenses. Geschichtswissenschaft in der DDR 1949–1969*. Oldenbourg.
Sabrow, Martin (Hg.) 2010. *Bewältigte Diktaturvergangenheit? 20 Jahre DDR-Aufarbeitung*. Akademische Verlagsanstalt.
*Schäfer, Michael 2009. *Geschichte des Bürgertums. Eine Einführung*. Böhlau UTB.
*Schildt, Axel 1999. *Ankunft im Westen. Ein Essay zur Erfolgsgeschichte der Bundesrepublik*. Fischer.
Schildt, Axel 2011. Liberalisierung und Demokratisierung. Grundzüge derReformpolitik 1966–1974, in: Bernd Rother (Hg.).
*Schildt, Axel et al. (Hg.) 2000. *Dynamische Zeiten. Die 60er Jahre in den beiden deutschen Gesellschaften*. Christians.
Schildt, Axel et al. (Hg.) 2009. *Deutsche Kulturgeschichte. Die Bundesrepublik von 1949 bis zur Gegenwart*. Carl Hanser.
Schöllgen, Gregor 2004. *Die Außenpolitik der Bundesrepublik Deutschland. Von den Anfängen bis zur Gegenwart*. Beck.
Schwarz, Hans-Peter 1980. *Vom Reich zur Bundesrepublik. Deutschland im Widerstreit der außenpolitischen Konzeptionen in den Jahres der Besatzungsherrschaft 1945–1949*. Klett-Cotta.
*Sontheimer, Kurt 2003. *Die Adenauer-Ära. Grundlegung der Bundesrepublik*. dtv.
Steininger, Rolf 2001. *Der Mauerbau. Die Westmächte und Adenauer in der Berlinkrise 1958–63*. Olzog.
Stern, Frank 1991. *Im Anfang war Auschwitz. Antisemitismus und Philosemitismus im deutschen Nachkrieg*. Wallstein.
Stiftung Haus der Geschichte der Bundesrepublik Deutschland 2012. *Demokratie jetzt oder nie*.

Diktatur Wiederstand Alltag. Edition Leipzig.
*Stöver, Bernd 2002. *Die Bundesrepublik Deutschland*. WBG.
Timm, Angelika 1997. *Hammer, Zirkel und Davidstern. Das gestörte Verhältnis der DDR zum Zionismus und zum Staat Israel*. Bouvier.
Veen, Hans-Joachim/Peter Steinbach (Hg.) 2000. *Lexikon Opposition und Widerstand in der SED-Diktatur*. Propyläen.
Weber, Jürgen et al. (Hg.) 1984. *Vergangenheitsbewältigung durch Strafverfahren? NS-Prozesse in der Bundesrepublik Deutschland*. G. Olzog.
Wehler, Hans-Ulrich 2001. Deutsches Bürgertum nach 1945. Exitus oder Phönix aus der Asche? in: *Geschichte und Gesellschaft* 27.
*Wehler, Hans-Ulrich 2008. *Deutsche Gesellschaftsgeschichte*, Bd. 5: *Bundesrepublik und DDR 1949–1990*. Beck.
Weidenfeld, Werner 1998. *Außenpolitik für die deutsche Einheit. Die Entscheidungsjahre 1989/90*. Deutsche Verlags-Anstalt.
*Weidenfeld, Werner (Hg.) 1999. *Handbuch zur deutschen Einheit 1949–1989–1999*. Neuausgabe, Campus.
Weinhauer, Klaus et al. (Hg.) 2006. *Terrorismus in der Bundesrepublik. Medien, Staat und Subkulturen in den 1970er Jahren*. Campus.
Weinke, Annette 2002. *Die Verfolgung von NS-Tätern im geteilten Deutschland. Vergangenheitsbewältigungen 1949–1969, oder, Eine deutsch-deutsche Beziehungsgeschichte im Kalten Krieg*. Schöningh.
Weisz, Christoph (Hg.) 1994. *OMGUS-Handbuch. Die amerikanische Militärregierung in Deutschland 1945–1949*. Oldenbourg.
*Wolfrum, Edgar 1999. *Geschichtspolitik in der Bundesrepublik Deutschland. Der Weg zur bundesrepublikanischen Erinnerung*. WBG.
Wolfrum, Edgar 2005. *Die Bundesrepublik Deutschland 1949–1990* [*GEB*[10] 23]. Klett-Cotta.
*Wolfrum, Edgar 2006. *Die geglückte Demokratie. Geschichte der Bundesrepubik Deutschland von ihren Anfängen bis zur Gegenwart*. Klett-Cotta.
*Wolle, Stefan 2004. *DDR. Eine kurze Geschichte*. Fischer.
Wolle, Stefan 2009. *Die heile Welt der Diktatur. Alltag und Herrschaft in der DDR 1971–1989*. Ch. Links.
Zarusky, Jürgen (Hg.) 2002. *Die Stalin-Note vom 10. März 1952, Neue Quellen und Analysen*. Oldenbourg.
Zentrum für Zeithistorische Forschung Potsdam (Hg.) 2009. *Die Todesopfer an der Berliner Mauer, 1961–1989. Ein biographisches Handbuch*. Ch. Links.
Ziebura, Gilbert 1997. *Die deutsch-französische Beziehungen seit 1945. Mythen und Realitäten*. Klett-Cotta.

第Ⅱ部　テーマ編
第1章　自然と環境

* 青木聡子 2013.『ドイツにおける原子力施設反対運動の展開——環境志向型社会へのイニシアティヴ』ミネルヴァ書房

青山一郎 1940.『独逸の砂——独逸の自然と生活』長崎書店

赤坂信 1990.「ドイツ国土美化の研究」『千葉大学園芸学部学術報告』43

* 赤坂信 1992.「ドイツ郷土保護連盟の設立から1920年代までの郷土保護運動の変遷」『造園雑誌』55-3

浅田進史 2005.「(書評) 帝政期ドイツにおける「自然保護の近代」」『公共研究』2-2

アッカーマン，ダイアン（青木玲訳）2009.『ユダヤ人を救った動物園——ヤンとアントニーナの物語』亜紀書房

アーノルド，デイヴィッド（飯島昇藏・川島耕司訳）1999.『環境と人間の歴史——自然，文化，ヨーロッパの世界的拡張』新評論

イェニッケ，マルティン／ヘルムート・ヴァイトナー編（長尾伸一・長岡延孝監訳）1998.『成功した環境政策——エコロジー的成長の条件』有斐閣

石井寛 2008.「ドイツ森林史の一断面——領邦国家，共同体，そして森林条例」『山林』2008年2月号

石井寛 2009.「ドイツ森林史の研究動向と16世紀ヴェルテンベルクの森林管理状況」『山林』2009年12月号

岡内一樹 2009.「(書評) Frank Uekoetter, The Green and the Brown: A History of Conservation in Nazi Germany」『史林』92-1

岡内一樹 2011.「ルール地方の煙害と森林行政(1952-1966)」『史林』94-6

** 小野清美 2013.『アウトバーンとナチズム——景観エコロジーの誕生』ミネルヴァ書房

影山久人 1972.「17・8世紀ドイツにおける木材飢饉の状況——林学成立期の背景」『林業経済』25-12

カーソン，レイチェル（青樹簗一訳）1974.『沈黙の春』新潮社

神沼公三郎 2012.「ドイツ林業の発展過程と森林保続思想の変遷」『林業経済研究』58-1

喜多川進 2006.「環境政策史研究の動向と展望」『環境経済・政策学会年報』11

喜多川進 2010a.「ドイツ容器包装政令における拡大生産者責任——草案作成段階での政策手段の選択過程」植田和弘ほか編『拡大生産者責任の環境経済学——循環型社会形成にむけて』昭和堂

喜多川進 2010b.「ドイツ容器包装令の成立過程——1990年上半期を中心に」『共生社会システム研究』4-1

北山雅昭 1990.「ドイツにおける自然保護・景観育成の歴史的発展過程と法——ライヒ自然保護法 Reichsnaturschutzgesetz vom 26.6.1935 への道」『比較法学』(早稲田大学) 23-1

クライフ，ポール・ド（秋元寿恵夫訳）1980.『微生物の狩人』岩波書店

クロスビー，アルフレッド・W（佐々木昭夫訳）1998.『ヨーロッパ帝国主義の謎——エコロジーから見た10〜20世紀』岩波書店

＊サックス，ボリア（関口篤訳）2002.『ナチスと動物——ペット・スケープゴート・ホロコースト』青土社
シャーマ，サイモン（高山宏・栂正行訳）2005.『風景と記憶』河出書房新社
シュタイナー，ルドルフ（新田義之ほか訳）2000.『農業講座——農業を豊かにするための精神科学的な基礎』イザラ書房
ダイアモンド，ジャレド（倉骨彰訳）2000.『銃・病原菌・鉄——一万三〇〇〇年にわたる人類史の謎』上・下，草思社
高橋英一 1991.『肥料の来た道帰る道——環境・人口問題を考える』研成社
高橋真樹 2004.「自然保護の変遷——ドイツ郷土保護運動を中心に」『年報 人間科学』25
田北廣道 2000.「ドイツ学会における環境史研究の現状」『九州大学経済学研究』67-3
田北廣道 2003a.「「ドイツ最古・最大」の環境闘争——1802/03年バンベルク・ガラス工場闘争に関する史料論的概観」『経済学研究』69-3/4
田北廣道 2003b.「18～19世紀ドイツにおけるエネルギー転換——「木材不足」論争に寄せて」『社会経済史学』68-1
＊＊田北廣道 2004.「19～20世紀ドイツにおける環境行政の諸局面——環境史の挑戦」『経済学研究』70-4/5
竹中亨 2004.『帰依する世紀末——ドイツ近代の原理主義者群像』ミネルヴァ書房
田中祐理子 2013.『科学と表象——「病原菌」の歴史』名古屋大学出版会
辻英史 2008.「社会改革のための合意形成——アドルフ・ダマシュケとドイツ土地改革同盟の挑戦」川越修・辻英史編『社会国家を生きる——20世紀ドイツにおける国家・共同性・個人』法政大学出版局
＊坪郷實 1989.『新しい社会運動と緑の党——福祉国家のゆらぎの中で』九州大学出版会
＊坪郷實 2009.『環境政策の政治学——ドイツと日本』早稲田大学出版部
＊西田慎 2006.『ドイツ・エコロジー政党の誕生——「六八年運動」から緑の党へ』昭和堂
西村貴裕 2006.「ナチス・ドイツの動物保護法と自然保護法」『人間環境論集』5
西村貴裕 2007.「ドイツ連邦自然保護法の体系と構造」『人間環境論集』6
＊＊ハーゼル，カール（山縣光晶訳）1996.『森が語るドイツの歴史』築地書館
服部伸 1997.『ドイツ「素人医師」団——人に優しい西洋民間療法』講談社
藤井康博 2009・10a.「動物保護のドイツ憲法前史（1）（2）——「個人」「人間」「ヒト」の尊厳への問題提起1」『早稲田法学会誌』59-1・2
藤井康博 2010b.「動物保護のドイツ憲法改正(基本法20a条)前後の裁判例——「個人」「人間」「ヒト」の尊厳への問題提起1」『早稲田法学会誌』60-1
藤原辰史 2005.『ナチス・ドイツの有機農業——「自然との共生」が生んだ「民族の絶滅」』柏書房
藤原辰史 2009.「虚ろな表情の「北方人」——「血と土」の画家たちによせて」竹沢泰子編『人種の表象とリアリティ』岩波書店
藤原辰史 2012.『ナチスのキッチン——「食べること」の環境史』水声社
ブラムウェル，アンナ（金子務監訳）1992.『エコロジー 起源とその展開』河出書房新社

古川高子 2002.「「自然」による啓蒙——20世紀初頭オーストリア「自然の友」協会の活動から」『クアドランテ』4
古川高子 2008.「博物館ツーリズムの結合にみる政治性——20世紀初頭オーストリア社会民主党「自然の友」協会の選択」『クアドランテ』10
古澤美穂 2002.「帝政期ドイツにおける自然保護運動とL・クラーゲス」『文化史学』58
ヘルマント,ヨースト（山縣光晶訳）1999.『森なしには生きられない——ヨーロッパ・自然美とエコロジーの文化史』築地書館
＊穗鷹知美 2004.『都市と緑——近代ドイツの緑化文化』山川出版社
ポンティング,クライブ（石弘之・京都大学環境史研究会訳）1994.『緑の世界史』上・下,朝日新聞社
松田雅央 2004.『環境先進国ドイツの今——緑とトラムの街カールスルーエから』学芸出版社
森田直子 2010.「ドイツの歴史学と「環境史」——ヨアヒム・ラートカウ『自然と権力——環境の世界史』を例に」『アジア遊学』136
＊＊森涼子 2011.「ドイツ自然・環境保護運動の歴史 研究動向と今後の展望をめぐって」『史学雑誌』120-4
森涼子 2012.「森林観からみる《森林保護》——自然保護運動史叙述への一手法として」『お茶の水史学』55
メドウズ,ドネラ・H（枝廣淳子訳）2005.『成長の限界』ダイヤモンド社
メラー,アルフレート（山畑一善訳）1984.『恒続林思想』都市文化社
モントゴメリー,デイビッド（片岡夏実訳）2010.『土の文明史——ローマ帝国,マヤ文明を滅ぼし,米国,中国を衰退させる土の話』築地書館
ユクスキュル,ヤーコブ・フォン／ゲオルク・クリサート（日高敏隆・野田保之訳）1995.『生物から見た世界』新思索社
ユーケッター,フランク（服部伸ほか訳）2014.『ドイツ環境史——エコロジー時代への途上で』昭和堂
米本昌平 1989.『遺伝管理社会——ナチスと近未来』弘文堂
ラカー,ウォルター・Z（西村稔訳）1985.『ドイツ青年運動——ワンダーフォーゲルからナチズムへ』人文書院
＊ラートカウ,ヨアヒム（海老根剛・森田直子訳）2012a.『ドイツ反原発運動小史——原子力産業・核エネルギー・公共性』みすず書房
＊＊ラートカウ,ヨアヒム（海老根剛・森田直子訳）2012b.『自然と権力——環境の世界史』みすず書房
リービヒ,ユストゥス・フォン（吉田武彦訳・解題）2007.『化学の農業および生理学への応用』北海道大学出版会
＊リンゼ,ウルリヒ（内田俊一・杉村涼子訳）1990.『生態平和とアナーキー——ドイツにおけるエコロジー運動の歴史』法政大学出版局
レーゼナー,ヴェルナー（藤田幸一郎訳）1995.『農民のヨーロッパ』平凡社
レーマン,アルブレヒト（識名章喜・大淵知直訳）2005.『森のフォークロア——ドイツ

人の自然観と森林文化』法政大学出版局
** 若尾祐司・本田宏編 2012.『反核から脱原発へ——ドイツとヨーロッパ諸国の選択』昭和堂
渡邉裕一 2011.「中近世アウクスブルクの木材供給——都市の森林所有とレヒ川の木材流送」『西洋史学』241
渡邉裕一 2012.「貧民への木材供与——16世紀アウクスブルクの事例から」『エクフラシス——ヨーロッパ文化研究』2

Ackerman, Diane. 2008. *The Zookeeper's Wife. A War Story*. W. W. Norton.

Adelshauser, Werner (Hg.) 1994. *Umweltgeschichte. Umweltverträgliches Wirtschaften in historischer Perspektive*. V&R.

Anderson, Arne 1993. Umweltgeschichte. Forschungsstand und Perspektiven in: *AfS* 33.

Arnold, David 1996. *The Problem of Nature. Environment, Culture and European Expansion*. Blackwell.

Bauerkämpfer, Arnd 2003. Das Ende des Agrarmodernismus. Die Folgen der Politik landwirtschaftlicher Industrialisierung für die natürliche Umwelt im deutsch-deutschen Vergleich. in: *Jahrbuch für Geschichte des ländlichen Raumes* 3.

Baumgartner, Judith 1992. *Ernährungsreform. Antwort auf Industrialisierung und Ernährungswandel*. Peter Lang.

Bayerl, Günther et al. (Hg.) 1996. *Umweltgeschichte. Methoden, Themen, Potentiale*. Waxmann.

Bayerl, Günther et al. 1998. *Quellentexte der Umwelt von der Antike bis heute*. Hansen-Schmidt.

Bergmeier, Monika 2003. Zur Geschichte umweltfrendlicher Energietechniken im 20. Jahrhundert. Das Beispiel der Abfallenergieverwendung, in: *AfS* 43.

**Blackbourn, David 2007. *The Conquest of Nature. Water, Landscape, and the Making of Modern Germany*. Norton.

*Bramwell, Anna. 1985. *Blood and Soil. Walther Darré & Hitler's 'Green Party'*. The Kensal Press.

Bramwell, Anna 1989. *Ecology in the 20th Century. A History*. Yale UP.

Brüggemeier, Franz-Josef/Thomas Rommelspacher (Hg.) 1989. *Besiegte Natur. Geschichte der Umwelt im 19. und 20. Jahrhundert*. Beck.

Brüggemeier, Franz-Josef/Thomas Rommelspacher 1992. *Blauer Himmel über der Ruhr. Geschichte der Umwelt im Ruhrgebiet 1840–1990*. Klartext.

**Brüggemeier, Franz-Josef et al. (eds.) 2005. *How Green Were the Nazis? Nature, Environment, and Nation in the Third Reich*. Ohio UP.

Buchholz et al. (Hg.) 2001. *Die Lebensreform. Entwürfe zur Neugestaltung von Leben und Kunst um 1900*. 2 Bde., Haeusser-media.

Carson, Rachel 1962. *Silent Spring*. Houghton Mifflin.

Cioc, Mark 1998. The Impact of the Coal Age on the German Environment. A Review of the Historial Literature, in: *Environment and History* 4-1.

*Corni, Gustavo et al. 1994. *Blut und Boden. Rassenideologie und Agrarpolitik im Staat Hitlers*. Schultz-Kirchner.

Corni, Gustavo/Horst Gies 1997. *Brot-Butter-Kanonen. Die Ernährungswirtschaft in Deutschland unter der Diktatur Hitlers*. Akademie.

Crosby, Alfred W. 1986. *Ecological Imperialism. The Biological Expansion of Europe, 900-1900*. CUP.

Diamond, Jared 1997. *Guns, Germs, and Steel. The Fates of Human Societies*. Norton.

Ditt, Karl（Hg.）2001. *Agrarmodernisierung und ökologische Folgen*. Schöningh.

Dix, Andreas/Rita Gudermann 2006. Naturschutz in der DDR. Idealisiert, ideologisiert, instrumentalisiert? in: Hans-Werner Frohn et al.（Hg.）, *Natur und Staat. Staatlicher Naturschutz in Deutschland 1906-2006*. Bundesamt für Naturschutz.

Fouquet, Gerhard/Gabriel Zeilinger 2011. *Katastrophen im Spätmittelalter*. Zabern.

Freytag, Nils 2006. Deutsche Umweltgeschichte - Umweltgeschichte in Deutschland. Erträge und Perspektiven, in: *HZ* 283.

Gerhard, Gesine 2005. Breeding Pigs and People for the Third Reich. Richard Walther Darré's Agrarian Ideology, in: Franz-Josef Brüggemeier et al.（eds.）2005.

Goodbody, Axel（ed.）2002. *The Culture of German Environmentalism. Anxieties, Visions, Realities*. Berghahn Books.

Graser, Ruediger 2001. *Klimageschichte Mitteleuropas. 1000 Jahre Wetter, Klima, Katastrophen*. WBG.

*Harwood, Jonathan 2005. *Technology's Dilemma. Agricultural Colleges between Science and Practice in Germany, 1860-1934*. Peter Lang.

Harwood, Jonathan 2012. *Europa's Green Revolution and Others Sinc. The Rise and Fall of Peasant-friendly Plant Breeding*. Routledge.

**Hasel, Karl 1985. *Forstgeschichte. Ein Grundriß für Studium und Praxis*. Paul Parey.

Heim, Susanne（Hg.）2002. *Autarkie und Ostexpansion. Pflanzenzucht und Agrarforschung im Nationalsozialismus*. Wallstein.

Hermand, Jost（Hg.）1993. *Mit den Bäumen sterben die Menschen. Zur Kulturgeschichte der Ökologie*. Böhlau.

Hoffmann, Erich/Peter Wulf 1983. *„Wir bauen das Reich". Aufstieg und erste Herrschaftsjahre des Nationalsozialismus in Schleswig-Holstein*. Karl Wachholtz.

Huchtung, Friedrich 1981. Abfallwirtschaft im Dritten Reich, in: *Technikgeschichte* 48.

Hünemörder, Kai F. 2004. *Die Frühgeschichte der grobalen Umweltkrise und die Formierung der deutschen Umweltpolitik*. F. Steiner.

Imort, Michael 2005. "Eternal Forest-Eternal Volk". The Rhetoric and Reality of National Socialist Forest Policy, in: Franz-Josef Brüggemeier et al.（eds.）2005.

Jacobeit, Wolfgang/Christoph Kopke 1999. *Die biologisch-dynamische Wirtschaftsweise im KZ. Die Güter der „Deutschen Versuchsanstalt für Ernährung und Verpflegung" der SS von 1939 bis 1945*. trafo.

*Jäger, Georg 2011. *Schwarzer Himmel - Kalte Erde - Weißer Tod. Wanderheuschrecken, Hagelschläge, Kältewellen und Lawinenkatastrophen im „Land im Gebirge". Eine kleine

Agrar- und Klimageschichte von Tirol. Universitätsverlag Wagner.

*Jäger, Helmut 1994. *Einführung in die Umweltgeschichte*. WBG.

Jansen, Sarah 2003. *„Schädlinge". Geschichte eines wissenschaftlichen und politischen Konstrukts 1840–1920*. Campus.

Jütte, Robert 1986. *Geschichte der Alternativen Medizin. Von der Volksmedizin zu den unkonventionellen Therapien von Heute*. Beck.

Kirchhofer, André (Hg.) 2009. *Nachhaltige Geschichte. FS für Christian Pfister*. Chronos.

Krebs, Diethart 1998. *Handbuch der deutschen Reformbewegungen 1880–1933*. Hammer.

*Krech, Shepard III et al. (eds.) 2004. *Encyclopedia of World Environmental History*. Routledge.

Kruif, Paul de 1926. *Microbe Hunters*. Brace.

Küster, Hansjörg 2002. *Die Ostsee. Sonderausgabe: Eine Natur- und Kulturlandschaft*. Beck.

Laqueur, Walter Z. 1962. *Young Germany. A History of the German Youth Movement*. Basic Books.

Lehmann, Albrecht 1999. *Von Menschen und Bäumen. Die Deutschen und ihr Wald*. Rowohlt.

**Lekan, Thomas 2004. *Imaging the Nation in Nature. Landscape Preservation and German Identity, 1885–1945*. Harvard UP.

*Lekan, Thomas/Thomas Zeller 2005. *Germany's Nature. Cultural Landscapes and Environmental History*. Rutgers UP.

Liebig, Justus von 1876. *Die Chemie in ihrer Anwendung auf Agricultur und Physiologie*. F. Vieweg.

*Linse, Ulrich 1986. *Ökopax und Anarchie. Eine Geschichte der ökologischen Bewegung in Deutschland*. dtv.

Mai, Uwe 2002. *»Rasse und Raum«. Agrarpolitik, Sozial- und Raumplanung im NS-Staat*. Schöningh.

*Mathieu, Jon 2001. *Geschichte der Alpen 1500–1900. Umwelt, Entwicklung, Gesellschaft*. Böhlau.

Möller, Alfred 1922. *Der Dauerwaldgedanke. Sein Sinn und seine Bedeutung*. Julius Springer.

Montgomery, David R. 2007. *Dirt. The Erosion of Civilizations*. California UP.

Oberkrome, Willi 2004. *„Deutsche Heimat". Nationale Konzeption und regionale Praxis von Naturschutz, Landschaftsgestaltung und Kulturpolitik in Westfalen-Lippe und Thüringen (1900–1960)*. Schöningh.

Pfister, Christian 1984. *Das Klima der Schweiz von 1525–1860 und seine Bedeutung in der Geschichte von Bevölkerung und Landwirtschaft*. 2 Bde., Haupt.

Ponting, Clive 1991. *A Green History of the World*. Penguin Books.

Pott, Richard 2003. *Die Nordsee. Eine Natur- und Kulturgeschichte*. Beck.

Radkau, Joachim 1983. *Aufstieg und Krise der deutschen Atomwirtschaft 1945–1975. Verdrängte Alternativen in der Kerntechnik und der Ursprung der nuklearen Kontroverse*. Rowohlt.

Radkau Joachim 1994. Was ist Umweltgeschichte? in: Werner Abelshauser (Hg.), *Umweltgeschichte. Umweltverträgliches Wirtschaften in historischer Perspektive*. V&R.

**Radkau, Joachim 2000. *Natur und Macht. Eine Weltgeschichte der Umwelt*. Beck.

*Radkau, Joachim 2011. Eine kurze Geschichte der deutschen Antiatomkraftbewegung, in: *Aus Politik und Zeitgeschichte* 46/47.

Radkau, Joachim/Ingrid Schäfer 1987. *Holz. Ein Naturstoff in der Technikgeschichte.* Rowohlt.

Radkau, Joachim/Frank Uekötter (Hg.) 2003. *Naturschutz und Nationalsozialismus.* Campus.

Raymond, Dominick 1988. The Roots of the Green Movement in the United States and West Germany, in: *Environmental Review* 12–3.

**Reith, Reinhold 2011. *Umweltgeschichte der Frühen Neuzeit.* Oldenbourg.

*Riehl, Wilhelm Heinrich 2006. *Die Naturgeschichte des Volkes als Grundlage einer deutschen Social-Politik.* Adamant Media.

Rohr, Christian 2008. *Extreme Naturereignisse im Ostalpenraum. Naturerfahrung im Spätmittelalter und am Beginn der Neuzeit.* Böhlau.

Rösener, Werner 1993. *Die Bauern in der europäischen Geschichte.* Beck.

*Sax, Boria 1999. *Animals in the Third Reich. Pets, Scapegoats, and the Holocaust.* Continuum.

Schama, Simon 1995. *Landscape and Memory.* Haper Collins.

Schenk, Gerrit Jasper 2008. Der Mensch zwischen Natur und Kultur. Auf der Suche nach einer Umweltgeschichtsschreibung in der deutschsprachigen Mediävistik - eine Skizze, in: François Duceppe-Lamarre/Jene Ivo Engels (Hg.), *Umwelt und Herrschaft in der Geschichte. Environnement et pouvoir. Une approche historique.* Oldenbourg.

Schmoll, Friedemann 2004. *Erinnerung an die Natur. Die Geschichte des Naturschutzes im deutschen Kaiserreich.* Campus.

Schramm, Engelbert 1987. Historische Umweltforschung und Sozialgeschichte des 19. und 20. Jahrhunderts, in: *AfS* 27.

Scott, James C. 1998. *Seeing like a State. How Certain Schemes to Improve the Human Condition Have Failed.* Yale UP.

**Siemann, Wolfram (Hg.) 2003. *Umweltgeschichte. Themen und Perspektiven.* Beck.

Siemann, Wolfram (Hg.) 2002. *Städtische Versorgung. Machtpolitik, Armenfürsorge und Umweltkonflikte in Bayern und Österreich (1750–1850).* Beck.

Steiner, Rudolf 1929. *Landwirtschaftlicher Kursus. Gehalten zu Kobelwitz 7. bis 16. Juni 1924.* Naturwissenschaftliche Sektion am Goetheanum.

Toyka-Seid, Michael 2003. Mensch und Umwelt in der Geschichte. Neues aus dem produktiven Selbstfindungsprozess der Umweltgeschichte, in: *AfS* 43.

Uekötter, Frank 2004. *Naturschutz im Aufbruch. Eine Geschichte des Naturschutzes in Nordrhein-Westfalen 1945–1980.* Campus.

**Uekoetter, Frank 2006. *The Green and the Brown. A History of Conservation in Nazi Germany.* CUP.

**Uekötter, Frank 2007. *Umweltgeschichte im 19. und 20. Jahrhundert.* Oldenbourg.

Uekoetter, Frank 2009. *The Age of Smoke. Environmental Policy in Germany and the United States, 1880–1970.* Pittsburgh UP.

Uekoetter, Frank 2010. *Die Wahrheit ist auf dem Feld. Eine Wissenschaft der deutschen Landwirtschaft.* V&R.

Uexküll, Jakob von/Georg Kriszat 1956. *Streifzüge durch die Umwelten von Tieren und Menschen.*

Ein Bilderbuch unsichtbarer Welten. Rowohlt.

Vogt, Gunter 2000. *Entstehung und Entwicklung des ökologischen Landbaus im deutschsprachigen Raum*. Stiftung Ökologie & Landbau.

Wettengel, Michael 1993. Staat und Naturschutz 1906-1945. Zur Geschichte der Staatlichen Stelle für Naturdenkmalpflege in Preußen und der Reichsstelle für Naturschutz, in: *HZ* 257.

Winiwarter, Verena 1998. *Was ist Umweltgeschichte? Eine Einführung*. Institut für Soziale Ökologie.

**Winiwarter, Verena/Martin Knoll 2007. *Umweltgeschichte. Eine Einführung*. UTB.

Zerbel, Miriam 1993. *Tierschutz im Kaiserreich. Ein Beitrag zur Geschichte des Vereinswesens*. Peter Lang.

第2章　教育と科学技術

*アーベルスハウザー，ヴェルナー（雨宮昭彦・浅田進史訳）2009.『経済文化の闘争──資本主義の多様性を考える』東京大学出版会

天野郁夫 2009.『大学の誕生（上・帝国大学の時代，下・大学への挑戦）』中央公論新社

天野郁夫ほか 2004.「大学研究セミナーとその時代」大学史研究会編『大学史研究通信Ⅰ』日本図書センター

天野正治編 1995.『各年史　（西）ドイツ戦後教育の展開──1960年版～1993年版まで』エムティ出版

天野正治ほか編 1998.『ドイツの教育』東信堂

安藤香織 2007.「文部官僚フリードリヒ・アルトホーフの初期中等学校改革構想」『教育史学会紀要』50

上山安敏 1996.『ウェーバーとその社会』（新装版）ミネルヴァ書房

潮木守一 1986.『キャンパスの生態誌』中央公論社

*潮木守一 1992.『ドイツの大学』講談社

潮木守一 1993.『ドイツ近代科学を支えた官僚──影の文部大臣アルトホーフ』中央公論社

**潮木守一 2008.『フンボルト理念の終焉？──現代大学の新次元』東信堂

*遠藤孝夫 1996.『近代ドイツ公教育体制の再編過程』創文社

種田明 1993.『ドイツ技術史の散歩道』同文舘出版

*種田明 2003.『近代技術と社会』山川出版社

太田和宏 2004.「（書評）望田幸男『近代ドイツ＝資格社会の展開』」『社会経済史学』70-2

奥西孝至ほか 2010.『西洋経済史』有斐閣

小野清美 1996.『テクノクラートの世界とナチズム──近代超克のユートピア』ミネルヴァ書房

**加来祥男 1986.『ドイツ化学工業史序説』ミネルヴァ書房

*キーゼヴェター，フーベルト（高橋秀行・桜井健吾訳）2006.『ドイツ産業革命──成長原動力としての地域』晃洋書房

木戸裕 2012.『ドイツ統一・EU 統合とグローバリズム』東信堂

木本忠昭 2008.「誌上科学史博物館（19）ベルクアカデミー・フライベルクと日本人留学生たち――ドイツの科学アカデミー（その3）」『学術の動向』13-3

キューネ，トーマス（星乃治彦訳）1997.『男の歴史――市民社会と「男らしさ」の神話』柏書房

＊グライネルト，ヴォルフ・ディートリヒ（寺田盛紀監訳）1998.『ドイツ職業社会の伝統と変容――職業教育のドイツ的システムの歴史・組織・展望』晃洋書房

＊＊クラウル，マルガレート（望田幸男ほか訳）1986.『ドイツ・ギムナジウム200年史――エリート養成の社会史』ミネルヴァ書房

黒田忠史 1995.「弁護士資格の制度と機能」（望田幸男編 1995a）

ケストナー，エーリッヒ（高橋健二訳）2007.『飛ぶ教室』岩波書店

コッカ，ユルゲン（加来祥男編訳）2007.『工業化・組織化・官僚制』木鐸社

近藤潤三 2007.『移民国としてのドイツ――社会統合と平行社会のゆくえ』木鐸社

シェルスキー，ヘルムート（田中昭徳ほか訳）1970.『大学の孤独と自由――ドイツの大学ならびにその改革の理念と形態』未來社

シュペネマン，クラウス 1995.「聖職者の養成と専門教育」（望田幸男編 1995a）

進藤修一 1995.「「化学専門職」における「未完」の職業資格」（望田幸男編 1995a）

＊進藤修一 2001a.「学校改革にみるエリート像――近代ドイツのエリート教育」（橋本伸也ほか 2001）

＊進藤修一 2001b.「ドイツエリートのエートス」（橋本伸也ほか 2001）

進藤修一 2003.「郵政職と資格社会」（望田幸男編 2003a）

＊高橋秀行 1986.『近代ドイツ工業政策史――19世紀プロイセン工業育成振興政策とP.C.W.ボイト』有斐閣

田中洋子 2003.「大企業における資格制度とその機能」（望田幸男編 2003a）

谷口健治 2012.『近代国家形成期の教育改革――バイエルンの事例にみる』昭和堂

田村栄子 1996.『若き教養市民層とナチズム――ドイツ青年・学生運動の社会史』名古屋大学出版会

対馬達雄 1984.『ディースターヴェーク研究――その初等学校改革構想とプロイセン議会』創文社

津田純子 2003.「ドイツ近代大学史に関する研究動向」（1）名古屋大学教育学部教育史研究室編『教育史研究室年報』9

寺田盛紀 2005.「ドイツにおける営業自由・徒弟制度の展開と職業教育――ギムナジウムの裏面史としての職業教育史から」『日本の教育史学』48

寺田光雄 1996.『民衆啓蒙の世界像――ドイツ民衆学校読本の展開』ミネルヴァ書房

ナイ，ジョゼフ・S（山岡洋一訳）2004.『ソフト・パワー――21世紀国際政治を制する見えざる力』日本経済新聞社

中野智世 2003.「社会福祉専門職における資格制度とその機能――「資格化」とボランタリズムの間で」（望田幸男編 2003a）

西村稔 1998.『文士と官僚』木鐸社

野村耕一 1995.「官吏資格の制度と機能」(望田幸男編 1995a)
橋本伸也ほか 2001.『エリート教育』ミネルヴァ書房
服部伸 1995.「医師資格の制度と機能」(望田幸男編 1995a)
服部伸 2003.「治療師の養成・資格制度――ハイルプラクティカー資格への道」(望田幸男編 2003a)
早島瑛 1995.「ディプローム・カォフマン資格の制度と機能」(望田幸男編 1995a)
早島瑛 2003.「カトリック教徒とディプローム・カォフマン」(望田幸男編 2003a)
原田馨 2008.『ドイツ科学史巡礼の旅 1　ベルリン』一二三書房
＊鳩沢歩 2006.『ドイツ工業化における鉄道業』有斐閣
＊プラール，ハンス゠ヴェルナー (山本尤訳) 1988.『大学制度の社会史』法政大学出版局
＊ブルデュー，ピエール／ジャン゠クロード・パスロン (宮島喬訳) 1991.『再生産――教育・社会・文化』藤原書店
＊ブルデュー，ピエール／ジャン゠クロード・パスロン (戸田清ほか訳) 1997.『遺産相続者たち――学生と文化』藤原書店
ヘイガー，トーマス (度会圭子訳) 2010.『大気を変える錬金術――ハーバー，ボッシュと化学の世紀』みすず書房
＊＊ヘニング，F゠W (林達・柴田英樹訳) 1997.『ドイツの工業化 1800-1914』学文社
＊＊ヘニング，F゠W (柴田英樹訳) 1999.『現代ドイツ社会経済史 工業化のドイツ1914-1992年』学文社
＊ベリング，ライナー (望田幸男ほか訳) 1987.『歴史のなかの教師たち――ドイツ教員社会史』ミネルヴァ書房
＊＊マクレラント，チャールズ・E (望田幸男監訳) 1993.『近代ドイツの専門職 官吏・弁護士・医師・聖職者・教師・技術者』晃洋書房
＊増井三夫 1996.『プロイセン近代公教育成立史研究』亜紀書房
マックス・プランク教育研究所研究者グループ (天野正治ほか監訳) 2006.『ドイツの教育のすべて』東信堂
丸畠宏太 2003.「退役下士官の文官任用制度とその機能」(望田幸男編 2003a)
南直人 1995.「手工業の資格制度と「準専門職化」」(望田幸男編 1995a)
南直人 2003.「ホテル・飲食業における資格化と職業教育――現代からの照射」(望田幸男編 2003a)
宮下晋吉 2008.『模倣から科学大国へ――19世紀ドイツにおける科学と技術の社会史』世界思想社
＊＊ミュラー，D・Kほか (望田幸男監訳) 1989.『現代教育システムの形成――構造変動と社会的再生産1870-1920国際セミナー』晃洋書房
望田幸男 1990a.『国際比較 近代中等学校の構造と機能』名古屋大学出版会
望田幸男 1990b.『軍服を着る市民たち――ドイツ軍国主義の社会史』有斐閣
＊＊望田幸男編 1995a.『近代ドイツ＝「資格社会」の制度と機能』名古屋大学出版会
望田幸男 1995b.「大学教授の資格制度と機能」(望田幸男編 1995a)
＊＊望田幸男 1998.『ドイツ・エリート養成の社会史――ギムナジウムとアビトゥーアの世

界』ミネルヴァ書房
** 望田幸男編 2003a.『近代ドイツ=資格社会の展開』名古屋大学出版会
望田幸男 2003b.「資格社会におけるある苦闘物語――製パン業者の子から司祭へ」(望田幸男編 2003a)
望田幸男・田村栄子 1990.『ハーケンクロイツに生きる若きエリートたち――青年・学校・ナチズム』有斐閣
* 森田直子 2001.「近代ドイツの市民層と市民社会」『史学雑誌』110-1
山名淳 2003.「資格社会における新教育運動のジレンマ――資格制度をめぐるドイツ田園教育舎の対応を事例として」(望田幸男編 2003)
* ヤーラオシュ, コンラート編(望田幸男ほか監訳)2000.『高等教育の変貌1860-1930――拡張・多様化・機会開放・専門職化』昭和堂
吉岡いずみ 1995.「女性教員職の成立と女性教員団体」(望田幸男編 1995a)
吉岡いずみ 2003.「商業教育制度の形成と女性職員運動」(望田幸男編 2003a)
吉岡真佐樹 1995.「中等教員の資格制度と機能」(望田幸男編 1995a)
吉岡真佐樹 2003.「社会的教育の職業化と専門職化への志向――世紀転換期からワイマール期」(望田幸男編 2003a)
ラカー, ウォルター(西村稔訳)1985.『ドイツ青年運動――ワンダーフォーゲルからナチズムへ』人文書院
* リッター, ゲアハルト・A(浅見聡訳)1992.『巨大科学と国家 ドイツの場合』三元社
** リンガー, フリッツ(西村稔訳)1991.『読書人の没落――世紀末から第三帝国までのドイツ知識人』名古屋大学出版会
リンガー, フリッツ(筒井清忠ほか訳)1996.『知の歴史社会学――フランスとドイツにおける教養1890-1920』名古屋大学出版会
* ルントグレーン, ペーター(望田幸男監訳)1995.『ドイツ学校社会史概観』晃洋書房
* 和田博文ほか 2006.『言語都市・ベルリン 1861-1945』藤原書店
Albisetti, James 1983. *Secondary School Reform in Imperial Germany*. Princeton UP.
Autorengruppe Bildungsberichterstattung (Hg.) 2008. *Bildung in Deutschland 2008*. Bertelsmann.
Autorengruppe Bildungsberichterstattung (Hg.) 2010. *Bildung in Deutschland 2010*. Bertelsmann.
Autorengruppe Bildungsberichterstattung (Hg.) 2012. *Bildung in Deutschland 2012*. Bertelsmann.
(上記3冊は http://www.bildungsbericht.de で全文閲覧可)
**Berg, Christa 1991. *Von der Reichsgründung bis zum Ende des Ersten Weltkriegs*. Beck.
*Conze, Werner/Jürgen Kocka 1992. *Bildungssystem und Professionalisierung in internationalen Vergleichen*. Klett-Cotta.
Doering-Manteuffel, Anselm/Lutz Raphael 2010^2. *Nach dem Boom. Perspektiven auf die Zeitgeschichte seit 1970*. V&R.
Engelhardt, Ulrich 1986. *Bildungsbürgertum. Begriffs- und Dogmengeschichte eines Etiketts*. Klett-Cotta.
*Gispen, Kees 2002. *New Profession, Old Order. Engineers and German Society, 1815-1914*. CUP.
Hartmann, Rudolf 1997. *Japanische Studenten an der Berliner Universität 1870-1914*. Mori-Ogai-

Gedenkstätte der Humboldt-Universität zu Berlin.

Hartmann, Rudolf 2003. *Japanische Studenten an der Berliner Universität 1920−1945*. Mori-Ogai-Gedenkstätte der Humboldt-Universität zu Berlin.

**Herrmann, Ulrich G./Detlef K. Müller 2003. *Regionale Differenzierung und gesamtstaatliche Systembildung. Preußen und seine Provinzen - Deutsches Reich und seine Staaten, 1800−1945*. V&R.

Jarausch, Konrad H. 1982. *Students, Society, and Politics in Imperial Germany. The Rise of Academic Illiberalism*. Princeton UP.

*Jarausch, Konrad H. 1986. The Old "New History of Education". A German Reconsideration, in: *History of Education Quaterly* 26−2.

*Jeismann, Karl-Ernst 1996a. *Das preussische Gymnasium in Staat und Gesellschaft*, Bd. 1: *Die Entstehung des Gymnasiums als Schule des Staates und der Gebildeten, 1787−1817*. Klett-Cotta.

*Jeismann, Karl-Ernst 1996b. *Das preussische Gymnasium in Staat und Gesellschaft*, Bd. 2: *Höhere Bildung zwischen Reform und Reaktion 1817−1859*. Klett-Cotta.

**Jeismann, Karl-Ernst/Peter Lundgreen（Hg.）1987. *Von der Neuordnung Deutschlands bis zur Gründung des Deutschen Reiches*. Beck.

Johnson, Jeffrey Allan 1990. *The Kaiser's Chemists. Science and Modernization in Imperial Germany*. North Carolina UP.

*Kocka, Jürgen（Hg.）1989. *Politischer Einfluss und gesellschaftliche Formation*. Klett-Cotta.

Konsortium Bildungsberichterstattung（Hg.）2006. *Bildung in Deutschland. Ein indikatorengestützter Bericht mit einer Analyse zu Bildung und Migration*. Bertelsmann.（http://www.bildungsbericht.de で全文閲覧可）

*Koselleck, Reinhart（Hg.）1990. *Bildungsgüter und Bildungswissen*. Klett-Cotta.

Kraus, Hans-Christof 2003. *Kultur, Bildung und Wissenscahft im 19. Jahrhundert*. Oldenbourg.

Lepsius, M. Rainer（Hg.）1992. *Lebensführung und ständische Vergesellschaftung*. Klett-Cotta.

Lundgreen, Peter 1980. German Technical Associations Between Science, Industry, and the State, 1860−1914, in: *Historical Social Research* 13, Vol. 5−1.

**Lundgreen, Peter 2008. *Berufliche Schulen und Hochschulen in der Bundesrepublik Deutschland. 1949−2001*. V&R.

**Lundgreen, Peter 2009. *Das Personal an den Hochschulen in der Bundesrepublik Deutschland. 1953−2005*. V&R.

McClelland, Charles E. 1980. *State, Society, and University in Germany 1700−1914*. CUP.

Müller, Detlef K. 1977. *Sozialstruktur und Schulsystem*. V&R.

**Müller, Detlef K./Bernd Zymek 1987. *Sozialgeschichte und Statistik des Schulsystems in den Staaten des Deutschen Reiches 1800−1945*. V&R.

Müller-Benedict, Volker 2000. Confirming Long Waves in Time Series of German Student Populations 1830−1990. Using Filter Techniques and Spectral Analysis, in: *Historical Social Research*, Vol. 25, Heft 3/4.

**Müller-Benedict, Volker 2008. *Akademische Karrieren in Preußen und Deutschland. 1850-1940*. V&R.

Mundhenke, Herbert（Bearb.）1988. *Die Matrikel der Höheren Gewerbeschule, der Polytechnischen Schule und der Technischen Hochschule zu Hannover*, Bd. 1: *1831-1881*. Hahn.

Mundhenke, Herbert（Bearb.）1991. *Die Matrikel der Höheren Gewerbeschule, der Polytechnischen Schule und der Technischen Hochschule zu Hannover*, Bd. 2: *1881-1911*. Hahn.

*Murmann, Johann Peter 2003. *Knowledge and Competitive Advantage. The Coevolution of Firms, Technology, and National Institutions*. CUP.

Paletschek, Sylvia 2001a. The Invention of Humboldt and the Impact of National Socialism, in: Margit Szöllösi-Janze（ed.）, *Science in the Third Reich*. Bergpp.

Paletschek, Sylvia 2001b. Verbreitete sich ein „Humboldt'sches Modell" an den deutschen Universitäten im 19. Jahrhundert? in: Rainer Christoph Schwinges（Hg.）, *Humboldt International. Der Export des deutschen Universitätsmodells im 19. und 20. Jahrhundert*. Schwabepp.

Radkau, Joachim 2008. *Technik in Deutschland. Vom 18. Jahrhundert bis heute*. Campus.

Statistisches Bundesamt 2008. *Bevölkerung und Erwerbstätigkeit. Bevölkerung mit Migrationshintergrund - Ergebnisse des Mikrozensus 2008*. Statistisches Bundesamt.

**Titze, Hartmut 1987. *Das Hochschulstudium in Preussen und Deutschland 1820-1944*. V&R.

**Titze, Hartmut 1995. *Wachstum und Differenzierung der deutschen Universitäten 1830-1945*. V&R.

第3章 民族的少数派と国境地域

アサール，パウル（宇京早苗訳）1988.『アルザスのユダヤ人』平凡社

飯田芳弘 1999.『指導者なきドイツ帝国——ヴィルヘルム期ライヒ政治の変容と隘路』東京大学出版会

市村卓彦 2003.『アルザス文化史』人文書院

伊藤定良 1987.『異郷と故郷——ドイツ帝国主義とルール・ポーランド人』東京大学出版会

伊藤定良 1989.「ドイツ第二帝政期におけるポーランド人問題」油井大三郎ほか編『世紀転換期の世界帝国主義支配の重層構造』未來社

伊藤定良 2002.『ドイツの長い19世紀——ドイツ人，ポーランド人，ユダヤ人』青木書店

伊藤定良 2008.「国民国家と地域形成——オーバーシュレジエンを中心に」伊藤定良・平田雅博編『近代ヨーロッパを読み解く——帝国・国民国家・地域』ミネルヴァ書房

内田日出海 2009.『物語ストラスブールの歴史』中公新書

オッフェ，フレデリック（宇京頼三訳）1986.『アルザス文化論』みすず書房

加来浩 1989・90.「ドイツ第2帝政期エルザス自治運動」(1)(2)『弘前大学教育学部紀要』62・63

加藤房雄 1990.『ドイツ世襲財産と帝国主義——プロイセン農業・土地問題の史的考察』勁草書房

唐渡晃弘 2003.『国民主権と民族自決——第1次大戦中の言説の変化とフランス』木鐸社
川崎亜紀子 2006.「アルザス地方における1848年の反ユダヤ暴動」『早稲田大学政治経済学雑誌』364
川崎亜紀子 2008.「19世紀アルザス・ユダヤ人の国内・国外移住(1808〜1872年)」鈴木健夫編『地域間の歴史世界——移動・衝突・融合』早稲田大学出版部
木村護郎クリストフ 2007.「ドイツにおけるマイノリティ概念と政策——「少数民族」を中心とした意味の生成と変化」岩間暁子／ユ・ヒョヂョン編『マイノリティとは何か——概念と政策の比較社会学』ミネルヴァ書房
今野元 2004.『マックス・ヴェーバーとポーランド問題』東京大学出版会
今野元 2009.『多民族帝国プロイセンの夢』名古屋大学出版会
シェットラー，ペーター（木谷勤ほか訳）2001.『ナチズムと歴史家たち』名古屋大学出版会
ジマー，オリヴァー（福井憲彦訳）2009.『ナショナリズム1890〜1940』岩波書店
末次圭介 2005.「「ボルドー裁判」を巡る対立構造およびその背景に関する考察」『年報地域文化研究』（東京大学大学院総合文化研究科）9
末次圭介 2009.「第二次大戦下におけるアルザス「自治主義者」の活動——ジョゼフ・ロッセを中心として」『年報地域文化研究』13
滝田毅 2006.『エルザスの軍民衝突——「ツァーベルン事件」とドイツ帝国統治体制』南窓社
田中克彦 1981.『ことばと国家』岩波新書
千葉敏之 2003「閉じられた辺境——中世東方植民史研究の歴史と現在」『現代史研究』49
手塚章・呉羽正昭編 2008.『ヨーロッパ統合時代のアルザスとロレーヌ』二宮書店
中本真生子 2008.『アルザスと国民国家』晃洋書房
西山暁義 1991/92・93.「1870-1871年アルザス・ロレーヌ併合問題（1）（2）——併合決定と国境画定をめぐって」『クリオ』6・7
西山暁義 2000.「「郷土」と「祖国」——ドイツ第2帝政期アルザス・ロレーヌ民衆学校における「地域」の位相」『歴史評論』599
西山暁義 2010.「国境へのまなざし，国境からのまなざし——アルザス・ロレーヌの事例から」『メトロポリタン史学』（首都大学東京）6
フィリップス，ウージェーヌ（宇京頼三訳）1994.『アルザスの言語戦争』白水社
フィリップス，ウージェーヌ（宇京頼三訳）2007.『アイデンティティの危機——アルザスの運命』三元社
フーデマン，ライナー 2010.「国民（ナシオン）とヨーロッパの間」『クアドランテ』11
ブルーベーカー，ロジャース（佐藤成基・佐々木てる訳）2005.『フランスとドイツの国籍とネーション——国籍形成の比較歴史社会学』明石書店
マイネッケ，フリードリヒ（矢田俊隆訳）1968.『世界市民主義と国民国家』1・2，岩波書店
松本彰・立石博高編 2005.『国民国家と帝国——ヨーロッパ諸国民の創造』山川出版社
マユール，ジャン゠マリ（中本真生子訳）2003.「国境の記憶——アルザス」ピエール・

ノラ編（谷川稔訳）『記憶の場 I　対立』岩波書店
ヤイスマン，ミヒャエル（木村靖二ほか訳）2007.『国民とその敵』山川出版社
山内進 1997.『北の十字軍――「ヨーロッパ」の北方拡大』講談社メチエ
吉岡潤 2007.「ポーランド――地名表記をめぐるヨーロッパ・スタンダード対歴史」大島美穂編『国家・地域・民族』（EUスタディーズ 3）勁草書房
リグロ，ピエール（宇京頼三訳）1999.『戦時下のアルザス・ロレーヌ』白水社
ルナン，エルネスト（鵜飼哲訳）1997.「国民とは何か」鵜飼編『国民とは何か』インスクリプト
ロート゠ツィマーマン，マリー゠ルイーズ（早坂七緒訳）2004.『アルザスの小さな鐘――ナチスに屈しなかった家族の物語』法政大学出版局
ロレーヌ，ジャック（宇京頼三訳）1989.『フランスのなかのドイツ人――アルザス・ロレーヌにおけるナチスのフランス壊滅作戦』未來社
割田聖史 2012.『プロイセンの国家・国民・地域――19世紀前半のポーゼン州・ドイツ・ポーランド』有志舎

Alexander, Manfred 2004. Oberschlesien im 20. Jahrhundert. Eine mißverstandene Region, in: *Geschichte und Gesellschaft* 30.

**Applegate, Celia 1999. A Europe of Regions. Reflections on the Historiography of Sub-National Places in Modern Times, in: *American Historical Review* 104.

Ara, Angelo/Eberhard Kolb, 1998. *Grenzregionen im Zeitalter des Nationalismus. Elsaß-Lothringen/Trient-Triest, 1870–1914*. D&H.

Bade, Klaus（Hg.）1992. *Deutsche im Ausland - Fremde in Deutschland. Migration in Geschichte und Gegenwart*. Beck.

Baechler, Christian 1982. *Le parti catholique alsacien. Du Reichsland à la République jacobine (1890–1939)*. Ed. Ophrys.

Baensch, Tanja 2007. *„Un petit Berlin"? Die Neugründung der Straßburger Gemäldesammlung durch Wilhelm von Bode im zwitgenössischen Kontext. Ein Beitrag zur Museumspolitik im deutschen Kaiserreich*. V&R unipress.

*Bahlcke, Joachim 1996. *Schlesien und die Schlesier*. Langen Müller.

Bankwitz, Philipp C. 1978. *Alsatian Autonomist Leaders 1919–1947*. The Regents Press of Kansas.

Beer, Mathias et al.（Hg.）2009. *Deutschsein als Grenzerfahrung. Minderheitenpolitik in Europa zwischen 1914 und 1950*. Klartext.

Bell, David A. 1988. Nation-Building and Cultural Particularism in Eighteenth-Century France. The Case of Alsace, in: *Eighteenth-Century Studies* 21.

Belzyt, Leszek 1998. *Sprachliche Minderheiten im preußischen Staat 1875–1914*. Herder-Institut.

Berdahl, Daphne 1999. *Where the World Ended. Reunification and Identity in the German Borderland*, California UP.

Berger, Stefan 2007. Border Regions, Hybridity and National Identity. The Cases of Alsace and Masuria, in: Q. Edward Wang/Franz Leander Fillafer（eds.）, *The Many Faces of Clio. Cross Cultural Approaches to Historiography. FS for Georg G. Iggers*. Berghahn.

*Bjork, James E. 2008. *Neither German nor Pole. Catholicism and National Indifference in a Central European Borderland.* Michigan UP.

Blackbourn, David/James Retallack (eds.), 2007. *Localism, Landscape and the Ambiguities of Place, German-Speaking Central Europe, 1860−1930.* Tronto UP.

Blanke, Richard 1981. *Prussian Poland in the German Empire (1871−1900).* Columbia UP.

Blanke, Richard 2001. *Polish-speaking Germans? Language and National Identity Among the Masurians since 1871.* Böhlau.

Bömelburg, Hans-Jürgen 2011. *Friedrich II. zwischen Deutschland und Polen. Ereignis- und Erinnerungsgeschichte.* Kröner.

Bookmann, Hartmut et al. (eds.) 1992−99. *Deutsche Geschichte im Osten Europas.* Bd. 1−10, Siedler.

Boswell, Laird 1999. Franco-Alsatian Conflict and the Crisis of National Sentiment during the Phoney War, in: *Journal of Modern History* 71.

Boswell, Laird 2000. From Liberation to Purge Trials in the 'Mythic Provinces'. Recasting French Identities in Alsace and Lorraine, 1918−1920, in: *French Historical Studies* 23.

Bronner, Fritz 1970. *1870/71. Elsaß-Lothringen. Zeitgenössische Stimmen für und wider die Eingliederung in das Deutsche Reich.* Erwin-von-Steinbach-Stiftung.

Broszat, Martin 1976. *Zwei Hundertjahre deutsche Polenpolitik.* Suhrkamp.

**Brubaker, Rogers 1996. *Nationalism Reframed. Nationhood and the National Question in the New Europe.* CUP.

Burleigh, Michael 1988. *Germany Turns Eastwards. A Study of Ostforschung in the Third Reich.* CUP.

Caron, Vicki 1988. *Between France and Germany. Jews and National Identity in Alsace-Lorraine, 1871−1918.* Stanford UP.

Carrol, Alison 2010. Socialism and National Identity in Alsace from Reichsland to République, 1890−1921, in: *European History Quarterly* 40.

Cornelißen, Christoph et al. 1997. *Grenzstadt Straßburg. Stadtplannung, kommunale Wohnungspolitik und Öffentlichkeit 1870−1940.* Röhrig.

Craig, John Elton 1984. *Scholarship and Nation Building. The Universities of Strasbourg and Alsatian Society, 1870−1939.* Chicago UP.

*Davies, Norman/Roger Moorehouse 2002. *Microcosm. A Portrait of a Central European City.* PIMLICO.

*Demandt, Alexander (Hg.) 1991. *Deutschlands Grenzen in der Geschichte.* Beck.

Dietz, Burkhard et al. (Hg.), 2003. *Griff nach dem Westen. Die „Westforschung" der völkischnationalen Wissenschaften zum Nordwesteuropäischen Raum (1919−1960).* Waxmann.

Dollinger, Philippe (ed.) 1972. *Documents de l'histoire de l'Alsace.* Privat.

**Donnan, Hastings/Thomas M. Wilson 1999. *Borders. Frontiers of Identity, Nation and State.* Berg.

Doose, Günther 1987. *Die separatistische Bewegung in Oberschlesien nach dem Ersten Weltkrieg*

(1918-1922). Harrassowitz.

Duhamelle, Christophe et al. (Hg.) 2007. *Grenzregionen. Ein europäischer Vergleich vom 18. bis zum 20. Jahrhundert*. Campus.

Dyroff, Stefan 2007. *Erinnerungskultur im deutsch-polnischen Kontaktbereich. Bromberg und der Nordosten der Provinz Posen (Wojewodschaft Poznań) 1871-1939*. fibre.

**Erbe, Michael (ed.) 2002. *Das Elsass. Historische Landschaft im Wandel der Zeiten*. Kohlhammer.

Farmer, Sarah 1999. *Martyred Village. Commemorating the 1944 massacre at Oradour-sur-Glane*. California UP.

Fisch, Stefan 1998. Nation, 'Heimat' und 'petite patrie' im Elsaß unter deutscher Herrschaft, 1870/71 -1918, in: Marco Bellabarba (Hg.), *Identità territoriali e cultura politica nella prima età moderna - Territoriale Identität und politische Kultur in der Frühen Neuzeit*. Soc. Ed. il Mulino.

Fischer, Christopher 2010. *Alsace to the Alsatians? Visions and Divisions of Alsatian Regionalism, 1870-1939*. Berghahn.

Fischer, Fabienne 1998. *Alsaciens et Lorrains en Algérie. Histoire d'une migration, 1830-1914*. Jacques Gandini.

François, Etienne 1989. Alphabetisierung und Lesefähigkeit in Frankreich und Deutschland um 1800, in: Helmut Berding (Hg.), *Deutschland und Frankreich im Zeitalter der Französischen Revolution*. Suhrkamp.

**François, Etienne et al. (Hg.) 2007. *Die Grenze als Raum, Erfahrung und Konstruktion. Deutschland, Frankreich und Polen vom 17. bis zum 20. Jahrhundert*. Campus.

**Frank, Tibor/Frank Hadler (Hg.) 2011. *Disputed Territories and Shared Pasts. Overlapping National Histories in Modern Europe*. Palgrave Macmillan.

Freund, Wolfgang 2006. *Volk, Reich und Westgrenze. Deutschtumswissenschaften und Politik in der Pfalz, im Saarland und im annektierten Lothringen 1925-1945*. Saarländische Druckerei.

Friedrich, Karin 2000. *The Other Prussia. Royal Prussia, Poland and Liberty, 1569-1772*. CUP.

Gerson, Daniel 2006. *Die Kehrseite der Emanzipation in Frankreich. Judenfeindschaft im Elsass 1778 bis 1848*. Klartext.

Goodfellow, Samuel S. 1999. *Between the Swastika and the Cross of Lorraine. Fascisms in Interwar Alsace*. Northen Illinois UP.

Gosewinkel, Dieter 2001. *Einbürgern und Ausschließen. Die Nationalisierung der Staatsangehörigkeit vom Deutschen Bund bis zur Bundesrepublik Deutschland*. V&R.

Grabowski, Sabine 1998. *Deutscher und polnischer Nationalismus. Der Deutsche Ostmarkenverein und die polnische Straz 1894-1914*. Herder-Institut.

Grandhomme, Jean-Noël (ed.) 2004. *Boches ou tricolores. Les Alsaciens-Lorrains dans la Grande Guerre*. La Nuée Bleue.

Gregor, Neil et al. (Hg.), *German History from the Margins*. Indiana UP.

Grosch, Waldemar 2002. *Deutsche und polnische Propaganda während der Volksabstimmung in*

Oberschlesien 1919−1921. Forschungsstelle Ostmitteleuropa.

Hackmann, Jörg 1996. *Ostpreußen und Westpreußen in deutscher und polnischer Sicht. Landeshistorie als beziehungsgeschichtliches Problem*. Harrassowitz.

Hackmann, Jörg 2011. German East or Polish West? Historiographical Discourses on the German-Polish Overlap between Confrontation and Reconciliation, 1772−2000, in: T. Frank/F. Hadler (Hg.).

Hagen, William W. 1980. *Germans, Poles, and Jews. The Nationality Conflict in the Prussian East, 1772−1914*. Chicago UP.

Hahn, Hans Henning/Peter Kunze 1999. *Nationale Minderheiten und Staatliche Minderheitenpolitik in Deutschland im 19. Jahrhundert*. Akademie.

Harp, Sthephen L. 1998. *Learning to Be Loyal. Primary Schooling as Nation Building in Alsace and Lorraine, 1850−1940*. Northern Illinois UP.

Harvey, Daniel Allen 1999. Lost Children or Enemy Aliens? Classifying the Population of Alsace after the First World War, in: *Journal of Contemporary History* 34.

Harvey, Daniel Allen 2001. *Constructing Class and Nationality in Alsace, 1830−1945*. Northern Illinois UP.

Haubold-Stolle, Juliane 2008. *Mythos Oberschlesien. Der Kampf um die Erinnerung in Deutschland und Polen 1919−1956*. fibre.

Heinemann, Isabel 2003. *„Rasse, Siedlung, deutsches Blut". Das Rasse- und Siedlungshauptamt der SS und die rassenpolitische Neuordnung Europas*. Wallstein.

Hiery, Hermann 1986. *Reichstagswahlen im Reichsland. Ein Beitrag zur Landesgeschichte von Elsaß-Lothringen und zur Wahlgeschichte des Deutschen Reiches 1871−1918*. Droste.

Hirsch, Jean-Pierre 2011. *Combat pour l'école laïque en Alsace-Moselle entre 1815 et 1939*. L'Harmattan.

Huber, Ernst Rudolf 1963. *Deutsche Verfassungsgeschichte*. Bd. 3: *Bismarck und das Reich*. Kohlhammer.

Hudemann, Rainer/Rolf Wittenbrock (Hg.) 1991. *Stadtentwicklung im deutsch-französisch-luxemburgischen Grenzraum (19. u. 20. Jh.)*. Saarbrücker Druckerei und Verlag.

Hülsen, Bernhard von 2003. *Szenenwechsel im Elsass. Theater und Gesellschaft in Strassburg zwischen Deutschland und Frankreich 1890−1944*. Leipziger Universitätsverlag.

Hyman, Paula 1991. *The Emancipation of the Jews of Alsace. Acculturation and Tradition in the Nineteenth Century*. Yale UP.

Igersheim, François 1980. *L'Alsace des noables. La Bourgeoisie et le people alsacien 1870−1914*. Nouvel Alsacien.

Igersheim, François 2006. *L'Alsace et ses historiens, 1680−1914. La fabrique des monuments*. Presse Universitaire de Strasbourg.

Jahr, Christoph 1998. *Gewöhnliche Soldaten. Desertion und Deserteure im deutschen und britischen Heer*. V&R.

Jantzen, Annette 2010. *Priester im Krieg. Elsässische und französisch-lothringische Geistliche im*

Ersten Weltkrieg. Schöningh.

Jonas, Stéphane et al. 1995. *Strasbourg, capitale du Reichsland Alsace-Lorraine et sa nouvelle université*. Oberlin.

Kaczmarek, Ryszard 2001. *Alzacja/Lotaryngia a Górny Śląsk. Dwa regiony pograniczua 1648–2001*. Wydawn Uniw. Saskeigo.

Kaelble, Hartmut 1991. *Nachbarn am Rhein. Entfremdung und Annäherung der französischen und deutschen Gesellschaft seit 1880*. Beck.

Kamusella, Tomasz 2007. *Silesia and Central European Nationalism. The Emergence of National and Ethnic Groups in Prussian Silesia and Austrian Silesia, 1848–1918*. Purdue UP.

Kettenacker, Lothar 1973. *Nationalsozialistische Volkstumspolitik im Elsass*. DVA.

Kittel, Manfred et al. (Hg.) 2007. *Deutschsprachige Minderheiten 1945*. Oldenbourg.

Kleßmann, Christoph 1978. *Polnische Bergarbeiter im Ruhrgebiet 1870–1945. Soziale Integration und nationale Subkultur einer Minderheit in der deutschen Industriegebiet*. V&R.

*Kochanowski, Jerzy/Maike Sach (eds.) 2006. *Die „Volksdeutschen" in Polen, Frankreich, Ungarn und der Tschekoslowakei. Mythos und Realität*. fibre.

Kolb, Eberhard 1991. *Der Weg aus dem Krieg. Bismarcks Politik im Krieg und die Friedensanbahnung 1870/71*. Oldenbourg.

Kopp, Kristin 2012. *Germany's Wild East. Constructing Poland as Colonial Space*. Michigan UP.

Kossert, Andreas 2001a. *Preußen, Deutsche oder Polen? Die Masuren im Spannungsfeld des ethnischen Nationalismus 1870–1956*. Harrassowitz.

Kossert, Andreas 2001b. *Masuren. Ostpreußens vergessener Süden*. Siedler.

Kott, Sandrine 1995. *L'État social allemand. Représentations et pratiques*. Belin.

Kramer, Alain 1987. Wackes at War. Alsace-Lorraine and the failure of German National Mobilization, 1914–1918, in: John Horne (ed.), *State, Society and Mobilization in Europe during the First World War*. CUP.

Kulczycki, John J. 1981. *School Strikes in Prussian Poland, 1901–1907. The Struggle over bilingual Education*. Columbia UP.

Kulczycki, John J. 1994. *The foreign Worker and the German Labor Movement. Xenophobia and Solidarity in the Coal Fields of the Ruhr, 1871–1914*. Berg.

Kulczycki, John J. 1997. *The Polish Coal Miners' Union and the German Labor Movement in the Ruhr, 1902–1934. National and Social Solidarity*. Berg.

Kurlander, Eric 2006. *The Price of Exclusion. Ethnicity, National Identity, and the Decline of German Liberalism, 1898–1933*. Berghahn.

Lamberti, Marjolie 1989. *State, Society, and the Elementary School in Imperial Germany*. OUP.

**Langewiesche, Dieter 2008. *Reich, Nation, Föderation. Deutschland und Europa*. Beck.

Laven, David/Timothy Baycroft 2008. Border Regions and Identity, in: *European Review of History* 15.

Lévy, Paul 1929. *Histoire linguistique d'Alsace et de Lorraine*. 2 vols., Publications de la Faculté des Lettres de l'Université de Strasbourg.

**Liulevicius, Vejas Gabriel 2009. *The German Myth of the East. 1800 to the Present*. OUP.

Livet, Georges/Christian Grass（eds.）1977. *Régions et régionalisme en France du XVIIIe siècle à nos jours*. Presses Universitaires de France.

Loew, Peter Oliver et al.（Hg.）2006. *Wiedergewonnene Geschichte. Zur Aneignung von Vergangenheit in den Zwischenräumen Mitteleuropas*. Harrassowitz.

McCoy, Rebecca 1998. Alsatians into Frenchmen. The Construction of National Identities at Sainte-Marie-aux-Mines 1815–1851, in: *French History* 12.

**Maier, Charles S. 2000. Consigning the Twentieth Century to History. Alternative Narratives for the Modern Era, in: *American Historical Review* 105.

Maurer, Catherine（ed.）2010. *Les espaces de l'Allemagne au XIXe siècle. Frontières, centres et question nationale*. Presse Universitaire de Strasbourg.

Mayeur, Jean-Marie 1970. *Autonomie et politique en Alsace. La Constitution de 1911*. Armand Colin.

Michalczyk, Andrzei 2010. *Heimat, Kirche und Nation. Deutsche und polnische Nationalisierungsprozesse im geteilten Oberschlesien（1922–1939）*. Böhlau.

Michels, Eckard 2006. *Deutsche in der Fremdenlegion 1870–1965. Mythen und Realitäten*. Schöningh.

Mitchell, Alain 1984. *Victors and Vanquished. The German Influence on Army and Church in France after 1870*. North Carolina UP.

Mitchell, Alain 1991. *The Divided Path. The German Influence on Social Reform in France after 1870*. North Carolina UP.

Motsch, Christoph 2001. *Grenzgesellschaft und frühmoderner Staat. Die Starostei Draheim zwischen Hinterpommern, der Neumark und Großpolen（1575–1805）*. V&R.

**Müller, Michael G./Rolf Petri（Hg.）2002. *Die Nationalisierung der Grenzen. Zur Konstruktion nationaler Identitat in sprachlich gemischten Grenzregionen*. Herder.

Müller, Thomas 2009. *Imaginierter Westen. Das Konzept des „deutschen Westraums" im völkischen Diskurs zwischen politischer Romantik und Nationalsozialismus*. transcript.

Murdock, Caitlin 2010. *Changing Places. Society, Culture, and Territory in the Saxon-Bohemian Borderlands, 1870–1945*. Michigan UP.

Nachtigal, Reinhard 2006. Loyalität gegenüber dem Staat oder zur Mère-Patrie? Die deutschen Kriegsgefangenen aus Elsass-Lothringen in Russland während des Ersten Weltkrieges, in: *Zeitschrift für die Geschichte des Oberrheins* 154.

Niendorf, Mathias 1997. *Minderheiten an der Grenze. Deusche und Polen in den Kreisen Flatow（Złotów）und Zempelburg（Spólno Krajeskie）1900–1939*. Harrassowitz.

Nipperdey, Thomas 1992. *Deutsche Geschichte 1866–1918*, Bd. 2: *Machtstaat vor der Demokratie*. Beck.

Nolen, Klaus 1982. *Baupolitik im Reichsland Elsass-Lothringen 1871–1918. Die repräsentativen Staatsbauten um den ehemaligen Kaiserplatz in Straßburg*. Mann.

Nowak, Claudia 2010. *Was ist des Elsässers Vaterland? Die Konstruktion regionaler und nationaler*

Identitäten in einer Grenzregion zwischen Frankreich und Deutschland in der ersten Hälfte des 19. Jahrhunderts (1813–1848). Aschendorff.

Orłowski, Hubert 1996. *Polnische Wirtschaft. Zum deutschen Polendiskurs der Neuzeit*. Harrassowitz.

Østergård, Uffe 2011. Schleswig and Holstein in Danish and German Historiography, in: T. Frank/F. Hadler (Hg.).

**Panayi, Panikos 2000. *Ethnic Minorities in Nineteenth and Twentieth Century Germany. Jews, Gypsies, Poles, Turks and Others*. Longman.

Paravicini, Werner/Michael Werner (Hg.) 2005– . *Deutsch-Französische Geschichte*. Bd. 1–11, WBG. 現在8巻分が刊行。個別の巻のタイトルについてはパリ・ドイツ史研究所のHPで確認

Pletzing, Christian 2003. *Vom Völkerfrühling zum nationalen Konflikt. Deutscher und polnischer Nationalismus in Ost- u. Westpreußen 1830–1871*. Harrassowitz.

Raithel, Thomas 1996. *Das „Wunder" der inneren Einheit. Studien zur deutschen und französischen Öffentlichkeit bei Beginn des Ersten Weltkrieges*. Bouvier.

Raphaël, Freddy/Geneviève Herberich-Marx 1991. *Mémoire plurielle de l'Alsace. Grandeurs et servitudes d'un pays des marges*. Publications de la Société Savante d'Alsace.

*Richert, Dominik 1989. *Beste Gelegenheit zum Sterben. Meine Erlebnisse im Kriege 1914–1918*. Hg. von Bernd Ulrich und Angelika Tramitz, Knesebeck.

Riederer, Günter 2004. *Feiern im Reichsland. Politische Symbolik, öffentliche Festkultur und die Erfindung kollektiver Zugehörigkeiten in Elsass-Lothringen (1871–1914)*. Kliomedia.

Rimmele, Eva 1996. *Sprachenpolitik im Deutschen Kaiserreich vor 1914. Regierungspolitik und veröffentlichte Meinung in Elsaß-Lothringen und den östlichen Provinzen Preußens*. Lang.

**Rossé, Jean et al. 1936–38. *Das Elsass von 1870–1932*. 4 Bde., Alsatia.

Roth, François 2010. *Alsace-Lorraine. Histoire d'un pays perdu de 1870 à nos jours*. Serpenoise.

*Roth, François 2011 [1976]. *La Lorraine annexée. Etude sur la Présidence de Lorraine dans l'Empire allemand (1871–1918)*. Serpenoise.

Rothenberger, Karl-Heinz 1976. *Die elsass-lothringische Heimat- und Autonomiebewegung zwischen den beiden Weltkriegen*. Peter Lang.

*Sahlins, Peter 1986. *Boundaries. The Making of France and Spain in the Pyrenees*. California UP.

Schoenbaum, David 1982. *Zabern 1913. Consensus Politics in Imeperial Germany*. Allen & Unwin.

Schroda, Julia 2008. *Nationaler Anspruch und regionale Identität im Reichsland Elsass-Lothringen im Spiegel des französischsprachigen Elsassromans (1871–1914)*. Peter Lang.

Schutte, Christoph 2008. *Die Königliche Akademie in Posen (1903–1919) und andere kulturelle Einrichtungen im Rahmen der Politik zur "Hebung des Deutschtums"*. Herder-Institut.

Schwell, Alexandra 2008. *Europa an der Oder. Die Konstruktion europäischer Sicherheit an der deutsch-polnischen Grenze*. transcript.

Serrier, Thomas 2005. *Provinz Posen, Ostmark, Wielkopolska. Eine Grenzregion zwischen Deutschen und Polen 1848–1914*. Herder-Institut.

**Sheehan, James J. 1981. What is German History. Reflections on the Role of the Nation in German History and Historiography, in: *Journal of Modern History* 53.

Sheehan, James J. 1989. *German History 1770–1866*. OUP.

Silverman, Dan P. 1972. *Reluctant Union. Alsace-Lorraine and Imperial Germany 1871–1918*. Pennsylvania State UP.

Smith, Helmut Walser 1995. *German Nationalism and Religious Conflict. Culture, Ideology, Politics, 1870–1914*. Princeton UP.

Steinhoff, Anthony L. 2008. *The Gods of the City. Protestantism and Religious Culture in Strasbourg, 1870–1914*. Brill.

*Struck, Bernhard 2006. *Nicht West nicht Ost. Frankreich und Polen in der Wahrnehmung deutscher Reisender zwischen 1750 und 1850*. Wallstein.

Struve, Kai（Hg.）2003. *Oberschlesien nach dem Ersten Weltkrieg. Studien zu einem nationalen Konflikt und seiner Erinnerung*. Herder-Institut.

*Struve, Kai/Philipp Ther（Hg.）2002. *Die Grenzen der Nationen. Identitätenwandel in Oberschlesien in der Neuzeit*. Herder-Institut.

Surynt, Izabela 2004. *Das „ferne", „unheimliche" Land. Gustav Freytags Polen*. Neisse.

Surynt, Izabela/Marek Zybura（Hg.）2010. *Narrative des Nationalen. Deutsche und polnische Nationsdiskurs im 19. und 20. Jahrhundert*. fibre.

Thaler, Peter 2009. *Of Mind and Matter. The Duality of National Identity in the German-Danish Borderlands*. Purdue UP.

Ther, Philipp 2001. Die Grenzen des Nationalismus. Der Wandel von Identitäten in Oberschlesien von der Mitte des 19. Jahrhunderts bis 1939, in: Ulrike von Hirschhausen/Jörn Leonhard（Hg.）, *Nationalismen in Europa. West- und Osteuropa im Vergleich*. Wallstein.

**Ther, Philipp 2004. Deutsche Geschichte als imperiale Geschichte. Polen, slawophone Minderheiten und das Kaiserreich als kontinentales Empire, in: Sebatian Conrad/Jürgen Osterhammel（Hg.）, *Das Kaiserreich transnational. Deutschland in der Welt*. V&R.

Tooley, T. Hunt 1997. *National Identity and Weimar Germany. Upper Silesia and the Eastern Border, 1918–1922*. Nebraska UP.

Torrie, Julia 2010. *„For Their Own Good". Civilian Evacuations in Germany and France, 1939–1945*. Berghahn.

Traba, Robert（Hg.）2000. *Selbstbewusstsein und Modernisierung. Sozialkultureller Wandel in Preußisch-Litauen vor und nach dem Ersten Weltkrieg*. fibre.

Traba, Robert 2010. *Ostpreußen. Die Konstruktion einer deutschen Provinz. Eine Studie zur regionalen und nationalen Identität*. fibre.

Traband, Gérard 2008. *Effacer la frontière? Soixante ans de cooperation franco-allemande en Alsace du Nord*. La Nuée Bleue.

Trzeciakowski, Lech 1990. *The Kulturkampf in Prussian Poland*. Columbia UP.

Turetti, Laurence 2008. *Quand la France pleurait l'Alsace-Lorraine. 1870–1914. Les "provinces perdues" aux sources du patriotisme républicain*. La Nuée Bleue.

Uberfill, François 2001. *La société strasbourgeoise entre France et Allemagne（1871−1924）. La société strasbourgeoise à travers les mariages entre Allemands et Alsaciens à l'époque du Reichsland. Le sort des couples mixtes après 1918*. Publications de la Société Savante d'Alsace.

Verhey, Jeffrey 2000. *The Spirit of 1914. Militarism, Myth, and Mobilization in Germany*. CUP.

*Vick, Brian 2003. *Defining Germany. The 1848 Frankfurt Parliamentarians and National Identity*. Harvard UP.

Vlossak, Elisabeth 2010. *Marianne or Germania? Nationalizing Women in Alsace, 1870−1946*. OUP.

**Vogler, Bernard 1994. *Histoire culturelle de l'Alsace. Du moyen âge à nos jours. Les très riches heures d'une region frontalière*. La Nuée Bleue.

**Vogler, Bernard 1995. *Histoire politique de l'Alsace. De la Révolution à nos jours, un panorama des passions alsaciennes*. La Nuée Bleue.

**Vogler, Bernard/Michel Hau 1997. *Histoire économique de l'Alsace. Croissance, crises, innovations. Vingt siècles de développement regional*. La Nuée Bleue.

Wahl, Alfred 1974. *L'Option et l'émigration des Alsaciens-Lorrains（1871−1872）*. Ophrys.

Wahl, Alfred 1980. *Confession et comportement dans les campagnes d'Alsace et de Bade 1871− 1939. Catholiques, protestants et juifs. Démographie, dynamisme économique et social, relation et attitude politique*. Coprur.

**Wahl, Alfred/Jean-Claude Richez 1993. *La vie quotidienne en Alsace. Entre France et Allemagne 1850−1950*. Hachette.

Walser Smith, Helmut 1995. *German Nationalism and Religious Conflict. Culture, Ideology, Politics, 1870−1914*. Princeton UP.

Weber, Christoph 1980. *Der „Fall Spahn"（1901）. Ein Beitrag zur Wissenschafts- und Kulturdiskussion im ausgehenden 19. Jahrhundert*. Herder.

Weber, Eugen 1976. *Peasants into Frenchmen. The Modernization of Rural France, 1870−1914*. Stanford UP.

Weber, Matthias（Hg.）2001. *Deutschlands Osten, Polens Westen. Vergleichende Studien zur geschichtlichen Landeskunde*. Peter Lang.

**Wehler, Hans-Ulrich 1970. *Krisenherde des Kaiserreiches. Studien zur deutschen Sozial- und Verfassungsgeschichte*. V&R.

Wehler, Hans-Ulrich 1995. *Deutsche Gesellschaftsgeschichte*, Bd. 3: *Von der „Deutschen Doppelrevolution" bis zum Beginn des Ersten Weltkrieges, 1849−1914*. Beck.

Weichlein, Siegfried 2004. *Nation und Region. Integrationsprozesse im Bismarckreich*. Droste.

Wilson, Timothy K. 2010. *Frontiers of Violence. Conflict and Identity in Ulster and Upper Silesia*. OUP.

Wojtczak, Maria 2001 ［1998］. *Literatur der Ostmark. Posener Heimatliteratur, 1890−1918*. Wydawn. Nauk. UAM.

Wolff, Stefan 2003. *Disputed Territories. The Transnational Dynamics of Ethnic Conflict Settlement*. Berg.

**Wolfram, Georg (Hg.) 1934-37. *Das Reichsland Elsaß-Lothringen, 1871-1918*. 3 Bde., Wissenschaftl. Institut der Elsass-Lotringer im Reich.

Zahra, Tara 2008. The 'Minority Problem' and National Classification in the French and Czechoslovak Borderlands, in: *Contemporary European History* 17.

Ziemann, Benjamin 1996. Fahnenflucht im deutschen Heer 1914-1918, in: *Militärgeschichtliche Mitteilungen* 55.

Zimmermann, Bénédicte 1994. Naissance d'une politique municipale du marché du travail. Strasbourg et la question du chômage 1884-1914, in: *Revue d'Alsace* 120.

第4章　ユダヤ人と反ユダヤ主義

アダムズ，マーク・B（佐藤雅彦訳）1998.『比較「優生学」史——独・仏・伯・露における「良き血筋を作る術」の展開』現代書館

* 有田英也 2000.『二つのナショナリズム——ユダヤ系フランス人の「近代」』みすず書房

** アーレント，H（大久保和郎訳）1972.『全体主義の起源１　反ユダヤ主義』みすず書房

飯森伸哉 2000.「ナポレオン戦争期のドイツにおけるユダヤ人解放に関する一考察」『人文研究紀要』（中央大学人文科学研究所）37

市川裕 2009.『ユダヤ教の歴史』山川出版社

* 市川裕ほか編 2008.『ユダヤ人と国民国家——「政教分離」を再考する』岩波書店

伊藤定良 2002.『ドイツの長い一九世紀——ドイツ人・ポーランド人・ユダヤ人』青木書店

* ヴィルヘルミ゠ドリンガー，ペートラ（糟谷理恵子ほか訳）2003.『ベルリンサロン』鳥影社

* 植村邦彦 1993.『同化と解放——19世紀「ユダヤ人問題」論争』平凡社

* 上山安敏 1971.「反ユダヤ主義の社会学——ドイツ第二帝政期の社会分析」『法学論叢』（京都大学）90-1/2/3

上山安敏 2005.『宗教と科学——ユダヤ教とキリスト教の間』岩波書店

臼杵陽 1998.『見えざるユダヤ人——イスラエルの〈東洋〉』平凡社

* 大内宏一 1981.「1879-80年の「ベルリン・反ユダヤ論争」について」木村時夫編『ユダヤ世界と非ユダヤ世界——挑戦と対応』早稲田大学社会科学研究所

** 大内宏一 2003.「「ドイツのソクラテス」そして「ベルリンのユダヤ人」——モーゼス・メンデルスゾーンと寛容について」『早稲田大学大学院文学研究科紀要』48-4

大川勝康 1996.「ドイツを愛したユダヤ人——ユダヤ教徒ドイツ国民中央協会のシオニストに対する態度に関する一考察」『駿台史学』99

大川勝康 2003.「市民社会とドイツのシオニズム——市民的価値観を中心に」『明治大学社会科学研究所紀要』41-2

岡田英己子 2006.「優生学と障害の歴史研究の動向——ドイツ・ドイツ語圏と日本との国際比較の視点から」『特殊教育学研究』44-3

小倉欣一 2007.『ドイツ中世都市の自由と平和——フランクフルトの歴史から』勁草書房

北上梅石 1923.『猶太禍』内外書房

キネ，エドガール（戸田吉信訳）2005.『さまよえるユダヤ人——アースヴェリュス』法政大学出版局

木庭宏 1981.『ハイネとユダヤの問題——実証主義的研究』松籟社

＊ギルマン，サンダー・L（管啓次郎訳）1997.『ユダヤ人の身体』青土社

ゲイ，ピーター（亀島庸一訳）1987a.『ワイマール文化』みすず書房

＊ゲイ，ピーター（河内恵子訳）1987b.『ドイツの中のユダヤ——モダニスト文化の光と影』思索社

コーン゠シャーボク，ダン（熊野佳代訳）2005.『ユダヤ教』春秋社

＊近藤潤三 1982・83.「アードルフ・シュテッカーにおけるキリスト教社会主義と反ユダヤ主義——ビスマルク期ドイツの思想的一断面」1・2『社会科学論集』(愛知教育大学) 22・24

齋藤正樹 2009.「ヴィルヘルム期ドイツにおけるフェルキッシュ宗教運動と反ユダヤ主義——モーリッツ・フォン・エギィディとヴィルヘルム・シュヴァーナーを例として」『ユダヤ・イスラエル研究』23

サンド，シュロモー（高橋武智監訳）2010.『ユダヤ人の起源——歴史はどのように創作されたのか』浩気社

四王天延孝 1941.『猶太思想及運動』内外書房

下村由一 1972.「トライチュケ「われわれの見通し」——訳と解説」『駒澤大学外国語部論集』1

＊＊下村由一 1975.「アンティセミティズムとシオニズム——その同質性」『思想』620

下村由一・南塚信吾編 1996.『マイノリティと近代史』彩流社

シャー，ロニー・ポチャ（佐々木博光訳）2007.『トレント 1475年——ユダヤ人儀礼殺人の裁判記録』昭和堂

＊社会思想史学会編 1985.『社会思想史研究』（社会思想史学会年報）

菅原憲 1941.『独逸に於ける猶太人問題の研究』日本評論社

高井万寸美 2007.「理念と政治の交差——19世紀後期のドイツにおける大学生の反ユダヤ主義運動」『ユダヤ・イスラエル研究』22

竹沢泰子編 2005.『人種概念の普遍性を問う——西洋的パラダイムを超えて』人文書院

竹中亨 2004.『帰依する世紀末——ドイツ近代の原理主義者群像』ミネルヴァ書房

チェンバレン，H・S（保科胤訳）1942.『新世界観の人種的基礎』栗田書店

徳永恂 1997.『ヴェニスのゲットーにて——反ユダヤ主義思想史への旅』みすず書房

＊＊長田浩彰 2011.『われらユダヤ系ドイツ人——マイノリティから見たドイツ現代史1893-1951』広島大学出版会

長沼宗昭 1982.「ドイツにおける「ユダヤ人」の位置——18世紀後半から19世紀初頭における法的規定の検討を中心に」『桜文論叢』（日本大学法学部）12

長沼宗昭 1993.「17世紀ベルリンにおけるユダヤ教徒コミュニティの成立」『桜文論叢』37

＊長沼宗昭 1995.「反セム主義とシオニズム」歴史学研究会編『講座世界史5　強者の論

理——帝国主義の時代』東京大学出版会
長沼宗昭 2005a.「近代ドイツ語圏における「ユダヤ人性」」『東洋学術研究』44-1
＊長沼宗昭 2005b.「クリスマス・ツリーを飾るユダヤ人——近代ドイツ・ユダヤ人の文化変容をめぐって」佐藤清隆ほか編 2005.『西洋史の新地平——エスニシティ・自然・社会運動』刀水書房
長沼宗昭 2008.「ポーゼン大公国のユダヤ人について」『桜文論叢』70
長沼宗昭 2013.「ドイツ・ユダヤ人にとっての異教徒間結婚 Mischehe について」『政経研究』（日本大学法学部）49-4
ノイグレッシェル，メンデル（野村真理訳）1997.『イディッシュのウィーン』松籟社
＊野村真理 1989.「西欧とユーデントゥームのはざま——第一次世界大戦期におけるドイツ・ユダヤ人の諸問題」『歴史学研究』594
野村真理 1990.「ドイツユダヤ人と東欧ユダヤ人問題1914-1933」(1)(2)『金沢大学経済学部論集』11-1・2
＊野村真理 1999.『ウィーンのユダヤ人——19世紀末からホロコースト前夜まで』御茶の水書房
＊＊ハージス，ヘルムート・G（木庭宏訳）2006.『消せない烙印 ユート（ユダ公）・ジュースことヨーゼフ・ジュース・オッペンハイマーの生涯』松籟社
羽田功 1993.『洗礼か死か——ルター・十字軍・ユダヤ人』林道舎
早尾貴紀 2008.『ユダヤとイスラエルのあいだ——民族／国民のアポリア』青土社
日暮美奈子 2002.「女がシュテトルを離れるとき——ユダヤ人移民史の一側面」『歴史評論』625
深井智朗 1996.「ルターのユダヤ人観によせて」『みすず』423
＊フックス，エードゥアルト（羽田功訳）1993.『ユダヤ人カリカチュア——風刺画に描かれた「ユダヤ人」』柏書房
フレドリクソン，ジョージ・M（李孝徳訳）2009.『人種主義の歴史』みすず書房
＊＊ヘス，モーゼス（野村真理・篠原敏昭訳）1986.「ローマとエルサレム」良知力・廣松渉編『ヘーゲル左派論叢3 ユダヤ人問題』御茶の水書房
ベック，レオ（有賀鐵太郎訳）1946.『ユダヤ教の本質』全国書房
＊ベラー，スティーヴン（桑名映子訳）2008.『世紀末ウィーンのユダヤ人——1867-1938』刀水書房
＊＊ヘルツル，テオドール（佐藤康彦訳）1991.『ユダヤ人国家——ユダヤ人問題の現代的解決の試み』法政大学出版局
ベンサソン，H・H編（石田友雄ほか訳）1976-78.『ユダヤ民族史』全5巻，六興出版
＊ポリアコフ，レオン（アーリア主義研究会訳）1985.『アーリア神話——ヨーロッパにおける人種主義と民族主義の源泉』法政大学出版局
ポリアコフ，レオン（菅野賢治・合田正人訳）2005-07.『反ユダヤ主義の歴史』全5巻，筑摩書房
＊ホルクハイマー，マックス／テオドール・W・アドルノ（徳永恂訳）1990.『啓蒙の弁証法——哲学的断想』岩波書店

増谷英樹 1993.『歴史のなかのウィーン――都市とユダヤと女たち』日本エディタースクール出版部
増谷英樹 2008.「一八四八革命の中でユダヤ教徒は何を考えていたか（上）『オーストリア・ユダヤ中央機関誌』を読む」『メトロポリタン史学』（首都大学東京）4
南満洲鉄道株式会社調査部編 1941.『猶太人社会の研究』上・下，大連：南満洲鉄道株式会社
村田雅人 1995.『反ユダヤ主義――世紀末ウィーンの政治と文化』講談社
＊モッセ，ジョージ・L（植村和秀ほか訳）1998.『フェルキッシュ革命――ドイツ民族主義から反ユダヤ主義へ』柏書房
モラン，エドガー（杉山光信訳）1980.『オルレアンのうわさ――女性誘拐のうわさとその神話作用』みすず書房
柳川平太郎 2004.「プロイセン絶対主義成立期のユダヤ教徒政策」『高知大学学術研究報告 社会科学』53
柳川平太郎 2005a.「近世ドイツにおける領邦絶対主義とユダヤ人――18世紀ブランデンブルク゠プロイセンにおけるユダヤ人政策」松本彰・立石博高編『国民国家と帝国――ヨーロッパ諸国民の創造』山川出版社
柳川平太郎 2005b.「プロイセン絶対主義下ヒンターポンメルンのユダヤ人社会」『高知大学学術研究報告 人文科学』54
＊山下肇 1975.「モーゼス・メンデルスゾーンの位相――近代ドイツ・ユダヤ精神史覚書」『思想』611
＊山下肇 1980.『近代ドイツ・ユダヤ精神史研究――ゲットーからヨーロッパへ』有信堂高文社
＊弓削尚子 1998.「ドイツ啓蒙主義と近代ユダヤ人問題――クリスチャン・ヴィルヘルム・ドーム『ユダヤ人の市民的改善について』」『歴史学研究』706
弓削尚子 2009.「ドイツ啓蒙期以降の「人種」概念の系譜」『人文論集』（早稲田大学）47
＊＊ラカー，ウォルター（高坂誠訳）1987.『ユダヤ人問題とシオニズムの歴史』現代書館
＊＊良知力・廣松渉編 1986.『ヘーゲル左派論叢3 ユダヤ人問題』御茶の水書房
ラブキン，ヤコヴ・M（菅野賢治訳）2012.『イスラエルとは何か』平凡社
ラーンジュ，ニコラス・デ（柄谷凛訳）2002.『ユダヤ教入門』岩波書店
ローゼンベルグ（野一色利衛訳）1943.『猶太シオン運動の實相』富強日本協会
割田聖史 2010.「ポーゼン州のユダヤ教徒の法的地位(1815-1845)に関する一考察――ポーゼン州議会における議論と1833年の暫定規定から」『研究年報』（宮城学院女子大学附属キリスト教文化研究所）43

*Adler-Rudel, S. 1959. *Ostjuden in Deutschland 1880-1940*. Mohr Siebeck.
Angress, Werner T. 1972. Prussia's Army and the Jewish Reserve Officer Controversy before World War I., in: *Leo Baeck Institute Year Book* 17.
*Aschheim, Steven E. 1982. *Brothers and Strangers. The East European Jew in German and German Jewish Consciousness, 1800-1923*. Wisconsin UP.
*Awerbuch, Marianne/Stefi Jersch-Wenzel（Hg.）1992. *Bild und Selbstbild der Juden Berlins*

zwischen Aufklärung und Romantik. Colloquium.

Baldwin, Peter 1982. Zionist and Non-Zionist Jews in the Last Years before the Nazi Regime, in: *Leo Baeck Institute Year Book* 27.

Bartyś, Julian 1972. Grand Duchy of Poznań under Prussian Rule. Changes in the Economic Position of the Jewish Population 1815–1848, in: *Leo Baeck Institute Year Book* 17.

Baumgart, Peter 1988. Joseph Süss Oppenheimer. Das Dilemma des Hofjuden im absoluten Fürstenstaat, in:Karlheinz Müller/Klaus Wittstadt（Hg.）, *Geschichte und Kultur des Judentums*. Schöningh.

Benz, Wolfgang 2005². *Was ist Antisemitismus?* Beck.

*Berghahn, Klaus L. 2000. *Grenzen der Toleranz. Juden und Christen im Zeitalter der Aufklärung*. Böhlau.

Bergmann, Werner 2002. *Geschichte des Antisemitismus*. Beck.

Bristow, Edward 1983. *Prostitution and Prejudice. The Jewish Fight Against White Slavery*. Schocken.

*Carlebach, Julius 1978. *Karl Marx and the Radical Critique of Judaism*. Routledge & Kegan Paul.

Carsten, F. L. 1958. The Court Jews. A Prelude to Emancipation, in: *Leo Baeck Institute Year Book* 3.

**Dubnow, Simon 1925–29. *Weltgeschichte des jüdischen Volkes*. 10 Bde., Jüdischer Verlag.

Eloni, Yehuda 1987. *Zionismus in Deutschland. Von den Anfängen bis 1914*. Bleicher Verlag.

*Fischer, Horst 1968. *Judentum, Staat und Heer in Preußen im frühen 19. Jahrhundert*. Mohr Siebeck.

Galliner, Peter 2004. *Freiheit und Bindung. Zur Geschichte der Jüdischen Reformgemeinde zu Berlin von den Anfängen bis zu ihrem Ende 1939*. Hentrich & Hentrich.

Gay, Ruth 1992. *The Jews of Germany. A Historical Portrait*. Yale UP.

**Grab, Walter（Hg.）1984. *Jüdische Integration und Identität in Deutschland und Österreich 1848–1918. Internationales Symposium, April 1983*. Nateev-Printing and Publishing Enterprises.

Grab, Walter/Julius H. Schoeps（Hg.）1983. *Juden im Vormärz und in der Revolution von 1848*. Burg.

*Graetz, Heinrich 1853–76. *Geschichte der Juden von den ältesten Zeiten bis auf die Gengenwart*. 11 Bde., Oskar Leiner.

Graetz, Michael 1992. From Corporate Community to Ethnic-Religious Minority, 1750–1830, in: *Leo Baeck Institute Year Book* 37.

Gräfe, Thomas 2010². *Antisemitismus in Deutschland 1815–1918. Rezensionen-Forschungsüberblick-Bibliographie*. Books on Demand.

Greive, Hermann 1980・83. Zionism and Jewish Orthodoxy, in: *Leo Baeck Institute Year Book* 25・28.

Grunwald, Kurt 1967. Europe's Railways and Jewish Enterprise. German Jews as Pioneers of Railway Promotin, in: *Leo Baeck Institute Year Book* 12.

Grunwald, Kurt 1977. Three Chapters of German-Jewish Banking History, in: *Leo Baeck Institute*

Year Book 22.

Hamburger, Ernest 1969. One Hundred Years of Emancipation, in: *Leo Baeck Institute Year Book* 14.

Heid, Ludger 1985. East European Jewish Workers in the Ruhr, 1915-1922, in: *Leo Baeck Institute Year Book* 30.

*Heinsohn, Kirsten/Stefanie Schüler-Springorum 2006. *Deutsch-Jüdische Geschichte als Geschlechtergeschichte. Studien zum 19. und 20. Jahrhundert*. Wallstein.

**Hertz, Deborah 1988. *Jewish High Society in Old Regime Berlin*. Yale UP.

Hertz, Deborah 2007. *How Jews Became Germans. The History of Conversion and Assimilation in Berlin*. Yale UP.

Herzig, Arno 1961. The Role of Antisemitism in the Early Years of the German Workers' Movement, in: *Leo Baeck Institute Year Book* 26.

*Hsia, R. Po-chia 1988. *The Myth of Ritual Murder. Jews and Magic in Reformation Germany*. Yale UP.

*Jacobs, Jack 1992. *On Socialists and "The Jewish Question" after Marx*. New York UP.

Jarausch, Konrad H. 1991. Jewish Lawyears in Germany, 1848-1938. The Disintegration of a Profession, in: *Leo Baeck Institute Year Book* 36.

Joskowicz, Alexander 2006. Liberal Judaism and Confessional Politics of Difference in the German Kulturkampf, in: *Leo Baeck Institute Year Book* 50.

Kaplan, Marion A. 1979. *The Jewish Feminist Movement in Germany. The Campaigns of the Jüdischer Frauenbund, 1904-1938*. Greenwood.

Kaplan, Marion A. 1982. Tradition and Transition. The Acculturation, Assimilation and Integration of Jews in Imperial Germany. A Gender Analysis, in: *Leo Baeck Institute Year Book* 27.

Kaplan, Marion A. 2003. Unter Uns. Jews Socialising with other Jews in Berlin, in: *Leo Baeck Institute Year Book* 48.

*Katz, Jacob 1980. *From Prejudice to Destruction. Anti-Semitism, 1700-1933*. Harvard UP.

Kaznelson, Siegmund (Hg.) 1962^3. *Juden im deutschen Kulturbereich. Ein Sammelwerk*. Jüdischer Verlag.

Lamberti, Marjorie 1982. From Coexistence to Conflict-Zionism and the Jewish Community in Germany, 1897-1914, in: *Leo Baeck Institute Year Book* 27.

Lichtheim, Richard 1954. *Die Geschichte des Deutschen Zionismus*. Rubin Mass.

*Liedtke, Rainer/David Rechter 2003. *Towards Normality? Acculturation and Modern German Jewry*. Mohr Siebeck.

Lohmann, Uta 1996. „Auf der Organisation ruht die Zukunft des Hndwerkers". The History and Activities of Jewish Artisans in Berlin, in: *Leo Baeck Institute Year Book* 41.

**Low, Alfred D. 1979. *Jews in the Eyes of the Germans. From the Enlightenment to Imperial Germany*. Institute for the Study of Human Issues.

Lowenstein, Steven M. 1991. Two Silent Minorities. Orthodox Jews and Poor Jews in Berlin 1770-1823, in: *Leo Baeck Institute Year Book* 36.

**Lowenstein, Steven M. 1994. *The Berlin Jewish Community. Enlightenment, Family, and Crisis*

1770–1830. OUP.

*Maurer, Trude 1986. *Ostjuden in Deutschland 1918–1933*. Hans Christians.

*Meiring, Kerstin 1998. *Die Christlich-Jüdische Mischehe in Deutschland 1840–1933*. Dölling und Galitz.

Mendes-Flohr, Paul R. 1976. Werner Sombart's. The Jews and Modern Capitalism. An Analysis of its Ideological Premises, in: *Leo Baeck Institute Year Book* 21.

Meyer, Michael A. 1966. Great Debate on Anti-Semitism. Jewish Reaction to New Hostility in Germany 1879–1881, in: *Leo Baeck Institute Year Book* 11.

Moldenhauer, R. 1971. Jewish Petitions to the German National Assembly in Frankfurt 1848/49, in: *Leo Baeck Institute Year Book* 16.

Möller, Horst 1980. Aufklärung, Judenemanzipation und Staat. Ursprung und Wirkung von Dohms Schrift „Über die bürgerliche Verbesserung der Juden", in: Walter Grab (Hg.), *Deutsche Aufklärung und Judenemanzipation*. Wallstein.

Mosse, George L. 1971. German Socialists and the Jewish Question in the Weimar Republic, in: *Leo Baeck Institute Year Book* 16.

Mosse, Werner E. 1983. Albert Mosse. A Jewish Judge in Imperial Germany, in: *Leo Baeck Institute Year Book* 28.

Mosse, Werner E. 1992. Integration and Identity in Imperial Germany. Towards a Typology, in: *Leo Baeck Institute Year Book* 37.

Mosse, Werner E. et al. (eds.) 1981. *Revolution and Evolution. 1848 in German-Jewish History*. Mohr Siebeck.

Nipperdey, Thomas/Reinhard Rürup 1972. Art. „Antisemitismus", in: Otto Brunner et al. (Hg.), *Geschichtliche Grundbegriffe*. Bd. 1, Ernst Klett.

Nonn, Christoph 2002. *Eine Stadt sucht einen Mörder. Gerucht, Gewalt und Antisemitismus im Kaiserreich*. V&R.

Offenberg, Mario (Hg.) 1986. *Adass Jisroel. Die Jüdische Gemeinde in Berlin (1869–1942). Vernichtet und Vergessen*. Museumspädagogischer Dienst Berlin.

Pickus, Keith 1999. *Constructing Modern Identities. Jewish University Students in Germany 1815–1914*. Wayne State UP.

*Prinz, Arthur 1984. *Juden im Deutschen Wirtschaftsleben. Soziale und wirtschaftliche Struktur im Wandel 1850–1914*. Bearb. und hg. von Avraham Barkai, Mohr Siebeck.

**Pulzer, Peter 1964. *The Rise of Political Anti-Semitism in Germany and Austria*. John Wiley & Sons.

Pulzer, Peter 1983. Religion and Judicial Appointments in Germany, 1869–1918, in: *Leo Baeck Institute Year Book* 28.

Pulzer, Peter 1996. Jews and Nation-Building in Germany, 1815–1918, in: *Leo Baeck Institute Year Book* 41.

Rebiger, Bill 2008. *Jüdisches Berlin: Photos aus Kaiserreich und Weimarer Republik/Jewish Life in Berlin: Photos from the German Empire and Weimar Republic*. Jaron.

Reinharz, Jehuda 1975. *Fatherland or Promised Land. The Dilemma of the German Jew, 1893–1914*. Michigan UP.

**Reinharz, Jehuda (Hg.) 1981. *Dokumente zur Geschichte des deutschen Zionismus 1882–1933*. Mohr Siebeck.

Reinharz, Jehuda 1987. *Living with Antisemitism. Modern Jewish Responses*. Brandeis UP.

**Reinharz, Jehud/Anita Shapira (eds.) 1995. *Essential Papers on Zionism*. New York UP.

Richarz, Monika 1975. Jewish Social Mobility in Germany during the Time of Emancipation (1790–1871), in: *Leo Baeck Institute Year Book* 20.

Richarz, Monika 1999. Der jüdische Weihnachtsbaum. Familie und Säkularisierung im deutschen Judentum des 19. Jahrhunderts, in: Michael Grüttner et al. (Hg.), *Geschichte und Emanzipation. FS für Reinhard Rürup*. Campus.

*Richarz, Monika/Reinhard Rürup (Hg.) 1997. *Jüdisches Leben auf dem Lande*. Mohr Siebeck.

*Ries, Rotraud/J. Friedrich Battenberg (Hg.) 2002. *Hofjuden-Ökonomie und Interkulturalität. Die jüdische Wirtschaftselite im 18. Jahrhundert*. Christians.

Riff, Michael Anthony 1976. The Anti-Jewish Aspect of the Revolutionary Unrest of 1848 in Baden and its Impact on Emancipation, in: *Leo Baeck Institute Year Book* 21.

Rinott, Moshe 1962. Gabriel Riesser. Fighter for Jewish Emancipation, in: *Leo Baeck Institute Year Book* 7.

Rosenbaum, Eduard 1962. M. M. Warburg & Co. Merchant Bankers of Hamburg. A Survey of the first 140 Years, 1798 to 1938, in: *Leo Baeck Institute Year Book* 7.

Ruppin, Arthur 1930–31. *Soziologie der Juden*. 2 Bde., Jüdischer Verlag.

**Rürup, Reinhard 1975. *Emanzipation und Antisemitismus. Studien zur „Judenfrage" in der bürgerlichen Gesellschaft*. V&R.

Rürup, Reinhard 1986. The Tortuous and Thorny Path to Regal Equality. "Jew Laws"and Emancipatory Legislation in Germany from the Late Eighteenth Century, in: *Leo Baeck Institute Year Book* 31.

*Rürup, Reinhard 2006. Jewish Emancipation and the Vision of Civil Society in Germany, in: *Leo Baeck Institute Year Book* 51.

Schmidt, H. D., 1956. The Terms of Emancipation 1781–1812. The Public Debate in Germany and its Effect on the Mentality and Ideas of German Jewry, in: *Leo Baeck Institute Year Book* 1.

Smith, Helmut Walser 2002. *The Butcher's Tale. Murder and Anti-Semitism in a German Town*. Norton.

*Sorkin, David 1987. *The Transformation of German Jewry 1780–1840*. OUP.

Staffa, Christian (Hg.) 1993. *Vom protestantischen Antijudaismus und seinen Lügen. Versuche einer Standort- und Gehwegbestimmung des christlich-jüdischen Gesprächs*. Evangelische Akademie Sachsen-Anhalt.

*Sterling, Eleonore 1969. *Judenhaß. Die Anfänge des politischen Antisemitismus in Deutschland (1815–1850)*. Europäische Verlagsanstalt.

*Stern, Fritz 1977. *Gold and Iron. Bismarck, Bleichröder, and the Building of the German Empire*.

Alfred A. Knopf.
**Stern, Selma 1962-71. *Der Preußische Staat und die Juden*. 3 Teile, 7 Bde., Mohr Siebeck.
Stern-Taeubler, Selma 1956. Principles of German Policy toward the Jews at the Beginning of the Modern Era, in: *Leo Baeck Institute Year Book* 1.
Strauss, Herbert 1966. Pre-Emancipation Prussian Policies towards the Jews 1815-1847, in: *Leo Baeck Institute Year Book* 11.
*Strauss, Herbert A. et al.〔eds.〕1987-93. *Current Research on Antisemitism*. 3 vols., WdG.
*Tal, Uriel 1975. *Christians and Jews in Germany. Religion, Politics and Ideology in the Second Reich, 1870-1914*, Cornell UP.
Timms, Edward/Andrea Hammel〔eds.〕1999. *The German-Jewish Dilemma from the Enlightenment to the Shoah*, The Edwin Mellen.
Toury, Jacob 1966. "The Jewish Question". A Semantic Approach, in: *Leo Baeck Institute Year Book* 11.
*Volkov, Shulamit 2000². *Antisemitismus als kultureller Code. Zehn Essays*. Beck.
*Wertheimer, Jack 1987. *Unwelcome Strangers. East European Jews in Imperial Germany*. OUP.
Wiese, Christian 2009. "Let his Memory be Holy to Us!". Jewish Interpretations of Martin Luther from the Enlightenment to the Holocaust, in: *Leo Baeck Institute Year Book* 54.

第5章　ドイツにおける近代歴史学の成立と展開
＊イッガース，ゲオルク（中村幹雄ほか訳）1986．『ヨーロッパ歴史学の新潮流』晃洋書房
イッガース，ゲオルク（早島瑛訳）1996．『20世紀の歴史学』晃洋書房
ヴェーラー，ハンス゠ウルリヒ（山口定ほか訳）1977．『近代化理論と歴史学』未來社
＊ヴェーラー，ハンス゠ウルリヒ編（ドイツ現代史研究会訳）1982-85．『ドイツの歴史家』全5巻．未來社〔独語版では，さらに6-9巻(1980-82)が追加され，ヘルダーなど邦訳されていない歴史家も収める〕
岡崎勝世 2000．『キリスト教的世界史から科学的世界史へ──ドイツ啓蒙主義歴史学研究』勁草書房
尾形勇ほか 1999・2001．『20世紀の歴史家たち3・4　世界編』刀水書房
＊岸田達也 1976．『ドイツ史学思想史研究』ミネルヴァ書房
坂井榮八郎 2004．『ユストゥス・メーザーの世界』刀水書房
佐藤真一 1997．『トレルチとその時代』創文社
佐藤真一 2009．『ヨーロッパ史学史──探求の軌跡』知泉書館
＊シェットラー，ペーター編（木谷勤ほか訳）2001．『ナチズムと歴史家たち』名古屋大学出版会
戸叶勝也 2001．『ドイツ啓蒙主義の巨人　フリードリヒ・ニコライ』朝文社
西川洋一 2003．「東京とベルリンにおけるルートヴィヒ・リース」東京大学史料編纂所編『歴史学と史料研究』山川出版社
林健太郎 1953．『史学概論』有斐閣
バーリン，アイザイア（小池銈訳）1981．『ヴィーコとヘルダー──理念の歴史』みすず

書房

ハルガルテン，G・W・F（西川正雄訳）1985．『帝国主義と現代』未來社

フィッシャー，フリッツ（村瀬興雄監訳）1972・83．『世界強国への道――ドイツの挑戦 1914-1918年』1・2，岩波書店

ブラックボーン，デーヴィド／ジェフ・イリー（望田幸男訳）1983．『現代歴史叙述の神話――ドイツとイギリス』晃洋書房

ブラックボーン，デーヴィドほか（望田幸男ほか訳）1992．『イギリス社会史派のドイツ史論』晃洋書房

マイネッケ，フリードリヒ（矢田俊隆訳）1974．『ドイツの悲劇』中央公論社

望田幸男 2009．『二つの戦後・二つの近代――日本とドイツ』ミネルヴァ書房

ランケ，レオポルト・フォン（林健太郎訳）1966．『ランケ自伝』岩波文庫

リンガー，フリッツ（西村稔訳）1991．『読書人の没落――世紀末から第三帝国までのドイツ知識人』名古屋大学出版会

Beiser, Frederick 2011. *The German Historicist Tradition*. OUP.

Berger, Stefan 1997. *The Search for Normality. National Identity and Historical Consciousness in Germany since 1800*. Berghahn Books. 19世紀初頭から扱うが，重点は第二次世界大戦以降にある

*Berger, Stefan 2005. A Return to National Paradigm? National History Writing in Germany, Italy, France and Britain from 1945 to the Present, in: *Journal of Modern History* 77-3.

*Berger, Stefan et al. (eds.) 1999. *Writing National Histories. Western Europe since 1800*. Routledge.

*Chickering, Roger 1993. *Karl Lamprecht. A German Academic Life*. Humanities Pr.

Faulenbach, Bernd (Hg.) 1974. *Geschichtswissenschaft in Deutschland. Traditionelle Positionen und gegenwärtige Aufgaben*. Beck.

Gall, Lothar et al. (Hg.) 2009. 150 Jahre Geschichtsforschung im Spiegel der Historischen Zeitschrift, in: *HZ* 289-1.

Grebing, Helga 1986. *Der „deutsche Sonderweg" in Europa 1806-1945. Eine Kritik*. Kohlhammer.

Hitzer, Bettina/Thomas Welskopp (Hg.) 2010. *Die Bielefelder Sozialgeschichte. Klassische Texte zu einem geschichtswissenschaftlichen Programm und seinen Kontroversen*. Transcript.

*Iggers, Georg 1997. *Deutsche Geschichtswissenschaft. Eine Kritik der traditionellen Geschichtsauffassung von Herder bis zur Gegenwart*. Böhlau. 〔*The German Conception of History. The National Historical Thought from Herder to the Present*. 1968 の独訳だが，1970年代以降の動向に関する増補と文献目録が追加されている〕

Iggers, Georg et al. (Hg.) 1998. Die DDR-Geschichtswissenschaft als Forshungsproblem, in: *HZ* Beiheft 27.

*Jaeger, Friedrich/Jörn Rüsen (Hg.) 1992. *Geschichte des Historismus*. Beck.

Jäger, Wolfgang 1984. *Historische Forschung und politische Kultur in Deutschland. Die Debatte 1914-1980 über den Ausbruch des Ersten Weltkrieges*. V&R.

Jefferies, Matthew 2008. The German Empire and its Historians, in: id., *Contesting the German*

Empire, 1871-1918. Blackwell.

*Kracht, Klaus Grosse 2005. *Die zankende Zunft. Historische Kontroversen in Deutschland nach 1945*. V&R.

Lehmann, Hartmut/James Sheehan (eds.) 1991. *An Interrupted Past. German-Speaking Refugee Historians in the United States after 1933*. CUP.

Lehmann, Hartmut/Lames van Horn Melton (eds.), 2003. *Paths of Continuity. Central European Historigraphy from the 1930s to the 1950s*. CUP.

Maurer, Michael (Hg.) 2002. *Aufriß der Historischen Wissenschaften*, Bd. 6: *Institutionen*. Reclam.

Maurer, Michael (Hg.) 2003. *Aufriß der Historischen Wissenschaften*, Bd.5: *Mündliche Überlieferung und Geschichtsschreibung*. Reclam.

Mommsen, Wolfgang (Hg.) 1988. *Leopold Ranke und die moderne Geschichtswissenschaft*. Klett-Cotta.

Moses, John A. 1975. *The Politics of Illusion. The Fischer Controversy in German Historiography*. Prior.

Pfeil, Ulrich (Hg.), 2008. *Die Rückkehr der deutschen Geschichtswissenschaft in die „Ökumene der Historiker"*. Oldenbourg.

Raphael, Lutz 2010^2. *Geschichtswissenschaft im Zeitalter der Extreme. Theorien, Methoden, Tendenzen von 1900 bis zur Gegenwart*. Beck.

Schulze, Winfried 1997. *Deutsche Geschichtswissenschaft nach 1945*. dtv.

Schulze, Winfried 2003. Zur Geschichte der Fachzeitschriften von der ‚Historischen Zeitschrift' zu den ‚zeitblicken', Zeitblicke, in: *Online-Journal für die Geschichtswissenschaften* 2, http://www.zeitblicke.de.

Stambolis, Barbara 2010. *Leben mit und in der Geschichte. Deutsche Historiker Jahrgang 1943*. Klartext.

付　録

◆ 年　表

年代	事　項
前1000頃	ゲルマン人，スカンディナヴィア半島南部より移住開始
前500頃	西ゲルマン語系諸族，ユトレヒト半島，北ドイツ近辺に居住
前2世紀	ゲルマン人，ローマ勢力地帯と接触
前58～51	カエサルによるガリア征服，ライン川がローマ帝国の国境になる
9	ウァールス(トイトブルク)の戦い，ケルスキー人のアルミニウス，ウァールス麾下のローマ3軍団を撃滅
90頃	ローマ，リーメス長城をドナウ―ライン川間に建設(～160頃)
98	タキトゥス『ゲルマニア』
375	西ゴート人，ドナウ川を渡り移動開始。ゲルマン民族の大移動始まる
451	*6* フン人のアッティラ，カタラウヌムの戦いでローマ・ゲルマン連合軍に敗れる
476	西ローマ帝国の滅亡
481	クローヴィス，フランク王に即位，メロヴィング朝の開始
732	*10* トゥール・ポワティエ間の戦い，カール・マルテル，イスラーム軍を阻止
751	小ピピン(ピピン3世)，キルデリク3世を廃位，自らフランク王に即位，カロリング朝の開始
756	小ピピン，ランゴバルト討伐。占領地を教皇に寄進(「ピピンの寄進」)
800	*12* カール1世(大帝)のローマ皇帝戴冠
843	*8* ヴェルダン条約，帝国三分割
870	*8* メルセン条約，現在のフランス，イタリア，ドイツの原形成立
9C後半	ノルマン人の侵攻激化
911	*11* 東フランクのカロリング朝断絶しフランケン大公コンラート1世国王に選出，初期ドイツ・ライヒの成立
919	*5* リウドルフィング家のハインリヒの国王選出，オットー朝の開始
921	*11* ボン協約，西フランク王シャルル3世に同格の東フランク王位を承諾させる
955	*8* レヒフェルトの戦い，オットー1世，マジャール人を撃破
962	*2* オットー1世のローマ皇帝戴冠，神聖ローマ帝国の成立
968	エルベ川流域のスラヴ人居住域司教区を統括するマクデブルク大司教座の設置
973	プラハ司教座設置
982	*7* コロンネの戦い，オットー2世，南イタリアでイスラーム軍に大敗
1024	*9* コンラート2世即位，ザーリア朝の開始
1049	教皇レオ9世(～56)が即位し，本格的な改革教皇権の時代が始まる
1076	*2* 教皇グレゴリウス7世，皇帝ハインリヒ4世を破門
1077	*1* カノッサの屈辱
1095	*11* クレルモン公会議，十字軍の呼びかけ
1096	*8* 第1回十字軍，聖地に十字軍国家成立
1103	マインツ帝国集会で史上初のラント平和令を宣布

1122		*9* ヴォルムス協約,叙任権闘争終結
1138		*3* ホーエンシュタウフェン家のコンラート3世即位,シュタウフェン朝の開始
12C中頃		ドイツ人の東方植民が本格化
1152		*3* フリードリヒ1世バルバロッサ,国王即位
1189		第3回十字軍,フリードリヒ1世,行軍途上で死去(90)
1215		フリードリヒ2世即位
1225		ドイツ騎士団,プロイセンに進出
1241		リューベックとハンブルクの同盟,ハンザ同盟の始まり
1245		*6* 教皇インノケンティウス4世,皇帝フリードリヒ2世を3度破門,廃位を宣言。皇帝と教皇の対立激化
1250頃		ケルン大聖堂定礎
1250(54)		大空位時代(〜73)
1273		*10* ハプスブルク家のルードルフ国王選出(ルードルフ1世),大空位時代終了
1348		プラハ大学創設
1356		*12* 金印勅書,選帝侯の過半数の投票で国王選出,領邦高権認める
1365		ウィーン大学創設
1370		シュトラールズントの和約,デンマーク,ハンザ同盟のバルト海における覇権を認める
1410		*7* タンネンベルク(グルンヴァルト)の戦い,ドイツ騎士団,ポーランドに敗北
1414		*11* コンスタンツ公会議(〜18)
1415		*7* フスの火刑。ホーエンツォレルン家のフリードリヒ6世がブランデンブルク辺境伯に封ぜられる
1419		*7* フス戦争(〜36)
1438		ハプスブルク家のアルブレヒト2世即位。以後帝位を独占
1440頃		グーテンベルク,活版印刷術発明
1495		*8* ヴォルムス帝国議会,帝国改革案議論,永久ラント平和令を発布,一般帝国税を導入,帝国最高法院を設置
1499		シュヴァーベン戦争,スイス,神聖ローマ帝国より離脱
1500		*7* 帝国クライス制度の導入
1517		*10* ルター,『95箇条の提題』を発表,宗教改革始まる
1519		*1* ツヴィングリ,チューリヒの司祭として説教活動を開始。*6* スペイン王カルロス1世,仏王フランソワ1世を破り,カール5世としてローマ王・皇帝に選出される
1521		*4* ルター,ヴォルムス帝国議会に喚問,帝国追放刑を受ける(ヴォルムス勅令)
1522		*9* ルター訳による『ドイツ語新約聖書』出版
1523		*1* チューリヒ公開宗教討論会,宗教改革を導入
1524		ドイツ農民戦争(〜25)
1525		*4* プロイセンのドイツ騎士団,ルター派に帰し,ポーランド宗主権下にプロイセン公国に
1526		*8* 第1回シュパイアー帝国議会,領邦教会体制
1529	*4*	第2回シュパイアー帝国議会,ヴォルムス勅令確認,少数派が抗議(「プロテス

		タント」)。*9～10* オスマン軍,第1次ウィーン包囲
1530	*2*	プロテスタント派諸侯,シュマルカルデン同盟結成
1536	——	カルヴァン,『キリスト教綱要』をバーゼルで刊行
1541	——	カルヴァンによるジュネーヴの宗教改革
1545	*10*	トリエント公会議始まる,対抗宗教改革の本格化(～63)
1546	*6*	シュマルカルデン戦争(～47)
1555	*9*	アウクスブルク宗教平和令。「帝国執行令」,帝国クライスの国制上の地位確立
1559	*4*	カトー・カンブレジ条約,イタリア戦争,最終終結
1618	*5*	プラハ城で代官の「窓外放擲」事件発生。三十年戦争始まる(～48)
1625	——	デンマーク戦争(～29),プロテスタント派デンマーク王クリスティアン4世の介入
1629	*5*	ヴァレンシュタイン,デンマークとリューベックの和約
1630	*7*	スウェーデン国王グスタフ・アドルフの介入,スウェーデン戦争始まる(～35)
1635	*4*	スウェーデン・フランス戦争(～48),仏宰相リシュリューの介入。*5* プラハの和約。ザクセン選帝侯,皇帝の和平締結
1644	*12*	オスナブリュックとミュンスターで国際平和会議始まる
1648	*10*	ヴェストファーレン条約締結,三十年戦争終結,スイスの独立承認
1658	*8*	ライン同盟(ブント)結成。ライン諸侯,仏と結束
1660	*5*	オリヴァの講和条約。プロイセン公国はポーランド王国より離脱
1663	*4*	レーゲンスブルクにオスマン帝国対策のための帝国議会招集,以後解散されず(「永久帝国議会」)
1683	*7～9*	オスマン軍,第2次ウィーン包囲
1688	*9*	プファルツ継承戦争(アウクスブルク同盟戦争)(～97)
1697	*10*	ライスワイク条約締結(仏・墺),プファルツ継承戦争終結。ポーランド国王選挙,皇帝によって推薦されたザクセン選帝侯アウグスト強健王当選
1699	*1*	カルロヴィッツ条約
1701	*1*	ブランデンブルク選帝侯フリードリヒ3世,プロイセン王フリードリヒ1世として即位,プロイセン王国成立
1702	*5*	スペイン継承戦争始まる
1703	*4*	ユトレヒト条約,スペイン継承戦争終結
1713	*4*	カール6世,ハプスブルク世襲領の一括相続権を女子にも認めた「国事詔書」(プラグマティッシェ・ザンクツィオン)発布
1714	*8*	ハノーファー選帝侯,ジョージ1世としてイングランド国王に即位
1737	——	ゲッティンゲン大学創設
1740	*5*	プロイセンでフリードリヒ2世(大王)即位。*10* マリア・テレジア,ハプスブルク家家長に。*12* プロイセン,シュレージエンに侵攻。第1次シュレージエン戦争勃発(～42),オーストリア継承戦争へと拡大(～48)
1756	*5*	オーストリア,フランスと同盟締結(「外交革命」)。*8* プロイセン,ザクセンに侵入,七年戦争始まる(～63)
1763	*2*	フーベルトゥスブルク条約,七年戦争終結
1765		神聖ローマ皇帝ヨーゼフ2世即位,マリア・テレジアと共同統治
1772	*8*	第1次ポーランド分割
1780	*11*	マリア・テレジア没,ヨーゼフ2世の単独統治始まる(～90)
1781	*10*	ヨーゼフ2世,「宗教寛容令」

1785	7	プロイセンを中心に「諸侯同盟」
1786	8	フリードリヒ2世没,フリードリヒ・ヴィルヘルム2世即位
1789	——	フランス革命始まる
1791	8	オーストリアとプロイセン,フランス革命に対するピルニッツ宣言
1792	9	ヴァルミの戦い,オーストリア・プロイセン連合軍,フランスに敗退
1793	1	オーストリア,プロイセンにイギリスが加わり,第1次対仏大同盟。5 第2次ポーランド分割
1794	——	プロイセン一般ラント法公布
1795	4	バーゼルの和約,プロイセン,フランスと単独講和。10 第3次ポーランド分割
1799	6	第2次対仏大同盟
1803	2	帝国代表者会議主要決議,世俗化と陪臣化による国境変更を決議
1805	3	オーストリア,イギリス,ロシアによる第3次対仏大同盟。12 アウステルリッツの三帝会戦
1806	7	ライン連盟成立(~13)。8 皇帝フランツ2世退位,神聖ローマ帝国解消。10 イェーナ・アウエルシュテットの戦い,プロイセン軍惨敗。11 ナポレオン,ベルリンより「大陸封鎖令」
1807	7	プロイセン,ティルジット条約で屈辱的な講和。10 プロイセン「十月勅令」,世襲隷農制の廃止,土地売買の自由化。プロイセン改革始まる
1809	10	オーストリア,フランスとシェーンブルン講和条約
1810	——	ベルリン大学創設。フィヒテ「ドイツ国民に告ぐ」
1813	3	プロイセン,ロシアと同盟して対仏宣戦,解放戦争始まる。10 ライプツィヒ諸国民戦争
1814	9	ウィーン会議(~15)
1815	5	「ドイツ連邦規約」調印。6 ワーテルローの戦い
1817	10	ブルシェンシャフト諸団体によるヴァルトブルク祝祭
1819	9	カールスバート決議
1830	——	フランス七月革命,ドイツに波及,ブラウンシュヴァイク,ザクセン,クールヘッセン,ハノーファーなど各地で騒擾。立憲君主制に移行
1830代	——	大衆的貧窮の広がり(~50代)
1832	5	急進派によるハンバハ祭開催
1834	1	ドイツ関税同盟成立
1835	——	ニュルンベルク—フュルト間に初の鉄道開通
1837	12	ゲッティンゲン七教授事件
1844	6	シュレージエン職工暴動
1848	2	パリ二月革命始まる。3 ウィーンで蜂起,メッテルニヒ亡命へ。3 ベルリンで市街戦,三月革命。5 国民議会議員選挙,フランクフルト国民議会開会。5 ウィーンで「五月革命」,皇帝,憲法制定帝国議会開催を承認。マルクス,エンゲルス「共産党宣言」
1849	3	オーストリア欽定憲法発布。3 フランクフルト国民議会,ドイツ憲法採択。4 プロイセン国王,国民議会による帝冠を拒否
1850	11	オルミュッツ条約で統一問題めぐる普墺の協定
1851	——	ドイツ連邦復活
1858	10	プロイセンでヴィルヘルム摂政位に就く,「新時代」始まる

1859	*9*	ドイツ国民協会結成
1861	——	ドイツ進歩党結成
1862	*9*	ビスマルク，プロイセン宰相となる。下院で「鉄血演説」。プロイセン憲法紛争(〜66)
1863	*5*	ラサール指導のもと「全ドイツ労働者協会」結成
1864	*2*	プロイセン・オーストリア，対デンマーク宣戦，デンマーク戦争始まる。*10* ウィーン条約，シュレースヴィヒ＝ホルシュタイン両公国のプロイセン，オーストリアによる共同統治
1866	*6〜8*	普墺戦争。*9* プロイセン，事後承諾法，憲法紛争の終結
1867	*4*	北ドイツ連邦成立。*6* フランツ・ヨーゼフ1世，ハンガリー王として戴冠，オーストリア＝ハンガリー二重帝国の成立。*6* プロイセンで国民自由党結成
1870	*7*	普(独)仏戦争(〜71)。*12* カトリック中央党結成
1871	*1*	ドイツ帝国創設，ヴィルヘルム1世皇帝即位。*11* 文化闘争本格化(〜79)
1872	*3*	プロイセン，学校監督法を導入，学校監督を教会ではなく国家がおこなう
1873	*10*	独，墺，露で三帝協約。*10* ウィーン証券取引所で株価大暴落，ドイツ全土に経済恐慌広がる
1875	*5*	社会主義者ゴータ大会。ラサール派，アイゼナハ派が合同，ゴータ綱領採択しドイツ社会主義労働者党結成
1878	*4*	オーストリア，オスマン朝と協定を結び，ボスニア＝ヘルツェゴヴィナの行政権獲得。*6* ヨーロッパ諸列強によるベルリン会議，露土戦争の講和条件決定。*7* オーストリア＝ハンガリー軍，ボスニア＝ヘルツェゴヴィナに出兵。*10* 「社会主義者鎮圧法」成立(〜90)
1879	*7*	保護関税法。*10* 独墺同盟調印
1881	*6*	独，墺，露の三帝条約調印
1882	*5*	独，墺，伊の三国同盟成立
1884	*7*	トーゴ・カメルーン，ドイツの保護領に
1887	*6*	独露再保障条約締結
1888	*6*	ヴィルヘルム2世即位
1889	*5*	廃疾養老保険法成立
1890	*3*	ビスマルク宰相辞任，後任カプリーヴィ。ヴィルヘルム2世の「新航路」政策始まる。*6* 独露再保障条約更新されず，失効。*7* ヘルゴラント・ザンジバル協定調印
1891	*4*	総ドイツ同盟(全ドイツ連盟の前身)結成。*10* ドイツ社会民主党(SPD)エアフルト大会，「エアフルト綱領」を採択
1893	*2*	関税引下げに対して農業者同盟結成
1894	*1*	露仏同盟。カプリーヴィ解任，ホーエンローエ，帝国宰相に任命される
1895	*11*	ドイツ工業家連盟結成
1896	*1*	クリューガー電報事件
1897	*11*	宣教師殺害を口実として中国の膠州湾を占領
1898	*3*	第1次艦隊法成立。*4* ドイツ艦隊協会結成
1899	*2*	スペインからカロリン諸島，マリアナ諸島を購入，ニューギニア植民地に編入。*12* ドイツ—トルコ間でバグダード鉄道建設協定
1900	*1*	民法発効。*6* 第2次艦隊法成立。*6* 北京で義和団によるドイツ公使ケッテラー殺害事件，列強軍事介入へ。*8* 列強連合軍による北京占領。*10* ホーエ

1901	9	ンローエ帝国宰相辞任，ビューロー後任に 清と11列強との北京議定書
1904	1	南西アフリカでヘレロ族の蜂起始まる。*4* 英仏協商。総選挙に際して保守・自由主義諸党の「ビューロー・ブロック」結成される。*10* 南西アフリカでナマ族の蜂起
1905	3	第1次モロッコ事件
1908	4	帝国結社法制定。*10* オーストリア，ボスニア＝ヘルツェゴヴィナ併合。*10* デイリー・テレグラフ事件
1909	7	帝国宰相ビューロー辞表を提出，ベートマン＝ホルヴェーク新帝国宰相に
1911	7～11	第2次モロッコ事件
1912	1	総選挙で社会民主党第一党となる。*10* 第1次バルカン戦争(～13)
1913	6～8	第2次バルカン戦争。*11* アルザスで駐留軍と住民とが衝突するツァーベルン事件
1914	8	第一次世界大戦始まる(～18)
1915	1	食糧(パン)配給制導入，戦時経済統制始まる
1916	8	ヒンデンブルク，ルーデンドルフによる第3次最高統帥部，軍事独裁体制樹立。*12* 祖国奉仕法制定，17歳から60歳までの全男子に戦時経済への協力を義務化
1917	2	無制限潜水艦作戦開始，アメリカ，ドイツと断交。*3* ロシア二月革命始まる，皇帝ニコライ2世退位。*4* アメリカ参戦。*4* ゴータで独立社会民主党(USPD)結成。*7* エルツベルガー(中央党)の発意により，帝国議会，領土併合なき平和を決議(「平和決議」)。*9* ティルピッツ，カップらドイツ祖国党を結成。*11* ロシア十月革命始まる
1918	1	米大統領ウィルソン，平和14カ原則発表。*3* ブレスト・リトフスク講和条約。*11* ドイツ革命。*12* ドイツ共産党結成
1919	6	ヴェルサイユ条約調印。*7* ヴァイマル憲法制定，共和国発足
1920	3	カップ一揆。労働者による反カップ一揆のゼネスト
1921	8	エルツベルガー暗殺される
1922	4	独ソ間でラパロ条約。*6* 外相ラーテナウ暗殺される
1923	1	フランス，ベルギーによるルール地方の占領(～25)。*7* 通貨インフレ悪化。*8* シュトレーゼマンの大連合内閣成立。*11* ミュンヘンで「ヒトラー一揆」。*11* レンテンマルク発行開始(1兆マルク＝1レンテンマルク)
1924	4	ドーズ委員会，賠償支払い条件の改定(ドーズ案)
1925	4	ヒンデンブルク，大統領に選出。*12* ロカルノ条約締結
1926	9	国際連盟加盟
1927	7	失業保険法・職業紹介法制定
1928	6	ミュラーの大連合政権誕生。*8* ケロッグ・ブリアン条約(「パリ不戦条約」)成立
1929	6	パリでヤング案調印，賠償額の切下げ。*10* ニューヨーク証券取引所株価暴落から世界大恐慌始まる(「暗黒の木曜日」)
1930	3	ブリューニング(中央党)内閣発足，議会に依拠しない「大統領内閣」への移行。*9* 総選挙，ナチ党，第二党に
1932	4	大統領選挙第2回投票，ヒンデンブルク再選。*5* パーペン内閣成立(「男爵内閣」)。*7* パーペン，治安悪化を口実に緊急令によりブラウン(SPD)率いるプロイセン政府を罷免(「プロイセン・クーデタ」)。*7* 総選挙，ナチ党，第一党

		に。*12* シュライヒャー内閣成立
1933	*1*	ヒンデンブルク，ヒトラーを首相に任命。*2* 国会議事堂放火事件。「国民と国家を防衛するための緊急令」発布，基本的人権の制限。*3*「国民と国家の危難を除去するための法律」(授権法)。*4* ユダヤ人商店ボイコットキャンペーン。*4*「職業官吏再建法」。*10* 国際連盟とジュネーヴ軍縮条約から脱退
1934	*6*	レーム事件。*8* ヒンデンブルク大統領死去，ヒトラー，大統領職を兼ね「総統兼首相」に
1935	*3*	一般兵役義務の導入，再軍備開始。*6* 英独海軍協定。*9* ニュルンベルク諸法公布，ユダヤ人の公民権剝奪
1936	*3*	ロカルノ条約を破棄し，ラインラント非武装地帯に進駐。*8* ベルリン・オリンピック。*10* 四カ年計画庁設置，全権委員にゲーリング就任。*11* 日独防共協定締結
1937	*4*	ドイツ義勇航空部隊(「コンドル軍団」)，空爆によりゲルニカを破壊
1938	*2*	国防相兼国防軍最高司令官ブロンベルク，陸軍最高司令官フリッチュ解任，国防省を国防軍最高司令部としカイテルをその長に任命，ヒトラー自ら国防軍最高司令官に就任。*3* 国防軍，オーストリアに進駐，オーストリアの「合邦」(アンシュルス)。*9* ミュンヘン会談。チェコスロヴァキアのズデーテン地方を併合。*11* パリでのドイツ人外交官銃撃事件を口実に「水晶の夜」。ユダヤ人の全経済生活からの排除，日常生活の制限を決定，ユダヤ系企業の「アーリア化」，ユダヤ財産の没収
1939	*3*	国防軍，残存チェコスロヴァキアに進駐し，ボヘミア・モラヴィアを保護領とする。*8* 独ソ不可侵条約締結。*9* ドイツ軍，ポーランド侵入，第二次世界大戦始まる(〜45)
1940	*6*	ドイツ軍，パリ入城。*9* 日独伊三国軍事同盟締結
1941	*6*	ドイツ軍，ソ連に侵入(バルバロッサ作戦)，戦線後方地域で特別行動部隊によるユダヤ人の虐殺。*12* ドイツ，日米開戦にともないアメリカに宣戦布告
1942	*1*	ユダヤ人問題の最終解決をめぐるヴァンゼー会議
1943	*1*	スターリングラードのドイツ軍降伏
1944	*6*	米英軍，北フランスに上陸(「ノルマンディ上陸作戦」)。*7* 国防軍上級将校らによるヒトラー暗殺未遂事件
1945	*5*	ドイツ無条件降伏。*6* ベルリンに連合国管理理事会設置，分割占領始まる(「ベルリン宣言」)。*9* アメリカ軍政府，バイエルン州，ヘッセン州，バーデン゠ヴュルテンベルク州設置
1946	*4*	ソ連占領区でSPDと共産党合同，社会主義統一党(SED)結成，議長ピーク，グローテヴォール
1947	*1*	米英，両占領区を統合。*3* トルーマン・ドクトリン発表。*6* マーシャル・プラン発表
1948	*2〜6*	米英仏およびベネルクス3国によるロンドン会議。*6* 東西占領区で通貨改革，ソ連，ベルリン封鎖開始(〜49)
1949	*4*	北大西洋条約機構(NATO)成立。*5* 西独議会評議会，基本法可決。ボンを暫定首都に定める。*9* 西独，アデナウアーを初代首相に選出。*10* 東独，ドイツ民主共和国憲法発布。臨時人民議会，グローテヴォールを首相に，ピークを大統領に選出
1950	*5*	シューマン・プラン発表。*7* 東独・ポーランド間のゲルリッツ条約。オーデ

		ル(オーダー)=ナイセ線を国境に。*7* 東独，ウルブリヒトをSED書記長に選出。*9* 東独，経済相互援助会議(COMECON)に加盟
1951	*4*	西独・仏など6カ国による「ヨーロッパ石炭鉄鋼共同体条約」調印
1952	*5*	西独，西側と，ドイツ(一般)条約・ヨーロッパ防衛共同体条約締結
1953	*6*	東ベルリンでの民衆蜂起が各地に波及，ソ連軍介入(「6月17日事件」)
1954	*10*	パリ諸条約調印
1955	*5*	パリ諸条約発効，西独，主権獲得，西欧同盟(WEU)とNATOに加盟し，占領状態終結。*5* 東独，東側諸国とワルシャワ条約機構を結成。*9* アデナウアー訪ソ。抑留ドイツ人問題の解決。ソ連・西独国交樹立。「2つのドイツ」の固定化。*9* 西独，「ハルシュタイン原則」を発表
1956	*1*	西独，連邦軍発足。*6* 西独，ナチス犠牲者のための連邦補償法成立。*7* 西独，18歳から45歳の男子対象の徴兵制施行。*10* ハンガリー事件，ソ連軍介入により鎮圧
1957	*1*	ザール地方，西独に復帰
1958	*1*	ヨーロッパ経済共同体(EEC)，欧州原子力共同体(EURATOM)の発足。*11* ベルリン危機の始まり
1959	*11*	西独，SPD，バート・ゴーデスベルク綱領採択
1960	*9*	東独，大統領ピークの死去にともない，大統領職を廃止し，国家評議会設置。議長ウルブリヒトに権力集中
1961	*8*	東独，ベルリンの壁建設開始。*10* 西独，トルコと外国人労働者受入れ協定
1962	*1*	東独，一般兵役義務法制定。*10* 西独，雑誌編集部の国家機密漏洩をめぐる「シュピーゲル事件」
1963	*1*	東独，SED第6回党大会，社会主義建設のための「新経済システム」導入，企業利益と非集権化の重視。*1* 西独・仏友好協力条約(エリゼ条約)締結。*10* 西独，アデナウアー首相辞任，エアハルト内閣成立
1965	*5*	西独，イスラエルと国交樹立
1966	*12*	西独，エアハルト首相辞任，キージンガーの大連立政権(CDU/CSU・SPD)成立
1967	*1*	西独，ルーマニアと国交樹立，ハルシュタイン原則の放棄。*7* ヨーロッパ共同体(EC)結成，西独も参加。西独，反戦，反非常事態法などを求めて広範な議会外運動の盛り上り，左翼学生運動の急進化
1968	*4*	東独，新憲法制定。*5* 西独，非常事態法可決，旧占領国の権限留保の解消と主権の回復。*8* 東独軍，ワルシャワ条約機構軍として「プラハの春」に介入
1969	*10*	西独，ブラントの社会・自由連立政権(SPD・FDP)発足。東側との関係改善をめざす「東方政策」始まる
1970	*8*	西独，ソ連とモスクワ条約調印。武力不行使協定調印。*12* 西独，ポーランドと国交樹立(ワルシャワ条約の調印)
1971	*5*	東独，ウルブリヒト党書記長辞任，ホーネッカーが後継。*9* 西ベルリンの地位保全を目的とする4カ国ベルリン協定調印
1972	*8～9*	ミュンヘン・オリンピック。*12* 東西両独基本条約調印，相互に常設代表部を設置
1973	*9*	両独国連同時加盟。オイルショックが西独に波及。イタリアを除き外国人労働者の募集を停止
1974	*5*	西独，秘書のスパイ事件でブラント辞任，シュミット連立政権(SPD・FDP)

		誕生
1975	7	ヘルシンキ宣言。全欧安全保障協力会議(CSCE)の定例化，ヨーロッパの現状固定化
1977	──	西独，ドイツ赤軍派(RAF)によるテロ事件頻発
1979	──	第2次オイルショック
1981	10	中距離核兵器問題に関連しボンで50万人の平和デモ
1982	10	西独，不信任案可決されシュミット政権退陣，コール政権(CDU/CSU・FDP)成立
1983	3	西独で連邦議会選挙。緑の党，連邦議会に初進出
1985	3	ソ連共産党書記長チェルネンコ死去，後任ゴルバチョフ。5 米レーガン大統領，ベルゲン・ベルゼン強制収容所跡，およびビットブルク軍人墓地を訪問。5 西独ヴァイツゼッカー大統領，終戦40周年記念演説
1986	4	チェルノブイリ原発事故発生。5 東西ドイツ文化協定調印
1987	7	ホーネッカー議長，東独国家元首として西独を初の公式訪問
1989	7	東独市民，ハンガリー経由で西独脱出開始。9 ハンガリー，東独市民の西側への出国を許可。10 ライプツィヒで大規模な民主化・自由化要求デモ。10 ホーネッカー辞任，クレンツ後任に。11 ベルリンの壁開放，東独国民の国外移動自由化。11 東独，モドロウ新首相，早期の自由選挙実施など体制改革を公約。12 米ソ首脳のマルタ会談。12 東独，SEDほか各勢力からなる円卓会議
1990	2	ゴルバチョフとコールのモスクワ会談，ゴルバチョフ，コールにドイツ統一に反対しない旨言明。コール首相，東独の西独への編入による統一を提唱。5 両独，通貨・経済・社会同盟のための国家条約。7 ソ連，統一ドイツのNATO残留承認。西独，統一後のポーランド国境としてオーデル＝ナイセ線を承認。8 ドイツ統一国家条約調印。9 両独と戦勝4カ国(2プラス4)による「ドイツに関する最終規定条約」，モスクワにて調印。10 ドイツ統一
1991	6	連邦議会，僅差で首都のベルリン移転を決定。12 ソ連邦解体
1992	2	マーストリヒト条約調印。11 ベルリンで外国人への差別に反対する35万人デモ
1993	1	ヨーロッパ域内市場統合。5 連邦議会，難民法改正，安全な第三国を経由した難民の庇護権申請を認めないことに
1994	7	連邦憲法裁，NATO域外における国連活動への連邦軍派遣を原則的に認める
1995	3	独・仏・ベネルクス3国・スペイン・ポルトガル，シェンゲン協定調印
1998	9	連邦議会選挙，戦後初の選挙による政権交替，SPD・緑の党によるシュレーダー政権誕生
1999	1	欧州単一通貨ユーロ導入。3 NATO軍，コソヴォ危機に介入，空爆を開始。5 新国籍法制定，ドイツに8年以上在住する外国人の子どもに二重国籍を認める
2002	2	連邦参議院，原子力利用を2021年までに段階的に廃棄することを決定
2005	11	CDU/CSU，SPDによる大連立政権成立。CDU党首メルケルが女性初の首相に就任
2009	9	連邦議会選挙，CDU/CSU，FDPで過半数を確保し，大連立政権は解消，メルケルが首相続投
2011	3	バーデン＝ヴュルテンベルク州議会選挙で緑の党躍進，クレッチュマン，同党

		初の州首相に就任。*5* メルケル首相，2022年までに原発を全廃する方針を発表，連立与党はいずれも脱原発に方針転換。*6* 脱原発を定める原子力法改正案，連邦議会を通過
2013	*9*	連邦議会選挙，CDU/CSU 大勝。メルケル，SPD との連合で３期目続投へ

小野寺拓也

◆ 系　図

メロヴィング家

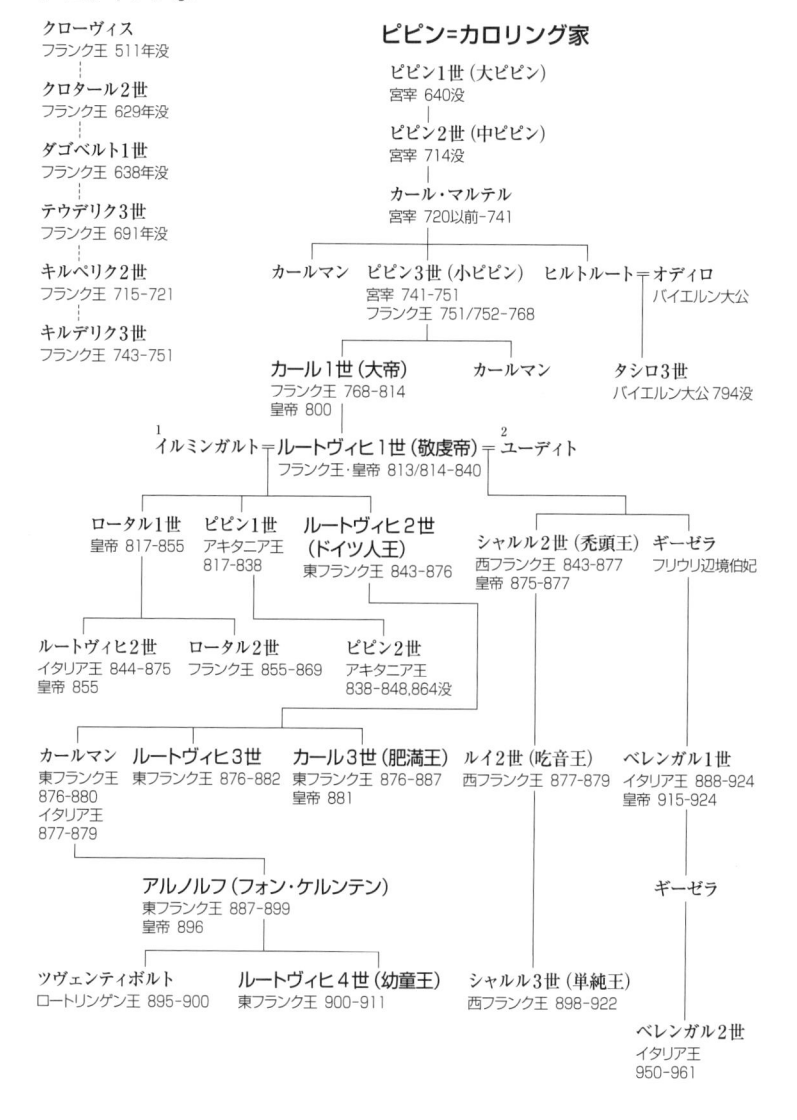

クローヴィス
フランク王 511年没

クロタール2世
フランク王 629年没

ダゴベルト1世
フランク王 638年没

テウデリク3世
フランク王 691年没

キルペリク2世
フランク王 715-721

キルデリク3世
フランク王 743-751

ピピン＝カロリング家

ピピン1世（大ピピン）
宮宰 640没

ピピン2世（中ピピン）
宮宰 714没

カール・マルテル
宮宰 720以前-741

カールマン　　ピピン3世（小ピピン）　　ヒルトルート＝オディロ
　　　　　　　宮宰 741-751　　　　　　　　　　　　　バイエルン大公
　　　　　　　フランク王 751/752-768

カール1世（大帝）　　カールマン　　　　　タシロ3世
フランク王 768-814　　　　　　　　　　　バイエルン大公 794没
皇帝 800

¹イルミンガルト＝ルートヴィヒ1世（敬虔帝）＝²ユーディト
　　　　　　　　フランク王・皇帝 813/814-840

ロータル1世　　ピピン1世　　ルートヴィヒ2世　　　シャルル2世（禿頭王）　ギーゼラ
皇帝 817-855　アキタニア王　（ドイツ人王）　　　西フランク王 843-877　フリウリ辺境伯妃
　　　　　　　817-838　　　東フランク王 843-876　皇帝 875-877

ルートヴィヒ2世　ロータル2世　　ピピン2世
イタリア王 844-875　フランク王 855-869　アキタニア王
皇帝 855　　　　　　　　　　　　　　838-848,864没

カールマン　　ルートヴィヒ3世　カール3世（肥満王）　ルイ2世（吃音王）　ベレンガル1世
東フランク王　東フランク王 876-882　東フランク王 876-887　西フランク王 877-879　イタリア王 888-924
876-880　　　　　　　　　　　　皇帝 881　　　　　　　　　　　　　　　　　　　皇帝 915-924
イタリア王
877-879

アルノルフ（フォン・ケルンテン）
東フランク王 887-899
皇帝 896

ツヴェンティボルト　ルートヴィヒ4世（幼童王）　シャルル3世（単純王）　　　ギーゼラ
ロートリンゲン王 895-900　東フランク王 900-911　西フランク王 898-922

ベレンガル2世
イタリア王
950-961

リウドルフィング家（オットー朝）とザーリア朝

＊国王：初期ドイツ・ライヒ王（東フランク＝ドイツ王）

《リウドルフィング家》

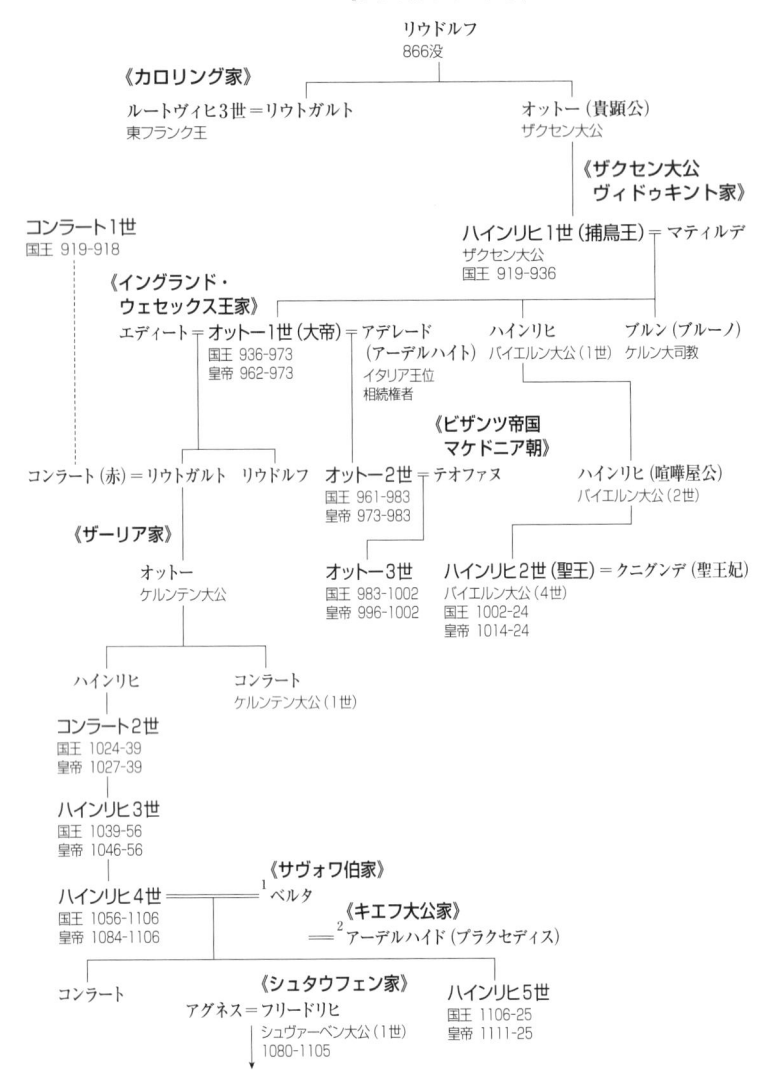

リウドルフ
866没

《カロリング家》

ルートヴィヒ3世＝リウトガルト　　　　　　　　　　　オットー（貴顕公）
東フランク王　　　　　　　　　　　　　　　　　　　　　ザクセン大公

《ザクセン大公
ヴィドゥキント家》

コンラート1世　　　　　　　　　　　　　　　　　　　ハインリヒ1世（捕鳥王）＝マティルデ
国王 919-918　　　　　　　　　　　　　　　　　　　　ザクセン大公
　　　　　　　　　　　　　　　　　　　　　　　　　　国王 919-936

《イングランド・
ウェセックス王家》

エディート＝オットー1世（大帝）＝アデレード　　　ハインリヒ　　　　　ブルン（ブルーノ）
　　　　　　国王 936-973　　　（アーデルハイト）　バイエルン大公（1世）　ケルン大司教
　　　　　　皇帝 962-973　　　イタリア王位
　　　　　　　　　　　　　　　　相続権者

《ビザンツ帝国
マケドニア朝》

コンラート（赤）＝リウトガルト　リウドルフ　　オットー2世＝テオファヌ　　ハインリヒ（喧嘩屋公）
　　　　　　　　　　　　　　　　　　　　　　国王 961-983　　　　　　　　バイエルン大公（2世）
《ザーリア家》　　　　　　　　　　　　　　　　　皇帝 973-983

オットー　　　　　　　　　　　　　　　　　オットー3世　　　　ハインリヒ2世（聖王）＝クニグンデ（聖王妃）
ケルンテン大公　　　　　　　　　　　　　　国王 983-1002　　　バイエルン大公（4世）
　　　　　　　　　　　　　　　　　　　　　皇帝 996-1002　　　国王 1002-24
　　　　　　　　　　　　　　　　　　　　　　　　　　　　　　 皇帝 1014-24

ハインリヒ　　　コンラート
　　　　　　　　ケルンテン大公（1世）

コンラート2世
国王 1024-39
皇帝 1027-39

ハインリヒ3世
国王 1039-56
皇帝 1046-56

ハインリヒ4世 ════════╗¹　《サヴォワ伯家》
国王 1056-1106　　　　　ベルタ
皇帝 1084-1106　　　　　　　　　　《キエフ大公家》
　　　　　　　　　　　════² アーデルハイト（プラクセディス）

コンラート　　　　　　《シュタウフェン家》　　　ハインリヒ5世
　　　　　アグネス＝フリードリヒ　　　　　　　　国王 1106-25
　　　　　　　　　│シュヴァーベン大公（1世）　　皇帝 1111-25
　　　　　　　　　│1080-1105
　　　　　　　　　↓

系　図　461

シュタウフェン家

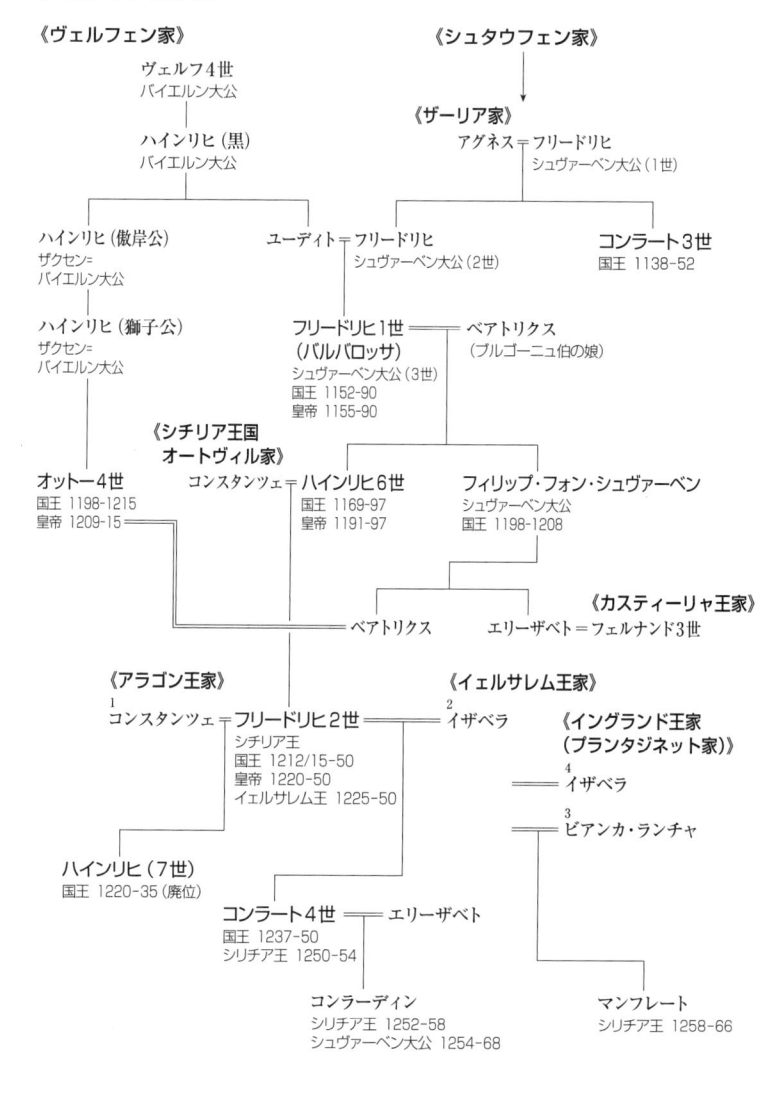

《ヴェルフェン家》　　　　　　　　　　　　　　　《シュタウフェン家》

ヴェルフ4世
バイエルン大公

ハインリヒ（黒）
バイエルン大公

《ザーリア家》
アグネス ＝ フリードリヒ
　　　　　シュヴァーベン大公（1世）

ハインリヒ（傲岸公）　　ユーディト ＝ フリードリヒ　　　　　　　　　　コンラート3世
ザクセン＝　　　　　　　　　　　　　シュヴァーベン大公（2世）　　　　国王 1138-52
バイエルン大公

ハインリヒ（獅子公）　　　　　フリードリヒ1世 ＝ ベアトリクス
ザクセン＝　　　　　　　　　（バルバロッサ）　　（ブルゴーニュ伯の娘）
バイエルン大公
　　　　　　　　　　　　　　シュヴァーベン大公（3世）
　　　　　　　　　　　　　　国王 1152-90
　　　　　　　　　　　　　　皇帝 1155-90

《シチリア王国
オートヴィル家》

オットー4世　　コンスタンツェ ＝ ハインリヒ6世　　フィリップ・フォン・シュヴァーベン
国王 1198-1215　　　　　　　　　国王 1169-97　　　シュヴァーベン大公
皇帝 1209-15 ＝＝　　　　　　　皇帝 1191-97　　　　国王 1198-1208

　　　　　　　　　　　　　　　　　　　　　　　　　　　　　《カスティーリャ王家》
　　　　　　　　　　　　　　　　ベアトリクス　　　エリーザベト ＝ フェルナンド3世

《アラゴン王家》　　　　　　　　　　　　　　《イェルサレム王家》
　　　　　1　　　　　　　　　　　　　　　2　　　　　　　　《イングランド王家
コンスタンツェ ＝ フリードリヒ2世 ＝ イザベラ　　　　　（プランタジネット家）》
　　　　　　　　シチリア王　　　　　　　　　　　　　4
　　　　　　　　国王 1212/15-50　　　　　　＝＝ イザベラ
　　　　　　　　皇帝 1220-50
　　　　　　　　イェルサレム王 1225-50　　　　3
　　　　　　　　　　　　　　　　　　　　　　＝＝ ビアンカ・ランチャ

ハインリヒ（7世）
国王 1220-35（廃位）

　　　　　　　　コンラート4世 ＝ エリーザベト
　　　　　　　　国王 1237-50
　　　　　　　　シチリア王 1250-54

　　　　　　　　コンラーディン　　　　　　　　　マンフレート
　　　　　　　　シチリア王 1252-58　　　　　　シチリア王 1258-66
　　　　　　　　シュヴァーベン大公 1254-68

ハプスブルク家

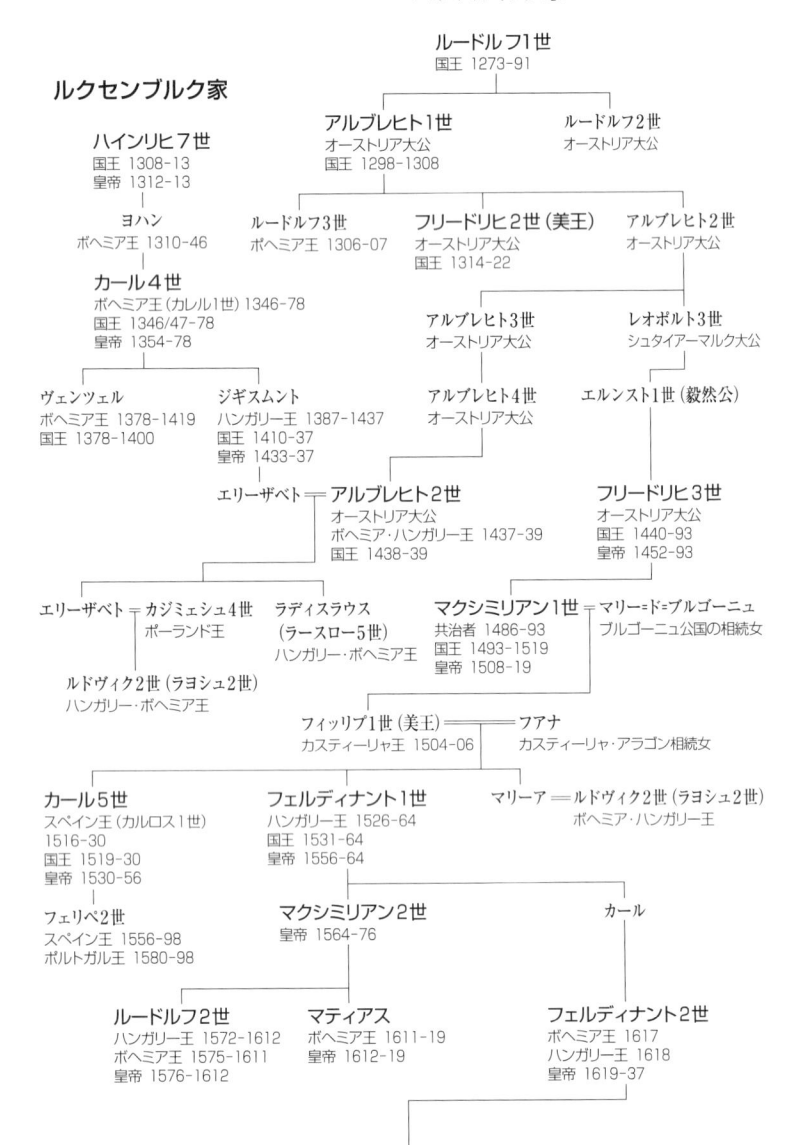

ルードルフ1世
国王 1273-91

ルクセンブルク家

アルブレヒト1世
オーストリア大公
国王 1298-1308

ルードルフ2世
オーストリア大公

ハインリヒ7世
国王 1308-13
皇帝 1312-13

ヨハン
ボヘミア王 1310-46

ルードルフ3世
ボヘミア王 1306-07

フリードリヒ2世(美王)
オーストリア大公
国王 1314-22

アルブレヒト2世
オーストリア大公

カール4世
ボヘミア王(カレル1世) 1346-78
国王 1346/47-78
皇帝 1354-78

アルブレヒト3世
オーストリア大公

レオポルト3世
シュタイアーマルク大公

ヴェンツェル
ボヘミア王 1378-1419
国王 1378-1400

ジギスムント
ハンガリー王 1387-1437
国王 1410-37
皇帝 1433-37

アルブレヒト4世
オーストリア大公

エルンスト1世(毅然公)

エリーザベト = **アルブレヒト2世**
オーストリア大公
ボヘミア・ハンガリー王 1437-39
国王 1438-39

フリードリヒ3世
オーストリア大公
国王 1440-93
皇帝 1452-93

エリーザベト = カジミェシュ4世
ポーランド王

ラディスラウス
(ラースロー5世)
ハンガリー・ボヘミア王

マクシミリアン1世 = マリー・ド・ブルゴーニュ
共治者 1486-93
国王 1493-1519
皇帝 1508-19
ブルゴーニュ公国の相続女

ルドヴィク2世(ラヨシュ2世)
ハンガリー・ボヘミア王

フィリップ1世(美王) ======= フアナ
カスティーリャ王 1504-06
カスティーリャ・アラゴン相続女

カール5世
スペイン王(カルロス1世)
1516-30
国王 1519-30
皇帝 1530-56

フェルディナント1世
ハンガリー王 1526-64
国王 1531-64
皇帝 1556-64

マリーア = ルドヴィク2世(ラヨシュ2世)
ボヘミア・ハンガリー王

フェリペ2世
スペイン王 1556-98
ポルトガル王 1580-98

マクシミリアン2世
皇帝 1564-76

カール

ルードルフ2世
ハンガリー王 1572-1612
ボヘミア王 1575-1611
皇帝 1576-1612

マティアス
ボヘミア王 1611-19
皇帝 1612-19

フェルディナント2世
ボヘミア王 1617
ハンガリー王 1618
皇帝 1619-37

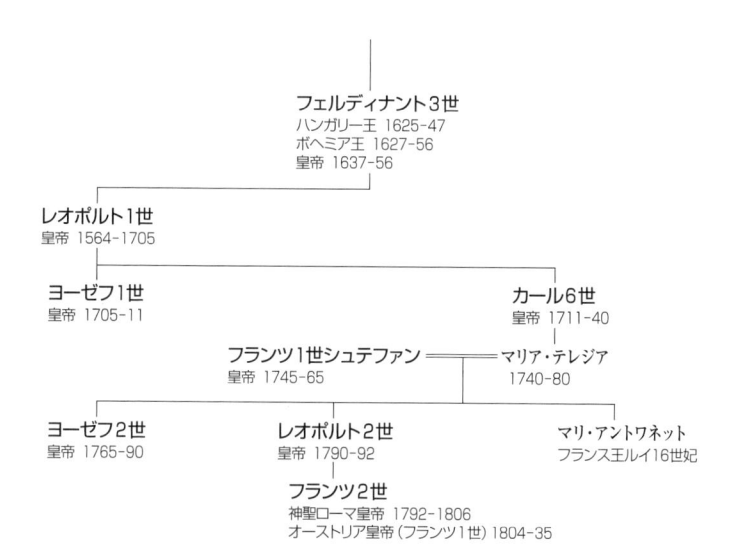

フェルディナント3世
ハンガリー王 1625-47
ボヘミア王 1627-56
皇帝 1637-56

レオポルト1世
皇帝 1564-1705

ヨーゼフ1世
皇帝 1705-11

カール6世
皇帝 1711-40

フランツ1世シュテファン ═══ **マリア・テレジア**
皇帝 1745-65　　　　　　　　　1740-80

ヨーゼフ2世
皇帝 1765-90

レオポルト2世
皇帝 1790-92

マリ・アントワネット
フランス王ルイ16世妃

フランツ2世
神聖ローマ皇帝 1792-1806
オーストリア皇帝（フランツ1世）1804-35

ホーエンツォレルン家

《ブランデンブルク系》

フリードリヒ1世
ブランデンブルク選帝侯 1415-40

├ **フリードリヒ2世**
│ ブランデンブルク選帝侯 1440-70
│
└ **アルブレヒト・アヒレス**
　ブランデンブルク選帝侯 1470-86

ヨハン・キケロ
ブランデンブルク選帝侯 1486-99

ヨアヒム1世
ブランデンブルク公 1499-1535

ヨアヒム2世　　　　　　　　　　《アンスバハ系》
ブランデンブルク選帝侯 1535-71　　**アルブレヒト・フリードリヒ**
　　　　　　　　　　　　　　　　　プロイセン大公 1568-1618

ヨハン・ゲオルク
ブランデンブルク選帝侯 1571-98

ヨアヒム・フリードリヒ（1世）
ブランデンブルク選帝侯 1598-1608

クリスチャン4世 ══ **アンナ・カタリーネ**　　**ヨハン・ジギスムント** ══ **アンナ**
デンマーク王　　　　　　　　　　　　　　　　　ブランデンブルク選帝侯 1608-19

グスタフ2世アドルフ ══ **マリー・エレオノール**　　**ゲオルク・ヴィルヘルム**
スウェーデン王　　　　　　　　　　　　　　　　　　　ブランデンブルク選帝侯 1619-40

フリードリヒ・ヴィルヘルム（大選帝侯）
ブランデンブルク選帝侯 1640-88

ゲオルク（ジョージ）1世 ── **ゾフィー・シャルロッテ** ══ **フリードリヒ3世（1世）**
ハノーファー選帝侯・イギリス王　　　　　　　　　　　　　　ブランデンブルク選帝侯 1688-1713
　　　　　　　　　　　　　　　　　　　　　　　　　　　　プロイセン王 1701-13

ジョージ2世 ── **ゾフィー・ドロテア** ══ **フリードリヒ・ヴィルヘルム1世（軍人王）**
イギリス王　　　　　　　　　　　　　　　　　プロイセン王 1713-40

フリードリヒ2世（大王）　　　　　　**アウグスト・ヴィルヘルム**
プロイセン王 1740-86　　　　　　　　　プロイセン王子

フリードリヒ・ヴィルヘルム2世
プロイセン王 1786-97

ルイーゼ ══ **フリードリヒ・ヴィルヘルム3世**
　　　　　　　プロイセン王 1797-1840

フリードリヒ・ヴィルヘルム4世　　**ヴィルヘルム1世**　　**シャルロッテ** ══ **ニコライ1世**　　**カール**
プロイセン王 1840-61　　　　　　　　プロイセン王 1861-88　　　　　　　　　　ロシア皇帝　　　　プロイセン王子
　　　　　　　　　　　　　　　　　　ドイツ皇帝 1871-88

フリードリヒ3世 ══ **ヴィクトリア**
プロイセン王・ドイツ皇帝 1888　　イギリス女王ヴィクトリアの息女

ヴィルヘルム2世
プロイセン王・ドイツ皇帝 1888-1918

千葉敏之

◆ 地　図

ドイツ全図

◆ 人名索引

ア行
アインハルト　Einhard　20, 23
アウクシュタイン　Augstein, Rudolf　191
アクトン　Acton, John　285
アダルベルト(プラハ司教)　Adalbert von Prag　28
アデナウアー　Adenauer Konrad　184-187, 189, 191, 192
アデレード(アーデルハイト)　Adelaide/Adelheid　27, 28
アードルフ　Adolf von Nassau　47
阿部謹也　52, 267
アーベルスハウザー　Abelshauser, Werner　186, 236, 237
アルクィン　Alcuin　21, 23
アルトゥジウス　Althusius, Johannes　105
アルトホフ　Althoff, Friedrich　25, 26, 231
アルノルト　Arnold, Gottifried　89
アルブレヒト(プロイセン公)　Albrecht von Brandenburg-Ansbach　100
アルブレヒト1世　Albrecht I　47
アレクサンデル3世(教皇)　Alexander III　44
アレクサンドル2世(ロシア皇帝)　Aleksandr II　278
アーレント　Ardent, Hannah　156, 265
アンダーソン　Anderson, Benedict Richard O'Gorman　7, 242
イヴァン3世(モスクワ大公)　Ivan III　107
イリー　Eley, Goeff　296
インノケンティウス3世(教皇)　Innocentius III　45
ウィクリフ　Wycliffe, John　63
ヴィードゥキント　Widukind von Corvey　26
ヴィルヘルム2世　Wilhelm II　9, 139, 140, 144, 145, 147, 148, 159, 248
ヴィンクラー　Winkler, Heinrich August　7, 135, 136, 142, 143, 151
ヴェスタルプ　Westarp, Kuno von 145
ヴェーバー　Weber, Max　52, 67, 77, 84, 132-134, 139, 144, 146, 147, 248, 280, 291
ヴェーラー　Wehler, Hans-Ulrich　113, 133, 135, 136, 140, 147, 149, 151, 153, 243, 291, 295, 296
ヴェンツェル　Wenzel　59
ヴォルフ　Wolff, Christian　89, 106
ウルバヌス2世(教皇)　Urbanus II　31
ウルブリヒト　Ulbricht, Walter　183, 188, 189, 193, 194
エアハルト　Erhard, Ludwig　189
江口朴郎　149, 153
エクベルト(トリーア大司教)　Egbert von Trier　36
エストライヒ　Oestreich, Gerhard　65, 72, 84
エック　Eck, Johannes　78
エックハルト　Eckhart, Meister　63
エッシェンバハ　Eschenbach, Wolfram von　57
エラスムス　Erasmus, Desiderius　63, 79
エリアス　Elias, Norbert　84, 140
エンゲルス　Engels, Friedrich　5, 123
エンゲルベルク　Engelberg, Ernst　140
オジアンダー　Osiander, Andreas　75
オストヴァルト　Ostwald, Friedrich Wilhelm　222
オッカム　William of Ockham　48
オットー1世(大帝)　Otto I　26, 27, 31, 41
オットー2世　Otto II　27, 33
オットー3世　Otto III　27, 28, 33, 36
オットー4世　Otto IV　45

カ行
カウツキ　Kautsky, Karl Johann　286
カプリヴィ　Caprivi, Georg Leo von　148
カリクスト　Calixtus, Georg　88
カール(大帝)　Karl der Große　22-24,

26, 32, 56
カール4世　Karl IV　58-60
ガル　Gall, Lothar　123, 129, 140
カルヴァン　Calvin, Jean　77
カール・マルテル　Karl Martell　21
カント　Kant, Immanuel　3, 89
カントーロヴィチ　Kantorowicz, Ernst Hartwig　33, 45
キージンガー　Kiesinger, Kurt　189, 190
クサンテンのノルベルトゥス（マクデブルク大司教）　Norbert von Xanten　36
グスタフ・アドルフ（スウェーデン王）　Gustav II. Adolf　94
クチンスキ　Kuczynski, Jürgen　289
クニグンデ　Kunigunde von Luxembourg　29, 32
クラカウアー　Kracauer, Siegfried　155
クラナハ　Cranach, Lucas　79, 80
クリスティアン4世（デンマーク王）　Christian IV　94
クリストフ（バンベルク司教）　Buseck, Christoph Franz von　103
グレゴリウス5世（教皇）　Gregorius V　28
グレゴリウス7世（教皇）　Gregorius VII　30, 35
クレスマン　Kleßmann, Christoph　181, 191, 200
グレーツ　Graetz, Heinrich　268
クレンツ　Krenz, Egon　197
クローヴィス　Clovis　18, 19
グローテヴォール　Grotewohl, Otto　184
グロプケ　Globke, Hans　187
ゲイ　Gay, Peter　155, 166, 277
ケストナー　Kästner, Erich　230, 231
ゲッベルス　Goebbels, Josef　172
ゲーテ　Goethe, Johann Wolfgang von　3, 104
ケプラー　Kepler, Johannes　90
ケール（ケーア）　Kehr, Eckart　133, 142, 287
ケルティス　Celtis, Conrad　61
ゲルラッハ　Gerlach, August von　145
ゲンシャー　Genscher, Hans-Dietrich

195
コゼレック　Koselleck, Reinhart　65, 112, 118
コッカ　Kocka, Jürgen　119, 147, 160, 200
コップ（枢機卿）　Kopp, Georg von　147
コッホ　Koch, Heinrich Hermann Robert　218, 222
ゴートハイン　Gothein, Eberhard　286
コール　Kohl, Helmut　158, 195, 197-199
ゴルバチョフ　Gorbachev, Mikhail Sergeevich　197
コルプ　Kolb, Eberhard　162
コンツェ　Conze, Werner　142, 168, 290
コンラート1世　Konrad I　24, 26
コンラート2世　Konrad II　29
コンラート3世　Konrad III　30, 31, 43

サ行

ザイフェルト　Seifert, Alwin　219
ザヴィーニー　Savigny, Friedrich Carl von　283
ザックス　Sachs, Hans　80
シェーファー　Schäfer, Dietrich　286
シェンキェヴィチ　Sienkiewicz, Henryk Adam Aleksander Pius　243, 244
シェーンボウム　Schoenbaum, David　157, 171
シェーンボルン（マインツ選帝侯）　Schönborn, Johann Philipp von　88
ジギスムント　Sigismund　59, 64
シーダー　Schieder, Theodor　290
ジッキンゲン　Sickingen, Franz von　80
篠原一　137, 162
ジーベル　Sybel, Heinrich von　284
シャルル2世（禿頭王）　Charles II der Kahle　24
シュタイン（政治家）　Stein, Heinrich Friedrich Karl vom und zum　116
シュタイン（法学者）　Stein, Lorenz von　4, 282
シュタール　Stahl, Friedrich Julius　124
シュテッカー　Stoecker, Adolf　275

シュトラウス（作家，哲学者）　Strauß, David Friedrich　253
シュトラウス（政治家）　Strauß, Franz Josef　191
シュトレーゼマン　Stresemann, Gustav　164
シューマッハー　Schumacher, Kurt　186
シュミット（西ドイツ首相）　Schmidt, Helmut　194, 195
シュミット（法・政治学者）　Schmitt, Karl　135
シュライヒャー　Schleicher, Kurt von　168
シュリーフェン　Schlieffen, Alfred von　148
シュルツ　Schultz, Franz Albert　89
シュルツェ＝ナウムブルク　Schultze-Naumburg, Paul　210, 219
シュレーゲル　Schlegel, Karl Wilhelm Friedrich von　246
シュレーダー　Schröder, Gerhard　136, 199
シュレーバー　Schreber, Moritz　219
小ピピン（ピピン3世）　Pippin der Jüngere/Pippin III　21
シルウェステル2世　Silvester II　28, 36
スキナー　Skinner, Quentin　75
ストラヴィンスキー　Stravinsky, Igor Fyodorovitch　161
ゼッケンドルフ　Seckendorff, Veit Ludwig von　104
ゾイゼ　Seuse, Heinrich　63
ゾンネンフェルス　Sonnenfels, Josef von　106

タ行

タウラー　Tauler, Johannes　63
ダマシュケ　Damaschke, Adolf　219
ダレー　Darré, Walther　211
チェンバレン　Chamberlain, Houston Stewart　267
ツィークルシュ　Ziekursch, Johannes　287
ツィンツェンドルフ　Zinzendorf, Nikolaus Ludwig von　89
ツヴィ　Zwi, Schabbatai　87
ツヴィングリ　Zwingli, Huldrych　66, 75-77
ツェドリッツ　Zedlitz, Karl Abraham von　225
テイラー　Taylor, Alan John Percivale　157
テオファヌ　Theophanu　27, 28, 33
テプル　Tepl, Johannes von　61
デ・メジエール　de Maizière, Lothar　198
デューラー　Dürer, Albrecht　80
デュルメン　Dülmen, Richard van　86
デルブリュック　Delbrück, Hans　64
トマジウス　Thomasius, Christian　90, 106
トライチュケ　Treitschke, Heinrich von　275
トレルチ（トレルチュ）　Troeltsch, Ernst　66, 78, 144
ドロイゼン　Droysen, Johann Gustav　284

ナ行

ナウマン　Naumann, Friedrich　146
ナポレオン（フランス皇帝）　Napoléon Bonaparte　98, 112, 113, 116, 118, 121, 228, 246, 282
西川正雄　146, 149, 168
ニッパーダイ　Nipperdey, Thomas　113, 116, 134-136, 228, 243, 275
ニートハマー　Niethammer, Lutz　157, 181
ニーブール　Niebuhr, Barthold Georg　282
ノイマルクト　Neumarkt, Johann von　60
ノイマン（ジグムント）　Neumann, Sigmund　156
ノイマン（フランツ）　Neumann, Franz Leopold　170
ノイラート　Neurath, Konstantin von　173
ノルテ　Nolte, Ernst　135, 151, 156, 158

ハ行

ハインリヒ2世　Heinrich II　28, 29, 32, 33
ハインリヒ3世　Heinrich III　30

ハインリヒ3世(獅子公)　Heinrich III der Löwe　31, 50
ハインリヒ4世　Heinrich IV　30, 31
ハインリヒ5世　Heinrich V　31
ハインリヒ6世　Heinrich VI　44, 45
ハインリヒ7世　Heinrich VII　45, 58
パストゥール　Pasteur, Louis　218
パスロン　Passeron, Jean-Claude　224
バッヘム　Bachem, Karl　147
ハーネマン　Hahnemann, Samuel　218
ハーバー　Haber, Fritz　222
ハーバーマス　Habermas, Jürgen　134, 158, 191
パーペン　Papen, Franz von　168
林健太郎　137, 162
パラケルスス　Paracelsus　86
バーリング　Baring, Arnuf　185
バール　Bahr, Egon　192
ハルガルテン　Hallgarten, George Wolfgang Felix　132, 149, 153, 168, 287, 288
ハルデンベルク　Hardenberg, Karl August von　116
ハルナック　Harnack, Adolf von　144, 146
ビアマン　Biermann, Wolf　196
ピウス9世(教皇)　Pius IX　143
ピーク　Pieck, Wilhelm　132, 184, 189
ビスマルク　Bismarck, Otto von　4, 9, 113, 129, 133, 138-140, 142, 144, 145, 147-149, 247-249, 256, 257, 275, 284, 287, 288
ヒトラー　Hitler, Adolf　4, 9, 133, 142, 154, 156, 160, 161, 167-174, 241, 268, 288
ヒムラー　Himmler, Heinrich　175, 212
ピュッター　Pütter, Johann Stephan　107
ヒルシュフェルト　Hirschfeld, Christian Cay Lorenz　209
ヒルバーグ　Hilberg, Raul　174
ヒルファディング　Hilferding, Rudolf　155, 286
ヒンデンブルク　Hindenburg, Paul von　168, 170, 244
ファークツ　Vagts, Alfred　132
フィッシャー(政治家)　Fischer, Joshuka　199

フィッシャー(歴史家)　Fischer, Fritz　133, 142, 149, 152, 291, 294, 295
フィリップ(シュヴァーベン大公,ドイツ王)　Philipp von Schwaben　45
フィリップ1世(ヘッセン方伯)　Philipp I　77
フェットミルヒ　Fettmilch, Vinzenz　271
フェルディナント2世　Ferdinand II　87
フォアヘア　Vorherr, Gustav　209
フォーゲルヴァイデ　Vogelweide, Walther von der　57
フーゲンベルク　Hugenberg, Alfred　168
フーコー　Foucault, Michel　84
プシェミスル・オタカル2世(ボヘミア王)　Premysl Ottokar II　47
フス　Hus, Jan　63, 79
ブツァー　Bucer, Martin　75, 77
フッテン　Hutten, Ulrich von　79
フッテン゠チャプスキ　Hutten-Czapski, Bogdan　143, 147
フーバー　Huber, Ernst Rudolf　134-136, 139
プーフェンドルフ　Pufendorf, Samuel von　106
フープマイアー　Hubmaier, Balthasar　66
フライ　Frei, Norbert　190
フライターク　Freytag, Gustav　249
ブライヒレーダー　Bleichröder, Gerson von　275
ブラックボーン　Blackbourn, David　143, 147, 296
ブラッハー　Bracher, Karl Dietrich　154, 156, 168, 291
プランク　Planck, Max Karl Ernst Ludwig　222
フランケ　Francke, August Hermann　89
フランツ2世　Franz II　98, 99
ブラント(人文主義者)　Brant, Sebastian　79
ブラント(政治家)　Brandt, Willy　41, 189, 192-195, 219, 223
ブリックレ　Blickle, Peter　81, 82
フリードリヒ(ザクセン選帝侯)　Johann

Friedrich　74
フリードリヒ1世（バルバロッサ）
　　Friedrich I　　38, 43, 44, 48, 56
フリードリヒ2世（神聖ローマ皇帝）
　　Friedrich II　　14, 31, 45, 46, 56, 57
フリードリヒ2世（大王、プロイセン王）
　　Friedrich II　　89, 208, 246, 273, 284, 288
フリードリヒ3世　Friedrich III　59, 68
フリードリヒ5世（プファルツ選帝侯）
　　Friedrich V　　87
フリードリヒ・ヴィルヘルム1世
　　Friedrich Wilhelm I　　89, 102, 273
フリードリヒ・ヴィルヘルム3世
　　Friedrich Wilhelm III　　209
ブリューニング　Brüning, Heinrich　168, 169
ブルクハルト　Burkhardt, Johannes　70, 72, 73, 285, 286
フルシチョフ　Khrushchev, Nikita Sergeyevich　188, 189, 193
ブルデュー　Bourdieu, Pierre　224
ブルンナー　Brunner, Otto　66, 290
ブレジネフ　Brezhnev, Leonid Il'ich　193
フレンケル　Fraenkel, Ernst　170
プロイス　Preuß, Hugo　132
ブロシャート　Broszat, Martin　156, 181
ブロック　Bloch, Marc　285
フロットヴェル　Flottwell, Eduard von　247
フロム　Fromm, Erich Seligmann　155
フンボルト　Humboldt, Wilhelm von　229
ヘーゲル　Hegel, Georg Wilhelm Friedrich　123
ヘス　Hess, Moses　277
ヘッチュ　Hoetzsch, Otto　145
ベートマン゠ホルヴェーク　Bethmann Hollweg, Theobald von　133, 152
ペトラルカ　Petrarca, Francesco　58
ペトルス・ダミアニ　Petrus Damianus　30
ペトロ（ペテロ）　Petrus　39
ヘネベルク（マインツ選帝侯）
　　Henneberg, Berthold von　91
ベーベル　Bebel, August　130
ベーリング　Behring, Emil Adolf von　222
ヘルダー　Herder, Johann Gottfried von　246, 281
ヘルツフェルト　Herzfeld, Hans　294
ヘルツル　Herzl, Theodor　277
ベルナール　Bernard de Clairvaux　43
ベルリヒンゲン　Berlichingen, Götz von　80
ベルンシュタイン　Bernstein, Eduard　146, 286
ベンヤミン　Benjamin, Walter Bendix Schönflies　166
ボイカート　Peukert, Detlev　155, 157, 165
ボニファティウス（ヴィンフリート）
　　Bonifatius/Winfried　22
ホーネッカー　Honecker, Erich　193, 194, 196, 197, 201
ホブズボーム　Hobsbawm, Eric　151, 242
ホルシュタイン　Holstein, Friedrich August von　148
ホルトフレーリ　Holtfrerich, Carl-Ludwig　168
ボルヒャルト　Borchardt, Knut　168

マ行
マイア　Maier, Charles S.　165
マイネッケ　Meinecke, Friedrich　133, 288, 290
マイヤー　Meyer, Konrad　212, 219
マクシミリアン1世（神聖ローマ皇帝）
　　Maximilian I　　59
マクシミリアン1世（バイエルン選帝侯）
　　Maximilian I　　87, 91
マグヌス　Magnus, Albertus　57
マティアス　Matthias　271
マリア（ブルゴーニュ公）　Marie de Bourgougne　91
マル　Marr, Wilhelm　275
マルクス　Marx, Karl　5, 123, 134, 146
ミュラー　Müller, Hermann　165, 168
ミュンツァー　Müntzer, Thomas　66, 85
村瀬興雄　137
メイスン　Mason, Timothy　157, 171

メーザー　Möser, Justus　281
メッテルニヒ　Metternich, Klemens von　121, 124, 247
メラー　Moeller, Bernd　80, 81
メーラー　Möller, Alfred　216
メランヒトン　Melanchthon, Philipp　79, 105
メーリング　Mehring, Franz　123, 286
メルケル　Merkel, Angela　199
メルゼブルガー　Merseburger, Peter　192
メンデルスゾーン　Mendelssohn, Moses　268, 272
モーザー　Moser, Johann Jacob　107
望田幸男　128, 232
モドロウ　Modrow, Hans　197
モムゼン　Mommsen, Wolfgang Justin　133, 140
モルトケ　Moltke, Helmuth Johann Ludwig von　148

ヤ行
ヤラウシュ（ヤーラオシュ）　Jarausch, Konrad　201, 238
ユスティ　Justi, Johann Heinrich Gottlob　106
ヨルダン　Jordan, Wilhelm　247

ラ行
ライプニッツ　Leibniz, Gottfried Wilhelm　88
ラインキング　Reinkingk, Dietrich　106
ラサール　Lassalle, Ferdinand　130
良知力　123, 126, 267
ラーテナウ　Rathenau, Walther　140
ランケ　Ranke, Leopold von　4, 65, 74, 282-285
ランゲヴィーシェ　Langewiesche, Dieter　241
ランプレヒト　Lamprecht, Karl　286
リース　Riess, Ludwig　4, 284
リスト　List, Friedrich　236
リッター　Ritter, Gerhard　133, 165, 290, 291, 294

リッベントロップ　Ribbentrop, Joachim von　173
リービッヒ　Liebig, Justus von　229
リープクネヒト　Liebknecht, Wilhelm　130
リプシウス　Lipsius, Justus　105
リール　Riehl, Wilhelm Heinrich　209
リンガー　Ringer, Fritz K.　236, 237
ルイ13世（フランス王）　Louis XIII　94
ルイ14世（フランス王）　Louis XIV　100, 253
ルクセンブルク　Luxemburg, Rosa　146, 162, 286
ルソー　Rousseau, Jean-Jacques　123
ルター　Luther, Martin　11, 59, 65, 66, 73-80, 133, 271, 284
ルートヴィヒ2世（初代東フランク王）　Ludwig II　24
ルートヴィヒ4世（幼童王）　Ludwig IV das Kind　24, 48
ルートヴィヒ4世（ルートヴィヒ・デア・バイエル）　Ludwig IV der Bayer　58
ルードルフ　Rudorff, Ernst　210
ルードルフ1世　Rudolf I　47, 48
ルードルフ2世　Rudolf II　93, 94
ルナン　Renan, Joseph Ernest　253
ルントグレーン　Lundgreen, Peter　224, 225
レオポルト1世　Leopold I　96, 99
レッシング　Lessing, Gotthold Ephraim　90
レーニン　Lenin, Vladimir　153
レプシウス　Lepsius, Mario Rainer　144
レマルク　Remarque, Erich Maria　161
レーム　Röhm, Ernst Julius　170
レール　Röhl, John　140
レントゲン　Röntgen, Wilhelm Conrad　222
ロエス　Roes, Alexander von　48
ローゼンベルク　Rosenberg, Atrhur　132, 154, 267
ロータル3世　Lothar III　43

◆ 事項索引

ア行
アイヒマン裁判　191
アウクスブルク　108
アウクスブルク宗教平和令　67, 75, 87
アウシュヴィッツ裁判　174, 191
アウトバーン　219
アジェンダ2010　199
アシュケナジーム　266
新しい軍事史　72
アナール学派　40
アビトゥーア　227
アーヘン　22, 24, 26, 29, 56, 235
アミキチア（友誼盟約）　26
アーミッシュ派　85
アメリカ（合衆国）　131, 157, 165, 177, 181, 187, 199, 207, 221, 236, 261, 264, 284, 288, 291, 297
アーリア化　172
アルザス（エルザス）　20, 81, 141, 148, 228, 243, 252-262
アンシュルス（合邦）　9, 164, 173
アンハルト　77
鞍部時代　112, 115
イエズス会　87
イギリス社会史派　147
IGファルベン　170
イスラエル　185, 191, 266, 267
イタリア（人）　27, 29-31, 38, 39, 42, 43, 48, 56, 57, 60, 98, 100, 148, 161, 167, 205, 241
イタリア王国（帝国領イタリア）　10, 27
イタリア政策　27, 30, 44, 56
イタリア戦争　59, 68, 91, 100
イタリア統一戦争　248
遺伝病子孫予防法　172
ヴァイマル共和国　5, 8, 154, 155, 162-168, 185, 209, 211, 226, 238, 287, 290, 291, 293
ヴァシュヴァールの講和　99
ウァールスの戦い（トイトブルク森の戦い）　17
ヴィッテルスバハ家　58, 143
ウィーン　60, 98, 99, 109, 205, 278, 283
ウィーン会議　121, 246, 247
ウィーン条約（1735年）　100

ウィーン体制　121, 129
ウィーン包囲（第1次, 第2次）　96, 99
ヴェストファーレン条約　67, 69-71, 88, 92-94, 101, 102, 106, 253
ヴェッティン家　143
ヴェルサイユ（講和）条約　152, 163, 251, 287, 294
ヴェルザー家　54
ヴェルフェン家　44, 147
ヴェンド人十字軍　43
ヴォルムス協約　31, 36
ヴォルムス勅令　75
ヴォルムス帝国議会（1495年, 1521年）　14, 59, 65, 67, 74, 75, 91
ウクライナ　161, 278
ヴュルツブルク　103
ヴュルテンベルク（公国, 王国）　82, 89, 102, 104, 118, 143
永久帝国議会　95, 96
エコロジー　137, 212-217
エトノス　17
エラスムス・プログラム　240
エルザス　→アルザス
エルベ川　25, 108, 205
オイルショック　189, 194, 195, 213, 223, 239
欧州共同体（EC）　180
欧州石炭鉄鋼共同体（ECSC）　180
欧州連合（EU）　42, 136, 150, 180, 239, 240, 262
王領プロイセン　244
大塚史学　6
オストマルク（東部辺境）協会　249, 251
オーストリア（オーストリア＝ハンガリー帝国）　9, 10, 19, 20, 42, 47, 68, 73, 90, 98-101, 103, 113, 114, 116, 121, 124, 127, 148, 159, 162, 164, 173, 197, 205, 210, 218, 227, 241, 250
オーストリア継承戦争　101, 246
オーストリア社会民主党　210
オーストロ・ファシズム　173
オーストロ・マルクス主義　164
オスナブリュック　94, 281
オスマン朝（帝国）　59, 64, 68, 69, 87, 96,

99, 108, 161
オットニアーヌム　27
オーデル(オーダー)＝ナイセ線　192
オーバー・オスト　161
オーバーシュレージエン　250-252, 261
オラドゥール事件　260

カ行
カイザー・ヴィルヘルム協会　222
過去の克服　6, 136, 158, 179, 180
学校監督法　226, 248
活版印刷　65, 66, 79
カップ＝リュトヴィッツ一揆　163
カトー・カンブレジ条約　100
カトリック(カトリシズム)　8, 9, 18, 19, 39, 67, 75-77, 79, 82, 83, 86-88, 102, 129, 138, 143, 144, 146, 147, 166, 179, 185, 247-251, 254, 255, 259, 261, 281, 285
カノッサ事件　31, 37
カノン法学　37
ガリア　15, 16, 18, 19
カルヴァン派(主義)　66-68, 75, 77, 87, 88
カールスバート決議　121
カールスルーエ　109, 215, 235
カルロヴィッツ条約　99
カロリーナ刑事法典　92
カロリング・ルネサンス　23
歓喜力行団　171
官憲国家　114, 136, 143, 144, 146, 147
関税同盟　129, 236
官房(カンツライ, 尚書部)　60
官房学　106
カンポ・フォルミオの講和　98, 100
記憶の拠点(オルト・デア・メモリア)　33
議会外反対派(APO)　190
北大西洋条約機構(NATO)　177, 195
北ドイツ連邦　8, 248, 275
機能主義(構造主義)　156
基本法　154, 180, 184, 192
ギムナジウム　226-228, 230-234, 236, 237
95箇条の論題　65, 66, 74
宮廷ユダヤ人　272
教育社会史　224, 225, 230, 238
共産党(ドイツ)　162, 163, 165, 167, 169, 171, 183
強制収容所　156, 169-171, 175, 183
強制的同質化　169
郷土保護運動(同盟)　209-211, 219
ギリシア　32
キリスト教社会党(オーストリア)　164
キリスト教民主・社会同盟　181, 186, 190, 192, 195, 198, 199
キリスト教民主同盟　182-184, 195, 197-199, 223
キール　209
ギルド　53
儀礼殺人　270, 278
金印勅書　106
近代化(論)　6, 67, 84, 113, 132, 147, 155-157, 190, 242, 291, 295, 296
クィア　137
九月綱領　152
クサンテン条約　101
グーツヘルシャフト　108
グニェズノ会見　28
クラインガルテン　218
クリュニー(修道院, 改革運動)　30, 35
グルントヘルシャフト　108
グレゴリウス改革　39
君主国(モナルヒア)　39
敬虔主義　68, 89
経済の奇跡　179, 186, 189, 213, 236
啓蒙主義　90, 104-106, 143, 273, 281
ゲシュタポ　157, 171, 172
結社　115, 125, 126, 128, 129
ゲッティンゲン学派　281
ゲッティンゲン大学　107, 225, 281
ゲットー　63, 174, 270-272
ケーニヒスベルク　228
ゲルマン(ドイツ)化　248, 249
ケルン　48, 54, 56, 57, 60, 87, 185, 228, 269
憲法紛争　128
公会議主義　61
工業化　3, 5
膠州湾　150
構造主義　→機能主義
恒続林　216
構築主義　8, 137, 242
皇帝(ドイツ帝国)　138, 139
皇帝戴冠(カール大帝の)　23
行動部隊　174
合邦　→アンシュルス
公用語法　248

国王讃歌(ラウデース)　33
国王参事会員制　28, 32
国王特権(レガリア)　48, 49
国王奉仕義務(セルウィティウム・レギス)　34
国際連合　192
黒死病(ペスト)　62, 63, 86
国防軍展論争　158
国民　6, 8, 10, 15, 42, 90, 112, 128, 159, 228, 242, 244, 245, 255, 259, 260
国民国家　3, 5, 8, 11, 111-113, 127, 130, 131, 135, 136, 141, 143, 163, 239-243, 247, 248, 251-254, 260, 262, 284
国民自由党　129, 142, 144, 145
護国団　164
国家国民党　164, 168
国家性(シュタートヒリカイト)　23
国旗団　167
ゴートハイン＝シェーファー論争　286
コニツ　278
コミューン1　190
コミンテルン　163, 165
コメコン　189
御料林(フォルスト)　34
ゴールドハーゲン論争　158
コンスタンツ　77

サ行
再洗礼派　66, 77, 79, 83, 85, 87, 89
再保障条約(独露)　148
ザクセン(選帝侯, 王国, 人)　15, 21, 24-26, 31, 83, 88, 96, 102, 104, 218, 289
ザクセン＝ヴァイマル　104
ザクセン＝ゴータ　104
『ザクセンシュピーゲル』　48
ザクセン戦争　30
サライェヴォ事件　159
ザルツブルク　68
サロン文化　272, 273
三月前期　121, 124, 247, 274
三級選挙法(制度)　114, 127, 145
産業革命　65, 112, 118, 119, 127, 235
三国同盟(独墺伊)　148, 173
三十年戦争　67, 68, 87, 88, 93, 94, 108, 109
三帝会戦　98
ジェノサイド　10, 151, 162
ジェンダー　115, 137, 160, 165, 269, 292

シオニズム　265, 276, 277
『史学雑誌』　284, 288, 294
資格社会論　232, 233
ジーゲンゲビルゲ　209
時効論争　191
シスマ(教会大分裂)　30, 91
「自然の友」協会　210
自然法　106
氏族制　18
七月危機　133, 159
七年戦争　246
シチリア王国　44, 45, 47, 56, 57
シチリア晩禱事件(1282年)　47
疾風怒濤(シュトゥルム・ウント・ドラング)　90
市民(層)　115, 119, 120, 125, 126, 131, 145-147, 159, 179, 187, 190, 232, 233, 237, 295, 296
社会構造史(学)　113, 124, 128, 153
社会国家(福祉国家)　165, 178, 186
社会史(研究)　40, 73, 113, 115, 131, 133-138, 142, 143, 149, 151-153, 155-157, 160, 167, 171, 180, 181, 230, 231, 242, 285, 292, 293
社会主義(共産主義)　3, 5, 123, 129, 134, 144-146, 151, 154, 159, 166, 171, 178, 183, 185, 187, 188, 196, 201, 286, 289
社会主義者鎮圧法　114, 146
社会政策学会　131
社会ダーウィニズム　264
社会帝国主義(論)　148, 149, 296
社会的規律化　67, 72, 83, 84
社会的市場経済　186
社会民主主義　131
シュヴァーベン　81
シュヴァルツヴァルト(黒い森)　205, 206
周縁民(ラントグルッペ)　40, 63
宗教改革　8, 11, 65-67, 73-82, 85-87, 90, 102, 105, 143
十字軍　37, 39, 43, 44, 59, 63, 64, 243
従士制　18
自由主義(者)　121, 123-126, 128, 129, 132, 134, 135, 140, 144-146, 166, 247, 256, 284, 288
12世紀ルネサンス　36, 37, 57
宗派　5, 67, 83, 87, 88, 94, 95, 102, 166
宗派化　66-68, 83-85, 88

自由保守党　145
自由民主党　195
主権国家(体制)　11, 69, 262
授権法　169
シュタージ(国家保安省)　196, 199, 200
シュティンネス＝レギーン協定　163
シュトゥットガルト　109, 210, 217, 235
シュトラッサー派　167
シュトレーゼマン外交　164
シュパイアー　30, 33, 254
シュピゲール事件　190, 191
シュマルカルデン戦争　67, 77
シュマルカルデン同盟　105
シュリーフェン計画　148
シュレージエン　51, 101, 246, 250
シュレージエンの織工暴動　120
シュレースヴィヒ＝ホルシュタイン(公国)　106, 127
巡幸路(イティネラール)　34
巡察使(ミッシ・ドミニキ)　22
小ドイツ　241
城内平和　160
職業官再建法　170
植民地　9, 10, 149, 150, 161, 162
叙任権闘争　14, 16, 30, 35, 37, 39
自力救済権(フェーデ)　48, 91
親衛隊　170, 174, 260
新経済制度　189, 193
信仰義認論　78, 79
人種主義(論)　150, 220, 275
新人文主義　228
新ストア主義　67, 105
親政　140
シンティ・ロマ　175
神秘主義　63, 66, 74, 85, 87, 89
新フォーラム　197
人文主義(者)　60, 61, 66, 76, 78, 79, 83, 87
進歩党(ドイツ)　128, 129, 145
新ランケ派　283, 285
スイス　20, 42, 46, 47, 59, 64, 66, 67, 75-79, 81, 82, 85, 205, 218, 253, 285
スイス永久同盟(原誓約同盟)　47
スウェーデン　67, 87, 88, 94, 95, 205, 241
スコットランド　78
スコラ学　37, 57
スターリニズム　151, 155
スターリングラードの戦い　176, 181

スターリン批判　188
ストックホルム条約　101
ストラスブール(シュトラースブルク)　228, 253, 254, 256-258
スペイン　68, 100, 108, 242
スラヴ人(族)　25, 38, 43, 51, 246
生改革運動　211, 217
聖ゴットハルトの戦い　99
生存圏　164, 173-175, 220
『成長の限界』　213
正統主義　121
世界恐慌　167, 169
世界政策　9, 148
世俗化　88, 98, 100
ゼダン記念日　143
絶滅収容所　174
セファルディーム　266
セム人種　264
セルビア　133
全欧安全保障協力会議(CSCE)　195
1914年の理念　159
戦争責任論　146, 287
全体主義　156, 169
全ドイツ連盟　249
1848年革命　124-126, 247, 254, 274, 289
総力戦　152, 160, 173
ソルブ(人)　141

タ行

第一次世界大戦　9, 111, 113, 132, 140, 151-153, 157, 159-162, 211, 220, 244, 251, 257, 265, 274, 287, 294, 295
大学(中世)　57, 58, 60, 61, 63, 88, 89, 107, 134, 145, 190, 209, 221, 225, 232, 257, 281, 283, 285, 287, 291, 296
第三次最高統帥部　160
大衆の貧窮(パウペリスムス)　120
大ドイツ　241
第二インターナショナル　159, 163
第二次世界大戦　5, 6, 10, 75, 98, 132, 151-157, 160, 163, 173, 177, 213, 216, 236, 241, 259, 267-269, 278, 280, 288, 293, 295
退廃芸術　219
体僕(農奴)　108
タクシス家　109
多頭制(ポリクラシー)　156, 170
ターナー＝シュテークマン論争　168

タンネンベルク（グルンヴァルト）の戦い　244
地域史　143
チェコ（語，人）　42, 63, 127, 205, 241
チェコスロヴァキア　153, 194
チェルノブイリ原発事故　195, 205, 214
「血と土」　170, 219, 220
中欧　150
中央党　129, 138, 143, 144, 147, 250, 256
中央労働協同体　163
鳥類保護連盟　210
ツァーベルン事件　257
通貨改革　181, 184
ツンフト　116, 117, 125, 128
帝国改革　59
帝国議会（神聖ローマ帝国）　11, 49, 61, 69, 75, 92-94, 97, 99, 102, 104, 106
帝国議会（ドイツ帝国）　8, 114, 138, 142, 145-147, 160, 256, 259
帝国教会制　35
帝国クライス　92-94, 97
帝国結社法　249
帝国最高法院　48, 49, 65, 91-93, 97
帝国宰相　138, 139
帝国自然保護法　207, 212
帝国執行令　92
帝国支配権標　32
帝国主義　9, 111, 133, 149, 153, 157, 295
帝国諸侯身分　51
帝国税　49, 65, 91
帝国統治院　92
帝国ラント平和令　31, 35, 45, 48, 59, 91
帝国領回収政策　34
ディミトロフ報告　156
T4作戦　172, 174
ティロール　81, 82
鉄兜団　167
テューリンゲン　15, 19, 21
田園都市　219
伝統社会　233
デンマーク　38, 94, 141, 205, 241
デンマーク戦争　129
ドイツ（名前の起源）　16
ドイツ革命　154, 162
ドイツ騎士修道会（ドイツ騎士団）　47, 52, 100, 243, 244
ドイツ郷土保護同盟　210, 219
ドイツ（フランクフルト）国民議会　124-127, 247
ドイツ社会主義統一党（SED）　154, 178, 180, 183-185, 188, 193, 194, 197, 200, 201, 289
ドイツ社会民主党（SPD）　5, 114, 133, 138, 143, 144, 146, 147, 154, 155, 159, 162, 164, 165, 167-169, 171, 180, 182, 183, 190, 192, 195, 197, 199, 219, 223, 256, 286
ドイツ帝国（第二帝政）　8, 41, 111-114, 123, 125, 129-144, 146, 148-150, 152, 164, 178, 227, 275, 276, 284, 285, 287, 288, 293, 295, 297
ドイツ統一国家条約　198
ドイツに関する最終規定条約　178
ドイツ保守党　145
ドイツ民主共和国（東ドイツ, DDR）　126, 140, 154-156, 160, 171, 177, 179, 183, 184, 186-188, 192-194, 196-198, 200, 201, 214, 238, 289, 290, 292, 293
ドイツ民族リスト　252
ドイツ・ライヒ　8, 10, 15, 24, 49, 50
ドイツ連邦　121, 145, 241, 293
ドイツ連邦共和国（西ドイツ, BRD）　126, 135, 136, 153-156, 158, 171, 177, 180, 184-187, 189-193, 197, 198, 213, 214, 223, 238, 289-293
ドイツ労働戦線　170-172
ドイツ労働総同盟　169, 170
東西ドイツの統一　151, 177, 180, 197
東部総合計画　175, 212, 219
動物保護法　212, 213
東方外交　41, 192
東方研究　242
東方植民運動　38, 41, 43, 51, 52, 244, 288
東方ユダヤ人　87, 276-278
東洋ユダヤ人　266
独墺同盟　148
独ソ不可侵条約　164
特別収容所　183
特有の道　6, 111, 114, 124, 130, 132-137, 139-141, 144, 147, 149, 150, 153, 155, 210, 292, 295, 296
独立社会民主党　160, 162
都市（中世の）　52-55, 61, 62, 67, 80, 81, 84, 104, 105, 116, 118, 245, 271
土地収用法　249
突撃隊　167, 170

事項索引　477

ドナウヴェルト(事件)　87, 94
塗油(式)　21, 26, 29, 32
トランシルヴァニア　99
トリーア　83
トリエント公会議　87
トルコ　136
トルーマン・ドクトリン　181
ドレスデン　109, 210, 235

ナ行
長い19世紀　111-114, 141, 145
長い60年代　189-191
ナショナリズム　8, 42, 63, 112, 114, 115, 121, 123, 124, 126-129, 134, 135, 137, 140-143, 146, 159, 209, 242, 244, 247-251, 253, 254, 261, 282
ナチス(・ドイツ, ナチ党, ナチズム)　4-6, 8, 9, 41, 125, 132-135, 140, 150, 151, 154-158, 166-175, 178, 179, 181, 183, 185, 187, 190-192, 199, 200, 207, 210-213, 215-217, 219, 237, 238, 242, 252, 259-261, 267, 288-295, 297
ナッサウ・ディレンブルク　77
ナポレオン(解放)戦争　111, 124, 209, 273, 274
ナントの王令(廃止)　254
ニーシェ(空間)　201
二重決議　195
ニーダーザクセン　211
ニーダーシュレージエン　250
ニーダーライン　77
日常史　113, 155, 157, 160, 171, 180, 181, 230, 292
入城＝入市式(アドウェントゥス)　33
ニュルンベルク法　172
ネーデルラント(オランダ)　42, 59, 63, 78, 85, 87, 91, 100, 205
農民戦争　64, 66, 81, 289
ノルトライン・ヴェストファーレン　213

ハ行
バイエルン(選帝侯, 王国)　15, 20, 24, 27, 31, 94, 97, 98, 118, 139, 157, 209, 217, 227, 283
バイエルン継承戦争　100
バイエルン人(バユヴァーレン)　20, 21
背後からの一突き　152, 160
ハイデルベルク綱領　165

ハーグ条約(1720年)　100
ハシティズム(ユダヤ敬虔主義)　87, 274
ハスカラー運動　272, 273, 275
バーゼルの講和条約　97
バーデン(大公国)　104, 118, 139
ハノーファー(選帝侯)　97, 102, 281
ハプスブルク家(帝国)　9, 47, 58-60, 68, 69, 91, 94, 96-100, 109, 133, 142, 153
パリ講和会議　163
バルカン戦争　159
バルカン半島　148, 161, 278
ハルシュタイン原則　186
ハルツ(山地)　30, 34, 52
バルト海　11, 38, 47, 59, 100, 101, 107, 205, 244
ハレ大学　89, 106, 281
ハンガリー　30, 47, 51, 59, 61, 68, 96, 99, 100, 197
ハンザ同盟(都市, 商人)　46, 47, 55, 58, 87, 107, 108
反セム主義　264, 265, 269, 275
反動期　127, 128
万人祭司主義　81
ハンバハ祭　247
ハンブルク　158, 266, 269
バンベルク(司教座)　28, 103
反ユダヤ主義　87, 158, 167, 172-174, 187, 191, 264, 266, 267, 270, 275, 276
東プロイセン　246, 252
非常事態法　190
被追放民　179, 192
ヒトラー・ユーゲント　260
表現主義　155
ビーレフェルト派　291
ファシスト党　167
ファシズム　3, 151, 154, 156, 157, 173, 187, 297
フィッシャー論争　133, 140, 152, 153, 291
普墺戦争　9, 129
フス派　59, 63, 64, 91
フッガー家　54, 108
フッター派　85
プファルツ(選帝侯)　102
普仏戦争　129, 159, 252, 253, 256
プラハ　58, 60, 63, 94, 197
プラハの春　194
プラハの和約　94

フランクフルト・アム・マイン　89, 124, 191, 239, 268, 271
フランクフルト学派　166
フランケン　15, 100
ブーランジェ危機　256
フランス　18, 39, 40, 42, 45, 48, 58, 59, 61, 67, 68, 77, 87-89, 91, 94-102, 108, 113, 116, 118, 148, 177, 186, 205, 217, 221, 228, 242, 251-261, 279, 284, 285, 292, 295
フランス革命　97, 112, 113, 116, 121, 143, 156, 254, 281, 282
ブランデンブルク(辺境伯, 選帝侯)　58, 69, 71, 73, 88, 96, 100-104, 244-246
フリーセン人(フリースラント)　21, 22, 77
ブルグント(王国, 人)　10, 15, 19, 26, 29, 31, 38
ブルゴーニュ公(国)　59, 68
ブレジネフ・ドクトリン　177
ブレスト・リトフスク講和条約　161
ブレスラウ　250, 251
ブレーメン　77
プロイセン(王国, 公国)　4, 9, 47, 52, 69, 71, 73, 89, 90, 96, 97, 99-101, 103, 106, 112-114, 116, 117, 121, 123, 124, 126-129, 131, 133, 134, 138, 141, 143, 145, 179, 185, 208, 211, 225-228, 231, 235, 237, 241, 243-246, 248, 250, 251, 269, 274, 278, 282-284, 289
プロイセン一般ラント法　225
プロイセン学派　284, 285
プロイセン・クーデタ　169
プロテスタント　8, 9, 67, 68, 77, 80, 82, 87, 93, 102, 103, 105, 107, 144, 179, 244, 254, 256, 271, 284
文化史　113, 126, 131, 138, 153, 155, 181, 220, 242, 286
文化的プロテスタンティズム　144
文化闘争　144
紛争社会構造論　25, 34
フンボルト型大学(フンボルト理念)　229
ペータースベルク協定　177
ヘッセン　21, 77, 82, 83, 182
ベトナム戦争　190
ベーメン　→ボヘミア
ヘルシンキ宣言　195, 196
ベルリン　4, 109, 177, 184, 188, 190, 192, 197, 209, 217, 221, 226, 228-230, 234, 256, 261, 268, 269, 271-275, 277, 283
ベルリン四国協定　192
ベルリン宣言　177
ベルリンの壁(崩壊)　151, 185, 189, 192, 193, 197, 200, 238
ベルリン封鎖　184
ヘレロ・ナマクア虐殺　10, 150
ホーエンツォレルン家　100, 244
ポグロム　63, 172, 278
保守革命　166
ポスト・コロニアル論(研究)　9, 137
ポーゼン(地方, 州)　127, 246-248, 250, 251, 274
ボーフム　225
ボヘミア(ベーメン)　30, 31, 51, 58, 59, 61, 67, 79, 87, 94
ホメオパシー　218
ポーランド(人)　28-30, 42, 51, 61, 87, 88, 96, 101, 127, 141, 142, 153, 161, 164, 192, 205, 217, 242-252, 261, 267, 274
ポーランド式経営　246
ポーランド熱　247
ポーランド分割　10, 101, 141, 244, 246, 274
ポーランド=リトアニア連合王国　246
ポリツァイ　72, 83, 106
ホロコースト　6, 10, 150, 156, 158, 162, 174, 175, 179, 187, 200, 266-268, 271, 278
ボローニャ・プロセス　240

マ行

マインツ　29, 32, 46, 103, 228
マジャール人(ハンガリー人)　25
マーシャル・プラン　181, 186
マズール人　252
マラーノ　263
マルクス主義　6, 66, 113, 123, 124, 126, 131, 133, 134, 137, 146, 155-157, 165, 280, 285, 286, 289, 295-297
マールブルク　77
マンハイム　109
短い20世紀　151
緑の党　195, 199, 212-214
南ティロール問題　173
ミニステリアーレ(家士)　30, 51
ミュールーズ(ミュールハウゼン)　253

ミュンスター　94, 103, 228
ミュンスター事件　85
ミュンヘン　48, 58, 109, 209, 210, 217, 228, 235, 277, 290
ミュンヘン一揆　167
ミリュー　144, 146, 166, 178, 179, 189
民主党(ドイツ)　164
民族共同体　169, 172
民族至上主義的(フェルキッシュ)　41, 166, 167, 275
民族ドイツ人　161, 174, 219
メクレンブルク=シュヴェーリン　104, 105
メノー派　85
メモリア(記念祈禱, 記憶)　25
モスクワ条約　192
モヌメンタ(モヌメンタ・ゲルマニアエ・ヒストリカ)　18, 282
モラヴィア　85
モラル・エコノミー　125
森の死　214

ヤ行

有機的労働　249
ユグノー　78, 87, 89
ユダヤ人(教)　49, 63, 68, 83, 87, 89, 143, 154, 170, 174, 175, 179, 187, 193, 212, 248, 255, 260, 263-279, 288
ユダヤ人解放　269, 270, 273-275
ユンカー　5, 117, 147, 179
傭兵　64
ヨーロッパ(欧州)統合　7, 180, 195

ラ行・ワ

ライスワイク条約　102
ライプツィヒ　60, 89, 194, 197, 235
ライプツィヒ討論　78
ライン川(ラインラント)　15, 17, 20, 25, 77, 97, 98, 101, 116, 185, 205, 209, 246, 254
ライン危機　254
ライン同盟　96
ライン都市同盟(中世)　46
ライン連盟　98, 116, 118
ラパロ条約　164
ラント法　50
ランプレヒト論争(方法論争)　286

リトアニア　161, 205
リュネヴィルの講和　98
リューネベルガー・ハイデ　211
リューベック　47
リューベック和約　94
領域的支配(ランデスヘルシャフト)　51, 52
領邦教会　82, 83
ルクセンブルク協定　185
ルター派(主義)　67, 75-78, 82, 88-90, 100
ルール(工業地帯)　157, 162-164, 168, 181, 219, 250, 261
歴史家論争　158
歴史主義　281, 290
レーゲンスブルク　69, 95, 98
列聖(カノニザツィオーン)　32
レーン(法, 制)　30, 50, 51
連合国管理理事会　182
連邦議会(西ドイツ)　191, 192, 195, 199, 200
連邦評議会(ドイツ帝国)　138
連邦補償法　179
労働者　113, 115, 120, 130, 131, 146, 147, 156, 160, 162, 165-167, 171, 179
ロカルノ条約　164
6月17日事件(六月蜂起)　187, 188
68年世代(運動)　179, 190, 191, 194, 199, 213
ロシア(ソ連)　10, 113, 132, 133, 142, 148, 159, 177, 179, 182-186, 188, 192-195, 197, 205, 248, 250, 278
ロシア革命　146, 151, 153, 162
ロシア軍　244
ローマクラブ　213
ローマ帝国の再生　28
ローマ法(継受)　37, 39, 44, 48, 86
ロマン主義　90, 209, 246, 282
ロレーヌ(ロートリンゲン)　141, 148, 243, 252, 253, 256-261
ロンバルディア都市同盟　44
ワルシャワ　248
ワルシャワ・ゲットー　41, 193
ワルシャワ条約(1970年)　192, 193
ワルシャワ条約機構　177, 194
ワロン人　241
ワンダーフォーゲル　131, 211, 231

小野寺拓也

執筆者紹介(執筆順)

木村靖二　きむら せいじ[編者]
1943年生まれ。東京大学名誉教授
主要著作:『兵士の革命——1918年ドイツ』(東京大学出版会 1988),『二つの世界大戦』(山川出版社 1996),『世界歴史大系 ドイツ史3』(共編著, 山川出版社 1997),『新版世界各国史 ドイツ史』(編著, 山川出版社 2001)

西山暁義　にしやま あきよし[編者]
1969年生まれ。共立女子大学国際学部准教授
主要著作:「郷土と祖国——ドイツ第二帝政期(1871-1914年)アルザス・ロレーヌ民衆学校における「地域」」(『歴史評論』599, 2000), *Kommunaler Liberalismus in Europa* (共著, Böhlau, Köln 2014), ミヒャエル・ヤイスマン『国民とその敵』(共訳, 山川出版社 2007), ジャン=ジャック・ベッケール/ゲルト・クルマイヒ『仏独共同通史 第一次世界大戦(上・下)』(共訳, 岩波書店 2012)

千葉敏之　ちば としゆき[編者]
1967年生まれ。東京外国語大学大学院総合国際学研究院教授
主要著作:『中世の都市——史料の魅力, 日本とヨーロッパ』(共著, 東京大学出版会 2009),『歴史的ヨーロッパの政治社会』(共著, 山川出版社 2008),『西洋中世学入門』(共著, 東京大学出版会 2005)

踊　共二　おどり ともじ
1960年生まれ。武蔵大学人文学部教授
主要著作:『改宗と亡命の社会史——近世スイスにおける国家・共同体・個人』(創文社 2003),『スイス史研究の新地平——都市・農村・国家』(共編著, 昭和堂 2011),『中近世ヨーロッパの宗教と政治——キリスト教世界の統一性と多元性』(共編著, ミネルヴァ書房 2014)

山本文彦　やまもと ふみひこ
1961年生まれ。北海道大学大学院文学研究科教授
主要著作:『近世ドイツ国制史研究——皇帝・帝国クライス・諸侯』(北海道大学図書刊行会 1995), ピーター・H・ウィルソン『神聖ローマ帝国 1495-1806』(訳, 岩波書店 2005), オットー・ブルンナー『中世ヨーロッパ社会の内部構造』(訳, 知泉書館 2013)

山根徹也　やまね てつや
1965年生まれ。横浜市立大学国際総合科学部准教授
主要著作:『パンと民衆——19世紀プロイセンにおけるモラル・エコノミー』(山川出版社 2003),『集いのかたち——歴史における人間関係』(共編著, 柏書房 2004),『歴史から今を知る——大学生のための世界史講義』(共編著, 山川出版社 2010)

今野　元　こんの はじめ
1973年生まれ。愛知県立大学外国語学部准教授
主要著作:『マックス・ヴェーバーとポーランド問題——ヴィルヘルム期ドイツ・ナショナリズム研究序説』(東京大学出版会 2003),『マックス・ヴェーバー——ある西欧派ドイツ・ナショナリストの生涯』(東京大学出版会 2007),『多民族国家プロイセンの夢——「青の国際派」とヨーロッパ秩序』(名古屋大学出版会 2009)

相馬保夫　そうま やすお
1953年生まれ。東京外国語大学大学院総合国際学研究院教授
主要著作:『労働者文化と労働運動——ヨーロッパの歴史的経験』(共著, 木鐸社 1995),『ドイツの労働者住宅』(山川出版社 2006), ロベルト・S・ヴィストリヒ『ヒトラーとホロコースト』(監訳, ランダムハウス講談社 2006)

石田勇治　いしだ ゆうじ
1957年生まれ。東京大学大学院総合文化研究科教授
主要著作: *Jungkonservative in der Weimarer Republik. Der Ring-Kreis 1928-1933* (Peter Lang Verlag, Frankfurt am Main 1988),『過去の克服——ヒトラー後のドイツ』(白水社 2002),『20世紀ドイツ史』(白水社 2005),『ジェノサイドと現代世界』(共編著, 勉誠出版 2011)

藤原辰史　ふじはら たつし
1976年生まれ。京都大学人文科学研究所准教授
主要著作:『ナチス・ドイツの有機農業——「自然との共生」が生んだ「民族の絶滅」』(柏書房 2005),『カブラの冬——第一次世界大戦期ドイツの飢饉と民衆』(人文書院 2011),『稲の大東亜共栄圏——帝国日本の「緑の革命」』(吉川弘文館 2012),『ナチスのキッチン——「食べること」の環境史』(水声社 2012)

進藤修一　しんどう しゅういち
1965年生まれ。大阪大学大学院言語文化研究科教授
主要著作:『近代ドイツ——資格社会の展開』(共著, 名古屋大学出版会 2003),『中央ヨーロッパの可能性』(共著, 昭和堂 2006), ゲルハルト・A・リッター『ドイツ社会保障の危機』(共訳, ミネルヴァ書房 2013)

長沼宗昭　ながぬま むねあき
1947年生まれ。日本大学法学部教授
主要著作:「反セム主義とシオニズム」歴史学研究会編『講座世界史 5 強者の論理——帝国主義の時代』(東京大学出版会 1995),「クリスマス・ツリーを飾るユダヤ人——近代ドイツ・ユダヤ人の文化変容をめぐって」佐藤清隆ほか編『西洋史の新地平——エスニシティ・自然・社会運動』(刀水書房 2005), ニコラス・デ・ランジュ『ジューイッシュ・ワールド』(訳, 朝倉書店 1996)

ドイツ史研究入門
し けんきゅうにゅうもん

2014年5月30日　1版1刷　発行
2016年12月30日　1版2刷　発行

編　者	木村靖二・千葉敏之・西山暁義
	きむらせいじ　ちばとしゆき　にしやまあきよし
発行者	野澤伸平
発行所	株式会社 山川出版社

〒101-0047　東京都千代田区内神田1-13-13
電話　03(3293)8131(営業)　8134(編集)
https://www.yamakawa.co.jp/
振替　00120-9-43993

印刷所	明和印刷株式会社
製本所	株式会社 ブロケード
装　幀	菊地信義

ⒸSeiji Kimura, Toshiyuki Chiba, Akiyoshi Nishiyama
2014 Printed in Japan ISBN 978-4-634-64038-2
造本には十分注意しておりますが，万一，落丁本・乱丁本などがございましたら，小社営業部宛にお送り下さい。送料小社負担にてお取り替えいたします。定価はカバーに表示してあります。